현대
행정학

유종해 | 이덕로

박영사

머리말

　　행정은 진공관 속에 존재하지 않는다. 개방체계로서의 행정은 정치·경제·사회·문화 등 행정환경으로서의 사회 모든 영역과 상호작용하면서 끊임없이 변화한다. 이 과정에서 행정은 환경에 적응하기도 하고, 환경의 변화를 주도하기도 한다. 이로 인하여 행정현상을 대상으로 하는 사회과학으로서의 행정학도 창조와 변화를 계속한다.

　　「현대행정학」은 우리나라에 도입된 이후 지속된 행정학의 변화와 발전에 주도적으로 참여한 1.5세대 행정학자와 그의 후학이 맥을 이어 한국행정학의 전반을 발전적으로 조망하였다는 점에 그 의의가 있다. 따라서 이 책은 한국행정학의 과거와 현재, 그리고 미래를 고찰하려는 행정학도들에게 좋은 길잡이가 될 수 있으리라 생각한다.

　　「현대행정학」의 구성과 목적은 다음과 같이 요약된다.

　　첫째, 행정의 본질에 관한 광범위한 이해에 초점을 맞추었다.

　　둘째, 행정학의 발전과정을 일반론과 한국의 상황을 들어 이해를 돕고자 하였다.

　　셋째, 중견국가로서 한국의 행정학도가 지구촌 국가들의 발전과 협력에 기여할 수 있는 기본적인 소양을 배양할 수 있도록 비교·발전·국제행정을 개관하였다.

　　넷째, 현대국가에서의 행정의 중요성에 비추어 행정의 존재이유와 바람직한 행정인의 자세, 그리고 이를 위한 시민사회의 역할을 반추할 수 있는 기회를 만들고자 하였다.

　　다섯째, 행정의 실천과정으로서의 정책에 관한 개관은 물론 행정의 필수요소인 조직·인사·재무에 관한 전반적인 검토가 수행되었다.

　　여섯째, 한국에서 더욱 그 중요성이 부각되고 있는 지방자치, 전세계적으로 초미의 관심사가 되고 있는 전자정부, 그리고 행정의 처음이요 마지막이라 할 수 있는 간단없는 행정개혁에 관한 조망이 시도되었다.

　　이와 같은 광범위한 주제를 다루었기에 미흡한 점 또한 많았다는 사실에 부끄럽지만, 앞으로 더 수정하고 보완하여 좋은 책을 만들고자 하는 각오를 말씀드리며, 이를 위한 학계 여러분들의 충고와 가르침을 기대하는 바이다.

　　이 책이 세상에 나오게 된 것은 매우 어려운 출판계의 사정에도 불구하고 쾌히 출판을 승낙하여 주신 박영사 안종만 회장님의 후원이 있었기 때문이다. 이 자리를 빌어 머리 숙여 감사드리는 바이다.

2015년 3월

유종해·이덕로

차 례

제 **1** 편 **현대 행정의 토대**

제 2 편　국가발전과 행정

제4편 정 책 론

제 5 편　행정조직론

제 6 편　인사행정

제 1 편

현대 행정의 토대

Chapter

01 행정의 의의

제 1 절   행정에 관한 접근

행정이 갖는 근본적인 다원성으로 인하여 이를 한마디로 정의한다는 것은 불가능한 일이다. 따라서 학자에 따라 다양한 정의를 하고 있고, 이런 면에서 행정은 다의적인 개념이라고 할 수 있다.

나이그로(F. A. Nigro)는 행정이란 ① 공공문제에 대한 협동적인 집단행동으로, ② 정부, 즉 행정·입법·사법부 간의 상호작용을 말하며, ③ 공공정책의 형성에 중요한 역할을 하는 정치과정의 일부이고, ④ 경영과는 엄격히 구별되는 동시에 그보다 더 중요한 기능을 하며, ⑤ 사회에 다양한 서비스를 제공하기 위하여 수많은 사람들과 집단들이 서로 연결되어 있는 것이라고 정의하고 있다.[1]

물론 이에 관하여 가장 평이한 정의를 내린 사람은 사이몬(H. A. Simon), 스미스버그(D. W. Smithburg)와 톰프슨(V. A. Thompson)이라 할 수 있는데,[2] 이들은 행정이란 보통 중앙과 지방 정부, 그리고 의회가 설립한 위원회, 또는 공사의 행정기능을 말하며, 정부 또는 비정부내의 입법 내지 사법기관의 기능은 포함하지 않는다고 규정하여 나이그로(F. A. Nigro)보다는 그 범위를 한정하고 있다.

디목(M. Dimock)은 행정가(administrator)의 어원, 즉 ad(방향)+ministrare(봉사, 원조)를 근거로 들어 행정가의 역할을 봉사(serve), 관리(manage), 지시(direct) 등 세 가지를 규정하고 있다. 이런 측면에서 본다면, 행정이란 다양한 사회문제들을 처리하기 위해서 일정한 권한을 가진 사람이 자신의 임무를 수행하는 계속적인 과정이라 할 수 있다. 특히 행정을 정치적 기능과

1　F. A. Nigro, *Modern Public Administration*, 6th ed.(New York: Harper & Row, 1984), p.11.
2　H. A. Simon, D. W. Smithburg, and V.A. Thompson, *Public Administration*(New York: Knopf, 1950), p.7.

밀접히 연관지어 정의하는 입장인 디목(M. E. Dimock)은, 정치적으로 결정된 목적의 달성을 행정의 기능으로 보고 있다.[3]

또한 피프너(J. M. Pfiffner)는 공공행정을 공공정책을 실행하기 위한 개인 또는 집단의 협동(coordination)행위라고 정의하고 있으며,[4] 화이트(L. D. White)와 마르크스(F. M. Marx)도 공공행정에 있어서 공공정책의 중요성을 강조하는 입장[5] 취하고 있다.

행정을 정부에 의한 정책형성과 동일시하는 입장은 사이몬(H. A. Simon)의 「행정행태론」(*Administrative Behavior*, 1947)에서 강조된 바 있으나, 행정학에서 보다 큰 인정을 받게 된 것은 왈도(D. Waldo)에 의해서이다. 왈도는 행정이란 설정된 목표를 달성하기 위하여 계산된 인간의 합리적 협동행위라고 말했으며, 공적인 목표를 최대한 달성하려는 노력이라고 하였다.[6]

프라이스(J. E. Price)는 행정이란 정책형성이 가지고 있는 네 가지 특색을 갖는다고 하였다. ① 과학적인 면, 즉 사실의 발견에 주력하는 것, ② 전문적인 면, 즉 과학적 지식을 인간의 실제적 문제에 적용하는 것, ③ 행정적인 면, 즉 전문적인 지식 또는 기술을 정치적 상관을 돕는 데 사용하는 것, ④ 정치적인 면, 즉 다른 분야에서 발달된 기술을 사용하여 가치판단, 추측 또는 타협에 입각하여 결정을 하는 것 등이다.[7]

프라이스의 지적대로 행정의 영역 또는 대상은 실로 광범위하다. 이에 따라 그 정의도 다양하지만, 미국행정대학원협의회(NASPAA, National Association of Schools of Public Affairs and Administration)에서 제시한 행정학 프로그램을 통해 행정학의 전체적인 영역을 생각해 볼 수 있다. 미국행정대학원협의회는 각 학교들이 행정이 다루는 대상으로 적어도 다음의 다섯 분야가 될 것이라고 하였다.

① 행정은 급변하는 환경에 대응하기 위해서 정치, 경제, 사회적 환경의 관리에 주력
② 다양한 정책분석(policy analysis)에 주력
③ 정부의 다양하고 복잡한 관리과정(managemental process)의 처리
④ 정부의 복잡한 관리과정을 분석하기 위한 각종 분석적 도구(analytical tools)의 활용
⑤ 개인, 집단 그리고 조직의 활동(individual, group, and organizational behavior)에 관한 연

---

3 M. E. Dimock and G. O. Dimock, *Public Administration*(New York: Holt, Rinehart and Winston, 1969), p.3.

4 J. M. Pfiffner and R. Presthus, *Public Administration*(New York: Ronald Press, 1967), pp.5~6.

5 L. D. White, *Introduction to the Study of Public Administration*(New York: Corwell Collier & Macmillan, 1955), p. 2; F. M. Marx(ed.), *Elements of Public Administration*(Englewood Cliffs, New Jersey: Prentice-Hall, 1959), p.6.

6 D. Waldo, "Administrative Theory in the United States," *Political Studies*, 2(1954), pp.70~86; D. Waldo, *The Study of Public Administration*(New York: Random House, 1955), p.6.

7 J. E. Price, *Organizational Effectiveness*(Homewood, Ill.: Irwin, 1968).

구 등이다.[8]

행정의 정의에 관한 다양한 접근이 시사하는 것처럼 행정이란 다의적인 개념임에 틀림없다. 그러나 행정의 어떤 면을 강조하느냐에 따라 정의가 달라지는 것이지, 행정 그 자체가 달라지는 것은 결코 아니다.

우리나라의 경우 행정에 대하여 ① 행정법학적 정의, ② 행정학적 정의, ③ 협동행동으로서의 행정에 대한 정의 등으로 구분하여[9] 설명하여 왔는데, 발전론을 보다 강조하여, ① 행정법적 정의, ② 행정학적 정의 - ㉠ 행정관리설, ㉡ 정치기능설, ㉢ 행정행태설, ㉣ 발전기능설[10] - 으로 설명하는 입장이 보다 일반적이라 할 수 있다.

저자들은 행정을 ① 행정법학적 정의, ② 행정학적 정의로 구분하고, 행정학적 정의를 다시, ㉠ 행정관리설, ㉡ 통치기능설, ㉢ 행정행태설, ㉣ 발전기능설, ㉤ 정책화기능설 등으로 구분하고자 한다.

I 행정법학적 정의

행정학의 인접분야라고 볼 수 있는 행정법학에서는 다양한 방법으로 행정을 정의하고 있는데, 이상규 교수의 경우는 실질적 의미의 행정과 형식적 의미의 행정으로 구분하고, 다시 전자를 적극설과 소극설로 구분하고 있다.[11] 그러나 보다 일반적인 방법은 삼권분립공제설, 국가목적실현설, 그리고 법함수설이라고 본다.

1. 삼권분립공제설

현대국가에서 삼권분립적 헌법구조를 전제로 하여 '사법도 입법도 아닌 나머지의 모든 국가기능을 행정'이라고 보는 입장이다.[12]

---

8 G. Starling, *Managing the Public Sector*, 9th ed.(Chicago, Ill.: Cengage Learning, 2010), pp.7~15.
9 유훈, 행정학원론(서울: 법문사, 1975), 23~27면.
10 박동서, 한국행정론(서울: 법문사, 2001), 68~69면.
11 이상규, 신행정법론(상)(서울: 법문사, 1971), 53~61면.
12 手島孝, 현대행정국가론(東京: 勁草書房, 1969), 9면; 유훈, 전게서, 23면.

2. 국가목적실현설

행정은 국가목적(公益)을 직접적·구체적으로 실현하는 과정이라고 보는 견해이다. 즉 '행정이란 법의 테두리 안에서 법의 규제를 받으면서 국가목적을 현실적으로 또 적극적으로 실행하는 계속적인 국가활동이다'라고 보는 것이다.[13]

3. 법함수설

행정은 일반적인 법규범을 개별화하는 법적 작용으로 파악하는 것으로, 비엔나 학파의 규범주의적 방법론과 법단계설을 토대로 해서 접근하는 입장이다. 여기에서 행정과 사법의 구별은 개별화작용을 담당하는 기관의 독립성 또는 종속관계로 이루어진다.

Ⅱ 행정학적 정의

행정학자들이 구분하는 행정의 개념도 다양하여 통일된 구분이 없으나, 일반적으로 행정관리설·통치기능설·행정행태설·발전기능설 및 정책화기능설로 구분하여 설명하는 것이 가장 타당하다고 본다.[14]

1. 행정관리설

이는 행정을 관리라는 사회기술의 과정 내지 기술체계로 보는 입장으로서, 윌슨(W. Wilson)과 화이트(L. D. White)가[15] 대표적인 학자이다. 이들은 20세기 초기의 미국행정학의 입장을 대표하여 행정과 경영을 동질적인 것으로 본다. 이들의 입장을 기술적 행정학 또는 정치·행정 이원론이라고 부르고 있는 것도 이러한 이유에서이다. 화이트는 행정을 "국가목적을 달성하기 위해서 사람과 물자를 관리하는 과정"이라고 정의하고 있다. 따라서 행정과 정치는 분명히 구분되는 개념이 된다.

2. 통치기능설

이는 행정이란 통치기능, 즉 정치와 밀접한 관계가 있는 과정으로 보고 정치·행정 일원론

---

13 田中二郎, 행정법총론(東京: 有斐閣, 1975), 22면.
14 유훈 교수는 행정학적 행정개념을 행정관리설·통치기능설·행정기능설로 구분하고 협동행동으로서의 행동을 별도로 규정하였고, 박동서 교수는 이에 발전기능설을 추가한 바 있다.
15 L. D. White, *Introduction to the Study of Public Administration*, 1st ed.(New York: Macmillan, 1926), p.2.

적 입장을 취하고 있는 것이다. 디목(M. Dimock),[16] 애플비(P. H. Appleby),[17] 마르크스(F. M. Marx) 등이 이 입장을 견지하였으며, 디목은 통치가 정치와 행정, 즉 정책의 형성과 정책의 집행으로 이루어지며, 이 양자는 서로 협조적인 관계에 있다고 말했다. 또한 원칙적으로 행정은 정치적 기능과 밀접히 연관되어 있기 때문에, 정치적으로 결정된 목적을 달성하기 위한 노력이라 할 수 있으나, 단순히 행정사업의 질서 있는 집행이나 기술에 그치는 것이 아니라 정책에 광범하게 관련되어 있다고 한다.[18] 이 학파에서는 행정이란 정책의 구체화에만 한정되지 않고 정책결정, 나아가서 입법기능(위임입법의 형식으로)도 담당한다고 본다.

3. 행정행태설

이 학설은 사이몬(H. A. Simon)을 비롯한 1940년대의 왈도(D. Waldo), 나이그로(F. Nigro), 피프너(J. Pfiffner), 프레스더스(R. Presthus) 등과 같은 많은 학자들의 지지를 얻고 있으며,[19] 행정을 설정된 목표를 달성하기 위한 협동적인 집단행위로 보고 있다. 특히 피프너와 프레스더스는 "행정이란 고도의 합리성을 지닌 인간의 협동행위로서 인간과 물자를 조직하고 관리하기 위한 기술이고 과학이며, 또한 정치과정이다"[20]라고 규정함으로써 행정이 개인 및 집단의 협동(coordination)행위라는 점을 강조하고 있다.

이 행정행태설의 입장은 행정관리설과 비슷하나, 과학적인 행정행태를 강조하고 있는 점에서 행정관리설과 구별된다고 할 수 있다.

4. 발전기능설

이 입장은 발전론자인 이스만(M. Esman), 헤디(F. Heady)와 와이드너(E. Weidner)[21]에 의해서 강조된 것으로, 그 내용에 있어서는 대체로 앞서 말한 통치기능설과 비슷하지만, 행정의 적극적·능동적인 면을 강조한 점에 있어서는 다르다고 할 수 있다. 즉 행정은 급변하는 정치·사회·경제 및 문화 등의 모든 측면에서 새로운 환경에 적응하기 위해서 적극적으로 발전정책 및

---

16 M. E. Dimock, *Modern Politics and Administration*(American Book Co., 1937), p.243.

17 P. H. Appleby, *Policy and Administration*(University of Alabama Press, 1949), p.170.

18 M. Dimock and G. Dimock, *Public Administration*(New York: Holt, Rinehart and Winston, 1969), p.3.

19 H. A. Simon et al., *Public Administration*(New York: Knopf, 1956), pp.3~4; D. Waldo, *The Study of Public Administration*(New York: Random House, 1955), p.6; F. A. Nigro, *Modern Public Administration*, 3rd ed.(New York: Harper & Row, 1973), p.18.

20 J. Pfiffner and R. Presthus, *Public Administration*, 5th ed.(New York: Ronald Press, 1967), pp.5~6.

21 E. Weidner, "Development Administration," in F. Heady and S. Stokes, *Papers in Comparative Public Administration*(University of Michigan, 1962), p.98.

발전계획을 형성하고 집행하는 새로운 의미를 지니게 되었다는 것이다. 이런 측면에서 정치와 행정을 구분하는 종래의 정치·행정 이원론 및 정치 우위에서 정치·행정의 일원론을 강조하는 통치기능설은 제약을 받게 된다.

5. 정책화기능설

이는 행정의 정책형성기능을 강조하는 입장으로, 행정을 공공정책의 형성에 있어 중요한 역할을 하는 정치과정의 일부로 보는 학설이다. 따라서 일정 정도 통치기능설과 일치하는 입장을 취하고 있으나, 샤칸스키(I. Sharkansky)나[22] 알렌워드(D. Allenworth) 등에 의해서 체계화가 되는 바와 같이 행정의 핵심을 정책결정 또는 그의 과정이라고 보는 점에서 차이가 난다. 알렌워드는 "행정이란 정책형성과정의 집행부분에 해당하나, 실제로는 전체 정치과정에 관계된다."고 하였다.[23] 즉 행정이란 공공의 목적을 달성하기 위하여 인간과 물자를 조직하고 관리하는 정책형성 그 자체가 되는 것이다.

이상과 같이 행정을 여러 가지 측면에서 정의할 수 있지만, 가장 타당성 있는 정의를 나이그로(F. Nigro)의 정의라고 보아, 다음과 같이 결론적으로 행정을 정의할 수 있겠다. 즉 행정이란 공공성을 지닌 협동적인 집단행동이며, 이는 고도의 합리성을 지닌 정책과정이라는 것이다.

제 3 절 정치와 행정

정치·행정의 이원론은 행정을 정의하는 방법의 하나이다. 즉 정치·행정 이원론은 행정을 정확하게 정의하다가 생긴 구분이지 실제로 그와 같은 명백한 구분은 존재하지 않는다고 볼 수 있다. 이러한 정치와 행정의 관계는 행정학이 성립될 당시부터 행정학에 있어서의 기본적인 문제로 인식되어 왔다. 서구를 중심으로 이의 변천과정을 본다면 정치와 행정이 분화되지 않고 있던 절대주의시대를 거쳐 근대민주주의시대에 들어서면서, 정치우위사상이 지배적이 되었다가 엽관주의(spoils system)의 쇠퇴와 함께 정치·행정 이원론이 대두된 후, 1940년대에 들어서면서 정치·행정 일원론이 등장하게 된다. 이후 1940년대 중반에 논리실증주의에 입각한 신이원론이 나타났다가 1960년대의 행정우위론을 거쳐 1970년대에 등장한 정책화기능설

---

22 I. Sharkansky, *Public Administration: Policy-Making in Government Agencies*, 3rd ed.(Chicago: Rand McNally Co., 1975), p. x vii.

23 D. Allenworth, *Public Administration: The Execution of Public Policy*(Philadelphia: J. B. Lippincott Co., 1973), p.5.

은 행정을 정치과정의 일부로 보고 있다고 하겠다.

1. 정치와 행정의 관계

정치와 행정을 행정학의 발전이라는 관점에서 파악하여 구분한 대표적인 입장에 따르면[24] 이원론, 일원론, 새 이원론, 그리고 새 일원론으로 구분할 수 있다.

(1) 정치·행정 이원론(기술(技術)적 행정학)

행정학의 태두라 할 수 있는 윌슨(W. Wilson)과 정치와 행정(*Politics and Administration*, 1900)을 저술한 굿노우(H. Goodnow)는 이의 대표적 학자로 인정되는데, 이들은 정치와 행정은 명백히 구분되며 행정과 경영을 같은 것으로 파악한다. 이와 같은 이론적 입장을 소위 기술적 행정학이라 부르며, 이것이 행정학 초기의 태도이다.

(2) 정치·행정 일원론(기능적 행정학)

New Deal정책 이후부터 미국의 행정학계는 종래의 이원론의 입장에 회의를 느껴 새로이 일원론을 강조하게 되었다. 대표적 학자로는 가우스(J. M. Gaus), 디목(M. Dimock), *The Frontiers of Public Administration*(1936)을 저술한 화이트(L. D. White), *Public Administration and Public Interest*(1936)를 저술한 헤링(P. Herring) 등이며, 애플비(P. H. Appleby)의 *Policy and Administration*(1949)은 이 문제를 다룬 대표적 저서이다.

일원론이 대두하게 된 이유는, ① 행정의 전문성이 제고되고, ② 교통·통신의 발달로 신속한 정책결정이 요구되며, ③ 입법부가 이와 같은 요구에 적절하게 대응하지 못한 점 등을 들 수 있다. 이와 같은 일원론의 입장을 기능적 행정학이라 부르며, 이 기간 동안 행정권의 확대·강화현상이 일어났다.

(3) 새 이원론(행태론적 행정학)

1940년대 이후부터 행태론적 행정학을 주장하던 사이몬(H. Simon) 등에 의하여 새로운 이원론이 제창되게 되었다. 이 새 이원론이 초기의 이원론과 다른 점은 이들은 행정의 정책결정 기능을 부정하지 않았으며, 단지 행정의 과학화를 위해서 가급적 사실적인 것과 가치판단적인 것을 구분하여 행정연구에 있어서는 그 대상을 전자에 한하려는 논리적·실증주의적 이원론이었다는 점이다.

---

24 박동서, 한국행정론(서울: 법문사, 2001), 135~142면 참조.

(4) 새 일원론

(가) 발전론적 행정학

기능적 행정학 또는 일원론에는 1960년에 들어와서 또 다른 변화가 일어났다. 와이드너(E. Weidner)·이스만(M. Esman)·헤디(F. Heady) 등이 행정과 정치의 관계에 있어서 전통적인 정치우위론을 뒤집고, 행정우위론을 내세워 새로운 일원론을 주장하게 된 것이다.[25] 이들의 주요 논리는 많은 개발도상국가에서 국가적 발전사업을 추진함에 있어서 행정관료조직만큼 이를 효율적으로 추진할만한 조직이 없고, 다른 정치조직이나 그의 하위체계는 아직 발달하지 못하였기 때문에, 어렵고 시급한 국가발전사업을 행정부 주도로 이끌어가자는 것이다. 리그스(F. Riggs)를 위시하여 많은 학자들은 이와 같은 행정에 대한 강조가 국정의 관료제화를 촉진하게 될 것이며, 또 개인의 자유가 부당하게 침해될 우려가 있다고 반론을 제기한 바 있다.[26]

(나) 정책론적 행정학

행정학에 대한 주요한 경향 중의 하나는 행정을 공공정책(public policy)이라는 측면에서 파악하려는 입장이다. 여기에서 공공정책이란 '정치체제가 규정해 놓은 바람직한 목표를 달성하고자 하는 행위'를 의미한다.[27] 이러한 목표를 달성함에 있어서 행정의 역할이 크게 기대되는 것이다. 또한 공공정책을 수립하는 데 있어서는 특히 정치과정(political process)에 대한 고려와 광범위한 시민들의 참여가 요구된다.

행정을 정책론적 견지에서 봄으로써 그 사회가 바라고 있는 목표설정·달성이 가능해지며, 이 과정에서 보다 많은 사람들의 행정에의 참여가 가능하게 되는 것이다. 왜냐하면 공공정책은 어떤 행동에 대한 최종적인 목표 달성을 가능하게 해 줄 뿐만 아니라, 그 목표 달성과 관련된 시민들의 행동을 가능하게 해 주기 때문이다. 드로(Y. Dror)는 확실히 이 입장에서 선구자이다. 정책론적 입장은 초기에는 주로 정책형성이라는 측면이 강했지만, 이후 점차 정책분석과 평가의 방향으로 그 범위를 확장하였다.

2. 정치와 행정의 차이

정치와 행정의 특성상의 차이를 비교해 보면 다음과 같이 된다.

---

25 행정과 정치의 관계는, 유종해, "발전행정과 정치발전," 발전행정론, 김광웅 외 6인 공저(서울: 법문사, 1973), 170~181면 참조.

26 F. Riggs, "Bureaucrats and Political Development: A Paradoxical View," in J. Lapalombara, ed., *Bureaucracy and Political Development*(Princeton University Press, 1963), pp.126~139 참조.

27 H. F. Gortner, *Administration in the Public Sector*, 2nd ed.(New York: John Wiley & Sons, 1981), p.8.

표 1-1 / 정치와 행정의 특성비교

정　치	행　정
권력현상으로 이해된다.	관리현상이다.
가치선호 현상이 강하다.	가치중립을 강조한다.
비전문적이며 포괄이다.	전문적이고, 부분적이다.
종합적이며 동시에 거시적인 협상과정으로 이해된다.	한정된 범위에서 논리와 능률을 따지고 부분적이며 미시적이다.
자유분망하고 행동반경이 넓다.	행동반경이 좁고 제약점이 많다.
관심사는 권력추고, 대표성, 정통성이 강하다.	능률성의 추구, 봉사와 합리성의 추구가 강하다.
혼란과 무질서에서 지혜(Wisdom)의 요구가 강하고, 다원성의 요구도 강하다.	전문성의 세계에서 지식의 요구, 단원성과 신속성, 정확성의 요구, 그리고 무엇보다 봉사(service)가 강조된다.

제 4 절　행정과 경영(공행정과 사행정)

　　보통 공(公)행정을 보는 입장은 앞에서 본 바 있는 정치와 행정과의 관계, 즉 이원론(기술적 행정학)과 일원론(기능적 행정학)에 따라 다르다. 즉 기술적 행정학에서는 공·사(私)행정을 같은 것으로 보며, 기능적 행정학에서는 공·사행정은 서로 다른 것이라고 주장하고 있다.

　　기술적 행정학에서는 행정을 관리기술로 파악하여 수단·방법의 합리화에 주력하기 때문에 행정과 경영 즉 공행정과 사행정은 본질적으로 다른 것이 없다고 보고 있으나, 기능적 행정학에서는 공공의 목적과 가치를 중시하여 공행정과 사행정은 본질적으로 다른 것으로 보고 있다.

　　그런데 공행정에는 공익을 도모하는 면은 물론 합리성을 강조하는 측면도 있으므로 공·사행정을 논하는 데에는 이 양자 사이의 유사점과 차이점을 파악하는 것이 좋은 방법이다.

1. 유 사 점

(1) 관리기술

　　행정이란 공·사를 막론하고 광범위한 관리적 행위가 필요하다. 정부의 행정뿐만 아니라 공장·병원·노동조합·자선단체 등 모든 조직에서 행정은 어떻게 하면 인력과 자원을 효율적으로 사용·관리하느냐 하는 것이 주된 임무이다. 이와 같은 행정업무를 때로는 관리라고 부른다.

(2) 협동행위

행정이란 공·사를 막론하고 협동적인 인간의 집단노력이라고 볼 수 있다. 따라서 인간조직에 있어서의 협동(cooperation)의 중요성은 행정과 경영에 있어서 가장 핵심적인 요소이다.[28]

(3) 관료제적 성격

공·사행정은 주어진 목적을 효과적으로 달성하기 위하여 계층제적인 형태를 가지고 있다. 경영(사행정)도 물론 아주 규모가 작을 때에는 큰 문제가 없지만, 예컨대 GE나 삼성과 같이 조직의 규모가 커지면, 불가피하게 관료제적인 성격을 띠게 된다.

(4) 의사결정

공·사행정은 조직의 목표를 가장 합리적으로 달성하기 위하여 많은 대안 중에서 최선의 것을 취하는 선택을 하게 된다. 그것이 공익을 위한 것이든, 또는 사적인 이익을 취하기 위한 것이든 상관없이 의사결정과정은 필수불가결의 절차로 볼 수 있다.

2. 차 이 점

(1) 목 적

행정과 경영(공행정과 사행정)은 추구하는 목적이 각각 공공의 이익과 사적인 이익이라는 점에서 근본적으로 차이가 있다.

(2) 독 점 성

행정은 일반적으로 모든 관련 분야에 있어서 독점적이며 경쟁대상이 없는 데 반하여, 경영은 많은 경쟁상대가 있다. 공무원이 공무외의 영리를 목적으로 하는 업무에 종사하지 못하게 하는 이유도 이와 같은 공행정이 지니고 있는 독점성 때문이다.

(3) 정치적 성격

행정은 모든 중요한 사항을 입법부가 규정하는 법률에 의하여 결정을 하는 데 반하여, 경영은 기관장을 포함한 소유자들이 결정을 하는 경우가 대부분이다.[29] 그만큼 공행정은 정치성을 띠고 있다. 따라서 공행정의 내용은 입법부 또는 시민들의 감시를 받게 된다.

---

28 F. A. Nigro and G. Nigro, *Modern Public Administration*, 3rd ed. (New York: Harper & Row, 1973), p.15.

29 H. Sherman, *It All Depends: A Pragmatic Approach to Organization* (University of Alabama Press, 1966), p.23.

(4) 법적 규제

행정은 정치성을 띨 뿐 아니라 모든 행위에 엄격한 법의 규제를 받게 된다. 예컨대 기구의 신설, 정원의 증원 등에도 법을 개정해야 이것이 가능한 것이다. 그런데 경영에는 그와 같이 엄격한 법적인 규제는 없다.

(5) 권력수단의 유무

행정과 경영을 구별하는 가장 중요한 기준은 행정에는 강력한 권력수단이 존재하는 데 반해서 경영에는 그것이 없다고 하는 점이다.

(6) 평등원칙의 유무

행정에서는 모든 국민의 '법률 앞에 평등하다'는 원칙이 지극히 중요하여 법의 적용이나 집행에서도 평등의 원칙을 지켜야 되나, 경영에서는 모든 사람을 평등하게 대할 수만은 없게 되어 있다.

(7) 규모 및 관할범위

오늘날의 행정은 그 규모나 관할범위에 있어서 경영과 비교가 되지 않는다. 정부는 많은 인원과 예산을 가지고 있으며, 그 다루는 관할권도 광대하여 국민의 거의 모든 측면에 관련되어 있다. 그러나 아무리 큰 사기업체도 정부와는 비교가 되지 못하고 있다. 게다가 오늘날 행정기능이 확대됨에 따라 그 규모와 관할범위는 더욱 확대되고 있다.

(8) 가 치 관

행정의 담당자인 공직자의 직업윤리로서 요구되는 가치관은 경영의 그것과 구별된다. 공·사행정의 가치관은 개인도덕의 단계와 사회적 책임이라는 면에서 일치하는 점이 없지 않으나, 공익의 달성과 국민에 대한 봉사 그리고 국가의 발전에 민주적이며 합리적인 기여를 해야 하는 공직자에게 경영의 고유한 이윤추구활동과는 거리가 먼 청렴·사명감·봉사정신·공정성 등은 필수적이다.[30]

---

30 유종해·김택, 행정의 윤리(서울: 박영사, 2001), 22～27면.

표 1-2 행정 · 경영의 비교

유사점	차이점
관리기술이다.	목적이 다르다(공익과 사익).
협동행위이다.	독점성에 차이가 있다.
관료제적 성격이 있다.	정치적 성격에 차이가 있다.
의사결정과정을 거친다.	법적규제 범위가 다르다.
	권력수단의 소유가 다르다.
	평등원칙의 적용범위가 다르다.
	규모와 관할범위의 정도가 다르다.
	조직원의 가치관에 차이가 있다.

Chapter

02 행정학의 발달

제 1 절 배 경

행정에 관한 체계적인 연구는 18세기에 시작되었다고 볼 수 있으나, 정식으로 대학에서 학문적인 인정을 받게 된 것은 제1차 세계대전 이후의 일이라고 하겠다. 물론 그 이전에도 행정문제가 없었던 것은 아니나 그 당시의 공공행정은 별개의 독립적인 취급을 받지 못하고 정치경제, 군대조직, 종교의식 속의 일부로 취급되었다. 따라서 행정이 행정으로 인정을 받게 된 것은 근대국가가 탄생하고 행정관료와 그의 능률적인 봉사가 필요하게 된 이후부터라고 할 수있다. 영어의 행정(public administration)이라는 용어가 서구 여러 나라에서 나타나게 된 것도 17세기 절대군주제하에서 공적 행정과 왕의 사적 행정을 구분한 때부터라고 볼 수 있다. 근대적 의미의 행정은 근대국가(nation state) 탄생 후부터 나타났는데 이 때 교회가 국가로부터 분리되고 국가, 즉 정부가 국민의 모든 영역을 관할하기 시작한 후부터라고 말할 수 있다.

공공행정에 대한 체계적인 연구의 시작은 프러시아(Prussia)에서 정부관리 지원자들을 공무에 종사시키기 위해서 훈련을 하게 된 때부터라고 볼 수 있다. 이들은 주로 정부의 공식적인 기구와 그들의 기능을 서술적으로 연구하였고, 특히 정부관료의 업무나 행동윤리 등에 관심을 집중하였다. 그 당시의 행정학을 관방학(Cameral Science)이라고 부르는 이유도 관방학이 그 당시의 절대군주제를 유지하는 데 필요한 모든 문제를 총망라하고 있었기 때문이다.[1] 관방학의 전통은 20세기까지 계속되었고, 20세기에 들어와서는 법학(예: 행정법) 위주의 경향이 가미되게 되었다. 이렇게 발달하게 된 관방학은 이념상으로 자유주의 또는 사회주의자의 지지를 상실하게 되고, 공법을 강조하는 관료행정으로 대체되었다. 공직을 희망하는 사람은 모두가 행정법을 공부하게 되었으며, 따라서 행정법이 관방학의 중심을 이루게 되었던 것이다.

---

1 G. E. Caiden, *The Dynamics of Public Administration: Guidelines to Current Transformations in Theory and Practice*(New York: Holt, Rinehart & Winston, 1971), pp.30~32 참조.

이에 반해 영어를 사용하는 나라에서는 정치·경제학의 발달에 비해 사회과학과 공법의 발달은 지연되었다. 공직에 진출하는 사람들은 특별한 교육을 받지 않고 공직에 들어갔다. 따라서 그들의 학문적 준비는 정부의 공직이 요구하는 직무와는 아무런 관련이 없었던 것이다. 더욱이 공무원 훈련학교도 없었고, 고등교육이 일반직공무원의 준비역할을 행했던 것이다. 행정의 연구 또는 훈련은 주로 직업훈련으로 재직훈련(on the job training)이 주축을 이루었고, 특수분야인 세관·세무공무원은 더욱 그러하였다. 행정학이 육성되고 체계화가 되기에는 주변환경이 너무나 불리했다고 볼 수 있다. 정부행정의 범위도 유럽의 여러 나라에 비하여 좁았고, 중앙집권화가 덜 되었고, 관료화도 잘 안 되고 있었으며, 법률학적인 성향도 적었다. 한 마디로 이야기해서 영국에서는 행정이란 일을 통해서 배우는 실용적인 것으로 인식되었다.

행정학의 필요는 19세기 후반부터 인정받게 되었으며, 이 필요는 무엇보다 행정의 기능이 확대되면서부터라고 할 수 있다. 그런데 영국과 미국은 그 방법상에 약간의 차이가 있었다. 특히 영국에서는 비교적 최근까지 행정학의 공식적인 교육을 기피하는 경향이 있었다. 특히 전통적으로 유명한 대학에서는 행정학의 교육과 강의 등을 최근까지 기피하였다. 반면에 미국의 경우에는 법위주의 유럽식 행정학을 비판하면서 발전하였고, 현대행정학 발전의 주종을 이루었으므로 미국행정학의 발전을 자세히 분석하여 보기로 한다.

제 2 절 **현대행정의 발달**

Ⅰ 행정개혁운동(Reform Movement)

19세기 후반부터 미국은 급격한 경제성장을 이룩하였고, 국제적인 지위도 향상되었다. 그러나 정부의 운영은 사기업에 비하여 너무나 낙후되었고, 서비스도 질이 매우 낮았다. 따라서 정부공무원의 사기는 저하되고 부정과 부패도 성행하였다. 이와 같은 이유로 행정의 질과 서비스의 수준을 향상하고 무능력과 부정을 없애기 위한 행정개혁운동이 요구되었다.

1870년과 1917년 미국의 진보파인 프로그레시브(Progressive)와 머그웜프스(Mugwamps)는 정당이 아닌 각종 매스 미디어·교육기관·전문단체들을 통하여 개혁운동의 분위기를 조성하였다. 개혁운동과 동시에 현대행정학의 기원은 윌슨(Woodrow Wilson)의 1887년의 논문인 "행정의 연구(The Study of Administration)"[2]에서 비롯된다. 행정개혁운동은 National Civil Service

---

2 이 논문은 1887년 6월호 *Political Science Quarterly*에 실린 논문이며, National Civil Service Reform League의 일원으로 쓴 것이다.

Reform League에 의하여 주도되었으며, 일종의 계몽운동으로 추진되었다. 이 운동은 주로 영국행정제도와 비교함으로써 중립적·전문적이며 능률적인 행정의 모형을 찾으려고 애썼다. 그리하여 정당정치에 의한 엽관제를 배격하고, 행정에 있어서 합리적이고 과학적인 방법을 모색·강조하게 되었다.

윌슨이 행정의 체계적인 연구를 이끌었다고 하나, '행정학의 아버지'로서는 굿노우(H. Goodnow) 교수를 들고 있다. 굿노우 교수는 콜럼비아대학교의 교수로 원래 행정법을 전공하면서 행정학에 관한 많은 연구와 저서를 남김으로써 초기 행정학의 학문적인 인정과 체계화에 커다란 공헌을 하였다. 그의 「정치와 행정」(*Politics and Administration*, 1900)은 행정학의 가장 빛나는 고전으로서 주로 비교행정법의 서적이었는데, 그는 이를 통하여 미국정부제도의 전반적인 개혁을 부르짖으면서 정치·행정 이원론을 체계화하여 행정은 정쟁으로부터 분리되어야 할 뿐만 아니라 정책결정 일반으로부터 분리해야 한다고 주장하였다. 이와 같은 정치·행정 이원론은 제2차 세계대전 말까지 계속된 미국행정학의 전통이다.

윌슨·굿노우 등의 강조는 루스벨트 대통령의 행정개혁에 직접적인 영향을 제공하였다. 행정학을 전공한 사람들이 대학·행정부에 들어가 뉴딜정책의 집행에 참여하였다. 또 1939년 미국행정학회(American Society for Public Administration)가 창설되어 행정학의 개발과 계몽에 중심적인 역할을 맡게 되었다.

Ⅱ 과학적 방법에 의한 발전(고전적 이론)

이 시기는 행정학의 성장기라고 볼 수 있으며, 행정학의 발전에 도움이 되는 일들이 많이 일어난 시기이다.

1. 시정조사연구소의 설립

1906년에 뉴욕시정조사연구소(New York Bureau of Municipal Research)가 설립되어 시정에 있어서 능률과 절약을 실천하고 시정의 과학적 연구를 시도하게 되었다. 이 연구소는 특히 실증적이고 객관적인 연구방법을 사용함으로써 시행정의 개혁에 과학적인 근거를 제공하게 되었고, 이를 통해서 행정학의 성립과 발전에 크게 공헌하였다.[3] 연구소는 각종 행정업무의 교재를 발행하고, 1911년에는 공무원훈련소(Training School for Public Service)를 설립하였으며, 과학적 방법을 사용하여 시정을 연구한다는 *Municipal Research*를 발행하였는데, 이 연구소는

---

3 J. S. Dahlberg, *The New York Bureau of Municipal Research: Pioneer in Government Administration* (New York: New York University Press, 1966), pp.231~232.

테일러(F. Taylor)의 과학적 관리법을 전적으로 원용하였다.

2. 능률과 절약운동(Efficiency and Economy Movement; E·E운동)

과학적 관리법을 활용한 능률과 절약운동은 저명한 인사들의 활동으로[4] 상당한 인정을 받게 되었으며, 처음으로 과학적 방법을 사용하여 연방정부의 기능을 체계적으로 분석하였다. 이와 같은 운동에 힘입어 1913년 미국정치학회(American Political Science Association: APSA)는 대학에서의 행정학교육의 적절함과 체계적인 연구의 필요성을 강조하기에 이르렀다.

이의 강조는 공·사행정의 일원론을 인정하고 사행정에서 적용되는 원리가 그대로 공행정에도 적용된다는 것을 의미한다. 즉 무능하고 부정한 정치지도자만 제거되면, 정부에도 사기업과 같은 능률의 원리가 그대로 적용될 수 있다는 것이다.

3. 미국행정학회(American Society for Public Administration; ASPA)의 탄생

1939년 탄생하게 된 미국행정학회는 행정학연구·교육에 체계적 기초를 세우는 데 많은 기여를 하였으며 독립학문으로서의 행정학의 위치를 더욱 확고하게 해주었다.

4. 교과서의 저술

1921년 탄생된 National Institute of Public Administration(NIPA)은 굴릭(Luther Gulick)의 지도로 인사행정·예산제도·경찰행정·보건행정·참고문헌 등에 많은 저서를 발간하였다.[5] 또 이 NIPA가 주도하여 행정학에 관한 논문을 수록한 「행정과학논집」(*Papers on the Science of Administration*)을 굴릭(L. Gulick)과 어윅(L. F. Urwick)이 편찬하였다. 이 논문집은 1937년에 출간되었는데, 이는 행정관리에 관한 대통령위원회 또는 흔히 브라운로우위원회(President's Committee on Administrative Management; Brownlow Committee)[6]라고 불리는 위원회를 위하여 준비된 논문집이다.

이 「행정과학논집」은 11개의 논문으로 구성되어 있고, 브라운로우위원회의 보고서와 함께 1940년대의 행정학도와 실무가에게 가장 중요한 지침이 되었다.[7] 이 책의 한 논문에서 굴릭

---

4 이 운동에는 클리블랜드·굿노우·윌로비 등이 참여하였고, 1912년 태프트(R. A. Taft)대통령이 설치한 '절약과 능률에 관한 대통령위원회'가 큰 역할을 하였다.

5 이 연구소는, L. Gulick, *The National Institute of Public Administration*(New York: NIPA, 1928)에 잘 소개되어 있다.

6 이 위원회는, 브라운로우, 메리암, 굴릭 세 사람이 위원이었고, 브라운로우가 위원장이었다. 그래서 그의 이름을 따서 브라운로우위원회라 부르는데, 이 위원회는 1937년 루즈벨트(F. D. Roosevelt)대통령이 창설하였다.

7 W. S. Sayre, "Trends of a Decade in Administrative Values," *Public Administration Review*(Winter 1961), p.1.

은 최고관리자의 기능으로 POSDCORB라는 신조어를 만들었는데, 이는 계획(Planning)·조직화(Organizing)·인사(Staffing)·지휘(Directing)·조정(Coordinating)·보고(Reporting)·예산(Budgeting)의 머릿글자를 딴 것이다. 그 후 행정학의 저작물은 이 문제들을 파고들었으며, 따라서 POSDCORB는 행정학의 주요한 연구대상으로 인정받게 되었다.

또한 윌로비(W. F. Willoughby)의 지휘 하에 있던 정부조사연구소(Institute for Government Research)도 행정에 관한 수많은 저술활동을 하였다. 그의 저서인 「행정의 원리」(*The Principle of Public Administration*, 1927)는 행정학에 관한 광범위한 문제를 다루었다. 시기적으로는 화이트(L. D. White)의 「행정학원론」(*The Introduction to Study of Public Administration*, 1926)보다 1년 늦게 나왔으나, 연구소를 운영하고 있던 사람이 행정학도뿐만 아니라 행정실무자에게까지도 활용할 수 있는 책을 썼다고 하는 점에서 높이 평가된다.

행정학의 학부교과서로서는 화이트(L. D. White)의 「행정학원론」이 최초라고 할 수 있다. 화이트 교수는 윌로비 교수와 같이 과학적 관리법을 강조하지 않고, 오히려 행정이 처하고 있는 정치적 환경에 강조점을 두어 행정학의 입문서를 저술하였으며, 그 후 계속해서 *The City Manager*(University of Chicago Press, 1927)를 저술하여 능률적이며 전문적인 시정체제를 역설하였다.

5. 행정학의 보급

많은 저술물과 연구소 등의 활동은 행정학을 보급하고 정부기구에서의 활용을 인정받게 만들었다. Institute for Government Research가 The Brookings Institution으로 이름을 바꾸어 보다 체계 있는 연구와 행정학의 보급에 앞장서게 되었다. 또한 브라운로우가 소장을 맡은 Public Administration Clearing House가 시카고에 설치되어 1936년까지 주로 인사행정과 행정관리에 관한 단행본을 12권이나 발간하였다. 예를 들어 화이트(L. D. White)의 *Civil Service Abroad*(New York : McGraw-Hill, 1935)와 프리드리히(C. J. Friedrich)의 *Problems of the American Public Service*가 가장 대표적인 것이다. 이와 같은 학술활동을 통해서 행정학은 완전히 바른 궤도에 오르게 되었다.

Ⅲ 정치학과의 타결

이 시기의 행정학의 경향에 가장 중요한 영향을 준 것은 뉴딜(New Deal)정책이었다. 따라서 정치와 행정의 타결, 즉 정치·행정 일원론이 대두하게 된 것은 1930년대 후반이었다.

1. 정치·행정 일원론의 대두

1940년을 기점으로 종래의 정치·행정의 이원론은 상당한 비판을 받게 되었다. 가장 중요한 이유로는 ① 뉴딜정책을 통해서 행정이 정치와 분리해서 정책의 집행만 할 수 없다는 것을 알게 되었고, ② 행정을 실제로 연구해 본 결과 초기 행정학자들이 생각했던 것과는 많이 다르다는 것이 발견되었으며, ③ 정치의 부패상이 이 즈음에는 거의 없어졌다는 것 등이다.

가우스(J. M. Gaus)는 초기행정학자들은 행정을 너무나 협의로 인식하여 정치와 행정의 분리를 지나치게 강조함으로써 행정을 현실과 거리가 먼 것으로 만들었다고 했다.[8] 또한 시카고 학파의 헤링(P. Herring)은 "행정이란 단순한 기술이나 원리의 연구에 그치는 것이 아니다. 행정이란 정치 그 자체와 같이 행동하는 상태(state in action)를 말한다. 훌륭한 행정가는 공공정책형성에 참여하는 조직적인 정치가(organizational politician)이다"라고 말하였다.[9] 이 문제의 대표적 저서로는 마르크스(F. M. Marx)의 *Elements of Public Administration*(1946)과 애플비(P. H. Appleby)의 *Policy and Administration*(1949)이다. 심지어 종래에 정치·행정 이원론을 주장한 귤릭(L. Gulick)과 화이트(L. D. White)도 "행정은 불가피하게 정책과 관련이 있으며, 정책을 통하여 정치와도 관련이 있다"고 말하였다.

2. 과학적 연구에 대한 비판

과학적 연구에 대한 비판이 고조된 것은 1936년과 1941년 사이에 대통령의 정부기구개혁 움직임이 있을 때부터였다. 대통령의 권한을 강화할 것을 주장한 브라운로우위원회의 보고서와는 대조적으로 의회에 제출된 브루킹스연구소의 보고는 행정학자들의 견해를 양분하였다. 브루킹스보고서는 의회의 권한이 강화되어야 하며, 대통령은 행정관리자로 의회의 감사를 받아야 한다고 되어 있었다. 이와 같이 양분된 논쟁을 통해서 대부분의 행정학자들은, 행정은 사행정과 다른 규모·기능·정치적 환경에서 정책이 이루어지므로, 사기업에서 적용되는 과학적 관리법의 논리는 행정에 적용될 수 없다고 주장하였다.

또한 행정과학(science of administration)이라는 용어도 힘을 잃게 되었다. 그 이유는 ① 행정학을 과학적인 방법에 의하여 연구할 수 있는 것은 명백한 사실이므로 구태여 이것을 주장할 필요가 없다는 것, ② 행정학의 창시자들이 생각했던 과학적 방법 및 과학성에 대하여 의문을 품게 되었다는 것, ③ 행정이 정치와 불가분의 관계에 있다면 과연 과학의 기법을 행정의

---

8 J. M. Gaus, *Frontiers of Public Administration*(Chicago: University of Chicago Press, 1936) 참조.
9 P. Herring, *Public Administration and the Public Interest*(New York: Russell and Russell, 1936) 참조.

연구에 적용할 수 있느냐 하는 의문이 일어나게 된 데에 있다.[10]

3. 행정원리접근법에 대한 비판

행정원리에 대한 비판을 처음으로 시도한 사람은 왈도(Dwight Waldo)이며, 그는 *Adminis-trative State*에서 행정학에 참다운 원리가 없다고 비판하였다. 사이몬도 행정원리들은 한 번도 과학적인 실험을 겪지 않은 격언에 지나지 않는다고 논박하였다.[11]

사이몬과 왈도의 공격대상이 된 원리에는 전문화의 원리, 명령통일의 원리, 통솔범위의 원리, 부서조직의 원리와 공식조직의 강조 등이 있다. 또한 행정원리는 행정상황을 설명하고 표현하는 데 그치고, 너무나 피상적이며 지나치게 단순화하는 경향이 있다고 비판하였다.[12]

Ⅳ 행정학의 새로운 확장

1940년대를 기점으로 행정은 보다 인간적인 요소를 가미하게 되었고, 다른 사회과학, 즉 사회학·심리학·사회심리학 등의 연구를 원용하게 되었다. 나이그로(F. Nigro) 교수는 이와 같은 일련의 행정학의 경향을 새로운 행정학(new public administration)이라고 명명하고 있다.[13] 이와 같이 새로운 행정학을 만들어 준 요인들은 다음과 같다.

1. 국제주의(학문의 국제화)

제2차 세계대전 전만 해도 각국의 행정에 관한 연구는 서로 격리되어 있었고, 학술적인 교환 또한 극히 제한되어 있었다. 그러나 제2차 세계대전이 끝난 후 각종 국제기구를 통하여 행정은 서로 협력하게 되고, 학술적인 교환도 이루어지면서 국제행정이 탄생되었다. 국제연합은 각종 국제회의를 통해서 행정학의 학술적인 교류와 문제해결에 공동적인 참여 등을 장려하게 되었다. 또 각 지역조직(예: Eastern Regional Organization for Public Administration; EROPA)도 훌륭한 학술적 교류를 하고 있으며, 미국의 신생국에 대한 기술원조도 행정학의 폭을 넓히는 데 크게 공헌하였다.

---

10 D. Waldo, *The Study of Public Administration*(Garden City, New York: Doubleday, 1955), p.43.
11 Herbert A. Simon, "The Proverbs of Administration," *Public Administration Review*(Winter 1946), pp.53∼67.
12 H. A. Simon, *Administrative Behavior*(New York: Crowell Collier & Macmillan, 1947), pp.20∼38 참조.
13 F. Nigro and L. Nigro, *Modern Public Administration*(New York: Harper & Row, 1973), pp.20∼22.

2. 행정학의 범위확장

　제2차 세계대전 후부터 세계 여러 나라의 문화교류가 촉진됨에 따라 행정학의 규모와 범위도 확장되었다. 예컨대 산업·사회서비스·경제발전·자원보전·인구문제·과학기술·환경문제 등 관여하지 않는 분야가 거의 없을 정도였다. 행정학은 이처럼 그 대상이 크게 확장되고 있었으나, 이와 같은 요구를 유능하게 처리할 수 있는 충분한 전문가가 부족한 실정이었다. 그러므로 행정학은 종래 전통적인 분야의 인재양성에만 주력하는 것이 아니라 보다 시야를 넓혀 사회적 수요를 충족할 수 있는 유능한 인재양성에 주력하게 된다.

3. 자율성의 추구

　행정의 범위가 확장됨에 따라 행정학은 전통적인 학문에 종속되기 곤란해졌다. 정치학이 종래 행정학을 포괄하였으나 1967년 미국정치학회 학술대회에서는 행정학을 정치학분야에서 제외하는 일까지 있었다.[14] 행정학 역시 학문적 자율성 내지 독자성을 찾아야 할 필요가 생기게 되었다.

　그런데 어떠한 형태의 자율성을 가져야 하는가 하는 데 대해서는 의견의 일치가 없었다. 어떤 사람은 행정학이 학문체계 속의 어디에 속하느냐는 큰 문제가 안 된다고 하였다. 왜냐하면 행정은 인접학문과의 상호협력(interdisciplinary)으로 이루어지므로 행정학의 독자성을 찾는 것은 그다지 큰 의미가 없다는 것이다. 또 어떤 사람은 공공행정이란 공적인 행정이나 공적 과정(public process)을 말하며, 반드시 정부나 관료제와 동일한 것은 아니고, 공공의 목적을 가진 어떠한 대규모의 조직도 행정으로 볼 수 있다고 주장하였다.[15]

　또 행정학의 직업적인 특성을 강조하는 사람이 있는데, 이들은 행정학 분과에서는 긍정적인 사고와 창의성을 가진 행정관을 양성하도록 일반행정교육을 하면 된다고 하였다. 따라서 대중심리와 정치전략을 잘 알고 행정개혁·사회변화·공공관계·정책분석 등에 능한 기반을 가르쳐야 한다고 주장하였다.

4. 현실의 인식

　행정학은 무엇보다 행정현실을 바로 인식하여야 한다. 이 방법의 하나가 사례(케이스)연구 방법이다. 이 사례연구방법은 슈타인(H. Stein)과 복(Bock)이 주관하는 Inter-University Case

---

14　G. E. Caiden, *op. cit.*, p.44.
15　이 입장은 F. W. Riggs, *Administration in Developing Countries*(Boston: Houghton Mifflin, 1964)에 잘 나타나 있다.

Program인데, 이 방법은 학교교실에서 행정현실을 연구분석할 수 있는 장점을 가지고 있다. 가장 대표적인 저서는 슈타인(H. Stein)의 *Public Administration and Policy Development*(New York: Harcourt, 1952)와 모셔(F. C. Mosher)의 *Governmental Reorganizations*(Indianapolis: Bobbs Merrill, 1967)이다.[16]

현실의 인식방법으로는 행태론(Behavioralism)도 포함된다. 행태론적 방법은 사이몬의 「행정행태론」(*Administrative Behavior*, New York: Macmillan, 1949)에서 비롯된다. 이 책은 행정조직에서의 인간의 행태에 초점을 두고 있다. 그리하여 1950년은 행태론의 성장을 다루었고, 사회학과 심리학에서 많은 지지를 받았다.

5. 과정보다 결과를 중시하는 경향

제2차 세계대전 이후에도 행정학의 중심이 귤릭(Luther Gulick)이 제시한 POSDCORB 위주의 강조에서 벗어나지 못하고 있었다. 그런데 사이몬(H. A. Simon)은 행정학에서의 소위 과학적 원리를 배격하고, 합리적이며 논리적 실증주의적인 의사결정에 초점을 두어야 한다고 주장하였다. 즉 합리적인 결정이 능률과 절약의 방법으로 이를 집행하는 것보다 더욱 중요하다는 것이다. 따라서 행정의 중심은 정책결정이라는 것이다.

이와 같은 사이몬의 주장은 행정의 과정보다 결과(즉 결정은 행정의 결과물)를 더 중요시하는 것이었다. 정책결정의 강조는 애플비(P. Appleby)의 「정책과 행정」(*Policy and Administration*, University of Alabama Press, 1949)에 잘 정리가 되어 있는데, 애플비에 따르면 행정가란 가장 영향력 있는 정책결정자이며, 정부의 결정이 더욱 요청됨에 따라 그의 지위는 더욱 강화되고 있다는 것이다.

6. 보다 차원높은 이론의 추구

이론정립의 노력이라는 점에서 볼 때, 가장 귀중한 업적은 베버이론의 재정립이다. 베버모형은 행정학의 이론적 모색을 위해서 귀중한 시발점을 제공하였다. 관료제이론은 조직의 공식 및 비공식적 측면을 분석하는 데 도움을 주었다. 그리고 다양한 관료제의 유형, 관료행태 및 논리적 행태, 불합리성 등은 행정을 이해하는 데 도움이 된다. 아이젠슈타트(S. N. Eisenstadt)의 *The Political Systems of Empires*(New York: Free Press, 1963)는 행정사적인 분석을 시도하였으며, 베버의 관료제이론을 검토한 바 있다.

---

16 R. T. Golembiewski and M. White, *Cases in Public Management*(Chicago: Rand McNally Co., 1976)가 39개의 사례들을 담은 책을 출판하였다.

관료제이론 이외에 새로이 발달된 분야는 조직이론이다. 조직이론에서의 조직역학(organizational dynamics)·소집단행태·커뮤니케이션·리더십·의사결정·개방체계·인간관계 등에 관한 여러 이론들은 행정학에 매우 중요한 이론이 되었다.

7. 문화적 장벽의 제거

제2차대전 후부터 발달된 비교 및 발전행정은 종래의 문화적인 장벽을 제거하고 새로운 이론들을 개발하였다. 즉 전통적인 이론으로는 신생국의 행정을 분석하기가 힘들게 됨에 따라 신생국에 알맞는 행정이론이 필요하게 되었다. 이러한 이론의 개발에 힘쓴 사람은 리그스(F. W. Riggs)로서 그는 신생국의 행정현상을 설명하기 위한 새로운 용어를 발견하는 데 앞장섰던 학자이다.

8. 새로운 인식에 대한 도전

행정학이 더욱 확장되기 위해서는 기존의 이론에 대한 과감한 도전이 필요하다. 계선과 막료의 구분에 대한 과감한 도전이나,[17] 일반직(generalist)과 전문직(specialist)의 구분에 대한 도전 등을[18] 예로 들 수 있는데, 이와 같은 논쟁이나 비판을 통해서 행정학이 보다 훌륭한 학문으로 성장할 수 있었다.

Ⅴ 신행정론

신행정학(론)이란 기존의 행정학, 특히 행정행태론을 비판하면서 대두된 가치주의(價値主義)의 행정학이다. 행정행태론이 강조하는 실증주의와 과학주의에서 벗어나 가치주의의 입장에서 행정의 규범성, 가치의 발견과 실천, 개인과 조직의 윤리성, 고객 중심의 행정, 사회형평의 실현 등 현실의 문제를 해결하려는 행정이론이다.

이와 같이 현실 관련의 성향을 띤 신행정론은 1960년대 말 미국의 심각한 정치·사회적 불안 상황을 극복하려는 움직임에서 제기되었다. 즉, 1960년대 말부터 1970년대 초에 이르는 기간 미국이 베트남 전쟁의 실패, 인종분규와 민권운동의 확산, 풍요 속의 빈곤 등으로 불안의 소용돌이에 휩싸이게 되자, 기존의 행정학(행정행태론)의 역할과 능력에 대한 회의와 비판이 시작되었고, 행정 현실에서 일어나는 절박한 문제들을 해결하기 위해서 보다 적극적이고 봉사

---

17 G. G. Fisch, "Line-Staff is Obsolete," *Harvard Business Review*, Vol.39, No.5(1961), pp.67～79 참조.
18 Y. Dror, *Public Policy Making Reexamined*(San Francisco: Chandler, 1968).

적인 행정의 기능수행이 요청되었던 것이다. 이러한 배경 아래서 1960년대 말 미국의 정치학자 이스턴(D. Easton)의 후기행태주의(post behavioralism) 선언과 때를 같이하여 행정학자 왈도(D. Waldo)교수와 그를 따르던 프레데릭슨(H. G. Frederickson), 마리니(F. Marini), 하몬(M. Harmon) 등의 젊은 학자들이 종래의 행정학과 성격을 달리하는 신행정론을 전개할 것을 주장하였다. 이들이 주장하는 신행정론의 특징을 요약해보면 다음과 같다.

첫째로 신행정론에서는 가치주의(valueism)를 강조한다. 행정 현상을 연구함에 있어서 가치(價値)를 배제하는 것은 터진 그릇과 같다는 것이다. 행정행태학이 현실의 절박한 문제들을 해결하지 못한 것은 바로 가치와 당위를 배제하고 있기 때문이라는 것이다.

둘째로 대외지향성(對外指向性)을 그 특징으로 한다. 즉, 행정은 격변하는 환경에 적극 대처할 수 있어야 하고, 시민 중심적, 고객 중심적 행정이어야 한다는 것이다.

셋째로 사회적 형평성(social equity)을 강조한다. 즉, 행정은 모든 사회 구성원들이 고르게 잘 살 수 있게 하여야 한다는 것이다. 이는 롤스(J. Rawls)의 정의론에 입각한 공정한 사회의 실현을 의미하고 있다.

넷째로 적극적 행동주의(行動主義)를 그 특징으로 한다. 행정인은 사회 구성원들의 '삶의 질'을 향상시키기 위하여 적극 노력하여야 한다는 것이다.

다섯째로 규범주의(規範主義)의 입장이다. 신행정론은 가치를 중시하기 때문에 가치중립적이며 보수적인 성격의 행태론을 배격하고 행정조직의 윤리성 확립과 사회정의를 실현해야 한다는 규범성과 윤리성을 강조한다.

전통적인 행정학의 주요 논점은 절약(economy)과 능률(efficiency)의 달성에 관한 문제였다. 신행정학은 바로 이러한 문제 이외에 사회적 형평(social equity)을 추가하였다.[19]

1. 사회적 형평의 확보

신행정학의 가장 기본적인 논제 중의 하나는 모든 시민을 평등하게 취급하는 일이다. 사회적 형평의 원리도 이러한 가치전제에 의하여 확보되게 된다. 기존의 관료체제는 소수의 특권층만을 옹호함으로써 정치적·경제적 여력이 없는 다수의 소시민을 차별하는 결과를 초래하였다. 이에 따라 실업·가난·질병·무지·절망감 등이 정치적·경제적 능력이 없는 이들에게 만연되게 되었다. 이는 장기적 안목에서 그 정치체제의 생존능력에 위협을 가하게 되었는데, 당시의 민주적 대표제의 절차는 이에 신속히 대처하지 못했던 것이다.

---

19 특별한 문헌출처를 밝히지 않는 한 이하의 논의는 주로 다음의 문헌에 의한다; H. George Frederickson, *New Public Administration*(Alabama: The University of Alabama Press, 1980), pp.6~12.

이에 따라 사회형평(social equity)에 대한 요구가 드높아지게 되었고, 새로운(신) 행정학(New Public Administration)의 탄생도 여기서 비롯된 것이다.[20]

2. 후기실증주의론

행정은 이제 정치와 결연된 상태로 성립될 수 있다는 것이다. 행정이 종래의 정치·행정의 이원론에서 벗어나 보다 정책지향적인 방향으로 나아갔을 때 행정의 윤리적 신념이 확보될 수 있다는 것이다.[21] 따라서 경험적·분석적 방법에 의한 방법론적(methodological) 행정학은 불식되어야 하며, 가치와 사실의 분리를 통한 과학성 추구 위주의 논리적·실증주의적(logical positivism) 행정관도 수정을 받아야 하는 것이다. 이제 행정가들은 가치중립적이어서는 안 된다. 그들에게는 언제나 바람직한 행정, 가치전제로서의 사회적 형평, 존재에 대한 정당한 이유(rationales) 등이 마련되어 있기 때문이다.[22]

3. 행정의 사회적 관련성

종래의 행정은 안정을 바탕으로 한 정적 관료제 중심이었다. 그러나 행정이 처하고 있는 상황은 그야말로 '소용돌이의 장'(turbulent field)을 방불케 하고 있다. 따라서 이러한 상황에 대처해 나가는 데는 안정된 관료제만으로는 불가능하다. 오히려 분권화되고 임기변통적인 조직구조(adhocracy)가 더 적절하다고 할 수 있다. 그만큼 행정은 이제 사회와의 명백한 관련 속에서 수행되어야 한다는 것이다.

4. 행정고객의 의사결정에의 참여

신행정학의 주요한 논제 중의 하나는 행정고객의 의사결정 참여를 강력하게 권장한다는 것이다. 그러나 실제에 있어서는 행정고객만의 참여를 권장하는 것은 아니다. 조직구성원의 참여도 강력하게 권장한다. 따라서 개방적이고 완전한 참여적 결정이야말로 사회적 형평을 실현시키는 가장 중요한 지름길의 하나로 보고 있는 것이다.

이상에서 볼 수 있는 바와 같이 신행정학은 행정학에 처음으로 도덕적 전제를 가미시킨 철학적 운동이라고 할 수 있다. 실제로 신행정학의 주창자들은 주로 젊은 행정학도들이었지만

---

20 *Ibid.*, p.7.
21 D. Waldo, "Scope of the Theory of Public Administration," in James C. Charlesworth(ed.), *Theory and Practice of Public Administration: Scope, Objectives and Methods*(Philadelphia: The American Academy of Political and Social Science, 1968), pp.1~26.
22 H. G. Frederickson, *op. cit.*, p.8.

기존의 학자들도 이 운동이 지니고 있는 입장에 동조적인 경향을 보였다.

Ⅵ 신공공관리론(New Public Management)의 대두

신공공관리론이란 민간 기업의 경영방식을 행정조직의 운영·관리에 도입하여 정부의 경쟁력과 생산력을 향상시키고자 하는 이론 내지 그 주장이다. 이와 같은 새로운 조류는 과거의 관리 중심의 (구)공공관리론과 구분하여 신공공관리론으로 불리고 있다. 이 범주에 속하는 이론으로는 최근에 제창된 신공공관리론(new public management), 시장기반 행정론(market-based administration), 기업가적 정부론(entrepreneurial government) 등이 있다.

신공공관리론은 정부의 기능을 대폭감축, 민영화를 추구하는 한편 정부 부문에 기업적 경영 방식을 도입, 행정의 성과와 실적을 중시하고 고위 관리자의 개인적 책임과 역할을 강조하는 데 그 특징이 있다.

신공공관리(公共管理)라는 개념은 1980년대 초 미국에서 신보수주의(new conservatism)가 등장함에 따라 행정의 관리적 측면이 강조되면서 대두된 것이다. 공공관리론에 입각한 정부개혁의 움직임은 카터(J. Carter) 행정부에서부터 시작되었다. 카터 행정부는 공무원 제도를 개혁하여 고급 관리직 제도를 신설하였고, 새로운 근무성적 평정제와 실적급제를 도입하였다. 우리 나라 정부도 최근 신공공관리론에 입각하여 1998년 후반기부터 책임경영 행정기관제를 비롯하여 기관 평가제, 성과급제의 도입, 공기업의 민영화 등을 적극 추진하고 있다.

신공공관리에 관한 연구는 크게 정책학적 접근법과 경영학적 접근법의 두 갈래로 시도되고 있다. 정책학적 접근법은 주로 미국의 정책학계에서 취하고 있는 연구 경향으로서 공공관리의 정치적 측면에 초점을 두고 높은 수준의 정책관리를 강조하고 있다. 이 접근방법을 택하고 있는 연구가들은 공사(公私)행정 일원론에 입각하여 공공관리론을 행정학의 범주에 포함시켜 행정학의 새로운 경향이나 조류로 파악하고, 정책적·정치적 측면에서 그 해법을 구하고자 한다. 한편 경영학적 접근법은 비교적 고전적 행정이론, 특히 과학적 관리론(scientific management)을 가까운 연구 경향으로서 과정 지향적 연구에 역점을 두고 있다. 따라서 이 접근방법을 따르고 있는 연구가들은 공사(公私)행정 이원론에 입각하여 공공관리를 행정학과는 아무런 관련이 없는 것으로 파악하고 행정의 이념으로서 능률성을 강조한다.

　　행정학은 행정을 그의 정치성과 동시에 사회성을 고려하여 본질을 파악하는 다각적인 시야를 가지고 있다. 이를 학문적 차원에서 접근하는 초기의 방법론적 기조는 주로 제도론적 접근법이나 과학적 관리론이라고 할 수 있으며, 새로운 행정 및 사회적인 요구에 응하기 위해서 다양한 접근법들이 소개되고 활용되어 왔다. 이와 같은 접근법들은 사회학적 접근법·생태론적 접근법·행태론적 접근법·사회심리학적 접근법·비교론적 접근법·체계적 접근법·기능론적 접근법 등으로 분류될 수 있으며, 이런 여러 접근법들은 상호보완적인 관계에 있으므로 일정한 사회문제의 해결을 위해서는 하나 이상의 접근법이 활용될 수 있다.

Ⅰ　사회학적 접근법

　　이는 행정현상을 인간의 공동생활이라는 측면에서 파악하고, 사회학에서 개발된 여러 이론들을 행정현상의 분석에 활용하고자 하는 접근법인데, 특히 사회학 가운데서도 구조기능설·조직론·문화개념·관료제 이론 등이 가장 큰 영향을 주고 있다.[23]

　　이러한 입장에 입각한 가장 대표적인 연구는 머튼(Robert K. Merton)과 벤딕스(Reinhard Bendix)·블라우(P. Blau) 등에 의해 이루어졌는데, 이들은 특히 관료제의 역기능과 비공식조직(informal organization)의 비합리적인 측면의 중요성을 강조하였다.[24]

　　또한 셀즈닉(P. Selznick)은 사례연구방법을 사용하여 TVA와 그의 정치·행정적인 요인들을 TVA의 조직을 통하여 분석하였다.[25] 그는 포섭(cooptation)이라는 용어를 도입한 바 있는데, 포섭(cooptation)이란 조직의 안정 내지 존립에 위협이 되는 것을 회피 또는 해결하는 수단으로 그 조직의 정책결정기구에 새로운 외부요소를 흡수하는 과정이라 할 수 있다. 이와 같은 사회학적 접근법은 행정학에 새로운 시야를 제공하였으며, 행정학의 학문적인 지위를 향상시켜 주었다.

---

23 D. Waldo, *The Study of Public Administration*(New York: Random House, 1955), pp.9~11.

24 R. K. Merton, "Bureaucratic Structure and Personality," *Social Forces*, Vol. 17(1940), pp.560~568; R. Bendix, "Bureaucracy and the Problem of Power," *Public Administration Review*, Vol. 5(1945), pp.194~209; P. Blau, *Bureaucracy in Modern Society*(New York: Random House, 1956), p.7.

25 P. Selznick, *TVA and the Grass Roots: A Study in the Sociology of Formal Organization*(New York: Harper & Row, 1969).

Ⅱ 생태론적 접근법

생태론적 접근법을 처음으로 제창한 사람은 바나드(Chester I. Barnard)로, 이는 생물학적 개념을 정책결정과정의 설명에서 처음으로 활용한 바 있다.[26]

1. 가우스의 이론

가우스(J. M. Gaus)는 「행정에 관한 성찰」(*Reflections on Public Administration*, 1947)에서 생태론적 접근법을 자세하게 설명하고 있다. 가우스는 정부기능은 그의 환경과의 유기적 상호관련 하에서 이해되지 않으면 안 된다고 함으로써 생태론의 중요성을 강조한다.[27]

정부기능을 설명하는 데 유용한 환경적 요소로서 가우스는 일곱 가지를 들고 있는데, ① 국민, ② 장소, ③ 과학기술, ④ 사회제도, ⑤ 사조(wishes and ideas), ⑥ 재난(catastrophe), ⑦ 인성(personality) 등이 그것이다. 따라서 행정의 생태론적 접근방법은 특정한 사회문제와 연관되어 있는 특정한 장소와 그 곳에 살고 있는 사람들의 연령·지식, 그리고 그들이 가지고 있는 과학기술을 자세하게 알고 평가하지 않으면 안 된다는 매우 과학적이면서도 종합적인 시도라고 볼 수 있다.

그러나 이 방법은 행정을 외부와의 상호관계를 연구하겠다고 하여 행정 내부적인 관리적·기술적 국면에 주의를 기울이지 않기 때문에 행정학에 있어서 유일한 최선의 방법일 수는 없다.

2. 리그스의 이론

생태론을 주로 개발도상국의 행정연구에 활용할 것을 주장한 사람은 리그스(Fred W. Riggs)이다.

리그스는 행정의 비교연구를 위한 유형으로 생태론적 접근법을 활용하여 농업사회(agraria)와 공업사회(industria)의 모형을 개발하였다.[28] 그 후 이를 바탕으로 하여 새로운 이념형인 융합사회(fused society)와 분화사회(diffracted society) 및 그 중간사회인 프리즘사회(prismatic society)로 발전시켰다.[29] 또한 프리즘사회의 행정제도를 살라(sala)라고 명명하여 생태론적 접

---

26 C. I. Barnard, *Functions of the Executives*(Harvard University Press, 1938), chap. ⅩⅢ 참조.
27 J. M. Gaus, *Reflections on Public Administration*(Tuscaloosa: University of Alabama Press, 1947).
28 F. W. Riggs, "Agraria and Industria: Toward Typology of Comparative Administration," in William J. Siffin(ed.), *Toward the Comparative Study of Public Administration*(Bloomington, Ind.: Indiana University Press, 1959), pp.23～116.
29 F. W. Riggs, *Administration in Developing Countries: The Theory of Prismatic Society*(Boston: Houghton Mifflin Co., 1964), pp.3～12.

근법에 의한 개발도상국의 행정에 관한 연구모형으로 이 살라모형을 제시하면서,[30] 프리즘적 사회의 특색으로 이질혼합성·형식주의(formalism)·중첩성·정실주의·다분파성·다규범성·합의의 결여 등을 들고 있다.

리그스의 이론은 거시적인 입장에서 비교행정을 연구하는 모형으로 아주 유용한 이론으로, 아시아·아프리카 등 개발도상국을 연구하는 데 매우 큰 공헌을 하였으며, 향후에도 매우 유용한 접근이라고 판단된다. 다만 이 이론은 후진국의 입장에서 행정을 보지 못한 다분히 서구중심적인 이론이라는 데 그 한계가 있다고 하겠다.

Ⅲ 행태론적 접근법

행태주의(behavioralism)란 용어는 심리학자인 와트슨(J. B. Watson)이 1925년 프로이드(S. Freud)의 추상적 전통성을 비판하고 마음(mind) 대신 인간행동을 강조한 데서 비롯된다.

행태론적 접근법은 과학적으로 인간의 행태를 연구하는 것을 기본으로 삼고 있다. 따라서 이는 행정의 과학화에 크게 이바지하였고, 다음과 같은 특징을 지닌다.

(1) 행태론은 인접분야의 영역과 방법을 사용하는 협동과학이기 때문에 행정연구가 보다 과학적이 된다.

(2) 행정조직에서 일하고 있는 인간의 행동이 검증가능하여야 한다.

(3) 행태론은 문제를 계량화하여 분석한다. 따라서 조직 내의 집단(group), 계량화가 가능한 투표행태, 시장조사 등이 행태론적 접근법에 알맞은 대상이 된다.

행정학에서 행태론적 접근법은 다알(R. Dahl)[31]과 사이몬(H. Simon)[32]에 의하여 주창되었으며, 특히 사이몬의 「행정행태론」(Administrative Behavior, 1947)은 행태론적 접근법을 확립하는 데 크게 공헌하였다. 사이몬은 「행정행태론」에서 논리적 실증주의(logical positivism)의 중요성을 역설하였다. 논리적 실증주의는 자연과학과의 밀접한 관련성을 주장하고, 형이상학과 윤리학을 배척하며, 경험주의를 강조하고, 논리적 분석에 높은 가치를 둔다. 또 경험적 검증가능성에 근거하여 사실(fact)과 가치(value)를 구별하고, 과학은 전자에만 국한된다고 보고 있다. 따라서 행정과학은 다른 과학과 마찬가지로 순수한 사실적 서술에만 관계되고, 윤리적 주장을

---

30 F. W. Riggs, 생태론적 접근방법: 살라모형, 유종해 편역, 비교행정론(연세대 출판부, 1972), 40∼49면 참조.

31 R. A Dahl, "The Science of Public Administration," *Public Administration Review*, Vol. 7, No. 1(winter 1947), pp.1∼11.

32 H. Simon, "The Proverbs of Administration," *Public Administration Review*, Vol. 6, No.1 (Winter 1946), p.53.

할 여지가 없는 것이다.

이와 같은 입장에서 사이몬은 전통적 조직이론이 주장하는 '행정의 원리'는 과학적으로 검증된 원리가 아니라 경험적으로 추출된 하나의 건의나 금언에 지나지 않는다고 비판하고 있다.

Ⅳ 비교론적 접근법

초기의 미국행정학은 역사적이며 자기중심적(ethnocentrism)인 경향을 가질 뿐만 아니라 매우 배타주의적이었다.[33] 이에 알몬드(G. Almond) 교수는 미국비교정치의 연구경향이 서구의 공업화된 국가만을 연구하여 지엽적(parochialism)이며, 특정한 정치제도를 묘사하는(configurative) 외형에만 치중하는 형식주의(formalism)라고 비판한 바 있다.

그러나 제2차 세계대전의 종식과 더불어 미국의 국제사회에서의 지위가 상승하고, 신생국이 많이 생겨 미국의 기술원조사업이 필요하였고, 하나의 전문분과로서 행정학의 범위가 팽창될 필요성이 생긴 것이 비교론적 접근법이 대두된 계기가 된다.

미국행정학에서 비교연구의 필요성은 라이저슨(A. Leiserson)·다알(R. Dahl)·왈도(D. Waldo)·리그스(F. Riggs)·헤디(F. Heady) 등에 의해 체계적으로 주장되었다. 특히 다알 교수는 행정학 연구가 비교론적이지 못하다면, 행정학은 과학성을 결여할 수밖에 없다고 주장한 바 있다.[34]

또한 리그스는 생태론적 접근법을 비교연구에서 마땅히 활용해야 한다고 하면서, 비교연구는 그 나라의 정치적·사회적·경제적·역사적 기반을 일체적으로 파악할 수 있는 기능적 분석이 수반되어야 한다고 하였다. 리그스는 비교론적 접근법의 특성으로 규범적 접근법에서 경험적 접근법, 개별예적 접근법(idiographic)에서 일반법칙적 접근법(nomothetic), 그리고 비생태론적 접근법에서 생태론적 접근법으로 경향상의 변화가 나타났다고 주장하였다.[35]

Ⅴ 체계이론과 기능적 접근법

사회과학에서 가장 보편적인 접근방법은 체계이론(systems theory)과 기능적 접근법(functional approach)이라 할 수 있다. 이 두 가지 연구방법은 같은 범주에 포함시킬 수 있는데, 후

---

33 이는 F. W. Riggs, "Notes on Literature Available for the Study of Comparative Public Administration," *American Political Science Review*, Vol. 48(1954), p.516을 참조하였다.

34 R. Dahl, *op. cit.*, p.8.

35 F. Heady 저, 서원우 역, 비교행정론(서울: 법문사, 1968), 38면.

자가 전자의 한 분야라고 할 수 있다. 왜냐하면 기능적 분석은 체계의 존재를 전제로 하기 때문이다.

1. 체계이론

(1) 체계의 개념

체계이론(systems theory)에 의하면 어떤 특정한 현상은 전체를 이루는 어떤 실체의 한 부분이다. 따라서 행정학의 경우 행정현상이 사회현상이라는 전체의 한 부분이라고 생각하는 것이다. 이에 따라 체계의 개념을 간단히 정의하여 보면, 체계란 상호의존하는 부분들로 구성된 실체라고 할 수 있다. 그러므로 조직 속의 부분 내지 단위들은 그 조직을 이루고 있는 경계 (boundary) 속에서 활동하면서 한 부분의 변화가 다른 부분에 영향을 미치도록 함께 연결되어 있다.

(2) 체계의 구성요소

체계는 다음과 같은 구성요소를 갖는다.

첫째, 체계는 보통 분화되고 다소 이질적이긴 하지만 동시에 동질적인 여러 부분으로 구성된다.

둘째, 부분들은 상호작용한다.

셋째, 여러 체계는 각각 경계선(boundaries)이 있는데, 이 체계는 변화·발전하고 다른 체계에 영향을 미칠 수 있다.

넷째, 대부분의 체계는 그보다 작은 하위체계(sub-system)를 갖는다.

다섯째, 여러 체계는 환경과 상호작용을 하게 되는데, 따라서 한 체계는 하위체계와는 물론 환경이라는 하나의 큰 실체와도 상호의존적인 관계를 맺게 되고, 타 체계와도 관계한다.

체계이론가들은 정치체계의 투입(inputs)과 산출(outputs)에 대하여 설명함으로써 체계의 본질을 파악하려고 한다.[36] 여기서 투입은 국민의 요구(demands)와 지지(support)이고, 산출은 정책결정과정을 통하여 법제정인 입법(rule marking), 법해석인 사법(rule interpretation) 및 법집행인 행정(rule enforcement)으로 나타난다.

끝으로, 체계에서 고려해야 할 사항은 '환류'(feedback)라는 개념이다. 환류는 산출이 투입에 영향을 미치고, 나아가서 결정(decisions)에 영향을 미치게 되는 것을 말한다. 즉 산출물이 나왔을 때 환경으로부터 이에 대한 반응이 있게 되며, 이러한 반응은 새로운 투입으로 바뀌고,

---

36 이에 대해서는, D. Easton, "An Approach to the Analysis of Political System," *World Politics*, Vol.10, No.3(April 1957), pp.383~400 참조.

이러한 새로운 투입으로 인하여 새로운 결정을 하게 된다. 이 환류가 중요한 이유는 체계의 계속성을 유지시켜 주기 때문이다.

(3) 체계이론의 적용

체계적 접근법은 다음과 같이 두 가지 핵심적인 분야로 구성된다. 즉 첫째는 체계에 있어 투입과 산출 사이에 어떠한 관계가 있는가 하는 문제로서 투입과 산출의 취급문제이고, 둘째는 체계가 어떻게 외부환경에 적응하는가 하는 문제로서 체계의 계속성과 관계가 있다. 이 두 번째 문제가 다음에 설명할 기능적 접근법(functional analysis)의 주요한 관심분야가 된다.

2. 기능적 접근법

기능적 접근법은 어떤 역할이나 제도가 체계의 유지·존속에 어떠한 기능을 수행하는가를 밝혀내려는 데 그 목적이 있다. 네이겔(Ernest Nagel)은 기능적 접근법을 통하여 사회현상을 포괄적으로 연구할 수 있다고 주장한다.[37]

(1) 기능적 접근법의 의의

기능적 접근법은 제도나 법규를 중시하는 것이 아니라, 특정한 제도나 법규가 어떠한 활동을 하려고 만들어졌는가 하는 기능문제에 관심을 가지고 연구하려는 방법으로써, 이 접근법의 우선적 대상은 정치체계가 어떠한 기능을 수행하느냐 하는 데 있다.

가장 간단한 형태이기는 하지만, 기능적 접근법은 다음과 같은 요소를 지닌다. 첫째로 체계(system), 둘째로 여러 변수, 셋째로 여러 변수가 체계에 미치는 효과를 설명하는 요소 등이다. 어떠한 체계이든간에 체계가 유지되기 위해선 필연적으로 수행되어야 하는 기능들이 있다. 따라서 기능적 접근법은 이러한 필연적인 기능들이 체계의 유지와 존속을 위하여 어떠한 상호작용을 하며 그 역할은 무엇인가를 분석하려고 한다.

(2) 기능적 접근법의 유형

기능적 접근법의 첫째 유형으로는 정치학자 플라니간(William Flanigan)과 포겔만(Edwin Fogelman)이 이름붙인 절충적 기능주의(electric functionalism)가 있는데, 이는 어떤 개인이나 제도 또는 국가의 활동을 단순히 기능적으로 설명하는 방법이다. 이 유형의 예로서는 로시터(Clinton Rossiter)의 대통령의 기능,[38] 파이너(Herman Finer)의 입법자의 기능[39] 및 소라우프

---

37 E. Nagel, *The Structure of Science*(New York: Harcourt, Brace & World, 1961), p.520.
38 C. Rossiter, *The American Presidency*(New York: Harcourt, Brace & World, 1960), chapter 1.
39 H. Finer, *The Theory and Practice of Modern Government*(New York: Henry Holt, 1949), pp. 279~284.

(Frank J. Sorauf)의 정당의 기능[40] 등을 들 수 있다.

둘째 유형은 체계의 유지에 필수적인 기능들이 다른 체계에 영향을 미치게 되는데, 이것을 타 체계에 영향을 미치는 기능이라 하여 첫째 유형의 기능과 구별한다. 예컨대 정당활동이 투표나 당의 일체감을 강화하는 데 어떠한 기능을 하는가에 관한 연구는 이 유형의 접근법을 통하여 달성할 수 있다.

끝으로 기능적 접근법의 유형으로 많이 알려진 알몬드(Gabriel Almond)의 체계유지모형(System-Maintaining Model)을 들 수 있다.[41]

알몬드는 모든 정치체계는 구조가 다르다고 할지라도 여기서 수행되는 기능은 동일하며, 구조상으로 비교될 수 있기 때문에 기능적 접근법의 연구의 대상이 된다고 말하고 있다.

알몬드는 정치체계에 의하여 수행되는 기능은 다음과 같이 투입과 산출기능으로 나누어 7가지를 들고 있다. 즉 투입기능으로는 ① 정치적 사회화와 충원(political socialization and recruitment), ② 이익표명(interest articulation), ③ 이익통합(interest aggregation), ④ 정치적 의사소통(political communication) 등의 4가지를 들고, 산출기능에 ⑤ 법규제정(rule-making), ⑥ 법규적용(rule-application), ⑦ 법규해석(rule-adjudication) 등의 3가지를 들고 있다.

이러한 알몬드의 기능적 접근법은 긍정적인 측면도 가지고 있으나, 다음과 같은 비판도 있다. 첫째, 빈더(Leonard Binder)의 비판으로 여기서 말하는 기능들이란 논리적 내지 경험적으로 도출된 것이 아니며, 또 왜 특정한 기능들만이 고찰의 대상이 되고 그 이외 것들은 탈락되어야 하는가 하는 의문을 제기하면서 한정된 기능들만이 정치체계를 형성한다고 하는 가정의 타당성에 의문을 제기한다. 둘째, 리그스(Fred W. Riggs)의 비판으로, 알몬드(G. Almond)의 모형이 선진국의 정치체계에는 잘 적용되나 과도적 체계(transitional systems)의 분석에는 부적당한 것이라고 비판한다.

이상 우리는 기능적 접근법의 의의·유형 및 균형분석을 고찰해 보았는데, 기능적 접근법은 결국 안정된 체계와 체계의 여러 부분 사이의 상호관련성을 분석하는 것으로, 제도나 기구를 중시하던 접근법에서 벗어나 이러한 기구나 제도들이 어떠한 기능을 수행하는가에 중점을 두고 분석해 보려는 접근방법이라 할 수 있다.

그런데 행정학에 있어서 기능적 접근법은 비교행정과 발전행정의 접근법으로 사용되고 있

---

40 F. J. Sorauf, *Political Parties in the American System*(Boston: Little, Brown & Co., 1964), pp. 2~6.

41 G. Almond, "Introduction: A Functional Approach to Comparative Politics," in Gabriel Almond and James Coleman, *The Politics of the Developing Areas*(Princeton, New Jersey: Princeton University Press, 1960), pp.3~64.

으며, 그 가치도 이미 높이 평가되고 있다.[42]

제 4 절　행정학연구의 모형

모형(model)이란 어떤 현상을 연구하는 데에 있어서 원용하는 이론적인 구조를 가리키는 것이다. 따라서 여기서 말하는 모형이란 행정현상을 연구하는 데에 있어서 사용되는 이론적 구조를 말한다. 행정학에서 주로 사용되는 중요한 모형으로서는 다음과 같은 것들이 있다.

1. 조직모형

조직모형은 사회학에서 직접적인 영향을 받았고, 특히 독일의 사회학자인 막스 베버(Max Weber)의 이론적 영향이 크다. 베버의 도움으로 체계화된 조직문제를 많은 사람들이 연구하게 되었는데, 이들의 관심사는 모든 조직에 공통적인 것이 무엇인지를 알아내는 일이었다. 모형으로서의 조직은 행정학에서 논의되어 온 것보다 훨씬 더 광범위하다.[43] 이 모형을 주장하는 사람들이 말하기를 '조직'은 행정 그 자체보다 광범위하고 보다 기본적인 개념이라는 것이다. 조직모형은 행태론자가 선호하는 모형이며, 조직에서의 내재적인 비공식조직 내지 비공식적 인간관계의 중요성을 인정하고 있다.

2. 관료제모형

관료제모형의 가설은 모든 조직에는 관료제가 존재하며 또한 모든 제도(institution)에도 관료제가 존재하므로, 관료제는 행정에 매우 유용한 모형이 될 수 있다는 것이다.[44] 이 모형에서의 초점은 조직 자체보다 그 속의 인간과 관료제가 지니는 전문성에 있다.

관료제의 모형은 행정학에서 오래 전부터 사용되어 온 모형이나, 그 모형의 기원은 역시 막스 베버(Max Weber)까지 올라가야 한다. 관료제모형에서 강조하고 있는 점은, ① 조직과 기술은 전문적 관료제를 필요로 한다. ② 특정한 집단이 특수한 사업을 담당하기 위해서 탄생된

---

42 이미 왈도(D. Waldo) 교수는 *The Study of Public Administration*(1955)에서 이 접근법의 중요성을 강조한 바 있다.

43 가장 대표적인 저서는, J. March and H. Simon, *Organization*(New York: Wiley, 1960); R. Presthus, *The Organizational Society*(New York: Vintage Books, 1965).

44 관료제의 모형을 주장하는 문헌은 무수히 많으나, 가장 대표적인 것이 F. Heady, *Public Administration: A Comparative Perspective*, 4th ed.(New York: Prentice-Hall, 1991)와 P. Blau, *The Dynamics of bureaucracy*, 2nd ed.(Chicago: University of Chicago Press, 1962)가 있다.

다. ③ 관료제는 지역사회의 필수적인 수요를 충족시켜 준다. ④ 관료제는 조직과 같이 내재적인 경향을 지닌다. 즉 팀워크와 권위의 수용(compliance) 등이 있다. ⑤ 관료제란 직업과 사람을 의미하기 때문에 권력·권위·명예와 같은 가치가 조직모형에서보다 더 중요한 역할을 한다는 것 등이 그것이다.

3. 의사결정모형

의사결정모형의 영향을 많이 받은 행정학의 이론이나, 누가 과연 이의 창시자인가는 분명치 않다.[45] 경제학의 개념인 투입과 산출은 행정학에 크게 공헌하였고, 철학적 개념인 이론적 실증주의도 의사결정과 관련하여 유익한 공헌을 하였다.

의사결정모형은 의사결정이 많은 과정을 거치게 되어 있고, 이 과정에서 여러 이론적 모형을 거치게 되므로 합리적인 의사결정이 이루어질 수 있다는 점을 강조한다. 이 모형은 문제의 인지와 목표설정에 있어서 여러 현실적 요인을 감안하여 해결방안을 제공한다.

4. 체계분석모형

체계분석모형 역시 경제학·관리학·통계학·정치학 등에서 활용되는 방법으로써[46] 행정을 체계, 즉 유기체로 가정하여 각 구성요소들의 상호작용을 연구하는 방법이다. 이 모형은 특히 체계와 환경과의 관계에 상당한 관심을 가지고 체계 내의 상호작용을 투입—산출—환류의 관계로 분석하고 있다.

---

45 행정학에서 의사결정모형의 창시자는 사이몬으로 볼 수 있다. 가장 대표적인 문헌은, H. Simon, *Administrative Behavior: A Study of Decision-Making Process in Administrative Organization*(New York: Macmillan, 1947과 1957); W. J. Gore, *Administrative Decision Making*(New York: Wiley, 1964)이다.

46 행정학에서 이 모형을 이용한 것으로는, S. M. Katz, *Exploring a System Approaches to Development Action*, Comparative Administration Group(Bloomington: Indiana University, 1966)이 있다.

Ⅰ　행정이론의 계보

행정학이 하나의 학문으로서 성장하게 됨에 따라 행정이론의 유용성도 점차 커지고 있다. 따라서 여기서는 초기의 행정학문제로부터 시작하여 역사적인 관점에서 간략히 행정이론의 발전과정을 살펴보되, 그 이론의 배후에 있는 정치적 기반은 물론 인접학문분야와의 관계도 함께 고찰하여 보고자 한다.

1. 고전적 이론

초기행정학의 연구는 공·사부문의 뚜렷한 구별이 없이 행정(administration)의 능률성을 강조하면서부터 시작되었는데, 이 때의 행정연구는 사기업부문에서 연구되어 오던 테일러(F. W. Taylor)의 과학적 관리론(principles of scientific management) 그리고 그 후 Ford시스템에서 많은 영향을 받았다.[47]

테일러의 뒤를 이은 화이트(Leonard D. White)나 귤릭(Luther Gulick)도 공공행정의 관리적 측면을 강조하였고, 특히 귤릭은 집행과정에서 고려해야 할 기능들을 중심으로 POSDCORB이라는 새로운 단어를 만들었는데, 이것은 기획(Planning)·조직(Organizing)·인사(Staffing)·지휘(Directing)·조정(Coordinating)·보고(Reporting)·예산(Budgeting)을 의미한다.

그런데 이러한 견해들은 일반적으로 기계적이고 비인간적인 측면만을 강조한 것이고, 합리성과 능률성이라는 단일가치기준에 기반을 두고 있다.

또한 고전적 행정이론은 독일의 사회학자 막스 베버(Max Weber)에 의해서도 많은 영향을 받았는데, 베버는 관료제를 권위의 모형에 따라 전통적(traditional) 관료제, 카리스마적(charismatic) 관료제, 합리적(rational) 관료제의 3가지 형태로 나누었다.

베버의 관료제 모형을 이념형(Ideal type)이라 하는데, 이것은 자연 내지 사회현상에 있어서 개별적인 특성을 무시하고 일반적으로 공통된 특성만을 추출하여 구성한 개념이기 때문이다.[48]

베버의 관료제는 인간의 사회심리적인 측면을 무시하고, 비공식적 조직을 전혀 고려치 않았다는 비판을 받기도 했으나 미국학자들도 행정개혁을 필요로 할 때에는 이와 같은 베버의

---

47 F. W. Taylor, *The Principles of Scientific Management*(New York: Harper & Row, 1947).

48 M. Weber, "The Essentials of Bureaucratic Behavior: An Ideal-Type Construct," in Robert Merton et al.(eds.), *Reader in Bureaucracy*(New York: Free Press, 1952).

합리적 모형(rational model)을 강조하고 있으며, 연방정부에 있어 절약과 능률에 관한 태프트위원회(The Taft Commission on Efficiency and Economy)·브라운로우(Brownlow)위원회·후버(Hoover)위원회 등도 이러한 합리적인 모형을 현실에 적용해 보려고 노력하였다.

결국 고전적 이론(classical theory)은 행정조직을 관리함에 있어 기본적으로 다루어야 할 공식적인 문제와 능률성 문제를 주로 취급하였고, 또한 오늘날까지도 관리(管理)문제와 개혁문제를 다루는 데 있어서 고전적 이론의 영향은 매우 크다고 할 수 있다.

2. 인간적 및 심리적 측면으로서의 행정이론(인간관계론)

제2차 세계대전 이후 인간을 정치적 내지 사회적 동물이라고 보는 측면이 강조되면서부터 고전적 이론의 한계가 나타나기 시작하였다.

행정가들의 행태에 대한 설명은 심리학·사회학·정치학 등 인접학문분야의 도움을 받게 되었고, 왈도(Dwight Waldo)·헤링(Pendleton Herring)·베일리(Stephen Bailey)·프레스더스(Robert Presthus)·사이몬(Herbert Simon)·리커트(Rensis Likert) 등이 이 때의 대표적 학자들이었는데,[49] 이들은 행정학이 가치문제인 정치문제를 다루게 되면 과학적인 연구가 곤란하다고 주장하였다.

또한 사기업부문에서는 1927~1932년 사이에 호손연구(Hawthorne Study)가 있었는데, 이 연구에서 얻은 결론은 공장의 생산성이 첫째, 공장의 설비나 노동자의 기술에 의하여 결정되기보다는 오히려 동료들 상호 간에서 발생하는 사회적 규범에 의하여 결정된다는 것, 둘째, 비경제적인 보수나 규제도 노동자의 행동에 중대한 영향을 미친다는 것, 셋째, 노동자는 개인으로서보다는 조직의 구성원으로서 행동한다는 사실을 발견하였다.[50]

많은 행정이론이 이러한 인간관계학파에 기반을 두고 있는데, 첫째, 체계이론(system theory)은 인간과 조직의 상호작용과 더불어 환경적 요인도 인간의 행태에 영향을 미친다고 생각하고 연구하는 방법이고, 둘째, 게임이론(game theory)은 자원을 획득하려는 개인상호 간의 경쟁을 수학적으로 분석해 보려는 것이며, 셋째, 의사결정이론(decision theory)은 의사결정에 영향을 미치는 개개인의 역할을 분석하여 적용하려고 하는 방법이다.

이러한 이론들은 경제학·수학·사회학·심리학 등 인접학문분야에서 개발된 것으로서 행정

---

49 이 학자들의 저서로는, R. V. Presthus, *The Organizational Society*(New York: Knopf, 1962); P. Herring, *Public Administration and the Public Interest*(New York: McGraw-Hill, 1936); H. A. Simon, *Administrative Behavior*(New York: Macmillan Co., 1957) 등이 있다.

50 이것은 다음 책에서 간추린 것이다. A. Etzioni, *Modern Organizations*(Englewood Cliffs: Prentice-Hall, 1964), pp.34~35. 호손연구에 대한 자세한 내용은, F. J. Roethlisberger and W. Dickson, *Management and the Worker*(New York: John Wiley & Sons, 1964) 참조.

현상의 연구에 중대한 공헌을 하고 있다.

3. 사회이론으로서의 행정이론(구조론)

정부의 행정기구가 사회체계의 일부로서 정치·농업·복지·노동문제 등은 물론 중소기업의 보호문제·환경보호 등과 같은 문제를 다루는 것은 사회적 요구에 적극적으로 대응하여야 한다는 당위론적인 이유에 기인한다. 그러므로 행정기구도 사회의 필요에 따라 변화하고, 그 구성원도 정치·경제·사회·문화적으로 상호관련되어 있는 것이다. 따라서 행정에 대한 분석은 사회체계의 일부로서, 즉 행정과 관련을 맺고 있는 정치·경제·사회적인 측면을 고려하여 연구되어야 한다.

우리 나라 전체를 하나의 살아 있는 시스템으로 이해하는 것은 행정의 의의를 거시적으로 파악하는 데 크게 도움이 될 수 있다. 대한민국이라는 살아 있는 시스템은 크게 두 가지 하위시스템, 즉 공공부문과 민간부문으로 구성되어 있으며, 이 두 하위시스템은 서로 유기적으로 상호작용하면서 우리 나라 전체시스템의 생존을 유지해 나가고 있는 셈이다. 여기서 공공부문을 입법부, 사법부, 행정부 모두를 포함하는 광의의 행정시스템이라 부른다면 대한민국이라는 커다란 살아 있는 시스템은 공권력을 행사하는 주체인 행정시스템과 민간인들로 구성된 민간부문이라는 두 가지 하위시스템으로 이루어져 있는 셈이다.

행정을 생존을 위해 환경과 교류하는 개방시스템으로 이해한다면 그 환경은 국제사회나 국제기구 등이 될 것이며, 행정을 자체의 독립된 시스템으로 파악하는 경우 행정의 환경은 국제부문과 민간부문(국내부문)으로 파악할 수 있다. 이렇게 볼 때, 행정이란 곧 국가가 국내환경 및 국제환경과의 교류 속에서 나라 전체의 생존을 유지하기 위해 공권력에 기초하여 공적 업무를 수행해 나가는 과정이라고 보는 입장이 구조론적 행정이론이라 볼 수 있다.[51] 이 구조이론이 현재 우리 사회의 변화를 설명하는 데 제일 큰 설득력이 있으나 앞의 두 행정이론도 같이 사용될 수 있음을 강조한다.

Ⅱ 행정이론의 새로운 접근

1. 신제도주의

행정학의 연구에 있어서 가장 전통적인 방법이 제도주의(Institutionalism)라 할 수 있다. 즉

---

51 김정수, "거시행정학의 체계정립을 위한 시론: '개방시스템' 관점에서 그려본 습작," 한국행정학보 제28권 1호(한국행정학회, 1994), 9~10면 참조.

국가의 운영에 있어서 가장 근간이 되는 법, 조직 등을 포함한 다양한 제도에 관한 고찰을 말한다. 그러나 이 제도주의가 제도 자체의 기술에만 매몰됨으로써 제도의 생성 동기와 변화에 관한 통찰이 부족하다는 한계를 노정하게 되었다. 이에 따라 행태론을 포함한 다양한 행정이론이 보다 각광받게 되었다.

신제도주의(new institutionalism)는 제도의 생성과 변화에 초점을 맞추어 새로운 이론으로 부상하여 과거의 제도주의와 차별화된다. 신제도주의는 학문적 영역에 따라 다양한 유형으로 발전되는데, 이는 역사적 제도주의(historical institutionalism), 사회학적 제도주의(sociological institutionalism), 합리적 선택 제도주의(rational choice institutionalism)로 대별된다. 역사적 제도주의는 주로 전통적인 정치학을 중심으로 전개되며, 기존의 법과 제도의 생성에 대한 공식적인 측면과 역사적인 측면에 초점을 맞추고 있다. 이는 생성된 제도는 역사적으로 그 안정성을 기초로 한 일정한 경로를 유지하는 경로의존성(path dependency)을 갖게 된다는 점을 강조한다. 사회학적 제도주의는 제도의 범주에 인간사회의 모든 규칙과 절차, 문화와 관습까지도 포괄한다. 또한 전통적인 의미의 제도는 문화와 관습과 같은 비공식적 제도의 산물이며, 비공식적 제도에 초점을 맞추어 의미체계, 상징체계 등도 분석의 대상으로 삼고 있다. 합리적 선택 제도주의는 경제학적 측면의 제도연구로 제도를 인간의 이성적 활동의 산물로 파악한다. 즉 사회구성원인 개인은 일련의 선호 체계를 가지고 있으며, 이들은 자신의 선호 또는 효용을 극대화하기 위해 제도를 창출한다. 이는 인간의 능동성을 강조한다는 측면에서 사회학적 제도주의와는 다르다.

2. 공공선택론

공공선택론(public choice theory)은 이성적인 인간이 자신의 이익을 극대화하기 위하여 제도와 정책을 선택한다고 주장한다. 경제학에 기반을 두고 있는 공공선택론은 합리적이고 이성적인 인간이 공공의 의사결정과정에서 보여주는 행태에 초점을 맞추고, 보다 바람직한 공공정책의 결정을 위한 제도적인 대안을 찾아내기 위하여 다양한 노력을 경주하고 있다. 공공선택론에 따르면 정부의 공식적인 제도의 설계자인 정치가와 관료들이 공공을 위한 선택을 하기보다는 자신들의 사적 이익을 추구한다는 점에 주목하고 있다. 예컨대, 자기 부처의 예산을 최대한 확보하려는 관료의 행태는 공익에 주목하기보다는 자신과 자신이 속한 부처의 집단이익을 극대화하기 위해 노력한다는 것이다. 이와 같은 논지로 공공선택론은 정부의 개입에 따른 시장의 실패, 즉 정부실패(government failure)를 주장한다. 이는 결국 작은 정부의 이론적 기초가 되고 있다.

그러나 공공선택론은 인간의 경제적 이익에 지나치게 경도되어 인간의 도덕적인 가치를 포함한 다양한 가치를 경시하고 있으며, 시장의 논리를 지나치게 강조하여 정부와 행정이 갖는 독특한 특질을 경시하고 있다는 비판에 직면하고 있다.

3. 신거버넌스

신거버넌스(new governannce)는 신공공관리(new public management)와 동시대에 같이 등장한 개념으로 국가를 운영하는 주체와 방식에 관한 새로운 시각을 제공하고 있다. 일반적으로 정부(government)는 합법적인 강제력을 가지고 국가를 운영하는 공식적인 기관으로 이해되고 있으며, (구)거버넌스는 정부의 통치방법 또는 통치체제를 의미한다. 그러나 신거버넌스는 행정을 정부기관과 시민사회를 포함한 다양한 외부 환경과의 연계(linkage) 또는 연결망(network)을 통한 공익의 추구활동으로 이해하고 있다. 이에 따라 행정의 영역은 정부기관의 밖으로 그 범주가 확장되었고,[52] 이에 따라 신거버넌스는 (구)거버넌스와 달리 이해되고 있다.

다양한 학자들이 신거버넌스에 관하여 다양한 해석을 하고 있지만, 사회를 구성하는 개인과 집단의 국가운영에의 민주적인 참여를 유도하고 이를 통하여 사회의 대전환을 시도한다는 점에는 동의하고 있다. 좀 더 구체적으로 신거버넌스는 민영화와 공무원의 감축을 통한 작은 정부를 지향한다.[53] 두번째로 신거버넌스는 조직의 직접적인 운영보다는 전반적인 운영의 방향을 제시하는 조정과 통제를 통하여 의미한다. 또한 정부와 기업, 시민사회 등 사회구성 집단이 다양한 자원의 교류를 통하여 자신들의 역량을 최대화하여 궁극적인 공동의 목적을 달성하려고 한다. 결국 정부와 비정부 조직 간의 상호의존, 이러한 연대 간의 지속적인 교류와 신뢰를 바탕으로 한 상호작용이 신거버넌스의 특질을 나타내는 핵심요소라 할 수 있다.

4. 신공공서비스

신공공서비스(new public service)는 관료가 공복(public servant)으로서 국정의 조정역할보다는 시민의 요구와 공공의 이익에 부응하고자 하는 노력에 초점을 두고 있는데, 이는 1980년대 이후 지속적으로 행정부문이 결과중심의 고객과 시장지향적인 신공공관리(new public management)와 정부와 공공부문, 민간기업, 그리고 시민사회 등 사회구성원 전반의 연결망을 통한 국정운영을 강조하는 신거버넌스(new governance)와 같이 정부기관에 의한 주도적인 국정

---

52 H. G. Fredrickson, *The Spirit of Public Administration*(CA: Jossey-Bass, 1997).

53 R. A. W. Rhodes, The New Governance: Governing without Government. *Political Studies*, 44(1996): pp. 652-667.

운영이 아닌 외부와의 관계에 초점을 주고 있는 점에 대한 반향으로 볼 수 있다.

이를 주창한 덴하르트(R. B. Denhardt)는 전통적 행정과 신공공관리의 비판을 통하여 새로운 행정의 모습을 제시하고 있는데, 국가의 주인은 결국 국민이라는 사실을 다시 한번 상기시키며, 국민을 고객(customer)이 아닌 주인으로 섬기고 봉사해야 한다는 철학적 바탕위에서 행정을 도모해야 한다고 주장한다.[54]

이에 따라 신공공서비스는 몇가지 중요한 내용적 특징을 내포하고 있는데, 우선 행정은 조정(steer)이 아닌 봉사(serve)라는 점이다. 둘째, 공익을 최고의 목표로 삼는다. 셋째, 전략적인 사고와 민주적인 행동을 지향한다. 넷째, 책임성의 강조이다. 다섯째, 단순한 성과와 생산이 아닌 인간에 대하여 가치를 부여하여야 한다. 여섯째, 기업가적 정신을 넘어선 시민정신과 공공복리에 가치를 두어야 한다는 것 등이 그것이다.

제 6 절　우리 나라 행정학의 발달

Ⅰ　한국행정의 특성과 개관

오랜 역사와 전통을 가진 우리 나라 행정은 그 역사적인 배경으로 말미암아 독특한 성격을 지니게 되었다.

1) 행정은 오랫동안 권력현상으로 이해되어 왔다. 조선시대에는 통치수단이 되어 행정의 주기능이 체제유지와 증세로 여겨져 왔다. 따라서 공복관(public service)이 부재했고 정치와 같이 통치하는 기능에 포함되어 권력 현상이 부각되었다.

2) 행정은 최근까지도 관직 출세의 도구로 인정되었다. 더욱이 선거로 공직에 나가는 길이 없던 시기에는 관직이 공명의 유일한 수단이었다. 모든 것이 관직 중심이며, 여기에다 유교의 가르침으로 족보도 관직 중심으로 만들어졌다.

3) 관직은 많은 경우 공포의 대상이 되었다.

행정학적인 측면에서 볼 때, 20세기의 가장 두드러진 현상은 어떤 국가에서든간에 행정부의 역할이 그 어느 때보다 더 질적·양적으로 막중한 비중을 차지하게 되었다고 하는 점이다. 이런 의미에서 현대국가를 '행정국가'(administrative state)라고 부르고 있다.[55] 물론 선진국의 경

---

54 J. V. Denhardt and R. B. Denhardt. *The Public Service*(NY: M. E. Sharpe, 2007).

55 이 말은, D. Waldo, *The Administrative State*(New York: Ronald, 1948)와 Fritz Morstein Marx가 책의 제목으로 사용한 바 있다.

우와 후진국의 경우에 있어서 행정부 우위의 현상을 낳게 된 역사적 배경과 국가적 동기는 서로 다르다고 할 수 있다. 특히 영·미를 대표적인 예로 생각할 때 선진국의 경우에 있어서는 수세기를 지배했던 절대군주제를 배격하고 국민주권사상에 입각하여 국민의 대표기관인 의회를 창설하고, 의회가 행정부로부터 독립하고 한 걸음 나아가서 삼권 중의 제1부로 주도권을 장악하게 되기까지는 오랜 투쟁의 역사도 있었던 것이다.

대부분의 후발국가에서는 수 세기에 걸친 왕정체제가 서구의 식민지화의 운명을 겪고, 제2차대전 후에 얻은 독립에 따라 생소한 정치체제로 비약하게 되었다. 따라서 서구에 있었던 장기간에 걸친 의회 우위의 시대를 거치지 못한 것이 후발국의 역사적 특징이다. 그러나 많은 후발국가에서 행정부 우위현상이 나타나게 된 데에는 적어도 세 가지 요인을 생각할 수 있다. 첫째로, 자립적인 의회정치의 경험을 결여한 데다가 군주제의 문화적 유산은 후발국가로 하여금 행정부 우위의 체제를 자연스럽게 계승하도록 하였다. 둘째로, 식민지시대의 행정관료들은 일반국민은 물론 대부분의 정치가들보다 우월한 지식과 경험을 갖고 국가운영의 불가결한 엘리트집단으로 존재하게 되었다는 사실이다. 셋째로, 후발국의 국민들은 급속한 국가발전을 열망하게 되었고, 이러한 국가의 정치가들은 국민의 기대에 부응하기 위하여 총력을 기울이지 않으면 안 되게 되었다는 점이다. 그런데 경제발전계획을 포함한 각종 개발계획은 강력한 행정의 뒷받침 없이는 도저히 실천할 수 없는 것이다. 이에 따라 후발국가에 있어서의 행정의 중요성이 있고 행정부 우위의 현상이 불가피하게 대두하게 되었다. 한국의 경우도 이러한 점에 있어서 예외라고 할 수 없다.

우리 나라는 1945년 해방 이후 3년간의 미군정하에서 혼란의 진통기를 겪고, 1948년 민주주의를 이념으로 한 독립국가로 출발하였다. 3년간의 비극적인 한국동란을 겪고 그 복구가 이루어질 무렵 이승만 정권의 부정·부패는 4.19혁명을 초래하였고 급기야는 5.16을 가져와서 새로운 역사의 전환점을 마련하였다. 민정이양 이후 제1·2차경제개발 5개년계획을 성공적으로 수행하여 연평균 8% 이상의 경제성장률을 이룩하였다. 그 동안에 행정기구는 확대되었고, 공무원의 수는 1947년의 8만 3천 명에서[56] 2013년 12월 현재 90만 9천명에 이르고 있다.[57]

---

56 총무처, 행정관리, 제9권 제1호(1970), 106면.
57 안전행정부, 2014 안전행정통계연보(서울: 안전행정부, 2014).

Ⅱ 한국행정의 역사적 변천

1. 조선시대

조선시대의 정치체제는 중앙집권적 전제군주제였다. 군주는 입법·사법·행정의 전권을 장악한 최고통치자로서, 그의 의사는 지상의 법이었다. 정치와 행정의 분화는 없었고, 엄밀한 의미에서 사법의 독립도 존재하지 않았다. 실제적인 이유로 군주의 권한이 국민 개개인의 일상생활에 심각한 영향을 주지는 못했을지라도 그의 권력은 그 범위에 있어서 거의 제한이 없었다. 이러한 조선시대의 군주정치체제는 충·의를 최고의 도덕률로 삼는 유교사상에 기반을 두었다. 중앙집권제였으므로 현대적 의미에서의 지방자치란 존재하지 않았다. 관료는 중앙에 위치하였거나 지방에 재직하였거나간에 군주의 신하로서 명실공히 군주의 종복이었다. 인군의 경우 민을 위한다는 뜻에서 민본사상은 있었으나, 국민주권을 뜻하는 민주사상은 없었다. 따라서 행정체제는 왕의 시정편의와 관료들의 왕을 위한 봉사방편으로 편성·제도화되었고, 국민은 관료들에 대하여 적대의식 또는 무관심의 태도를 가지게 되었다. 관료는 때때로 군주의 권한을 이용하여 무자비한 희생을 백성에게 강요하였다.

경제적으로는 농업위주의 경제체제로서 생산·분배·소비 등이 미분화된 상태였고 대인관계는 1차집단 중심으로 배타적·정의적이었으며, 사회구조는 권위주의적이고 전통을 중시하는 사회였다. 가치체계는 특수주의적(particularistic)이고, 사회적 지위는 귀속주의적(ascriptive)이었다.[58] 이러한 농업사회 일반의 특성은 관료제 내의 모든 행정기능과 상하관계에 침투·반영되었다.

2. 일제시대

일제치하의 한국은 군주체제 대신 일본군국주의자에 의하여 통치되었다. 한국은 일본의 식민지로서 일본의 대륙진출과 국력배양의 도구로서 이용되었다. 정치이념면에서 볼 때, 유교 대신 신도가 정치규범의 근거를 마련하였고, 체제는 여전히 중앙집권적이었으며, 지방자치는 유명무실하였다. 행정체계는 근대화하여 가는 양상을 띠어 대륙법적 행정체계를 채택하였으나 엄격한 의미의 의회주의에서의 법률과는 달랐다. 또한 행정에 어느 정도의 합법성이 요구되었다. 물론 식민지로서의 한국에서는 조선총독부와 총독 개인의 자의에 의한 경우가 많았

---

58 이 묘사는, 리그스(F. Riggs)의 Agraria model에서 나온 것이며, 박동서, "한국행정의 사적변천모형," 행정논총 제5권 제2호(1967), 15~18면에도 소개되어 있다. 리그스의 논의는, 유종해 역, 비교행정론(연세대 출판부, 1973), 제2장을 참조.

고, 일본인과 한국인의 차별적 대우는 흔한 일이었다.[59] 능률과 합리성도 주장되어 이미 1895년에는 일본인들의 압력으로 왕실재정과 국가재정을 분리하였다.

경제적인 측면에서 볼 때 한국은 외형상 서서히 산업경제화하기 시작하였고, 이에 대응하여 사회구조와 대인관계도 근대적인 것으로 변하여 가고 있었으나, 이는 대부분 소수의 일본인과 권력층에 있는 친일적 한국인에게 국한된 것이었다. 관료들은 대민관계에 있어서 우월한 태도를 견지하였고, 한국국민의 반일이라는 민족감정은 반정부 내지는 정부불신임이라는 형태로 나타나 행정부 증오의 감정으로 발전하였다. 따라서 민주적 행정은 거리가 먼 것이 되었다. 그럼에도 불구하고 35년간에 발달된 일제시대의 행정조직과 관리방법은 독립 이후에도 현저한 영향을 미친 것이 사실이다.

3. 정부수립과 그 이후

해방과 더불어 우리 나라에 있었던 미군정 3년간 한국의 행정은 이렇다 할 발전도, 또한 독자적 위치도 확보하지 못한 채 지나게 되었다. 1948년 민주정부를 설립하여 독립을 선언한 이후 각 분야의 정비가 끝나기도 전에 발발한 6.25전쟁은 국가의 전 질서를 파괴하였고, 1950년대 말까지 소수의 행정지도자들에 의해 어느 정도의 복구가 이루어졌으나 그 당시의 행정은 적극적인 역할을 수행할 정도는 못되었을 뿐만 아니라 일제의 식민지정책의 영향으로 행정력이 극히 미약한 상태였다.

그러나 1950년대를 통하여 점차로 행정기구는 강화되었고, 행정능력은 향상되었으며, 의무교육제의 실시와 토지개혁, 지방자치제의 실시, 확군(擴軍)정책 등은 1960년대에 들어서 행정이 보다 더 적극적인 역할을 할 수 있게 하는 기반을 마련해 주었다.

5.16은 국가발전의 하나의 전기를 가져왔다. 기존체제의 부패와 무능력을 비판하고 출범한 군사정부는 경제개발을 기본목표로 삼아 제1·2차경제개발계획을 성공적으로 수행하고, 국토건설·수출진흥·지역개발 등 다각적인 국가발전계획을 시도하였다. 행정면에서는 합리화·능률화를 추구하여 총무처에 행정관리실을 설치하고 특히 조직관리과에서 그 업무를 관장하였으며, 대규모의 행정개혁시에는 특별위원회를 이용하기도 하였다.

제3공화국 이후 행정개혁조사위원회가 상설기관으로 설치되기에 이르렀고, 수산청·국세청·산림청·과학기술청·경제과학심의회 등이 설립되었다. 또 종래의 공기업은 귀속재산과 직결되었으나, 다수의 공기업이 귀속재산과 관계없이 신설되었다. 예를 들면 대한석유공사·대한무역진흥공사·농어촌개발공사 등이 그것이다. 인사행정면에서도 개선을 추구하여 공무원

---

59 상게서.

훈련법·직위분류법·국가공무원법 등의 개정을 단행하였고, 공무원은 질적으로나 양적으로나 향상되게 되었다.

그러나 1960년대 이후 정부주도형 고도경제성장정책을 추구하는 과정에서 격증하고 전문화되는 행정수요에 주로 기구 확대로써 대처해 왔기 때문에 행정부의 조직규모는 팽창만을 거듭하여 기능·기구의 중복과 지나친 세분화, 상위직의 연쇄·경쟁적 증가 등으로 인한 조직 및 인력구조의 비정상화 등 갖가지 불합리점을 노정하였다.[60]

제5공화국이 출범하면서 1981년 10월에 정부는 기구의 축소개혁을 단행하여 이전의 개혁과는 달리 비대화되어진 정부기구의 대폭적인 축소와 전면적인 조정을 하였다. 이는 13,000 직위에 대한 기능분석을 단행한 점에서 정부수립 이후 최대규모의 행정개혁이었다.

종래의 억압구조에 대한 반발의 형식으로 출현한 제6공화국은 국가의 강압적 정치통제를 완화함과 아울러 민간의 자율성증진, 작은정부의 구현을 위한 정부조직개편 등에 착수하기 위해 "행정개혁심의회"를 발족, 크고 작은 개혁에 노력을 기울였다. 이에 따라 원래 의도였던 부처통폐합의 목표가 부처이기주의 분출로 이어지는 부작용도 없지 않았으나, 이는 국가 내적인 민주화과정의 일부로 파악될 수 있으며, 다양하게 분출하는 사회 각 계층의 이익을 행정부 내에서 수렴하기 위한 과정이 되었다. 이어 1991년 지방의회를 구성함으로써 30여 년만에 다시 지방자치제를 실시하기 위한 기초를 마련하였으며, 새로운 문민정부의 출범과 함께 민주화에 기초한 국제화·개방화가 행정개혁의 새로운 당면과제가 되었다. 또한 1995년 6월 4대 지방선거를 실시하여 전국의 지방행정의 수장(단체장)을 직선함으로써 우리 나라는 외형상 어느 선진국에 손색이 없는 지방자치의 틀을 갖추게 되었다.

1998년에 출범한 김대중 대통령의 「국민의 정부」는 출범과 동시에 IMF위기를 극복해야 하는 어려운 과제를 안게 되었다. 모든 국정의 우선순위는 IMF 관리체제의 탈출에 두었다. 1998년 4월에는 정부의 기구와 인력의 감축을 포함한 "작고 능률적인 정부"로 탈바꿈하고, 재벌의 개혁 등 많은 분야에서 구조조정을 이루었다. 아울러 정부의 전산화 사업과 지방자치행정의 기반 확충, 그리고 규제 중심에서 서비스 중심으로의 개혁, 국민의 복지와 민간부분의 자율과 창의성을 증진시키는 일도 계속적으로 시도되었다. 또한 2000년 6월 15일 역사적인 남북정상회담을 가져 남북관계의 전기를 마련한 바 있다. 2003년 출범한 참여정부는 집권 기간 내내 지방분권화를 강조하였으며, 정부 및 공공기관의 지방 이전을 통하여 혁신도시 등과 같은 물리적인 기반을 구축하고자 노력하였다. 이는 국가균형발전, 신행정수도건설, 지방분권특별법 등 국토균형발전 3대 특별법에 의하여 뒷받침되었다. 또한 기존의 질서를 대체하기 위한 노력으

---

60 총무처, 행정개혁사: 10·15 행정개혁을 중심으로(1982), 3면.

로 다양한 정치세력의 등장에 힘썼고, 권위적인 정치문화의 개혁에도 노력을 기울였다. 북한과의 관계는 지난 정부와 맥을 같이하여 추진되었고, 이는 2007년 10월 4일 정상회담으로 이어진다. 특히 정부혁신지방분권위원회는 행정, 인사, 지방분권, 재정세제, 전자정부 등의 분야별 혁신과제를 포함한 정부개혁을 총괄하여 추진하였다.

이명박 정부는 작은정부와 시장활성화를 목표로 출범과 함께 행정부는 대부처주의 대국대과 체제를 추진하였다. 이로 인하여 기존의 정부부처는 2원 4실 18부 4처 18청 10위원회에서 2원 3실 15부 2처 18청 5위원회로 축소되고, 통폐합으로 규모가 커진 부처의 경우 복수차관제를 도입하였다.[61] "비핵·개방·3000"구상으로 지칭되는 대북정책은 천안함 폭침, 연평도 포격과 함께 대북교류를 금지하는 5·24조치로 귀착되는 강경노선으로 선회되었다. 지방화의 경우 세종시의 출범, 마산·창원·진해 등 기초자치단체의 자율 통합 등이 진행되었다.

Ⅲ 한국행정학의 발달과정

1. 행정학의 도입

우리 나라에서 행정학이 도입되고 학문으로서 독립적인 체계를 세우게 된 것은 미국의 기술원조로 미네소타대학교와 서울대학교의 계약에 의해서 행정대학원이 창설된 후부터라고 볼 수 있다. 1959년에 미국(주로 Minnesota대학교)에 유학하여 행정학을 전공하고 돌아온 교수들이 강의를 맡고 행정학의 서적들을 도입하여 도서관을 만들면서 본격적인 행정학이 우리 나라에 도입되었던 것이다. 이 때까지만 해도 행정학이란 법률학, 특히 행정법학의 일부로 강의되거나 정치학의 분과로 인정되어 왔다. 그 후 곧 연세대학교에 학부수준으로 행정학과가 설립되어 행정학의 보급이 전국적으로 전파되었다.

2. 외국이론의 소개

미국에서 발달한 행정학을 우리 나라에 소개하기 위한 당시의 과업은 미국행정학을 우리 말로 번역하거나,[62] 미국행정학의 교과서를 본따서 우리 나라의 행정학 교과서를 쓰는 일이었

---

61 오석홍, 행정개혁론(서울: 박영사, 2012).
62 김영훈 교수가 사이몬, 스미스버그, 톰프슨의 *Public Administration*을 1960년에 번역하여 「행정학」이란 이름으로 민중서관에서 출간하였고, 화이트의 *Introduction to the Study of Public Administration* (제4판)이 김동원·이한빈 등 6명에 의하여 「행정학원론」이라고 번역되어 을유문화사에서 1961년에 나왔다.

다.[63] 서울대학교 행정대학원 교수들이 선도적인 역할을 하여 많은 교과서들이 출간되었다. 그 당시에는 주로 외국의 행정학이론을 우리말로 소개하는 데 그쳤고, 새로운 용어를 만들고 통일하는 데 적지 않게 고심하였다.

3. 학문의 체계화 및 발전

처음에 무조건 그리고 무수정으로 도입된 행정학은 차츰 체계가 세워졌고 학문내용도 분화되어 좋은 틀을 갖추게 되었다. 미네소타대학교에 유학했던 교수들이 박사학위를 취득하여 돌아왔고, 보다 학술적인 활동을 체계있게 수행하기 위하여 1956년에 한국행정학회가 설립되었다. 또한 각종 공무원훈련원(또는 소)이 설립되어 이 곳에서 행정학이 중요한 교과로 강의되어 학문의 발전에 크게 도움이 되었다.

4. 비교·발전행정의 발전

1960년대의 한국행정학계는 비교행정과 발전행정의 도입으로 새로운 활기를 찾게 되었다. 우리 나라에 많이 알려졌고 한국행정학회의 발족에도 큰 힘이 되었던 리그스(Fred Riggs)의 이론이 널리 소개되었으며, 헤디(Ferrel Heady)의 「비교행정론」이 서원우 교수에 의하여 번역되었다. 발전행정론적 접근방법은 정부의 고도경제발전정책, 그리고 제1차 경제개발 5개년계획의 추진에 힘입어 더욱 활기를 띠게 되었다.

5. 고시과목으로 채택

1959년부터 행정고시제도가 정부에 의해 강화·확대되었으며, 그 중 행정학이 고시과목으로 채택되었다. 이는 행정학의 폭과 인식을 넓히는 데 크게 공헌하였다.

6. 행정학의 토착화

1970년대에 들어와 행정학은 학문적인 체계와 내용을 갖추게 되어 차츰 한국적인 것과 한국문제 등을 행정학이 어떻게 다루고 처리하느냐 하는 소위 행정학의 토착화가 강조되기에 이르렀다. 행정학이 순수이론이 아니고 실천적인 학문이기 때문에 행정학은 정부가 지니는 문제 등의 분석과 자문도 행하여 행정학의 효용이 더욱 증가되었다.

---

63 처음 나온 책으로는, 김운태, 행정학요론(민중서관, 1962)과 이상조, 행정학원론(장문사, 1962)이 있다.

7. 각종 관리기법의 발달

사회심리학의 행정학에의 도입으로 행동동기이론·개인·인간관이 발달되었고, 그 밖에 MBO·O.D.·관리과학·정책과학 등이 개발되어 행정학의 발달에 커다란 촉진제가 되었다.

이 중에서도 정책과학은 각 분야의 사회과학의 과학성이 정책의 수립과 집행에 대해서 별로 공헌하고 있지 못함을 비판하며 등장한 분과로, 보다 실천적인 응용을 위해 이미 얻어진 관리과학·행태과학 등의 지식과 도구를 처방적 정책대안을 제시할 수 있는 종합적·학술적 입장을 채택함으로써 행정학의 영역확장에 기여하였다. 또한 가치의 선택과 비현시적 지식(tacit knowledge)의 중요성까지 과학적으로 포용하려는 시도를 통해 행정학 연구에 자극이 되어온 중요한 학문의 흐름으로 존재하였다. 이후의 행정학은 전세계가 거의 시차없이 동조화되는 양상을 보이고 있으며, 한국의 경우 발전행정과 전자정부의 모범국가로 이를 타국에 전파하는 등 많은 발전을 보여주고 있다.

제 2 편

국가발전과 행정

01 비교행정

비교행정의 의의

　　미국행정학회의 비교행정연구회(CAG)는 비교행정이란 다양한 여러 문화와 국가의 제도에 응용될 수 있는 행정이론과 검증될 수 있고 확장해 나갈 수 있는 사실적 자료의 집합체라고 정의하고 있다.[1] 공공행정의 비교분석을 시도하려는 꾸준한 노력은 제2차 세계대전 이후에 시작되었지만, 이에 대한 학자들의 열성과 노력으로 비교행정은 많은 발전을 이루었다.[2] 당시의 신생국으로서 우리나라는 비교행정의 연구대상이었고, 선진국의 경제와 행정의 수혜국이었으나, 2015년 현재 지구상에서 가장 모범적인 중견국이 되었고, 국제사회를 선도하는 국가로서, 그리고 많은 저개발국가들에 대한 지원국으로서 성가를 높이고 있다. 이런 측면에서 비교행정은 우리 행정에 있어 큰 의미가 있고, 향후 저개발국가에 대한 다양한 경제, 행정의 지원을 위한 지적 토대로써 비교행정을 재삼 검토하고 발전시켜야 할 당위성이 제기된다.

1. 비교행정의 발전요인

(1) 행정학의 과학화를 위한 노력과 전통적 방법론의 비판

　　미국의 행정이론은 제2차 세계대전 이후 신생국에 대한 적용에 있어서 그 보편성을 상실하게 되었으며, 이에 따라 기존의 연구방법을 비판하고 각국에 공통적으로 적용될 수 있는 행정이론의 연구가 진행되었다. 행정학의 과학화를[3] 기하는 최선의 방법은 실험적 방법이지만, 사

---

1 유종해 편역, 비교행정론(연세대학교 출판부, 1972), 14면.
2 오늘날 우리에게 알려진 미국의 저명한 학자들의 대부분은 비교의 기준이 되는 기능의 파악, 가설의 설정 또는 일반이론 등으로 유명해진 것이다. 헤디(F. Heady)와 리그스(F. W. Riggs)도 이 분야에 공헌한 대표적 학자이다.
3 대표적인 주장은, R. Dahl, "The Science of Public Administration: Three Problems," *Public Administration Review*, Vol. 7, No. 1(1957), p.8 참조.

회과학의 경우에는 실험가능한 것이 극히 적어 차선의 방법인 비교방법이 발달하게 되었다.

(2) 비교정치론의 영향

제2차 세계대전 후 비교정치학(comparative politics)은 종래의 제도적 접근방법을 지양하고 기능적인 접근방법으로 방법론의 전환을 하였으며,[4] 연구의 초점도 서구중심에서 신생국가에 많은 비중을 두게 되었는데, 이러한 비교정치론의 변화는 비교행정의 발달에 큰 영향을 끼쳤다.

(3) 신생국 원조계획과 학자들의 참여

제2차 세계대전 이후 신생국에 대한 경제·군사·기술원조계획에 의한 경험과 여기에 많은 학자들이 참여하여 쌓은 외국행정의 경험이 비교행정연구를 촉진시켰다.[5] 이로부터 신생국에 대한 원조는 해당국가의 정치적·사회적·문화적 조건의 성격에 대한 분석 없이 제공될 때에는 무익하다는 것이 실증되었다.

(4) 유럽학자들의 학문적 영향

행정법 및 행정과학(administrative science)분야에 대한 유럽학자들의 관심이 비교행정의 발전에 공헌을 하였다. 슈뉴어(Roman Schnur) 박사는 미국에서 비교행정이 발전하게 된 원인으로써 ① 1933년 이래 이민 온 독일학자들의 영향, ② 막스 베버(Max Weber)의 저서 번역, ③ 1945년 이후 미국의 세계정치무대에의 등장 등을 들고 있다.[6]

제 2 절 비교행정의 접근방법

비교행정의 접근방법은 여러 가지가 있겠지만,[7] 여기서는 리그스(F. W. Riggs)·헤디(F. Heady) 및 헨더슨(K. M. Henderson)의 분류를 중심으로 살펴보기로 한다.

---

4 대표적인 학자로서는, 다이아만(A. Diamant), 알몬드(G. Almond), 콜만(J. Coleman) 등이 있다.
5 D. Waldo, *Political Science in the United States of America*(Paris: UNESCO, 1956), p.71.
6 F. Heady, "Comparative Public Administration: Concerns and Priorities," in F. Heady and S. Stokes(eds.), *Papers in Comparative Public Administration*(Ann Arbor: Institute of Public Administration, University of Michigan, 1962), p.12.
7 이용이 가능한 좋은 문헌으로는, F. Heady and S. Stokes(eds.), *ibid.* 및 Allan A. Spitz and Edward W. Weidner, *Development Administration: An Annotated Bibliography*(Honolulu: East-West Center Press, 1963) 등이 있다.

1. 리그스의 분류

리그스(F. W. Riggs)는 비교행정에 관한 연구방법의 경향이 첫째, 규범적 방법(normative approach)에서 경험적 방법(empirical approach)으로, 둘째, 개별예적 접근방법(idiographic approach)에서 일반법칙적 접근방법(nomothetic approach)으로, 셋째, 비생태론적 접근방법(non-ecological approach)에서 생태론적 접근방법(ecological approach)으로 전환되었다고 지적하고 있다.[8]

(1) 규범적 방법과 경험적 방법

규범적 접근방법(normative approach)은 행정 이념이나 가치 또는 보다 나은 유형을 밝히려는 것이며, 경험적 접근방법(empirical approach)은 기술적·분석적 지식에 대하여 관심을 가지고 있는 그대로의 사실을 연구하려는 것이다.

(2) 개별예적 접근방법과 일반법칙적 접근방법

개별예적 방법(idiographic approach)은 특수한 국가 또는 특수한 사례를 연구하는 방법이며, 일반법칙적 접근방법(nomothetic approach)은 여러 나라의 행정을 비교·연구하는 것을 말한다.

(3) 비생태적 접근방법과 생태론적 접근방법

생태론적 접근방법(ecological approach)은 행정과 환경적 요인 사이의 상관관계를 강조하는 연구방법이며, 특히 인접학문과의 공동연구방법(interdisciplinary approach)이 요청되고 있다.

2. 헤디의 분류

헤디(Ferrel Heady)는 1962년에 발표한 논문에서 비교행정의 연구방법을 ① 전통수정형(modified traditional), ② 균형이론 또는 투입·산출형(equilibrium or input-output), ③ 관료제지향형(bureaucratic oriented), ④ 생태론지향형(ecological oriented) 등으로 분류하였고, 이후 이를 다시 수정하여 다음과 같이 분류하고 있다.[9]

(1) 수정된 전통형

종래의 지역지향적(parochially oriented) 연구와 가장 가까운 접근방법이지만, 연구의 중점이

---

8 F. W. Riggs, "Trends in the Comparative Study of Public Administration," *American Society for Public Administration*(April 1961), pp.1~16.

9 F. Heady, *Public Administration: A Comparative Perspective*, 3rd ed.(New York: Marcel-Dekker, 1984), pp.9~11.

여러 행정체계 상호 간의 비교분석으로 옮겨지고 있다. 이는 다시 두 가지로 세분할 수 있는데, 첫째는 행정조직·인사행정·재무행정 등과 같은 행정학의 일반적인 주제들을 비교론적인 관점에서 다룬 것이며, 둘째는 주로 서구행정을 조직과 제도에 중점을 두어 서술적인 방법으로 제도적 비교고찰을 시도한 것이다.

(2) 발전지향적 접근방법

주로 와이드너(Edward Weidner)·이스만(Milton Esman) 등의 발전행정론자들이 이에 속하며, 이들은 비교행정의 연구모형이 사회적 변화를 충분히 고려하지 않고 있으며, 지나치게 포괄적·추상적·종합적이라고 비판하고, 발전행정을 별개의 연구대상으로 할 것을 주장하고 있다.

(3) 일반체제 접근방법

수정된 전통적 접근방법보다 비교분석의 목적을 위한 유형이나 모형의 형성에 더 많은 관심을 가지며, 문화횡단적(cross cultural)·포괄적인 이론구성을 시도하는 접근방법이다. 즉 특정한 사회체계에 있어서의 행정체계에 직접 영향을 주고 받는 중요한 환경적 요소를 비롯하여 인사·재무·지방행정 등 행정의 전반적 국면을 하나의 체계로서 분석·고찰하는 입장이다. 헤디(F. Heady)는 대표적인 학자로서 리그스(F. W. Riggs)와 도시(John T. Dorsey), 파슨스(Talcott Parsons) 등을 여기에 속하는 학자로 들고 있다.

(4) 중범위이론

일반체제이론이 지나치게 포괄적이며 추상적인 까닭에 실증적 자료에 의한 뒷받침이 어려우므로, 연구대상의 범위를 좁혀 집중적으로 연구하는 것이 효과적이라는 관점에서 제기되는 방법론이다. 헤디는 비교연구를 위한 가장 좋은 중범위모형은 관료제모형이라고 지적하고 있다.[10]

3. 헨더슨의 분류

헨더슨(Keith M. Henderson)은 행정학의 연구분야를 ① 문화행정론, ② 비교행정론, ③ 발전행정론 등으로 구분하고, 비교행정론의 접근방법을 다음과 같이 분류하고 있다.[11]

(1) 관료체제 접근방법

비교행정의 연구에 있어서 관료제에 초점을 두는 방법이다. 왜냐하면 관료제는 모든 현대국가에 공통적으로 존재할 뿐만 아니라 다양한 행정체계의 비교연구를 위한 체계화된 개념이

---

10 *Ibid.*, p.12.
11 K. M. Henderson, *Emerging Synthesis in American Public Administration*(London: Asia Publishing House, 1966), pp.52~59.

될 수 있기 때문이다.

(2) 투입·산출체계 접근방법

이는 전형적인 구조기능적 관료제모형보다 덜 유기적인, 즉 구성부분의 기능적인 상호관련이 덜 밀접한 접근방법이다. 헨더슨은 이 접근방법의 대표적인 학자로 도시(J. T. Dorsey)를 들고 있다.

(3) 구성요소 접근방법

헤디가 말하는 수정된 전통적 접근방법이 이에 해당된다고 할 수 있으며, 각국의 행정조직·예산제도·행정위원회 등의 비교연구가 이에 속한다.

제 3 절　행정체계의 비교론적 분류와 특질[12]

Ⅰ　선진국 행정체계와 특질

1. 선진국의 행정체계

(1) 고전적 행정체계

독일과 프랑스의 정부중심 행정체계를 말하며, 이들 국가의 정치문화는 두 가지 근본적인 면에 있어서 유사점이 있다. 즉 그 하나는 양국이 지난 2세기 동안 계속적인 정치적 불안의 희생국이었다는 점과 다른 하나는 정치적 변혁이 돌발적이며 급격하고 빈번했다는 점이다.

(2) 시민문화적 행정체계

영국과 미국의 행정체계로, 이들 국가는 대부분의 정치적 변혁을 점진적으로 겪었으며 큰 혼란 없이 정치제도를 발전시켰다. 이들 국가의 정치문화의 공통적인 특징은 알몬드(Gabriel Almond) 및 버바(Sydney Verba)에 의하여 시민문화라고 불리어졌는데, 그것은 의사소통과 설득에 바탕을 둔 참여적·다원적인 정치문화, 즉 합의와 다양성(diversity)을 지닌 문화를 의미한다.[13]

---

12 F. Heady, *op. cit.*, pp.174∼251, 276; 헤디는 그의 비교행정론에서 행정체계를 선진국과 개발도상국으로 분류하고, 선진국을 다시 네 개의 행정체계로, 개발도상국 또는 후발국가를 여섯 개의 체계로 분류하고 있다.

13 G. Almond and S. Verba, *The Civic Culture*(Princeton University Press, 1963), p.8.

(3) 근대화가 이루어진 행정체계

일본의 행정체계가 대표적인 것으로, 일본의 관료제는 그 나라의 근대화를 이룩하는 데 지도적 역할을 담당하였다.

(4) 공산주의 행정체계

이 체계는 공산당의 지배하에 단일적인 통일을 목표로 하고 있으며, 구소련의 행정이 대표적인 예가 된다.

2. 선진국 행정체계의 특질

서구와 그 밖의 지역의 근대화된 국가들이 공통적으로 가지는 특징에 관해서는 수많은 비교정치학자들에 의해 설명되고 있지만, 간추려 보면 대체로 다음과 같다.[14]
  (1) 통치조직의 체계는 고도로 분화되고 기능적으로 특화(specific)되어 있으며, 정치적 역할의 배분은 선천적 귀속성(ascription)에 의해서가 아니라 업적에 의해서 이루어지므로 사회의 보편적 특성을 반영하고 있다.
  (2) 정책결정의 절차는 대체로 합리적이며 세속적이다. 전통적 엘리트의 권력적 지위는 대부분 소멸되고 있으며, 전통적 가치에 대한 매력도 크게 약화되고 있다. 이러한 경향은 법이라는 극히 세속적이며 비인정적인 제도가 잘 반영하고 있다.
  (3) 정치적 내지 행정적 활동의 양과 범위는 광범하게 사회의 온갖 중요한 생활영역에까지 침투하고 있으며, 이러한 경향은 더욱 확대되어 가는 과정에 있다.
  (4) 정치권력과 합법성(legitimacy)은 고도의 상관관계가 있어 광범위하고도 효과적인 국민과 국가와의 일체감을 그 바탕으로 하고 있다. 또한 권력과 합법성 사이의 마찰이 좀처럼 일어나지 않는다.
  (5) 국민의 정치체계에 대한 관심과 개입은 광범하지만, 이것이 반드시 일반시민의 정책결정과정에의 적극적인 참여를 뜻하지는 않는다.
  (6) 정치체계의 임무는 대규모적이며 복잡하고 도구적인 성격을 띤다.
  (7) 관료제는 대단히 전문화되어 있으며, 그 대열에는 그 사회에 나타나는 대부분의 직업적 전문직의 범주가 포함된다.
  (8) 전체로서의 정치체계가 비교적 안정되고 관료제의 역할이 상당히 분명하여 관료제와 다른 정치제도와의 경계선이 뚜렷하다.

---

14 F. Heady, *op. cit.*, pp.174~177.

(9) 관료제는 기능적으로 특정화된 다른 정치제도에 의하여 효과적인 정책통제를 받게 된다.

Ⅱ 후발국 행정체계와 특질

1. 후발국의 행정체계

(1) 전통적인 전제체계

이 체계의 지배적 정치엘리트들은 오랜 전통의 사회체계에 그 권력기반을 두고 있다. 그리고 이러한 전통적 정치엘리트가 지향하는 근대화의 목표는 그 규모가 제한되어 있으며, 정치적 현상유지(political status quo)를 위태롭게 하지 않으려고 한다.[15] 또 이러한 정치체계의 지배계층(ruling family)은 변동의 매체로서 군대와 민간관료제에 의존하며, 변동은 원하지만 과도한 변동이나 통제할 수 없는 변동은 원하지 않는다. 대표적인 국가로는 사우디아라비아·에티오피아 등을 들 수 있다.

(2) 관료엘리트체계

이 체계에서는 전통적인 엘리트가 아직 영향력을 미칠 수 있으나, 실질적으로 전통적인 엘리트들은 상당히 대치되었다. 그리고 정치참여도 상당히 제한되어 있으며, 대의제와 정치적 의사결정을 위한 매체와 관련되는 경쟁적인 정당제도는 발견되고 있지 않다. 또한 군인들이 민간관료보다 우위에 있으며, 정치기구를 선도적으로 인수할 강력한 수단을 가지고 있다. 즉 군대나 민간공무원 또는 이 양자의 통합을 통하여 직업적인 정부관료들이 정치권력의 우위를 점하고 있는 국가들로서, 미얀마·파키스탄·과테말라 등이 이에 속한다.

(3) 다두제적 경쟁체계

이 체계는 비교적 정치권력이 분산되어 있으며, 가능한 한 광범위한 정치적 합의를 추구하는 선진국에 가까운 정치체계를 가지고 있는 유형으로서 그리스·이스라엘·브라질 등의 국가들이 이에 속한다.

이 유형은 에스만(Milton J. Esman)이 지적했듯이 이상적인 것일수록 약한 모형이어서 "지금까지 대다수의 사회에서 이 모형이 시도되었으나 결국 포기한 국가들이 허다하였고 다시 소

---

15 에스만은 이러한 전통적 정치엘리트를 조심스러운 개혁가라고 부르고 있다. M. J. Esman, "The Politics of Development Administration," in Montgomery and Siffin(eds.), *Approach to Development*(New York: McGraw Hill Book Co., 1966), p.88.

생시킨 경우는 거의 없었다."[16]

(4) 지배정당적 준경쟁체계

이 유형에서는 하나의 정당이 실질적인 정치권력을 독점하고 있으나, 타 정당도 합법적인 것으로 인정되어 사실상 존재하고 있는 비독재적 체계로서 인도와 멕시코가 이러한 유형에 속하는 대표적인 국가들이다.

(5) 지배정당적 동원체계

이 유형에서는 지배정당이 유일한 합법적 정당이 되며, 정치체계에 대한 대중의 충성표시를 크게 강조한다. 그리고 엘리트집단은 젊고 세속화(secularized)되어 있으며, 비교적 잘 교육을 받고 발전적 민족주의를 강력히 지향하는 청년층으로 구성되어 있다. 남미의 볼리비아와 북아프리카의 튀니지 등이 이 유형에 속하는 국가라 하겠다.

(6) 공산주의적 전체주의체계

모든 공산국가들을 하나의 유형으로 분류하기는 힘들겠지만 대체로 이들 유형의 공통적 특징은 마르크스·레닌주의 이데올로기를 지향하고 전체주의적 통치양식(political style)을 취하고 있으며, 행정에 대한 당 우위의 체계를 이루고 있는 것이 보통이다.

2. 후발국 행정체계의 특질

신생국 행정체계의 일반적 특징을 파악하는 데 가장 적절한 이론모형으로 리그스의 이른바 프리즘적 사회의 관료모형인 사랑방(살라)모형을 들 수 있다. 리그스는 신생국의 행정행태를 그 특수한 사회문화적 배경에 따라 파악하기 위하여, 사회학과 인류학의 구조기능론을 도입하여 사회를 전통사회와 근대사회로 대별하고, 그 중간에 전이사회(transitia)를 설정하였다. 전통사회는 융합적 사회(fused society)라고 부르는 것으로 제1차집단의 우세, 자급자족적인 경제체제, 의사전달과 유동성의 빈약 등으로 특징지어진다.

근대화된 사회를 리그스는 분화된 사회(diffracted society)라고 부르며, 제2차집단의 우세, 실적중심, 기능적 특수성, 높은 유동성과 동화성, 고도의 상호의존적인 경제체제 등이 그 특징적 요소라고 한다.

전이사회는 프리즘사회(prismatic society)라고 불리어지며, 행정행태 및 관료제의 특징으로서는 행정체계의 모방성, 발전지향적 인력부족, 이질혼합성(heterogeneity), 형식주의, 정실주

---

16 *Ibid.*, p.91.

의(nepotism), 가격의 부정가성, 다분파주의, 다규범·무규범성, 관료의 자율성 등을 들 수 있다. 리그스는 전통사회의 관청은 chamber(빈청), 근대사회의 관청은 office(사무실)인 데 대하여, 이전사회의 관청은 'sala'라고 하였는데, 사랑방(sala)이란 동남아시아에서 사랑방을 지칭하는 말이다.[17] 이와 같은 후발국가 또는 개발도상국 행정체계의 특징을 좀 더 구체적으로 본다면 다음과 같다.

(1) 행정제도의 모방성

개발도상국의 기본적인 행정제도는 토착적(indigenous)인 것이 아니라 대개의 경우 특정국가의 행정유형을 모방하는 경우가 많으며, 자국 관료제의 전통성(legitimacy)을 향상시키고 관료제를 발전목표를 달성하는 방향으로 전환시키기 위해서는 새로운 상황에 따른 적응능력을 향상시키는 것이 중요하다.

(2) 숙련된 인력의 부족

관료제에 있어 발전계획에 필요한 숙련된 인력이 부족하다. 숙련된 인력이란 관리능력·발전적 기술 및 기술적 능력을 갖춘 훈련된 행정관료를 말한다. 이들 국가들에게 있어서 숙련된 행정관료의 부족은 피할 수 없는 현상이라 하겠으며, 상당한 시일을 요하는 꾸준한 훈련계획을 통해서 시정될 수 있겠다.

(3) 관료의 사적 편의성과 부패

후발국의 관료는 생산지향이 아닌 다른 성향을 강조하는 경향이 있다. 리그스(F. Riggs)는 이를 가리켜 "관료들은 공공이익의 권리에 배치되는 사적인 편의성(personal expediency)을 가진다"고 한다.[18] 한편 부패는 대부분의 후발국에서 거의 정상적인 과정으로 생각되리만큼 만연하고 있다. 논자에 따라서는 부패의 긍정적 기능을 제시하기도 하지만,[19] 일반적으로 이와 같은 부패는 국가발전에 저해되는 요소로 생각되고 있다.

---

17 유종해 편역, 비교행정론(연세대학교 출판부, 1972), 40~69면에 구체적인 설명이 있다.

18 F. Riggs, *Administration in Developing Countries*(Boston: Houghton Mifflin Co., 1964), pp.230~281; 리그스는 관료의 충원(bureaucratic recruitment)에 있어서 사적 편의성의 관행을 다음과 같이 말하고 있다. "…관리들은 시험을 통과하여 자격을 갖춘 자라는 구실을 이용하여 합격자 중 그 개인적 충성을 신뢰할 수 있는 자 가운데서 선정한다. 이와 똑같은 기준으로 관리들은 그 가족과 친지 중에서 신임하는 자를 선정할 수 있게 된다. 관리들은 이들에게 자격요건으로서의 교육·졸업장·시험성적을 얻도록 도와 준다.…"

19 나이(J. S. Nye)는 부정·부패가 국가발전에 마이너스적 작용은 물론 유익한 기능도 행한다고 주장한다. J. S. Nye, "Corruption and Political Development: Cost-Benefit Analysis," *American Political Science Review*, Vol. 11, No. 2(June 1967), pp.417~427.

(4) 형식과 실제의 괴리

형식과 실제가 현저히 괴리되는 현상을 보여 주고 있다. 즉 실제의 집행과 보고가 다르며, 실제의 사정과 문서상의 기록이 다른 것이다. 리그스는 이러한 현상을 형식주의(formalism)라고 지칭하고 있다.

(5) 관료제의 자율적 성향

후발국가의 관료제는 상당한 자율적 성향(operational autonomy)을 가지는 데, 이는 보통 독립된 근대화과정의 국가에서 작용하는 여러 세력들의 복합에 기인하는 것이라고 할 수 있다.

(6) 고도의 이질성과 기능의 중복

후발국의 행정에는 전통적 요인과 현대적 특징이 고도로 혼합되어 있는 이질성이 존재하고 있다. 따라서 양립할 수 없는 공식적·의식적인 행정행태와 비공식적·무의식적인 행정행태가 혼재하는 중첩성이 형성되고 있다.

(7) 권위주의

후발국 관료의 행태는 과거 식민지시대부터 권위주의적 성격이 강하고 특히 국민에게 군림하는 관료주의가 지배적이었는데, 이러한 현상은 독립 후에도 지속되어 행정의 권위주의 성격이 강하게 되었다.

(8) 가격의 불확정성

상품교환수단으로 사용되는 가격메커니즘이 전통사회의 연고성 등으로 인하여 신축성을 띠게 된다. 행정에 있어서도 공식적인 예산·보수·구매 등에 지배적인 공동체나 내부집단을 우대하고, 외부집단이나 소수의 공동체에게는 차별대우를 하고 있다.

(9) 다분파주의·파벌도당

사회적 관계의 다분파작용의 영향을 받아 행정에 있어서도 공직채용·법규적용 등에 있어서 자집단과 타집단의 구별에 근거한 차별이 나타나고, 이것들이 파벌도당(clects)을 형성한다.

(10) 연고우선주의

종파집단의 강한 응집력의 영향으로 행정에 있어서도 공식적으로 공정행정이 수행되는 것 같지만, 현실적으로는 개인적 신분이나 관료와의 친분에 따라 연고우선주의(nepotism)로 운영되고 있다.

(11) 방대한 행정권한과 통제의 불균형

후발국에서는 국가의 발전이 주로 행정체계에 의존하고 있으므로 관료가 가지고 있는 권한은 법제상으로는 상당히 제약되어 있으나, 현실적으로는 훨씬 큰 영향력을 가지고 있다. 또한 관료의 권한을 통제할 만한 제도적인 장치는 발달되어 있지 못하여 정치통제·민중통제는 거의 없다고 볼 수 있고, 관료는 공식적으로 허용된 권한 이상을 행사하게 된다.

현·대·행·정·학

02 발전행정

제 1 절 발전행정의 대두

와이드너(Edward Weidner)에 의하면 발전행정(development administration)이라는 용어가 국제적으로 사용되기 시작한 것은 1956년부터라고 하지만, 그 근원은 제2차 세계대전까지 소급한다. 즉 제2차 세계대전 후 세계무대에 등장한 미국이 신생국의 발전을 돕겠다는 실용적 목적에서 신생국에 미국의 '발전된 행정원리'를 적용시켜 보았으나 그 원리가 그다지 큰 도움이 되지 않는다는 것이 인정되자 학자들은 종래의 행정이론을 재검토하게 되었으며, 그 산물이 리그스(Fred Riggs)나 헤디(Ferrel Heady) 등에 의하여 대표되는 비교행정의 대두였다. 그러나 이 비교행정도 동태적인 발전의 본질에는 맞지 않는 지나친 정태성을 지니고 있어 새 이론을 모색하게 되었는데, 이것이 발전에 있어서의 체계(system)의 역할을 강조하는 이른바 발전적 행정이론 혹은 발전행정(development administration)이라는 것이다. 발전행정의 발달을 보다 구체적으로 살펴보면 다음과 같다.

1. 국제적인 기술지원계획

(1) UN기술지원계획(United Nations Technical Assistance Program)

UN은 1948년도 총회에서 신생국에 대한 원조의 필요성을 인식하고 경제사회이사회의 소관하에 원조계획을 수립하여 행정자문·훈련·시설지원 등을 시행하였다. 종전후 15년간 이 계획에 의한 수혜국은 약 60개국에 이르렀다.[1]

---

1 R. Braibanti, "Transnational Induce of Administrative Reform: A Survey of Scope and Critique of Issues," in Montgomery and W. Siffin(eds.), *Approach to Development*(New York: McGraw-Hill, 1966), pp.139~140.

(2) USAID계획

미국은 주로 극동지역을 대상으로 USAID계획을 수립하여 신생국에 대한 경제원조·행정기술지원 등을 시행하였다.[2]

이 계획은 우리 나라에도 적용되었으며, 이 계획의 일환으로 1954년 이래 서울대학교의 젊은 교수들이 미네소타(Minnesota)대학에 유학하여 행정학을 공부하게 되었다.

(3) 포드재단의 원조계획

포드재단(Ford Foundation)은 주로 인도·파키스탄·서아프리카 지역을 대상으로 경제원조·행정기술지원을 시행하였다. 그러나 포드재단의 보다 큰 공헌은 대학이나 학술단체, 특히 비교행정학회(CAG)를 재정적으로 후원하여 학술활동을 장려한 데 있다.[3]

2. 학계의 지원

(1) 비교행정으로부터의 영향

비교행정은 이론적으로 발전행정을 위한 중간역할을 하였다. 즉 사회체계의 구조, 기능적 분석에 입각한 비교행정의 연속적 방법은 사회변동을 경시하고 있어 사회변동 자체에서 발전의 계기를 적극적으로 찾아보는 데는 부적당하였다. 따라서 행정의 독자성을 인정하고 환경이 행정에 미치는 영향은 물론 행정이 환경에 미치는 영향도 고찰할 필요가 있어 발전행정이 대두하게 되었다.

(2) CAG와 하와이대학 부설 동서문화센터의 영향

1962년에 발족한 동서문화센터는 연구교수와 장학생제도를 통하여 발전행정의 연구와 보급에 힘썼으며, 1950년대 말에 창설된 비교행정연구회(CAG)는 포드재단의 후원을 얻어 1964년부터 세미나와 수시 논문(Occasional Paper) 등을 통하여 발전행정의 연구에 힘썼다.[4]

---

2 *Ibid.*, pp.147~149 참조.

3 포드재단의 후원으로 CAG가 주관하여 1963년에 열린 인디아나대학과 보스톤대학에서의 하기세미나는 발전행정에 관한 최초의 세미나이다. 그 후 이 세미나는 해마다 장소를 달리하여 계속되었으며, 대부분의 논문들이 듀크대학 출판부를 통해 책으로 나왔다.

4 와이드너는 발전행정의 연구와 보급에 이바지한 기관으로 포드재단과 CAG, 그리고 East West Center를 들고 있다. Edward W. Weidner, "Development Administration: Origin, Concept, and Diffusion," 행정논총 제6권 1호(서울: 서울대학교 행정대학원, 1968), 237~244면.

　발전(development)이란 적극적 가치를 지닌 것으로 생각되는 질적인 변화와 양적인 성장을 포함하는 가치지향적인 개념이며, 사회변동의 한 국면과 관련된다. 처음에는 발전의 문제를 경제발전에 국한하여 생각하다가 그 달성과정에 있어서 비경제적 요소의 중요성을 인식하고 발전이 내포하고 있는 범위도 정치·경제·사회·문화 등 인간사회 전반에 걸친 포괄적인 것으로 확대되었다.[5] 즉 발전은 다면성을 가진 목표지향적·가치지향적인 변화라고 볼 수 있다. 행정학에서 규정한 발전의 개념은 다음과 같다.

1. 사회분화

　초기의 구조기능론자들에 의해서 주장된 것으로, 리그스는 발전을 사회분화라고 한다. 즉 전통사회가 전이사회로 이행하고 다시 근대사회로 넘어가는 과정이 발전이라고 한다.

2. 계획된 변동

　이는 발전에 있어서 환경의 결정력보다는 인간의 조작력을 중시하는 입장으로 발전의 의도적 측면을 강조하고 있다. 와이드너(E. W. Weidner)[6]와 에스만(M. Esman)[7] 등의 발전론자들이 이에 해당되며, 와이드너는 발전이란 특정한 종류의 계획된 사회변동(ordered social change of a certain kind)이라 하고 있다.

3. 변화대응능력의 증진

　다이아만(A. Diamant)은 발전을 한 체계가 성공적·계속적으로 새로운 형태의 목적과 수요에 대응하고 새로운 형태의 조직을 창조해 나갈 능력을 증진해 나가는 과정이라고 한다.[8] 우리

5　헤이겐(E. Hagen)은 경제발전에 있어서 비경제적 요소의 중요성을 강조하면서 퍼스낼리티(personality)의 형성과 그것을 좌우하는 사회적 여러 요소에 따라서 발전이 이루어진다고 하고 있다. Everett Hagen, *On the Theory of Social Change: How Economic Growth Begins*(Homewood, Ill.: The Dorsey Press, 1960), p.4.

6　E. W. Weidner, "The Element of Development Administration," in Weidner(ed.), *Development Administration in Asia*(Duke University Press, 1970), pp.4~10.

7　M. J. Esman, "The Politics of Development Administration," in John D. Montgomery and W. Siffin(eds.), *Approach to Development Administration*(McGraw-Hill, Inc., 1966), pp.139~140.

8　E. W. Weidner, *op. cit.*, p.5.

나라의 이한빈 교수도 이와 유사하게 발전을 변동에 대응하는 능력의 증진으로 이해하고 있다.[9]

제 3 절 **발전행정의 개념**

발전행정이론은 발전(development)이라는 개념과 체계(system)라는 개념을 기본요소로 하여 발전에 있어서 행정체계의 역할을 연구하는 이론이라고 할 수 있다. 즉 환경과 발전의 관계에 관한 논쟁을 중심으로 전개된 것으로, 거시적으로 행정환경을 설정하고 이것과 행정과의 관계에 따라 발전행정은 적극설과 소극설로 대별된다.

1. 발전행정의 소극설

이 이론은 발전에 있어서 환경의 결정력을 중시하는 입장이다. 발전은 사회의 하위체계(subsystem) 사이의 상호작용에 의하여 일어난다고 하는 체계론이나 생태론이 이에 해당된다. 리그스(F. Riggs)는 이 입장에서 발전행정을 사회발전의 산물로 보면서 생태적 요인과의 상호작용관계에서 환경과 발전 사이의 함수관계를 밝히고 있다. 그러나 이 이론은 발전에 있어서 인간의 조작적·의도적 측면을 경시하고 있어 비관적이라는 비판을 받았으며, 후에는 리그스 자신도 발전을 인간사회의 물질적·인간적·문화적 환경을 변형시키는 능력의 증진이라고 하는 적극적인 입장에서 파악하였다.[10]

2. 발전행정의 적극설

이 이론은 발전에 있어서 환경의 영향보다 인간의 조작력을 중시하는 입장으로, 오늘날의 발전행정이론은 이에 해당된다. 즉 행정의 적극적 역할을 강조하는 이 입장은 공공정책의 목표가 정치적·경제적·사회적 여러 가지 변혁과 관련되며, 이를 위한 행정의 계획적·의도적 작용에 역점을 두고 있다. 이러한 입장에서는 발전행정을 국민형성(nation building)과 사회경제적 진보(socio-economic progress)라는 국가발전목표를 달성하기 위한 발전목표론이나 정책론에 바탕을 두고 있다. 따라서 발전은 행정의 독립변수로서의 사회과정에 미치는 영향을 중시

---

9 이한빈, 국가발전의 이론과 전략(서울: 박영사, 1969), 18면.
10 F. Riggs, "The Context of Development Administration," in F. Riggs(ed.), *Frontiers of Development Administration*(Duke University Press, 1971), p.74.

하며, 이를 위한 행정인의 창조적 개성에도 눈을 돌리고 있다.[11]

3. 발전행정과 행정발전

발전행정과 행정발전의 두 개념은 명백히 구분되는 것은 아니지만, 대체로 발전행정은 발전사업의 행정(development administration)이라는 적극적이며 행동지향적·목표지향적 개념이라고 할 수 있는 데 반하여, 행정발전은 행정 자체의 발전(administration development)에 중점을 두는 개념이다. 일반적으로 전자에 있어서 행정이 정치·경제·사회 등 생태적 요인에 미치는 영향력을 강조하며, 후자에 있어서는 생태적 요인이 행정에 대하여 미치는 영향력을 강조한다.

제 4 절　발전행정의 접근방법

발전행정의 방법론으로 오랫동안 지속되어 온 이론은 체계이론(systems theory)이며, 브레반티(R. Braibanti)·와이드너(E. W. Weidner) 등을 비롯한 많은 학자들 사이에 타당성을 인정받고 있다. 체계(system)란 원래 계속적으로 상호의존관계(interdependence)에 있는 요소들의 집합체를 말하며,[12] 발전론에 관한 체계이론은 발전이 행정체계에 있어서 어떻게 일어나고 있으며, 타분야와 어떤 관계를 가지느냐에 따라 일치만(Warren F. Illchman)이 분류한대로 행정체계적 접근방법(Administrative Systems Approach)과 사회체계적 접근방법(Social System Approach)으로 대별된다.[13]

1. 행정체계적 접근방법

행정의 문제를 타분야와의 관계에 있어서 분리시켜 고찰하는 방법으로 주로 서구 산업사회의 산물이라고 할 수 있으며, 균형이론과 불균형이론으로 나누어진다.

---

11 가장 대표적인 학자는 카리엘(H. S. Kariel)이다. H. S. Kariel, "Goals for Administrative Reform in Developing States," in Ralph Braibanti(ed.), *Political and Administrative Development*(Duke University Press, 1969), p.150.

12 L. von Bertalanffy, General System Theory(New York: G. Braziller, 1963), p.55.

13 W. F. Illchman, "Rising Expectation and the Revolution in Development Administration," *Public Administration Review*, Vol. 25, No. 4(December 1965), pp.315~316.

(1) 균형이론

부분적·단편적인 행정개혁은 효과적인 것이 못되며, 강력한 추진력(big push)에 의하여 행정전반에 걸친 동시적·전면적인 발전 노력이 있어야 한다는 입장이다. 이러한 입장을 취하는 대표적인 학자로는 카츠(Saul M. Katz)·애플비(Paul H. Appleby)·페인소드(Merle Fainsod) 등이 있다.

(2) 불균형이론

전체적인 행정의 동시적 발전보다는 비교적 중요한 부분의 발전만이라도 추진시키고, 그것을 기반으로 하여 전체적인 발전을 도모해 보자는 입장이다. 즉 어느 정도 현실적인 방법이라고 하겠으며, 대표적인 학자로는 기획제도의 개선에 중점을 두는 워터스톤(Albert Water-stone)이나 공기업에 중점을 두는 핸슨(A. H. Hanson) 등이 있다.

2. 사회체계적 접근방법

행정을 사회체계로 구성하는 하나의 하위체계(subsystem)로 보고, 다른 하위체계와의 상관관계를 중시하는 입장으로 균형론과 불균형론으로 나누어진다.

(1) 균형이론

이 입장은 전체사회체계 내의 여러 하위체계 사이의 상호관계를 강조하고, 정치·경제·사회 등의 발전이 행정의 발전에 선행하거나 적어도 동시진행적이어야만 행정의 발전이 이루어진다고 한다. 이들은 분석방법에 있어서도 생태적 요인 내지 투입적 기능을 중시하고 산출요인은 과소평가하고 있다. 대표적인 학자로는 리그스(F. Riggs)·아이젠슈타트(S. N. Eisenstadt)·파이(L. W. Pye)·스워들로우(I. Swerdlow) 등이 있다.

(2) 불균형이론

행정체계와 사회의 각 하위체계 사이의 상호의존관계를 전적으로 배제하지 않으면서 행정이 주도적 역할을 취함으로써 다른 분야의 발전을 유도한다는 입장이다. 즉 행정의 독립변수적 성격을 인정하여 투입기능보다 산출기능, 즉 정책·계획 등의 의도적 측면에 역점을 둔다. 대표적인 학자로는 에스만(M. J. Esman)·와이드너(E. W. Weidner)·브레반티(R. Braibanti) 등이 있다.

위의 설명은 비교적 발전행정의 접근방법으로서 간결하다는 장점은 있으나, 체계이론 자체가 지니는 문제점을 발전과 관련해서 설명하지 못하고 있다.

발전행정의 방법론으로서의 체계이론은 체계적이어야 함은 물론이지만, 변동과 발전을 동시에 설명해야 되기 때문에 동태적이어야 한다.

체계란 요소의 모임체로 일정법칙에 따라 상호연관성을 갖는다는 것이다.[14] 체계는 다음과 같은 속성을 지니고 있다.[15]

(1) 체계는 제각기 특성을 가진 구성분자와 그들 사이의 상호작용으로 형성된다.

(2) 체계는 그 자체 모든 인자를 그 특성에 따라 설명하고 있는 것은 아니며, 단지 몇 가지 만을 추출해서 나타내고 있다.

(3) 체계는 결정론(determinism)을 암시하고 있다. 이는 요소인자 사이의 상호작용이 일반법 칙에 따른다고 하는 의미를 내포하는 것이다.

(4) 체계는 과정과 결과의 차이를 보여 주고 있으나, 요소 사이의 상호작용을 일정한 시 간의 간격에 따라 보면 그것이 과정이 되고, 단절된 시간 속에서 보면 결과가 되는 것 이다.

(5) 체계의 개념 속에는 알몬드(G. Almond)가 강조하듯이 경계(boundary)라는 개념이 들어 있다. 즉 체계와 환경을 구분하는 것이 경계가 되는 것이다.[16] 체계에는 이 밖에도 균형 (equilibrium 또는 homeostasis)·상호의존성·환류(feedback)·긴장(stress)·투입(input) 및 산출(output) 등과 같은 뜻이 함축되어 있다. 그러므로 정태적이라는 비판을 받게 된다.

리그스(F. W. Riggs)는 체계를 단순히 부분체계(partial system)로만 이해하려는 경향은 옳지 않고 전체체계(whole system)로 이해해야 한다고 강조하고 있다. 더욱이 체계와 체계와의 관계를 같은 수준 혹은 다른 수준에서 이해하는가에 따라 맥락(context)과 배경(setting)이라는 용어를 써서 구별하는데, 전자를 맥락적 분석이라고 하여 권력관계(power relation)를 설명할 수 있는 방편으로 이해하며, 후자의 경우를 소위 생태론적 분석이라고 하여 물리적·문화적·인간적 환경을 포함하며 발전관계(development relation)를 설명할 수 있다고 한다.[17] 따라서 후자의 수준에서 체계의 관계를 이해한다면, 발전관계를 충분히 설명할 수 있다고 한다.

또한 버클리(W. Buckley)는 균형모형(equilibrium model), 유기적 균형모형(organismic ho-

---

14 체계의 정의에 관한 설명은, 김광웅, "정치발전," 김광웅 외 공저, 발전행정론(서울: 법문사, 1973), 160~166면 참조.

15 A. D. Hall and R. E. Fagen, "Definition of System," in Walter Buckley(ed.), *Modern Systems Research for the Behavioral Scientist*(Chicago: Aldine Publishing Co., 1968) 참조.

16 G. Almond and G. Powell, *Comparative Politics: A Developmental Approach*(Boston: Little Brown, 1966), pp.19~21; E. Nagel, The Structure of Science(New York: Harcourt, Brace & World, 1961), ch. 12 참조.

17 F. W. Riggs, "System Theory: Structural Analysis," in Hoas and Kariel(eds.), *Approaches to the Study of Political Science*(Scranton, Penn: Candler Pub. Co., 1970), pp.194, 238 참조.

meostatic model) 및 과정 내지 적응체계모형(process or adaptive system model)을 개념화하면서 체계와 환경 사이의 교류과정에 나타나는 상태에는 두 가지 유형이 있다고 지적하여 체계의 변화성을 설명하고 있다.[18]

체계는 위의 설명과 같이 많은 변화의 가능성을 제시해 주고 있다. 또한 체계는 발전도 설명할 수 있다고 보아야 할 것이다. 체계의 변동을 일으키는 원동력이 한낱 자연적이 아니며, 환경적 요인도 유발요인으로만 작용하는 것이 아니고, 체계 속의 인간요인이 변화를 발전으로 이끌 수 있도록 체계의 성격이 형성되어 있다고 이해해야 할 것이다. 이와 같이 체계가 발전을 설명할 수 있다면, 체계이론은 발전행정의 중요한 핵심이론이 되어야 함은 당연한 일이다.

---

18 W. Buckley, *Sociology and Modern Systems Theory*(Englewood Cliffs, New Jersey: Prentice-Hall, 1967), pp.58~62.

03 국제행정

제 1 절 국제행정의 개념

현대사회는 국제사회화되고 있으며, 국제사회의 관계는 나날이 발전하여 매우 복잡한 양상을 띠고 있다. 국제사회의 평화와 안전 및 복지는 인류의 공통된 소망이며, 이는 국가 상호간의 협조를 필요로 한다. 이러한 인류의 소망을 실현하고자 오늘날 많은 국제기구 및 지역협력기구가 창설되어 있다. 이와 같은 국제기구(international organization)를 통하여 행정문제를 검토하고 보다 원활하고 능률적으로 운영하려고 시도하는 분야가 국제행정이다.

1. 국제행정의 의의

국제행정(international administration)이란 국제사회에 있어서 다수국가나 공동의 사항을 처리하기 위하여 조약 내지 협정에 의하여 결성되는 국제적 조직체인 국제기구 및 지역협력기구를 통하여 행하여지는 행정을 말한다.[1]

국제행정은 국제기구의 발달과 더불어 새로운 관심을 불러일으켰으나, 독립된 교과로서 연구가 시작된 것은 제2차 세계대전 이후부터의 일이다. 국제행정을 연구하는 데는 국제법을 비롯한 국제관계 및 국제기구론 등 국제행정 분야의 교과에 관한 보다 실질적인 연구가 선행되어야 한다.

2. 발전과정

20세기 중반 이후 두드러지게 나타난 국제관계의 조직화 시도는 유럽 여러 나라에서 19세기경부터 활발히 전개되어 온 국제정치회의에서 유래한다. 즉 소위 유럽협조(the Concert of

---

1 P. Lengyel, "Some Trends in the International Civil Service," *International Organization*, Vol. 13, No. 4(Autumn 1959), p.534.

Europe)라는 이름으로 지칭되는 회의에 의한 외교가 하나의 조직화로서 국제기구의 탄생을 촉진하는 계기가 되었다.[2]

역사적으로 볼 때에 국제행정은 1804년 독일제국과 프랑스 사이의 라인강을 관리하기 위한 쌍무협정에서부터 비롯한다. 이 협정에 의하여 국제공무원(International Civil Servants)의 신분을 갖는 관리가 임명되었으며, 그 후 1856년 다뉴브강의 항행을 관리하기 위한 유럽위원회의 창설을 보았다. 이 위원회는 독립적인 지위를 갖는 상설행정기구를 창설하여 광범한 행정권을 부여하였다.

또한 1875년에는 만국우편선언에 의하여 만국우편연합사무국이 설치된 바 있으며, 1905년에는 38개국에 의하여 국제농업기구(the International Institute of Agriculture)가 설치되어 국제적 신분을 갖는 직원이 임명되었다. 그러나 이러한 여러 국제 기구의 권한이나 기능은 매우 약했으며, 단지 국제행정의 초보적 시도였다는 점에서 의의가 있을 뿐이다.

이에 비하여 제1차 세계대전 이후에 탄생한 국제노동기구 및 국제연맹에 사무국이 설치됨으로써 국제행정은 약간의 진전을 보았다. 그 후 제2차 세계대전의 종식을 전후하여 발족을 본 국제연합과 UN의 전문기구의 설립을 통하여 비로소 명실공히 국제행정이 성립되었다고 할 수 있다. 오늘날 국제행정이라고 하면 국제연합과 UN의 전문기구 등 각종 국제기구를 통한 행정을 지칭한다.

근자에 들어서는 국제기구를 통한 다양한 정치경제적 협력이 더욱 활발히 시도되고 있는데, 국제무역기구(WTO), 아시아태평양경제협력기구(APEC), 세계은행(World Bank), 국제통화기금(IMF) 등의 활약을 들 수 있으며, 양자간, 다자간 자유무역협약(FTA)도 점증하고 있는 추세이다.

3. 국가행정과 국제행정의 차이

일찍이 화이트(L. D. White) 교수가 지칭한 바와 같이 하나의 과정(process)으로서의 행정은 어느 경우에 있어서도 유사하다. 그러나 국제적인 기능을 수행하기 위하여 설립된 국제행정은 국가행정에 비하여 다음과 같은 점에서 차이가 있다.[3]

(1) 국제행정을 다루는 국제공무원제도는 조약에 의해서 다루어지는 데 반하여, 국가공무원제도는 각 국가의 입법부에서 제정한 법의 테두리 안에서 행정을 수행한다.

(2) 국제공무원은 어떤 특정국가가 아닌 국제사회에 봉사하는 것임에 반하여, 국가공무원

---

2 L. Leonard, *International Organization*(New York: McGraw-Hill, 1951), p.38.
3 최종기, 국제행정(서울: 법문사, 1963), 23∼26면.

은 소속국가의 국민사회에 봉사한다.

⑶ 국제행정은 그 특성이 국제적이고 어떠한 특정국가로부터 훈령이나 지시를 받을 수 없으며, 모든 국가의 공동정책을 수행한다.

⑷ 국제공무원의 신분관계는 의무라기보다는 상호간의 계약관계에 의해 이루어진다. 따라서 국제행정은 주권국가 사이의 국제적 협정과 협조가 있어야 하며, 그 기능은 어떤 특정국가의 행정적인 조직에 예속되지 않는다.

⑸ 국제기구의 책임과 기능은 국가에서와 같이 각료가 담당하는 것이 아니라 그 기구의 사무총장 혹은 사무국장이 맡는다.

제 2 절 국제행정조직

국제행정조직은 국제조직(international organization) 혹은 국제기구를 말하며, 국제조직의 종류와 기능은 점차 전문화되어가는 경향이 있다.

1. 의 의

국제행정조직은 국제사회에 있어서 조직적인 협력을 행할 필요성과 공동이익추구를 목적으로 결합된 주권국가의 합의에 의한 국가 사이의 기능적인 조직이다.[4]

이러한 국제조직은, 첫째 조약에 기초를 두어 성립하며, 둘째 공동목적을 추구하기 위한 상설조직이 요구되며, 셋째 이 조직은 보편적이어서 자격을 구비한 국가에게 문호를 개방해야 하고, 넷째 목적의 기준이 있어야 한다.

2. 분 류

국제조직은 그 목적에 따라서 다음과 같이 분류할 수 있다.

(1) 일반기구

모든 국제분규를 평화적으로 해결함을 목적으로 하는 조직(예: 국제연맹·국제연합)이다.

---

4 P. Reuter, *International Institute*, translated by J. M. Chapman(London: Ruskin House, 1958), p.215.

(2) 특별전문기구

설립목적이 특수하게 한정되어 있는 기구로 구체적인 목적에 따라 분류된다.

1) 경제기구　세계무역연맹(WTO)·국제통화기금(IMF) 등

2) 기술기구　국제전기통신(ITO)·세계기상기구(WMO) 등

3) 사회적·인도적 기구　세계보건기구(WHO)·세계노동기구(ILO) 등

4) 군사기구　북대서양조약기구(NATO)·동남아시아조약기구(SEATO) 등

5) 지역기구　미주기구(OAS)·아시아태평양경제협력기구(APEC) 등

3. 권 한

국제조직의 권한은 그 내용에 따라 첫째, 중요한 사항에 관하여 가맹국을 구속할 수 있는 경우와, 둘째, 주요국가의 주권을 침해하지 않고 단지 제의 내지 권고를 하는 경우로 대별된다. 그러나 대부분의 국제조직의 권한은 후자의 범주에 속하는 것이 보통이다. 그러나 가맹국의 가입 및 탈퇴에 관해서는 여러 가지 절차와 제한이 있다.

제 3 절　국제행정의 특징

1. 조직상의 특징

(1) 국제조직은 적어도 2개 이상 주권국가의 조약이나 협정에 의하여 조직된다.

(2) 조직은 뚜렷한 목표를 가져야 하며, 이를 수행하기 위한 항구적인 기관의 설치가 필요하다.

(3) 국제조직은 동일한 자격을 구비한 국가에 문호를 개방한다.

(4) 조직의 운영은 가맹국가의 합의에 의하며, 사무총장이 책임을 진다.

(5) 조직의 활동 및 내부사항에 관한 헌장을 둔다.

2. 인사행정상의 특징

(1) 국제조직에서 일하는 국제공무원은 경험과 문화적인 배경이 반드시 일치하지 않는다.

(2) 일반적으로 국제조직의 본부에는 상주하는 각료가 없다. 그러므로 이사회 또는 위원회에서 일반적인 문제에 관심이 있거나 특별한 문제를 책임지는 보고자를 임명한다.

(3) 국제조직의 직원들에게는 무엇보다도 국제적인 충성심이 요구된다.[5] 충성심이란 국제적인 이익과 세계적인 견해가 직원의 모국의 이익에 우선하며, 국제조직은 국제적인 이익을 위하여 존재한다는 것을 말한다.

(4) 국제행정에서 사용되는 용어는 직원의 모국어가 아닌 공용어이며, 모든 서류는 1개국어 이상의 용어로 준비된다.

(5) 국제공무원의 지위에는 외부압력으로부터의 독립이 반드시 보장되어야 한다.

(6) 국제공무원은 고도의 능력과 지식을 갖추어야 하며, 근무조건의 특수성이 충분히 인식된 인사행정이 수행되어야 한다.

3. 재무행정상의 특징

(1) 국제조직에는 예산을 준비하는 재무장관이 없다. 따라서 예산안작성의 책임은 그 조직의 행정책임자인 사무총장 내지 사무국장에게 있다.

(2) 예산은 가맹국에게 할당된 기부금 및 기타의 지원금에서 충당되며, 예산안은 총회의 3분의 2로 채택하는 것이 관례로 되어 있다. 가맹국에 할당된 기부금은 반드시 균일하지만은 않다.

(3) 가맹국의 대표들은 예산안을 검토하는 데 자국에 유리하도록 주장하는 경향이 있다.

(4) 예산의 사용은 정치적인 원인에 의하여 낭비가 심하다. 이의 중요한 한 가지 요인으로는 국가재정의 경우처럼 납세자에 의한 감독이 철저하지 못하다는 점을 들 수 있다.

(5) 국제조직은 외부로부터 자금을 차용할 수 없으며, 예산집행에 있어서 잔액이 생기면 가맹국에게 다시 반환하도록 되어 있다.

제 4 절　**국제행정의 전망**

오늘날의 국제관계는 날로 복잡해 가고 있으며, 효율적인 국제기구를 통한 여러 이익의 균형과 통합이 절실히 요청되고 있다. 따라서 행정학에 있어서도 국제적 조직의 적절한 관리방안이 중요한 연구영역으로 되어야 한다.

---

5 국제공무원에게 가장 중요한 것이 국제적인 충성심이라는 것은 여러 학자들이 이구동성으로 지적하고 있으며, 국제연합준비위원회가 1945년에 사무국에 세칙을 작성함에 있어서도 직원들의 충성심을 강조하였다. 최종기, 전게서, 139면 참조.

1. 연구의 저해요인

다음과 같은 문제점이 제기된다.

(1) 국제사회의 많은 나라의 이념·정책 등의 다원성

(2) UN 등 기존 국제기구에 대한 회의감

(3) 가맹국에 대한 강제력이나 구속력의 결여

(4) 광범한 국제관계지식의 필요

2. 앞으로의 전망

(1) 국제공무원에게는 무엇보다도 국제적인 충성심이 요구되어야 한다. 국제적인 충성심은 민족주의에 대한 변칙이며, 오늘날 민족주의는 점차 세계적으로 팽창해 가는 경향이 있다.

(2) 국제공무원은 투표를 행하는 경우 이외에는 정치적 활동에 종사해서는 안 된다.

(3) 국제공무원의 임명권은 사무총장의 절대적 권한이어야 하며, 어떤 가맹국으로부터도 정치적인 압력이 배제되어야 한다.

(4) 국제공무원이 맡은바 임무를 공정히 수행하도록 하기 위해서 그들의 특권과 면책에 대한 일반적 합의가 이루어져야 한다.

(5) 직원의 임명은 원칙적으로 경력직(career system)에 의거해야 한다.

(6) 유능한 인사를 지역적인 배분에 의하여 적절히 채용·확보해야 하며, 활동에 소요되는 자금에 관한 합의가 잘 이루어져야 한다.

제**3**편

행정가치와 윤리

Chapter

01 행정의 가치

행정의 존재이유와 행정이 추구하는 가치는 바람직한 행정조직의 운영과 행정인의 행동양태를 규정하는 준거가 된다. 즉 행정가치는 행정관료나 행정조직의 행위를 합목적적으로 유도하는 행동지침으로서의 역할을 한다. 따라서 행정이 추구하는 가치들을 체계적으로 분석함으로써 구체적인 행정형태에 관한 규칙이나 원리를 도출하는 것은 그 어떤 문제보다 중차대한 행정의 과제라 할 수 있다.

일반적으로 자유와 평등 그리고 정의는 인간이 사회를 구성한 이래로 지금까지 추구하여 온 불변의 본질적인 가치라 할 수 있다. 이는 사회적 존재로서의 인간이 사회 내에서 추구하는 궁극적인 가치로 사회의 일부 기능을 담당하는 행정의 본질적인 가치이기도 한 것이다.

제 1 절 행정의 본질적 가치

I 자 유

인간은 자유롭게 태어났고, 본질적으로 자유롭다. 그러나 자유롭기 위해서 사회를 구성하게 되고, 사회를 구성하여 타인과 공동의 생을 유지하기 때문에 자유를 유보하는 역설적인 처지에 놓이게 된다. 자유의 문제는 원시상태의 인류에게는 그다지 중요하지 않았으나, 사회의 구성원이 되면서 이에 대한 숙고가 시작되었다.

근대 자유주의 사상에 획기적인 공헌을 한 밀(John S. Mill)은 「자유론」에서 개인의 자유에 관한 절대성과 상대성을 동시에 인정하였다. 즉 밀은 국민의 자유에 대하여 간섭하는 정부의 권력 그 자체를 불합리한 것으로 간주하였다. 예컨대, 사상 및 언론에 관해서는 언제나 관용해야 할 것이라고 보았으며,[1] 또한 자유란 쾌락을 목적으로 삼는 것이 아니라 인격의 성장을 목

---

1 T. C. Talmon, *The Rise of Totalitarian Democracy*(MA: Beacon Press, 1953), p.28.

적으로 삼는 것임을 명시하면서 타방으로부터 어느 정도 간섭을 용인하였다.[2] 즉 사상과 언론에 관하여는 절대적 자유를 주장하면서 행위에 관하여는 자유와 아울러 간섭을 용인한 점에서 근대 자유주의 사상에 커다란 영향을 미쳤다.

홉스(T. Hobbes)는 자유를 "저항의 불씨"라 했고, 칸트(I. Kant)는 "도덕법칙에만 따르고 그 밖의 모든 것으로부터 독립하는 것"이라고 하였다. 또한 엥겔스(F. Engels)는 "자유란 자연적 필연성에 바탕을 두고 우리들 자신과 자연을 통제하는 것"이라고 보았다. 이처럼 자유의 개념은 다양하여 한마디로 정의하기는 어려우나 다음과 같이 정의할 수 있다.

첫째, 자유를 제약없이 행동할 수 있는 상태라고 정의할 수 있다.[3] 즉 자유는 개인의 행위가 어떠한 제한으로부터 구속받지 않고, 보호되는 것이다. 이런 자유는 모든 사회 구성원들에게 평등하게 주어진다.

둘째, 사회적 자유, 생명적 자유, 도덕적 자유를 칭하는 것이라고 볼 수 있다. 사회적 자유란 한 국민으로서 가져야 할 여러 가지 사회적 자유를 말하며, 생명적 자유란 개개인의 신체와 생명을 보전하고 유지하는 개인적 자유를 말한다. 또한 도덕적 자유란 도덕적 행위에 관하여 자유의지에 의한 선택을 근거로 하는 내면적 자유를 말한다. 이러한 세 가지 자유는 서로 일련의 관련성을 갖고 있다. 예를 들면 사회적 자유는 개인의 생존을 위하고 도덕적 자유를 이루기 위한 것이며, 인격의 성장과 발전이 필요한 조건을 확보하는 데에 그 본의가 있다고 볼 수 있다.

이와 같이 자유는 소극적으로는 외부로부터의 구속을 받고 있지 않은 상태, 또는 타율적인 강제에서 벗어나 있는 상태이며, 적극적으로는 어떠한 목적을 선택·실현해 가는 행동에의 경향성이나, 자기가 바라는 바에 따라 창조적인 일을 해나가는 상태를 말한다.

의식적으로 선택을 하고 자발적인 욕구를 충족하는 인간의 자유는 동물이 본능적인 욕구만을 추구하는 자연적인 행동과는 구별된다. 즉, 어느 인간이 자유로울 수 있는 정도는 그 인간이 자기의 내부에 잠재하고 있는 것을 표현하고, 그 잠재력을 외부로 전개시켜 나가는 데에 있어 동기와 기회를 얼마나 가지고 있느냐에 따라 결정된다고 할 수 있다.

자유가 인간의 특유한 속성으로서 이와 같이 정의된다고 하더라도 현실에서 구체적으로 완전히 파악될 수 있는 것은 아니다. 확실히 자유는 구체적으로 여러 가지 종류의 자유를 의미하므로, 자유라고 할 경우 인간이 실질적으로 무엇이 정당하며 무엇이 가치 있는 것인가를 스스로 결정할 수 있는 상태이자 심성이라고 말할 수도 있다.

---

2 R. M. Owen, *The Life of Robert Owen*(London: G. Bell and Sons, Ltd. 1857), p.96.
3 R. P. Mack, *Planning on Uncertainty: Decision Making in Business and Government Administration*(New York: John Wiley & Sons, 1971), p.71.

자유가 정치적 의미로서는 평등과 대치된다고 하나, 달리 본다면 반드시 그런 것만도 아니다. 즉 평등한 자유(equal liberty)로의 조화가 가능하다. 자유는 사회적 구성원 모두에게 주어지며 거래가 불가능할 뿐만 아니라 민주주의의 주된 수단이다.[4] 이는 사회구성원에게 고루 분배되며, 좁은 의미의 자유를 희생함으로써 평등을 극대화한다는 것이다.

모든 기본적인 자유, 즉 사회적·생명적·도덕적 자유 및 정치적 자유(선거권과 피선거권), 언론과 집회의 자유, 양심과 사상의 자유, 재산권과 더불어 신체의 자유들은 하나의 전체로서, 하나의 체계로서 동시에 고려되어야 한다. 왜냐하면 모든 자유들은 서로 관련이 있고, 상호작용하기 때문이다. 물론 이러한 체계는 언제나 평등한 시민의 관점에서 평가되어야 한다.

Ⅱ 평 등

만인의 평등에 관한 관념과 사상은 스토아학파와 기독교 사상가들에 의하여 표명된 바 있지만, 그것이 뚜렷한 가치를 밝히게 된 것은 근세 인권사상의 대두와 때를 같이 한다. 그리스 시대의 평등은 자유시민의 평등에 지나지 않았지만, 로마시대에 있어서 평등사상은 하나의 이념으로 나타나게 되는데, 이는 로마가 다양한 종족의 혼합과 국가기반의 확대, 그리고 그리스도교의 대두 등을 배경으로 했기 때문이다. 스토아 철학과 로마법의 영향을 받아 자연법(Jusnaturac)의 관념이 여기에 성립하는데, 키케로에 의하면, 재산이나 재능에 있어 인간 사이에 불평등이 있다 하더라도 그들이 시민이라면 법률적 권리는 평등해야 한다.

그러나 고대 로마 역시 노예제사회로서 평등은 시민권자에 한정된 것이었고, 노예에게까지 확대되지 않았다. 이에 반해서 평등이 모든 인간에 있어서 존재한다는 주장은 그리스도교에 의해 이루어졌다. 그리스도교에서는 인간은 그 하나하나가 신을 모방해서 만들어졌기 때문에 신 앞에서는 모든 인간이 평등하다는 것이었다. 신 앞에서의 평등은 인종적 차별, 노예와 주인의 신분적 계급의 구별, 성적 불평등이 없다는 것이다. 신 앞에서 평등은 종교개혁에 있어서 루터와 칼빈에 의해 신앙의 주체로서 인간의 평등 형성에 크게 영향을 미쳤다.

근대적 평등개념은 18세기의 계몽주의에서 확립된다. 당시의 사상가는 자연법이론에 따라 모든 인간의 자연적 평등, 보편적인 인간적 평등에서 출발하여 정치적·법률적 평등권의 요구로 귀착시켰다. 근대적 평등개념에 있어서 인간은 자연적인 정신적·육체적 능력에 있어서 현실적으로 평등하다는 것이 아니다. 오히려, 정신적·육체적 능력상의 불평등이 있음에도 불구

---

4 A. M. Okun, *Equality and Efficiency: The Big Trade-off*(D.C.: The Brookings Institution, 1975), pp.1~22.

하고, 인간이 본질상 동일하다는 것을 의미하는 것이다.

근대 민주주의에 있어서의 평등은 법률 앞에서의 기회의 균등을 의미한다고 할 수 있다. 과거에는 봉건제적 특권으로 말미암아 인간능력의 발휘가 불가능했다는 점에서 근래에 와서는 그러한 특권이 배제됨으로써 능력만 있다면 이를 발휘할 수 있다는 데 그 이유가 있다. 이러한 평등 개념은 보통선거제의 일인일표제(一人一票制)에서 볼 수 있다. 이러한 법률적 평등 개념은 기계적 평등으로서 법 앞에서의 평등과 같은 획일적 대우를 의미한다.

현대적인 평등은 아리스토텔레스(Aristoteles)의 분배적 정의에 해당하는 것으로서 비례적 평등이어야 하고, 그렇게 함으로써 자유이념과도 조화될 수 있게 된다. 그것을 맥키버(Robert M. Maciver)는 생동하는 가치적 공평, 즉 형평(living value fairness equity)으로 표현하고 있다. 이와 같은 평등에서는 활동하는 자유가 억제되지 않을 뿐만 아니라, 도리어 그것을 보호, 조장하고 자유로운 인간이 가지고 있는 불평등한 능력이 존중되어 그 인격의 완성을 가능하게 한다. 또한 평등에서는 불평등한 능력이 존중되어 처지와 형편의 차이에 따라 차별대우의 정당한 불평등을 인정하고 있다.

브라스토스(Gregory Vlastos)는 평등에 있어서 다음과 같은 필요와 능력 및 업적과 계약에 따라 불평등한 능력이 존중된다고 보았다. 그러나 인간은 누구나 다같이 존귀한 것이며 그 존귀한 인간들이 모두 안녕과 행복을 누리고 살 수 있기 위해서는 평등한 대우가 필요한 까닭에, 특별한 이유가 없는 한 차별대우는 용납될 수 없다. 그러나 브라스토스가 지적한 바를 통하여 알 수 있는 것은 다음과 같다.

첫째, "각자의 필요에 따라서 분배한다"는 것은 하나의 이상으로는 이론의 여지가 없으나, 현실적 처방으로는 해결해야 할 많은 난제를 내포하고 있다.

둘째, "각자의 능력과 업적에 따라서 분배한다"는 원칙은 '능력과 업적'이 높은 사람이 동시에 '필요로 하는 것'도 많다는 병행의 관계가 정립할 경우에는 별로 이론의 여지가 없으나, 그렇지 못할 경우에는 '능력과 업적'의 원칙 및 '필요'의 원칙 사이에 있어서 어느 원칙에 대하여 우선권을 인정하느냐 하는 어려운 문제가 생긴다. 그리고 "필요에 따라서 분배함이 공정하냐 또는 능력과 업적에 따라서 분배함이 공정하냐?"는 표현으로 제기할 수 있는 이 물음에 대한 대답은, 어떤 증명된 사실에서 논리적으로 풀릴 수 있는 성질의 것이 아니라, 가치문제에 관한 가장 기본적인 전제들 가운데서 어느 원리를 선택하느냐에 따라서 결정될 성질의 것이다. 따라서 각자의 필요에 의해서 분배한다는 원칙을 실현하기 위한 합리적인 방편으로는 능력 및 업적에 따르는 분배의 원칙을 받아들여야 할 것이다.

셋째, "각자가 체결한 계약에 따라서 분배한다"는 원칙은 체결된 계약이 공정하다고 인정될 경우에만 타당성을 갖는다. 이상에서 알 수 있는 것과 같이 평등에 불평등의 존재를 인정하여야 하는데, 불평등을 인정하려고 하는 이유는 불평등의 정도가 경제성장에 도움이 되고 정당하다는 것이다.

케인즈는 불평등을 지지하는데 그것은 두 가지 이유에서였다. 하나는, 사회적 요인으로서 돈벌이의 동기를 유발하는 가치 있는 인간행동을 유도할 수 있고, 또 인간활동의 성취를 위하여 사유재산권의 환경이 되기 때문이라고 하였다. 다른 하나는 심리적 요인의 정당화로서, 좀 괴벽스러운 것이지만 위험스러운 인간의 기질은 돈벌이와 사유재산을 위한 기회가 존재함으로써 수용되고, 만약 그렇지 못하면 인간의 잔인성, 무모한 권력과 권위의 추구, 그리고 자기세력 강화의 다른 형태가 나타날 것이기 때문이라고 하였다.

그러나 불평등은 비효율성을 초래하는데, 토우니(R. H. Towney)[5]는 평등이 질서, 권위 및 정의의 기반으로 인식될 수 있고, 국가의 경제적 재난을 해결하는 데 필요한 협동은 계급투쟁에 의해서는 불가능한데, 이의 근원이 사회적·경제적 불평등에 있기 때문이라고 비판하였다. 티트무스(Richard Titmuss)[6]도 인간 본성이란 소득과 부의 자유가 보장된 사회에 있어서 평등이 유지될 수 있을 정도로 충분히 도덕적이지 못하다는 것을 역사는 보여주었으며, 이에 따라 불평등의 감소가 필요하고, 충분한 것은 아니지만 이것이 사회조화의 조건이라고 하였다. 따라서 인간은 모두 존귀하므로 정당한 근거가 없는 한, 차별대우와 불평등은 받아들여질 수 없다고 주장하였다.

이미 논의한 자유와 평등은 다소 이율배반적인 관계에 있다. 즉, 자유를 절대화하여 무제한적인 자유를 허용한다면 무정부화하고 약육강식으로 귀결하게 된다. 반대로 평등을 절대화하여 평등을 확대한다면 인간의 자유는 그 존립이 불가능하게 된다. 따라서 자유와 평등은 그 어느 하나만을 절대화할 경우 두 개념은 양립할 수 없게 되므로 두 개념은 조화를 이루어 나가야 한다.

Ⅲ 정 의

정의라는 말만큼 흔히 사용되면서도 그 의미가 불투명한 개념도 없을 것이다. 정의의 개념정립이 어려운 이유 중의 하나는 인간의 행위와 사회조직 속에서 지극히 복합적이고 다양한 변수들이 작용하고 있으며, 이 복합체를 분석·처리할 수 있는 능력이나 의욕이 우리에게는

---

5 R. H. Towney, *Equality*, (London: Allen & Unwin, 1952).
6 R. Titmuss, *The Life Relationship: From Huan Blood to Social Policy*(New York: Random House, 1972).

부족하기 때문이다. 이러한 정의의 개념과 내용을 플라톤, 아리스토텔레스, 롤스의 이론을 중심으로 살펴보기로 하겠다.

정의라는 말은 그리스의 dikaiosyne(righteousness), 즉 정의의 덕(德)을 의미하는 것에서 시작된다. 그러나 용법상에 나타난 정의의 다양성에 주의해 보면 정의란 또한 dike(justice에 상당)를 의미하기도 하였다. 전자가 주체적인 정의, 즉 윤리적 덕의 일종으로서의 정의인데 반하여 후자는 객체적으로 성립하는 정의, 다시 말하면 정의라고 부르는 질서, 원리 등을 의미하는 것이다. 오늘날 우리가 정의라고 할 때는 주로 후자의 의미를 갖는 것으로서 법적인 혹은 제도적인 질서와 관련되어 있다. 플라톤(Plato)은 사람의 영혼을 육체와 상관없는 순수한 이데아적인 부분과 육체에 매인 부분으로 나누어, 이데아적인 부분은 불멸의 이성(logistikon)이고 육체에 매인 부분을 다시 상하로 나누어, 낮은 것은 감각적인 정욕(epithymetikon)이요, 높은 것은 이성과 정욕의 사이에서 이성의 명령에 따르며 정욕을 누르는 기개(thymbeides)라 하였다. 그리고 플라톤은 이성의 덕을 지혜(sophia), 기개의 덕을 용기(andreia), 정욕의 덕을 절제(sophrosyne)라 하고 이러한 영혼의 모든 힘과 기능들이 주어진 그 본분을 지키고 영혼이 질서와 조화를 가질 수 있도록 위의 세 가지 덕을 통일하는 덕이 바로 정의 내지 공정(dikaiosyne)이라고 하였다.[7]

이러한 것은 광의의 실천적인 덕으로서의 정의를 나타낸 것이며 플라톤에 의하면 협의의 정의란 올바르게 행동하고 자신의 임무를 다하는 시민적 덕을 의미한다. 다시 말하면, 정의란 사회에 대한 시민의 법적으로 지정된 행위를 뜻하는 것으로서, "자신의 임무에 전념하며 참견하지 않는 것이 정의"라고 했다.[8]

아리스토텔레스(Aristotle)는 정의란 광의로 사용할 경우에는 법(nomos)에 따른다는 의미를 지니고 있으며, 협의에 있어서는 균등(ison)을 의미한다고 하였다.[9] 전자의 경우 법이란 실정법뿐만 아니라 자연법(phusei dikation)도 포함하는 것으로, 법에 따르는 행위라는 의미로서 정의의 덕은 규범에 따라 행동하고자 하는 내면적 의지 전반을 가리키는 것이다. 따라서 여기까지는 플라톤적 의미에 있어서의 정의관과 대체로 일치한다고 할 수 있다. 그러나 이에 반하여 협의의 정의, 즉 엄밀한 의미에 있어서의 정의는 균등이라고 한다. 바로 이러한 분석에 있어서 아리스토텔레스는 정의론의 역사에 있어서 다른 어떤 사람과 비할 수 없는 확고한 공헌을 한 것이다. 물론 정의를 일종의 균등으로 보려는 이러한 특수한 관점은 플라톤의 균형론에서 유래된 것이지만, 본격적으로 정의를 균등으로 설명한 것은 그가 처음이다.

---

7 Plato, *Republic IV* 441 d/e.
8 *Ibid.*, p.433.
9 Aristotle, *Nichomachen Ethics*, p.1130.

범죄에서 유발되는 상해나 물품 교환, 대여 등에 있어서는 절대적인 균등의 원리에 기초해서 회복과 시정이 이루어지는 것이 정의인 반면 재화나 명예, 권력 등 국가와 국민 간에 이루어지는 모든 분배는 각자 그 사람의 가치에 응하여 비례적으로 행해질 때 정의로운 것이라고 했다.[10]

롤스(John Rawls)는 전통주의 철학의 입장에서 정의의 원리를 추구하고자 한 경우인데 그는 정의의 원리를 다음과 같이 보았다. 사람들이 어떠한 상황에서 정의의 기준을 세우고 그것에 합의하게 되는가를 설명하기 위하여 가상적인 '원초적 입장'이라는 것을 제시하였다. 이러한 가상적인 원초적 입장에서 합의에 도달하게 되는 정의의 기준은 다음과 같이 두 가지가 있다고 보았다.

첫째, 모든 개인은 다른 사람들과 유사한 자유와 병립할 수 있는 가장 광범위한 기본적 자유에 대하여 동등한 권리를 가져야 한다는 것으로서 자유와 같은 기본적인 권리들은 절대적으로 모든 사람에게 평등하게 주어야 하며, 개인의 이익을 위해서건 사회의 이익을 위해서건 결코 교환될 수 없다는 원칙을 의미 한다(정의의 제1원리: 기본적 자유의 평등원리).

둘째, 사회적·경제적 불균등은 다음 두 조건을 만족시키도록 조성되어야 한다는 것이다(정의의 제2원리: 차등조정의 원리). ① 그 불균등이 모든 사람들을 위해서 이익이 되리라는 것을 합리적으로 기대할 수 있고(차등원리), ② 그 불균등의 모체가 되는 지위와 직무의 기회는 모든 사람에게 개방되도록 하여야 한다는 것이다(기회균등의 원리).[11]

이와 같이 롤스는 정의의 문제가 크게 두 가지 측면을 가지고 있는 것으로 보았다. 하나는 국민의 기본적 자유에 관한 문제요, 또 하나는 사회적 및 경제적 가치들의 분배에 관한 문제이다. 이 두 가지 기본문제에 대한 해결의 원칙을 각각 부여하고자 그는 위의 두 원리를 제시했던 것이다.

첫째 원리는 광범위한 기본적 자유에 대하여 모든 국민이 동등한 권리를 누려야 한다는 것을 규정하고 있다. 여기서 말하는 기본적 자유는 투표권 및 피선거권을 포함한 정치적 자유, 언론과 집회의 자유, 양심과 사상의 자유, 신체의 자유와 재산소유의 자유 등으로서 민주사회의 통념과 일치하는 것들이다. 정의에 의해 보장되는 이러한 기본권은 더 이상 정치적 흥정이나 사회적 이득의 계산에 희생되어서는 안 된다는 것이 롤스의 기본적 입장이다.[12]

사회적·경제적 가치의 분배에 관한 둘째 원리는 정당한 불평등의 기준을 밝히고자 함에

---

10 *Ibid.*, p.1131a.

11 J. Rawls, *A Theory of Justice*(Cambridge, MA: The Belknap Press of Harvard University Press, 1971), p.60; 차등조정의 원리에서 기회균등의 원리는 차등원리에 우선한다.

12 *Ibid.*, p.61.

핵심이 있다. 인간 사회에 관한 어떤 사회학적인 모델도 모두 다소간의 사회적 불평등을 내포하기 마련이며, 이러한 사회적 불평등이 없다는 것은 고도의 산업사회에서는 상상조차 불가능하다. 모든 불평등의 제거가 불가능한 이유는 어떤 사회가 조직되기 위해서는 그 성원들 간의 역할의 분화(role differentiation)가 필수적이며, 이러한 구분을 위해서는 다시 역할의 계층화(role-stratification)가 불가피하기 때문이다.[13] 또한 어떤 불평등은 다른 불평등의 도입에 의해서만 제거될 수 있고, 이러한 최소한의 사회적 불평등의 도입에 의해서만 보다 큰 자연적 불평등의 완화가 가능할 수 있기 때문이다.

따라서 사회적 가치와 경제적 가치를 모든 국민에게 똑같이 고르게 분배하는 절대적 평등은 어느 사회에 있어서도 현실에 맞지 않는다. 각 개인의 능력과 활동 또는 봉사의 차이에 따라서 그들의 대우에 어느 정도의 차등을 두는 것은 지금의 사회 현실과 인간성에 근본적인 변혁이 없는 한, 부득이한 일이다. 그러나 그 불평등은 정당하다고 인정할 수 있는 범위 안에서 억제되어야 한다. 현대 사회에 있어서 심각한 문제가 되고 있는 불평등은 사람들이 받는 대우에 차등이 있다는 사실이 아니라, 그 차등이 정당한 정도를 훨씬 넘어서 있다는 사실이다.[14]

롤스에 따르면, 불평등이 정당성을 인정받을 수 있는 것은 다음과 같은 조건이 만족되었을 경우에 국한된다. 첫째로 사회에 있어서 가장 불리한 처지에 놓인 사람들까지도 그 불평등한 분배로 인하여 결과적으로 도리어 이익을 얻을 수 있으리라고 당연히 기대할 수 있는 그러한 내용과 정도의 불평등이라야 한다. 둘째로 불평등한 분배의 근거가 되는 지위나 직무는 기회균등의 원칙에 의하여 모든 사람들이 접근가능해야 한다. 보다 큰 사회적·경제적 이익을 이유로 평등한 자유의 원칙을 벗어나서는 안 된다는 것이다.[15] 롤스는 정의원리의 우선순위를 다음과 같이 밝히고 있다.

첫째로 자유의 제한은 오직 보다 큰 자유를 위해서만 허용된다. 즉 모든 사람이 향유하는 전체적 자유의 체계를 강화하기 위해서라면, 어떤 자유에 제한을 가하여도 무방하다. 그리고 자유의 불균등이 그로 인하여 불리한 위치에 놓이는 사람들을 위해서도 바람직할 경우라면, 그것은 정당한 것으로 인정된다. 둘째로 사회정의의 둘째 원칙, 즉 불균등의 원칙은 효율성 원칙 및 총이익의 극대화(maximizing the sum of advantages) 원칙에 우선한다. 그리고 기회균등의 원칙은 사회적·경제적 가치의 불균등의 원칙에 우선한다.[16]

---

13 H. A. Bedau, "Radical Egalitarianism," in H. A. Bedau ed., *Justice and Equality*(New Jersey: Prentice-Hall, 1971), p.175.

14 R. Niebuhr, *Moral Man and Immoral Society*(New York: Charles Scribner's Sons, 1932), pp.8~9.

15 J. Rawls, *op.cit.*, p.61.

16 *Ibid.*, pp.302~303.

요컨대 자유와 기회, 재산과 소득, 자기존중의 근거 등 모든 사회적 기본가치는 균등하게 분배하는 것을 원칙으로 삼고, 이러한 가치들의 불균등한 분배가 허용될 수 있는 것은 그 불균등한 분배가 가장 불리한 처지에 놓이는 사람들을 위해서도 오히려 유리할 경우에 국한된다는 것이 롤스의 근본적인 생각이다. 이처럼 롤스의 정의론이 비록 이론적으로 완벽하다고 보기는 어렵다 할지라도 우선 차등의 원칙에서 표현되고 있듯이 강력한 평등주의에 의하여 규정되고 있으며, 사회적·경제적 불평등이 어느 특정사회체제 내에서 가장 불리한 처지에 놓여 있는 사람들의 이익을 증진시키지 않는 한, 모든 사회적·경제적 가치는 평등하게 배분되어야 한다는 것을 강조하고 있다.

Ⅳ 형평성

행정학 발달의 초기부터 능률적 경영이론이 민주적 정부이론에 포용되어 정부는 능률적이며 공평해야 한다는 주장이 대두되었다. 그러나 1950년대에 이르러서는 경영관리의 이론이 지나치게 지배적이어서 형평과 공평에 대한 질문을 다시 하기에 이르렀다. 물론, 그 동안에도 행정이 정치과정의 일부로서 이해되기는 하였지만 행정의 정치적 중립성이 강조되면서 사회적 형평성의 문제는 무시되었던 것이다. 그러나 현대에 와서는 행정이 정책과정에서 주도적인 역할을 담당하고, 또한 정치적 중립성을 유지하기는 거의 불가능하다는 것이 인식되어서 절약과 능률과 함께 형평이 행정행위의 기준으로서 제기되기에 이르렀다. 특히 프레드릭슨(G. Fred-erickson)은 종전의 행정이 절약과 능률에 초점을 두어 형평과 정의의 문제가 이론적으로나 실제적으로 소홀히 취급되었다고 주장하면서 절약과 능률 외에 형평을 행정의 세 번째 기준으로 제시하고 있다.

형평성의 내용은 지극히 다양하며 그 언급된 역사도 매우 긴 것으로 보이나 근대적인 의미의 그것은 법적인 차원에서 비롯되었다. 가장 광범위하고 일반적인 의미로 블랙의 법률사전(Black's Law Dictionary)은 "형평성이란 인간 사이의 상호관계를 규율하는 사항에 관하여 공명정대의 정신 및 습관, 즉 모든 사람이 우리에게 해주기를 바라는 것처럼 행동하는 규칙"이라 정의한다.[17] 일반적인 논의로서 형평성 개념을 가장 체계적으로 다룬 사람은 롤스이다. 그는 정의라는 개념을 사용하여 형평성이란 사회구조가 근본적인 권리와 의무를 배분하고 사회적 협동의 이익을 나누는 것이라고 하였다.[18] 던(William Dunn)은 형평성을 사회적 자원의 공정하

---

17 H. C. Black, Black's Law Dictionary(St. Paul, MN: West, 1967), p.634.
18 J. Rawls, *op. cit.*, p.7.

고 공평한 배분으로 유도하는 대안의 채택기준이라고 보았다.[19]

또한 사회적 형평성이라 할 때는 정치학에서의 평등, 정의, 경제학에서의 배분적 정의 등과 매우 유사하다. 그리고 하트(David Hart)는 사회적 형평성이 정당한 윤리적 내용을 지니는 것이기에 사회적 형평성의 주장은 윤리적 기초에 의하여 정당화될 수 있으며, 공공행정과 관련하여 사회적 형평은 행정의 한 운영지침으로서 제안되어 왔다고 주장하였다.[20] 한편, 차하순 교수는 형평을 "동등한 자유와 합당한 평등으로서 인간의 사적·공적 관계에 적절하고 합당한 질서를 부여하는 원리"로,[21] 맥레(Duncan MacRae)와 와일드(Jarmes Wilde)는 형평성을 공평성 또는 정의와 동의어로 규정한다.[22]

이상에서 살펴본 것과 같이 형평성이란 개념은 확실히 정의되지 못하였다. 따라서 형평성의 개념은 윤리적인 동시에 법적인 문제이기도 하다. 그러나 이러한 법적·윤리적 문제인 형평성을 행정학에 있어서는 형평성 달성을 위한 수단적 문제로써 형평성 개념을 정립 내지는 구체화하려 하고 있다. 이것은 실제의 행정에서 형평성이 다른 행정가치보다 높은 우선순위를 확보하려는 데 그 이유가 있다. 프레드릭슨(G. Frederickson)의 지적처럼 형평성의 개념은 전통적 이론과 실제에 도전하는 소장학자들의 관심과 견해를 주로 철학적·규범적인 것을 포괄적으로 지칭하는 간편한 방법으로 사용하였기 때문에 그 실체를 갖추지 못하였다.[23]

형평성의 개념을 보다 명확히 하기 위한 하나의 방편으로서 형평성의 기준을 제시하는 것이 바람직하리라 본다. 형평성은 여러 기준에 따라 다음과 같이 크게 사전적·사후적 형평성, 수평적·수직적 형평성, 투입·산출 형평성 등으로 나눌 수 있다.

사전적(事前的) 형평성은 대상이 대우받을 확률을 말하는 것으로서 위험이나 기회가 똑같이 제공될 때의 형평성을 말하며, 사후적(事後的) 형평성은 대상에게 사실상의 몫이나 내용을 형평성의 원칙에 맞추어 배분하는 것이다. 수평적 형평성이란 같은 속성의 대상에 대한 동등한 대우를 말하는 것이며, 수직적 형평성은 상이한 대상에 대하여 차등적인 대우를 하는 것이다. 이를 평등에 비유한다면 형평성은 비례성을 주된 속성으로 하기 때문에 수평적 평등과 수직적 평등의 중간에 속한다고 할 수 있다. 투입 형평성은 사전의 가치분배시에 나타나는 것이고, 산출 형평성은 사후의 결과에 형평성이 나타나도록 하는 것이다.

19 W. N. Dunn, *Public Analysis: An Introduction*(Englewood Cliffs, NJ: Prentice Hall, 1981), p.272.

20 D. K. Hart, "Social Equity, Justice, and the Equitable Administrator," *Public Administration Review*, Vol.34, No.1(1974), p.3.

21 차하순, 「형평성의 연구」(서울: 일조각, 1983), 1-7면.

22 D. MaRae & James A. Wilde, *Policy Analysis for Public Decisions*(CA: Duxbury Press, 1979), p.71.

23 G. Fredrickson, "Introductory Comments: A Symposium, Social Equity and Public Administration," *Public Administration Review*, Vol.34, No.1(1974), p.1.

행정의 기본이념은 행정에 있어서의 철학적 그리고 윤리적인 요소라고 볼 수 있다. 그리하여 이 이념은 그 시대와 장소에 따라서 다르다. 또한 행정이 지향해야 할 당위적인 개념이므로 지도이념이라고도 한다. 이와 같은 이념은 여러 가지 요인에 의하여 만들어지는 것이다. 보통 어떠한 국가에 있어서도 통용될 수 있는 행정의 기본이념으로 합법성·효율성·민주성·효과성·정치적 중립성, 그리고 가외성 등을 들 수가 있다. 이 이념들은 언제나 그 사회 행정의 기본개념으로 존재하였으나 어떤 때에는 능률성이 유독히 강조되고, 또 다른 때에는 민주성이 다른 이념보다 강조되곤 하였다. 또 이와 같은 다양한 이념들은 서로 상호보완적인 관계도 지니고 있다.

Ⅰ 합 법 성

행정의 이념으로서의 합법성은 가장 오래된 개념으로서 행정과정이 법률적합성을 지녀야 하고 합법적이어야 한다는 것을 의미한다.

행정의 합법성은 19세기의 입법국가의 소산으로, 모든 행정행위가 객관적인 법률에 의하여 지배된다는 원칙이다. 즉 행정의 합법성은 국민의 권리와 자유를 보장하려는 정치적 요청과 민주행정이라는 역사적 요청에서 발달된 이념이라고 볼 수 있다.

행정의 합법성은 법치주의의 원리에 바탕을 둔 것으로, 구체적으로는 ① 독립된 법원에 의한 행정의 사법적 통제, ② 입법에 의한 행정의 사전구속, ③ 사법에 의한 사후통제가 보장되어야 한다. 그런데 행정의 기술성·전문성·기동성 등으로 '법률에 의한 행정'이라는 합법성의 달성이 매우 곤란할 때가 많았다. 그 구체적인 이유로는 ① 행정입법의 양적 증가와 질적 변화, 즉 명령·규칙·훈령 등 실질적 법률의 성격을 지닌 것이 행정부의 독자적 판단에 의하여 규율되며, ② 사법적 임무의 과중으로 사법적 통제기능이 힘들어지고, ③ 법률의 성격을 지닌 예산·계획 등의 기능을 행정부가 독자적 기준에 의하여 행한다는 사실이다. 행정의 합법성은 다른 기본이념인 민주성과도 긴밀한 연관성을 가지고 있다.

Ⅱ 효율성

행정국가가 대두되면서 현대국가는 행정에 있어서 효율성을 매우 강조하게 되었다. 효율이란 보통 투입과 산출 사이의 합리적인 비율을 말한다고 정의할 수 있다. 따라서 이는 수치로서 표현될 수 있다. 효율은 계량화를 전제로 하여 생각할 수 있는 개념이다. 그런데 기업에 있어서는 산출이 쉽사리 수치로 표현될 수 있으나, 행정에 있어서는 산출(예: 공익달성)이 파악될 수 없는 경우가 많아서 기업에 있어서와 달리 좋다, 충분하다, 소망스럽다는 정도로 평가할 수밖에 없는 경우가 많다.

원래 행정학의 효율성의 문제는 20세기 초의 과학적 관리법의 도입으로 본격화되었다. 효율주의자들은 정책을 집행하는 데에는 효율성의 원칙에 입각한 '단일 최선의 길'(one best way)이 있으며, 행정관료는 그 최선의 길을 발견하는데 노력해야 한다고 가정하고 있다.[24]

이와 같은 효율관을 '기계적 효율'이라고 부르며, 효율성이야말로 제일의 공리(axiom number one) 또는 기본적인 선(the basic good)이라고 한다.[25] 그런데 굴릭(L. Gulick)이 말한 바에 의하면, 이와 같이 가장 중요한 공리인 효율성은 정치에 있어서 다른 가치와 갈등을 일으킨다는 것이다. 즉 민주성과 상충이 될 수 있으므로 효율성을 약간 수정해야 할 경우가 있을 것이라고 말하였다.[26]

다알(Robert Dahl) 교수도 행정에 있어서 효율을 최상의 가치로 보고 있으나 필연적으로 효율은 민주적 이념과 상충되기 때문에 행정학도나 행정실무자가 이와 같이 서로 상충되는 이념을 조정하는 것은 쉬운 일이 아니라고 하고 있다.[27]

아무리 효율성에 문제가 있다고 하더라도 효율은 행정에 있어서 가장 중요한 이념이며, 이로 말미암아 미국에서 능률과 절약운동이 일어나서 소위 기능주의의 출현을 보았다. 오늘날에 와서는 기계적 효율관 대신 사회적 효율관을 주장하는 경향이 일어나고 있는데, 사회적 효율성이란 인간관계론이 대두되기 시작한 후에 나타난 개념으로 인간존엄성의 구현, 사회목적의 실현 등 사회적 차원에서 효율을 보아야 한다는 입장이다.[28]

---

24 W. L. Morrow, *Public Administration, Politics and Political System*(New York: Random House, 1975), p.16.

25 L. Gulick, "Science, Values and Public Administration," in L. Gulick and L. Urwick(eds.), *Papers on the Science of Administration*(New York: Inst. of Public Admin., 1937), p.192.

26 *Ibid.*, p.193.

27 R. Dahl, "The Science of Public Administration," *Public Administration Review*, Vol. 7, No. 1(March 1947).

28 D. G. Bovers, *Systems of Organization: Management of the Human Resources*(Ann Arbor: The University of Michigan Press, 1976), p.88.

또 사회적 효율성을 민주성으로 규정하는 입장도 있으나,[29] 여기서는 민주성을 사회적 효율성보다 포괄적인 것으로 보아 별도로 설명하고자 한다.

사회적 효율성의 내용으로는 다음과 같은 것이 포함된다.

(1) 인간적 효율

기계적 효율성은 비인간적인 데 반하여, 사회적 효율성은 인간의 만족·목적·수단관계 등의 인간적인 면을 반영하는 질적인 효율이다.

(2) 합목적적 효율

사회적 효율은 합목적적이어야 된다. 즉 효율을 달성하기 위한 수단이 목적에 부합되어야 한다.

(3) 상대적 효율

효율의 평가는 투입과 산출의 비율로 하지만, 이 평가가 절대적인 기준에 의하는 것이 아니고 상대적인 기준에 의해야 되는 것이다.

(4) 장기적 효율

사회적 효율의 평가는 단기적이 아니고 장기적이어야 한다. PPBS 같은 제도는 장기적 효율에 적합한 방식인 것이다.

이상과 같이 사회적 효율성은 기계적인 효율성과는 달리 인간성·합목적성·장기성·상대성 등을 가지고 있음을 알 수 있다.

Ⅲ 민 주 성

우리가 지향하는 바람직한 상태의 행정상은 행정이 국민의 의사를 존중·반영해 주고, 이것을 신속·효율적으로 처리해 주는 것이다. 일견 모순된 것처럼 보이는 이 바람직한 상태(행정이념)들은 우리 나라의 지난 행정을 돌이켜 보면 어느 한쪽으로 편향되게 추구되어 왔음을 쉽게 알 수 있다.

즉, 이 기간 동안 행정이 주도적 역할을 담당하면서 국가의 근대화와 경제성장에 상당한 기여를 하였지만, 책임정치가 수반되지 않은 행정권력의 비대화·남용·독선화 등을 초래, 행정의 민주화가 적지않은 제약을 받아온 것이 사실이다.

---

29 박동서, 한국행정론(서울: 법문사, 2001), 162~163면.

이러한 맥락에서 민주정부의 출범과 함께 정치발전 및 행정의 민주화에 대한 국민들의 열망이 강력히 표출되고 있어 민주성에 대한 자세한 논의는 그 적실성이 매우 크다.

1. 민주성의 개념

행정의 민주성이란 민주적인 행정을 말하며, 모든 시대에 강조되었던 행정의 이념이다. 민주적인 행정이 되기 위해서는 정치의 민주화가 필요하며, 전체국민의 복리를 위하여 국민의 의사를 충실히 행정에 반영하고 국민의 참여를 높이며, 책임행정과 봉사행정이 이룩되어야 하는 것이다. 즉 책임행정과 봉사행정의 실현을 궁극의 목적으로 한다.

2. 행정의 민주화의 개념

행정의 민주화란 정치과정의 민주화를 통하여 국민의사의 우월적 가치를 인정하고 국민을 위한 행정을 수행하며, 국민에게 책임을 지는 행정체제로 나아감을 의미한다.

이러한 행정의 민주화는 대외적 측면과 대내적 측면에서 고찰할 수가 있다. 대외적으로 행정의 민주화는 국민의 의사가 우선하고 행정이 국민에게 대하여 책임을 지고 국민의 요구에 대하여 대응성(responsiveness)을 가지는 것을 의미하고, 대내적으로는 행정기관 내부 또는 행정계층제의 상하관계에서도 확보되어야 하며, 공무원의 민주적 행정행태가 확산되어야 함을 의미한다.

3. 민주성과 효율성의 관계

현대국가에서 행정의 민주성 확립은 목적가치로서, 행정이 이루어지는 과정에서의 투입과 산출의 비율을 뜻하는 능률성(효율성)은 수단가치로서 이해된다. 이렇게 볼 때, 행정의 민주성 확립은 효율화에 우선하거나 양립적 내지 상반되는 관계에 있는 것으로 생각될 수 있다. 즉 민주화를 추구할수록 효율화가 저해되고 효율화에 중점을 둘수록 민주화가 희생되기 쉽다.

그러나 궁극적으로 민주성 확립과 효율화는 서로 모순되는 개념이 아니며 민주적 행정의 효과를 높이기 위한 행정효율의 추구는 행정의 민주성 확립에 부합되는 것이다. 민주적 행정은 국민의 복지를 위한 행정이므로 국민복지를 보장·향상시키는 수단·기술로서 행정상의 방법·절차·기준은 효율화되어야 한다. 민주화와 효율화는 상호보완적 관계에 있는 것이며, 오히려 민주화의 기초는 효율화에 있는 것으로 파악될 수 있다.

4. 행정의 민주성 확립의 저해요인

(1) 권위주의적 정치문화

권위주의는 평등의 관계보다는 수직적인 관계와 지배·복종의 관계를 강조하는 문화이다. 관우월주의나 관존민비사상은 권위주의의 한 형태라고 할 수 있다. 권위주의가 보편화되어 있는 사회에서는 권한이 상층부에 집중되어 있고 관의 민에 대한 책임의식이 약하다. 따라서 매우 폐쇄적인 정책결정과정을 가지고 있으며 부하나 하부기관의 의사가 반영되기 어렵다.

(2) 관주도의 경제개발 추진

국가의 근대화와 단기간 내의 경제발전이라는 국가목표를 달성하기 위하여 관주도의 행정 위주로 나가게 되고, 이러한 과정에서 공무원의 재량권남용, 공익의 외면, 능률우선 등 민주화에 역행되는 문제점들이 노출되고 있다.

(3) 행정통제기능의 미흡

국민의 정치참여 의식수준이 그리 높지 않아 국민이 행정부의 감시자로서의 역할을 다하지 못하였으며, 정치의 활성화를 기대하기 어려운 상황에서 입법부의 통제기능 역시 미흡했다. 그외 사법통제 등 사회전반적인 통제기능이 미약함으로써 행정부의 독주, 독선화를 초래하게 된 것이다.

(4) 공직자윤리의 미확립

관주도의 급속한 경제개발과정에서 행정재량권은 남용되고 이는 권력형 부정부패를 낳는 등 공무원의 윤리가 확립되지 못하였으며, 국민에 대한 봉사자라는 공무원의 공복관념이 희박하였다.

(5) 물량 위주의 전시행정

관치행정하에서 소수의 관료엘리트들은 다수 국민의 이익을 위한 정책보다는 최고권력층이나 집권층의 구미에 맞는 정책을 양산함으로써 다수 국민의 의사와는 유리된 채 그들의 보신을 위한 전시행정의 행태를 보이는 면이 없지 않다.

5. 행정의 민주성 확립방안

(1) 행정과정의 민주화

이른바 공개행정을 말하며, 행정자료와 정보를 국민에게 공개하고 활발한 의사소통을 통하여 국민의 이해와 지지를 얻어야 한다. 또 많은 의견들이 자유롭게 행정기관에 전달되도록 제도적인 보장이 더욱 요청된다.

(2) 행정기구의 민주화

분권화, 권한의 위임, 하부조직의 정책결정에의 참여를 유도해야 하며, 가급적 자문위원회를 활용하여 합리적 결정이 이루어지도록 해야 한다.

(3) 행정통제의 강화

민주정치는 국민에 대한 책임행정을 요구한다. 특히 행정권력의 확대, 관료제의 병리 등에 비추어 볼 때 행정의 책임성 확보는 중요하며, 이를 위한 행정통제방안이 더욱 발전되어야 한다.

(4) 행정구제제도의 확립

이의신청·심사청구·행정상담제도 등 국민의 불만이나 민원을 구제·해소시킬 수 있는 행정구제제도가 더욱 발전되어야 하며 옴부즈맨(Ombudsman)제도의 도입이 더욱 확산되어야 한다.

(5) 행정윤리의 확립

민주적 공직관에 입각한 행정윤리의 강화가 요구된다. 즉 공무원의 정치적 중립, 부정부패의 배제, 업무수행의 공정성, 자유민주주의에 대한 충성 등이 주요한 행정윤리로서 더욱 강화되어야 한다.

(6) 행정의 인간화

조직 속에서 인간성을 회복시키고 창조성, 주체성을 발휘하도록 해야 한다. 이는 Y이론에 따르는 인간관리, 자기실현욕구의 충족, 행정변화를 위한 민주화의 교육훈련을 포함한다.

(7) 관료제의 대표성 확보

출신성분에 따라 관료들의 사고·행동이 결정된다고 하는 킹슬리(J. D. Kingsley)의 말을 전부 그대로 받아들이기는 어려우나 행정의 사회적 형평성과 평등고용을 위하여 그 사상과 개념을 더욱 적극적으로 이용해야 할 것이다. 즉 가능하면 지역·출신학교·사회계층 등에 있어서 다양한 대표성을 갖도록 하는 것이 좋을 것이다.

(8) 고객중심의 행정지향

행정은 수단이나 절차의 합리성보다는 누구를 위한 행정이냐에 관심의 초점을 두어야 한다. 이것은 행정 내부의 단순한 기계적 능률성의 차원을 넘어 사회적 능률성을 중요시하는 현상이라 할 수 있다.

Ⅳ 효과성

효율성과 효과성(effectiveness)은 매우 비슷한 개념으로 이해되고 있으나 효율성은 수단을 목적으로부터 단절한 상태하에서 제한된 자원과 중립적인 수단을 사용하여 산출의 극대화를 기하는 것을 의미하는 정태적·기계적·경제학적 개념인 데 반하여, 효과성은 목적과 수단을 연결한 상태하에서 현실적인 산출이 당초의 목적을 어느 정도 충족시켰는가 하는 목적의 달성도를 의미하는 동태적·기능적·사회학적인 개념이다.[30] 즉 효율성은 수단적인 개념인 데 비하여 효과성은 목적적인 개념이다.

Ⅴ 정치적 중립성

행정의 중립성이란 행정, 특히 공무원의 정치로부터의 중립성을 말하며, 효율성의 개념과 밀접한 관계를 가지고 있다. 중립성은 원래 행정을 효율적으로 행하기 위해서는 정치와 행정은 이원론을 따라야 되며, 공무원은 성실하고 능률적으로 공무를 집행하기 위해서 정치에 초연해야 한다는 것이다. 1883년의 소위 펜들턴법(공무원법)과 공무원의 정치활동을 금지한 1939년의 해치(Hatch)법도 모두 이와 같은 이념에 입각한 것이다.

공무원의 중립은 공무원이 정치에 개입하지 않음으로써 행정의 안정성도 유지하고 계속성도 유지하여 능률적인 행정을 행할 수 있는 장점이 있다. 행정의 중립성은 행정전반에 대하여 이득을 가져올 망정 해는 가져오지 않으므로 행정의 기본이념으로 고려할 수 있다.

Ⅵ 가외성(행정의 중복장치)

1. 가외성의 의미

행정에서는 나타날 수 있는 실패 또는 과오를 방지하기 위한 제도적 장치를 만들어 놓고 있는 경우가 많다. 예컨대 한곳에서만 얻은 정보는 부정확하거나 잘못된 정보일 수도 있기 때문이다. 여러 정보원으로부터 정보를 획득하여 종합분석하는 것이라든가 예산에서 예비비를 둔다든가 또는 행정의 수행과정에서 여러 단계의 확인·검토를 하는 결재과정을 거친다든가 하는 것 모두가 행정상에 나타날 수 있는 과실을 방지하고 실패의 확률을 줄이기 위한 중복장치이다. 이는 마치 자동차의 이중제동장치나 각 건물에서 정전에 대비한 자가발전 시설을 하

---

30 J. L. Price, *Organizational Effectiveness*(Homewood, Ⅲ: Irwin, 1968), pp.2~3.

는 것과 같은 것이다.

이와 같은 '정상적으로 필요한 이상의 것', '여분의 것', '초과분(excess)', '남는 것'을 가외성(redundancy) 또는 중복성이라고 한다. 어떻게 보면 불필요한 것이 중복되어 있는 것 같고 효율성과는 배치되어 행정고유의 가치와는 다르게 인식될 수도 있다. 중복장치로 인하여 낭비를 초래하고 비효율을 가져 올 것으로 인식되기 쉽다. 종래의 행정은 실제로 그렇게 생각하여 왔다. 중복이 전혀 없는 상태가 가장 효율적인 것으로 생각되어 왔기 때문에 조직·예산·사람 등 행정의 모든 면에서 중복을 방지하고자 하였다. 그러나 중복장치를 함으로써 오히려 효율적일 수 있다. 예컨대 화재예방장치를 2중 3중으로 할 때 비용이 많이 들어 비효율적인 것 같이 생각될 수도 있으나 화재가 발생하느냐 않느냐를 고려하면 상황은 전혀 다른 것이다. 이러한 중복상태를 통하여 행정과 정상의 실패확률을 줄임으로써 행정의 안전성과 신뢰도는 더욱 높아지게 될 수 있는 것이다.

2. 중복장치(가외성)의 특징

가외성은 다음과 같은 속성을 포함한다.

(1) 중첩성(overlapping)

중첩성이란 기능의 분화가 이루어지지 않고 혼합적으로 수행되는 것을 말한다. 여러 기관들이 중첩적으로 상호관계를 맺게 되는데 중첩성이 있기 때문에 오류를 발견·조정하며 교정·차단할 수 있다.

(2) 반복성(duplication)

반복성은 동일한 기능을 여러 기관에서 독립적으로 수행하는 것이다. 반복적인 이중장치를 통해서 하나가 실패하더라도 다른 하나를 통해서 실패를 방지하는 것이다. 이 때에 각 기관의 역할은 다른 기관의 역할과 완전히 분리된 상태에서 수행되어야만 한다.

(3) 등전위성(equipotentiality)

등전위성이란 용어는 원래 물리학에서 사용되는 용어로서 전압이 같은 것끼리 연결된 선 또는 일기상의 기압이 같은 것끼리 연결된 등압선을 의미하는 것이다. 따라서 행정의 등전위성이란 기능이 세분화 되어 가는 것에 저항하는 동등한 위치의 연결망을 의미한다. 다시 말해서 등전위현상은 분화되지 않은 상태에서 같은 위치에 있는 여러 개의 보조기관들이 조직 자체의 주된 기능을 수행함으로써 고도의 적응력을 보유하고 있는 상태를 말한다. 체제의 각 부문들의 기능은 세분되기보다는 중복되어서 외부의 자극이 변화되더라도 적응능력(적응할 수 있는 잠재력)을 유지할 수 있다.

3. 중복장치(가외성)의 필요성

가외성 장치가 정당화되는 근거, 즉 중복성 장치가 필요한 이유는 다음과 같다.

(1) 불확실성

인간은 불확실성의 상태에서 살고 있다. 지식과 정보를 토대로 해서 정책을 결정하고 계획을 세우고 행동을 하게 되는데, 지식과 정보는 대개 불확실하고 불충분하기 때문에, 오류를 범하고 실패할 가능성이 있다. 불확실성으로 인해서 예기치 못했던 사건이 발생할 수 있으며, 이 같은 예기치 못했던 사건의 발생률이 1/100이라도 있다면 가외성은 정당화된다.

(2) 정보체제의 위험성과 미비점

조직은 의사전달망·통합·통제로 연결된 복잡한 통신망으로 엮어진 정보체제이다. 이러한 정보체제는 다양하고 복잡한 정보원으로부터 정보를 주고 받는 정보망으로 구성되어 있다. 정보를 수집하고 전달하고 받아들이는 정보의 흐름은 애매하거나 불명확한 경우가 많다. 또 정보가 왜곡되기도 한다. 이와 같은 정보체제의 위험성과 미비점을 보완하기 위해서 가외성 장치가 필요하다.

(3) 조직의 체계성

조직은 상호영향을 주고 받는 부분들의 모임, 즉 체계(system)이다. 체계는 단순한 부분의 집합이 아니라 부분이 모여서 전체로서의 새로운 속성을 갖는, 생명력을 가진 통일체이다. 그러나 이러한 부분들은 경우에 따라 불안전하거나 부조화를 가져올 수 있으며 이러한 불안전성이나 부조화에 대한 가장 효과적인 장치가 가외성 장치이다.

(4) 협상의 사회

인간의 사회는 협상의 사회이고 협상이라는 말 자체가 중복성 또는 가외성의 의미를 지니고 있다. 협상을 위해서는 말과 의견과 행동을 반복해서 주고 받게 된다. 이와 같이 반복하는 가운데 합의점을 찾아가게 되는 것이다. 협상의 과정을 통해서 살아가는 인간의 사회에서는 가외성 장치가 필연적일 수밖에 없다.

4. 중복장치(가외성)의 효용

중복장치에는 다음과 같은 효용이 있다.

(1) 신뢰성 확보

중복장치로 조직 내의 오류발생을 예방함으로써 조직의 안전성을 기할 수 있고 계획의 실천가능성을 높여주며 조직이 기능을 제대로 수행할 수 있게 된다. 이에 따라 조직의 대외적인 신뢰도가 높아질 수 있게 된다.

(2) 적 응 성

중복장치로 환경적인 위험상태에 대한 대응능력을 가지게 되어 조직의 적응성이 커지게 된다.

(3) 창 의 성

중복기능에 의한 체계 내 부분요소들의 상호작용의 결과 창의성과 개혁성이 일어난다. 여러 사람이 반복하여 상의하고 토론할 때에 창의적이고 개혁적일 수 있는 것이다.

(4) 정보의 정확성 제고

중복된 정보장치를 통해 정보의 정확성을 높일 수 있다.

5. 중복장치(가외성)의 문제점

중복장치는 기계적 효율관에 대한 반성을 하게 하고 행정의 신뢰도를 높여주며 앞서 제시한 바와 같은 효용가치가 있으나 다음과 같은 문제점이 제기된다.

(1) 비용효과성의 문제

중복장치는 전술한 바와 같은 효용이 있으나 자원의 소모, 낭비와 같은 문제가 제기된다. 물론 중복장치를 하지 않았을 때의 손해와 했을 때의 이익을 비교하여 중복장치를 할 것인가를 결정하게 된다. 비용과 효과와의 관계에 대한 분석을 통해 가외성 장치의 설치 여부는 판단된다.

(2) 운영상의 문제

기능의 중복은 조직 내의 충돌과 갈등을 유발하기 쉽다. 동일한 기능을 동시에 수행하게 될 때에 갈등이 일어나게 되는 것이다.

(3) 감축관리와의 조화 문제

현대행정이 갖고 있는 하나의 과제는 감축관리의 문제이다. 이는 조직, 인사, 예산 등 여러 측면에서 중복과 불필요한 부분을 제거하고자 하는 것이다. 따라서 감축관리는 중복장치와 상반된다. 이 같은 상반되는 두 가지의 목표를 어떻게 조화시키느냐 하는 것이 문제가 된다. 감축관리가 조직 전반의 효과성을 높이기 위한 것이며, 이에 따라 필요한 중복을 인정한다는 점에서 양자가 조화될 수 있는 것으로 지적된다.

02 행정윤리

제 1 절 행정윤리의 의의

Ⅰ 행정윤리문제의 대두

신뢰로 특징지어지는 사회자본에 관한 논의는 이제 더 이상 새로운 주제가 아니다. 또한 민주화·국제화·지방화 등과 같은 행정환경의 급격한 변화로 인하여 행정은 사회의 모든 국면에 관계되어 있고, 국민에 미치는 그 영향력이 매우 크기 때문에 높은 도덕적 수준을 유지하며 실행되어야 한다. 그러나 현실에서는 오히려 무규범·무원칙과 윤리의식이 매우 무뎌지고 있는 것은 아닌가 하는 우려를 금할 수 없다. 이러한 상황에서 사회발전의 주도적 역할(change agent)을 담당하는 행정 및 공직에서의 윤리문제, 직업윤리로서의 공직윤리의 중요성은 아무리 강조해도 지나치지 않다.

직업윤리를 모든 직업에 공통적으로 요구되는 일반윤리와 각자의 직업에 요구되는 특수윤리로 구분해 본다면, 공직이라는 특수한 직업분야에 요구되는 특수윤리를 공직윤리라 할 수 있다. 즉 공직윤리란 국민 전체에 대한 봉사자인 공무원의 신분에서 지켜야 할 규범적 기준을 말한다.

공직윤리는 당위성을 바탕으로 하는 가치함축적인 판단이며(규범성), 외부로부터 구체화된 것이 아니라 인간 내면적인 가치체계 속에 잠재해 있으며(내재성), 시대에 따른 가치관의 변화를 반영하는 점(상황성) 등 세 가지 특성을 지닌다. 또한 공직이 국민 전체에 대한 봉사자의 위치라는 점에서 타 직업보다 더 높은 수준의 윤리가 요구되지만 또한 일반 사회의 윤리 수준으로부터 제약을 받기도 하는 양면성을 지닌다.

Ⅱ 행정윤리의 정의

행정윤리는 일반윤리의 특수한 형태라고 할 수 있다. 현재 행정분야 곳곳에 적용되는 '윤리'가 무엇을 의미하는가에 대한 공유된 이해를 제공할 패러다임은 없으며, 유일한 의견의 일치는 패러다임의 부재에 대한 것이다. 보우만(J. Bowman)은 "이론과 실제에 있어서 행정적·정치적 형태의 윤리적 의미는 대개 연구되지 않은 채로 남아있다."고[1] 주장한 바 있으며 로어(J. Rohr)는 행정윤리분야의 상태에 대한 보고서를 통해, "혼란에 가까운 다양성"이라는 말로 이론의 부재를 서술한 바 있다.[2]

이렇게 행정윤리에 대한 논의는[3] 다양하고 혼란스러우나 몇 개의 범주로 정리하는 것은 가능하다.

첫째, 행정윤리를 공직윤리와 같은 의미로 보고 행정윤리란 행정의 바람직한 목표를 달성하기 위하여 공무원이 지켜야 할 규범적 기준이라 보는 견해로,[4] 이는 특수한 직업윤리와 관계되는 것으로 파악하는 견해이다.

둘째, 행정목적의 실현과 부정부패의 해소를 행정윤리로 보는 견해로서 개인의 존엄성 또는 국민의 전반적인 생활양상을 실현한다는 행정의 사명과 목표를 지향해야 할 가치와 당위 등으로 볼 수 있다.[5]

셋째, 행정윤리는 공직자로서 마땅히 그리고 스스로 준수해야 할 행동규범으로서 올바른 판단과 선택, 행위에 필요한 능력을 말한다.[6]

넷째, 행정윤리는 공공정책의 형성과 집행에 있어서 결정을 내리고 그 결정에 책임을 져야 할 사람 즉 정책관리자가 마땅히 행하거나 지켜야 할 도리, 도덕 또는 규범이라고 할 수 있다.

이상을 정리하면 행정윤리는 주체로서의 행정인, 당위성으로서의 규범, 기준, 적용대상으로서의 공공업무가 포함되며, 행정윤리는 행정인이 목표를 달성하기 위해 행정기능을 수행함에 있어 바람직한 가치관을 구현하는 과정이라 할 수 있다.[7]

현대의 직업인에게 요구되는 윤리는 다음의 세 단계로 나누어 볼 수 있다. 첫째, 개인도덕

---

1 J. S. Bowman, "Ethical Issues for the Public Manager," in *Handbook of Organization Management*, edited by William B. Eddy(New York: Marcel Dekker, 1983), p.71.
2 J. A. Rohr, "Ethics in Public Administration: A State of the Discipline Report," presented to the 1986 Annual Meeting of the American Society for Public Administration, Anaheim, CA(April 1986), p.53.
3 김동현, 직업과 윤리(서울: 한국정신문화연구원, 1985), 56면.
4 신종순, 행정의 윤리(서울: 박영사, 1971), 16~34면.
5 백선기, "공직윤리의 구조와 제고전략," 한국행정학보 제16호(한국행정학회, 1982), 238~245면.
6 최창호 외, 행정학(서울: 법문사, 1979), 690면.
7 신종순, 전게서.

의 단계로 개인으로서 어떠한 덕성이 요구되는가 하는 문제이다. 둘째는 조직도덕의 단계로 조직과 그 안에 있는 개인과의 관계를 둘러싸고 발생하는 윤리적 문제이며, 셋째는 조직체와 외부사회와의 관계를 둘러싸고 생기는 사회적 책임의 문제이다. 이 세 단계의 도덕적 문제는 조직 안에 있는 모든 사람의 문제이지만 그 사람이 맡고 있는 역할이나 지위에 의해서 문제의 성질에 차이가 생기고 경중의 구별이 생긴다.

그런데 공직은 거의 모든 전문직업을 망라해서 구성되어 있을 뿐 아니라, 국회의원이나 판사, 경찰, 소방, 군대 등과 같이 민간에게는 없으나 공직에만 유일한 전문직업이 대단히 많다. 따라서 행정윤리는 각 전문직업으로 구성되어 있는 공직에 공통되면서도 특유한 직업윤리를 바탕으로 요구되는 공무원의 행동규범이다. 공직에 공통되는 요소는 공직이 바로 공익을 추구한다는 점이고, 이에 특유한 직업윤리는 한마디로 국가에 대한 충성과 국민에 대한 봉사라고 할 수 있다.[8]

요컨대, 행정윤리(administrative ethics)는 공직이라는 특수한 직업분야에서 요구되는 특수한 윤리라 할 수 있으며, 공직윤리 또는 공직자윤리와 혼용하여 쓸 수 있다. 다시 말해서 행정윤리란 전체사회 속에서 행정이 담당하는 모든 역할들을 보다 바람직하고 공평한 방향으로 수행되도록 인도하는 규범적 행동기준이라고 할 수 있다.

제 2 절 행정윤리에 관한 연구

Ⅰ 행정윤리의 연구 배경

행정행위의 준칙으로서 행정윤리의 문제는 행정연구에 있어서 결코 소홀히 다룰 수 없는 문제이다. 왜냐하면 행정윤리에 관한 체계적 이론화는 행정실제의 변화와 발전을 위한 나침반 역할을 한다는 점은 물론이며, 행정실제는 행정주체인 행정인의 가치판단과 선호에 따른 선택적 활동의 산물이기 때문이다. 더욱이 오늘날과 같은 행정국가시대에서 행정윤리는 그 중요성을 더하고 있는데, 이는 행정조직 내 개인과 집단의 재량의 범위가 확대되었고, 행정조직의 정치적 활동, 즉 정책결정과정의 참여 정도가 증대되었기 때문이다.

그러나 그간의 행정 및 정책연구에서 대부분의 이론들은 가치·사실 이분법을 전제로 실증

---

8 O. Glenn Stahl, *Public Personnel Administration*, 8th ed.(New York: Harper & Row, 1983), pp.382~385.

주의적 과학관과 경험분석적 방법론에 기초하여 목표·수단의 합리성을 강조하는 도구적 합리성에 치중해 왔다. 이러한 논의들은 능률적인 대안의 탐색에는 어느 정도 타당성을 인정받고 있으나, 바람직한 사회변화와 정의실현을 위한 가치추구와 윤리적 기준을 다루는 데는 기본적인 한계를 나타내고 있다. 또한 행정실제에서 관료와 전문가들에 의한 전문직업주의(professionalism)는 행정의 전문성과 능률성의 확보라는 기여에도 불구하고, 고객에 대한 자문으로서 행정과 공동체 내의 정상적인 담론과 대화의 장으로서 행정영역의 확립에는 장애가 되고 있음도 부정할 수 없다.[9]

이러한 문제의식에 기초하여 행정연구에 있어서도 가치와 선호, 윤리문제를 중시해야 하는데, 이러한 경향을 대표하는 연구들로는 하몬(M. M. Harmon, 1981), 덴하르트(R. B. Denhardt, 1981; 1984), 험멜(R. P. Hummel, 1977), 피셔(F. Fisher, 1980; 1987), 포레스터(J. Forester, 1985), 던(W. Dunn, 1983), 시핀(W. J. Siffin, 1987), 전종섭(J. S. Jun, 1993) 등의 연구를 들 수 있다.[10]

Ⅱ 행정윤리에 관한 이론적 접근

행정윤리의 문제는 역사구조적 맥락 속에서 변화하는 상황적 개념으로 이해되어야 한다. 행정학의 성립초기 행정의 목표는 무엇보다도 정치로부터 행정의 독립을 확보하여 관리적 효율성을 달성하기 위한 것으로서, 행정의 윤리성은 그 자체로 커다란 의미를 지니는 것은 아니었다(W. Wilson, 1887). 그러나 1930년대의 세계대공황과 제2차 세계대전을 경험하며, 정부역할의 확대를 특징으로 하는 행정국가의 대두와 함께 행정실제와 이론에서 정치·행정이원론은 더 이상 제자리를 찾을 수 없게 되었다.

행정은 이제 단순히 수립된 정책을 효율적으로 집행하는 역할만을 담당하는 것이 아니라 정책결정과정에서 중요한 역할을 담당하여 정치를 요구하게 되었다. 따라서 정책결정 또는 의사결정에 참여하는 행정인들의 가치와 윤리의 문제가 강조되기에 이르렀다. 행정인은 능률과 절약의 행정원리뿐 아니라 윤리성과 도덕성이라는 당위적 책무를 떠맡게 되었으며, 공익의 실

9 F. Fisher and J. Forester(eds.), *Confronting Values in Policy Analysis*(Beverly Hills, CA: Sage Publication, 1987), pp.315~316.

10 이에 관해서는 많은 연구가 있으나 다음의 몇 가지 저서들이 보다 깊은 이해를 위해 도움이 될 것이라 생각한다. Robert B. Denhardt, *In the Shadow of Organization*(Lawrence, CA: Regents Press of Kansas, 1981); John Forester(ed.), *Critical Theory and Public Life*(Cambridge, Mass.: The MIT Press, 1985); Michael M. Harmon, *Action Theory for Public Administration*(New York, N. Y.: Longman, 1981). Jong S. Jun, "What is Philosophy?" *Administative Theory & Praxis*, Vol. 15. No. 1(1993); William J. Siffin, *Ethics and American Public Administration: A Behavioral View*(Bloomington: Indiana University, International Development Institute, 1987).

현자로서의 자세가 요구되기 시작하였던 것이다. 더욱이 이스턴(D. Easton)의 후기행태주의(post-behavioralism)의 제기와 함께 행정이론에서도 가치와 윤리문제에 대한 관심이 증가하기 시작하였으며, 신행정학의 출현은 이러한 경향을 가속화시켰던 것이다.

그런데 현대행정에서 행정의 가치와 윤리성에 대한 관심이 보편적 특징이라고 하더라도 이에 대한 관심의 정도와 범위는 학자들마다 사뭇 다르다고 할 수 있다. 거칠게 묶어서 과학적 관리론의 테일러(F. Taylor, 1911), 관리이론의 바나드(C. Barnard, 1938), 의사결정론의 사이몬(H. A. Simon, 1945), 관료제론의 베버(M. Weber, 1947), 다원주의적 정치이론의 린드블롬(C. E. Lindblom, 1965), 행정문제에 공공선택이론을 적용한 오스트롬(V. Ostrom, 1973) 등을 한편으로 분류한다면, 행정문제에 대한 현상학과 비판이론적 관점을 적용한 하몬(M. M. Harmon, 1981), 험멜(R. D. Hummel, 1971), 덴하르트(R. B. Denhardt, 1981) 등은 또 다른 묶음에 속할 것이다. 이는 무엇보다도 행정연구에서 인식론과 방법론의 차이에서 비롯되는 것으로, 전자는 기능주의적 관점과 실증주의적 인식론에 기초한 것이라면 후자는 해석학적 접근에 기초한 것이다.

1. 기능주의적 접근

기능주의적 접근은 윌슨(W. Wilson)의 "The Study of Administration(1887)"이후 행정학 연구의 지배적 접근방식이었다. 기능주의적 접근에서는 실증주의와 합리적 선택이론에 기초하여 조직의 효율성과 생산성을 최우선하며, 이는 과학적 방법과 관리원칙, 예컨대 예산통제, 기획, 체계분석, 효율적 인력배분, 민간에서도 많이 활용되고 있는 TQM(Total Quality Management) 등을 통하여 얻을 수 있다고 가정한다.

기능주의적 접근의 경우 인간은 본질적으로 합리적이며 이기적 존재라는 합리적 선택이론의 연역적 패러다임에 기초하여, 인간의 동기와 행태는 예측가능하며, 가정과 변수 간의 검증을 통하여 경험적으로 설명가능하다고 파악한다. 따라서 기능주의적 접근에서 공직윤리의 문제는 궁극적 윤리조항이 아니라 기껏해야 법·제도적 윤리조항에 관한 것으로 국한된다.

이와 같은 기능주의적 접근은 다음과 같은 점에서 비판받는다. 첫째, 인간행동은 역사적이며 문화적으로 결정되어 시간과 장소에 따라 다양하므로 일반화와 법칙적 진술이 곤란하다. 따라서 이러한 인간행동 간의 관계는 일방적, 정태적, 단면적이라기보다는 상호의존적, 동태적, 다면적인 것으로 이해되어야 한다. 둘째, 인간행동에서 주관적인 경험과 가치, 의도가 중요한 역할을 담당하므로 객관화에 문제가 있다. 효과적인 통제를 목적으로 인간경험의 객관화를 추구하는 실증주의적 방법은 인간경험의 의미와 가치를 경시하고 주관적·간주관적 세계를 이해하지 못한다. 또한 관찰에 기초한 이론적 명제는 내적 가치를 경시하여 도덕적 행동기준

을 제시하지 못하며 이론과 실천의 분리라는 문제를 양산한다.[11]

결국 기능주의적 접근에서 궁극적인 도덕적 가치와 윤리적 문제를 다룰 수 없으며, 단지 주어진 도덕 윤리적 개념이 어떻게 달성될 수 있는가라는 체계적 질문을 통하여 규범적 중요성이 결정되고 나면 미리 결정된 목적을 기술적으로 달성하기 위한 수단에 관한 것, 예컨대 법·제도적 윤리조항 등을 다룰 뿐이다.

2. 해석학적 접근

현대 관리이론과 행태과학에 함축된 실증적, 결정론적 가정에 대한 반대로 출현한 해석학적 접근은 인간현상을 설명하는 데 있어 과학적 행태적 연구의 타당성에 의문을 제기한다. 행태연구가 사실을 가지고 인간행동을 설명하지만, 해석학적 연구는 문화, 언어, 상징, 대상의 의미를 개인적 해석을 통하여 이해함으로써 암묵적 지식을 발견한다. 인간행동과 동기는 외적 요구에 의하여 규정되는 것이 아니라 조직과제, 계층제적 관계, 기능, 역할 등 외적요소의 의미에 대한 개인적 해석의 결과라는 것이다.

해석학적 접근에서 조직은 목적을 성취하고 문제를 해결하기 위한 구성원들의 집단적 욕구로 인해 유지되며 지속한다고 가정한다. 다시 말해 조직이 기능적으로 작동할 수 있는 것은 구성원 자신의 의지에 따른 각 개인의 자발적 협조에 근거하는 것이다. 예컨대, 기능주의자들에 따르면 윤리조항은 개인이 그들의 의무와 책임을 지닐 수 있는 틀을 제공한다고 가정하는 반면, 해석학 이론가들에 따르면 윤리적 책임성은 개인의 성찰적 의식에서 비롯되는 것이다.

이와 같이 해석학적 접근은 윤리적 책임성의 내적 측면에 주목하여 당위적 규범을 포함하며 그 지평을 넓히고 있으나, 개별주체들이 정치적 합의 형성, 계층제적 관계, 기능적 조정, 구조적 변화와 같은 광범한 조직적 문제해결 영역과 어떻게 관련되어 있는지의 문제가 남아 있다.

3. 변증법적 접근

앞에서 살펴본 두 가지 접근방식을 비판하며 출현한 변증법적 접근은 조직 민주주의에서 집단적 행동과 참여적 문제해결의 필요를 강조한다. 구조, 기능, 과정, 그리고 문화를 포함한 행정의 유지와 변화는 참여자들의 대안에 대한 완전한 이해와 합의의 산물이라고 가정한다. 여기에서 조직적 필요와 개별 구성원 기대 간의 창조적 합성을 이루기 위한 시도는 개별 행위자들의 자아성찰적 행동을 통하여 시작되어야 한다. 변증법적 관점에서 행정을 기능적으로 작동하게 하는 것은 개인이 다른 구성원과의 간주관적인 공통경험을 개발하는 것이다. 더 나아

---

11 R. B. Denhardt, *op. cit.*, p.155.

가 모든 사회에서 본질적인 것은 행정문화와 사람들에 대한 문화의 영향인데 이는 그들의 행태와 행동이 조직의 규범에 영향을 받기 때문이다. 동시에 개인이 문화적 규범을 어떻게 이해하고 인식하는가의 문제는 행정을 유지하는 데 있어서 중요한 요소로 파악한다.

따라서 변증법적 접근은 공직윤리의 내재적·외재적 측면을 포함하며, 구조와 행위 간의 종합적 관계를 파악할 수 있도록 함으로써 공직윤리에 관한 종합적 접근을 가능케 한다.

제 3 절 행정윤리의 내용과 형식

I 행정윤리의 필요성

행정윤리의 필요성은 물론 행정의 궁극적 목적이라고 할 수 있는 인류의 복지증진과 인간존엄성의 실현이라는 커다란 목표에서 출발하는 것이며, 공직윤리의 상황적 성격에 비추어 행정국가의 확립에 따른 맥락에서 그 필요성을 고려해야 할 것이다.

1. 행정기능의 변화

현대행정은 행정국가화에 따라 여러 가지 특징을 수반하게 된다. 가장 두드러진 특징으로 행정기능의 양적 확대와 질적 변화, 공무원 수의 증가, 정부예산규모의 확대, 행정의 전문화 등이 요약될 수 있을 것이다. 이와 같은 변화에 따라 국민생활의 거의 모든 분야에 행정이 커다란 영향을 미치고 있다고 해도 과언이 아니다.

따라서 공적문제 해결의 주체로서 행정인은 공익의 실현자로서 자세를 확립해야 할 것이다. 왜냐하면 부정부패는 행정수혜자인 국민에게 직·간접적 피해가 귀속되는 것이며, 행정의 비능률뿐 아니라 국가자원의 낭비를 초래하고 공공부문에 대한 국민의 신뢰를 떨어뜨려 정당성 위기를 초래할 수 있기 때문이다.

2. 행정의 권력화와 정치화

행정국가의 출현은 관료제의 양적인 비대화뿐 아니라 정책결정과정에 관료의 참여를 통하여 행정의 권력화와 정치화라는 질적인 변화를 촉진하였다. 오늘날 관료제는 국가발전을 위한 경제발전계획의 주도자로서 자원 배분자이며, 사회구성원의 형평을 보장하기 위한 자원 분배자로서의 역할을 담당하고 있다. 이와 같은 역할변화로 행정부의 권한이 강화되는 반면 이에 대한 통제는 더욱 어려워지고 있으며, 행정부의 정치화는 관료의 가치와 선호의 문제를 새롭게 제기하고 있다.

따라서 관료들에게는 공익성, 형평성, 대응성, 책임성의 가치에 대한 자기성찰과 이를 위한 법·제도적 장치가 필요하게 되었다.

3. 거대관료제화

현대 관료제의 복잡화·대규모화와 함께 관료제의 역기능이 출현하고 있다. 관료제의 권위주의와 의식주의, 번문욕례(red tape) 등이 그것이다. 권위주의는 민을 위한 봉사가 아닌 관의 지배양식을 초래하였고, 의식주의는 능동적이고 적극적인 행정행태를 위축시킴으로써 변화와 개혁을 저해하는 요인이 되었다.

따라서 이와 같은 관료제의 부정적 현상을 억제하고 국민에게 봉사하는 관료제상을 정립하기 위한 행동준칙과 공직윤리의 확립이 필요하다.

4. 금권만능사상의 공직 침투

현대 자본주의사회는 시장경제의 위력 속에서 놀라운 발전을 이룩하였으며 체제 자체에 대한 우월감과 확신이 생겼으나 한편으로는 우리에게 상품화의 문제를 남기고 있다. 생산과정에서의 소외는 인간성의 상실, 즉 물화(reification)를 가져왔으며 사회 전체적으로 금권만능사상이 지배하게 되었다. 금권만능사상은 관료제 내에도 뿌리깊게 자리잡고 있으며, 뇌물수수 등을 통하여 사부문에 대한 지대추구행위(rent-seeking behavior)를 조장하도록 하고 있다.

물론 탈상품화와 탈금권만능사상의 문제가 체제 자체의 구조적 문제임은 분명하지만, 뇌물수수와 공직을 이용한 부패 등의 일탈적 행정현상은 우리에게 공직윤리의 확립과 강화를 시급히 요구하고 있다.

Ⅱ 행정윤리의 구분

행정윤리란 행정의 모든 역할을 보다 바람직하고 공평한 방향으로 인도하는 규범적 기준으로서, 내재적이고 비공식적이며 상황적이다. 그러나 이와 같은 공직윤리의 내용은 대체로 보아 민주행정, 책임행정, 봉사행정을 구현하기 위하여 부정부패의 방지라는 소극적 측면과 행정책임의 확보라는 적극적 측면으로 나누어 살펴볼 수 있다.

한편 행정윤리가 바람직한 행정활동을 위한 규범적 행동기준이라고 한다면 이를 확립하기 위한 방법을 행정윤리의 형식이라고 할 수 있다. 따라서 행정윤리의 형식으로는 공식적인 실정법상의 내용과 이에 준하는 윤리강령 등의 법·제도적 측면과 개인적 책임성을 확보하기 위한 행정인의 주관적 자아성찰과 간주관적 윤리의식 등을 들 수 있다.

1. 소극적 측면의 행정윤리: 부정부패 방지

어느 국가를 막론하고 공직 내의 부정부패현상은 정도의 차이는 있지만 거의 공통적 속성이라고 할 수 있다. 따라서 부정부패의 방지는 공직윤리의 출발이자 기본이라고 하겠다.

공무원의 부정부패가 사회에 미치는 부정적 영향에 대하여 나이(J. S. Nye)는, 첫째 부패는 정부의 정통성 상실로 사회혁명을 유발함으로써 정치적 불안정을 가져오고, 둘째 자본유출, 경제투자의 왜곡, 기술낭비를 포함하여 국가자원이 비합법적, 비능률적으로 사용되어 경제발전을 지연시키는 원인이 되고, 셋째 행정능력의 저하를 가져온다고 지적하고 있다.[12]

이와 같이 부정부패는 이것이 지니는 다양하고 복잡한 속성때문에 단일한 개념으로 일반화된 정의를 찾기는 어려울 것이나, 여기에서는 '일련의 법을 집행하는 데 있어서 공무원이 공익(public interest)을 추구하는 본분을 망각하고 사회문화적 규범과 법·제도를 위반하거나 일탈하는 행정현상을 일컫는 것이며, 특히 공무원의 초법적 서비스와 이에 대한 반대급부로서 어떤 종류의 재화가치와의 교환이라는 지대추구(rent-seeking)행위의 조장을 포함하는 것'으로 정의하고자 한다.

이와 같은 부정부패행위가 성립하기 위한 요건으로는 첫째, 부정부패가 공무원의 공무집행 또는 그의 권한과 관련한 행위이며, 둘째 부정은 공적 이익에 반하여 사적인 이익의 추구를 위한 행위이며, 셋째 부정부패는 의식적으로 의도된 행위라는 점을 들 수 있다.

따라서 오늘날 각국은 공무원의 부정부패와 일탈적 행정현상을 막기 위하여 법적인 통제수단을 강구하고 있다. 미국의 경우 '워터게이트사건' 이후 1978년에 정부윤리법(Ethic in Government Act)을 제정하여 까다로운 공직자 재산공개절차를 규정하고 있으며, 프랑스는 정치자금정화법을 통하여 공직자의 윤리를 규정하고 있다. 우리 나라의 경우도 1981년 공직자 윤리법을 제정하였고, 1993년 재산공개원칙을, 2010년에는 백지신탁제도를 도입하는 등 구체적인 윤리제도를 강화하고 있다.

---

12 J. S. Nye, "Corruption and Political Development: A Cost-Benefit Analysis," in Arnold J. Heidenheimer, *Political Corruption: Reading in Comparative Analysis*(New york: Renehart & Winston, 1970).

2. 적극적 측면의 행정윤리: 행정책임성 확보

행정윤리의 소극적 측면이 부정적 측면의 방지라고 한다면, 행정윤리의 적극적 측면은 민주행정과 책임행정, 봉사행정을 구현하기 위하여 행정책임성을 확보하는 것이다. 행정책임성은 공공행정에 있어서 가장 중요한 규범적 개념이며 행정실제에서도 책임 있는 행정은 공직윤리의 핵심이 된다.

프레스더스는 행정책임을 행정인이나 행정조직이 윤리적·법률적·기술적 기준에 따라 행동해야 하는 의무라고 하고 있으며,[13] 험멜은 행정책임성의 개념을 법적인 책임성(accountability)과 개인적 책임성(personal responsibility)으로 구분하고, 개인적 책임성에 기초한 행정이론의 새로운 패러다임을 제시하고 있다. 쿠퍼는 행정책임성을 객관적 책임성과 주관적 책임성으로 나누어 설명하고 있다.[14]

객관적 책임성이란 외부로부터 부과된 기대와 관련되고 법규에 대한 책임이며, 어떠한 관행이나 성과의 범주 및 특정한 표준에 대한 의무라고 한다. 그리고 주관적 책임성이란 행정인이 책임을 져야 한다는 자각에 근원하는 것으로 충성, 양심, 경험 등에 기초하는 내적 책임성을 말한다.

이상의 정의를 통하여 행정책임성의 확보란 행정인 또는 행정조직이 일정한 기준에 따라 행동할 의무를 전제로 행동결과에 대하여 비판을 받을 상태에 있는 것을 말하며, 공익의 실현을 위하여 국민에 대한 대응성(responsiveness)과 적극성(pro-activeness)을 지녀야 한다는 것을 전제로 한다.

행정책임성의 문제는 개인, 조직, 조직문화, 사회적 기대 등이 상호영향을 미치는 것이라 할 수 있으며, 행정책임성을 확보하기 위한 가장 일반적인 방법으로 외적 통제와 내적 통제를 들 수 있다. 이 두 가지 접근은 프리드리히(C. Friedrich, 1941)와 파이너(H. Finer, 1941)를 통하여 이해될 수 있는데,[15] 프리드리히가 책임성의 객관적·외부적 측면뿐 아니라 내적 통제의 중요성을 강조하였다면, 파이너는 법적·제도적 통제만이 행정책임성을 확보할 수 있는 유일한 방법이라고 주장하였다.

---

13 R. Presthus, *Public Administration*, 6th ed.(New York: Ronald Press, 1975).

14 T. L. Cooper, *The Responsible Administrator: An Approach to Ethics for the Administrative Role*(New York: Kennikat Press, 1982)를 참조할 것.

15 이들의 구체적인 내용은 다음의 두 저작을 검토함으로써 더 잘 이해할 수 있다. Herman Finer, "Administrative Responsibility in Democratic Government," *Public Administration Review* Vol. 1, No. 4 (1941); Carl Friedrich, "Public Policy and the Nature of Administrative Responsibility," in Carl Friedrich and Edward Mason(eds.), *Public Policy*(Cambridge, Mass.: Harvard University Press, 1941).

그러나 오늘날 행정책임성 확보를 위한 일반적 전략은 내부적·외부적, 공식적·비공식적 유형 간의 결합을 통하여 파악하고 있다. 내부적 방안과 외부적 방안 간의 차이는 전자가 정부의 집행체계와 그것을 책임지는 최고집행가에 관한 것이라면, 후자는 그것을 제외한 사회적 요소와 정치적 장치에 의한 것이라는 점에서 구분되고, 공식적, 비공식적 방안의 차이는 법·제도적 장치의 유무에 의해 구분할 수 있다. 이러한 분류에 따라 행정책임성을 확보하기 위한 방법으로 사법적 통제, 시민참여, 직업윤리강령 등과 개인의 성찰적 반성을 고려할 수 있을 것이다.

제 4 절 행정윤리 확립을 위한 바람직한 전략

행정윤리 확립을 위한 전략은 포괄적 차원에서 검토되어야 할 것이다. 즉 행정윤리문제는 개인적 행위차원과 조직구조차원의 결합으로 이해되어야 하며 사회문화적 규범에 의하여 영향을 받는 것으로 파악해야 한다. 이러한 맥락에서 행정윤리 확립을 위한 전략을 조직적 차원, 구조적 차원, 환경적 차원, 개인적 차원으로 구분해서 논의할 수 있다.

Ⅰ 조직적 차원

조직적 요인은 부패를 가져오는 공직사회의 내부적 특성을 의미한다. 즉 공직사회의 구조적·제도적 측면이 부정부패를 야기시킬 수 있다는 것이다. 부정부패의 원인이 되는 조직적 요인으로는 낮은 보수수준, 신분의 불안정, 공무원의 재량권 남용 등을 들 수 있다.

먼저 보수면에서 보면 공무원에 지급되는 보수수준이 사기업에 비하여 낮으면 공무원은 부정에 대한 유혹을 받기 쉽다. 뿐만 아니라, 적극적 공직윤리의 측면에서 보면 보수수준에서 민·관의 심각한 차이가 생길 경우 우수인력의 공직에로의 유치가 어렵고, 공무원의 사기저하로 행정능률과 행정서비스의 질이 저하되어 행정책임성 확보에 장애가 된다. 따라서 생계비의 보장 수준은 물론 사기업과 비교하여 적정한 임금수준을 확보해야 한다. 그러나, 민간에 비하여 정년이 보장되는 등의 직업 안정성, 일정한 수준이 보장되는 퇴직 후 연금 등은 재직시의 임금 수준을 상쇄하는 효과가 있다고 할 수 있다.

공무원의 재량권은 행정운용의 신축성을 부여하기 위하여 필요한 것이지만 이것을 자의적으로 남용할 경우 부정을 조장하게 된다. 따라서 자유재량권의 남용을 막기 위한 법·제도의 완비와 함께 인사규정을 명확히 해야 한다. 다만 행정의 능동적 집행을 위하여 법규의 제정과

적용을 고려할 필요가 있다.

　또한 인사행정의 합리화와 관련하여 생각해 볼 수 있는 전략으로 공무원 단체활동 등을 들 수 있다. 공무원들이 스스로를 전문직업인으로 자각하고 전문직업인으로서의 건전한 직업윤리를 가질 수 있도록 하는 데는 공무원 단체활동 등을 통한 자율적인 통제의 활성화를 이루는 방법이 바람직할 것이다.

Ⅱ 구조적 차원

　관료제의 대표적 병리 중의 하나로 번문욕례(red tape)가 지적되듯이 행정절차의 복잡화로 인한 불만은 누구에게서나 지적되는 문제다. 이에 행정절차의 간소화는 건전한 공직윤리확보를 위해 필수적인 문제이다. 이외에도 각종 관료제의 병폐들, 선례의 맹목적 답습, 구태의연, 법규만능, 창의력 결여, 비밀주의, 무사안일, 태만, 책임전가, 아첨, 획일주의도 행정절차의 간소화를 통해 어느 정도 해결될 수 있을 것으로 생각된다.

　바람직하지 못한 공직윤리의 원천인 관료제의 병패를 해결하는 또 다른 방법으로 규제중심의 행정탈피를 들 수 있다. 행정기능의 하부기관 또는 지역관서로의 과감한 이양, 행정업무의 처리방식에 있어서 대면접촉방식을 벗어난 우편 등의 간접접촉방식의 사용 등이 세부사항이 될 수 있는데, 사실 행정업무상 인허가 등 행정규제의 수준과 행정의 부패·부조리는 높은 상관관계를 지니고 있으므로, 이에 대한 보다 적극적인 제도가 지속적으로 강화되어야 할 것이다.

Ⅲ 환경적 차원

　건전한 행정윤리제도가 확립되는 데는 행정문제 전반에 직·간접적으로 영향을 미치는 행정환경의 중요성도 간과할 수 없다. 사회적으로 도덕성이 상실되어 있는데 공직사회의 윤리적 의무를 강조한다는 것은 어렵다. 공직사회의 환경으로서 전체사회가 부정부패를 조장할 수 있는 요인으로는 정치·경제의 불안정, 신뢰의 상실, 공동체의식의 박약, 상대적 박탈감, 구태의연한 행정문화 등을 들 수 있을 것이다.

　이러한 행정환경의 문제를 고려할 때, 우선 정치의 민주화가 안정적으로 정착되어야 한다. 정치가 부패하면 행정은 정치의 시녀로 전락하고 공무원의 신분보장과 정치적 중립은 흔들리게 된다. 따라서 정치의 민주화는 행정풍토의 쇄신과 공직윤리확립의 전제조건이 된다.

국민의식 수준과 사회 전체의 민주화도 공직윤리확립을 위해서 중요하다. 사회 전체의 도덕적 분위기의 타락이나 가치관의 혼란은 각계의 협력으로 극복되어야 할 우리 전체사회의 과제인 것이다. 즉 공무원의 제도이탈에 대한 최후보루는 국민의 적절한 감시기능이다. 따라서 국민들과 사회 전체의 윤리의식이 제고되어야 한다.

이에 행정은 교육·언론·문화·종교 등의 자율적인 국민윤리가 향상되도록 노력해야 할 것이며, 정치, 경제 등 사회 각 분야가 자신들의 영역에서 책임 있게 자율성 확보를 기하도록 하여야 한다.

그리고 헌법을 비롯한 각종 법규를 통한 공식적 통제도 중요하지만 추상적이고 형식적일 우려가 있으므로, 행정기관에 예속되지 않은 이익집단과 시민의 참여를 확보할 제도적 경로를 갖추어야 한다. 따라서 행정이 항시 유리병 안의 행태들로 외부에서 항시 감시가능하게 하는 장치가 고려되어야 할 것이다.

Ⅳ 개인적 차원

합리적인 정책결정과 계획수립의 과정이 정착되어 있고 능률적인 조직이 구성되어 운영되고 있다 하더라도 조직 속에서 정책과 계획을 집행하는 관료들의 가치관이나 태도, 즉 의식구조가 공익성과 윤리성을 외면한다면 행정은 소기의 목적을 성취할 수 없다. 이러한 윤리성은 우리의 의식구조에 내재되어 있어 필요한 결정 또는 행동에 영향을 미치게 된다. 따라서 윤리성의 확립은 의식구조의 개혁을 통해서만 가능해진다. 단순히 부정부패 해소라는 차원이 아닌 보다 적극적으로 공직윤리를 확립하고자 하는 가치지향적 개조의 노력이 행정인 개인뿐만 아니라 조직, 환경측면에서 모두 요청되는 것이다.

03 행정책임과 통제

제 1 절 행정책임

Ⅰ 책임의 개념

일반적으로 책임이란 일정한 사무(혹은 일)와 그것을 수행하는 인간, 즉 행위자 사이에 발생하는 것을 말하는데, 그것이 행정과 결부되었을 때 행정책임이라고 하겠다. 이와 같은 행정책임은 매우 다양한 의미를 지닌 개념이라고 하겠으나 몇몇 학자들의 견해를 살펴보면, 먼저 프레스더스(Robert Presthus)는 행정책임을 행정인이나 행정조직이 윤리적·기술적·법률적 기준에 따라 행동해야 하는 의무라고 하고 있으며,[1] 피프너(J. M. Pfiffner)는 행정책임이란 행정기관이 외부기관이나 어떤 행동기준에 대하여 의무를 지는 것이라고 정의하고 있다.[2]

이와 같은 정의에 따른다면, 대체로 행정책임이란 행정에 있어서의 결정이나 처분 등이 요구되는 기준에 미치지 못하였거나 위배되었을 때에 당해 행정주체가 받게 되는 불이익이라고 정의할 수 있다.

Ⅱ 행정책임의 특질

행정책임이란 행정인 또는 행정조직이 일정한 행동기준에 따라 행동할 의무를 전제로 하여 그 행동결과에 대하여 비판을 받을 상태에 있는 것을 말한다.

행정책임은 다음과 같은 성질을 지니고 있다.

---

1 R. Presthus, *Public Administration*, 6th ed.(New York: Ronald Press, 1975), p.441.
2 J. M. Pfiffner and Robert Presthus, *Public Administration*, 5th ed.(New York: Ronald Press, 1967), p.538.

⑴ 행정책임은 행정상의 의무를 전제로 하여 발생한다.

⑵ 행정책임은 일정한 권한이 있는 경우에만 발생한다.

⑶ 행정책임은 개인적 요구보다 공익적 요구에 충실하여야 하며, 자기가 정하지 않은 어떤 기준에 따라야 한다.

⑷ 행정책임은 주로 행동의 결과에 대하여 발생한다.

⑸ 행정책임의 보장을 위하여 행정통제가 활용된다.

Ⅲ 행정책임의 다양한 구분

행정책임은 그 분류의 기준에 따라 여러 가지로 구분이 가능하다.

(1) 도의적 책임과 법적 책임

행정에 있어서의 책임은 먼저 도의적 책임과 법적 책임으로 구분된다. 보통 영어의 re-sponsibility는 도의적·포괄적 책임을, accountability는 법적·공식적 책임을 각각 의미한다고 볼 수 있다.[3]

(2) 임무적 책임과 응답적 책임

전자는 선임된 인간의 임무와 같이 광범한 책임을 말하며, 후자는 행위자가 요구·명령·소명에 응답하는 책임을 말한다.

(3) 변명적 책임과 수난적 책임

전자는 영어의 accountability에 해당하는 것으로 행위자가 문책되었을 때에 그 행위의 외면적인 결과가 소명자가 지시한 규준에 합치된 것을 규명하는 책임을 말하며, 후자는 영어의 liability에 해당하는 책임으로 자기에게 주어진 비난 혹은 제재를 감수할 책임을 의미한다.

(4) 합법적 책임과 재량적 책임

합법적 책임은 행정활동이 법규에 위배되지 않도록 하는 책임이며, 재량적 책임은 행정활동이 공익에 위배되지 않도록 하는 책임을 말한다.[4]

(5) 정치적 책임과 직업적 책임

정치적 책임은 행정조직 또는 행정인이 국민의 의사에 대응하였는가 하는 책임이며, 직업

---

3 정세황·최창호, 행정학(서울: 법문사, 1974), 671면.
4 김규정, 신행정학원론(제3정신판)(서울: 법문사, 1973), 309면.

적 책임은 행정인이 전문직업인으로서 주어진 직책을 직업윤리에 따라서 하였는가 하는 책임이다.[5]

(6) 내재적 책임과 외재적 책임

내재적 책임이란 행정인 또는 행정기관이 행정조직 내부에서 상관 또는 감독기관에 대하여 책임을 지는 것이고, 외재적 책임이란 행정인 또는 행정기관이 대외적으로 입법부·사법부 또는 국민에게 책임을 지는 것을 말한다.[6]

Ⅳ 행정책임의 기준

행정책임의 기준은 크게 두 가지로 나누어 볼 수 있는바, 그 하나는 행정의 기준에 관하여 법령에 명문의 규정이 있을 때와 다른 하나는 그러한 규정이 없을 경우이다.

1. 명문규정이 있을 때

행정의 기준이 법령에 명문으로 규정되었을 경우에는 무엇보다 그 규정을 행동의 기준으로 삼아야 한다. 그런데 행정을 법령에 따라 행할 때에는 항상 그 개개의 절차규정이 의도하는 법령의 목적을 인식하고 그 목적에 맞도록 법령의 규정들을 해석·적용하여야 하는 것이다. 행정책임에 있어서는 법령의 목적을 실현했느냐 그렇지 못했느냐 하는 것을 책임추궁의 기준으로 삼아야 한다.[7]

2. 명문규정이 없을 때

법령에 행정의 기준에 관하여 명문의 규정이 없는 경우에는 규정이 있는 경우보다 힘들다. 이런 경우에는 행정인이 재량으로 행동할 수밖에 없다. 이 기준에 관하여는 여러 가지 견해가 있으나 일반적으로 다음의 것을 들고 있다.

(1) 공 익

공익은 언제나 행정책임의 중요한 기준이 된다. 그런데 공익개념은 모호하기 때문에 다분

---

5 M. Dimock and G. Dimock, *Public Administration*, 4th ed.(New York: Holt, Rinehart and Winston, 1969), p.124.

6 C. E. Gilbert, "The Framework of Administrative Responsibility," *Journal of Politics*(August 1959), pp.382~383.

7 加藤一明, 행정학입문(東京: 有斐閣, 1966), 198~202면.

히 행정인의 주관적인 판단이 개입되기 쉽다.[8] 따라서 공익을 행정책임의 운영방침으로 삼는 다는 것은 지극히 곤란한 점이 많고, 오히려 집단들이 자기의 주장을 정당화시키는 데 이용될 가능성이 높다.

(2) 직업윤리

행정인은 전문직업인이므로 행정의 기준이 없을 경우에는 그들이 가지고 있는 직업윤리적 기준에 따라야 한다. 따라서 공무원의 부정을 정하는 기준으로도 이 직업윤리(code of ethics) 가 중요하게 작용한다.

(3) 수익자집단의 요구

행정인은 언제나 수익자집단 혹은 행정고객들과 긴밀히 접촉하게 된다. 따라서 행정의 기 준이 확실하지 않을 때에는 수익자집단의 요구를 감안하는 것이 좋다. 한 가지 조심할 것은 너 무 지나치게 수익자집단의 이익에 봉사하면, 한 집단에 편중하여 행정에 있어서의 조화를 상 실할 위험성이 있다.

(4) 국민의 여망

행정의 궁극적 목적이 국민에 봉사하는 것이므로 행정의 기준이 없는 경우에는 국민의 여 망을 감안할 필요가 있다. 또 국민의 여망은 언제나 행정의 중요한 기준으로 삼아야 한다.

제 2 절 ┃ 민주통제

I 민주통제의 개념

민주통제란 행정의 민주화를 확보하기 위해서 행정의 외부에서 행해지는 통제를 말한다. 따라서 행정의 내부에서 행해지는 관리통제와 구별된다. 전자를 관리에 있어서 외재적 통제라 하고, 후자를 내재적 통제라고 부른다.

민주통제에는 여러 가지 제도적인 기구에 의해서 이루어지는 통제와 여론과 같이 비정형 적인 요소에 의해서 이루어지는 통제가 있다. 제도적인 통제기구의 가장 대표적인 것으로는 입법부에 의한 입법통제와 사법부에 의한 사법통제, 그리고 옴부즈맨제도와 정당 등에 의한 통제를 들 수 있으며, 비정형적인 기구로는 국민의 여론이나 이익단체에 의한 민중통제 등을

---

8 J. M. Pfiffner and R. Presthus, *Public Administration*, 5th ed.(New York: Ronald Press, 1967), p.542.

들 수 있다. 이상의 수단들을 범주화하면 내부적·공식적, 내부적·비공식적, 외부적·공식적 그리고 외부적·비공식적인 통제방안으로 나눌 수 있다.[9]

관리통제가 주로 능률을 향상시키기 위하여 행정목표의 달성정도를 알아보기 위한 통제인데 반하여, 민주통제는 주로 정치적 성격을 띠고 있는 통제라 할 수 있다. 즉 민주통제는 행정책임을 보장하기 위한 수단이 된다. 따라서 민주통제와 행정책임은 긴밀한 관계에 있다. 민주통제의 문제는 20세기 행정국가가 대두되면서 더욱 중요하게 되었다.

Ⅱ 민주통제의 방식

1. 민중통제

민중통제(popular control)는 민주통제방식 중에서 가장 기본적인 방식이다. 이 방식이 어느 정도 효과적이냐 하는 것은 별개의 문제로 하더라도 이 방법이 지니는 의의는 크다. 민중통제의 방법으로는 선거제도·여론·시민참여·이익단체·정당 등이 있다.

(1) 선거제도

민주주의제도에 있어서 선거제도는 국민이 선출하는 대표자를 통해서 이루어지는 효과적인 민중통제 방법이다. 선거제도에 임기제가 있는 것도 국민의 대표성을 확보할 수 있는 유효한 방법이다. 이 밖에 국민투표·국민발안은 효과적인 행정통제(정치적 통제)의 방법이긴 하지만, 어디까지나 간접적인 통제방법이지 직접적인 방법은 아니다.

(2) 여 론

국민의 여론은 정책형성에 중요한 투입요소가 된다. 세련된 국민의 여론은 정책형성에 대단히 효과적으로 작용하게 된다. 이 여론은 여론형성자(opinion leader) 또는 매스 미디어를 통해서 정책에 연결된다. 최근에는 IT의 발달과 더불어 on-line을 통한 여론의 표출이 거세지고 있다.

(3) 시민참여

시민이 각종 심의회·위원회 등에 참여하여 효과적인 민중통제를 행할 수 있다. 시민참여가 효과적으로 실행되려면 그와 같은 참여를 허용하는 행정문화가 존재할 것이 전제된다.

---

9 C. E. Gilbert, "The Framework of Administrative Responsibility," *Journal of Politics*(May 1959), p.382; 길버트는 내부통제(공식적 및 비공식적)를 포함하여 행정통제로 총칭하고 있는데, 내부통제는 행정부 내의 독립적 통제전담기관 및 부서, 그리고 일반적인 상부기관 및 부서에 의한 통제를 말한다.

(4) 이익단체

이익단체는 이익의 표명작용을 하며 각종 단체를 통하여 정책을 변경하기 위한 압력을 행사한다. 이익단체가 효과적인 민중통제의 방편이 되기 위해서는 각종 사회의 기능이 분화되고 조직이 전문화되어야 할 것은 물론 단체들이 자주성과 독립성을 지녀야 한다.

(5) 정 당

정당제도는 언제나 흩어져 있는 민의를 통합하여 정책에 연결함으로써 효과적인 민중통제의 기능을 행한다.

(6) 언론기관

언론기관은 선진국은 물론 후진국에 있어서도 정치적 책임 및 행정책임의 확보수단으로써 효과가 있다. 이를 통한 행정통제의 사례는 언급이 필요없을 정도이나, 오히려 언론의 공정한 보도가 우려되는 경우도 종종 있다.

2. 입법통제

입법통제(legislative control)란 의회에 의한 통제를 말한다. 의회는 입법과 예산통제의 기능을 통하여 가장 효과적인 행정통제를 행한다. 그런데 오늘날 미국과 같이 입법의 권한이 강화되어 있는 나라를 제외하고는 입법통제도 제한되는 경향이 있다. 그것은 행정이 전문화·기술화됨에 따라 의회는 행정부가 제안한 정책을 검토하는 데 그치게 되고, 입법통제의 가장 효과적인 분야인 예산심의도 의원들이 재정전문가가 아니기 때문에 정확한 분석은 잘 되지 않고 행정부가 제출한 안을 수정통과하는 데 그치기 때문이다.

미국의 경우 입법통제는 매우 효과적이다. 의회의 상·하원의 각 위원회는 핵심적 통제기구이며, 특히 회계감사원(GAO)을 통한 감사는 매우 효과적이다.[10]

입법통제에 관한 구체적인 방법을 간추려보면 다음과 같다.

1) **입법에 관한 권한** 의회는 입법을 통하여 행정부에게 정책의 목표설정 등을 제시하여 준다. 법치행정이란 관점에서 볼 때에 입법에 의한 통제는 효과적이라 할 수 있다. 그러나 오늘날에 와서는 행정부가 준입법권도 가지고 또 위임입법제의 발달 등으로 인하여 의회의 행정통제는 적지 않게 제한을 받고 있다.

2) **재정에 관한 권한** 의회는 예산을 심의·의결함에 있어서 광범한 재정적 권한을 가지고 있다. 그 밖에 의회는 기채동의권, 예비비설치동의권과 지출승인권 등을 가지고 있다.

---

10 I. Sharkansky 저, 유종해 역, 행정학(서울: 박영사, 1975), 132면.

3) **국무일반에 관한 권한**   국회는 국정감사를 포함한 다양한 질의와 조사를 통하여 행정부를 효과적으로 감시·통제할 수 있다. 또 많은 경우 특정사건을 조사하여 직권남용이나 비행을 적발할 수 있다.

물론 이와 같은 입법통제도 사이몬(H. A. Simon) 등이 지적한 바와 같이 많은 제약점을 안고 있다. 즉 ① 삼권분립의 체계에서 행정수반인 대통령이 의회와 마찬가지로 국민에 의하여 직접 선출된다는 사실로써 행정책임이 분할되며, ② 현행 행정의 복잡성·기술성 등으로 말미암아 의회는 점차 비판능력을 상실하여 가고 있고, ③ 수많은 법안이 의회에서보다 행정부에 의하여 입안되고 있으며, ④ 위임입법이 증가하여 의회는 법의 일반원칙만 정하는 데 그치는 경향이 있고, ⑤ 입법의도가 모호하여 법률집행자에게 많은 재량을 주게 되어 있으며, ⑥ 의원 개개인이 출신지역의 이해에 너무나 민감하다는 사실 등이다.

3. 사법통제

사법통제(judicial control)란 법원에 의한 통제를 말하며, 주로 법령해석권을 통하여 행정을 통제한다. 국민이 행정에 의하여 부당하게 기본적 인권을 침해당하였을 때에는 사법부에 그 구제를 청구할 수 있다. 따라서 사법통제는 사후적 구제라는 성격을 지니게 된다. 한편 사법통제는 당사자에게 과중한 경비를 요하게 하고, 그 절차가 번잡하며, 행정관의 행위만을 대상으로 하는 까닭에 부작위는 구제할 수 없다는 난점이 있다. 이러한 점에서 사법통제는 자진해서 행정행위를 조장하거나 억제하지 않는 이른바 보수적 성격이 강한 제도라고 할 수 있다.[11]

4. 옴부즈맨제도

(1) 옴부즈맨제도의 의의

행정통제가 행정권의 확대강화추세를 따라가지 못하게 되면 불가피하게 행정권의 침해에 의한 민원은 증가되고, 민원의 증가와 누적은 결국 행정에 대한 불신을 조장시켜 행정 본래의 기능마저 마비시키게 되는 것이다. 그러므로 이런 관점에서 볼 때 행정에 대한 민원의 해소와 제거는 국가의 이익을 위해서뿐만 아니라 행정 자체의 이익을 위해서도 필요하다고 볼 수 있다. 기존의 행정통제방식이 행정의 책임성 확보와 민원구제에 효율성을 기하지 못한다면 마땅히 보완적인 장치를 강구해야 한다.[12]

그 장치의 하나가 핀란드·스웨덴을 비롯한 북구의 여러 국가와 영·미 등에서 성공을 거두

---

11 상게서, 134~135면 참조.
12 김호진, "각국의 옴부즈맨제도의 비교분석", 한국행정학보 제13호(1979), 147~148면.

고 있으며, 우리도 일부 적용하고 있는 옴부즈맨(Ombudsman)제도이다. 즉 행정이 합법적 그리고 합목적적으로 수행되고 있는가를 직권 또는 신청에 따라 조사하여 감찰하는 행정감찰제도를 말하며, 이러한 직책을 담당하는 사람을 옴부즈맨이라고 부른다.

역사적으로 보면 옴부즈맨제도는 1809년 스웨덴에서 헌법으로 채택하여 계속 발달하여 왔고, 그 후 1952년에는 노르웨이, 1953년에는 덴마크에서 도입하였다.

(2) 특 징

스웨덴의 옴부즈맨제도를 중심으로 그 특징을 살펴보면 다음과 같다.[13]

⑴ 옴부즈맨은 입법부에 속하는 직원이다.

⑵ 그는 중립적인 조사직으로서 정치적으로 독립된 지위에 있으며, 그 사무국은 헌법에 의하여 설치되고 일단 조사가 되면 의회도 이에 개입하지 못한다.

⑶ 조사는 신청에 의하거나 직권에 의해서 실시한다.

⑷ 옴부즈맨은 비위자를 처벌하는 권한을 갖는다. 그러나 그는 법원이나 행정기관의 결정이나 행위를 무효로 하거나 취소 또는 변경할 권한은 가지지 않는다.

(3) 옴부즈맨제도의 장·단점

이 제도의 장점은 다음과 같다.

⑴ 옴부즈맨제도는 다른 구제방법에 비하여 시민의 접근이 용이하다.

⑵ 적은 비용으로 문제, 즉 시민의 민원을 해결할 수 있다.

⑶ 제도의 수립에 있어 고도의 융통성과 적응성을 구비하고 있다.

⑷ 특히 대민행정 업무량과 인구가 적은 사회에서 큰 효용을 보일 수 있다.[14]

이러한 장점에 대하여 단점으로 논의되고 있는 것은 다음과 같다.

⑴ 옴부즈맨의 기능은 국회의원의 직무와 중복된다는 비판이 있다.

⑵ 기존 타 기관 또는 타 제도와의 기능중복으로 옥상옥이라는 것이다.

⑶ 행정의 책임성과 비밀성의 침해라는 우려가 있다. 즉 옴부즈맨은 행정기관의 책임성을 약화시키고 그 명예를 손상시켜 유효한 행정처분을 행하는 데에 장애가 된다는 것이다.

⑷ 옴부즈맨제도가 재판에 대해 시정권을 갖고 있지 않다는 점이다. 그리하여 이에 대한 대책으로써 옴부즈맨제도의 주무기가 부정의 공개에 있어야 한다는 반박이 나오고 있다.

---

13 A. Bexelius, "The Ombudsman for Civil Affairs," in Donald C. Rowat(ed.), *The Ombudsman: Citizens Defender*(Toronto, Canada : University of Toronto Press, 1965), pp.22~24.

14 박연호, 행정학신론(서울: 박영사, 1979), 769~773면.

(4) 제도의 평가

옴부즈맨제도는 입법통제가 본래의 기능을 발휘하지 못하기 때문에 그 제도적 의의가 있다. 의회가 국민의 대표기관으로서 당연히 지녀야 할 행정에 대한 통제기능이 약화되고 있는 실정이므로 이 약화되어가는 의회의 통제권을 구제하는 방편으로 옴부즈맨이 고려될 수 있다.

그러나 옴부즈맨을 가리켜 이가 빠진 개(a dog without teeth)로 비유하듯이 짖기만 하고 물지 못하는 제도상의 문제가 있다. 즉 행정이나 재판에 관한 시정권은 없고 공개권만 있어서 그 실효성에 문제가 있다는 것이다.

우리 나라의 경우 국민의 권리·의무를 보호하고 행정권의 남용을 방지하기 위해서는 옴부즈맨제도의 운영이 바람직하다고 보겠으나, 행정감사기능을 담당하고 있는 감사원과 청와대 등 사정관련 조직과 어떠한 기능적인 연결을 맺어야 하는가 등에 관하여 숙고하여야 한다.

Ⅲ 민주통제의 선행요건

효과적인 민주통제가 이룩되려면 다음과 같은 요건들이 갖추어지지 않으면 안 된다.[15]

(1) 사회적 다원성

사회적 다원성(social pluralism)이란 사회 내에 자율성을 가진 여러 사회단체 및 조직이 병존하거나 혹은 자율적인 정책결정처가 산재함을 뜻한다. 사회적 다원성이 존재하는 곳에서는 단일지도자나 단체가 독점적인 지위를 누리거나 다른 단체를 지배할 수 없으며, 언제나 타협과 협상에 의한 결정이 이루어지기 때문에 민주주의적 정치제도에는 지극히 바람직한 요소라 할 수 있다.

(2) 사회적 교화

사회적 교화(social indoctrination)란 여러 가지 과정을 통해서 국민에게 사회체계를 유지·계승하는 데 필요한 규범이나 관습 또는 지식을 교화시키는 사회화과정을 말한다. 이런 점에서 사회적 교화는 정치사회화(political socialization)와 같은 뜻으로 취급할 수 있다.

사회 교화는 국민에게 ① 정부가 하는 일을 감시하는 눈을 갖게 하고, ② 독재정치의 출현을 견제하는 힘을 주며, ③ 공무원의 부정부패를 고발하는 정신을 길러 주는 기능을 한다.

---

15 김봉식, 전게서, 138~146면; 전세황·최창호, 전게서, 681~683면 참조.

(3) 국민적 합의

민주통제가 이루어지려면 민주제도 자체에 대한 국민적 합의(consensus)가 이루어지지 않으면 안 된다. 이 합의는 민주주의의 실체적인 면(substantive aspect)과 절차적인 면(procedural aspect)에 존재하여야 한다. 예컨대 국민은 정부가 하고 있는 일에 대하여 알 권리가 있고, 다수결의 원칙이 언제나 중요하게 존중된다는 것, 시민은 누구나 정부를 비판할 권리를 갖는다고 하는 것은 민주주의의 시행규칙(rule of game)이 되는 것이다. 이 기본적인 합의가 잘 되면 될수록 행정통제는 잘 되는 것이다.

(4) 시민의 참여

민주통제가 제대로 되려면 시민의 행정에 대한 적극적인 참여가 요망된다. 시민이 정치나 행정에 무관심하고 적대시할 때에는 민주통제가 이루어지지 않는다. 시민의 참여란 적극적으로 정책형성에 참여하는 것이라 할 수 있으며, 여론형성에 참여하는 것은 이러한 시민참여의 일종이라고 할 수 있다.

(5) 자유로운 정치활동

민주통제가 이룩되기 위해서는 자유로운 정치활동이 보장되지 않으면 안 된다. 또 정치가는 양심적으로 경쟁하여 국민의 신임을 얻을 수 있어야 되는 것이다. 이와 같은 조건이 확보되지 않고 행정통제만 한다면, 일방적인 정부주도형이 될 가능성이 높다.

(6) 기타 요건

민주통제가 구현되기 위한 기타 요건으로 립셋(S. M. Lipset)은 심리적 안정, 소득의 평준화, 교육의 보편화를 들고 있다.[16] 그러나 이 요건들은 민주주의제도 자체가 존립하기 위한 너무나 당연한 필요조건이 될 수 있고, 반드시 민주통제에 필요한 것은 아닐 것이다. 그리고 위에 언급한 많은 조건들 중 어느 것이 더 중요한지는 이야기하기 힘들다. 왜냐하면 이 요건들은 상호유기적인 관계를 갖고 연관되어 있어서 각 조건들을 따로 떼어 독자적으로 인식하거나 어느 조건만을 강조할 수 없기 때문이다.

---

16 S. M. Lipset, *Political Man: The Social Bases of Politics*(Garden City: Doubleday Co., 1960), chap. Ⅱ 참조.

Chapter

04 행정과 시민참여

제 1 절 시민참여의 의의

오늘날에는 정책결정에 대한 시민의 참여가 참여 민주주의(participatory democracy)의 확대와 더불어 매우 중요한 정치과정으로 자리잡고 있다. 또한 정당·이익단체·의회 및 선출된 관료(정무직) 등은 시민참여를 돕는 중요한 중개제도로 간주되고 있으며, 간접적 민주주의의 도구로 볼 수 있다.

그러나 이 같은 제도적인 참여방식이 아니고 보다 직접적인 시민의 참여가 점차 증가하고 있다. 이들은 보다 효과적으로 정책결정이 이루어지는 곳에 접근하여 정책결정에 영향력을 행사하려고 한다.

이와 같은 시민들의 직접적인 참여를 시민참여(citizen participation)라고 부른다. 시민참여란 정책결정에 특수한 엘리트가 아닌 보통의 남녀가 직접적으로 참여함을 말한다. 특히 사회·경제적으로 하위에 속하는 사람들의 정책결정에 영향을 주기 위한 행동을 시민참여라고 볼 수 있다. 따라서 앞에서 말한 이익단체나 투표에 의한 직접적인 참여와는 구별된다. 또한 특수한 사람들이 정부의 위원회나 자문회 같은 곳에 참여하는 것도 시민참여와는 구별된다.

그러면 오늘날 왜 시민의 직접적인 참여가 중요한 문제로 대두하였는가. 그 이유는 첫째 시민참여는 정치체계가 정치적 도전을 받아들이게 하는 교정적인 과정이고, 둘째 정책결정을 하는 데 있어서 소수의 엘리트보다 시민이 더 대중을 위한 정책결정을 할 수 있다는 사실에 기인한다. 즉 시민이 보다 더 대중의 요구에 민감하다는 것이다. 셋째 시민의 참여는 시민에게 정치에 대한 관심을 높여 주고, 참여를 통해 좋은 경험을 줄 수 있다는 것이다. 참여는 참으로 교육적 가치가 있는 것이다. 끝으로, 굿윈(Richard K. Goodwin)이 주장하듯이 정치활동의 궁극적인 목적은 국가행동의 근원이 되는 개인의 신념을 강화하여 주는 데 있기 때문이다.[1]

---

1 R. N. Goodwin, "The Shape of American Politics," *Commentary*, 43(June 1976), pp.25~40;

즉, 참여는 시민에게 시민적 성숙감(civic maturity)을 주고, 정책의 질을 높여 주며, 개인의 개성을 발달시켜 준다.

제 2 절 시민참여와 행정행태

직접적인 민주주의의 목표가 되는 개인의 발전과 정책의 향상은 시민의 참여를 증가시키고, 시민들의 정부기구에의 참여에 다양한 영향을 주고 있다. 또한 행정기구는 시민들의 새로운 요구를 받아들이기 위해서 구조를 바꾸고, 인사정책이나 정책결정구조도 변경시키지 않으면 안 된다.

행정기구에 있어 가장 중요하고 대표적인 행태적 변화는 대응성(responsiveness)이라고 볼 수 있다. 대응성이란 참여운동에 의하여 행정행태가 국민들의 여망이나 요구에 대응하여 변화하는 것을 말하며, 특히 그 동안 행정결정에 접할 길이 없었던 집단들의 여망이 행정에 반영되는 것을 말한다. 밀러(S. M. Miller)와 레인(M. Rein)에 의하면, 대응성은 행정기관에 다음과 같은 네 가지 영향을 준다고 한다.[2] 즉 ① 인사정책, ② 전문적 재량권, ③ 정책개발의 전략, ④ 정책결정에 대한 행정책임의 문제 등이 그것이다.

먼저 인사정책은 전통적인 실적제를 수정하여 소수집단 또는 열등한 지위에 있는 자들을 행정기관에서 받아 주도록 수정되어야 한다. 이들은 또한 소수집단의 요구를 잘 처리할 수 있는 조직적 변화를 요구하게 된다.

이러한 불평과 불만을 전달하는 길을 열어 주기 위해서는 새로운 관료적인 제도의 설치가 필요하다. 시민의 민원을 받아서 처리할 옴부즈맨(Ombudsman) 제도도 설치할 필요가 생기게 되고, 새로운 이익집단이 형성되어 행정기관에 자기들의 요망을 표현하기도 한다. 이에 따라 행정기관은 그와 같은 요구를 받아서 처리할 기관을 필요로 한다. 밀러와 레인은 이와 같은 변화는 전통적으로 존재해 온 전문직업인과 고객 사이의 관계에 대한 일종의 시민적 반응(lay reaction)의 결과라고 말하고 있다.[3]

이와 같은 발전은 행정에 있어서의 전문성에 대한 도전으로 볼 수 있다. 시민의 참여로 인

F. Krinsky, *Democracy and Complexity: Who Governs the Governors*(Beverly Hills, Calif.: Glencoe Press, 1968), p.128.

2 S. M. Miller and M. Rein, "Participation, Poverty, and Administration," *Public Administration Review*, Vol.29, No.1(1969), pp.15～25.

3 *Ibid.*

해서 행정에서의 전문성은 시민적 요구에 굴복해야 되는 경우가 많아졌다. 전문적 결정을 하는 데 있어서도 시민적인 의견을 반영해서 결정을 내려야 되는 것이다.

또한 참여운동은 행정 내에서의 책임성을 증진시킨다. 그러나 분권제는 참여에 있어서도 각종 위원회·협의회 등에 권한이 분산되므로 행정관료가 전적으로 어떤 책임을 지는지를 알 수 없는 경우도 발생한다.

참여 민주주의가 주는 여러 가지 영향을 살펴보았지만, 행정참여란 이제는 중요하고도 널리 인정되어 있는 제도이다. 이 제도는 많은 사람에게 새로운 행정에 대한 흥미와 관심을 가져다 주었다. 만일 시민이 정부에 무관심하고, 입법부가 정책결정에 시민의 의사를 반영하지 못하며, 행정관료가 시민의 참여를 장려하지 아니하고 종래와 같은 수동적이며 전통적인 방법으로 정책결정을 한다면, 행정행태에서의 변화는 없을 것이다.

제 3 절 시민참여의 비공식적 측면

정치란 시민이 직·간접으로 정책결정에 참여함을 뜻한다. 그런데 정치가들은 시민의 직접적인 요구를 접하려고 하지 않고, 한편으로는 이러한 시도가 방해되기도 하기 때문에 시민의 직접적인 참여는 매우 어려운 측면이 있다. 크렌슨(Matthew Crenson)은 참여란 시민이 정치에 영향을 미치는 것이 아니라 정치가 시민에게 영향을 미치는 수단이 된다고까지 혹평하고 있다.[4]

따라서 시민의 요구가 정책에 반영되지 않거나 정책이 효율적으로 수행되지 않을 경우에 시민들은 직접 행동을 취함으로써 그들의 요구를 달성하려고 한다. 시민의 행정참여에 대한 비공식적 측면과 그의 동기 등은 다음과 같다.

1. 권한포기로서의 시민참여

이것은 정부조직이나 정부수준에서 해결할 수 없고 책임질 수 없는 문제를 시민의 참여라는 명목 아래 정당화시켜 다른 곳에 권한을 위임함으로써 해결하려는 것으로, 신연방주의 (New Federalism)가 이에 속한다.[5] 신연방주의에서는 세입배분제(revenue sharing)에 따라서 각 주나 지방정부에서 사용할 수 있는 총액의 일괄적인 원조를 하고, 이 한도 안에서 각급 정부는

---

4 M. A. Crenson, "Comment: Contract, Love, and Character Building," in Frank Marini(ed.), *Toward a New Public Administration: The Minnowbrook Perspective*(Scranton, Pa.: Chandler Publishing Co., 1971), p.87.

5 Washington Post, (April 8, 1973), p.6 참조.

각자의 재량으로 이 자금을 사용할 수 있도록 하였다. 이와 같이 정부가 그의 책임과 권한을 포기하려는 동기에서 시민의 참여를 적극적으로 지원하는 예를 확인할 수 있다.

2. 화해로서의 시민참여

시민참여가 활발해진 또 하나의 이유는 정치지도자가 정치제도에 저항하는 시민집단과 화해(pacification)를 하는 수단으로 사용하려 하기 때문이다. 그렇다고 정치지도자가 그의 정책목표를 무조건 변경하거나 희생시킴을 뜻하는 것은 결코 아니다.

비록 시민이 참여를 통하여 정책결정에 공헌한다 할지라도, 그것은 정부기구에 의하여 시민집단을 회유하려고 하는 동기에서 취한 행동일 수도 있다. 그러므로 시민을 대표하는 자문기구나 정책결정기구는 시민과의 화해방안으로 채택된다. 이와 같이 시민의 참여는 정치적 화해를 위한 수단으로서 사용되는 경우가 있다.

3. 포섭으로서의 시민참여

참여민주주의의 목적과 밀접하게 관련되어 있는 또 하나의 요소는 위원회 내에 새로운 위원을 뽑아 참여의 폭을 넓힘으로써 반대세력 등을 포섭(cooptation)함을 말한다.

셀즈닉(Philip Selznick)은 포섭이란 정책결정기구의 위협을 방지하고 안정을 얻기 위하여 리더십에 새로운 요청을 흡수하는 과정이라고 말하고 있다.[6]

그는 TVA(Tennessee Valley Authority) 안에서 어떻게 정책결정이 이루어졌는가를 연구하는 가운데 TVA는 관련된 지방주민의 적극적인 참여와 협동을 통하여 성공적으로 사업목적을 달성할 수 있었다는 사실을 발견하였다. 그런데 이러한 주민의 협조와 참여는 주민대표자의 선출을 통하여 이루어졌으며, 이 선출된 대표자를 통하여 주민과의 화해가 이루어졌다.

4. 고객형성으로서의 시민참여

앞에서 설명한 포섭을 통한 참여는 시민의 반대를 최소화하기 위한 수단이었으나, 고객형성으로서의 시민참여는 정부가 시민의 이익과 관련된 계획을 수행하고, 시민은 행정고객으로 이 계획에 참여하게 되는 경우를 말한다. 시민은 이러한 참여를 통하여 이익을 얻을 수 있다. 그 좋은 예로는 정부가 마련한 빈곤퇴치계획 등을 들 수 있다.

이와 같은 이익지향적인 참여는 선거나 포섭을 통한 참여와 대칭적인 입장이라고 바흐라

---

6 P. Selznick, *TVA and the Grass Roots: A Study in the Sociology of Formal Organizations*(Berkeley, Calif.: University Press, 1949), p.13.

흐(P. Bachrach)와 바라츠(M. Baratz)는 말하고 있다.[7] 즉 정책에 영향을 미치려고 하는 참여와 개인이나 집단의 요구를 만족시키기 위한 참여의 차이라고도 할 수 있다. 그러나 참여를 통한 정책의 변화는 이익지향적인 참여와 밀접하게 연관되어 있다고 할 수 있다. 최근 우리 나라에서 볼 수 있는 NGO단체들의 참여형식도 이 유형에 포함된다고 볼 수 있다.

제 4 절 　시민참여의 강화

시민의 참여를 통한 정책결정이 의미가 있다고 하지만, 참여민주주의의 기본이념을 달성하는 데에는 아직도 부족한 점들이 많다. 또한 참여에 관한 많은 실증적 연구는 참여에 관한 이론과 실제에는 적지 않은 차이(gap)가 있다고 언급하고 있다. 그러나 이로 인하여 시민참여의 효용이 완전히 무시될 수 있는 것은 아니다. 실제로 시민참여는 행정관료에게 참여가 없이는 얻을 수 없는 정책과 관련된 정보를 제공해 준다고 높이 평가되고 있다.[8] 따라서 참여운동에 제한점이 있다고 하여 참여운동 자체가 무의미하다고 말할 수는 없다. 즉 참여운동이 대중사회에 있어서의 시민의 실망을 구제해 줄 수 있다면 또 그 운동이 복잡한 조직에 시민을 접근시킬 수 있으며, 시민의 참여가 정책결정에 합법성을 제공할 수 있다면 참여운동은 실패했다고 말할 수 없다.

앞에서 셀즈닉(Philip Selznick)이나, 바흐라흐(P. Bachrach)와 바라츠(M. Baratz)가 제시한 포섭을 통한 참여와 이익지향적인 참여는 결국 정부의 정책에 반대하는 집단을 줄이고, 이들이 정책의 집행에 협조하도록 하려는 동기에서 나타난 것이다. 또한 참여가 자동적으로 이러한 기능을 하게 된다고도 볼 수 있다. 참여는 근본적으로 사회사업·보건·형사분야보다 환경·교육분야에서 큰 효과를 인정받고 있고, 시민참여운동의 주창자들은 계속 참여의 중요성을 역설하고 있다.[9]

현재까지 발표된 시민참여에 관한 논문이나 이론을 참작하건대 시민참여제는 그 나름대로의 효용과 가치가 인정되고 있다. 시민참여의 반대론자들은 물론 어떻게 시민들을 포섭(coop-

---

7 P. Bachrach and M. Baratz, *Power and Poverty*(New York : Oxford University Press, 1972), pp.204~206.

8 H. George Frederickson(ed.), *Curriculum Essays on Citizens, Politics, and Administration in Urban Neighborhoods*(Washington, D. C. : American Society for Public Administration, October 1972) 참조.

9 A. Altshuler, *Community Control: The Black Demand for Pariticipation in Large American Cities*(New York : Pegasus Publisher, 1970) ; M. Kotler, *Neighborhood Government*(Indianapolis : Bobbs-Merrill, 1969) 참조.

tation)하고 그것이 정책형성에 본질적으로 얼마나 도움이 되느냐고 반문하고 있지만, 장기적으로 볼 때에 시민참여는 직접민주주의제와 더불어 상당한 가치를 가지고 있다.

따라서 우리는 되도록 이익지향적인 참여를 통하여 시민이 정책에 참여하고, 이러한 자발적인 참여를 통하여 시민이 정부로부터 이익을 얻도록 노력해야 한다. 본래 참여민주주의의 목적이 집단의 의견이나 선거권이 제한되었던 시민의 의견을 집결하여 정책에 반영하려는 동기에서 나타난 것이므로, 이러한 시민의 참여가 활발한 정치풍토 속에서 정치적 다원주의가 제대로 기능을 발휘할 수 있으며, 참여민주주의가 성공을 거둘 수 있다. 더욱이 중앙집권적 관료제도일수록 보다 더 시민의 요구가 무엇인가를 알려고 노력해야 하며, 시민에게 접근하려고 노력해야 한다. 결국 오늘날 시민의 참여는 그 어느 때보다 많이 논의되고 있으며, 시민 자신뿐만 아니라 정책의 성공적인 집행을 위해서도 절실히 요청된다고 하겠다.

현·대·행·정·학

제 4 편

정 책 론

Chapter

01 정책과 정책과학

제 1 절 **정책의 의의**

정책을 과정론적인 견지에서 본다면 정책결정-정책집행-정책평가 등으로 개념화 할 수 있고, 행정에서 정책의 중요성이 부각된 이유는 정책의 충실한 집행자로서의 행정이 이제 명실 공히 정책의 결정자로서 능동적이고 적극적인 역할을 수행하기 때문이다. 따라서 행정학에서의 정책에 대한 관심은 결정과정을 중심으로 출발하였으며, 이후 집행, 분석 및 평가 등으로 확산되었다.

우선 정책결정을 중심으로 한 정책과정을 논함에 앞서 한 가지 생각해 보아야 할 일은 '정책'이란 무엇인가 하는 문제이다. 이 '정책'이란 낱말은 우리가 일상생활에 있어서나 학술활동에서 흔히 사용하고 있으면서도 정확한 개념이 정립되어 있지 않고 있으나, 일반적으로 정책은 '일정한 활동영역에서의 활동주체 또는 주체체계의 행동을 설계하는 것'이라고 정의할 수 있을 것이다.[1]

이러한 정책이란 말을 광의로 해석하면, '환경에 대한 정부의 관계성'이라고 말할 수도 있으며,[2] '정부가 할 일, 아니할 일을 선택하는 것'이라고도 한다.[3] 그러나 이러한 정의에 의하면, 직원의 임용이나 면허증의 발급업무 등도 정책에 포함시켜야 하므로 적합하지 못한 점이 있다. 또 로즈(Richard Rose)에 의하면, 정책은 상호관계되는 활동의 장기적 체계와 그 결과라는 것이다.[4] 이와 같은 로즈의 정의는 다소 명료하지 못한 점이 있지만, 정책을 단순한 사항의 결정으로 보지 않고 활동의 과정 내지 유형(pattern)으로 보았다는 것은 유의할 만한 일이다. 한편 프리드리히(Carl Friedrich)는 정책을 "주어진 환경 속에서 개인·단체 내지 정부가 취하는 행

---

1 J. E. Anderson, *Public Policy-making*(New York: Praeger Pub. Inc., 1975), p.2.

2 R. Eyestone, *The Threads of Public Policy*(Indianapolis: Bobbs-Merrill, 1971), p.18.

3 T. R. Dye, *Understanding Public Policy*(Englewood Cliffs, New Jersey: Prentice-Hall, 1972), p.18.

4 R. Rose(ed.), *Policy-making in Great Britain*(London: Mcmillan, 1969), p.X.

동의 제안된 과정"이라고 보며, 정책은 그 주어진 환경이 내포하고 있는 기회와 장애를 이용·극복하여 목표 내지 목적을 실현·달성하기 위한 노력으로서 제안된 것이라고 한다.[5]

앞서 여러 가지 정책에 관한 정의들을 종합해 볼 때, 결국 정책이라는 것은 '관계된 문제 내지 사항을 취급하는 활동주체 내지 그 집단의 활동 목적적 과정'이라고 말할 수 있다.

제 2 절 정책과학의 의의

정책의 중요성이 행정학 분과에서 대두되면서 각 분야의 사회과학이 정책결정에 큰 도움을 주지 못하였다는 자성을 기반으로 드로(Yehezkel Dror)는 다음과 같이 정책과학의 필요성을 주장하고 있다.[6]

즉 일반적으로 모든 과학이 정책에 대하여는 별로 공헌하지 못하고 있다는 것과 특히 행태과학(behavioral science)에 약점이 있다는 것, 그리고 관리과학(management science)에도 취약성이 있으며, 이러한 현상은 가속화된 현대의 정책수립에 있어서 더욱 문제가 된다고 지적하고, 결론적으로 과학상의 혁명이 있어야 한다고 주장하였는데, 이를 상술하면 다음과 같다.

1. 정책수립에 있어서의 과학의 일반적 취약성

과학자들이 건의한 대부분의 정책 또는 과학에 의하여 창안된 정책은 아래와 같은 여러 가지 약점을 내포하고 있다.[7]

(1) 복합적인 사회문제를 협소한 'tunnel vision'으로 볼 뿐만 아니라, 문제를 분석하는 이론 또한 좀 더 광범한 효용에 대하여 주의를 기울이지 못하고 전문적인 학문(discipline) 속에서 도출하고 있다. 즉 경제학자는 모든 문제를 경제적인 것으로 보려고 하며, 공학자는 기술적인 것으로 파악하려 한다.

(2) 문제의 해결을 시도함에 있어서도 과학자들은 양면적인 경향을 보인다. 즉 그들은 자신의 전문적 학풍에 의거하여 문제해결의 시안을 협소한 안목으로 작성하거나, 그렇지 않으면 그들의 능력범위를 훨씬 초월하여 스스로 보장하는 기분으로 자유롭게 행동을 건의해 버리는 등 극단적인 양면성을 보이는 것이다.

---

5 C. J. Friedrich, *Man and His Government*(New York: McGraw-Hill, 1963), p.79.
6 Y. Dror, *Ventures in Policy Sciences*(New York: Elsevier, 1971), pp.9~11.
7 Y. Dror, *Design for Policy Sciences*(New York: Elsevier, 1971), p.3.

(3) 신빙성 있는 사실에 대한 지식, 자명한 가정, 잠정이론 등을 명확치 않은 가설 및 각종의 숨겨진 가치판단(실제목표, 모험에의 의욕, 시간의 평가 등)과 혼동한다는 것이다.

(4) 문제해결을 위한 적절한 시간, 방법의 모색, 사회적 창안의 필요성, 사회적 경험의 필요성 등 정책연구에 관한 주요특성 및 요건을 간과한다.

(5) 정치 및 정책의 주요특성, 그리고 실제 정책사항과 정책결정의 특성과의 관련성을 경시한다.

(6) 자원의 한계성을 인식하지 못하여 대안에 대한 비용대 효과 등 분석적인 평가의 필요성을 외면하는 경향이 있다.

(7) 사회문제의 특징에 대한 평가기준의 결여 등이다.

2. 행태과학의 취약성

일반적으로 정책과학과 관련이 있는 중요한 행태과학으로서는 사회학·사회심리학 및 정치학 등을 들 수 있는데, 특별히 경제학의 경우는 행태과학 지식과 처방적 방법론과의 융합으로 정책과학에 많은 공헌을 할 수 있을 것이라 생각된다.

그러나 일반적으로 행태과학은 다음과 같은 취약성을 보이고 있다.

(1) 우선 개별적·미시적 연구와 '거시이론'(grand theory) 사이에서 방황하고 있다.

(2) 균형이나 구조적 개념을 우선적으로 적용하여 무의미한 결과를 초래하거나 점진적 개선 밖에는 건의할 수 없다.

(3) 첨예한 사회문제를 다룰 때와 사회가 금기시 하는 주제를 다룰 때에는 소극적 태도(timidness)를 취하기 쉽다.

(4) 완전주의, 이것은 시간과 같은 자원의 제약이라는 문제를 야기시키는 원인이 되며, 이 또한 중요한 정책문제가 된다.

(5) 정책과학이 일반적으로 '몰가치적'·'사실적' 및 '행태적' 연구영역을 훨씬 넘어서서 적용되고 있다는 데 행태과학의 취약점이 있다.

결국 행태과학은 행동의 기술·분석·이해 등에 관한 주요 전통적 영역에 있어서는 분석적 기초를 가지고 있으나, 처방적 내지 정책지향적 연구의 필요성은 간과하고 있다. 이 점이 바로 행태과학이 정책결정의 개선에 부적합하다는 이유 중에 가장 중요한 요인이다.

3. 관리과학의 취약성

행태과학의 주요 취약점이 처방적 방법론의 결여라고 한다면, 이른바 관리과학은 처방적 방법론을 전공하는 학문이라 말할 수 있다. 사실 관리과학 내에서는 복잡한 경영체계와 의사결정을 개선하기 위한 과학적 노력이 계속되고 있다. 그러나 좀 더 자세히 살펴보면, 관리과학 역시 정책결정의 개선을 위한 욕구를 충족시킬 수 없다고 평가하지 않을 수 없다.

드로(Y. Dror)는 관리과학의 취약성을 다음과 같이 몇 가지로 나누어 지적하고 있다.[8]

(1) 관리과학은 최적정책을 제시하려 하지만, 문제점과 정책결정 및 정책집행과정과의 사이에 놓인 제도적 연계성을 간과하고 있다.

(2) 관리과학은 국민적 합의 또는 연립정부 수립과 같은 정치적 요구사항을 다룰 수 없다.

(3) 관리과학에서는 비합리적인 현상을 취급할 수 없다.

(4) 순수한 가치문제도 취급할 수 없다.

(5) 관리과학은 쉽게 취합할 수 있는 대안 중에서 적절한 것만을 취급·입증하며, 근본적으로 새로운 대안을 창출한다는 것은 그들의 영역을 벗어나는 일이다.

(6) 관리과학에서는 어느 정도 예측이 가능하고 산출범위를 알 수 있는 것만을 취급하며, 근본적인 불확실성에 대해서는 취급할 수 없다.

(7) 관리과학은 일반적으로 주요변수의 분명한 수량이나 모형의 가용성에 의존한다. 따라서 복잡한 사회문제를 취급할 수 없다.

(8) '정책방향'(megapolicies)에 관한 기준 선택이 관리과학의 당면과제가 아니며, '정책결정 방향에 관한 정책'(metapolicy)의 문제는 거의 완전히 외면하고 있다.

4. 과학혁명의 필요성

상술한 바와 같이 기존의 과학은 정책결정의 개선을 위해서는 부적합한 것이라고 결론지어졌다. 따라서 보다 나은 정책결정을 위해서는 새로운 과학적 연구가 필요하다고 하겠다. 쿤(Thomas S. Kuhn)에 의하면, 정책결정의 개선을 위한 현대기존과학(normal science)의 부적합성은 과학 자체의 근본적인 전형(典型)(paradigm)에서 유래하는 것이다. 따라서 정책결정의 개선에 필요한 과학적 투입을 마련하기 위해서는 과학혁명이 불가피하다.[9]

그러나 이 말은 새로운 모형이 나와서 현대과학의 모형을 없애야 한다는 뜻은 결코 아니다. 오늘날의 과학은 정책결정 이외의 분야에서 중요한 기능을 잘 발휘해 왔다. 더욱이 현대의

---

8 Y. Dror, *Design for Policy Sciences*(New York: Elsevier, 1971), p.14.
9 *Ibid.*, p.128.

과학은 정책에 관한 사항 및 정책기구에 관한 지식을 보급함으로써 좀 더 나은 정책결정을 하는 데 중요한 공헌을 한 것이다. 따라서 보다 나은 정책결정을 위해서는 정책과학과 기존과학의 협력관계(synergetic relation)가 이루어져야 할 것이다. 이러한 협력관계에 따라 현재의 과학은 정책과학의 기초지식을 마련해 줄 것이며, 정책과학은 좀 더 나은 정책결정활동을 위해 현재의 과학에 자극을 주고 현재 과학의 투입효용성을 개선해 줄 것이다.

다만 여기서 한 가지 더 고려해야 할 점으로는 보다 나은 정책결정을 위해서 국민의 도덕관념의 쇄신, 보다 나은 정치적 리더십, 민주적 인간성 등을 포함한 일련의 폭넓은 변화가 이루어져야 한다는 점이다.[10]

제 3 절 정책과학의 기초

위에서 살펴본 바와 같이 정책과학은 아직 미성숙단계의 학문이므로, 어디까지가 그 학문적 영역이고 어디까지가 아니라는 분명한 범위를 알 수는 없다. 그러나 정책과학이 어떤 배경과 동기를 가지고 대두하였으며 그 개념은 대개 어떻다는 것을 간파한 이상, 앞으로 이 방면의 연구가 대략 어떤 범위 안에서 무엇을 어떻게 해나가야 하는가 하는 문제를 검토하여야 할 것이다.

드로는 자신의 이론이 한 학자의 사견임을 전제로 정책과학에 고유한 전형(paradigm)의 분석·규명의 중요성을 주장하면서 오늘날의 과학, 특히 행태과학 및 관리과학 등이 근본적인 자료를 제공하고, 발전에 크게 기여해 준 정책과학은 사회의 의식적인 변천과 그 진로를 위하여 체계적인 지식, 정립된 합리성 및 조직적 창조력 등을 이용할 수 있도록 새롭고 부가적인 접근방법을 구성해야 한다고 말하고 있다. 이것을 구체적으로 설명하면 다음과 같다.[11]

(1) 정책과학의 주된 관심은 사회적 방향제시(societal direction)에 대한 이해와 그 개선에 있다. 따라서 이의 목적은 보다 나은 정책결정을 통하여 훌륭한 정책을 수립하는 것이라고 볼 수 있다. 그러나 정책과학은 개별적인 정책문제의 실질적 내용에는 직접 간여하지 않으며, 오직 좀 더 훌륭한 정책결정이 되기 위한 방법·지식 및 체계의 개선만을 취급하게 되는 것이다.

(2) 정책과학은 이른바 공공정책결정체계라는 거시적 수준(macro level)에 초점을 두고 있

---

10 드로(Yehezkel Dror)도 이러한 모든 것들은 정책결정의 질에 큰 영향을 끼치는 요소들이라고 설명하고 있다. *Ibid.*, p.29.

11 *Ibid.*, p.49.

다. 따라서 정책과학은 개인적·단체적 및 조직적 의사결정과정을 취급하되, 이들을 공공정책결정이라는 입장에서 다룬다.

(3) 정책과학은 각 학문 사이, 특히 행태과학과 관리과학 사이의 장벽을 무너뜨리고 있다. 정책과학은 학문상의 여러 분과로부터 지식을 집적해야 하며, 또한 초학파적(supra-discipline) 견지에서 지식을 쌓아올려야 한다. 정책과학은 특히 행태과학과 관리과학의 혼합체를 그 기반으로 한다. 그러나 조금이라도 관련이 되는 한, 생물학·물리학·공학 기타 여러 학파로부터 많은 요소들을 흡수해야 한다. 이러한 구성상의 다양성을 강조하면서 한편으로는 단일한 기본단위임을 나타내는 뜻에서, 드로(Y. Dror)는 정책과학이라는 말을 policy sciences라고 복수로 표시하는 동시에 문법상으로는 단수로 취급해 주기를 제안하고 있다.[12]

(4) 정책과학은 순수연구와 응용연구를 연결시키고 있다. 그 결과 현실 세계는 정책과학의 주요 실험실이 되며, 가장 추상적인 정책과학이론의 최대과제는 정책결정방법의 개선에 공헌하는 것이다.

(5) 정책과학은 전통적인 연구방법과 함께 중요한 지식적 재원으로서 묵시적 지식(tacit knowledge)과 개인적 경험까지도 받아들인다. 이 점은 행태과학과 관리과학을 포함한 현재의 일반과학에서는 찾아볼 수 없는 정책과학의 중요한 특성인 것이다.

(6) 정책과학은 '가치중립적 과학'(value-free sciences)이 되기에는 난점이 있으며, 오히려 가치의 선택에 공헌하려고 한다.

(7) 가치창조를 포함한 조직적 창조성은 정책과학의 한 부분을 구성하는 중요내용이 된다. 따라서 조직적 창조성에 대한 격려와 자극은 정책과학에 있어서의 한 과제이며, 중요한 방법 중의 하나인 것이다.

(8) 정책과학은 시간에 깊은 주의를 기울이며, 현재를 미래와 과거 사이의 가교로 본다. 그 결과 정책결정의 개선을 위한 중추로서, 한편으로는 역사적 발전을 그리고 다른 한편으로는 미래상을 강조하고 있다.

(9) 정책과학은 변화과정과 동적 상황을 예의 주시한다. 즉 정책과학은 사회의 변천상태와 직접적인 변화에 대한 정책결정에 깊은 관계가 있기 때문에, 이들은 정책과학의 기본형·개념 및 방법론상의 전제조건이 되는 것이다.

(10) 정책과학은 정책결정의 개선을 위한 체계적 지식과 합리성의 정립에 공헌한다. 그러면서도 정책과학은 초합리적 과정(extrarational process: 예를 들면 창조성·직관·카리스마·가

---

12 *Ibid.*, p.51.

치판단)과 비합리적 과정(irrational process: 예로서 심층동기)[13]의 중요성도 인정한다.

⑾ 정책과학은 과학적 원리 및 기본방법론을 수용하는 한편, 과학탐구의 용인된 한계선을 뛰어넘어 이를 확장한다. 즉 사회의 우연현상 및 의도적 현상 등 모든 사항들이 정책과학의 의의와 방법론에 있어서 혁신적인 방향제시에 도움을 주는 것들이라 본다.

⑿ 정책과학은 자아의식에 힘쓰며 명시적 연구와 의식적 조형을 위한 스스로의 전형·범위·묵시적 이론·하부구조 및 그 적용 등을 고찰한다. 더욱이 정책과학은 스스로의 한계를 알아야 하며, 자신의 유용성이 미치는 영역의 경계선을 밝혀야 한다.

⒀ 정책과학은 실제 정책결정에 있어서의 유용성을 높이기 위하여 노력하며, 공공정책결정체계를 통하여 정책과학의 지위향상을 위한 전문가 양성에 주력해야 한다.

⒁ 많은 혁신적 측면이 있기는 하지만 정책과학은 어디까지나 과학적 노력이며, 따라서 입증이나 효력부여에 관한 한 과학의 기본성격을 갖추어야 한다. 또한 정책과학의 성격상 특이한 점 때문에 과학의 근본적 표준이 이완되어도 좋다는 인상을 주지 않도록 조심하여야 할 것이다.[14]

이러한 여러 가지 전형들은 정책과학의 개념 및 방법론 등과 같은 분야에 기반이 된다. 이 중 몇 가지는 현재의 과학으로부터 추출된 것도 있고 전혀 새로운 것도 있지만, 어떻든 이 모든 사항은 정책과학이 앞으로 구비해야 할 특성이다.

결국 드로(Yehezkel Dror)가 전형(paradigm)이라고 열거한 14가지 사항은 정책과학의 개념·성격·연구범위·방법론 등을 모두 한꺼번에 설명한 것이라 하겠다. 따라서 그가 주장하는 정책과학에 관한 모든 이론은 이러한 전형(paradigm)이 제시하는 방향대로 가고 있는 것이며, 그 범위 안에 있는 것이라고 할 수 있다. 그리고 정책과학을 독립된 학문분과로 정립하려는 노력은 드로 이후 많은 학자들에 의하여 지속적으로 진행되고 있다.

---

13 Depth Motivation을 심층동기라고 제시하였다. 이것은 미신·신앙심 등과 같은 어떤 행위를 야기시킬 수 있는(혹은 행위에 영향을 줄 수 있는) 내재적인 요인을 뜻한다.

14 이러한 정책과학의 전형을 드로 자신이 8가지로 요약하였다; Y. Dror, *Ventures in Policy Sciences* (New York: Elsevier Co., 1971), pp.14~16 참조.

현·대·행·정·학

02 정책결정론

 정책결정이란 정책을 선택·결정 내지 수립하는 일련의 과정을 말하는 것이다. 여기서 선택이라 함은 다수의 대안 중에서 실천할 수 있는 최선의 대안 하나를 택하는 일이며, 결정이라 함은 두 개의 사항 중 하나를 지정하는 것, 그리고 수립이라 함은 대안작성과정을 포함하는 정책의 모든 형성과정을 일컫는 말이다. 따라서 드로(Yehezkel Dror)는 이와 같은 정책결정을 "정부기관이 장래의 주요 행동지침을 결정하는 극히 복잡하고 동태적인 과정"이라고 한다.[1]

 이러한 정책결정과 관련하여 여기서 한 가지 더 생각해 보아야 할 것은 의사결정이라는 개념이다. 의사결정은 개인이나 조직체의 운영상 목표달성을 위한 최선의 방안을 선정하는 일련의 행동이라고 말할 수 있을 것이다. 따라서 넓은 의미로 본 의사결정 속에 정책결정도 포함된다고 생각할 수 있다. 즉 정책결정은 공무원(=정부기관, government official)의 공공정책(public policy)에 관한 의사결정인 것이다. 그리하여 정책결정은 의사결정과 같이 목표달성을 위한 가장 효율적인 방법을 추구하고 있는 것이지만, 보다 정치성과 공공성을 띠고 상대적으로 다양성과 복잡성을 가진다고 볼 수 있다.

 이상과 같이 정책결정은 의사결정과 구별될 수 있음에도 불구하고 일반적으로 그 유사성을 감안하여 양자를 구별 없이 혼용하고 있다. 또 실제 방법론상 양자를 혼용하더라도 별로 무리한 점이 없을 것으로 보아 여기에서도 양자를 구별 없이 사용코자 한다.

제 1 절 정책의제설정

 정책의제(policy agenda)는 정부 내외에서 제기되고 있는 다양한 사회문제 중에서 정부가 공식적으로 다루기로 결정한 문제를 말한다. 현대 사회는 매우 복잡하고 다양한 사회적 요구

---

1 Y. Dror, *Public Policy-making Reexamined*(Scranton: Chandler Pub. Co., 1968), p.12.

가 간단없이 분출하고, 이에 대응하여야 하는 정부의 역량은 부족하여, 분출된 사회문제는 우선순위에 따라 다루어지게 되는데, 이를 정책의제설정이라고 한다. 이 과정에서 사회문제는 정부 내에서의 공식적 논의대상으로 선택이 된다.

민주적 정치체제에서의 의제설정은 사회문제가 쟁점화되고 이것이 일반 대중에 확산되며 정부의제로 채택되어 일반 국민의 요구가 정치체제에 투입되고, 이에 따라 정책이 결정되는 과정을 밟는다.[2] 사회적 문제(problems)가 그 해결 방안을 놓고 사회적 쟁점(issues)으로 될 경우, 그 정치적 논란의 대상이 정치적 의제(agenda)로 된다. 이때, 정치적 의제는 공중의제(public agenda)와 정부의제(government agenda)로 나뉘는데, 공중의제는 체제의제(system agenda)라고도 하고 일반대중의 관심과 주의를 받을만한 가치를 지니고 있으며 정부가 개입하여 문제를 해결하는 것이 정당하다고 인정되는 사회문제를 말한다. 이에 비해 정부의제는 제도의제(institutional agenda)라고도 하는데, 정부가 공중의제를 구체화한 것으로 공식적인 의사결정 항목에 들어가 문제해결을 위해 심각하게 고려하기로 정한 문제를 의미한다.

정책의제로 설정되는 과정은 이를 주도하는 집단에 따라 유형화 될 수 있는데, 이는 다원화된 정치체제에서 주로 나타나는 외부주도형, 정부주도의 동원형, 그리고 양자의 성격이 혼합된 내부접근형으로 대별될 수 있다.[3]

1. 외부주도형

외부주도형(outside initiative model)이란 정부 외부에 있는 집단이 자신들에게 중요한 사회문제의 해결을 정부에 요구하여 이를 사회쟁점화하고 공중의제로 전환시켜, 정부의제로 채택하도록 하는 유형을 말한다. 허쉬만(Herschman 1975)의 '강요된 정책문제'가 이에 해당한다.[4] 다양한 사회집단은 자신과 밀접한 이해관계에 있는 사회문제에 관한 정부의 관심을 유도하기 위하여 이의 심각성에 대한 대중의 관심을 환기시키고 여론을 조성하려 노력한다. 이에 따라 해당 문제를 정부가 해결해야 한다고 일반대중이 많이 믿게 되면 이는 공중의제가 되고, 다양한 과정을 통하여 정부의 정책의제가 된다. 이 모형은 이익집단의 활동이 활발하고 정부가 외부의 요구에 민감하게 대응하는 정치체제, 즉 다원화된 정치체제에서 많이 나타난다. 이 과정에서 언론과 정당 등이 중요한 역할을 수행한다.

---

2 R. W. Cobb and C. D. Elder, *Participation in American Politics: the Dynamics of Agenda-Building.* 2nd ed. (Baltimore, MD: Johns Hopkins University Press, 1983).

3 R. W. Cobb, J. K. Ross and M. H. Ross. "Agenda-Building as a Comparative Political Process." *American Political Science Review* Vol. 70(1976), p. 1.

4 A. O. Hirschman, "Policymaking and Policy Analysis in Latin America: A Return Journey." *Policy Science* 6(1975).

2. 동원형

동원형(mobilization model)은 외부주도형과 정반대로 정부 내의 정책결정자가 주도하여 정부의제를 만드는 경우를 말한다. 주로 정치지도자들에 의하여 사회문제가 정부의제로 채택되고, 이에 대한 대중의 지지를 얻기 위해 정부가 홍보활동을 하여 공중의제로 전환된다. 즉 정부가 정책의제를 미리 결정한 후 대중의 지지와 순응을 확보하기 위해 이를 공중의제로 만든다. 일반적으로 동원형은 정부가 정책의 주도권을 행사하고, 민간의 이익집단 등이 취약한 후진국에서 많이 나타나게 된다. 그러나 선진국의 경우에도 국가기밀과 같은 외교·안보정책의 경우에는 동원형 의제설정과정을 거치는 경우가 많다.

3. 내부접근형

내부접근형(inside access model)은 정부 내의 관료집단이나 정책결정자들이 주도하여 정부의제화하는 경우를 말한다. 이러한 예는 외교·국방정책의 경우에 흔히 있을 수 있고, 후진국의 경우에도 관료들이 주도하는 경제개발계획 등에서 흔히 볼 수 있다. 내부접근형은 동원형과 비교할 때, 정부가 주도한다는 측면에서는 공통적이지만, 다음과 같은 차이가 있다. 첫째, 동원형은 최고통치자나 고위정책결정자가 주도하지만, 내부접근형은 이들보다 지위가 낮은 고위관료가 의제설정을 주도한다. 둘째, 동원형은 정부의제를 홍보하여 공중의제화 하는 데 비해서, 내부접근형에서는 정부가 공중의제화하는 것을 꺼린다. 내부접근형의 경우 주도집단이 준비한 정책을 그대로 결정하거나, 집행하는데 꼭 필요한 집단에게만 내용을 알리고 반대할 가능성이 있는 사람에게는 이를 숨기려고 하는 일종의 '음모형'이라 할 수 있다.

제 2 절 정책분석

I 정책분석의 의의

정책현상을 탐구하는 학문분야인 정책분석(policy analysis)은 학자에 따라 정책연구·공공정책학 등의 여러 가지 용어로 불리고 있다. 이러한 정책분석의 개념을 알아보기 위해 몇몇 학자들의 견해를 살펴보면, 먼저 퀘이드(Edward S. Quade)는 정책분석을 "사회기술적인 문제들에 대한 보다 깊은 이해와 보다 나은 문제해결을 위해 행해지는 응용연구의 한 형태"라고 하고 있으며,[5] 다이(Thomas R. Dye)는 정책분석을 "정부가 무슨 일을 하며, 그 일을 왜 하는 것이며, 그 일은 어떠한 효과를 가져오는가를 밝히는 것으로서 정부활동의 원인과 결과에 대한 묘사(description)이며 설명(explanation)"이라고 하고 있다.[6]

이와 같은 견해들에 비추어볼 때 정책분석이란 '정책대안을 체계적으로 탐색하고 장·단점을 분석하여 그 결과를 예측함으로써 문제해결을 위한 가장 바람직한 대안이 선택될 수 있게 해 주는 활동과정'이라고 정의할 수 있겠다. 이런 측면에서 정책분석은 정책결정의 한 과정으로 이해될 수 있다.

Ⅱ 정책분석의 일반적 절차

정책분석의 일반적 절차는 다음과 같다.

(1) 정책결정자나 정치체계는 자원의 동원과 배분, 비용의 분담, 정치체계 안에 있어서의 분업과 역할배분, 혜택의 배분, 통제, 체계의 적응과 안정 등과 같은 당면하게 되는 문제의 성격을 파악해야 한다.

(2) 당면문제가 파악되면, 이러한 문제의 해결에 있어서 추구하려는 목표나 가치 또는 목적을 명백히 해야 한다. 즉 사회적 목적은 명시되어야 하며, 여러 가지 목적이 추구되는 경우에는 그 우선순위를 결정해야 한다.

(3) 설정되거나 명시된 목적을 달성하기 위하여 사용될 수 있는 중요한 대안이나 방법들을 찾아낸다.

(4) 이러한 여러 가지 대안 또는 정책으로부터 생겨날 중요한 결과들을 검토하여야 한다.

(5) 이 때 정책결정자는 목표와 각 정책을 그 비용과 편익면에서 비교할 수 있게 된다. 물론 누구나 편익을 높이고 비용을 줄이려고 하는 것은 당연하다.

(6) 설정된 목표에 가장 잘 부합되리라 판단되는 정책을 선택한다.

이상과 같은 절차가 합리적 결정방식이라고 주장하는 사람도 있고, 또 어떤 사람들은 합리적으로 문제를 해결하자면 누구나 이러한 절차를 밟아야 된다고 주장한다. 또 어떤 사람들은 소위 합리적인 정책형성절차는 현실적으로 불가능하다고 주장하기도 한다.[7]

---

5 E. S. Quade, *Analysis for Public Decisions*, 2nd ed. (New York: Elsevier Science Pub. Co., 1982), p.5.
6 T. R. Dye, *Policy Analysis: What Governments Do, Why They Do It, and What Differences It Makes* (Alabama: The University of Alabama Press, 1976), p.1.
7 C. E. Lindblom, *The Policy-making Process* (Englewood Cliffs, New Jersey: Prentice-Hall, Inc., 1968), p.13.

이러한 각자의 주장이 무엇을 의미하는가를 이해하기 위해서는 정책분석의 역할이 무엇인가를 알아볼 필요가 있다.

Ⅲ 정책분석의 역할

정책분석의 역할은 말할 것도 없이 정책결정자의 판단에 도움을 주려는 것이다. 정책결정자는 가치판단과 사실판단 및 양자의 연결 관계에 관한 판단 아래서 결정을 내린다. 따라서 결정은 목적이 명확하게 정의되고 결정참여자 사이에 합의가 이루어질수록 좋을 것이며, 수단에 관해서도 그러한 수단이 정의된 목적달성을 위하여 어떤 원인—결과관계가 있다고 믿을 만한 지식상의 가정이 완전할수록 좋을 것이다.

그런데 현실적으로 사회적 목적을 명확하게 정의하거나 정책형성과정의 참여자 사이에 목적에 대한 충분한 합의에 도달하기가 어려운 경우도 많고, 또 수단에 있어서도 그 원인—결과관계에 관한 지식가정이 불완전한 경우가 많다. 따라서 정책분석의 역할은 가능한 한, 목적을 분명히 하여 주고 원인—결과관계를 좀 더 명확히 밝혀 주는 것이라고 말할 수 있다.

이것을 좀 더 단순화시켜 구체적으로 살펴보면 목적이라는 것은 명확성을 기준으로 양분하여 볼 수 있고, 원인—결과에 관한 지식의 가정도 완전성을 기준으로 양분하여 볼 수 있다 (그림 2-1 참조).

〈그림 2-1〉의 Ⅰ의 경우는 목적이 명확하게 정의될 수 있었거나 합의되었고 원인—결과관계에 관한 가정도 완전한 경우이다. 이러한 경우 분석의 역할은 경제적·기술적 합리성을 높여 준다. 이런 분석에서 사용되는 가장 좋은 예가 비용—편익분석(cost-benefit analysis)이다. 〈그림 2-1〉의 Ⅱ·Ⅲ·Ⅳ의 경우에는 좁은 의미에 합리성에 입각한 분석이 어려워진다. 이 경우 정책분석의 역할에 관한 견해는 다음과 같이 달라진다. 첫째, 이러한 경우에는 결국 정책형성참여

그림 2-1 분석대상의 성격

		원인-결과에 관한 지식가정	
		완전	불완전
목적	명확	Ⅰ	Ⅱ
	불명확	Ⅲ	Ⅳ

자들 사이의 상호조절(mutual adjustment)에 의하여 정책이 결정될 수밖에 없으므로, 정책분석은 이와 같은 조절과정에 있어서의 설득용으로의 역할을 한다는 것이다. 둘째, 이러한 경우의 정책분석은 목적 자체의 탐색과 정책대안의 창안에 기여하여야 한다는 견해이다. 이의 대표적인 예로 드로의 견해를 빌려서 정책과학에서 상정하고 있는 정책분석의 내용을 살펴보기로 한다.

드로에 의하면, 정책분석은 우리가 말하는 좁은 의미의 합리성에 입각한 분석 이외에도 다음과 같은 분석이 추가되어야 한다고 말하고 있다.[8]

(1) 심층에 내재하는 가치·가정 및 묵시적 이론(tacit theories)을 파고 들어가는 것이다.

(2) 정치적 변수를 고려한다.

(3) 광범하고 좀 더 복잡한 문제들을 다룬다.

(4) 정책대안의 쇄신을 주로 강조한다.

(5) 사회현상에 대한 세심한 이해가 있어야 한다.

(6) 제도적 자각(self-awareness), 즉 ① 분석활동 및 분석기관이 충분하고 또 다양해야 한다는 것, ② 분석활동에 정책가들을 끌어들인다는 것, ③ 인간의 현실과 소망을 파악하기 위한 지적인 면에서의 분석에는 한계가 있다는 것 등을 스스로 알아야 한다.

(7) 정책분석의 직접목표로서 '최적화'(optimization) 대신 '정책선호'(policy preferization)라는 것을 수락하는 것으로 여기서 말하는 '정책선호'라는 것은 최적화의 요건을 충족시키지는 못하지만, 대안 중에서 최선의 정책을 찾아내는 것을 뜻한다.

이상에 설명한 여러 가지 점을 감안해 보면, 정책분석의 역할은 사실상 기존정치체제 안의 정책형성뿐만 아니라 새로운 정책형성을 위한 이해와 정책형성체계 자체의 창안에까지 걸쳐 있다고 하겠다. 따라서 정책분석을 좀 더 자세히 이해하기 위해서는, ① 가치에 대한 지식, ② 시행규칙에 관한 가정, ③ 정치적 가용성, ④ 정책분석조직망(network) 등 네 가지 사항을 좀 더 자세히 알아야 하며, 이 밖에도 많은 사항을 이해한다고 드로(Y. Dror)는 말하고 있다.[9]

Ⅳ 정책분석의 한계

앞에서 설명한 바와 같이 정책분석의 역할이 광범하고도 깊이가 있고 실제의 권력작용까지도 조작하는 것으로 해석할 경우, 사실상 그러한 분석에는 거의 한계를 찾아보기 어려울 것

---

8 이에 관한 좀 더 자세한 내용은, Y. Dror, *Design for Policy Sciences*(New York: Elsevier, 1971), pp.55~56을 참조 바람.

9 Y. Dror, *Ventures in Policy Sciences*(New York: Elsevier, 1971), pp.230~231.

이다. 그러나 현 단계로서는 정책분석에 몇 가지 한계와 제약점을 발견할 수 있다고 하겠다.

  (1) 정책분석에 있어서는 흔히 객관적 분석을 요구하고 있다. 적어도 어떤 사물의 상태를 실현하기 위한 수단이 과연 원인-결과에서 실현성이 있느냐를 알아보려면, 제3자적인 객관적인 분석을 통하여 결정하여야 한다는 것이다. 그런데 실천적 성격을 지니는 정책분석에 있어서는 객관적 분석이 어렵다. 그 이유는 사회적 지식의 구성이 정책결정자의 필요와 관점에 따라서 크게 영향을 받기 때문이다.[10]

  (2) 정책분석을 통하여 정책형성의 문제를 해결하려는 경우에 있어서는 우선 추구하려는 목적이나 가치가 명확히 정의되거나 결정당사자들 사이에서 합의되어야 하는데, 이것이 극히 어렵고 힘들다는 점이다.

  (3) 정책결정이란 대안의 선정이기 때문에 여러 가지 대안을 찾아내고 그러한 대안을 실행했을 경우 그에 따른 일차적 및 부차적인 효과와 영향을 미리 평가해야 하는데, 여기에는 여러 가지 제약이 따르게 된다. 이러한 제약은 정보 자체의 부족과 정보처리능력의 부족에서 오는 것도 있지만, 더욱 중요한 것은 인간의 계산능력에 한계가 있기 때문에 정책형성에서 고려해야 할 수많은 요인들 사이의 관계를 파악하기 어렵다는 점이다.[11]

  (4) 일반적인 지식이 그러하듯이 정책분석결과로서의 지식도 그것을 실천할 능력 내지 권력이 없으면 실천문제로서의 정책형성에 크게 기여하기 어렵다.

  이상에서 우리는 정책분석의 일반적인 절차와 그 역할 및 정책분석의 한계를 살펴보았다. 결국 지식의 사용에는 몇 가지 한계가 있고, 그렇게 되는 주요한 이유는 정책문제의 해결이 어떤 과학적·객관적 절차에 의하여 현상을 이해하고 설명하려는 데 목적이 있을 뿐만 아니라, 실천적인 것이기도 하다는 데 기인하고 있다. 이러한 점에 착안하여 사회체계가 자체의 자율규제적 기구를 발전시켜서 지식을 권력에 연결시키고, 권력은 지식을 채용하는 새로운 정책형성체계를 창조해 나갈 수 있어야 비로소 오늘날의 사회가 자기전환을 가져올 수 있고 생존해 나갈 수 있다.

---

10 A. Etzioni, *The Active Society: A Theory of Societal and Political Processes* (New York: The Free Press, 1968), pp.136~139.

11 기타 분석의 한계에 관해서는, A. Etzioni, *ibid.*, pp.254~273; C. Lindblom, *op. cit.*, pp.13~20을 참조 바람.

I 정책결정의 연구경향

오늘날 정책결정에 관한 연구에는 여러 학문분야의 다양한 이론과 개념이 광범하게 활용되고 있다. 즉 정책결정에 관한 연구는 행정학의 한 분야임에는 틀림이 없지만, 이를 연구하기 위해서 정치학·경제학·사회학 등 이른바 관리과학(managerial science)과 행태과학(behavioral science)의 이론은 물론 철학·언어학·심리학, 심어지는 생물학·물리학 등의 자연과학이나 각종 공학의 개념도 인용·도입되고 있으며, 따라서 정책결정에 관한 연구는 인접학문적 내지 초과학적(interdisciplinary and supradisciplinary)인 것이 되고 있다.

이와 같이 다양한 이론들은 연구경향에 따라 대체로 두 가지도 구분할 수 있는데, 그 하나는 규범적 접근방법(normative approach)이며, 다른 하나는 서술적 접근방법(descriptive approach)이다.

의사결정에 있어서 규범적 접근방법이라 함은 모든 인간의 행동이 합리적이라고 전제하고, 목표의 극대화를 위하여 정책결정자가 하여야 할 일(당위, sollen)을 분석·추구하는 것으로서 고전적 조직이론의 정책결정론을 비롯하여 미시경제이론·게임이론·통계적 결정이론·OR 등이 이에 속한다 하겠다.

한편 서술적 접근방법은 현실적·실증적 분석으로서 존재(sein)를 기초로 하여 사회행동의 법칙발견에 연구의 초점을 두는 동시에, 합리적 결정에 대해서는 절대적 합리성(rationality)보다 타당한 결정(reasonable decision)을 취하는 경향을 가지고 조직 내외의 제약요인 등을 중심으로 연구하는 접근방법으로서 사이몬(H. A. Simon)의 만족모형(satisfying model), 린드블롬(C. E. Lindblom)의 점증모형(incremental model), 드로(Y. Dror)의 최적모형(optimal model) 등을 들 수 있다.

그리고 이러한 두 가지 접근방법을 종합적으로 또는 선택적으로 이용하려는 이론도 있는데, 예를 들면 에치오니(A. Etzioni)의 혼합주사모형(mixed scanning model) 등이 그것이다.

어떻든 이와 같이 구분해 볼 수 있는 여러 가지 정책결정모형을 한 가지씩 살펴보면 다음과 같다.

Ⅱ 합리모형

이 이론모형은 경제학 내지 경영학에서 발전된 이론으로서 근대적 사회문화라는 개념 속에 깊이 뿌리박고 그 개념과 더불어 성장된 기본적인 가정을 토대로 하고 있는데, 그러한 가정은 ① 인간은 경제적으로 합리적인 존재라는 사상, ② 실증주의라는 철학적 기초(이것은 연구방법상 경험적·과학적 실험과 사실 및 지식을 기초로 한다는 의미이다), ③ 낙관주의적인 양상(이 점은 일체의 사물이 최선을 지향하고 있다는 뜻이다) 등으로 표현될 수 있을 것이다.

드로(Y. Dror)는 이러한 합리적 결정이론들에 공통되는 과정을 다음과 같이 여섯 가지로 구분하여 설명하고 있다.[12]

(1) 달성할 여러 가지 수행목표들을 빠짐없이 열거하고 그 비교가치를 각각 완전하게 계산한다.

(2) 목표 이외의 가치들과 자원에 관한 목록을 비중에 따라 완전하게 작성한다.

(3) 정책입안자들에게 공개될 정책대안들을 빠짐없이 나열한다.

(4) 각 대안의 여러 가지 수행목표·자원소비 및 영향력의 범위 등을 포함하여 각 대안의 비용 대 이익의 예상치를 완전하게 마련한다.

(5) 각 대안의 비용 및 이익의 개연성을 확대하여 각 대안의 기대치를 계산하고 효용단위별로 순이익(또는 순비용)을 산정한다.

(6) 순기대치를 비교하여 기대치가 가장 큰 대안을 찾는다.

이와 같은 합리적 결정과정은 정책목표에의 도달을 위한 가장 효과적인 방법을 모색하는 것이다. 따라서 이 모형은 일반적으로 가장 좋은 대안의 선택이라는 점에서 이상적인 모형이라고 말할 수 있을 것이다.

그러나 합리모형은 인간의 능력·시간·정보 및 비용의 한정성과 완벽한 평가방법이란 존재할 수 없다는 이유 등으로 인해 현실적으로는 적용가능성이 거의 희박한 모형이라고 하겠다.[13]

Ⅲ 만족모형

사이먼(Herbert A. Simon)과 마치(James G. March)가 제시한 이 모형은 행태론적 기조에서 출발하여 정책결정상의 사회심리학적 측면을 강조한 이론모형이라 할 수 있다. 이 모형에서는

---

12 Y. Dror, *Ventures in Policy Sciences*(New York: American Elsevier Pub. Co., 1971), p.132.

13 D. Braybrook and C. Lindblom, *A Strategy of Decision*(New York: Free Press, 1963), pp.48~57.

우선 정책결정자가 성취할 수 있는 가장 훌륭한 결정은 '만족스러운 정도의 것'이라고 전제한다. 그 결과 정책결정자가 실제로 선택하는 대안은 어떤 상태 아래서 객관적으로 가장 적절한 대안이라기보다 어떤 상태의 필요성을 만족시키는 정도의 것이라고 한다.

따라서 이 모형은 실제로 대안이 수립되는 데는 다음과 같은 두 단계를 거친다고 한다. 즉 ① 결정 선례를 기초로 하여 여러 대안들을 추적하고 욕구의 만족도에 따라 이들 대안을 평가하는 단계와, ② 이렇게 하여도 만족할 만한 대안을 찾지 못하면 부가적으로 새로이 대안을 모색하는데, 이 때의 욕구만족도의 평가기준은 제1단계와는 상이한 단계라는 것이다.

이 모형의 장점은 실제로 적용하기 쉽다는 뜻에서 실질적이라는 점과 조직이론상의 사회심리학적 요소를 기초로 하고 있다는 점이다. 그런데 이 모형이 전반적으로 적용되면, 정책결정담당자들은 만족할 만한 정도의 대안추구 외에 더욱 이를 개선하기 위한 노력은 기울이지 않게 될 것이다. 더욱이 이 모형을 활용하는 정책결정자들의 행태에는 혁신과 상상력이 결여되기 쉽고 적정정책의 산출을 위한 적극적 방법을 모색하는 데 있어서 창조성이 결핍될 가능성이 있다는 비판을 받을 수 있을 것이다.

Ⅳ 점증모형

이 모형은 린드블롬(C. E. Lindblom)·윌다브스키(A. Wildavsky)·스나이더(R. Snyder) 등에 의해 제창된 것으로서, 우리의 일상생활에서 흔히 이루어지고 있는 여러 가지 실제적인 결정과정에 착안하여 인간능력의 한계성에도 큰 장애를 받지 않고 민주주의적이고도 다원적으로 실생활에 잘 적용될 수 있도록 고안된 모형이다. 이 모형의 기초개념은 점증적 변화가 결국 이익의 극대화를 보장해 준다는 것이다. 대부분의 지식도 이와 같이 개발되지만, 위험부담 없이 전달할 수 있는 유일한 방법은 현재의 정책과 조금만 다른 새로운 정책대안에 사고의 목표를 국한시키고 같은 방향으로 계속 노력하는 길뿐이라는 것이다.

실제 정책결정담당자들은 모든 가능한 정책대안과 그 효과를 빠짐없이 검토하고 있지도 않으며 또 그럴 수도 없다. 그들은 현상에 비해 점증적인 차이만이 있는 비교적 소수의 대안에만 주의를 기울이는 것이다. 또한 어떤 문제의 해결에 있어서도 시간이 경과되어 분위기가 적당히 조성되고, 차이에 적응할 부가적인 변화가 일어나게 되는 과정을 거쳐야 한다는 것이다.[14]

따라서 린드블롬(Lindblom)의 점증주의모형은 다음과 같이 설명된다.

---

14 C. E. Lindblom, *The Intelligence of Democracy*(New York: Free Press, 1965), pp.293~310.

⑴ 목적이나 목표의 선택과 이를 유지하기 위한 행위의 경험적 분석은 각각 엄격히 분리되어 있는 것이 아니라 상호밀접하게 연계되어 있다.

⑵ 정책결정자들이 어떤 문제를 다룰 때에는 기존정책에 비해 약간 다른(점증적 차이뿐인) 몇 개의 대안만을 고려대상으로 삼을 따름이다.

⑶ 또한 각 대안에 있어서도 몇 개의 중요한 효과만이 평가된다.

⑷ 당면과제는 끊임없이 재정의되고, 목적과 수단은 여러 차례 점증적으로 조정된다. 이렇게 함으로써 어떤 문제의 관리를 효과적으로 할 수 있게 되는 것이다.

⑸ 어떤 문제의 해결에는 유일한 방법만이 존재하는 것은 아니며, 정책결정자가 선택한 대안은 정책분석가들이 '최적의 방법'으로 생각하기보다 '직접 동의할 만한 것'에 불과한 것이다.

⑹ 점증적 정책결정이론은 본질적으로 장래의 사회목표를 향상·증가시키려는 것이 아니라, 현재의 사회적 불안정성을 치유·변환시키려는 것이다.[15]

이러한 린드블롬(C. E. Lindblom)의 점증모형은 정책수립을 '혼란 속을 통과하는'(muddling through) 과정이라고 표현하고 있으며, 따라서 서술적(descriptive)인 이론이라고 생각된다. 또한 혁신적 정책의 수립에 적당하기보다 보수적인 정책수립의 접근방법에 가까운 것이다.

이 모형은 점증적 변화의 추구라는 실리적이고 독특한 방법을 제시하여 많은 지지자를 얻었지만 역시 몇 가지 결점도 없지 않다. 즉 이 이론은 과거의 정책결정을 기초로 하는데, 그 과거의 결정이 반드시 타당한 것인가 하는 데는 아무런 보장이 없다는 점, 또한 오늘날과 같이 급속한 변화가 이루어지고 있는 사회에서 점증적 변화의 속도만으로 적응하기는 어렵다는 점, 그리고 전례(결정선례)가 없는 문제의 해결방법은 어떻게 할 것인가 하는 점 등이다.

이와 같은 점증모형과 흡사한 이론으로서 주의해 볼 필요가 있는 것이 월다브스키(Aaron Wildavsky)의 주장이다. 그에 의하면 정부의 예산수립과정은 그 환경의 이중적 성격 때문에, 즉 '점증적'·'단편적'·'비계획적' 및 '연속적'인 것이며, 행정기관 내의 개인 사이의 관계로부터 출발하기 때문에 경제적이라기보다 정치적인 과정이라는 것이다. 이러한 과정에서 이견이 있으면 정치체계를 통하여(예를 들면 표결이라든가 거부권행사를 통하여) 해결되며, 따라서 예산의 수립과정과 그 결과는 오직 정치적 전략의 영향 아래 있다는 것이다. 그리고 이 때 검토되는 대안의 수는 극히 제한되어 있으며, 그 대안은 과거의 예산과 약간의 차이밖에 없는 것이라고 한다.[16] 이러한 점에서 우리는 월다브스키(A. Wildavsky)의 주장도 결국 점증모형의 범주 속에

---

15 J. E. Anderson, *Public Policy-making*(New York: Praeger, 1975), pp.144~148.
16 A. Wildavsky, *The Politics of the Budgetary Process*(Little, Brown & Co., 1964), p.130.

포함시켜 볼 수 있을 것이다.

Ⓥ 혼합주사모형(混合走査模型)

에치오니(Amitai Etzioni)는 합리적 모형이 지나치게 엄격하고 비현실적인 요건을 전제로 한 이상주의적인 것인 데 반하여, 점증적 모형은 너무 보수적이고 혁신성을 결여한 것이라고 비판한다. 그리하여 전자를 '정'(these)으로 하고, 후자를 '반'(antithese)으로 하는 변증법적 '합'의 접근방법이 필요하게 되는 것이며, 이것이 곧 혼합주사모형(mixed-scanning model)이라고 한다.[17]

이 이론에 의하면 정책결정을 기본적인 결정과 절차적인 결정으로 구분하여 기본적인 결정과정에서는 광범위한 방향제시를 포함한 2차원적인 합리성을 추구하며, 절차적 결정과정에서는 세부적인 사항을 결정함으로써 양자를 상호보완시켜 보다 합리적인 결정을 내릴 수 있다는 것이다.

Ⓥ️ 최적모형

이 모형은 드로(Yehezkel Dror)가 주장하는 이론이다. 그는 지금까지 제시된 여러 가지 정책결정모형이 그 이전의 결정예를 바탕으로 오류를 범하고 있는 것이라고 비판하면서, 그러한 결정선례가 반드시 정당한 것이라는 보장이 없음에도 불구하고 이를 바탕으로 하여 어떤 결정을 내릴 것이 아니라 모든 새로운 결정에는 그 때마다 정책방향부터 각각 새롭게 검토되어야 한다는 것이다.[18]

즉 그에 의하면 모든 정책은 동적인 것이고, 또 이질적인 여러 가지 요소를 포함하는 매우 복잡한 것이기 때문에 그 결정을 올바르게 하기 위해서는 그 정책의 주요방향(magapolicy 또는 policy guidlines)부터 새롭게 검토되어야 한다는 것이다.

그는 이러한 최적모형의 성격을 스스로 요약하여 ① 계량적인 것이 아니고 질 위주의 모형이라는 것, ② 합리적 및 초합리적(extra-rational: 그는 irrational, 즉 비합리적이라는 말과 초합리적, 즉 extra-rational이라는 말의 뜻을 구별하여 사용함)인 요소를 모두 포함하고 있다는 것, ③ 기초개념으로서 합리성이란 경제적인 합리성을 뜻한다는 것, ④ 정책지침(metapolicy)을 포함한다는

---

17 A. Etzioni, *The Active Society*(New York: Free Press, 1968), pp.282~295.
18 Y. Dror, *Public Policy-making Reexamined*(San Francisco: Chandler, 1968), pp.11~13.

것, ⑤ 환류(feedback)과정을 중시한다는 점 등이라고 하였다.[19]

Ⅶ 기타 모형

앞에서 설명한 합리적인 모형·만족모형·점증모형·혼합주사모형 및 최적모형 이외에도 정책결정 이론모형으로서 각각 한두 가지씩의 특징을 가지는 것들이 있다. 그 중에서도 제도적 접근법·체계이론·엘리트이론·그룹이론 등을 대표적인 것으로 들 수 있는데, 이들을 간단히 살펴보면 다음과 같다.

1. 제도적 접근법

이 이론은 가장 오래된 모형으로서 정책결정을 수행하는 유일한 합법적 제도는 정부이며, 정부체계는 입법·행정·사법기관과 정당 등 주요정책결정기구를 포함하기 때문에 정책결정에 관한 연구는 이들 각 기관의 공식조직적 구성·법적 권한 및 절차규정과 기능 등 공식적 및 법적 측면의 정책형성과정인 정부체계에 주의를 집중해야 한다는 것이다.

다이(Thomas R. Dye) 등은 도시문제와 관련하여 미국연방정부·주정부·지방정부 및 압력단체 등의 정책결정상의 영향력을 연구함으로써 이러한 제도적 접근법의 한 예를 보여 주고 있다.[20]

2. 체계이론

체계모형(systems model)은 공공정책을 환경으로부터 발생되는 수요에 대한 정치체제의 반응[21]으로 보고 있다. 즉 투입(input)에 대한 체제의 산물(output)이 정책이라는 입장으로서 이스턴(David Easton)에 의하면 정치체제는 사회에 대하여 권위적 결정을 하는 상호연관된 구조와 활동으로 이루어진다고 하고 있다.[22]

라인베리(Robert Lineberry)와 샤칸스키(Ira Sharkansky)는 이러한 체계이론을 도시문제의 정책결정에 적용하여 도시문제의 정책입안자들이 해야 할 일은 환경으로부터의 투입을 받아들

19 *Ibid*., p.154.
20 T. R. Dye and L. Harmon Zeigler, *The Irony of Democracy: An Uncommon Introduction to American Politics*(New York: Duxbury Press, 1975), pp.33~34.
21 J. E. Anderson, *Public Policy-making*, 2nd ed.(New York: Holt, Rinehart and Winsotn, 1979), p.17.
22 D. Easton, "An Approach to the Analysis of Political Systems," *World Politics*, Vol. 9(1957), pp.383~400.

이고 다시 환경에 미칠 영향을 고려하여 이를 정책으로 도입하는 것이며, 이러한 정책의 효과는 환류과정을 통하여 장래의 새로운 투입에 영향을 미치게 되고 도시문제 정책결정체계에 대한 새로운 수요를 창출하게 된다고 말한다.[23]

3. 엘리트이론

이 이론에 의하면 정책은 엘리트들의 소산이며, 엘리트들의 이익을 강화하기 위한 가치관을 반영하는 것이라고 한다. 그리고 엘리트(élite)란 자기들의 이익을 위하여 권력기구를 조작하는 유력한 개인들의 소집단을 의미하며, 사회의 모든 정치적 및 비정치적 제도는 불가피하게 이러한 엘리트들의 지배하에 놓이게 되어 있다는 것이다.

이 이론을 간추려 보면 다음과 같이 설명할 수 있다. 즉 ① 사회는 권력을 가진 소수와 권력을 가지지 못한 다수로 구분될 수 있다. 그리하여 사회의 가치는 소수만이 분배할 수 있으며, 다수는 정책결정에 참여하지 못한다는 것, ② 치자는 피치자의 동류대표가 아니며, 엘리트는 사회경제적 상위계층으로부터 불균형적으로 차출된다는 것, ③ 비엘리트로부터 엘리트로의 변동은 혁신을 초래하지 않고 균형이 유지되도록 서서히 일어나며, 비엘리트 중에서 엘리트와 공감하는 자만이 엘리트로 될 수 있다는 것, ④ 정책은 대중의 욕구를 반영하는 것이 아니라 오히려 엘리트들의 지배적 가치관을 반영하는 것이며, 정책상의 변화는 혁신적이 아닌 점증적인 것이라는 점, ⑤ 엘리트가 대중으로부터 영향을 받기보다 대중이 엘리트로부터 훨씬 더 많은 영향을 받는다는 것 등이다.[24]

그러나 이러한 엘리트이론은 자유민주주의적 선거제도나 정당활동 등의 설명에 맞지 않는 점이 많다. 따라서 다알(Robert Dahl) 등은 근본적으로 엘리트이론을 수용하면서 이상적인 민주주의가 허용하는 범위 안에서 이를 적용하려는 수정론을 주장하고 있다.[25]

4. 그룹이론

트루만(David Truman)에 의하면 그룹이란 "공통의 이익을 기초로 하여 집결한 복수의 상관적 개인들이며, 여타 사회적 그룹에 대하여 자기들의 이익을 주장하는 것"이라고 한다. 이러한 그룹의 태동은 다른 그룹이 자기들의 이익을 위협할 때, 그룹형성의 의사를 가지는 개인들이

---

23 R. L. Lineberry and I. Sharkansky, *Urban Politics and Public Policy*(Harper & Row Publishers, 1971), pp.1~15.

24 T. R. Dye and L. Harmon Zeigler, *op. cit.*, p.6.

25 R. Dahl, *Who Governs?*(New Haven: Yale University Press, 1961) 등 몇 권의 저서에서 이와 같은 이론을 전개하고 있다.

집합함으로써 시작되며, 그 후 그룹의 상호작용모형이 고도의 안정성을 찾게 되면 사회적 균형이 이루어진다는 것이다.[26]

이러한 그룹들은 직접·간접으로 정책결정에 영향을 미친다는 것이 그룹론자들의 주장이다. 레담(Earl Latham)은 정부도 하나의 그룹이며, 또한 입법부나 사법부도 별개의 그룹으로 볼 수 있을 뿐만 아니라 그 그룹들은 많고 작은 그룹들로 구성된다고 한다.[27]

그룹이론에 따르면 정책결정자는 끊임없이 그룹의 압력에 대응하여야 하며, 정책결정과정은 '각자의 이익 극대화를 위하여 투쟁하는 그룹들의 계속적인 계약·협상 및 절충과정'이라고 설명한다.

제 4 절 정책결정의 실제

실제 정책결정과정에서는 앞에서 설명한 여러 가지 이론모형을 종합적으로 잘 취사선택하여 적용하여야 하겠지만, 현실에서 이를 실행하는 것은 매우 어려운 일이다. 그것은 정책결정 담당자들이 이론모형을 정확하게 이해하지 못하는 데도 기인하겠으나, 한편으로는 아직도 그러한 이론들이 적용될 만큼 외부적 상관구조나 치밀한 내부체계를 정립하지 못하였기 때문이라고 생각된다. 즉 이러한 이론모형들은 각각 부분적인 타당성은 지니고 있으나, 그 적용범위 등이 대부분 불명확하고 복잡한 현대사회문제에 일괄해서 적용할 만큼 일반성을 지니지 못할 뿐만 아니라 각 모형 상호 간의 관련성도 구체적으로 확립되어 있지 못하기 때문에 그 실용성은 아직도 보편화되지 못한 것으로 본다.

따라서 여기에서는 여러 이론모형의 실용이라는 측면은 차치하고 좀 더 다른 각도에서, 즉 정책결정이 일어나는 과정과 그 담당자에 대한 검토와 아울러 실제합리성의 추구를 제약하는 조건들을 살펴보고자 한다.

I 정책결정의 과정

우리가 여기서 고려하고자 하는 정책결정의 과정이란 정치체계가 그 목표를 달성하기 위하여 둘 또는 그 이상의 가능한 대안 중에서 하나를 의식적으로 선택하는 결정행위 내지 과정

---

26 D. Truman, *The Governmental Process*(New York: Knopf, 1951), 제2장 참조.
27 E. Latham, *The Group Basis of Politics*(Ithaca: Cornell University Press, 1952), pp.35~39.

을 말한다. 이와 같은 정책결정의 과정 또는 단계에 관해서는 학자들마다 여러 가지로 구분하고 있는데,[28] 이러한 학자들의 견해를 종합해 보면 대체로 ① 문제의 의식, ② 정보·자료의 수집·분석, ③ 대안의 작성·평가, ④ 대안의 선택으로 나누어 볼 수 있다.

1. 문제의 인식

정책결정을 필요로 하는 문제가 발생하였다고 해서 항상 정책결정담당자가 그것을 즉시 인지하게 되는 것은 아니다. 이러한 인지의 차이는 결정자의 경험·능력 및 사회적 배경, 그리고 발생한 문제의 성격이나 중요도에 따라 결정된다.

2. 정보·자료의 수집·분석

정책결정담당자가 문제를 인지하게 되면 그 문제해결에 도움이 될 수 있는 정보와 자료를 수집해야 하는데, 특히 충분하고 정확한 정보와 자료를 수집하기 위해서는 공식적인 경로뿐 아니라 비공식적인 경로도 활용되어야 한다. 이와 같이 수집되어진 정보와 자료는 여러 측면에서 과학적·체계적으로 분석·검토되어야 한다.

3. 대안의 작성 및 평가

수집된 정보와 자료에 대한 분석·검토가 끝나게 되면, 그러한 자료와 정보에 입각하여 문제에 대한 여러 가지 해결방안 및 대안을 작성하고 평가하게 된다. 이 때 대안을 작성하는 데에 있어서는 가능한 모든 방법이 활용되어야 하겠으나, 실제에 있어서는 단지 몇 개의 대안들만이 모색·검토되어 작성되는 것이 일반적이다.

4. 대안의 선택

대안의 작성과 평가가 끝나게 되면 그 실현가능성과 실시에 따른 부작용 등을 종합적으로 고려하여 가장 적절하다고 판단되어지는 하나의 대안을 선택하게 된다.

---

28 먼저 존스(C. O. Jones)는 정책결정단계는 인지, 형성 및 합법화, 집행, 평가 및 종료로 구분하고 있으며, 런드버그(C. C. Lundberg)는 문제의 인지, 정보의 처리, 선택단계로 구분하고 있다. Charles O. Jones, *An Introduction to the Study of Public Policy*, 2nd ed.(Belmont: Wadworth Pub. Co., 1977), pp.9~12; Claig C. Lundberg, "Administrative Decisions: A Schema for Analysis," in W. J. Gore and J. W. Dyson(eds.), *The Making of Decisions*(New York: Free Press, 1964), p.24.

Ⅱ 정책결정의 참여자

1. 참여자의 지위와 역할

정책결정에의 참여는 각 국가의 사회체계와 정치체계의 특징 여하에 따라 크게 차이가 나겠지만, 어느 사회에서든지 최고권력자가 모든 문제를 단독적으로 결정하는 경우는 드물고, 실제에 있어서는 여러 유형과 계층의 사람들이 그들의 역할에 따라 정책형성에 참여하게 된다.

따라서 여기서는 민주국가의 경우로 국한시켜 정책형성에 있어서 참여자들이 수행하는 역할과 권력관계의 일반적인 특징만을 간추려보기로 한다.

(1) 일반시민

전통적인 민주주의이론에 의하면, 정책에는 시민들의 요구와 의사가 반영되어야 한다고 말하고 있다. 오늘날 시민들이 정책형성에 참여할 수 있는 형태는 옛날의 직접참여와는 다르지만, 다음과 같은 것들이 있다.

⑴ 투표에 참가하는 것이다. 여기에는 두 가지가 있는데, 하나는 국가의 중대사를 결정하는 부정기적인 국민투표이며, 다른 하나는 공직자를 선출하기 위한 투표이다.

⑵ 시민들은 정당의 업무를 도와 줄 수 있다. 당직자나 당원이 되어 일을 하지 않더라도 당이 지지하는 후보자의 선거운동을 도와 주거나, 정치자금의 후원을 통하여 정책형성에 참여할 수 있다.

⑶ 시민들은 그들의 이해관계를 반영하는 이익집단(interest group)의 형성과 활동에 참여함으로써 이익집단이 정책결정 당사자들에게 집단적 이익을 반영하도록 압력을 가하거나 정보를 제공케 할 수 있다.

⑷ 시민들은 정책에 관련된 정보를 수집하고 토론하며, 그것을 국회의원이나 행정관료들에게 전달함으로써 영향을 미칠 수 있다.

이상에서 고찰한 바와 같이 시민들이 정책형성에 미치는 영향력은 다분히 한정적이나, 시민이 보다 더 정책에 관심을 갖고 유능할수록 정책의 질은 향상될 수 있다.

(2) 이익집단

이익집단이란 특정한 분야에서 이해관계가 일치하는 사람들이 그들의 이익을 정책형성에 반영시키려고 조직한 집단으로서 이들은 자신들의 이익을 정책결정에 반영하기 위하여 여러 가지 방법을[29] 활용하여 정책결정 담당자들에게 영향을 미치고 있다.

(3) 정 당

정당은 흩어진 민의를 통합해서 정책에 연결하는 작용을 한다. 또 정당의 집권을 통해서 당의 주요구성원이 정책결정당사자로서 역할을 수행하게 되며, 정당의 정강이 정부정책에 직접 반영된다. 물론 정당이 어느 정도의 영향을 미치느냐 하는 것은 정당제도의 성격이나 국가의 정치제도 여하에 달려 있다고 하겠다.

(4) 행정수반

행정수반을 비롯한 고급관료들은 좀 더 직접적으로 정책형성에 참여하고 있다. 우리가 앞에서 정책결정당사자들이라고 불러온 것은 이들을 지칭하는 말이다. 행정수반은 행정부 내부의 정책결정권을 가지고 있음은 물론 입법권을 통하여 정책을 형성하며, 그의 행정부 지휘·감독권 및 관료와 기타 요직의 임면권을 통해서 정책형성전반에 관하여 강력한 영향력을 행사한다.

(5) 의 회

의회의 정책형성기능은 행정부 통제기능과 더불어 잘 알려진 일이다. 저개발국에 있어 의회가 얼마만큼 크게 정책결정에 관여하느냐에 대해서는 의문을 표시하는 사람이 많다. 그러나 의회가 전체로서 얼마만큼의 재량권을 가지고 있는가, 또 의회조직상 안건을 충분히 검토하고 처리할 수 있게 되어 있느냐에 따라서 정책의 내용과 질이 달라질 수 있을 것이다. 한편 의회의 세력이 사회적·정치적 세력기반에서 유리되어 있을 때에는 형식주의에 빠져서 실효성이 없거나 형평을 잃어버린 입법과 정책결정을 함으로써 오히려 정치체계의 정통성과 안정을 저해하는 수도 있다.[30]

(6) 사 법 부

사법부가 법률심사권을 가지고 있는 경우에는 말할 것도 없지만, 일반적인 판결에 있어서 법률해석을 통하여 정책내용을 결정하는 경우가 많다.

---

29 이익집단이 정책에 영향을 미치는 방법으로서는 집단의 대표로 하여금 국회의원이나 고위관료에게 압력을 가하거나 정당에 자신들의 의견을 반영시키는 방법이 있으며, 또한 정책결정자들이 필요로 하는 표를 동원한다거나 연합세력을 형성함으로써 영향을 미치도록 한다.

30 F. W. Riggs, "Bureacrats and Political Development: A Paradoxical View," in Joseph LaPalombara(ed.), *Bureaucracy and Political Development*(Princeton, New Jersey: Princeton University Press, 1963), pp.151~153.

(7) 각료와 고위행정관료

실질적으로 행정관료들은 많은 정보를 보유하고 있으며, 소관업무분야에 깊은 전문지식과 기술을 가지고 있기 때문에 효과적인 정책수립에 크게 기여할 수 있는 반면, 효과적인 정치적 통제가 없는 곳에서는 국민의 의사를 무시하거나 독선적으로 정책을 결정할 가능성도 높다. 관료는 그가 속하고 있는 기관적 책임과 공공책임 및 자신의 개인적 책임을 조화시켜서 공공이익의 신장과 보호에 이바지하여야 할 것이다.

2. 정책결정의 형태

정책결정당사자들은 정책형성에 있어서 분업과 전문적인 역할을 담당함에 따라 상호협동과 조정이 필요하게 되는데, 이와 같이 정책형성당사자들 사이에서 사용되고 있는 협동과 조정의 방식을 살펴보면 다음과 같다.

(1) 협 상

협상(bargaining)이란 자기가 얻고자 하는 이익이나 만족을 다른 사람이 통제하고 있을 때, 그것을 얻기 위하여 자기가 갖고 있는 무엇인가를 주고 교환할 경우에 이루어진다(give and take방식이 좋은 예이다). 정치적인 흥정에 관해서는 사회적으로 크게 존중을 받지 못하는 경우가 많다. 그러나 공공이익을 실현시키기 위하여 정책결정당사자들 사이에서 협상을 통하여 합의에 이르지 않으면 안 되는 경우가 많다.

(2) 경 쟁

둘 이상의 결정당사자가 어떤 동일한 대상을 추구하거나 획득하려고 할 때, 이것은 경쟁관계이다. 경쟁(competition)에는 반드시 완승완패만이 있는 것이 아니고, 자기가 얼마 그리고 상대방도 얼마를 얻는 경우도 있으므로 경쟁을 통하여 평화적으로 승부를 결정함으로써 정책상의 이견과 이해가 조정된다고 볼 수 있다.

(3) 명 령

한 사람이 결정을 내리고 나머지는 복종하는 관계가 명령(command)관계이다. 여기에는 상대방이 없고 개인의 의도만으로 이루어지기 때문에 결정내용은 분명하다.

명령관계가 공식적으로 설정된 경우에는 구체적인 절차와 규칙에 따라서 결정이 이루어진다. 명령관계의 성립과정·운영방식 및 유형에는 여러 가지 있겠으나, 정책형성의 조정방식으로서는 신속한 결정에 도움이 된다. 반면에 정책문제를 옳게 해결해 준다고 말하기는 어렵다.

(4) 분 쟁

분쟁(conflict)은 결정당사자들이 추구하는 목적이 상호 대립되고, 한쪽 당사자의 성공은 상대방에게 직접적인 손해를 끼치게 되는 상황에서 발생한다. 분쟁은 사회적으로 해가 되고 훌륭한 방법은 못되지만, 당사자들 사이의 기본적인 가치와 목적이 서로 용납될 수 없는 상황 아래서는 조정을 위한 중요한 방법으로 쓰일 수밖에 없다. 이 경우 때에 따라서 폭력이 사용되기도 한다.

(5) 협 조

협조(cooperation)는 한쪽이 양보하거나 굴복하지 않고서도 어떤 목표를 추구할 수 있을 때 일어난다. 정책형성과정에 있어서 목표들이 상반되는 경우도 많지만, 공동의 목표를 추구하는 경우도 많은 것이다. 이러한 상황 아래서는 협력을 통하여 정책이 결정되고 조정되는 것이다.

Ⅲ 합리적 결정의 제약요인

일반적으로 정책결정자들은 합리성에 근거하여 정책을 결정하려 하고 사회도 합리적 결정을 강하게 요구한다. 그러나 완전한 합리적 결정이란 매우 힘들고, 또 그렇게 하기에는 상당한 자원이 소요된다. 그러므로 완전한 합리성이란 가장 단순한 문제를 제외하고는 정책결정자들이 달성할 수 없는 이상적인 목표이다.[31] 따라서 대개의 결정은 틀이 잡혀 있으며, 오직 몇몇 중요문제만을 평가한 후에 이루어지는 것이 보통이다.

그러므로 여기서는 특정기관의 합리적 정책결정을 저해하는 주요한 행정체계의 특징을 살펴보기로 하겠다.

1. 문제와 목표 및 정책적 관여의 다양성

이것은 합리적 정책결정에 장애가 되는 것으로 두 가지 요인 중의 하나로 이루어져 있다. 하나는 행정활동의 표적(target)으로 선택될 문제와 목표(goals)가 다양하다는 점과 다른 하나는 제각기 가능한 목표를 추구하는 다양한 행정기관의 관여가 그것이다.

2. 정보의 제약

합리적 정책결정을 저해하는 또 하나의 중요한 요인으로 적절한 정보의 제약을 들 수 있

---

31 H. A. Simon, *Administrative Behavior*(New York: Macmillan, 1961), p.70.

다. 앤터니 다운스(Anthony Downs)는 일반적으로 조직의 합리적 결정모형에서 필요한 정보획득을 제한하는 세 가지 조건을 들고 있다.[32]

　(1) 정보획득에는 많은 시간·노력 그리고 때로는 자금을 필요로 하기 때문에 제한된다.

　(2) 정책결정자들은 그들이 결정을 하는 데 필요한 총 시간과 그들이 동시에 고려할 수 있는 문제의 수, 그리고 그들이 어느 한 문제에 대하여 인용할 수 있는 모든 자료 등에 관한 능력이 매우 제한되어 있다.

　(3) 비록 어떤 불확실한 점이 정보의 획득으로 제거될 수 있다고 할지라도, 근본적으로 결정에 있어서는 불확실성이 항상 존재한다.

　어떤 행정기관도 결코 정보의 수집과 평가를 쉬지 않고 행하며, 완전한 정보 혹은 완결된 평가를 얻으려고 언제까지나 결정을 지체시킬 수 없다. 따라서 필요한 정보나 지식의 부족은 합리적인 정책결정을 어렵게 만드는 요인이 되는 것이다.

3. 행정관료의 비공식적 관여

　각 개인은 자기만의 가치관과 태도를 가지고 있으며, 이러한 것들이 조직과 그 환경에 대한 개인의 인식을 형성하며, 조직의 목표나 정책에 대한 개인의 취향을 만들어 내는 경향이 있다. 이러한 인식과 취향은 기관의 정책결정에 크게 영향을 미치게 된다. 더욱이 개인의 인식과 취향은 서로 통하는 행정관료 사이의 비공식적 제휴로 강하게 나타난다.

4. 행정기관의 구조적 문제점과 의회 및 행정수반과의 관계

　행정기관의 합리적 정책결정을 어렵게 하는 구조적 문제들이 있는데, 이를 간추려보면 다음과 같다.

　(1) 행정관료가 목표에 대한 분명한 결정을 피하는 이유 중의 하나는 행정관료 자신이 강력한 의회와 행정수반의 지지로부터 멀어질 것을 염려하기 때문이다.

　(2) 지휘관계에 있는 행정관료가 부하를 통제함에 있어 제한을 받는다. 즉 기관의 장들은 자기의 지시를 듣지 않는 부하를 쉽사리 징계할 수 없는데, 이는 공무원의 징계절차가 매우 길고 또한 기관의 한 직원을 법에 회부할 때에 사기를 해칠 우려가 있기 때문이다.

　(3) 쇄신을 제한하는 행정기관 내의 표준적 절차 및 번문욕례(red tape)가 있다.

　(4) 행정관료의 권한과 책임의 불일치에서 나타나는 것으로, 전문가와 관리적 권한을 행사

---

32 A. Downs, *Inside Bureaucracy*(Boston: Little Brown, 1967), p.3.

하는 직원 사이에서 충돌이 일어날 경우에는[33] 합리적인 정책결정이 어렵게 된다.

5. 행정관료의 변칙적 행태

　행정기관의 합리적 정책결정을 방해하는 또 다른 요인은 합리적 결정에 필요한 조직구성원 사이의 협동적 의사소통을 방해하는 '불합리'한 개인의 행동이다. 사실상 이러한 행동은 조직의 적절한 적응을 방해하고 부분적이나마 합리적 모형에 따르려는 조직의 정책결정을 방해한다. 일반적으로 이러한 불합리한 개인의 행동은 변칙행태로 나타나며, 이를 관료제의 병리행태라 한다.

---

33 V. A. Thompson, *Modern Organization: A General Theory*(New York: Knopf, 1964), ch.5.

Chapter

03 정책집행론

제 1 절 정책집행의 의의

정책집행은 대개 다음과 같은 네 가지 측면으로 이해되고 있다.[1]

첫째, 권위적인 개인이나 기관에 의한 정책권고안의 채택, 둘째, 정책의 원리를 적용하고 있는 경험적 세부사항,[2] 셋째, 어떤 정책의 명령에 의해서 수정될 수 있는 조직의 활동관례 (operating routines), 그리고 넷째, 어떤 정책명령에 제시된 규정에 따라 사회적 행위유형을 교정하는 과정 등이 그것이다.

정책집행에 대한 개념정의가 그 어떤 것이든간에 정책집행을 과정(process)으로 보고 있는 점에 있어서는 의견의 합치를 보고 있다. 즉 정책집행이란 권위적으로 채택된 정책명령에 따라 이루어진 사회적 활동과정이라는 것이다.[3] 이 때 정책명령은 입법안이 될 수도 있고 법원의 결정이 될 수도 있으며, 관료적 명령이 될 수도 있다. 그러나 정책집행이 표방하는 과정은 일시적이어야 한다는 점을 염두에 두어야 할 필요가 있다. 정책명령은 어느 일정한 시점에 가면 비교적 고정되는 속성을 지니기 때문이다. 또한 이렇게 고정된 정책명령과 정책집행이 유사하게 되면 될수록 그 정책집행은 성공한 것으로 보아야 한다.

그러나 실제에 있어서 이러한 정책집행의 성공은 자연적으로 이루어지는 것이 아니라, 다음과 같은 몇 가지 전제요건을 고려할 때 가능하다는 사실을 깊이 인식해야 할 필요가 있다. 즉 첫째, 정책안의 목표가 명확하게 제시되어 있어야 한다는 것이다. 둘째, 정책안에 대한 판단의 척도가 구비되어 있어야 한다는 것이다. 그리고 셋째, 정책집행 결과 발생하게 될 성과에

---

1 E. Bardach, "On Designing Implementable Programs," in Frederick S. Lane(ed.), *Current Issues in Public Administration*, 2nd ed.(New York: St. Martin Press, 1982), p.407.
2 정책집행을 이러한 식으로 규정하는 경우, 이론적 구성과 그 이론을 경험으로 측정하는 데 사용되는 지표 간에 상당한 차이(gap)가 있을 수 있다.
3 Bardach, *op. cit.*, p.407.

대한 객관적인 측정지표가 마련되어 있어야 한다는 것이다.

이러한 점에서 정책집행은 합리적 분석모델(rational-analysis model), 가령 PPBS(Planning-Programming-Budgeting System)와 유사할 수도 있다. 그러나 이들 사이에는 적어도 다음과 같은 두 가지 점에 있어서 분명한 차이가 있다.[4]

첫째, 합리적 분석모델은 광범위하며 상급부처 수준의 목표달성을 지향하고 있는 반면에, 정책집행은 분산적 혹은 부분최적화를 실현하려 한다는 점이다. 둘째, 합리적 분석모델은 목표를 달성시키는 데 필요한 여러 가지 수단의 명확한 평가에 강조점을 두고 있는 데 반하여, 정책집행은 이미 갖추어진 사업의 시행에 관심을 기울인다는 것이다. 그러나 이러한 구분이 사실 명확하게 드러나는 것은 아니다. 오히려 현재의 입장은 정책집행이 여러 가지 합리적 분석모델의 기법을 원용하고 있는 실정에 있다.

제 2 절 정책집행의 여러 요소

1. 목 표

정책의 집행은 앞서 언급한 PPB보다는 일반적으로 쉽게 이루어지는 경우가 많다. 그러나 실제에 있어서는 PPB와 마찬가지로 명확한 목표를 설정하는 데 있어 많은 어려움이 있다. 즉 정책안의 목표가 분명하지 않을 때도 있고, 단일적이라기보다는 오히려 복수적인 경우가 많기 때문이다.

2. 준 거

정책의 집행은 적절한 기준에 의거하여야 한다. 첫째, 아무리 바람직한 목표를 달성한다고 해도 지나치게 비용이 많이 소요된다면 곤란하다. 둘째, 비용이 적게 든다고 해도 그 정책안의 내용이 소수 고객의 편익만을 위해서 활용되어서는 안된다. 셋째, 정책안을 실제로 시행하는 각 단계마다 다른 기준이 활용될 수 있는데, 이에 대한 충분한 고려도 필요하다. 넷째, 집행중인 정책에 대한 척도는 그 달성 여부에 따라 설정될 것이 아니라, 앞으로 진행될 정책에 의하여 결정되어야 한다. 다섯째, 정책집행의 척도를 고려할 때에는 반드시 환경을 염두에 두어야

---

4 J. W. Fesler, *Public Administration: Theory and Practice*(Englewood Cliffs, New Jersey: Prentice-Hall, Inc., 1930), p.249.

한다. 이는 현실에서는 불확실성으로 인하여 예기치 않은 일들이 종종 발생하기 때문이다.[5]

3. 측 정

정책집행의 성과를 측정하기 위해서 가장 선결되어야 할 과제는 측정에 필요한 자료를 수집하는 일이다. 가령 범죄방지를 위한 정책의 성과를 측정하기 위해서는 전국적인 범죄율, 또는 도시지역의 범죄율 등 다양한 범죄율 관련 자료가 있어야 한다. 물론 자료의 수집 못지않게 중요한 것은 그것을 처리할 수 있는 능력도 있어야 한다는 것이다.

4. 설 명

자료란 특정한 시간과 공간에 대한 현상을 기술해 놓은 것에 불과하다. 따라서 이러한 현상과 실제 정부의 정책이 어떠한 연계관계를 맺고 있는가 하는 것을 설명해 주는 것도 아주 중요하다. 가령 범죄율 예방을 위해 매년 수십억 원을 투입했는데도 범죄율이 계속 큰 폭으로 증가하였다면, 그 때는 정책의 실패로 그 원인을 돌릴 수 있다.

제 3 절 효과적 정책집행의 저해요인

1. 불충분한 자원

여기에서 자원은 크게 두 가지의 것을 의미한다. 하나는 목표수행에 필요한 재원(money)의 문제이고, 다른 하나는 목표달성을 용이하게 이끌고 갈 전문막료(staff)의 문제이다.[6]

실질적으로 정책을 집행하는 데 드는 비용을 유효적절하게 보전시킬 수 있는 자금이 부족할 경우, 정책집행의 효과성은 클 수 없는 것이다. 전문인력의 확보문제도 마찬가지이다. 이러한 자원의 확보문제와 더불어 한 가지 명백하게 해 두어야 할 사실은 정책집행에 필요한 외부로부터의 지지가 있어야 한다는 것이다. 이 외부에는 그 조직의 상부기관이 포함될 수도 있지만, 매스컴이나 일반시민들도 포함된다.

---

5 *Ibid.*, pp.251~252.

6 I. Sharkansky, *Public Administration: Agencies, Policies, and Politics*(San Francisco : W. H. Freeman and Co., 1982), pp.245~246.

2. 불완전한 지식

정책집행을 계획하거나 그것의 성공·실패 여부에 대한 지식이 없을 때에도 정책집행은 어려워질 수밖에 없다. 특히 새로운 문제를 해결하거나 과거의 문제를 새로운 방식으로 해결하고자 할 때에도 이러한 불완전한 지식의 문제에 부딪치기 쉽다.

3. 조직의 문제

정책집행과 관련하여 조직과 관련된 문제는 세 가지 경우에 발생된다.[7] 첫째, 승진이나 서비스기능을 주로 담당하고 있는 기관에 정책집행의 책임을 맡기는 경우이다. 즉 이 기관은 고객과 밀접한 협력관계를 모색하기 때문에 정책집행의 임무수행에는 맞지 않다는 것이다. 둘째, 전문막료들이 시행하고자 하는 정책에 대하여 무감각하거나 열성을 가지고 그것을 수행하고자 하지 않을 때이다. 셋째, 여러 개의 정책의 세부계획(program)들이 똑같은 문제를 다루거나, 또는 전혀 다른 기관들에 의해서 수행되어 이들 사이의 조정이 어렵게 되는 경우이다.

4. 복잡한 환경

어떠한 정책도 진공상태에서 수행될 수는 없다. 그것이 시정하고자 하는 문제상황은 반드시 있게 마련이다. 때로는 과거부터 시행되지 않은 상황일 수도 있고, 경제적·정치적·사회적·문화적 상황일 수도 있다. 그러나 현재의 정책집행의 상황에서 가장 큰 문제가 되는 것은 국민들의 기대욕구가 크게 증대하고 있다는 것이다. 따라서 정부는 이러한 욕구를 충족시키기 위해서 보다 적극적인 정책집행능력을 필요로 하게 되었고, 이에 따라 불확실성도 크게 높아지게 되었다.

5. 정책집행가들의 편견

정책집행가들의 편견도 효과적인 정책집행을 수행하는 데 장애요인으로 등장할 수 있다. 그 편견은 개인 자신의 성격에서 오는 경우도 있지만, 주위의 여건, 가령 선거지역구민에 대한 의식에서 오는 경우도 있다. 이러한 것을 의식하는 정책집행가들에게서 공통적으로 볼 수 있는 현상은 정책집행에 대한 무관심한 태도의 지속이다.

---

7 J. W. Fesler, *op. cit.*, pp.264~265.

정책집행이 효과적으로 수행되기 위해서는 최소한 다음과 같은 다섯 가지 조건을 갖추어야 한다.[8]

1. 명확한 이론의 설정

대부분의 정책이 그 소기의 목표를 달성하기 위해서는 그 목표달성에 필요한 기술적 능력과 정책목표집단의 순응이 필요하다. 따라서 정책집행이 올바르게 수행되기 위해서는 이 양자 사이를 연결해 줄 수 있는 인과이론이 필요하게 된다. 즉 정책이 원래 대상으로 하고 있는 목표집단이 어느 것인지를 분명하게 가려내고, 여기에 알맞은 정책집행능력을 적절하게 구사할 수 있어야 한다는 것이다.

2. 명확한 목표의 설정

정책목표를 명확하게 설정하기 위해서는 최소한 다음과 같은 작업을 수행하여야 한다. 첫째, 집행기관의 내부 혹은 전반적인 사업계획을 정확하고 분명하게 이해하여야 한다. 둘째, 집행기관의 재원이 전문막료를 고용하거나, 법규발전에 필요한 기술적 분석을 수행하거나, 사업계획수행에 필요한 행정체계를 정비하거나, 또는 대상집단의 복종여부상태를 탐지하는 데 필요한 만큼 충분하게 조성되어 있어야 한다. 셋째, 집행업무는 가능하다면 새로운 사업계획에 우선순위를 부여하고 있는 법령을 다루는 기관에 맡겨져야 한다. 넷째, 집행하게 될 정책에는 조직구성원들 사이의 반대의견을 극소화시킬 수 있는 집행기관들 간의 계층적 통합구조가 마련되어 있어야 한다. 다섯째, 집행기관들의 결정규칙은 정책의 목표와 부합되는 것이어야 한다. 여섯째, 집행해야 될 정책에는 관련 집단이나 고객들이 집행과정에 자유롭게 참석할 수 있는 충분한 기회가 보장되어 있어야 한다.

3. 집행기관 리더의 역량

정책집행에 있어서 고위정책집행가들의 지지는 성공적인 정책집행을 위하여 매우 필수적이다. 그러나 이러한 지지만큼이나 정책집행에 필요한 자원을 이용할 수 있는 정치적·관리적

---

8 P. Sabatier and D. Mazmanian, "The Conditions of Effective Implementation: A Guide to Accomplishing Policy Objectives," *Policy Analysis*, Vol. 5, No. 4(Fall 1979), pp.481~504.

능력도 매우 중요한 것으로 평가될 수 있다. 정치적 능력에는 선거지역구민들과 좋은 협력관계를 유지하는 것, 관리적 능력에는 예산의 효율적 사용, 정책담당부처 직원의 사기진작시키는 것 등이 포함된다.

4. 집행과정에서 외부기관의 지지

장기적인 관점에서 정책을 집행하는 데 있어서 외부기관의 지지는 절대적인 것이다. 이러한 정치적인 지지에는 집행기관 상급부처의 지지도 필요하지만 집행기관 외부의 기관, 즉 입법부, 법원 혹은 선거구민의 지지가 더욱 필요하다.

이러한 정치적 지지는 적어도 두 가지 점에 있어서 의의가 있을 수 있다. 첫째, 정책집행을 감시하는 입법부나 선거구민의 존재를 확인시킴으로써 정책집행가의 자의적인 사업계획의 시행을 사전에 봉쇄시킬 수 있다는 것이다. 둘째, 새로운 감시기구를 사회적으로 탄생시키는 계기를 마련할 수 있게 된다는 것이다. 즉 앞서의 입법부 등이 지니고 있는 무기력한 감시능력을 대치할 수 있는 강력한 이익집단의 탄생이 요구된다는 것이다. 이들은 자신들의 이익을 적극적으로 반영함으로써 정책집행과정에서 생길지도 모르는 자의적인 요소의 상당한 부분을 상쇄시킬 수 있다.

5. 목표우선순위의 잦은 변경금지

현대사회에서 변화란 불가피한 것이다. 그렇다고 해서 정책의 목표를 수시로 변경하는 것은 금물이다. 왜냐하면 잦은 정책목표의 변경은 또 다른 중요한 가치인 정치적 지지를 상실시킬 우려가 있기 때문이다. 나아가서 잦은 정책의 변경은 그 정책이 근거로 하고 있는 기술적 가정까지도 파괴시켜 버릴 위험성이 있는 것이다.

04 정책평가론

제 1 절 　정책평가의 의의

일반적으로 정책평가란 정부가 수행한 사업을 사후적으로 검토하는 것을 말한다. 따라서 정책평가는 미래의 지침을 기준으로 과거를 반성하여 보는 것이라 할 수 있고, 정부가 시행한 사업이 얼마나 잘 수행되었는지에 대한 해답을 던져 주는 것이라 할 수 있다.[1]

그러나 현실적으로 정책평가에 대한 정의가 그렇게 용이한 것은 아니다. 평가(evaluation)라는 용어가 사용하는 사람에 따라 그 의미가 달라지기 때문이다. 그러나 일반적으로 정책평가를 다음과 같이 보는 점에 있어서는 어느 정도 의견의 일치를 보이고 있다. 즉 정책평가란 정부가 계획하고 있는 목표를 달성하고 있는지의 여부를 결정하는 과정이라는 것이다. 따라서 바람직한 평가를 위해서는 대체로 정책목표를 명확하게 설정하고, 정부사업의 성공 여부를 측정하기 위해 사용되게 될 척도를 구체화시키며, 그리고 사업의 성공 여부를 설명해 줄 수 있는 능력을 마련하여야 한다.[2]

정책평가를 이러한 의미로 규정하게 될 때, 여기에는 적어도 다음과 같은 두 가지 점을 명확히 하여야 한다. 그것은 첫째, 평가란 반드시 어떤 활동(activity)을 대상으로 하게 된다는 것이다. 둘째, 이러한 활동은 순기능적 결과를 낳을 수도 있지만, 역기능적 결과를 낳을 수도 있다는 것이다.

이러한 의미의 평가는 다음과 같은 여섯 가지 기능을 수행한다.[3]

(1) 정책목표가 어느 정도 잘 달성되었는지의 여부를 알게 해 준다.

1　O. F. Poland, "Program Evaluation and Administrative Theory," *Public Administration Review*, Vol. 34, No. 3(July~August 1974).

2　E. A. Schuman, *Evaluative Research: Principles and Practice in Public Service and Social Action Programs*(New York: Russell Sage Foundation, 1967), p.28.

3　*Ibid.*, p.30.

(2) 정부사업의 특정한 성공이나 실패 여부를 알게 해 준다.

(3) 설정된 사업목표의 수행을 위한 효과성(effectiveness)의 정도를 측정할 수 있게 해 준다.

(4) 여러 가지 평가기법 중 어느 것이 가장 적절한지의 여부를 판단할 수 있게 해 준다.

(5) 성공을 거두고 있는 정부사업의 기본이 되는 원리를 분명하게 밝혀 준다.

(6) 목표를 달성하는 데 필요한 수단을 강구할 수 있게 해 준다.

이상에서 볼 수 있는 바와 같이, 정책평가란 단순히 판단하는 것 이상을 의미하며, 이해와 재정립(redefinition)을 뜻한다고 할 수 있다. 이러한 점에서 정책평가란 최소한 다음과 같은 노력이 수반되는 과정이라고 정의된다.[4]

첫째, 어떤 종류의 변화가 바람직한 것인가, 둘째, 변화를 유도하기 위해서는 어떤 수단이 강구되어야 하는가, 셋째, 이 변화와 수단은 어떠한 관계에 있는가, 넷째, 변화는 어떠한 의미를 지니고 있는가, 다섯째, 혹시 예견치 않았던 결과는 나타나지 않았던가 하는 것 등이 그것이다.

제 2 절 정책평가의 분석틀

과학적 연구는 일련의 물음과 의문제기, 검증가능한 논리, 나아가서는 엄격하면서도 체계적인 방법론을 통해서 이루어진다. 정책평가에 있어서도 이러한 논의는 예외가 될 수는 없다. 그러나 실제로 정책평가 그 자체에 고유한 이론이나 방법론이 있는 것은 아니다. 대부분의 정책이나 사업계획에 대한 평가는 여러 학문의 지식을 근거로 하여 이루어지고 있기 때문이다.

이로 인하여 대부분의 정책평가연구는 사회과학자들에게 원용될 수 있는 여러 가지 방법들을 타당성 여부도 검토해 보지 않고 거의 무비판적으로 이용하고 있는 경우가 많다. 이러한 현상은 정책평가연구의 발전을 저해할 뿐만 아니라, 정책평가를 정책결정과정에 통합시키고자 하는 열망에도 찬물을 끼얹는 결과를 초래하게 되는 것이다. 호스트(Pamela Horst)에 따르면 정부부문에서 정책평가가 효과적으로 이용되지 못한 점은 다음과 같은 방법론적 문제에 기인한다고 한다.[5]

첫째, 똑같은 정책이나 사업계획에 사용된 여러 가지 평가기법의 유효성 여부를 비교할 수

---

4 H. F. Gortner, *Administration in the Public Sector*, 2nd ed.(New York: John Wiley and Sons, 1981), pp.256~259.

5 P. Horst et al., "Program Management and the Federal Evaluator," *Public Administration Review*, Vol. 34, No. 4(1974), p.301.

없다는 것이다. 둘째, 정책평가연구가 아직까지도 축적된 혹은 정확한 측정의 결과를 제시해 주지 못하고 있다는 점이다. 셋째, 평가연구가 해결이 불가능한 정책문제에 적용되고 있다거나 혹은 불명확한 결과를 많이 도출하고 있기 때문이라는 것이다.

이러한 난제를 극복하기 위한 두 가지 정책평가의 모델이 있다.[6] 물론 이 두 모델이 완벽한 평가연구의 기본이 되는 것은 아니지만, 여러 가지 점에서 다른 모델보다는 뛰어난 것이라고 할 수 있다.

1. 인과관계적 추론

정책평가 연구활동의 가장 중요한 핵심은 정책환경에 나타난 변화를 어떻게 인과적으로 처리할 수 있을 것이냐 하는 것이다. 즉 정책이란 정책결정자가 의도한 방향으로 대상집단에서 변화를 이끌어 내는 것이라고 할 수 있다. 그러나 A라는 정책이 집행되어 B라는 목표가 달성되었다고 해서 반드시 인과관계가 존재한다고 말할 수는 없다. 즉 블로크(Hubert A. Blaock)가 지적한 바와 같이 적어도 인과관계의 법칙이 성립되기 위해서는 "X가 Y의 원인일 때 X의 변화는 Y의 변화를 수반해야지, X의 변화가 Y의 변화 뒤에 와서는 안 된다."는 공식이 정립되어야 하기 때문이다.[7]

인과관계를 수립하는 데 있어서 부딪히게 되는 가장 중요한 문제는 인과성이란 이론상으로만 규명이 가능하지, 현실적으로는 그것의 측정이 곤란하다는 것이다. 특히 인과관계를 조작화(operations)시키는 데 따른 난제는 상당히 큰 것으로 평가할 수 있다.

최근 사회과학 방법론의 진전은 이러한 난제들을 어느 정도 해결하는 데 도움을 주고 있다. 분명히 사이몬(Hebert A. Simon)은 이러한 입장의 선각자이다. 사이몬은 현실세계에 나타난 여러 가지 인과성을 측정가능한 몇 개의 개념으로 전환시켜 인과관계의 단순화를 꾀하였다.[8] 사이몬은 일정한 수의 명확한 변수들을 추출하여 이것을 가지고 검증가능한 가설을 만들어 명확한 모델의 설정을 시도하였다. 검증 후 이 모델이 부적절하다는 것이 밝혀지게 되면 새로운 변수를 추가시키거나 모델을 수정시킨다. 따라서 이러한 사이몬이론의 핵심이 되는 것은 절대적인 모델이란 있을 수 없다는 것이며, 여러 개의 변수를 이용한 두 개 이상의 모델이 사용되는 경우에도 이것은 옳고 저것은 그르다는 가정은 잘못되었다는 것이다.

여러 개의 변수를 이용하여 평가자들은 결정적 모델(deterministic model)이나 확률적 모델

---

6 D. Nachmias, *Public Policy Evaluation: Approaches and Methods*(New York: St. Martin's Press, 1979), pp.6~12.

7 *Ibid.*, p.7.

8 H. A. Simon, *Models of Man*(New York: John Wiley & Sons, 1957), pp.10~13.

(statistic model)을 구축할 수 있다. 결정적 모델이란 X와 Y의 원인이고, Y의 모든 원인이 불변했을 때 X의 변화는 반드시 Y의 변화를 수반하는 것을 의미한다. 말하자면 X값을 변화시킬 때 Y값 변화를 명확하게 예측할 수 있다는 것이다.[9]

이러한 결정적 모델과 달리 확률적 모델은 이미 그 자체의 오차(error)를 포함하고 있는 모델을 말한다. 따라서 이 모델에서 가장 핵심이 되는 사항은 이 오차를 어떻게 측정할 수 있을 것인가 하는 것이다. 이를 위해서 확률적 모델은 회귀방정식(regression equation)과 같은 수학적 함수를 이용한다.

이상의 두 가지 모델을 이용하여 정책평가자는 가능한 범위 내의 모든 정책현상을 검증가능한 가설의 형태로 전환시킬 수가 있다. 동시에 이러한 가설을 검증하는 데 필요한 계량적 절차를 수립할 수도 있는 것이다. 그러나 이러한 연역적 실험절차에 따른 편차도 적지 않음을 주의해 볼 필요가 있다.

2. 영향모델

일반적으로 모델이란 현실세계의 어떤 부분을 추상화시켜 놓은 것이라고 할 수 있다. 즉 이는 관심 있는 문제에 적절한 현실을 대표해주는 어떤 것이라고 할 수 있는 것이다. 따라서 모델은 관심 있는 문제와 관련된 변수들 간의 관계로 구성된다고 말할 수 있다. 결국 모델은 현실을 단순화시키게 되며, 이러한 단순화를 통해서 현실을 이해할 수 있게 된다. 모델을 구축하는 데는 적어도 다음과 같은 세 가지 단계가 구비되어 있어야 한다.[10] 첫째, 연구하고자 하는 문제와 관련된 변수의 수를 명확히 확정지을 것, 둘째, 변수들 간에 맺고 있는 의미 있는 관계를 설명할 것, 그리고 셋째, 이러한 관계의 본질을 규명할 수 있는 명제를 세울 것 등이 그것이다.

영향모델(impact model)의 합리적 구상도 이러한 모델의 일반적 특징과 유사하다. 즉 영향모델은 행동이나 사회적 조건을 변화시키기 위한 이론적 생각을, 평가하고자 하는 정책과 관련된 변수로 전환시키거나 혹은 이러한 변수 사이의 관계가 포함된 구체적인 명제로 바꾸는 것을 의미한다.[11]

다시 말해서 영향모델은 투입을 위주로 한 모델이라 할 수 있으며, 이 투입이 이끌어낸 변화에 관한 명제, 나아가서는 정책이 목표로 삼는 행동의 변화에 대한 진술이라고 할 수 있다. 영향모델의 일반적 형태는 〈그림 4-1〉과 같다.

---

9 D. Nachmias, *op. cit.*, p.8.
10 E. S. Quade, *Analysis for Public Decisions*(New York : Elsevier, 1975), p.141.
11 D. Nachmias, *op. cit.*, p.10.

그림 4-1 영향모델의 일반형태

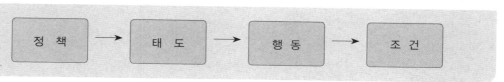

정 책 → 태 도 → 행 동 → 조 건

그러나 현재의 기술적 단계로 볼 때, 이러한 영향모델을 명확하게 설정하기란 지극히 어렵다. 프리만(F. Freeman)과 셔우드(C. C. Sherwood)의 다음과 같은 표현은 이 점에 있어서 매우 설득력 있게 들린다. 즉 "영향모델은 정책사업 계획 활동의 근간이 되는 명확한 가정에 불과하다. 이러한 가정은 과거의 경험으로부터 유추될 수 있고, 때로는 소규모의 표본으로부터 추출된 것일 수도 있다. 그것이 어떤 것이든간에 거기에는 경험적 근거가 희박하다는 것이 사실이다. 이러한 이유로 영향모델은 정책을 계속해서 시행하는 데 장애요인이 되며, 정책의 유효성을 평가하는 데 극심한 한계를 던져 주게 된다."[12]

그럼에도 불구하고, 이처럼 평가 그 자체에 대한 이론이 없기 때문에 명확한 영향모델이 정책평가연구의 대용으로 이용될 수밖에 없다.

제 3 절 정책평가에 관한 체계분석적 접근

I 체계의 의의

체계란 구성요소들이 서로 상호작용을 하고 독자적인 행동을 하며, 이 구성요소와 환경을 구분짓는 공동의 경계가 있는 틀을 말한다. 특히 환경과 끊임없는 상호작용을 하는 체계를 개방체계(open system)라 한다. 환경에서 나온 상호작용을 투입(input)이라고 하며, 체계에서 배출된 상호작용을 산출(output)이라 한다. 정치학에서 흔히 이용되는 체계모형 그림으로 표시하면 〈그림 4-2〉와 같다.

문제는 체계를 이런 식으로 정의했을 때, 어떤 것이나 모두 체계로 분류될 수 있는가 하는 것이다. 체계라는 개념은 여러 가지 상황에서 사용될 수 있지만 그 개념을 유용하게 이용할 수 있는 범위는 극히 제한된다. 따라서 중요한 것은 체계라는 개념이 사용될 수 있는 유용성의 범

---

12 H. F. Freeman and C. C. Sherwood, *Social Research and Social Policy*(Englewood Cliffs, New Jersey : Prentice Hall, 1970), p.8.

그림 4-2 / 체계모형

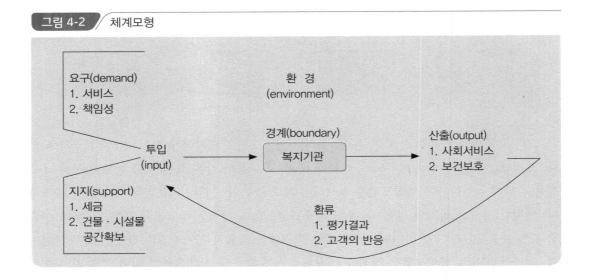

위를 밝히는 것이다.

그러나 다른 무엇보다도 체계라는 개념이 지닐 수 있는 가장 큰 장점은 현상을 전체적으로 조망할 수 있다는 것이다. 정부부문에서 특히 체계이론을 많이 사용하는 것은 이러한 연유에서이다.

Ⅱ 체계분석의 의의

체계분석(systems analysis)이란 일반적으로 특정목적을 달성하기 위한 적절한 절차(procedure)를 모색하려는 분석기술로서 의사결정자가 여러 가지 문제해결방안 중에서 최적방안을 선택할 수 있도록 체계적으로 조사·연구하는 방법을 말한다.[13]

따라서 체계분석적 접근법은 시행착오에 의한 문제해결과는 다르며,[14] 활동을 수행함에 있어 야기되는 어려움과 영향을 미치는 요인을 되도록이면 모두 분석·평가하여 결정을 내릴 수 있도록 사전에 전체적인 안목에서 검토하는 방법이다. 이러한 점에서 체계분석은 의사결정이론 중에서 규범적 접근방법에 속한다고 볼 수 있다.

이와 같이 적정의사결정을 돕는다는 의미에서 체계분석은 오퍼레이션 리서치(operations

---

13 F. Greenwood, *Managing the Systems Analysis Function*(New York: American Management Association, Inc., 1968), pp.1~4.

14 J. M. Fitzgerald & A. F. Fitzgerald, *Fundamentals of Systems Analysis*(New York: John Wiley & Sons, 1973), pp.7~9.

research)와 비슷하나, 완전히 계량적 분석에 의하지 않고 전체(wholeness)로서의 체제의 구조·기능·행태의 경험을 기본지식으로 삼는다는 점에서 OR과 다르다.

Ⅲ 체계분석의 과정

체계분석은 다음과 같은 과정을 거치게 되어 있다. 즉 ① 목적달성을 위한 대체수단의 열거와 비교, ② 대체수단을 그것이 요하는 비용과 편익의 양면에서 비교, ③ 불확실한 요소의 고려 등이다.[15]

1. 대체수단의 열거와 비교

목적을 달성하기 위해서 수단을 열거하여 상호 비교하는 과정은 생각보다 복잡한 과정이다. 기업체에서 새로운 여러 제품 중에서 하나를 선택하는 일은 비교적 선택의 대상이 되는 대체수단이 분명한 경우이다. 따라서 대체수단 중에서 하나를 선택하는 것은 비교적 간단한 과정이라고 볼 수 있다. 그런데 열거된 수단 외에 다른 새로운 수단을 생각해 내지 않으면 안 되는 경우가 있다. 즉 이미 열거한 수단으로는 목적을 달성할 수 없거나 있다고 해도 비용이 너무 과대하게 드는 경우가 그것이다. 또한 새로운 대체수단이 아주 새로운 수단이 아니고 단지 이미 열거한 수단의 새로운 조합에 불과한 경우가 있다.

2. 비교의 기준

목적달성을 위한 최적대안의 선택은 비용(cost)과 편익(benefit)의 비교에 기초해서 이루어져야 한다.

비용이란 그 수단을 사용했을 때에 필요로 하는 자금·인적 자원·기계설비 등을 말한다. 편익이란 그 수단을 사용한 결과가 가져다 주는 이익과 가치 등이다.

3. 불확실성의 문제

모든 선택행위에는 여러 가지 형태의 불확실성이 수반된다. 기획이란 원래 미래지향적인 행위인데, 미래란 언제나 불확실성을 포함하고 있다. 그런데 체계분석은 이와 같이 불확실성을 철저하게 분석하는 장점을 가지고 있다.

---

15 구체적인 절차에 관해서는, D. I. Cleland and W. R. King, *Systems Analysis and Project Management*(New York: McGraw-Hill, 1968), pp.33~45 참조.

Ⅳ 체계분석의 역할

1. 분석의 대상

체계분석의 적용범위는 상당히 넓다. 그러나 모든 의사결정의 분야에 이 체계분석을 적용할 수 있을는지에 대하여 클릴랜드(Cleland)는 체계분석이란 관리분야의 계획(planning)단계에서 모든 전략적(strategic)인 문제에 적용되고, 결정의 집행단계에서 전술적(tactical) 문제까지도 적용된다고 말하고 있다. 따라서 체계분석은 거의 모든 종류의 문제, 즉 정부기관이나 사기업의 조직체의 활동에 대해서는 물론 개개인의 일상생활의 활동분야에까지도 적용되는 활용성이 높은 방법이다.

2. 정성적 분석과 정량적 분석

체계분석은 매우 과학적인 분석방법이고, 과학에 있어서 가치의 측정은 정량적이다. 다시 말해서 체계분석은 원칙적으로 정량적 분석방법인 것이다. 체계분석은 문제를 정식화하여 해답을 구할때 상당한 부분에 수학의 힘을 빌리고 있다.

그런데 체계분석이 아무리 과학적이라 하더라도 정성적 분석을 전혀 무시할 수는 없다. 왜냐하면 아무리 정량적으로 문제를 분석한다고 하더라도 결국 결정을 위한 판단은 사람의 주관적인 것이기 때문이다. 이런 경우 과학적 방법은 주관적인 판단에 보완적인 성격을 갖고 있고, 정량적 방법을 통해서 정책결정자로 하여금 보다 논리적 내지는 그 결정에 일관성을 가져오게 한다.

3. 최 적 화

정책결정의 문제는 목적달성을 위한 최선의 수단이 선택되어 비로소 해결이 되는 것이다. 최선의 수단이란 최적의 수단을 말한다. 그런데 각종의 불확실성을 갖고 있는 복잡한 문제의 경우, 현재의 체계분석으로 완전한 최적화를 기한다는 것은 거의 불가능한 일이다. 왜냐하면 그것은 위에서 말한 바와 같이 의사결정에 필요로 하는 모든 요소가 정량화가 될 수 없고, 상당한 부분이 인간의 주관적 판단에 의존하기 때문이다.

그러나 과학적 방법은 결정자에게 완전한 최적화는 주지 못한다 하더라도 올바른 사고를 할 수 있는 계기는 제공하게 된다. 또한 완전무결한 해답을 주지 못한다 하더라도 가능한 여러 해답을 제공할 수는 있다. 그리고 결정에서 무엇이 목적이고 수단인가를 알려 줄 수 있는 것이다.

Ⓥ 체계분석의 모형

체계분석의 도구는 모형(model)이다. 분석에 있어서의 모형이란 어떤 사물을 추상화시킨 것이라고 할 수 있다. 그리고 그 어떤 사물(체계)의 변화가 그 어떤 사물(체계)의 전체에 어떠한 영향을 주는지를 예측하기 위해서 존재하는 도구이다.

모형을 사용함으로써 정량적인 예측은 그것을 사용하지 않을 경우보다 훨씬 쉽게 그리고 정확하게 이루어진다. 정책결정의 분석을 위해서 사용되는 모형은 때때로 수식으로 표시된다. 또한 그 수식은 단일한 경우보다 여러 개의 수식으로 이루어지는 경우가 많다. 예컨대 비용 (cost)을 예측하기 위한 비용모형과 편익(benefit)을 예측하기 위한 편익모형 등이 그것이다.

모형의 역할은 현실세계의 어떤 사물, 즉 시스템의 대용품으로 작용하는 것이다. 문제해결을 위한 분석에 필요한 것은 현실세계의 시스템을 모방한 모형이다. 모형을 사용함으로써 분석자는 시스템의 구성요소의 상호관계를 명백히 하고, 그 요소의 변화가 시스템 전체의 움직임에 어떤 영향을 주는지를 알 수 있다.

1. 운영연구

운영연구(Operations Research: OR)는 체계분석의 가장 최초 형태 중 하나다. 그리고 OR은 오늘날 가장 널리 사용되고 있는 체계분석의 기법이 되고 있다. 그러나 OR의 접근은 결정론적 모델에 입각해 있고, 목표도 가능한 한 단순화 내지는 계량화시키고 있기 때문에 정부부문보다는 오히려 사적 부문에 더 많이 활용되고 있는 실정이다. 대부분의 OR 연구가들은 관리과학이나 공학 등의 훈련을 받고 있으며, 높은 수준의 계량적 접근을 적절히 구사할 수 있도록 되어 있다.

(1) 운영연구의 역사적 배경

OR(operations research: 운영연구)이란 용어가 처음 사용되기 시작한 것은 1939년 이후로서 제2차 세계대전 중 영·독 사이의 전쟁을 위한 영국군대의 작전연구(operational research)에서 시작되었다.[16]

즉 제2차 세계대전 중 영국에서는 병기를 어떻게 운영하면 최대의 효과를 얻을 수 있을까 하는 문제에 관심을 갖고 군 이외의 이공학자·생물학자·심리학자·통계학자 등의 협력에 의한 해결방안을 모색하게 되었다. 그 당시 OR의 연구는 항공기에 의한 유 보트(U-Boat)의 수색

---

16 R. L. Ackoff and P. Rivett, *A Manager's Guide to Operations Research*(New York: John Wiley & Sons, 1963), pp.1~33.

문제, 신무기인 레이더(Radar)의 효과적 사용문제, 수송선단의 규모문제, 전략폭격기의 효율적 임무수행에 관한 문제 등이었다. 이와 같이 OR을 연구·적용한 결과 동일한 전력을 가지고도 수배의 전력증대를 가져올 수 있었다.

전후에는 행정·산업계에 OR이 도입되기에 이르렀고, OR에 대한 연구가 민간부문에서도 대규모로 전개되었다. 현재 OR은 행정관리분야에서 크게 공헌하고 있으며, 전산도구의 발달로 OR의 계산도 용이하게 되어 관리과학(management science)으로서 없어서는 안 될 중요한 위치를 차지하고 있다.

(2) 운영연구의 의의

OR에 대한 정의는 일반적으로 모스(Philp M. Morse)와 킴벌(George E. Kimball)이 말한 것이 많이 인용되고 있는데, 그들은 "OR이란 집행부 관리하에 있는 여러 행동에 관한 결정에 대해서 집행관에게 계량적인 기초를 제공하는 과학적 방법"[17] 이라고 정의하고 있다. 따라서 OR이란 조직전체와 관련해서 문제해결의 최선의 방법을 규명하려는 기술을 말하며, 의사결정의 택일방법을 추구함에 따라 기초과학적 지식이 모두 동원될 뿐만 아니라 계량적 또는 수리적 모형을 사용한다. OR을 수리적 용어로 표시하면, 일반적으로 $E=f(X_i, Y_i)$로 나타낼 수 있는데, E는 체제의 능률(effectiveness), f는 통제될 수 있는 변수(X_i)와 통제될 수 없는 변수(Y_i)의 함수(function)이다.[18] 따라서 운영연구(operations research)가 성공적으로 활용되려면 통제가 될 수 있는 변수를 가능한 한 많이 사용해야 하며, 반면에 통제될 수 없는 변수는 적게 하고, 결정기준을 정하기 위하여 과거에 실시한 방법을 될 수 있는 한 많이 찾아 내야 한다.

이러한 OR은 크게 다음과 같은 세 가지 점에 있어서 과학적 분석에 기여를 한다.

첫째, 현실의 상황을 수학적 모델로 전환시켜 현실의 본질적 요소를 추상화시킴으로써 의사결정자의 목표와 관련된 해결을 가능하게 한다.

둘째, 문제해결에 필요한 해결책을 구조화시키게 되고, 이를 위한 체계적 절차를 강구시키게 된다.[19]

셋째, 수학적 이론을 포함한 가장 바람직하다고 생각되는 해결책을 마련하게 된다.

---

17 P. M. Morse & G. E. Kimball, *Method of Operations Research*(New York: John Wiley and Sons, 1957).

18 R. L. Ackoff and M. W. Sasieni, *Fundamentals of Operations Research*(New York: John and Wileys, 1968), pp.8~11.

19 F. S. Hillier and G. J. Lieberman, *Operations Research*, 2nd ed.(San Francisco: Holden-Day, 1974), p.4.

(3) 운영연구의 특징

OR의 특징은 두 가지 분야로 나누어 생각할 수 있는데, ① 일반적 특징과, ② 접근상의 특징이 그것이다.[20]

(가) 일반적 특징

① OR은 체계지향적(system orientation)이다

OR에서 다루는 문제는 노동자·기계·재료 등 개개의 요소를 다루는 것이 아니고, 이들을 구성요소로 하는 하나의 체계로 보아 어떻게 운용하면 최대의 효과를 올리는가 하는 문제를 다루는 것이다.

② OR은 관리자의 의사결정을 돕는다

OR은 조직 전체의 유효성을 높이려는 목적하에 하부조직의 이해대립을 조정한다. 따라서 전체적 입장에서 생각해야 하므로 OR은 집행형의 문제해결수단이다.

③ OR은 의사결정을 위한 기초를 제공한다

OR은 의사결정자를 대신해서 결정을 내리는 것이 아니라, 그 결정의 기초가 되는 자료를 제공하는 것만으로 사명을 다하는 것이다. 따라서 OR이 성공하려면 의사결정자의 OR에 대한 이해가 절대로 필요하다.

(나) 접근상의 특징

① OR은 과학적 방법이다

OR은 수학이 많이 사용될 뿐만 아니라 객관적으로 어떤 사람에 대해서도 설득력있는 방법으로 문제를 해결하려 한다.

② OR은 과학의 전영역에 걸친 지식을 필요로 한다

OR의 문제는 대부분 여러 분야와 관련되어 있어 수학·생물학·물리학·통계학·경영학·사회학 등 각 분야의 전문가가 모여서 문제해결을 위한 프로젝트 팀(project team)을 결성하는 것이 보통이다.

③ OR의 해답은 양적으로 표시된다

OR에 있어서 문제는 모두 계량적으로 표시되어 막연히 A방법보다 B의 방법이 우수하다로 나타나는 것이 아니라, 'A방법이 B방법보다 몇 만원 더 이익이다.'와 같이 수적으로 표시가 된다.

---

20 R. L. Ackoff and P. Rivett, *op. cit.*, pp.10~33.

(4) 운영연구의 모형

OR에는 다섯 개의 주요한 요소가 포함된다. 즉 ① 오퍼레이션(operation)의 목적, ② 유효성의 척도, ③ 결과의 집합, ④ 가능한 명령조(組), ⑤ 가능한 자연의 상태이다. 오퍼레이션의 결과가 가능한 명령조 및 가능한 자연의 상태에 어떻게 의존하는가를 표시하는 수학적 관계를 모형(model)이라고 부른다.

OR에는 구분하는 기준에 따라 많은 모형이 존재하나 그 중요한 것만을 열거하면 다음과 같다.

① 배분모형(allocation model)

이 모형에서는 주어진 자원을 몇 개의 활동부문에 어떻게 배분하면 가장 효과적인가를 검토한다. 가령 전형적인 것으로 선형계획문제(linear programming problem)가 있다. 이 선형계획은 모든 가능한 대안 중 하나의 최선의 결과를 가져오기 위한 활동계획을 의미한다. 즉, Linear Programming(LP)은 최적모델을 이용하여 희구된 결과와 활용가능한 자원 사이의 최적조합을 모색하는 기법이라 할 수 있다. 여기에서 Linear(선형)란 그 선 내의 모든 값이 동일한 값을 지닌 함수를 의미한다. 그 형식은 극대화(maximize)·극소화(minimize)의 두 가지가 있다. 이 선형계획의 일반구조는 목적함수, 제약조건 및 비부(非負)조건으로 구성되며, 기본해법은 그래프(graph)나 심플렉스(simplex)방법 등이 있다.

이 LP를 맨처음 도입한 사람은 단치히(G. Dantzig)였다. 그는 LP를 해결하기 위한 'simplex method'를 개발함으로써 제2차 세계대전 기간 동안 미육군의 군사기획에 커다란 도움을 주었다.

그러나 LP를 공공기관에 적용시키는 데에는 몇 가지 난점이 따르게 된다. 즉 LP를 적용시키기 위한 선결요건으로서 명확한 목표의 설정이 필요한데, 공공기관의 경우 이것이 쉽지 않다는 것이다. 그 이외에도 LP는 비현실적인 수학적 공식에 의존하고 있는데, 복잡한 현상을 대상으로 하고 있는 공공기관의 경우 이것의 적용이 어렵다는 것이다.

② 다단계결정모형(multi-stage decision model)

이 모형에서는 다단계결정과정에서의 최적화를 주로 검토하며, 가장 대표적인 것으로 동적 계획(dynamic programming)이 있다. 앞의 선형계획은 이익의 계산이나 자원 등이 선형(linear)이라는 것을 가정하고 있는 데 반하여, 이 동적 계획은 문제의 특성에 따라 관련된 다단계 의사결정계획으로 일정한 알고리듬(algorithm)이 없다.

③ 재고모형(inventory model)

재고란 생산과 판매와의 관계에서 야기되는 현상으로, 이의 효율적인 조절은 경영관리의 중요한 기능이 된다. 가장 간단한 모형으로 경제적 주문량(economic order quantity; EOQ) 산출의 공식이 있다.

④ 대기행렬모형(queueing model)

일정한 서비스기관에서 어떻게 하면 가장 효율적으로 고객이 지나친 대기를 하지 않고 서비스를 제공받을 수 있는가를 결정하는 모형이다. 이 경우 서비스의 차례가 오는 것을 기다리는 현상이 대기행렬이며 주로 확률로 답을 낼 수 있다.

⑤ 순서결정모형(sequencing model)

여기서는 고객을 얼마나 기다리게 하느냐를 검토하지 않고 서비스를 받을 고객의 도착을 규제한다. 즉 어떤 순서로 서비스를 제공하는 것이 가장 효과적인가를 검토한다.

⑥ 대체모형(replacement model)

주로 생산공장에서 시간의 경과와 더불어 생기는 설비의 마모현상과 관계가 있는 모형이다. 따라서 어떤 시점에서 이 설비를 대체하는 것이 가장 효과적인가 하는 것이 이 모형을 통할 때 가장 잘 산출할 수 있는 것이다.

그 밖에 주요한 모형으로는 경합모형(competitive model) 또는 시뮬레이션(simulation)모형 등이 있다. 이상에서 본 바와 같이, OR의 모형은 주로 경영관리분야에서 발달한 것을 알 수 있다. 이들을 행정관리에 채용하려면 약간의 조작이 필요하게 된다.

2. 경로분석

경로분석(path analysis)이란 그 방법론적 기법을 공학에서 따온 체계분석을 의미한다. 이 경로분석 중 가장 많이 이용되고 있는 것이 다름아닌 PERT(program evaluation and review technique)와 CPM(critical path method)이다. 이 두 기법은 서로 유사성이 많지만 그 개발은 서로 상이하게 이루어져 왔다. 먼저 CPM은 1957년 워커(Morgan R. Walker)와 켈리(James E. Kelly)에 의해서 개발되었으나, PERT는 1950년대 폴라리스 미사일 체제와 더불어 발전하였다. 이 두 기법은 용어상의 차이는 있지만, 실제 차이가 나는 것은 딱 한 가지뿐이다. 즉 CPM은 계획완성에 걸리는 기대시간에 따라 모든 사업이 마쳐져야 하지만, PERT는 완성에 필요한 기대시간에 유동성이 있다는 점이다.[21]

(1) PERT의 개념

업무의 효율적인 관리를 위해서는 일반적으로 세 개의 측면, 즉 ① 가치면, ② 물량면, ③ 시간·기간면의 고찰이 필요하다. 이 가운데 시간·기간면에 있어서의 고찰에 유력한 수법이

---

21 B. Bozeman, *Public Management and Policy Analysis*(New York: St. Martin's Press, 1979), p.316.

되고 있는 것이 PERT이다. 다시 말해 하나의 세부사업(project)을 분해하여 개개의 작업 사이에 시간적 관계, 즉 순서관계를 조사하여 사업책임자에게 유리한 결과를 가져오도록 그 해답을 구하는 기법을 PERT라 할 수 있다.[22]

(2) PERT의 역사적 배경

PERT는 1957~1958년 사이에 미해군의 SPO(special project office)의 주재하에 록히드사와 해밀턴사에서 개발된 기법이다. 1958년 9월 폴라리스(polaris)유도탄에 대한 계획에서 실제로 응용한 결과, 새로운 계획관리기법으로서 실용적인 가치를 처음으로 인정받게 되었다. 같은 해 10월 폴라리스잠수함건조계획에 전면적으로 채용함으로써 당초계획보다도 약 2년의 공기를 단축시키는 데 성공하였다.[23] 그 이후 미국의 육군·공군을 비롯하여 듀퐁회사와 기타 많은 민간회사에서도 네트워크(network) 중심의 기법이 개발되었다. 또한 1962년 7월 미국방성은 국방성과의 계약회사에 PERT를 채용하도록 의무화시켰다. 이와 같이 PERT는 기간단축의 기법으로 대단히 높이 평가되고 있는 것이다.

PERT는 대형 프로젝트에 대하여 ① 완성시기의 예측, ② 작업별 개시·완료일정계획의 작성, ③ 작업의 진행관리, ④ 일정변경의 영향, ⑤ 중점적으로 관리해야 할 공정 등을 계량적으로 파악할 수 있는 장점이 있다.

(3) PERT의 목적과 이점

PERT는 사업책임자가 사업계획을 수립하고 집행함에 있어 직면하게 되는 자원문제, 즉 인적 요소·물적 요소 및 결과를 획득하고 각 활동 상호 간의 관계를 명확히 하여 주는 데 그 목적이 있다. 특히 큰 사업일수록 이러한 자원 및 상호관계문제는 복잡하여 사소한 차질이 전체계획에 커다란 영향을 줄 수 있다.

따라서 이것을 요약하여 PERT의 목적을 제시한다면 다음과 같다.

⑴ 경영활동의 계획수립 및 일정작성

⑵ 경영활동의 연속적인 파악과 임기응변의 대책보완

⑶ 각 활동상호관계의 명확화

⑷ 시간과 자원에 대한 효과적인 관리가능

---

22 L. Hough, *Modern Research for Administrative Decisions*(Detroit, Michigan: Wayne State University Press, 1970), pp.356~357.

23 Admiral W. F. Raborn's Address to the National Security Industrial Association, "A Lesson in Management," reprinted in *Aviation Week and Space Technology*, Vol.76, No.5(1962), p.21.

이와 같은 종합관리기법으로서의 PERT는 다음과 같은 이점을 지니고 있다.[24]

(1) 계획수행의 상태가 명확하게 되어 시간을 정확히 예측할 수 있다.

(2) 의사소통과 정보획득에 도움을 준다.

(3) 경영자에 대해서 사전에 의사결정을 가능하게 한다.

(4) 시간을 단축하고 비용을 절감한다.

(5) 책임의 소재가 명확하게 된다.

(6) 문제점을 예측할 수 있다.

(7) 최적안을 선택하여 대체안도 작성할 수 있다.

(4) PERT의 적용과정

PERT를 적용하기 위하여서는 다음과 같은 과정을 따르지 않으면 안 된다.

(1) 프로젝트(project)에 포함되는 모든 작업의 순서관계를 조사하여 화살도표(arrow diagram)로 표시한다.

(2) 각각의 작업소요시간을 예측한다.

(3) 최조(最早 earlist)개시 및 완료시각과 최지(最遲 latest)개시 및 완료시각인 단계시간과 그것에 의하여 얻어진 활동시간 및 하나의 프로젝트를 완료시키는 데 필요한 최단시간을 계산한다.[25]

(4) 주공정(critical path)을 구한다.[26]

(5) 이들 계산결과에 기인하여 실제로 수행할 세부사업일정을 시간 및 자원 등의 제약요인을 감안하여 작성한다.

(6) 필요에 따라 (1)~(5)의 과정을 반복하여 계산한다.

(5) PERT의 활용

PERT의 시작은 임무와 계획을 동일한 것으로 만드는 모델로부터 이루어져서 일련의 계속된 업무로 이루어지게 된다. 가설적인 PERT의 통로를 표시해 보면 〈그림 4-3〉과 같다.

이 그림에서 숫자로 표시된 동그라미는 완성된 사건을 가리킨다(가령 정책평가를 해 놓은 보고서). 그리고 화살표는 활동(activities: 가령 예산요구)을 나타내 준다. 화살표의 꼬리부분은 활동의 시작을 의미하며, 머리부분은 활동의 종결을 의미한다.

---

24 L. Hough, *op. cit.*, pp.365~375 참조.

25 C. McMillan and R. Gonzales, *Systems Analysis: A Computer Approach to Decision Models*(Homewood, Ill.: Richard D. Irwin, Inc., 1965), pp.189~190.

26 이에 대한 자세한 설명은, L. Hough, *op. cit.*, pp.363~365 참조.

그림 4-3 / 가설적인 PERT 통로

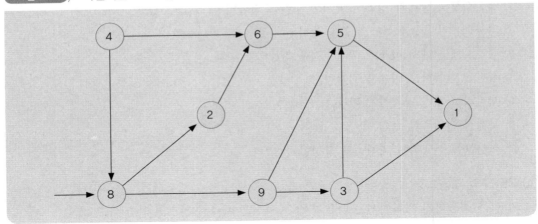

이러한 PERT가 주는 의미는 크게 세 가지로 분류할 수가 있다. 첫째, 사업의 완성에 필요한 시간의 추정, 둘째 계획된 시간 동안 어느 정도의 사건이 일어날 것인가 하는 것을 예측하는 것, 그리고 셋째, 사건의 가장 중요한 경로(critical path)를 찾아내는 것 등이 그것이다.

이 중 기대시간을 찾아내는 공식은 다음과 같다.[27]

$$t_e = \frac{a + 4m + b}{6}$$

여기에서 t_e는 한 활동을 수행하는 데 필요한 기대시간
m은 가장 빈번하게 일어나는 시간
a는 한 사업이 완성되는 데 필요한 가장 낙관적인 시간
b는 한 사업이 완성되는 데 필요한 가장 비관적인 시간
4는 가중치
6은 상수

이 때 최적의 추정치는 다음과 같은 공식에 의하여 결정되게 된다.

$$v = \frac{b - a^2}{6}$$

〈그림 4-4〉는 완성된 시간과 변량(v)을 계산해 놓은 경로를 표시해 주고 있다.

이 네트워크(network) 중 가장 중요한 경로(critical path)가 되는 것은 잔여분이 없는 곳, 즉

---

27 *Ibid.*, p.317.

그림 4-4 / 가설적인 PERT 통로

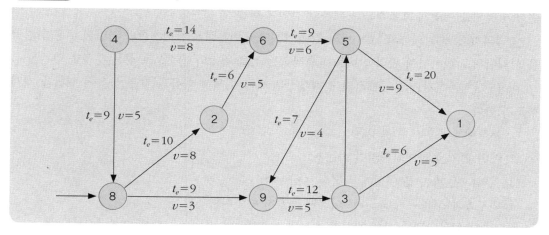

가장 이른 시간과 가장 늦은 시간이 꼭 같은 곳이 된다.

그런데 이 PERT의 기법을 정부기관에 응용했을 때에는 앞서의 LP가 직면했던 것과 마찬가지의 어려움에 봉착하게 된다.

(6) PERT의 한계

이상에서 본 바와 같이 PERT의 이용에 따른 많은 이점도 있으나 또한 실무상 여러 가지 어려움도 나타나고 있다.

⑴ 우선 최고관리자의 이해가 절실히 요구된다.

⑵ 각 현장단위로 계획공정을 전시함으로써 전원참가의 기풍을 조성해야 한다.

⑶ 자원이나 시간의 정확한 추정이 용이하지 않으며, 이 기법을 이용하더라도 목적이나 정책 등을 유도해 낼 수 없다.

또 PERT란 하나의 관리기법으로 보다 과학적이고 효과적이긴 하나, PERT수법에 의하여 도출된 데이터를 과신하여 결론을 내리면 오히려 불합리한 결과를 초래할 가능성도 없지 않을 것이다. 이는 어느 기법에 있어서도 마찬가지이다. 결국 이상과 같은 한계점을 최소화하려는 노력이 요구된다.

3. 비용-편익분석

(1) 비용-편익분석의 의의

거시경제학자들에 의해서 개발된 비용-편익분석도 강력한 체계분석적 속성을 지니고 있다. 윌다브스키(A. Wildavsky)에 따르면 비용–편익분석의 목적은 정부기관이 사경제영역과 관련하여 자원을 어떻게 효율적으로 배분할 것이냐 하는 데 있다.[28]

기법의 명칭이 암시하고 있는 바와 같이, 비용–편익분석은 사업계획과 관련된 비용과 편익을 화폐단위로 환산하여 편익이 비용을 초과하는 점을 결정의 기준으로 삼는 분석을 일컫는다.

비용–편익분석가들은 구체적인 정책결정을 하기 위해서 다음과 같은 물음에 해답을 제시하고자 한다.[29]

(1) 분석체계의 척도는 무엇인가.
(2) 어떤 편익을 극대화시켜야 하는가.
(3) 편익(혹은 비용)은 어떻게 측정해야 하는가.
(4) 외부효과(spillover effects)는 어떻게 측정하여야 하는가.
(5) 사업계획완성에 걸리는 시간의 효과나 그 편익 및 비용은 어떻게 다루어야 하는가.
(6) 위험이나 불확실성을 다룰 수 있는 방안은 없는가.

이상의 물음에 대한 해답을 제시하기 위해서 작업 모델(working model)이 필요하게 된다. 이 경우 파레토(Pareto)최적이나 제로섬 게임(zero-sum game) 혹은 논–제로섬 게임(non-zero sum game) 등과 같은 모델이 흔히 사용된다.

이러한 모델을 선정하고 나면, 구체적으로 비용과 편익을 구체화하거나 측정하여야 할 필요가 있다. 편익은 고도의 일반성을 지니는 경우가 대부분이지만, 이것을 계량화시키는 것이 필요하다.

또한 편익과 비용을 측정하는 데에 있어서 편익의 소비시간(the time of consumption of benefit)에 대한 고려가 아울러 병행되어야 한다.

비용–편익분석의 최종단계는 위험과 불확실성을 계산하는 단계이다. 실제로 이러한 불확실성에 직면한 분석은 그 유용성이 크게 떨어질 염려가 있다. 따라서 이러한 불확실성을 최소로 줄이기 위해서는 할인율을 가능한 한 높게 잡아야 된다.

(2) 비용·편익모형의 활용

이 모형은 체계분석에서 가장 일반적인 모형으로 확정적 상황하에서 몇 가지 자원을 조합하여 대안을 구상하고, 이들 조합에서 나오는 편익을 구하는 데 사용한다.[30]

---

28 A. Wildavsky, "The Political Economy of Efficiency," in Austin Ranney(ed.), *Political Science and Public Policy*(Chicago: Markham, 1968), p.57.
29 B. Bozeman, *op. cit.*, p.319.
30 이 예는, D. Cleland, *op. cit.*, pp.101~106 참조.

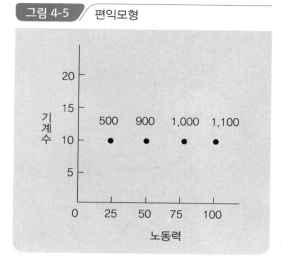

그림 4-5 / 편익모형

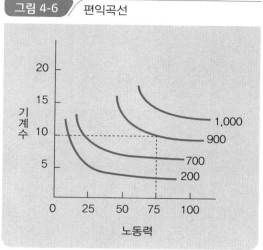

그림 4-6 / 편익곡선

여기 예로서 생산기업에서 가장 중요한 자원인 노동력과 기계와의 관계를 들어보겠다. 즉 노동력과 기계의 두 자원의 조합으로 재화를 생산하는 경우를 들기로 한다. 여기에서 확실성의 상황을 가정하여 모형을 전개하기로 한다. 다음 〈그림 4-5〉는 노동력 100명과 기계 10대에 의한 생산량은 1,100이고 기계의 대수를 일정하게 하여 노동력을 75명, 50명, 25명으로 한 경우, 생산량은 1,000, 900, 500을 나타낸다.

〈그림 4-5〉에서 나타내는 생산량에 입각하여 어떤 결정을 한다는 것은 편익을 중심으로 한 결정을 한다고 할 수 있다. 또 노동력과 기계와 생산량의 관계는 〈그림 4-6〉의 곡선으로 알 수 있다. 이 곡선은 동일편익선(equal benefit lines)이라고 부른다. 즉 900의 생산고는 75명과 기계 10대의 조합뿐만 아니라 기타 여러 가지 조합으로도 얻을 수 있다.

다음으로 위의 편익과 비교하기 위해서 비용모형이 필요하게 된다. 노동력과 기계의 단가를 알고 있는 경우에는 〈그림 4-7〉과 같은 비용곡선을 그릴 수 있다. 여기에서 노동력의 단가는 200원, 기계의 단가는 1,000원으로 가정한다(비용곡선은 직선이 된다). 따라서 10,000원의 자금으로는 노동력을 0으로 한 경우, 10대의 기계를 입수할 수 있다는 말이다. 또한 1,000원의 자금으로 기계를 0으로 한 경우에는 50명의 노동력을 구할 수 있다는 말이 된다. 〈그림 4-7〉의 비용곡선은 예산곡선이라고도 볼 수 있다. 즉 일정한 예산으로 실현할 수 있는 자원의 조합은 모두 이 비용곡선상에 있는 것이다. 여기에서 비용곡선과 편익곡선을 조합함으로써 〈그림 4-8〉을 얻게 된다. 15,000원의 자금으로 최선의 노동력과 기계의 조합은 어떤 것이 되는지 이 문제의 해답은 〈그림 4-8〉에 나타난다. 〈그림 4-8〉을 보면 생산량 700의 편익곡선이 자

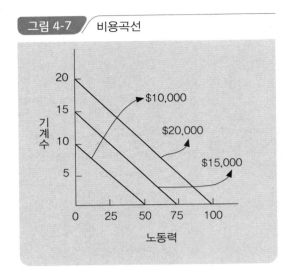

그림 4-7 / 비용곡선

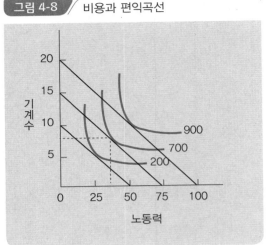

그림 4-8 / 비용과 편익곡선

금 15,000원의 비용곡선에 접해 있다. 이 접점을 읽음으로써, 즉 15,000원의 자금으로 최대의 생산량을 얻기 위해서는 약 35명의 노동력과 7대의 기계를 입수하는 것이 필요하다는 것을 알게 된다. 이 경우 생산량은 700이다. 또 말을 바꾸면 700개를 생산하기 위한 가장 적은 비용은 15,000원이다. 다시 말해서 15,000원 이하의 자금으로는 생산량 700을 얻을 수 없다. 위의 비용과 편익모형은 자원의 조합에 따른 정책결정에는 매우 유익한 모형이다.

(3) 비용·편익모형의 한계

비용-편익분석은 여러 가지 정책문제에 적용되고 있으며, 실제 정책분석가들이 쉽게 이용할 수 있는 가장 유용한 분석도구 중의 하나가 되고 있다. 그러나 이러한 유용성에도 불구하고 비용-편익분석을 현실에 적용시키는 데에는 몇 가지 한계가 따르게 된다.

첫째로, 가장 중요한 문제는 사회적 비용을 경제적 비용으로 전환시키는 데 따르는 문제점이다.

둘째, 이와 관련하여 산출(output)을 규정하기 어렵다는 난점도 따르게 된다.

셋째, 비용-편익분석은 산출이 지향하고 있는 목표를 정확하게 기술하지 못한다는 문제를 안고 있다. 비용-편익분석에서 사용되고 있는 중요한 개념의 대부분이 사용하는 논자에 따라 차이가 나기 때문에 실제로 그것을 규정하기가 어렵다는 것이다.

그러나 다른 무엇보다도 비용-편익분석에 있어서 가장 큰 문제는 역시 경제적 합리성을 추구하기 위해서 정치적 합리성을 희생시켰다는 점이다.[31]

---

31 A. Wildavsky, *op. cit.*, p.57.

따라서 비용–편익분석이 좀 더 효용성을 갖고 현실에 적용되기 위해서는 엄밀한 분석보다는 광범위한 관점을 지닐 필요가 있다.

제4절 정책평가의 문제점

정책평가는 몇 가지 점에 있어서 앞으로 많은 발전이 요구된다. 첫째, 정책평가의 모델을 설정하는 데 필요한 방법론적 기술이 아직까지 미약하다는 것이다. 둘째, 평가기간 동안 평가요원들의 잦은 교체와 평가목표 및 과정의 잦은 변경이 정책평가를 어렵게 한다는 것이다.

그러나 다른 무엇보다도 평가를 어렵게 만드는 것은 평가작업을 정치적 상황에서 수행해야 한다는 것과 평가와 관료제는 양립할 수 없다는 것이다.[32]

정책평가란 언제나 정치적 상황하에서 이루어지게 된다. 정책이란 지지자도 있을 수 있고 반대자도 있을 수 있다. 그것은 어떤 경우이든 실력 있는 사람(strong man)의 의도에 따른 평가가 이루어질 수 있고, 이 과정에서 평가에 대한 왜곡이 있게 되기 쉽다는 것이다. 평가의 과정과 절차가 정치부문과 쉽게 연결관계를 맺고 있는 것도 이러한 연유에서이다.

관료들은 자신들의 정책을 강력히 지지하는 성향을 보이게 된다. 따라서 이 정책의 평가결과가 심히 의심스러운 경우에는 평가를 형식적으로 수행하려고 한다. 평가에 필요한 정보 자료의 제공을 거부하는 것 등의 행위가 자주 발생하는 것도 이러한 이유에 기인된 것이라 할 수 있다.

이러한 어려움들을 극복하고 효과적인 정책평가가 이루어지기 위해서는 평가란 언제나 국민을 위해서 시행되어야 하는 것이라는 가치전제가 마련되어 있어야 한다.

---

32 H. F. Gortner, *Administration in the Public Sector*, 2nd ed.(New York: John Wiley and Sons, 1981), p.260.

Chapter

05 기획론

제1절　기획의 본질

우리가 보통 기획이라고 하면, 흔히 경제기획을 생각하게 된다. 그러나 기획이 경제기획만을 뜻하는 것은 아니다. 따라서 기획 혹은 계획은 복잡하고 다면적(many-sided)인 과정이라고 볼 수 있다. 또 기획이란 어떤 목표를 달성하는 데 있어서 최선의 가능한 대안(alternative)을 선택하게 하는 조직되고 지능적인 노력이라고 볼 수 있다. 즉 기획은 ① 결정을 하는 데 있어서 인간지식의 합리적인 응용이 요망되고, ② 방법(means)과 결과(ends)와의 관계, ③ 결과를 가장 능률적인 방법으로 성취하고자 하는 노력이 필요하고, ④ 많은 대안 중에서 최선의 것을 선택하게 하는 것이라고 정의할 수 있다.[1]

기획은 목적이 아니고 수단인데, 그것은 작게는 우리가 소유하고 있는 재화에 대한 효과적인 활용방법이며, 보다 크게는 질곡에서 허덕이는 무수한 사람의 민생고를 해결함으로써 인류의 번영을 구현시키고자 하는 고차원적인 수단이다.

우리가 사용하는 기획에 해당하는 영어를 통일할 필요가 있겠다. Planning은 기획이며, 정부기획이란 government planning이라고 할 수 있고, 행정기획도 administrative planning이며, plan이라고 하는 과정의 결과물이 기획, 즉 planning이다. 기획 planning의 하위사업, 즉 사업계획은 program이고, 그보다 더 세부적인 사업계획은 project라고 한다.

---

1 A. Waterstone, *Development Planning Lessons of Experience*(Baltimore, Maryland: The Johns Hopkins Press, 1965), pp.8~27에 다양하게 정의되어 있다.

기획의 성격은 일반적 성격과 특수한 성격으로 구분하여 고찰할 수 있다.[2]

1. 일반적 성격

(1) 기획은 조직화된 선견장치(organized foresight)로 임기응변적 방편과 구별된다. 기획은 미래지향적이며 장래문제에 대하여 계획적인 대비책을 강구하고, 일어날 수 있는 사태에 대하여 체계적으로 대처하여야 한다.

(2) 기획은 대안의 선택을 골자로 하는 일련의 의사결정과정이다. 따라서 의사결정에 적용되는 모든 원리가 기획에도 적용된다. 그러나 기획은 본래 광범하고 복합적인 사안을 포함하고 있기 때문에 단 하나의 고립된 의사결정이 성립될 수 없고, 많은 의사결정 상호간의 조화와 균형이 필요하다. 또 기획이란 연속적이고 반복적이므로 어떤 일의 기획으로 그 일이 끝나는 것이 아니고, 그 기획된 일의 평가·교정이 계속적으로 뒤따라야 한다.

(3) 기획은 전문화된 기술로서 전문적·복합적인 지식 및 각종의 관리기법이 동원되어야 한다. 즉 과학적인 계수조정방법, 통계학적 모형, 계량적 방법 등이 모두 필요하다.

2. 특수한 성격

국가기획제도에 한정된 특수한 성격으로는 다음과 같은 것이 있다.

(1) 집권성과 포괄성

현대국가가 가지고 있는 기획제도는 포괄적인 요소들을 계획 속에 포함하게 되어 있다. 예를 들어 경제기획이라고 하면 국가의 수요·공급, 그리고 분배에 관한 방향설정은 물론 기타 이들과 관련된 포괄적인 요인들과 조정·통합하게 되어 있다. 또한 기획제도는 포괄적인 요소의 통합과 통제를 행하고 그에 관한 국민의 지지를 얻기 위한 국가권력의 집권화를 필요로 한다.

(2) 중 립 성

국가기획은 정치적·윤리적 의미에서의 중립을 기한다. 기획은 정권의 유지에 간접적으로

2　김봉식, 기획론(서울: 박영사, 1975), 53~56면에 자세한 설명이 있다.

기여하기는 하나, 직접적으로 정권의 유지 혹은 투쟁을 위하여 쓰여지지는 않는다. 기획은 국가·사회문제의 중립적이며 합리적인 해결도구로 사용될 뿐이다. 이런 의미에서 러너(Max Lerner)는 "기획은 사회주의나 자본주의 또는 파시즘 중 그 어느 것도 아니다. 오직 국가활동에 적용되는 집산주의(collectivism)일 뿐이다"[3] 라고 말한 바 있다.

(3) 제도적 합리성

국가기획은 제도적 합리성(institutional rationality)을 요하는 제도이다. 제도적 합리성이란 위대한 목적을 설정해 놓고, 이것을 구현시키는 데 필요한 효과적인 수단을 고안하여 이 목적을 일관성 있게 추구하면서도 수시로 변화하는 상황에 적용할 수 있는 융통성을 확보하는 능력이다. 즉 가장 합리적인 제도화된 능력을 말한다. 민주사회의 존립조건은 지속적인 목표통제 및 권한의 존재라고 할 수 있으나, 이들은 모두 제도적인 합리성에 의해서만 확보·유지될 수 있는 것이다.

제 3 절　기획의 유형

기획을 분류하는 기준은 너무나 많고 각 학자마다 다르기 때문에 여기서는 편의상 중요한 분류만을 몇 개 소개하는 데 그치고자 한다.

1. 디목(M. Dimock)의 분류

(1) 기능별 혹은 직종별

노동·후생·경찰·소방·항공·통신 등과 같이 기획을 기능별로 구분하는 것이며, 이의 종류는 아주 다양하다.

(2) 지역별

기획을 지역별로 분류하면 중앙기획·지방기획·광역기획·도시기획 등이 된다.

(3) 통치기능별

국가의 주요 통치기능별로 치안·국방·조세 등이 있으며, 기획은 이 모든 통치기구에 대하여 행해질 수 있다.

---

3 M. Lerner, *It is Later than You Think*(1938), pp.146~150; 김봉식, 전게서, 55면.

(4) 조직별

행정조직 중에서 가장 대표적인 조직유형은 부처조직·독립규제위원회·공사가 있다. 기획은 이와 같이 제각기 다른 조직에 따라서 존재한다.

(5) 인간집단별

인간집단의 대표적인 예는 부녀집단·원호대상집단·노동집단 등이 있는데, 기획은 이와 같은 인간집단에 따라 필요하게 된다.

(6) 경제구조별

기획은 경제구조의 3대기둥이라고 할 수 있는 기업·노동·산업을 중심으로 분류될 수 있다. 또 경제구조는 생산·분배·소비의 대부문으로 분류될 수 있으므로 기획은 이 부문에 따라 존재할 수 있다.

2. 워터스톤(A. Waterston)의 분류

워터스톤은 다음과 같이 분류하고 있다.

(1) 전시기획(wartime planning)

주로 제2차 세계대전 중 영국과 미국이 전쟁수행을 위하여 가졌던 기획을 말한다. 이 기획으로 주로 물자와 사람을 통제하였다.

(2) 읍면기획(town and country planning)

제2차 세계대전이 끝나고 전후복구를 위하여 영국에서 사용되었던 기획제도를 말한다. 오늘날 도시계획은 읍면기획의 한 지류라고 볼 수 있다.

(3) 반(反)경기순환기획(anticyclical planning)

경제기획의 일종으로 주로 시장경제가 발달된 나라에서 경기의 회복을 위하여 쓰여지는 기획제도이다.

(4) 발전기획(developmental planning)

발전기획은 고용증대와 소득증대 및 국제수지의 균형을 목적으로 하는 대부분의 개발도상국에서 사용되는 기획제도를 말한다.

3. 피프너(J. Pfiffner)와 프레스더스(R. Presthus)의 분류

(1) 사회경제적·물적 기획(socioeconomic and physical planning)

(2) 행정기획(administrative planning)

 i) 정책기획(policy planning)

 ii) 사업기획(program planning)

 iii) 운영기획(operational planning)

이 분류는 행정기획에 역점을 두어 경제기획과 같이 물량적으로 기획을 분류하고 있다.

제 4 절　기획의 과정

Ⅰ 기획의 일반과정

기획의 과정에 관하여 많은 사람이 각각 제나름대로 규정하고 있으나, 그 대표적인 것만을 소개하면 다음과 같다.

밀렛(John D. Millett)은 ① 목표의 설정, ② 현황의 측정, ③ 명확한 활동을 위한 계획의 설계 등과 같이 지극히 간략하게 구분하고 있다.[4] 이 세 가지 과정은 독립되어 있는 것이 아니고 상호밀접하게 관련되어 있다고 보고 있다.

경영학자인 쿤쯔(H. Koontz)와 오도넬(C. O'Donnell)은 기획의 과정으로 여섯 단계를 제시하고 있다.[5] 즉 ① 목표의 설정, ② 기획가정의 설정, ③ 대안적 행동노선의 모색과 시험, ④ 대안적 행동노선의 평가, ⑤ 하나 또는 복수의 행동노선의 선택, ⑥ 필요한 파생계획의 수립 등이다.

또 같은 경영학자인 테리(G. R. Terry)는 이보다 상세한 구분을 하고 있다.[6] 즉 ① 문제의 명확한 제시, ② 포함된 여러 활동에 대한 완전한 정보의 획득, ③ 정보의 분석과 분류, ④ 기획가정의 설정, ⑤ 대체가능한 여러 계획의 결정, ⑥ 제안계획(proposed plan)의 선정, ⑦ 제안된 계획의 세부적 순서와 시간의 배열, ⑧ 제안된 계획의 진전상황에 대한 점검방법의 작성 등이다.

---

4 J. D. Millett, *The Process and Organization of Government Planning*(Columbia University Press, 1947), p.32.

5 H. Koontz and Cyril O'Donnell, *Principles of Management*, 2nd ed.(New York: McGraw-Hill Book Co., 1959), pp.476~481.

6 G. R. Terry, *Principles of Management*, 3rd ed.(Homewood, Ill.: Richard D. Irwin, 1960), pp.169~172.

이와 같이 기획의 과정은 보는 입장과 강조점에 따라 다양할 수 있으나 대체로 기획은 다음과 같은 과정을 가진다고 볼 수 있다.

(1) 목표의 설정

목표의 설정은 기획과정에서 제1단계에 해당되는 중요한 과정으로서 이루고자 하는 바가 무엇인지를 설정 내지 확정하는 것을 말한다. 이것은 정책결정의 인지와 같은 기본적인 과정이라고 볼 수 있다.

(2) 상황의 분석과 판단

기획과정의 다른 중요한 단계는 계획화된 행동(planned action)을 요구하는 문제점에 대한 올바른 분석이다. 이 상황을 바르게 하려면 무엇보다 관련 상황에 대한 자료의 수집이 있어야 한다. 밀렛(J. D. Millett)은 상황의 분석과 판단이란 현황에 대한 명확한 인식은 물론이려니와 현재 우리가 가지고 있는 것(what we now have)과 우리가 원하는 것(what we want) 사이의 간격(gap)을 측정해야 행정활동을 통해서 수행되어야 할 확실한 업무내용을 결정할 수 있으며, 이 단계야말로 기획의 필수부분이라고 말하고 있다.[7]

(3) 기획가정의 설정

기획과정의 제3단계는 기획가정 또는 기획의 전제(planning premise)를 설정하여 이 가정의 합의에 도달하고, 이를 전파하는 것이다. 기획가정의 설정은 앞에서 말한 기획목표와 수집된 자료에 입각해서 이루어진다.

기획가정의 설정에는 반드시 장래의 예측이 포함된다. 여기에서 장래가 지니는 불확실성을 감소시키고 기획의 토대가 되며, 기획 상의 협조가 이루어지기 위한 공통의 바탕을 이룩하기 위하여 장래에 있어 무엇이 어떤 방법으로 작용하고, 어떤 현상이 현저히 나타나고 어떤 상태가 소멸될 것이라는 것 등을 가정해야 하는 것이다. 따라서 기획가정에는 정치적·경제적·사회적·군사적·심리적·윤리적 분야는 물론 기타 어떤 분야라도 포함될 수 있다. 기획가정은 기획이 행하여지는 구조틀(framework)을 제공하는 데 사용된다.

(4) 대안의 작성과 비교

기획과정에서 네 번째의 과정은 대안의 작성과 비교이다. 대안이 작성되기 위해서는 행정관료의 과거 경험이나 조직이 가지고 있는 선례가 매우 중요하다. 이것은 어떤 문제에 접근하는 가장 손쉬운 방법인 동시에 대부분의 경우 매우 적절한 방법이다.

---

7 J. D. Millett, *op. cit.*, pp.44~46.

일단 여러 가지 방법으로 대안이 작성되면, 그 대안은 여러 가지 방법으로 비교·평가되어야 한다. 여기서 여러 대안이 현명하게 평가되려면 모든 중요결과의 예측, 차이점에 대한 주의집중, 결정적 요소에의 주의집중, 화폐가치로의 환산 및 OR(Operations Research) 방식의 활용 등이 고려되어야 한다.

(5) 최종안의 선택

많은 대안을 분석·검토한 후에는 가장 이상적인 최종안을 선택해야 한다. 이것은 당연히 중요한 기획의 과정이 된다. 왜냐하면 기획으로서의 실체를 이 과정을 통하여 만들어 내는 것이기 때문이다.

(6) 관련된 여러 파생계획의 수립

최종안이 선택된다고 기획의 과정이 모두 끝난 것은 아니다. 최종안을 중심안이라고 하면, 그와 관련되는 수많은 파생계획 또는 부수계획·보조계획 등이 필요하게 된다.

(7) 계획의 통제·심사분석 및 평가

모든 기획과정이 완료되면 계획에 대한 통제·심사·분석, 그리고 평가가 뒤따라야 한다. 계획에서 일어나는 시행착오는 이와 같은 절차를 통해서 수정·보완되는 것이다.

Ⅱ 기획집행의 한계

기획은 많은 한계 내지는 애로점을 지니고 있기 때문에 기획의 집행은 언제나 계획한 대로 되지 않는다. 이제 그 한계를 간추려보면 다음과 같다.

1. 미래예측의 어려움

기획은 언제나 미래를 예측하고 계획하는 것이다. 미래예측에는 많은 요인들이 복합적으로 작용하게 되므로 완전한 미래예측이란 거의 불가능하다고 하겠다.

2. 기획에 대한 인식부족

아무리 좋은 기획을 정부가 가지고 있다고 하더라도 국민이나 심지어는 정부관료들이 기획에 대한 인식이 부족할 때에는 실효를 거두지 못하는 것이 당연한 일이다.

3. 기술과 자료의 부족

소렌센(T. Sorensen)은 백악관의 의사결정을 논하는 자리에서 올바른 정보의 부족이 얼마나 미래의 예측을 어렵게 하고 있는가를 말하고 있다.[8]

장기적인 기획과 그의 집행에는 올바른 기술과 자료의 부족이 언제나 기획의 애로점이 되고 있다. 대부분의 개발도상국에 있어서 자료와 통계의 부족이 기획을 어렵게 하고 있다.[9]

4. 당면문제의 긴급성

기획의 애로점으로 사람들이 장래의 문제보다 현재의 문제에 보다 긴급성을 느끼는 데도 문제가 있다. 특히 개발도상국에 있어서는 너무나 긴급한 당면문제들이 많아서 장래문제를 다루는 기획에는 관심을 적게 가지게 된다.

5. 자원의 제약

모든 기획은 종합적인 요소가 골고루 동원되어야 하기 때문에 시간이 오래 걸리는 것이 보통이며, 이와는 반대로 다른 정치적 여건 때문에 넉넉한 시일을 확보하지 못하여 졸속한 기획을 하게 되는 경우도 있다. 또한 기획은 많은 시간을 소모할 뿐만 아니라, 인력 및 적절한 설비 등을 필요로 하기 때문에 비용이 많이 든다.

6. 반복적 사용의 제한

상비계획은 본질상 운영이나 작업상황이 반복해서 동일하게 일어날 경우에만 효용이 있다. 그러나 사회현상은 반복적으로 동일하게 일어나는 경우가 드문 것이 보통이기 때문에 상비계획의 효용은 제한을 받게 된다.

7. 신축성의 결여

기획은 행정의 경직성을 초래하는 경향이 있으며, 기획이 세밀하면 할수록 더욱 그러하다. 행정책임자들은 일단 세부적인 계획을 작성해 놓고 나면 안도감과 타성에 빠져서 상황·여건의 변화에 대하여 무감각하게 되기 쉽고, 따라서 계획의 수정에 대한 의욕이 줄어드는 경향이 생긴다. 이와 관련하여 기획은 개인의 창의성을 위축하는 경향도 있다. 기획이 보통 너무나 포

---

8 T. C. Sorensen, *Decision-Making in the White House*(New York: Columbia University Press, 1962), pp.18~19.

9 W. F. Stolper, *Planning Without Facts*(Cambridge, Mass: Harvard University Press, 1966), pp.6~16.

괄적이므로 업무담당자들은 개인적 창의력을 상실하게 된다. 이 현상은 특히 많은 표준적 방법 및 절차가 중앙집권적으로 결정되는 대규모조직에서 강하게 나타난다.

8. 행정적 저해요인

기획을 집행하는 데 저해가 되는 행정적 요인으로는[10] 많은 요인이 지적될 수 있으나, 특히 발전계획과 관련한 저해요인으로는 다음과 같은 것을 지적할 수 있다. ① 불합리한 인사행정, ② 번잡한 행정절차, ③ 지나친 재정통제와 뒤떨어진 회계제도, ④ 조정의 결여, ⑤ 기획기구의 문제점 등이다.

제 5 절   기획제도의 발달

1. 초기의 기획

국가기획은 국가의 주권과 근대화의 상징으로서 국가(國歌)와 국기(國旗)만큼 유력해졌다. 특히 모든 개발도상국의 경우, 만병통치약으로 간주하는 경향까지 있다. 그러나 세계적으로 기획제도가 일반화된 것은 1950년 이후에 일어난 일이다. 제2차 세계대전 전까지만 해도 구소련이 체계적인 기획을 가진 유일한 나라였다. 1929년 제1차 5개년계획을 세운 것이 종합적 경제계획을 세운 첫 사례가 된다. 그 후 사회주의국가에서는 계획을 필수적인 것으로 인식하게 되었다. 이와 같이 구소련의 영향과 경제적 성장은 다른 나라에 큰 자극이 되었다. 이후 인도가 1938년 National Planning Committee를 설립하였다. 그 때의 설립취지는 경제발전을 위한 일 방편으로써 고용문제에 역점을 둔 공업화를 위한 국가기획의 수립이었다. 그런데 이 계획이 제2차 세계대전 중에 중단되었고, 정식 발전계획은 1951년에야 1차 5개년계획으로 수립되었다.

2. 전시기획

제2차 세계대전 중 미국은 전쟁수행을 목적으로 하는 전시동원계획이 수립되어 자원과 물자를 전쟁수행을 위하여 가장 효과적으로 동원하는 것을 계획하였다. 미국으로서는 이 정도의 계획을 가진 것이 첫 사례가 된다. 전시동원을 수행하기 위하여 1943년에 전시동원청(Office of

---

10 A. Waterston, *Development Planning: Lessons of Experience*(Baltimore Md.: Johns Hopkins University Press, 1965), pp.252~256 참조.

War Mobilization)이 설립되었다. 그리고 전쟁의 종말이 다가오는 시기에 전승의 기미가 확실해지자 전후복구를 위하여 군수품관리청(War Assets Administration)이 생기고, 그 사무실을 통하여 체계적인 계획이 수립되었다.

3. 전후계획

(1) 유럽

프랑스가 경제재건을 위하여 전후장기계획을 세운 것이 첫 사례이다. 또 미국의 원조계획인 Marshall Plan(1948)으로 많은 유럽 여러 나라가 계획을 가지게 되었다. Marshall Plan 자체가 4개년 계획이었으므로 대부분의 계획이 4개년 계획의 형식을 취하게 되었다.

또 영국도 1947년에 Economic Planning Board를 설립하였다. 영국의 계획은 경기회복을 위한 anticyclical planning이다. 또 1962년 보수당정권에 의하여 National Economic Development-ment Council(NEDC)이 설립되어 종합적 경제계획이 만들어졌다. 또 1964년 노동당정권은 Department of Economic Affairs를 설치하여 5개년계획을 준비하였다.

(2) 아시아 및 중동

필리핀은 미국의 도움으로 1947~1951년을 기간으로 하는 속칭 Hibben Plan을 만들어 장기자본투자계획을 수립하였다. 이것이 장기계획의 시초가 되었다.

미얀마와 인도도 장기계획기구를 설치하였다. 특히 인도는 Colombo계획을 주도하여 아시아지역에서 발전계획의 추진에 원동력이 되었다. Colombo계획에 포함된 나라는 – Cyelon, India, Pakistan, Malaysia, Singapore, North Borneo, Sarawak – 장기발전계획을 가지게 되었다.

(3) 세계은행

세계은행은 1950년경부터 여러 나라의 발전계획 보급에 힘썼다. 세계은행이 행한 기술적 조사는 발전계획의 장려 및 조정을 위하여 큰 공헌을 하였다. 예컨대 이란에는 세계은행의 도움으로 경제개발 7개년계획이 수립되었다.

(4) 원조와 계획

한국·대만·아프가니스탄은 외국원조(미국)와 관련해서 경제계획을 준비한 대표적인 나라가 된다. 1961년 1월 케네디 대통령은 그의 연두교서(state of the union address)에서 모든 미국의 원조는 수혜국이 준비하는 경제계획에 입각해서 주어질 것이라고 언명한 바 있다. 그리하여 계획제도는 외원제공(外援提供)의 전제조건이 되었다. 또한 같은 해에 UN이 발전의 연대(development decade)를 천명함으로써 발전계획에 큰 자극이 되었다.

(5) 아프리카

1965년에는 아프리카의 35개 독립국이 발전계획을 제정하였다. 계획의 주목적은 경제적 잠재력의 완전활용과 빈곤타파에 있었다. 이 나라들의 또 한 가지 특색은 영국과 프랑스의 계획을 모방하는 것이었다.

(6) 미국

미국은 아직껏 종합적 장기계획을 가지고 있지 않은 나라로 볼 수 있다. 1933년부터 미국은 National Planning Board가 있었고, 이것이 National Resources Planning Board로 개칭하였다가 1943년에 전시동원청(Office of War Mobilization)으로 대치되었다.

1946년 Employment Act의 제정으로 대통령의 경제자문관(Economic Advisor)제도가 생기고, 여기에서 미국경제 전반에 관한 경제보고서(Economic Report)가 국회에 제출되기에 이르렀다. 또 연방정부의 각 부처(예: 국방부)는 장기계획이 있으나, 이를 조정하는 중앙계획기관이 없는 것이 특색이다.

1963년 케네디 대통령은 Appalachian Regional Commission을 설립하고 11개주와 1,600만 명의 사람에게 혜택을 주는 기구를 만들었다. 이 위원회는 6개에 달하는 개발계획을 만들어 지역의 낙후성을 극복하기 위하여 힘쓰게 되었다. 이같이 미국의 예는 TVA식이 아니면 재정안(fiscal plan)이어서 연방정부에 의한 종합개발계획은 없는 셈이다.

(7) 한국

우리 나라는 정부가 수립되면서부터 기획제도에 대한 인식을 하였다. 주로 기구적인 면에서의 발전이 있었으며,[11] 1962년부터 시작된 경제개발 5개년계획의 수행을 통하여 비약적인 경제발전의 결실을 거둔 것이 사실이다. 그러나 이 계획이 있기 전에 우리는 여러 번의 계획에 대한 시도가 있었다. 우리가 경제계획을 가지게 된 가장 중요한 동기는 무엇보다 그 당시 중요했던 미국원조를 얻기 위한 방편이었다.[12]

1959년까지는 한국정부가 아닌 외국기관에 의해서 발전기획에 관한 두 가지 시도가 있었다.[13] 하나는 네이산(Nathan)보고서이고, 다른 하나는 타스카(Tasca)보고서이다.

---

11 기구적 변천에 관해서는, 김봉식, 기획론(서울: 박영사, 1975), 36~39면 참조.
12 역시적 배경에 관해서는, 유종해, "A Historical Review of Korean Developmental Planning," 연세행정논총 제1집(1973), 23~35면 참조.
13 우리 나라 발전계획과 그에 대한 행정수반의 강조에 관해서는, 유종해, "An Analysis of the

네이산보고서란 네이산(Robert R. Nathan)사가 국제연합한국부흥단(UNKRA)의 요청으로 한국경제재건을 위하여 만든 계획안을 말한다. 이 보고서는 1954년 3월에 An Economic Programme for Korean Reconstruction이란 제목으로 제출되었다. 네이산사[14]의 예비보고서는 한국전쟁 도중에 작성·제출되었다. 네이산보고서의 의의는 이것이 우리 나라의 경제재건을 위해서 처음으로 만들어졌다고 하는 점과 전쟁에서 파괴된 한국을 계획적인 방법으로 재건하겠다고 하는 국제연합의 뜻이 잘 표현된 것이라고 할 수 있다.

또한 타스카보고서[15]란 타스카(Henry Tasca)를 대표로 하는 미대통령경제사절단이 미 대통령에게 제출한 경제보고서를 말하는데, 엄격한 의미에서는 경제계획이라고 볼 수 없으나 한국전쟁 당시 전후의 한국경제재건을 위하여 미국이 만든 3개년계획안이라는 점에서 우리에게는 중요한 계획시안이다.

타스카보고서의 중요한 의의는 이 보고서가 종전 후 한국에 대한 미국의 군사 및 경제원조의 지침이 되었다고 하는 점이다. 그 당시 미국원조는 한국 GNP의 14%와 자본투자의 50%를 차지하였다.[16]

제 6 절 기획행정기구

1. 중앙계획기관의 기능

(1) 장기·중기·단기계획의 작성과 수정을 행한다. 물론 이 계획안과 관련이 있는 부문별계획(sector plan)도 같이 작성한다.

(2) 중앙계획의 집행을 위하여 연차운영계획의 준비를 한다.

(3) 발전계획의 집행을 위한 정책의 제안, 경제정책의 기구와 인적·물적 자원을 동원하는데 필요한 기구를 설치·운영한다

(4) 발전계획에 관한 주기적인 보고·평가 및 장애요소를 발굴한다.

(5) 국내·외에 필요한 기술적·인적 자원의 동원을 위한 조정 또는 협의를 한다.

Orientations to National Planning by Korean Chief Executives," *Journal of East and West Studies*(Seoul: Institute of East and West Studies, Yonsei University), Vol. 1(1973), pp.115~129 참조.

14 네이산사란 경제계획 또는 분석을 맡는 용역회계담당회사이고, 본사는 Washington, D. C.에 있다.

15 이 보고서의 공식명칭은 *Strenghthening the Korean Economy: Report to the President*(Busan, Korea, June 15, 1953), p.144.

16 홍성유, 한국경제와 미국원조(서울: 박영사, 1962), 193면.

2. 중앙계획기관의 문제점

(1) 중앙계획기관에 너무나 거대한 권한을 부여하게 되면 일이 잘 이루어지지 않고 오히려 일이 지연될 수 있다. 관료들은 행정수반이 얼마나 계획에 관심이 있느냐를 주시한다.

(2) 외국의 경험으로 보면, 행정수반이 계획을 지지하기 때문에 지나친 권한을 계획기관에 부여하면, 다른 관계부처의 반발을 살 우려가 있다.

(3) 다른 관계부처가 계획의 목적과 역할을 이해하지 못할 경우에는 상당한 문제가 일어난다.

(4) 계획기관이 계획과 직접 관계 없는 일을 함으로써 문제가 일어나는 경우가 많다. 예컨 대 계획기관이 수입허가업무를 맡았더니 계획사무 자체가 비능률적이 되었다는 보고도 있다.

(5) 계획업무를 정부의 다른 부처에 예속하게 하여 종속적인 지위에 둘 때에 계획업무는 비 능률적이 된다.

3. 중앙계획기구의 형태

중앙계획기구는 그 존재위치에 따라서 다음과 같이 구분할 수 있다.

(1) 행정수반에 위치한 형태

대통령실이나 총리실에 계획기구를 두는 경우이며, 많은 나라가 이 형태를 취하고 있다. 대부분의 사회주의국가에서는 이 형태를 취하고 있다. 즉 계획에 경험이 없거나 강력한 추진 력이 필요할 경우에는 이 형태가 유리하다.

(2) 독립적인 기획기구

정부와는 독립적인 중앙은행 또는 사적인 기획기구를 가지는 경우로서, 스칸디나비아제국 에서 많이 사용하고 있는 형태이다.

(3) 부처형

가장 많이 사용되는 유형으로, 우리 나라도 이 유형을 택하고 있다. 그러나 계획기구를 다 른 관련부처에 두는 경우도 있다. 예컨대 한 때 터키가 외자관리를 위해서 기획부서를 외무부 에 둔 일이 있었는데, 이는 재무부 안에 두는 경우가 일반적이다.

또 중앙계획기관의 형태에 따라서 다음과 같이 구분될 수 있다.

1) **각료위원회형**(Cabinet Committee) 이 유형은 장관급으로 위원회를 구성하여 기획의 결정에 임한다. 보통 재무를 포함한 경제부처 장관들이 구성원이 된다. 우리 나라의 경제과학

심의위원회도 이 유형에 해당된다.

　2) **혼합위원회형**(Mixed Committee)　혼합위원회형이란 기획담당위원회를 중앙정부와 지방정부인사 혹은 중앙정부와 입법부인사 등 이질적인 요소를 혼합하여 위원회를 구성하는 경우이다. 어떻게 보면 이상적이지만, 운영의 묘를 살리지 않으면 소기의 목표달성이 곤란하게 된다.

현·대·행·정·학

제 5 편

행정조직론

01 현대조직의 개관

제 1 절 조직의 의의

I 조직의 정의

현대사회는 조직사회라는 명제는 이미 상식이다. 조직은 이미 오래전부터 공공사업의 수행이나 군대·종교 및 정치활동을 운영하고 조정하는 데에 활용되어져 왔다. 현대에 있어서는 특히 사회의 모든 부문이 조직화되어 이제 인간은 나면서부터 평생동안 어떤 조직의 한 구성원이 되어 살아가고, 잠시도 조직을 떠나서는 살 수가 없게 된 것이다.

조직은 현대사회의 보편적인 현상이고 제도인 만큼 조직에 대한 정의와 시각은 매우 다양하다. 피프너(J. Pfiffner)와 셔우드(F. Sherwood)는 조직이란 "수많은 사람들로 이루어지는 것으로서 대면적인 접촉(face to face contact)이 곤란하고 많은 과업이 행하여지며, 구성원들이 과업으로 상호연관되어 합의된 목표달성을 위하여 노력하는 것"이라고 정의하고 있으며,[1] 바나드(Chester I. Barnard)는 조직을 "목표달성을 위해 두 사람 이상의 힘과 활동을 의도적으로 조정하는 협동체제"라고 정의하고 있다.[2]

또한 사이몬(H. A. Simon)과 같은 학자는 조직을 의사결정구조(decision-making structures)로서 파악하고 있으며,[3] 카츠(Daniel Katz)나 칸(Robert L. Kahn)은 조직을 개방체제(open system)라는 입장에서 파악하고 있다.[4]

이와 같이 조직의 의미는 여러 가지 측면에서 정의되고 있는데, 보편적으로 받아들여지고

---

1 J. M. Pfiffner and F. Sherwood, *Administrative Organization*(Englewood Cliffs, New Jersey: Prentice-Hall, Inc., 1960), p.30.

2 C. I. Barnard, *The Functions of the Executive*(Cambridge: Harvard University Press, 1938), p.72.

3 H. A. Simon, *Administrative Behavior*, 2nd ed.(New York: Mamillan, 1957), pp.1~10.

4 D. Katz and R. Kahn, *The Social Psychology of Organizations*(New York: Wiley, 1966), pp.26~28.

있는 것은 에치오니(Amitiai Etzioni)의 정의로서 그에 의하면 "조직이란 일정한 환경하에서 특정한 목표를 추구하면서 이 같은 목표의 수행·달성을 위하여 일정한 구조를 가진 사회단위"[5]이다.

Ⅱ 현대조직의 특성

일반적으로 조직을 이해하기 위한 첫 단계로 조직의 특성을 검토하여야 한다. 특히 동시대의 조직에 대한 이해가 요구되는데, 현대조직은 다음과 같은 특성을 지니고 있다.

1. 대규모화

현대조직은 그 인원·예산·기구면에서 점차 대규모화되고 있다. 이러한 조직의 대규모화 현상은 도시화 현상과 밀접한 관계가 있고, 이로 인하여 행정국가의 대두가 불가피해졌다. 게다가 현대행정국가에 있어서 국민의 행정에 대한 요구가 날로 커가고 있으며, 이와 같은 행정요구를 충족하기 위하여 행정조직은 날로 팽창되고 있다.

이와 같은 조직의 대규모화 현상의 원인으로서는 경제발전과 이에 따른 생활수준향상과 영양충족 및 의료기술의 발달에 따른 수명연장 등 많은 요인을 들 수 있겠다.

2. 복 잡 화

현대에 있어서의 조직은 각 조직단위 간이나 조직 내에 있어서의 모든 관계에 있어서 대단히 복잡한 양상을 보이고 있는데, 이러한 현상은 조직 내에서의 인권 존중, 개인의 역할 증대, 목표의 다원화 및 업무의 복잡·전문화 등에 기인하는 것이라고 하겠다. 이러한 조직의 복잡화현상에 따라 오늘날에 있어서의 행정조직은 행정기능의 다양화와 함께 사회전반에 걸친 이해관계의 조정을 위한 정책결정 등을 통해 행정의 전문성과 기술성 등이 요청되고 있다고 하겠다.

3. 기 동 화

급속한 산업발달과 도시화에 따라 현대사회는 유동성과 익명성이 더욱 가속화되고 있으며, 이에 따라 현대에 있어서의 조직도 고도의 기동성과 유동성을 띠게 되었다. 특히 정보화를

---

5 A. Etzioni, *Modern Organization*(Englewood Cliffs, New Jersey: Prentice-Hall, 1964), p.4.

포함한 과학기술의 급격한 발전은 조직의 유동화를 더욱 촉진시켰으며, 이러한 추세에 따라 현대행정은 광역행정 및 중앙집권적인 관리체제로의 전환은 물론 동시에 지방화가 진행되는 특징을 지니게 되었다.

그러므로 현대조직은 대규모화·복잡화, 그리고 기동화의 특성을 가진다고 볼 수 있으며, 이 세 가지 특성들은 서로 깊은 연관관계를 지니고 현대사회 속의 조직의 특성을 설명하고 있다.

제 2 절   조직의 유형

조직을 내적 내지 외적 환경에 적응하는 '적응체'로 보고 조직의 유형에 초점을 맞춰 조직체가 당면한 여건에 따라서 이루어진 구조면에서 조직을 분류함으로써 보다 잘 이해할 수 있다. 또한 어떤 식의 분류이든지 분류된 사물의 성격을 예측하는 데 도움을 줄 수 있어야 한다는 점은 조직의 분류에서도 마찬가지이다.[6]

I 기능별 분류

1. 파슨스의 분류

파슨스(T. Parsons)는 조직을 분류함에 있어서 그 조직이 사회적 필요성을 충족시키기 위해서 어떠한 기능을 하느냐 하는 관점을 적용하고 있다.[7] 그에 의하면 사회적 필요성에는 네 가지 종류가 있다고 한다.

(1) 적응(adoptation), 즉 환경의 문제를 해결하는 활동
(2) 목적달성(goal attainment), 즉 사회의 목적을 규명하고 사회의 성격을 결정하는 기본적 활동

---

6 조직의 유형에 관한 번스(T. Burns)의 논문 참조. "The Comparative Study of Organizations," in Victor H. Vroom(ed.), *Methods of Organizational Research*(Pittsburgh: University of Pittsburgh Press, 1967), pp. 11~70; Theodore Caplow, *Principles of Organization*(New York: Harcourt, Brace & World, Inc., 1964), pp.36~49 참조.

7 T. Parsons, *Structure and Process in Modern Societies*(Glencoe, Ill.: Free Press, 1960), pp. 48~58; H. H. Landsberger, "Parsons Theory of Organization," in Max Black(ed.), *The Social Theories of Talcott Parsons*(Englewood Cliffs, New Jersey: Prentice-Hall, Inc., 1961), pp. 214~249 참조; 이는 조직의 활동에도 원용되고 있다.

(3) 통합(integration), 즉 사회 내의 구성분자들의 기존관계를 통제하는 역할

(4) 형태유지(pattern maintenance 또는 latency), 즉 사회의 문화형태를 유지·전승하는 것 등이다.

이와 같은 소위 '체계'(system)의 개념에 입각하여 파슨스는 네 개의 조직을 규정하였다. ① 경제조직(상업 또는 산업체), ② 정치조직(공공행정기관이나 정당), ③ 안정을 유지하고 일탈을 막는 조직(사법기관·경찰, 그리고 정신병원) ④ 사회조직(종교·교육기관) 등이 그것이다.

2. 블라우의 분류

블라우(Peter M. Blau)와 스코트(W. Richard Scott)는 조직과 관계를 가진 사람들, 즉 조직의 수혜자(cui bo no)를 ① 구성원, ② 조직의 소유자나 운영자, ③ 조직 밖에 있는 사람들, 즉 고객들(clients), ④ 사회전체 또는 대중(public-at-large)으로 구별하고, 이를 기초로 조직을 분류하고 있는데,[8] 이 네 가지 종류의 조직체를 간추려보면 다음과 같다.

(1) 공익단체: 조직의 구성원이 주요수익자가 되는 경우로서 정당·노동조합·클럽·제대군인단체·종교의 종파 등이 이에 속한다.

(2) 사업조직: 조직의 소유자가 주요수익자인 경우로서 사기업조직이 대체로 이에 속한다.

(3) 서비스조직: 조직과 직접적인 관계가 있는 고객(clients)이 주요수익자인 경우로서 사회사업기관·병원·학교·정신병원·법률상담소 등이 이에 속한다.

(4) 공공복리조직: 대중일반이 주요수익자인 경우로서 외교부·국세청·군대·경찰·소방서 등이 이에 속한다. 교육기능과 구분된 대학의 연구기관도 이에 포함시킬 수 있다.

3. 에치오니의 분류

에치오니(A. Etzioni)는 조직을 상위자가 어떤 방법으로 하위자를 통제하는가 하는 것과 하위자가 그 통제에 대하여 어떤 태도를 가지느냐에 근거하여 분류하였다. 조직전체를 통제체제로 보면 위와 같은 분류가 가능한데, 조직의 차이점이란 결국 세 가지의 통제방법과 세 가지 하위자의 수용태도에 의하여 생겨난다는 것이다.

에치오니가 말하는 세 개의 통제형식은 ① 강제적 통제(육체적인 보복을 가하거나 가한다고 협박하는 것), ② 보수적 통제(월급·임금 기타 금전으로 통제하는 것), 그리고 ③ 규범적 통제(사회가 허용하는 규범에 의하여서 명예 같은 것을 부여하여 통제하는 것) 등 세 가지 종류이다. 그리고 세 가지 하위자의 수용태도란(에치오니는 이를 수용형태라고 부른다) ① 소외적 태도(조직의 목적

---

8 P. Blau and W. R. Scott, *Formal organization*(CA: Standford University Press, 1962), pp.42~58.

이나 법에 반항적인 태도), ② 타산적 태도(조직의 목적에 적극 찬성도 반대도 하지 않고, 단순히 조직에 참여함으로써 얻는 이득에만 관심이 있는 태도), 그리고 ③ 도덕적 태도(조직의 목적에 적극 동조하고 그 목적달성에 적극 참여하려는 태도)를 말한다.

위의 개념을 〈표 1-1〉로 표시하면 9개의 조직유형이 가능하나, 실제로는 다음과 같이 세 개의 조직만이 현실적인 의미가 있다.

(1) 강제적 조직(coercive organizations): 이는 강제를 주된 통제의 수단으로 하며, 대부분의 조직구성원들이 고도의 소외의식을 지니는 조직이다. 강제수용소, 포로수용소와 대부분의 교도소 및 전통적인 교정시설·구금적 정신병원 등이 이에 속한다.

(2) 보수적(공리적) 조직(utilitarian organization): 이는 보수를 주된 통제의 수단으로 하며, 대부분의 조직구성원들이 타산적인 성향을 지니는 조직이다. 대부분의 사기업·경제단체·농민단체 및 평시의 군대조직 등이 이에 속한다고 에치오니는 보고 있다.

(3) 규범적 조직(normative organizations): 통제의 주된 원천이 규범적 권력이며, 조직구성원이 높은 귀속감을 지니는 조직이다. 강제적 조직으로서 흔히 볼 수 있는 것은 둘밖에 없으며(교도소와 구금적 정신병원), 보수적 조직도 흔히 볼 수 있는 것은 둘밖에 없으며(화이트컬러산업과 블루컬러산업), 규범적 조직에는 적어도 9개의 흔히 볼 수 있는 유형이 있다. 이 중 종교조직, 이데올로기적인 정치조직, 일반병원·대학·자발적 결사의 경우는 비교적 규범적 요소가 강조되고 있는 데 반하여, 학교(대학 제외)나 치료적 정신병원 및 보수가 중요한 역할을 하는 전문적 조직 등은 비교적 규범적 요소가 덜 강조되는 경우이다.

표 1-1 수용관계

통제유형 반응유형	강 제 적	보 수 적	규 범 적
소 외 적	(강제적 조직) 교도소 · 정신병원		
타 산 적		(공리적 조직) 상공기업 · 평시의 군대	
도 덕 적			(규범적 조직) 교회 · 학교 및 대학연구기관

자료: Amitai Etzioni, *Comparative Analysis of complex Organization*(New York : Free Press of Glencoe, 1961), pp. 12, 66에서 발췌.

앞서 하나의 복종관계의 지배적인 조직을 살펴보았는데, 이원적 복종 관계구조를 지니는 조직들이 있다. ① 규범적·강제적 구조를 지닌 전투부대, ② 공리적·규범적 구조를 지닌 대부분의 노동조직, ③ 공리적·강제적 구조를 지닌 일부 전근대적인 기업체·농장·선박 등이 그것이다.

4. 카츠와 칸의 분류

카츠(Daniel Katz)와 칸(Robert Kahn)은 조직을 목표달성을 위한 사회적 체계(social system)로 보고, 조직은 ① 적응, ② 목표달성, ③ 종합, ④ 형상유지의 네 기능을 필요로 한다고 하였다.[9]

조직의 유형도 이러한 조직의 네 기능에 대응하여 생각할 수 있다.[10]

(1) 생산적 내지 경제적 조직(productive or economic organization): 목표달성의 기능에 대응하는 조직으로서, 부의 창출, 물자의 제조, 일반대중 내지 그 특정부분에 대한 서비스의 제공에 종사한다. 행정분야에 있어서는 대부분의 공기업이 이에 속할 것이다.

(2) 사회형상유지조직(maintenance organizations): 사회형상유지의 기능에 대응하는 조직으로서, 다른 조직과 보다 큰 사회에 있어서 각종 역할에 인간을 적응시키기 위한 사회화(socialization)기능도 포함된다. 학교·종교단체·병원 등이 이 유형에 속한다.

(3) 적응조직(adaptive structures): 적응의 기능을 주목적으로 하는 조직으로서, 지식을 창조하며 이론을 발전시키고 정보를 수집하여 여러 문제의 해결을 위한 기초적 자료로 삼는 기관이 이 조직유형에 속한다. 대학·각종 연구조직·각종 조사기관 등이 그 대표적인 예이다. 문화적·예술적 활동에 종사하는 조직도 이 적응조직에 속한다.

(4) 관리 내지 정치적 조직(managerial or political organizations): 통합 내지 관리기능에 대응하는 조직으로서 권력의 행사나 이해관계의 분쟁과 관련이 있다. 행정기관·정당·노동조합·각종 압력단체 등이 이에 속한다.

5. 우드워드의 분류

우드워드(Joan Woodward)는 실증적으로 조직들의 구조를 분석하고 조직이 사용하고 있는

---

9 파슨스(T. Parsons)도 조직의 기능으로서 ① 적응, ② 목표달성, ③ 통합, 및 ④ 형상유지를 들고 있다 (P. M. R Blau and W. R. Scott, *op. cit.*, p.38).

10 D. Katz and R.L. Kahn, *The Social Psychology of Organization*(New York: Wiley, 1966), pp.112~113.

기술을 근거로 하여 조직을 분류하고 있다.[11] 즉 1,000여 개의 생산조직을 그 조직이 사용하는 기술을 주안점으로 분류하여 세 개의 유형을 규정하고 있다.

(1) 소단위생산업체: 고객들의 주문에 의하여 어떤 물건이나 견본을 만들어내는 조직으로서, 한 가지 물건을 만들어내는 과정이 비교적 짧은 데 특징이 있다.

(2) 대단위 또는 대량생산업체: 동일류의 생산품을 어셈블리 라인(assembly line)방식을 이용하여 대량으로 생산해 내는 산업체들이다.

(3) 연속생산업체: 가솔린이나 화학물 같은 물품을 계속적으로 생산해 내는 산업체다.

6. 리커트의 분류

리커트(Rensis Likert)는 조직구성원의 참여도를 기준으로 하여 관리형태를 권위주의체제와 참여체제로 나누고, 각각을 다시 두 가지로 분류하여 조직의 유형을 설명하고 있다.[12]

(1) 수탈적 권위체제: 이 체제에서는 상급자가 하급자를 불신하여 통제권한이 최고책임자에게 집중되게 되어 공식조직의 목표에 대립되는 비공식조직이 발생하기 쉽다.

(2) 온정적 권위체제: 이 체제에서는 상급자들이 하급자들에 대해 일종의 시혜적인 신뢰감을 가지며, 주요한 정책결정은 고위층에서 하나, 하급자들도 상부에서 정한 지침의 범위 내에서 결정을 내릴 수 있다.

(3) 협의체제: 상급자들은 하급자들에 대해 완전하지는 않지만 실질적인 신뢰감을 가지고 있으며, 일반적인 방침이나 결정 외의 구체적인 결정은 하급자들이 할 수 있도록 하고 있다.

(4) 참여집단체제: 상급자가 하급자들을 전적으로 신뢰하여 조직의 구성원들이 의사결정에 광범하게 참여할 수 있는 체제를 가리킨다.

Ⅱ 애드호크라시

제2차 세계대전 중 군의 특수임무를 수행했던 기동타격대(task force)에서 그 기원을 찾을 수 있는 애드호크라시는 일반적으로 '특별임시위원회'라고 번역되는데, 베니스(W. Bennis)는 이러한 애드호크라시를 "문제해법을 위해 다양한 전문적 지식이나 기술을 가진 이질적 집단으

---

11 J. Woodward, *Industrial Organizations: Theory and Practice*(New York: Oxford University Press, 1965)와 *Management and Technology*(London: HMSO, 1958). 그리고 Edward Harvey, "Technology and Structure of Organizations," *American Sociological Review*, Vol. 33(1968), pp. 247~259 참조.

12 R. Likert, *The Human Organization*(New York: McGraw-Hill, 1967), pp.72~76.

로 조직된, 변화가 심하고 적응력이 강하며 임시적인 체제(system)"라고 정의하고 있다.

1. 특성

구조적 차원에서 볼 때 애드호크라시는 구조가 복잡하지 않으며 형식주의나 공식성에 얽매이지 않고 의사결정권이 분권화되어 있는 일반적인 특성을 갖는데 이를 상술하면 다음과 같다.

(1) 수평적 구조

애드호크라시는 고도의 전문지식을 가진 사람들로 충원되기 때문에 수평적 분화가 이루어진 구조를 갖는다.

(2) 전 문 성

이 조직은 그 성격상 공식성이 약한 반면에 전문성이 강하다. 즉 애드호크라시는 조직 내 규제가 거의 없으며, 있다 하더라도 융통성이나 혁신이란 개념들에 의해 거의 효력을 발휘하지 못하게 된다.

(3) 융통성과 신속성

애드호크라시 내에서 소수의 최고경영진이 모든 의사결정을 내리기란 어려운데 이는 전문성이 결여될 수 있기 때문이다. 이를 보완하기 위해서 애드호크라시에서는 거의 모든 의사결정권이 전문가로 구성된 팀에 분화되어 있으며 팀의 구성원으로서의 각 전문가는 그 팀의 목표가 달성될 때까지 주요 의사결정과정에 적극적으로 참여하게 된다.

조직 내에서 어떤 구체적인 목표가 정해지게 되면 이를 달성하기 위한 임시위원회같은 다양한 팀이 구성되며, 다른 목표를 위해 구성되었던 팀은 목표가 달성됨과 동시에 해산되게 된다. 따라서 이와 같은 애드호크라시적인 팀의 구성원은 관료제에서와 같은 명백한 책임분야가 없게 되며 변화하는 목표에 높은 적응력을 갖고 자기 팀의 목표를 달성하는 데 필요한 역할만이 요구되는 것이다.

2. 애드호크라시의 활용

실제로 애드호크라시적인 형태를 띠고 있는 구조로서는 매트릭스구조, 태스크 포스, 위원회구조, 대학형태의 구조 등을 꼽을 수 있다.

(1) 매트릭스 구조(matrix structure)

1960년대 초 미국의 항공회사들 사이에서 처음 개발된 것으로 '기능적인 구조와 생산적 구조의 조합'이라고 정의할 수 있다. 존속기간에 따라 임시적 매트릭스와 영구적 매트릭스로 구분되는 이 조직은 일반적으로 다음과 같은 특성을 갖고 있다. 첫째는 관료제의 기본이라 할 수 있는 명령통일의 개념에서 벗어나 두 명의 상위자로부터 명령을 받는다는 것이고 다른 하나는 기능적 구조와 생산적 구조의 장점만을 취할 수 있다는 것이다. 즉 전문적인 인적·물적 자원들을 중복되지 않게 필요한 수만큼 확보하여 배분할 수 있는 기능적 구조의 장점과, 각 집단에 속해 있는 전문가들 간의 협동이 용이하다는 생산적 구조의 장점을 동시에 취할 수 있다.

따라서 매트릭스 구조의 가장 큰 장점은 조직의 업무가 다양하고 복잡하게 상호관련되어 있는 경우 업무 간의 조정을 용이하게 해 주며, 최적의 자원을 최선의 방법으로 배분하여 최대의 효과를 얻을 수 있다는 것이다. 즉 환경의 변화와 경제적 효율성을 고려하여 각 부서의 전문가들을 효과적으로 배치할 수 있는 장점을 갖는다고 할 수 있다.

(2) 태스크 포스(task force)

이는 구체적이고 복잡한 많은 수의 하부조직이 수반하는 과업을 달성하기 위해 구성되는 임시적 구조로서, 매트릭스 구조의 축소판으로 볼 수도 있다. 따라서 이 조직은 조직전체에 적용할 수 있는 완전한 구조라기보다는 오히려 전통적인 계층적 구조의 부속구조로 파악하는 것이 보다 타당할 것이다. 그러므로 애드호크라시 조직의 다른 구성원들과 마찬가지로 이 조직원들도 특정한 과업이 완수되면 새로운 태스크 포스로 이동하든지 혹은 원래의 부서로 복귀하게 된다. 이 조직은 특히 조직 내의 아주 중요한 과업을 일정기간 내에 완수해야 할 경우에 효과적인 역할을 하게 된다.

(3) 위원회구조(committee structure)

이는 의사결정이 여러 사람에 의해 내려지는 애드호크라시적 구조를 말하며 다음과 같은 경우에 효과적인 역할을 하게 된다.

첫째, 의사결정을 하는 데 있어서 폭넓은 경험과 소양이 요구되는 경우, 둘째, 의사결정에 의해 영향을 받는 사람들이 그 의사결정에 참여하는 것이 허용되는 경우, 셋째, 보다 광범위한 업무분담이 바람직한 경우, 넷째, 어느 한 개인이 조직을 이끌어갈 수 없는 조직 전환기의 경우 등이 그것이다.

위원회구조에는 임시적인 것과 영구적인 것이 있는데 전자는 앞의 태스크포스와 거의 비슷한 반면, 영구적인 위원회구조는 과업의 달성을 위해 활용된 태스크포스와 같은 여러 가지 요소들의 투입을 용이하게 할 뿐 아니라 매트릭스구조가 갖고 있는 안전성과 지속성을 갖고 있다. 조직의 최고위층에 이와 같은 영구적 위원회구조가 설치된 경우 이 구조는 최고경영진에게 다양한 시각을 제공하며, 최고경영진 구성원들의 전문지식과 경력에 따라 그들이 관리해야 하는 이질적 업무들을 효과적으로 분담할 수 있도록 해 준다.

(4) 대학형태의 구조(collegial structure)

대학이나 연구소 등 고급전문조직에서 흔히 활용되는 애드호크라시 유형을 대학형태의 구조라 할 수 있는데 이 구조의 특징은 모든 의사결정이 완전한 민주주의적 방식에 의해 이루어진다는 데에 있다. 이러한 점에 있어서 이 구조는 대표자들에 의해 의사결정이 행해지는 태스크 포스나 위원회구조와 대조를 이룬다. 이러한 구조를 잘 활용하는 예는 대학교의 각 학과에서 찾아볼 수 있는데, 신입생의 선발, 교과과정의 개편, 학점의 관리 등 주요한 의사결정들이 학과 전체의 의사결정에 의해 이루어진다. 따라서 이 구조는 높은 분권화와 많은 재량권이 허용되는 형태를 취하고 있다.

Ⅲ 계선과 참모조직

모든 조직에는 적어도 두 가지 형태가 있는데, 하나는 집행을 담당하는 계선조직이며, 다른 하나는 기획과 기타 보조적인 서비스를 제공하는 참모조직이다.

1. 계선조직의 의미

계선(line)조직이란 권한을 가지고 조직의 역할을 집행·운용하는 계층제적 조직을 말한다.[13] 사이몬(H. Simon) 등은 이것을 단독조직(unitary organization)이라고 하였고, 피프너(J. Pfiffner)와 셔우드(F. Sherwood)는 조직체의 전체적인 목적달성에 직접적으로 공헌하는 기관이라 하였다.[14]

계선은 행정체계에 있어서 중추적인 위치에 있으며, 법령을 집행하고 정책을 결정하여 국민에게 직접적으로 봉사하는 임무를 맡고 있다. 따라서 계선은 조직체의 전체 목적을 달성하는 데 직접적으로 기여한다.

2. 참모조직의 의미

참모(staff)조직이란 계선이 원활하게 기능을 수행하여 조직의 존립목적을 달성할 수 있도

---

13 A. Brown, *Organization: A Formulation of Principle*(New York: Hilbert Printing Co., 1945).

14 J. Pfiffner & F. Sherwood, *Administrative Organization*(New Jersey: Prentice-Hall, 1960), p. 171.

록, 자문·권고·협의·정보의 수집과 판단·기획·통제·인사·회계·법무·공보·조달·조사·연구 등의 기능을 수행하는 기관을 말한다.

참모는 조직의 목적달성에 직접적으로 기여하지만[15] 명령·집행·결정을 행할 수 있는 독자적인 권한을 가지고 있지는 않다. 막료업무는 행정성을 띠고 있어 지적 기능의 제도화(institutionalization of the intellectual function)라고 불린다. 오늘날 행정이 복잡화됨에 따라 참모의 업무는 더욱더 그 중요성이 인정되기에 이르렀다.

본래 참모제도는 18세기에 프레데릭(Frederick)황제에 의하여 프러시아 군대에서 체계화되어 군대조직에서 광범위하게 이용된 것으로 민간기업에서는 20세기 초부터 도입되고, 이는 기능적 분화에 의하여 발전되었으며, 이를 통하여 기업의 능률화를 돕게 되었다.

그러나 이론상으로 계선과 참모 사이의 기능구분이 가능할지 모르지만, 실제로는 엄격하게 구분하기는 곤란하고 서로 모순된 명령이나 지시가 내려질 가능성이 많으며, 한편 하위자들은 계선과 참모를 이간시킬 기회도 가지게 된다.[16]

또한 계선과 참모는 같은 사람이 행할 수 있다. 또 이 기관은 서로 보완적이라고 볼 수 있다. 사이먼(H. A. Simon)은 계선과 막료를 구분하는 것은 일종의 신화(myths)에 지나지 않는다고 한다. 말하자면 명령·조언이분론은 때때로 양립하기가 곤란하여 기술적인 분야에서 조언의 기능이 직접 명령을 발할 때가 있기 때문이다.

3. 참모기관의 성격과 기능

(1) 화이트(Leonard White)의 구분

참모조직을 인사·재무·조달 및 회계와 같은 계선을 위한 서비스기능과 자문기능으로 구분하여, 서비스형의 참모기관을 보조기관(auxiliary agencies)이라고 하였다.[17] 즉, 서비스참모와 자문참모를 구분하였으며, 이는 군대에서 G1-인사, G2-정보, G3-작전(operation), G4-군수, G5-민사를 담당하는 일반참모(general staff)와 전문문제의 건설·자문을 담당하는 법무관·의무관·군목·헌병 등의 특수참모(special staff)의 구분에 상응한 것이라고 할 수 있다.

(2) 윌로우비(W. Willoughby)의 구분

화이트(L. White)가 행한 자문형의 참모에 관한 구분을 인정하지 않고 화이트의 보조기관

---

15 *Ibid.*
16 R. T. Golembiewski, *Organizing Men and Power: Patterns of Behavior and Line Staff Models*(Chicago: Rand McNally, 1967), pp.11~12.
17 L. White, *Introduction to the Study of Public Administration*(New York: Macmillan, 1955), pp.31~32.

을 가정적 기관(housekeeping service)이라고 부른다.

(3) 사이몬(H. A. Simon)의 구분

보조기관과 참모기관의 구분은 불가능하며, 계선·막료·보조 등의 구분은 순전히 편의상의 구분이라 하고, 보조기관과 참모기관을 합하여 간접기관 또는 상부관리기관(overhead units)이라고 부르고 있다.[18]

4. 계선·참모기관의 특징

(1) 계선조직의 특징

계선조직은 행정조직의 장으로부터 국장·과장·계장·계원에 이르는 명령복종의 관계를 가진 수직적인 조직형태로서 명령적·집행적 기능을 갖는다. 계선조직은 또한 명령작성과 결정권을 가지며 명령계통(chain of command)과 의사전달의 역할을 한다. 바나드(C. Barnard)는 계선은 의사전달(communication line)의 역할을 하므로 짧을수록 좋다고 하였다. 그리고 이는 계층제의 원리, 명령통일(unity of command)의 원리, 통솔범위(span of control)의 원리에 의하여 조직된다. 귤릭(L. Gulick)은 계선이란 실행하는 기능을 담당하는 조직이라고 하였다.

(가) 계선조직의 장점

① 권한과 책임의 한계가 명확하여 업무수행이 능률적이다. ② 단일기관(unitary organization)으로 구성되어 정책결정(decision making)이 신속히 이루어진다. ③ 따라서 업무가 단순하고 비용이 적게 드는 조직에 적합하다. ④ 강력한 통솔력을 행사할 수 있다.

(나) 계선조직의 단점

① 대규모의 조직에는 계선만으로는 부족하고 업무량이 과다해진다. ② 조직장이 주관적·독단적 조치를 취할 가능성이 있다. ③ 특수분야에서 전문가의 지식과 경험을 이용할 수 없다. ④ 조직이 지나친 경직성을 띠게 된다.

(2) 참모조직의 특징

계선이 조직의 전업무를 담당할 수 없고 위임도 할 수 없으므로 참모조직은 계선을 위하여 정책·목표에 관한 자문·권고·건의를 하며, 또한 협의·정보 및 조사 등의 활동을 한다. 조직의 목적에 간접적으로 기여하고 조성적·촉진적 기능을 담당하지만 집행권한은 없다.

---

18 H. Simon et al. *Public Administration*(New York: Alfred A. Knopf, 1950), p.281. Overhead Unit을 수반행정기관이라고 번역하는 사람도 있다.

(가) 참모조직의 장점

① 기관장의 통솔범위를 확대시킨다. ② 전문적인 지식과 경험을 활용함으로써 보다 합리적인 지시와 명령을 내릴 수 있다. ③ 수평적인 업무에서 조정과 협조를 가능하게 한다. ④ 조직이 신축성을 띨 수 있다.

(나) 참모조직의 단점

① 조직의 복잡성으로 조직 내의 알력과 불화가 생길 수 있다. ② 경비가 증대된다. ③ 막료는 책임을 지지 않으므로 양자가 서로 책임을 전가할 우려가 있다. ④ 의사전달의 경로를 혼란에 빠뜨릴 가능성이 있다.

Chapter

02 조직이론의 전개

오늘날의 조직이론은 대체로 세 가지 이론적 기초로 이루어지고 있다. 고전적 내지 전통적 이론과 인간관계론, 그리고 구조론이 바로 그것이다. 학자에 따라서는 왈도(D. Waldo)와 같이 고전적 이론, 신고전적 이론, 현대적 이론으로 구분하는 경우도 있고, 혹은 피프너(J. Pfiffner)와 같이 단지 전통적 조직이론과 현대적 조직이론으로 보다 간단히 구분하는 경우도 있으나, 3분하는 분류는 인간관계론의 중요성을 강조한 조직이론의 구분이라고 보아 저자들은 이 입장을 지지하는 바이다. 또한 오늘날 조직론자들의 대부분도 이 입장을 택하고 있어 통설 같은 위치를 차지하고 있다고 볼 수 있다.

조직이론을 계보적 성격으로 논의하기 전에 규범적 이론과 서술적 이론으로 구분하는 입장을 간단히 설명하고 넘어가고자 한다. 서술적 이론이란 사물이 사실 어떠한가 하는 문제를 다루는 데 대하여, 규범적 이론은 사물이 어떻게 되어야 하는가의 문제를 다루고 있다. 고전적 이론은 대부분 규범적 이론이며, 구조론은 서술적 이론에 속한다. 인간관계론은 규범적인 동시에 서술적인 이론이다. 서술적 이론이나 규범적 이론은 다같이 실증적인 경험에 근거를 두고 있을 수 있으며, 어느 이론이 반드시 좋은 이론이라고 이야기할 수는 없다. 단지 연구목적에 따라 서로 다른 접근방법이 사용되는 것에 불과하다고 할 수 있다. 규범적 이론은 실무가에게 어떻게 하라든가 혹은 어떻게 되어야 할 것이라고 충고를 하는 반면, 서술적 이론은 단순히 관심 있는 사람에게 사실이 어떤 것이라고 설명해 주는 것이다. 정당한 사실의 파악으로부터 유용한 충고가 나올 수 있고 근거 없는 충고를 억제할 수 있음은 물론이다.

현대 산업사회는 고전적 조직이론학파가 대두하면서 급격히 변하였다. 고전이론은 인구가 급격히 팽창하고 산업화가 촉진되던 1930년대에 테일러(Frederick Taylor)의 영향을 받아서 발전하였다.[1]

이 당시 공장의 관리자들은 경험이 없는 수많은 노동자들을 고용하여 일을 하여야 하는 문제에 봉착하였고, 고전이론은 이와 같은 상황에서 인력을 보다 더 능률적으로 활용함으로써 생산율을 올리는 데 주력하였다.

1900년대 초기에 존재하였던 미국의 생산업체들은 오늘날의 기준으로 볼 때에는 무질서하기 그지없었다. 작업장에서 일하는 사람들은 자기취향에 맞는 대로 제각기 다른 연장을 구입하여 사용하였으며, 기계의 속도는 그 생산업체의 경영자 마음대로 조정되었다. 훈련이란 것도 조직적인 것이 못되어 앞서 하던 것을 현장에서 보고 배우는 정도에 지나지 않았고, 감독자는 인사권을 전담하여 채용·해고 등을 마음대로 하였으며, 따라서 노동자들을 대하는 태도에 횡포가 다분히 있었다. 따라서 일을 어떻게 하고 다른 부서와의 일과 어떤 연관을 가질 것이냐 하는 것이 공장에서 직접 결정·처리되었으며, 기획과 생산업무의 분리가 없었다. 이때, 테일러 이론이 대두되어 기획과 작업이 분리되어야 한다는 점이 강조되었다. 많은 산업체의 관리자들이 이를 받아들였고, 또 부분적으로만 받아들인 산업체도 있었다.

과학적 관리론은 생산율을 높이기 위한 방법으로 분업화를 촉진시키는 데 중점을 두었다. 이렇게 하기 위하여 무엇보다 먼저 관리와 업무를 명확하게 구분할 필요가 있었다. 그 다음에 관리자측에서 작업을 손쉽게 배울 수 있는 여러 부분으로 나누어서 생산의 양과 질을 조절하도록 행정적 기획을 세웠다. 따라서 모든 작업과정이 분업화됨으로써 숙련공의 필요성이 적어지고, 능률적이며 경제적인 방법으로 작업을 완료할 수 있게 되었다.

이와 같은 이른바 과학적 방법은 인간들의 동기에 관한 이론과 노동자와 조직의 이해가 일치될 수 있다는 이론에 바탕을 두고 있는 것이다. 테일러는 사람은 본질적으로 돈을 벌려는 욕망이 있기 때문에 능률을 올리기 위해서는 임금의 수준을 생산율에 연결시켜야 한다고 믿었다. 따라서 작업시간을 결정하는 연구에 의해서 한 사람이 자기 자신의 건강을 해치지 않을 정도로 노력하면, 어느 정도의 생산율을 올릴 수 있는지를 규명했다. 그러한 연구에 근거하여 노

1　Taylor의 개념은, Frederick W. Taylor, *Scientific Management*(New York: Harper and Row, 1947)에 잘 요약되어 있다. 또 이 조직이론의 분류는 유종해·송영달 공역, 조직이론(연세대학교 출판부, 1974), 36~79면을 전적으로 참조하였다.

동자의 일상수입이 결정되고, 일당을 초과생산하는 자에게는 금전적 혜택을 주게 하였다. 거기에다 초과 생산량에 대한 초과임금을 주었으므로 관리자들도 노동자에게 노동의욕을 고취시킬 수 있었던 것이다.

테일러의 일과 일터[직장]에 대한 견해는 네 가지 원칙으로 이루어져 있다.

(1) 과학적인 일에 소요되는 시간과 동작의 연구로 하루의 최고생산율을 올릴 수 있는 최선의 작업방법을 강구하고,

(2) 노동자에게 그 최선의 방법에 따라서 일할 의욕이 생기도록 금전적인 혜택을 제공하고,

(3) 4명 내지 8명의 전문가(이들을 기능적 감독자라고 부름)들이 일의 방법·속도·연장·중요성·규율·품질의 조정 및 기계보수 등을 맡게 하여야 하며,

(4) 표준생산율을 자의적으로 바꾸면 안 된다는 원칙을 엄수할 것 등이다.

이와 같은 테일러(F. Taylor)의 과학적 관리법은 노동자의 근로의욕 향상과 그에 따른 생산율의 증가와 같은 많은 효과를 거둔 것이 사실이나 동시에 다음과 같은 문제점을 야기시켰다.

첫째, 테일러는 자기의 과학적 관리법이 경영자와 노동자를 동시에 유익하게 해 주는 어느 편도 아닌 중도적인 것이라고 하였지만, 그렇지 않을 소지가 다분히 있었던 것이다. 즉 과학적 관리법은 과학적 객관성이라는 이유로 노동자의 복리에는 관심을 두지 않고 생산성을 올리는 데만 전념하였던 것이다. 또 과학적 관리법은 산업체들의 운영방법에 혁명적인 변화를 일으켰으나, 경영자와 노동자 사이의 융화를 촉진하여 주지는 못하였다. 테일러는 과학적 관리법만 사용하면 노동자에게 최상의 이익이 보장되므로 노동조합도 불필요하다고 말했으나, 시간이 흘러갈수록 노동조합은 점점 커지고 강력해져서 그 필요성이 인정되기에 이르렀다.

둘째, 새롭고 보다 능률적인 방법이 발견됨과 아울러 근본적인 상호불신의 태도가 조성되었고, 더욱이 새로운 인간적 문제가 대두하게 되었다. 즉 과학적 관리론은 세밀한 분업화를 추구하게 되었고, 일이 세분화됨에 따라 노동자가 기술을 연마해야 하는 시간이 짧아짐과 아울러 작업은 반복적인 것이 되어버려 결과적으로 생산율은 올라갔으나 노동자의 심리에는 나쁜 영향을 주게 되었다. 이 문제는 아직도 해결되지 않은 문제 중의 하나이다. 반복적인 일을 하는 사람들을 대상으로 조사해 본 결과, 거의 90퍼센트의 사람이 자기의 일에 대하여 염증을 느끼고 있다는 사실이 그것을 말해 준다.[2]

분업화의 이런 문제점을 시정하기 위하여 어떤 기업체에서는 직무확장(job enlargement)을 시도하고 있다. 직무확장이라고 하는 것은 시간상으로 짧고 반복적인 일을 다시 길게, 그리고

---

2 C. R. Walker and R. Guest, *The Man on the Assembly Line*(Cambridge, Mass: Harvard University Press, 1952), p. 141 참조. 또한 Ely Chinoy, *Automobile Workers and the American Dream*(Garden City, New York: Doubleday & Co., 1955)에서도 비슷한 결론을 내리고 있다.

비교적 덜 반복적인 것으로 만드는 것을 말한다. 따라서 직무확장 이전에는 여러 사람이 나누어 하던 일을 한 사람이 하게 되는 것이다. 어떤 경우에는 이러한 방법이 능률을 저하시키지 않으면서, 동시에 노동자의 만족감을 증진시킬 수 있다는 것이 입증되기도 하였다.[3]

그러나 아직 확정적인 단안을 내릴 수는 없고, 직무확장이 문제를 간단히 해결해 줄 수 있다고도 보기 어렵다.[4] 비록 직무확장이 만족의 정도를 확실히 증진시켜 준다 할지라도 그 결과가 생산능률에 어떠한 영향을 미칠 것인지는 명백하지 않으므로, 대량생산업체들은 그들이 사용하고 있는 조립생산방법(assembly line)을 전폭적으로 뜯어고치기는 어려울 것이다. 다시 한 번 강조하는 바는 기계적인 효율성에 좋은 방법이 반드시 사람을 위하여 좋은 것은 아니라는 것이다. 만약 높은 임금과 일에 대한 만족 두 가지를 동시에 충족할 수 없을 경우에는 어떻게 해야 옳을 것인가. 조립생산공장(assembly line)에서 일하는 사람들이 보다 많은 임금보다 일에 대한 만족감을 원한다는 확증은 없는 것이다.[5]

제 2 절 인간관계론

인간관계론이 독자적인 학파로 인정을 받게 된 것은 1920년대에 있었던 메이요(Elton Mayo)의 호손(Hawthorne) 공장에서의 실험 이후의 일이다. 그 후 1940년대에 있었고 우리 학계에 그다지 알려지지 않았으나, 레윈(K. Lewin) 등이 행한 세 가지 실험을 통하여 인간관계론은 조직이론에 있어서 새롭고 확실한 계보를 형성하기에 이르렀다.

고전적 조직이론은 주로 직위를 어떻게 배열하며 어떻게 하는 것이 능률향상에 도움이 되는가에 관심을 기울였다. 인간관계론학파도 그런 문제에 관심을 전혀 두지 않은 것은 아니나, 그들은 직위보다는 인간 그 자체에 더욱 중요성을 두었다. 다시 말해서 인간관계론은 사람들의 태도·가치관·감정 등 사람들의 사회심리적 문제들을 더 중요시하였던 것이다.

---

3 R. H. Guest, "Job Enlargement: A Revolution in Job Design," *Personnel Administration*, 20(1957), pp. 9~16; Charles R. Walker, "The Problem of the Repetitive Job," *Harvard Business Review*, Vol. 28(1950), pp.54~58 참조.

4 이에 관한 최초의 연구는, Charles L. Hulin and Milton R. Blood, "Job Enlargement, Individual Difference, and Worker Responses," *Psychological Bulletin*, Vol. 69(1968), pp.41~55; Milton R. Blood and C. Hulin, "Alienation, Environmental Characteristics, and Worker Responses," *Journal of Applied Psychology*, Vol. 51(1967), pp. 284~290; Paul Blumberg, *Industrial Democracy: The Sociology of Participation*(New York; Schocken Books, Inc., 1969), pp. 66~69 참조.

5 C. Walker and R. Guest, *op. cit.*, ch. 6; Elizabeth Lyman, "Occupational Differences in the Value Attached to Work," *American Journal of Sociology*, Vol. 61(1955), pp.138~144 참조.

인간관계론자들은 그들의 학술적 근거로서 두 가지 가정을 가지고 있다. 첫번째 가정은 인간행위란 외적인 여건에 의하여 결정되기도 하지만, 근본적으로는 내부적인 요소에 의하여 결정된다는 것이다. 이들은 인간의 행태를 설명하는 데 외부적인 직위와 관련된 요인들을 중요시하기보다는 내부적인 주관의 문제에 더욱 비중을 두는 것이다. 따라서 어떤 사람의 행동을 알고 싶으면, 그 사람의 태도 내지 감정구조를 알아야 한다는 것이다. 이 점이 과학적 관리론이나 고전적 학파들과 크게 틀리는 점이다. 고전학파는 인간의 행위를 효과적으로 규제하기 위해서는 금전 또는 승진과 관련된 여러 형태의 상벌을 활용해야 한다고 믿고 있다. 그러나 인간관계론자들은 '사람은 상벌만으로 그들의 행위를 규제할 수는 없는 존재'라고 믿는다. 정말 효율적으로 인간을 통제하려면, 그 인간 스스로 자기 자신을 통제하도록 하지 않으면 안 된다는 것이다. 벌을 준다든가 상을 준다든가 하는 외적인 통제는 사람들로 하여금 자기들이 최선을 다하여 열성적으로 조직의 목적달성을 위하여 진력하게 하지 못하므로, 사람을 통제하려면 무엇보다 사회심리적 방법을 사용하지 않으면 안 된다는 것이다. 이와 같은 가정은 자연히 권위주의형의 지도자보다는 민주주의형의 지도자가 더욱 바람직하다는 결론을 얻게 하였다. 이 주장은 민주주의의 이념과 일치하기 때문에 쉽게 미국사회에서 인기를 얻을 수 있게 되었다.

두 번째 가정은 조직 내의 여러 관계수립에는 '최선의 방법'이 있다고 하는 점이다. 구체적으로 어떤 것이 최선의 방법이냐 하는 데는 의견의 일치가 없으나, 일반적으로 조직 내에서 일하는 사람들이 최대의 독립성을 가지고 자기 일에 완전히 몰두할 수 있고 독자적으로 의욕을 가질 수만 있다면, 그것이 최선의 방법이라는 것이다. 다시 말해서 개인의 목적과 조직 그 자체의 목적은 상충하는 것이 아니라고 믿고 있다. 만약 조직과 조직 내에서 일하는 사람의 목적 사이에 갈등(conflict)이 생긴다면, 그것은 무엇인가 잘못된 것이고 이런 문제는 조금만 신경을 쓰면 고쳐질 수 있는 것이라고 믿는다. '최선의 방법'과 근본적인 갈등의 부재를 믿는 점에서 인간관계론자와 과학적 관리론자는 유사하고, 또 이 두 학파가 모두 생산율이 증대될 수 있다고 믿는 점에서도 비슷하다. 인간관계론자나 과학적 관리자는 서로 자기들의 주장대로 조직을 만들고 운영하면, 생산율도 올라 갈 것이라고 믿고 있는 것이다.[6]

Ⅰ 인간관계론에 관한 호손실험

호손실험은 1927년에 시작하여 1932년에 끝난 장기간의 실험이었다. 이 실험의 의의는 무엇보다 순수한 생산공장에 메이요(E. Mayo) 교수가 이끄는 대학의 연구팀이 들어가서 인간의

---

6 이 부분은 유종해·송영달 공역, 조직이론(연세대학교 출판부, 1974), 62～79면을 참조하였다. 또한 법정 1975년 11월호(통권 57호), 109～117면에 부분적으로 소개된 바 있다.

행태를 실험적으로 분석했다고 하는 점이다.[7]

(1) 조명도실험: 첫번째 실험은 조명도와 생산량의 인과관계에 관한 것이었다. 즉 조명도를 증감시킴에 따라 생산량이 어떻게 변하느냐 하는 것을 고찰하여 이 두 개의 인과관계를 살펴보았는데, 작업현장에서도 조명도에 관계 없이 능률에 영향을 미치는 다른 요인이 있다는 것을 알게 되었다.

(2) 계전기조립실실험(繼電器組立室實驗): 휴식시간을 변수로 하여 실험을 실시해 본 결과 친한 사람들끼리 작업을 한 집단에 대하여는 휴식시간의 연장이나 단축이 생산성에 별 영향을 끼치지 않는다는 것을 알게 되었다.

(3) 면접실험: 이 실험의 결과 지시적인 인터뷰보다는 비지시적인 인터뷰를 통하여 불만을 토로하게 하면서 작업을 실시한 결과 생산성이 향상되었음이 밝혀졌다. 여기서 생산능률의 향상에는 물질적 조건보다 정신적인 조건이 더 큰 영향을 미친다는 것을 알게 되었다.

(4) 뱅크선실험: 서로 알지 못하는 남자직공 14명을 뽑아서 전선작업을 시킨 결과 비공식집단이 형성되는 것이 관찰되었다. 이 실험에서 공식집단보다 비공식집단의 결속력이 더 강하다는 것을 알게 되었다.

호손(Hawthorne)실험의 중요한 결론을 간추려보면 다음과 같다.

(1) 조직은 상호의존관계를 갖는 여러 부분으로 구성된 하나의 사회적 체계이다.

(2) 조직구성원의 생산성은 경제적 요인보다도 인간적·사회적 요인에 의해 더 큰 영향을 받는다.

(3) 다른 사회적 체계에서와 마찬가지로 조직 내에서 항상 자체평가가 행해진다. 즉 구성원의 가치관에 따라 자체적으로 우위자와 열위자의 구별이 생기게 된다.

(4) 조직 내에 어떤 변화가 생길 때, 그리고 그 변화가 자기의 신분적 지위를 하락시킨다고 느끼면, 조직 내의 구성원은 직위의 고하를 막론하고 그런 변화를 원하지 않는다.

---

7 호손(Hawthorne)실험에 관한 자료는 아래에 열거한 논문에 잘 나타나 있다.
F. J. Roethlisberger and William J. Dickson, *Management and the Worker*(Cambridge, Mass.: Harvard University Press, 1938); T. North Whitehead, *The Industrial Worker*(Cambridge, Mass.: Harvard University Press, 1938); Elton Mayo, *The Human Problems of an Industrial Civilization*(New York: The Macmillan Co., 1933).
Hawthorne 실험의 해설을 보려면 다음을 참조하라. Henry A. Landsberger, *Hawthorne Revisited*(Ithaca, New York: Cornell University Press, 1958). 이 중 특히 pp. 28~29에는 비평적인 내용이 있다. Reinhard Bendix and Lioyd Fisher, "The Perspective of Elton Mayo," in Amitai Etzioni(ed.), *Complex Organization: A Sociological Reader*(New York: Holt, Reinhart & Winston, Inc., 1962), pp.113~126.

(5) 조직 내의 모든 사람들의 행위가 전적으로 합리적이고 경제적인 이유만으로 좌우된다고 생각해서는 안 된다. 그 사람이 가지고 있는 가치관·신념·감정 등은 그 사람의 행위와 불가분의 관계에 있다.

(6) 조직은 한편으로는 공식적이기도 하고, 다른 한편으로는 비공식적이기도 하다.

Ⅱ 인간관계론의 교훈

인간관계론이 우리에게 주는 교훈은 노동의 생산성이 노동만족도의 함수라는 것이며, 이는 작업집단의 비공식적·사회적 패턴에 의존하고 있다는 것이다. 좀더 구체적으로 결론을 간추려보면 다음과 같다.

(1) 생산수준은 사회적 규범에 의하여 정하여지는 것이지, 개인들의 생리적 능력에 의하여 결정되는 것이 아니다.

(2) 비경제적인 보수와 제재가 조직구성원의 행동에 큰 영향을 미치게 된다.

(3) 조직구성원들이 많은 경우 개인으로서 행동하는 것이 아니라 집단의 일원으로 행동한다.

(4) 집단규범의 설정과 시행에 있어서 리더십이 중요한 역할을 하며, 민주적 리더십이 가장 효율적이다.

(5) 인간관계론은 조직에 있어서 커뮤니케이션과 의사결정에 있어서의 참여적·민주적 리더십을 강조한다.

(6) 인간관계론은 미국과 같은 자유민주주의를 신봉하는 나라에 가장 적합한 조직이론이라고 볼 수 있다.

제 3 절 구 조 론

여기서는 구조론(structuralism)이란 용어를 인간관계론 개념의 일부와 그 밖에 다른 새로운 개념을 포함한 보다 일반적이고 넓은 의미에서 사용하려고 한다. 베버(M. Weber)가 말했듯이, 사회과학자들은 타인의 용어를 되도록 사용하지 않아야 혼동을 방지할 수 있다고 한다. 따라서 여기에서 구조론이란[8] 주로 다음에서 설명하는 여러 개념을 통틀어 말하는 것으로 정의하

---

8 이 용어는 에치오니가 사용하였으며, 새로운 용어를 만들기보다 그대로 쓰기로 한다. Amitai Etzioni, *Modern Organization*(Englewood Cliffs, New Jersey: Prentice-Hall, Inc., 1964), 제3장 참조.

고자 한다.

Ⅰ 고전이론과 인간관계론의 융합

앞에서 본 바와 같이 인간관계론자들은 인간을 사회적 존재로 강조하였고, 고전론자들은 인간을 경제적 동물로 가정하였다. 구조론자들은 인간을 사회경제적 존재로 파악하고자 하는 특색이 있다. 구조론의 입장에서 보면, 고전론이나 인간관계론이 어느 정도는 옳으나 완전히 옳다고는 보지 않으므로 양자의 견해를 통합하여야 옳다고 느낀다.

사회경제적 존재로서의 인간은 사회적 욕망과 경제적 자기이익을 동시에 추구하고 싶은 욕망을 가진 복잡한 존재라고 할 수 있다.

구조론자들은 인간이 사회적 동물이 아니라는 것은 아니고, 다만 좀 더 이기주의적인 존재로 보고 있는 것이다. 개인과 그 개인을 둘러싼 그룹과의 유대는 강할지 모르나, 인간은 이기적이므로 그 그룹의 규범을 따르는 것이 불리하면 그 그룹과의 유대도 약하게 된다는 것이다. 그러므로 개인의 이기적인 이익과 사회적 집단 사이의 요구의 수준에서 긴장이 항상 잠재한다는 것을 가정하는 것이다.[9]

조직의 계층 간이나 조직의 목적과 개인의 목적간에도 이런 본질적인 갈등의 요소가 존재한다.[10] 과학적 관리론자와 인간관계론자들은 개인과 조직의 목적 사이의 갈등을 해결할 수 있다고 믿는다. 반면 구조론자들은 이런 갈등은 조직 그 자체의 내재적 성질 때문이라고 파악한다. 그 이유는 조직의 최고층의 사람들은 조직의 생산성 향상과 이익의 제고를 조직구성원 개개인의 욕구를 충족시켜 주는 것보다 더 중요하게 생각하고 있기 때문이다. 개개인의 욕구를 충족시켜 주려 한다고 하더라도 실제 그것이 가능한 일도 아니다. 왜냐하면 조직 내의 한 소집단의 요구를 들어 주면, 다른 집단은 또 다른 것을 원하게 되기 때문이다.

만일 조직의 효과성과 능률성이 일치할 수 있는 것이라면, 합리적인 경영자는 업무를 완수하기 위하여 바치는 물적·정신적 노력을 대신 구성원들의 요구를 만족시키는 데 바쳐야 할 것이다. 인간관계론자들의 일부는 경영자들이 마땅히 그래야 한다고 주장한다. 반면 구조론자들은 그러한 인간관계론자들의 견해에 회의를 가지며, 조직구성원을 만족시키는 일과 업무를 완

---

9 G. C. Homans, *Social Behavior: Its Elementary Forms*(New York: Harcourt, Brace & World, Inc., 1961), p. 382; Peter M. Blau, *Exchange and Power in social life*(New York: John Wiley & Sons, Inc., 1964), ch. 4 참조.

10 R. Dubin, A. Kornhauser, and A. Ross(eds.), *Industrial Conflict*(New York: McGraw-Hill, Co., 1954), pp. 37~62; W. Buckley, *Sociology and Modern Systems Theory*(Englewood Cliffs, New Jersey: Prentice-Hall, 1967), ch. 5.

수하는 일을 항상 동시에 달성할 수 있는 것은 아니라는 견해를 가지고 있다.[11]

또 한 가지는 구조론자들의 이론에서는 조직의 구조성이 다시 강조된다. 조직구성원의 행태에 대한 비공식적인 사회적 영향은 구성원이 받는 영향의 일부분에 지나지 않는다. 공적인 업무는 그에 못지않게 중요하며, 특히 결과가 외형상으로 나타날 수 있는 책무는—따라서 상관의 평가의 근거가 되는—개개인에게 커다란 영향을 미친다. 따라서 구조론자들은 상벌제도가 구성원의 행위에 영향을 미치는 중요한 제도라는 것을 강조한다.[12]

Ⅱ 개방체계

1. 개방체계의 의미과 기능

구조론에서는 조직을 개방체계로 보는 것이 특색이다. 폐쇄체계는 한정된 체계 속의 내부적 기능만을 이해함으로써 전체를 파악할 수 있고 또 예견할 수도 있는 것이지만, 개방체계는 그렇지 않다는 것이다.[13] 개방체계는 체계가 속해 있는 외부적 환경에 적응해야 하기 때문에 그 자체가 한 부분으로 존재하는 것이다.

초기 조직론에 있어서의 조직은 폐쇄체계로 이해되어 왔다. 즉 체계의 단위와 그 연관성에 관한 지식만 가지고 이해·예견할 수 있는 대상으로서 연구되어 왔다. 그러나 환경과의 교류에 대한 인식을 전제로 조직은 적응성 있는 개방체계로 인식되기에 이르렀다. 환경과 조직의 교류는 조직의 양면에서 발생되는 것이다. 첫째는 투입면, 즉 체계가 변환단계에서 운영하는 데 필요한 자본·인력 및 물자를 받아들이는 작용이고, 둘째는 산출면, 즉 변환단계에서 생산된 생산물이나 서비스를 처분하는 작용인데, 이것은 곧 또 하나의 투입—변환—산출의 과정으로 환류기능을 통하여 끊임없이 순환된다.

2. 개방체계의 특징

개방체계의 특징은 다음과 같이 간추릴 수 있다.

(1) 개방체계는 외부환경으로부터 어떤 형태의 에너지를 투입받는다.

---

11 D. Katz, "Worker Satisfactions and Deprivations in Industrial Life," in Arthur Kornhauser, Robert Dubin and Arthur Ross(eds.), *Industrial Conflict*(New York: McGraw-Hill Book Co., 1954), pp.104~105.

12 W. E. Moore, *Man, Time and Society*(New York: John Wiley & Sons, Inc., 1963), p.106.

13 D. Katz and R. Kahn, *The Social Psychology of Organization*(New York: John Wiley & Sons, Inc., 1966), ch. 1~2; Stanley Young, *Management: A Systems Analysis*(Glenview, Ill.: Scott, Foresman, 1966), ch. 2 참조.

(2) 개방체계는 새로운 제품이든 혹은 시설이든 어떠한 생산물이나 서비스를 환경으로 내
보낸다.

(3) 개방체계는 새로운 제품을 만들거나 물질을 가공하거나 혹은 사람을 훈련시키거나 서
비스를 제공한다.

(4) 개방체계에 있어서 에너지교류의 패턴은 순환적 성격을 띤다.

(5) 개방체계는 모든 형태의 조직을 해체소멸로 이끌어가는 과정인 엔트로피(entrophy)의
발동을 억제하지 않으면 안 된다.

(6) 개방체계에의 투입은 에너지만이 아니며, 환경에 대한 그리고 환경과의 관계에 있어서
체계의 기능에 관한 정보도 투입된다.

(7) 개방체계에 있어서는 외부환경으로부터 에너지가 계속적으로 유입되고 체계의 생산물
이 계속 유출되지만, 체계의 특징은 변질되지 않는다.

(8) 개방체계는 분화와 정밀화의 방향으로 나아가는 경향을 지닌다.

(9) 개방체계는 여러 상이한 초기상태로부터, 그리고 여러 가지 진로에 의하여 종국적 상태
에 도달하는 특성을 가진다.

3. 개방형 조직론

조직을 개방체계로 파악하면서, 이후의 조직 연구는 조직과 환경의 상호작용에 관한 연구
에 매진하였고, 주로 환경에 적응하는 조직의 유형과 구조를 분석하였다.[14]

조직과 외부 환경과의 상호 관계에 관한 시원적 연구라 할 수 있는 TVA(Tennessee Valley
Authority)에 관한 연구에서 셀즈닉(Philip Selznick, 1949)은 미국의 대공황 이후 경기 부양을 위
해 시작한 테네시강 유역의 종합적 개발을 위해 연방정부가 설치한 기관인 TVA가 목표 달성
을 위한 전략의 일환으로 채택한 현지인들과의 협조 관계가 결국 조직과 환경 간 상호작용의
산물임을 실증적으로 밝힌 바 있다. 즉, TVA는 현지인들을 조직 내로 포섭(cooptation)함으로
써 자신의 정당성과 정책에 대한 지지를 획득하여 궁극적인 조직의 목표를 달성하였다. 이 연
구는 환경의 존재를 인정함으로써 조직을 이전의 폐쇄적인 체계에서 개방체계로서 파악하는
인식의 전환에 큰 기여를 한 것이다.

조직과 환경의 상호작용에 관한 보다 진전된 연구는 번스(T. Burns)와 스토커(G. M. Stalk-
er)에 의하여 진행되었다. 번스와 스토커는 환경의 안정성 정도에 따라 이에 적합한 조직의 구

---

14 이 논의는 이덕로의 "조직성과 평가모형의 새로운 접근", 창조와 혁신 2(1), 133-162면을 참조.

조가 달라진다고 주장했다.[15] 즉, 안정적인 환경에서는 기계적 조직구조가, 유동적인 환경에서는 유기적 조직구조가 적합하다는 것이다. 환경과 조직의 상호작용에 관한 연구를 수행한 로렌스(P. R. Lawrence)와 로쉬(J. W. Lorsch)도 조직을 개방체계로 규정하면서 외부 환경의 불확실성의 정도에 따라 조직의 유형이 달라진다고 주장했다.[16] 이들은 환경의 불확실성의 정도에 따라 가장 불확실한 환경에 처한 플라스틱업계, 중간 정도의 불확실성을 가진 식품업종, 그리고 상대적으로 가장 안정적인 컨테이너업계를 선정·분석하여 각각의 업종에서 분화와 통합의 정도에 따라 조직의 성과 정도가 달라진다는 사실을 입증하였다. 즉, 환경의 불확실성이 높은 업종의 경우 이에 대응하기 위한 조직의 분화와 통합의 정도가 높은 조직이 성과가 높다는 점을 입증했다. 물론 불확실성의 정도가 낮은 산업군에서도 환경에 대응한 분화와 통합의 정도가 상대적으로 높은 조직이 다른 조직에 비해 성과가 높다는 사실도 확인하였다.

　　조직 연구의 관점을 조직의 생존에 필요한 자원의 공급원으로서의 환경으로 전환시킨 페퍼(J. Pfeffer)와 살란식(G. R. Salancik)은 기존의 연구가 주로 조직의 환경에의 적응에 국한되어 있는 데 반해 조직의 능동적인 환경 조작 가능성도 제기함으로써 좀 더 적극적인 조직과 환경과의 상호작용을 논의했다.[17] 특히 조직의 효과성이라는 개념을 전제로 조직의 성과와 조직, 그리고 환경의 삼자 간 상호작용 관계를 적시함으로써 현대의 조직성과 논의에 대한 시발점이 되었다.

---

15 T. Burns and G. Stalker, *The management of Innovation*(London: Tavistock Press, 1961).

16 P. R. Lawrence and J. W. Lorsch, *Organization and Environment*(Boston: Harvard University Press, 1967).

17 J. Pfeffer and G. R. Salancik, *The External Control of Organization*(CA: Standford University Press, 1978).

03 조직의 목표와 환경

제 1 절 개 요

초기의 조직이론이 조직의 내부문제만을 그 대상으로 하여 연구하였다면, 오늘날의 조직이론은 체계의 개념에 입각하여 조직과 그것을 둘러싸고 있는 환경과의 관계를 중시한다. 조직의 내부문제만을 다루었던 과거의 조직이론이 폐쇄적이고 미시적이었다면, 환경문제를 중시하는 오늘날의 조직이론은 개방적이고 거시적인 것이라고 할 수 있다.

조직을 일단 개방체계로 생각한다는 것은 조직은 그것이 어떤 조직이냐를 막론하고 환경과 일정한 교호작용과 상호의존관계에 있으며, 환경으로부터 자원·인간·에너지·정보를 받아들이고, 이들의 환류과정을 통해 다시 환경으로 산출시킴(output)을 의미한다. 조직은 이러한 산출활동 때문에 환경으로부터 그 존립의 이유와 정당성을 부여받게 되는 것이다.

또한 일반적으로 조직을 분석할 때 중요한 고려대상의 하나로 조직의 목표를 드는 경우가 많다. 조직의 목표는 일단 정립된 다음에는 조직 내의 여러 가지 결정을 지배하는 전제가 되므로 조직에 미치는 영향력이 매우 크다. 따라서 공식적 조직을 보다 명확히 이해하기 위해서는 조직의 목표를 환경과 관련하여 조직 전체의 관점에서 고찰하지 않을 수 없다.

제 2 절 조직의 목표

조직의 목표는 일반적으로 조직이 달성하려고 하는 소망스러운 상태(desired state)[1]를 의미한다고 정의할 수 있겠다. 이러한 조직의 목표는 여러 가지 기능을 가지고 있다.[2] 즉 첫째로,

---

1 A. Etzioni, *Modern Organizations*(Englewook Cliffs, New Jersey: Prentice-Hall, 1964), p.6.
2 *Ibid.*, p.9.

그것은 조직의 활동에 지침을 제공한다. 둘째로, 조직의 목표는 조직의 활동 내지 그 존재 자체를 정당화하는 정당성(legitimacy)의 근거를 제공한다. 셋째로, 조직의 목표는 조직의 구성원이나 외부인사가 조직의 성공 여부, 즉 조직의 효과성을 측정하는 척도를 제공한다.

그런데 조직목표의 개념을 파악하는 데는 몇 가지 어려운 문제가 있다. 첫째는 누구의 미래상을 조직이 추구하는 것인가 하는 문제이며, 둘째는 목표를 관찰하고 측정하기 어렵다는 점이고, 셋째는 목표와 수단의 구별이 어렵다는 점이다.

조직목표를 분명히 밝히는 것은 이와 같이 어려운 일이지만, 조직이 그의 목표를 성공적으로 수행하기 위해서는 될 수 있는 한 목표를 분명히 밝혀 두어야 한다. 조직의 목표를 분명히 밝히기 위해서는 조직 내에 있어서의 분업, 일의 흐름, 그리고 예산에 반영되는 자원의 배분 등을 분석하여야 한다.

Ⅰ 조직목표의 분류

1. 공식적 목표(stated goal)와 실질적 목표(real goal)

공식적 목표란 그 조직이 공식적으로 내세우는 목표이며, 실질적 목표란 그 조직이 실제에 있어서 추구하는 목표이다. 공식적인 목표와 실질적인 목표가 일치하는 경우도 있겠으나 양자가 일치하지 않는 경우도 많다. 공식적 목표와 실질적 목표 간에 차이가 나는 이유는 다음과 같다. 첫째는 조직의 대표자나 조직원이 의식하고 있지 못하는 사이에 이 양자 간의 간격이 생기는 경우이다. 둘째는 조직의 대표자나 조직원이 양자의 차이를 의식하고 있을 뿐만 아니라, 실질적 목표를 달성하기 위하여 공식적 목표를 수단으로 사용하는 경우이다. 예를 들어 겉으로는 문화사업을 표방하면서 실제로는 영리를 추구함으로써 조직의 정당성을 확보하려는 경우가 이에 속한다. 일반적으로 조직은 공식적 목표와 실질적 목표가 상호 일치할수록 조직존립의 정당성을 얻을 수 있는 가능성이 많다.

2. 에치오니의 분류

에치오니(A. Etzioni)는 조직구성원의 통제방법을 기준으로 하여 조직의 목표를 질서목표, 경제적 목표 및 문화적 목표로 분류하고 있다. 질서목표를 지닌 조직으로서는 교도소·구금적 정신병원 등을 들 수 있으며, 이러한 조직은 이탈자를 사회로부터 격리하거나 이탈행위의 재발을 막거나 이를 통제하는 데 그 목적이 있다. 경제적 목표란 경제적인 이윤을 추구하는 것을 말하며, 대부분의 기업·서비스업체 등이 이에 속한다. 문화적 목표를 지닌 조직은 상징적 대상의 창조·유지·활용에 공헌하는 조직으로 학교·종교단체 등을 들 수 있다.

3. 페로우의 분류

페로우(Charles Perrow)는 조직을 체계로 보고 목표가 누구의 견해를 인정할 것인가를 기준으로 다음과 같이 5가지 유형으로 분류하고 있다.[3]

(1) 사회목표(social goal): 사회목표란 사회가 필요로 하는 것을 수행하는 목표를 말한다. 즉 물품을 생산하고 서비스를 제공하며, 사회질서를 유지하고 문화적 가치를 생성하고 유지하는 목표이다.

(2) 산출목표(output goals): 조직과 접촉하는 고객(clients)과 관련되는 목표로서 조직이 고객을 위하여 어떤 기능을 수행하는가에 따라서 본 목표를 정한다. 예를 들면 소비재, 기업의 서비스, 보건, 교육 등의 목표를 지적할 수 있다.

(3) 체계목표(system goals): 조직이 생산하는 재화나 서비스 또는 파생목표와 관계 없는 조직의 운영방법이나 운영실태와 관련된 목표이다. 예를 들면 성장, 안정, 이윤의 강조 등을 지적할 수 있으며, 조직은 이 목표의 선택을 외부환경의 영향을 받지 않고 자유로이 행할 수 있다.

(4) 생산목표(products goals): 이는 생산되는 재화나 서비스의 특성과 관련된 것으로서, 예를 들면 질·양·다양성·형태·효용성 등이 생산목표가 될 수 있다.

(5) 파생목표(derived goals): 조직이 본래 추구하던 목표 이외의 다른 목표를 추구하는 경우가 이에 해당한다.

Ⅱ 조직목표와 환경

환경과 관련하여 조직목표를 살펴보면 조직은 환경으로부터 정당성을 인정받아야 하며, 환경이 조직에 정당성을 부여하는 주요한 근거의 하나가 조직의 목표이다. 이런 의미에서 조직의 목표는 환경에 의해서 규율되는 정도가 매우 높다. 따라서 환경의 힘에 의하여 조직의 목표는 설정되고 수정·보완되는 것이다. 환경이 조직목표에 미치는 영향을 세분하면 대략 다음과 같다.[4]

---

3 C. Perrow, *Organizational Analysis: A Sociological View*(Belmont, Calif.: Brooks Cole Pub. Co., 1970), pp.134～171.

4 J. D. Thompson and W. J. McEwen, "Organizational Goals and Environment Goal-Setting as an Interaction Process," *American Sociological Review*, Vol. 23(February 1958), pp. 23～31.

(1) 경쟁(competition)

경쟁의 관계는 2개 이상의 조직이 제3집단의 지지를 얻기 위한 상황에서 존재한다. 즉 2개 이상의 조직이 제3집단의 선택에 영향을 미치기 위하여 호소를 하거나 조건을 제시함으로써 이루어진다. 좋은 교수를 유치하기 위한 대학 간의 경쟁, 환자의 유치를 위한 병원 간의 경쟁 등이 이에 해당한다.

(2) 협상(bargaining)

경쟁의 관계가 두 조직 간에 직접적인 상호작용 관계가 없는 간접적 관계라면, 협상은 두 조직 간에 직접적인 교섭이 일어나는 관계이다. 따라서 경쟁의 경우와는 달리 협상의 경우에 있어서는 제3자의 개입 없이 환경이 직접 조직과 상호작용을 하게 된다. 소비자와 공급자와의 관계, 노동조합과 사용자 간의 단체협의가 그 대표적인 예이다.

(3) 적응적 흡수(cooptation)

이는 조직이 안정을 유지하고 존립의 위협을 제거하기 위하여 조직의 지도층이나 정책결정과정에 외부로부터 새로운 요구를 흡수하는 과정을 말하며, 포섭으로 이해되기도 한다.

(4) 연합(coalition)

연합은 공동목표의 달성을 위해 2개 이상의 조직이 제휴의 관계를 가지는 상태다. 2개 이상의 정당이 연립내각을 구성하는 경우나, 2개 이상의 국가가 조약을 체결하는 것도 여기에서 말하는 연합에 해당된다. 대체로 연합의 관계는 조직이 환경과의 관계에서 최악의 위협적인 상태에 처했을 때 이루어지는 경우가 많다.

Ⅲ 조직목표의 변화

1. 목표의 대치(displacement of goals)

목표의 대치란 조직이 그 목표달성을 위한 수단을 오히려 목표 자체로 전환시켜 놓는 현상을 말한다. 즉 조직이 정통적인 목표를 버리고 다른 목표를 택하는 것을 말한다. 예컨대 관료제에 있어서 지나친 규칙의 준수는 형식주의를 낳게 되어 조직본래의 목적보다는 규칙준수가 우선적인 관심사가 되게 된다. 또한 미헬스(R. Michels)의 이른바 과두제의 철칙(iron law of oligarchy)도 이에 해당된다고 할 수 있다.

2. 목표의 승계(goal succesion)

목표의 승계란 조직이 본래의 목표를 이미 달성했다든가, 또는 달성이 불가능한 경우 조직의 생존을 위하여 새로운 목표를 발견하는 것을 말한다.

예컨대 미국의 재향군인회는 창설 당시에는 제1차 세계대전 중의 원정군의 정신을 기념하고 보존한다는 목표를 내세웠지만, 그 후에는 점차 예비역군인의 권리보호와 지역사회봉사사업을 추진하는 것으로 변화하였다.

3. 목표의 다원화 및 확대(goal multiplication and expansion)

조직목표활동의 또 하나의 보편적인 현상은 목표가 달성되기 어려운 때에는 조직의 존속을 위하여 원래의 목표에 새로운 목표를 추가하거나 목표의 범위를 확대 또는 확장하는 것이다. 전자가 목표의 다원화이며, 후자가 목표의 확대이다. 예를 들면 대학의 목표는 원래 교육과 연구라고 할 수 있으나 오늘날에는 사회봉사적인 것이 추가되고 있으며, 종교조직은 신앙외에 사회에 대한 봉사라는 새로운 목표가 추가되고 있다.

Ⅳ 조직목표와 개인목표

오랫동안 조직의 목표와 개인의 목표를 조화시키는 문제에 관하여 많은 논쟁들이 있어 왔다. 개인의 목표와 조직의 목표가 과연 본래적으로 상충되는 것인지에 관하여 논쟁이 있어왔으며, 개인의 목표와 조직의 목표를 통합시키는 일이 과연 가능한가, 그리고 그것이 바람직한가에 대해서도 사람들은 상당한 이론을 보여 왔다.[5]

여기에는 개인의 목표와 조직의 목표를 통합시키는 일반적 모형만을 설명하기로 한다.[6] 여기서 말하는 개인의 목표란 개인의 필요 또는 욕구를 충족시키는 상태를 의미하며, 목표의 통합이란 개인의 목표와 조직의 목표를 동시에 추구할 수 있는 영역이 넓어지는 것을 말하며, 조직과 개인에게 가장 소망스런 상태라 할 수 있다

(1) 교환모형(exchange model)

이 모형에서는 조직이 개인의 목표성취에 도움이 되는 유인을 개인에게 제공하고, 개인은 그에 대한 대가로서 시간과 노력을 조직의 목표성취에 바치게 된다. 즉 조직은 개인이 조직의

---

5 보다 상세한 논의는 제5편 9장을 참조할 것.
6 J. H. Barrett, *Individual Goals and Organizational Objectives: A Study of Integration Mechanisms*(Institute for Social Research, the University of Michigan, 1970) 참조.

목표성취에 기여한다는 조건부로, 그리고 거기에 기여하는 정도만큼만 개인의 목표추구에 기여하는 것을 처방하는 모형이라고 할 수 있다. 따라서 교환모형은 외재적 보상에 기초를 둔 모형(extrinsic reward model)이라고 볼 수 있다.

(2) 교화모형(socialization model)

이 모형은 개인으로 하여금 조직의 목표성취에 도움이 되는 행동은 가치 있는 것으로 생각하고, 그렇지 않은 행동은 무가치한 것으로 생각하도록 조장하는 감화의 과정(influence process)을 통해서 목표의 통합을 이룩하려는 접근방법이다. 개인을 교화하는 데는 적극적인 교화뿐만 아니라, 소극적인 교화의 방법도 쓰인다. 설득을 하고 모범적인 행동을 보임으로써 개인으로 하여금 조직의 목표를 개인의 목표화 하도록 조장하는 것은 적극적 교화에 해당하며, 조직의 목표성취에 방해가 되는 개인의 목표를 포기하도록 감화하는 것은 소극적 교화인 것이다.

(3) 수용모형(accommodation model)

이 모형은 조직의 목표를 설정하고 목표추구의 방법과 절차를 입안함에 있어서 개인의 목표를 고려해서 이를 수용하도록 처방하는 모형이다. 이 모형에 따를 때 개인의 필요와 욕구는 주어진 조건으로 취급된다. 조직을 구성하고 운영할 때 조직의 목표를 추구하는 것 자체가 개인에게 가치 있는 것으로 느껴지도록 하고, 개인의 목표의 동시적 추구도 가능하도록 하는 배려를 한다.

제 3 절　조직과 환경

Ⅰ　조직환경에 관한 연구

생태학(ecology)이 대두되기 이전까지는 환경(environment)이라는 요소는 거의 거론되지 않거나, 기껏 거론된다고 해도 환경변수는 정적(靜的)이거나 종속적인 것으로 파악해 왔다. 그러나 조직 자체가 그 기능이 증대되고 그에 기인하여 보다 넓은 조직외적 요소와 상호작용해야 할 필요성이 절실히 요청되자, 환경 자체를 독립변수화 시키려는 움직임이 싹트게 되었고, 이에 따라 환경에 관한 연구가 활발해지게 되었다.

1. 에머리와 트리스트의 연구

에머리(F. E. Emery)와 트리스트(E. L. Trist)는 환경의 내용을 밝히는 데 일찍이 공헌한 학자들이다. 이들은 사례연구를 통하여 '복잡성과 변화율'이라는 특성에 중점을 두고 환경을 4가지로 분류하였는데, 이것을 설명하면 다음과 같다.[7]

1) **평온·무작위적 환경**(placid-randomized environment) 이는 가장 단순한 환경으로 많은 면에서 순수경쟁을 가정하는 고전경제학의 모델과 유사하다. 환경의 평온성은 변화가 서서히 일어난다는 것으로 불안정은 미미한 정도이다. 아메바(amoeba)가 처해 있는 환경, 태아가 처해 있는 환경, 유목민들이 처해 있는 환경 등을 이 평온·무작위적 환경의 예로 들 수 있다.

2) **평온·집약적 환경**(placid-clustered environment) 이 환경에서는 변화가 서서히 일어나지만, 외부환경요인이 산재해 있지 않고 어느 정도 합쳐지므로 약간 복잡하게 된다. 이 상황은 경제적인 면에서 볼 때 불완전시장과 유사하다. 이 경우에는 환경이 다소 복잡하기는 하지만, 인과관계의 확률을 어느 정도 예측할 수 있게 된다. 이러한 평온·집약적 환경의 예는 유아의 환경, 그리고 농업·광업 등 1차산업의 환경을 들 수 있다.

3) **교란·반응적 환경**(disturbed-reactive environment) 이 환경과 평온·집약적 환경의 가장 명확한 차이는 많은 수의 유사조직이 교란·반응적 환경에서 출현한다는 것이다. 이 교란·반응적 환경은 경제학에서의 과점개념과 유사하고 소수의 대규모조직이 동일시장에서 경쟁을 벌이게 된다. 이 때 경쟁자의 반응이 예견되어야 하므로 전략이 중요하게 된다. 이 환경의 특성은 각 조직의 상호작용에 따른 변화의 가속화에 있다. 그리고 조직 내의 상호작용과 다른 환경요인과의 관계로 인하여 복잡성도 증가된다.

4) **소용돌이의 장**(turbulent field) 이 상황은 변화가 극히 빠르게 진행되고 복잡성도 높다. 이러한 격동성은 조직 간, 조직과 환경요소 간, 환경요소 상호 간의 작용에서 연유한다. 또한 이러한 소용돌이의 장은 조직이 성장하고 교란·반응적 환경의 요구에 적응하기 위하여 점차적으로 상호관련성을 증대시키고, 조직의 정치적·경제적·사회적 환경간에 상호의존성이 증대되며, 경쟁에 대처하기 위한 연구개발 그 자체가 환경의 변화를 가속화시키기 때문에 생겨난다. 따라서 환경의 불확실성이 증대된다. 즉 이 소용돌이의 장은 불확실한 환경이라 할 수 있다.

위와 같이 환경을 분류한 에머리와 트리스트는 환경이 어떻게 변화하고, 조직은 이러한 환경에 어떻게 적응하는가에 대하여 조직의 환경은 매우 단순한 단계로부터 점차 복잡성·불확

---

7 F. E. Emery and E. L. Trist, "The Casual Texture of Organizational Environments," in John G. Mauser(ed.), *Readings in Organizational Theory: Open System Approach*(New York: Random House, 1971), pp.46~47.

실성이 높은 단계로 변화되어간다고 한다.

여기에서 에머리와 트리스트가 밝힌 환경관의 공헌은 타조직과의 관계에서 환경의 성격을 규명했다는 점과 이 시도의 결과로 불확실성(uncertainty)이라는 개념, 즉 '불확실한 환경'을 현대의 환경으로 특징지을 수 있게 되었다는 점이다. 그러나 이런 환경을 식별하는 '인식인'의 역할을 축소하여 생각한 나머지 환경을 객체시하는 의인화(擬人化)경향과 인지과정의 왜곡을 초래했다.

2. 테리베리의 연구

에머리와 트리스트의 이론을 한 단계 더 진전시킨 사람이 테리베리(S. Terreberry)인데, 그는 에머리와 트리스트가 지적한 타 조직과의 관계를 조금 더 구체화하여 다음과 같이 주장했다.[8]

즉 오늘날의 급변하는 조직의 환경은 소용돌이의 환경이 되며 아울러 불확실성이 증대한다고 하는데, 환언하면 한 조직이 당면하는 환경은 진화하는 것으로서 조직의 성장과 함께 환경의 구성요소(他組織)도 변하며, 마침내는 타조직의 반응에 신경을 쓰면서 의사결정을 해야 하는 절실한 사정에 직면하게 된다. 그리고 이 절실성 때문에 그 조직의 환경은 더욱 불확실해지고, 조직을 변화시키는 주요인이 되는 것이다.

에머리와 트리스트가 환경을 타조직과의 관계에서만 파악했음에 비하여, 테리베리가 타조직의 관계도 조직의 성장과 함께 진화되고 복잡화된다고 주장한 것은 상당히 진보된 것이라고 볼 수 있다.[9]

3. 카츠와 칸의 연구

외부의 환경이 조직에 어떻게 영향을 미치느냐 하는 문제를 취급함으로써 성격을 규명하려는 또 하나의 노력이 있는데, 이 연구는 환경이 조직변화를 설명하는 가장 중요한 변수라는 명제로부터 시작한다. 이 점을 가장 강력히 주장한 학자가 카츠(D. Katz)와 칸(R. Kahn)인데,[10] 그들에 의하면 조직의 변화를 일으키는 것은 조직 내부에 있는 수평적·수직적 알력이 아니라,

---

8 S. Terreberry, "The Evolution of Organizational Environments," *Administrative Science Quartery*, Vol. 12(March 1963), p.609.

9 R. Hall, *Organizaitons; Structure, Process, and Outcomes*(New Jersey: Prentice-Hall, 1999), pp. 204~248; J. Pennings, "Strategically Interdependent Organization," in P.C. Nystrom and W. Starbuck(ed.), *Handbooks of Organizational Design*(Oxford University Press, 1981), pp.431~455.

10 D. Katz and R. L. Kahn, *The Social Psychology of Organizations*(New York: Wiley, 1966), p.448.

조직 외부로부터 받는 입력(input)에 의해서라는 것이다. 이 입력에 따라 조직은 전략을 수립하게 되는데, 능동적이고 복잡하여 불확실한 환경일수록 폭이 넓고 다각적인 전략을 세우게 되고, 이 전략을 뒷받침하기 위해서 조직구조의 변화가 유발된다고 한다.

이들의 견해를 이해하는 데는 '의사결정점'(decision points)이라는 개념의 이해가 필요하다. 바로 이 의사결정점에서 환경의 요구(environmental demands)에 대한 조직의 반응이 발생하기 때문에, 이 의사결정점을 관찰하면 조직의 적응양태를 알 수 있다. 의사결정점은 4개가 있는데, 첫째가 전체 환경 가운데에서 어느 특수분야를 택하여 이에 맞는 전략을 세우는가를 결정하는 영역(domain)의 문제이고, 둘째는 그 전략을 집행하기 위한 적절한 기술(technology)을 택하는 결정, 셋째는 이 전략과 기술을 통제하기 위한 구조(역할)를 수립하는 결정, 그리고 넷째는 조직의 계속성을 확보하기 위한 결정이다. 이런 결정은 최고관리층의 영향 하에 있지만, 환경과 이미 내려진 결정에 의해서 제약받는 것이 그 특징이다.

4. 톰프슨의 연구

영역(domain)과 기술(technology)의 개념을 적절히 이용하고, 환경과 조직 관계를 설명한 학자는 톰프슨(J. D. Thompson)이다.[11] 그에 의하면 영역은 조직이 의존하고 있는 환경의 일부(타 조직 또는 집단 등)를 나타내는 것으로서, 자원획득이 영역에서 이루어질수록 조직은 이 영역에 의존하게 된다고 한다. 따라서 계약(contracting), 연립(coalition) 또는 적응적 흡수(cooptation)와 같은 기법을 사용하여 타조직과의 의존도를 줄이고, 환경에 대한 영향력을 증진하려고 노력한다.

그러나 톰프슨은 조직이 단지 일부만 환경에 개방되어 있는 것으로 보고, 조직의 핵심기술(core technology)을 환경으로부터 보호하기 위하여 환경 외부세력으로부터 격리시켜야 한다고 한다. 그는 기술이야말로 능률의 척도이며 합리성을 나타내는 강력한 조직규범(organizational norm)이라고 파악한다.

5. 로렌스와 로쉬의 연구

로렌스(P. Lawrence)와 로쉬(J. Lorsch)는 조직의 환경적응에 관한 연구를 분화(differentiation)와 통합(integration)의 양면에서 시도하였다.[12]

---

11 J. D. Thompson, *Organizaions in Action*(New York: McGraw-Hill Book Co., 1967) 참조.
12 P. R. Lawrence and J. W. Lorsch, *Developing Organizations: Diagnosis and Action*(Reading, Massachusetts: Addison-Wesley Pub. Co., 1969), pp.20~30.

분화와 통합은 구조의 재정비라는 의사결정점에 해당되는 것이지만, 이들은 이 개념을 더 구체화하여 다음과 같이 정착시켰다. 즉 분화란 각 구성원이 환경에서 각기 상이한 측면을 읽게 되는 상이한 인지적·감정적 정향성(differing cognitive and emotional orientation)을 의미하고, 이러한 상이한 정향성은 추구하는 목표설정(goal orientation), 시간관, 그리고 대인관계에 차질을 가져온다. 또한 통합이란 상이한 정향성으로 인하여 발생하는 부서 간의 압력(갈등)을 해소하고 협동으로 촉진하기 위해 사용되는 기법, 즉 역할·규율·보수제도·통합을 꾀하는 지도자의 질과 달성되는 협동의 질(quality of cooperation)을 지칭한다. 이런 개념을 갖고 분화·통합 및 환경이 어떠한 상호관계를 맺고 있는가를 연구하는데, 그들의 논의는 외부의 환경변화와 불확실성의 증진에 따라 조직 내부의 분화와 통합의 필요도 증진된다는 것이다. 이 연구에서 환경의 특징은 조직구조의 특징을 결정짓는 강력한 요인으로서 규명되었고, 또한 쌍방의 특징이 서로 일치되지 않으면 환경의 특징에 따라 조직의 구조도 다르게 설계될 수가 있다는 점에서 환경의 중요성이 설파되었다.

Ⅱ 조직환경의 분류

앞에서 조직과 환경관, 환경이론에 관한 학자들의 연구를 살펴보았는데, 조직이 환경을 명확히 인식하고 환경의 영향에 적절히 대처해 나가기 위해서는 환경을 막연하게 전체로서 보는 것보다는 어떤 분류체계를 통해서 보는 것이 바람직하다. 환경을 유형화함으로써 조직과 환경 간의 상호작용이 보다 용이하게 이해될 수 있을 것이기 때문이다.

조직의 환경은 크게 분류해서 내부환경(internal environment)과 외부환경(external environ-ment)으로 구분할 수 있다. 내부환경은 조직체의 구조·방침·기술 등 공식적 요소를 비롯하여, 조직 내에서 실제로 일어나고 있는 자생적 상황을 의미하며 조직분위기(organizational climate) 또는 조직문화(organizational culture)를 말한다. 외부환경은 내부환경을 제외한 모든 환경을 뜻하는데, 조직의 연구방법과 관점에 따라서 과업환경·일반환경, 그리고 인식적 환경으로 분류할 수 있다.

1. 내부환경

내부환경은 조직분위기(organizational climate)를 말하는데, 조직분위기란 조직체가 주어진 환경과의 적응과정에서 조직체 고유의 독특한 성격을 갖게 되는 것을 말한다. 즉 조직분위기는 조직체가 자체의 독특한 특성에 대하여 우리들에게 주는 전반적인 인상 또는 느낌(feeling)

으로서, 어떤 절대적인 객관적 개념이라기보다는 오히려 우리들의 지각에 의한 상대적이고 주관적인 개념이라고 할 수 있다.

조직분위기를 형성하는 데 결정적인 역할을 하는 조직체의 요소는 ① 조직체의 업종·기술·외부환경과의 관계, ② 수익성·재력·구성원에 대한 보상 등 조직체의 경제적 위치, ③ 행정이념과 가치, ④ 조직체의 방침·규율·규정절차, ⑤ 조직체 각 계층에서의 리더십유형, ⑥ 조직구조설계, ⑦ 구성원의 배경·가치관·행동경향 등을 들 수 있는데,[13] 위의 요소들이 종합적으로 주는 인상에 따라서 ㉠ 집권적·분권적, ㉡ 기계적·유기적, ㉢ 관료적·신축적, ㉣ 보수적·발전적, ㉤ 폐쇄적·개방적, ㉥ 침체적·활성적, ㉦ 불신적·신뢰적, ㉧ 비정적·온정적 분위기 등 여러 가지의 조직분위기 유형으로 분류할 수 있다.[14] 상황적 관점에서 볼 때, 이러한 조직분위기 유형은 외부환경과 매우 밀접한 관계가 있고, 나아가서는 조직체의 성과에도 많은 영향을 주고 있다.

2. 외부환경

(1) 과업환경

과업환경은 개별조직의 의사결정이나 전환과정에 관계되는 세분화된 영향력이라고 말할 수 있다.[15]

카스트(F. E. Kast) 등의 학자는 과업환경을 고객, 공급자, 경쟁자, 사회·정치적 요소, 기술적 요소로 나누고 있는데, 각각에 대해 설명을 하면 다음과 같다.[16]

1) **고객** 재화와 서비스의 유통에 관계하거나 그것을 실제로 사용하는 자를 말한다.

2) **공급자** 새로운 재료, 설비, 제품의 부품공급자와 노동의 공급자를 말한다.

3) **경쟁자** 경쟁자는 공급자에 대한 경쟁자와 고객에 대한 경쟁자로 나누어 볼 수 있다.

4) **사회·정치적 요소** 이 요소에는 정부의 규제, 기업이 속한 산업이나 그 산업의 특정제품에 대한 사회의 태도, 조직과의 관계 등이 포함된다.

5) **기술적 요소** 여기에는 재화와 서비스의 생산에 있어서 그 기업이나 관련산업의 새로운 기술적 요구에 대한 대처와 새로운 기술의 적용으로 인한 신개발과 개선 등이 속하게 된다.

---

13 A. J. Dubrin, *Fundamentals of Organizational Behavior*(New York: Pergamon Press, 1974), pp.334~340.

14 이학종, 조직행동(서울: 세경사, 1984), 366면.

15 W. R. Dill, "Environment as an Influence on Managerial Autonomy," *Administrative Science Quarterly*(March 1958), p.409.

16 F. Kast and J. E. Rosenzweig, *Organization and Management: A Systems and Contingency Approach*, 3rd ed.(New York: McGraw-Hill Book Co., 1979), p.133.

(2) 일반환경

조직의 일반환경은 사회 내의 모든 조직에 영향을 미치는데, 일반적으로 사회·문화적 환경 (social cultural environment), 정치적·법적 환경(political, legal environment), 기술적 환경(technological environment)으로 나누어지고 있고, 오늘날에는 공해에 따른 환경오염의 문제와 에너지난과 같은 자연자원의 문제 등 다양한 문제가 새로운 환경의 도전으로 등장하고 있다.

일반환경을 분류하는 데는 여러 학자들의 견해가 있는데, 그 중 홀(R. H. Hall)은 조직의 일반환경을 기술·법·정치·경제·인구·생태·문화의 일곱 가지로 나누어 설명하고 있다.[17]

여기서는 일반환경을 사회·문화적 환경, 경제적 환경, 정치적·법적 환경, 기술적 환경으로 나누어서 고찰한다.

1) 사회·문화적 환경 사회·문화적 환경은 사회의 가치관, 풍습, 윤리, 도덕 등을 통하여 개인과 집단의 행동에 영향을 줌으로써 조직에서의 모든 행동형성에 직접 또는 간접적으로 작용하는 중요한 요인이다.

2) 경제적 환경 경제구조·제도, 그리고 여러 경제단체와 기관을 통하여 우리들의 경제활동은 물론 조직의 경제활동과 성과에 커다란 영향을 준다.

3) 정치적·법적 환경 조직은 새로운 법을 만들어내는 정치적 요인을 그 환경으로 갖는다. 사회의 일반적인 정치풍토나 권력집중의 정도, 정치조직의 성격, 정치·정당체계는 조직에 커다란 영향을 미치게 되고, 정치적 안정은 조직활동의 안정을 보장해 주기도 한다. 또한 우리들의 일상생활이나 조직활동에 있어서 지켜야 할 여러 가지 법과 규정이 마련되고, 이것이 정부나 공공기관에 의하여 시행됨으로써 조직의 운영과 활동에 틀(frame) 역할을 하고 있다.

4) 기술적 환경 현대를 기술의 시대라고 할 정도로 기술은 큰 비중을 차지하고 있고, 그러한 기술의 변화 또한 급격하게 일어나고 있다. 기술은 사회의 변화를 일으키는 가장 큰 요인이고, 기술의 변화는 생산양식뿐만 아니라 사회의 가치관도 변화시킨다. 이러한 기술적 환경은 조직이 효과적인 성과를 달성할 수 있는 물적·지적 노하우(know-how)를 제공해 주고 있다.

(3) 인식적 환경

조직환경을 앞에서와 같이 과업환경, 일반환경의 구성요소 중심으로 구분할 수 있는데, 이와는 달리 조직이 처해 있는 환경을 종합적으로 인식하고, 여기에서 나타나는 환경의 전체적인 성격에 의하여 조직환경을 분류할 수도 있다. 조직의 행동관점에서 볼 때 이러한 인식적 차원에서의 환경분류는 그 분류기준에 있어서 두 가지의 환경적 특성을 특히 중요시하고 있다.

---

17 R. Hall, *Organizaitons; Structure, Process, and Outcomes*(New Jersey: Prentice-Hall, 1999), pp.207~214.

즉 첫째는 환경의 변화도(degree of change)로서 환경을 구성하고 있는 요소들의 변화량과 변화율(amount and rate of change)에 대한 척도이고, 둘째는 환경의 복잡성정도(degree of complexity)로서 조직의 환경을 구성하고 있는 요소들의 다양성(diversity)과 이 요소들 간의 상호관계 및 이 요소들과 조직체 간의 상호관계(interrelationship)를 의미한다.

환경의 변화도와 복잡성을 중심으로 조직환경을 분류할 때, 여러 가지 인식적 차원에서 환경을 구분할 수 있다. 즉, 톰프슨(J. Thompson)은 조직의 환경을 동질적·이질적(homogeneous-heterogeneous), 안정적·불안정적(stable-shifting)이라는 두 연속선상에 있는 것으로 구분했으며,[18] 로렌스(P. R. Lawrence)와 로쉬(J. W. Lorsch)는 환경을 다양성과 동태성의 정도에 따라 분류했는데,[19] 이 때 환경은 ① 단순하고 정태적인 환경, ② 단순하고 동태적인 환경, ③ 복잡하고 정태적인 환경, ④ 복잡하고 동태적인 환경으로 나누어진다고 한다.

또한 위의 분류 외에 환경의 안정적(stable)·동태적(dynamics), 그리고 확실성(certainty)·불확실성(uncertainty)의 분류도 있다.

Ⅲ 조직환경의 변화

앞서 설명한 바와 같이 조직은 정치·경제·사회·문화·기술 등 여러 가지 일반환경으로부터 많은 영향을 받고 있다. 따라서 이들 환경에서의 변화는 조직변화에 커다란 압력을 가하게 된다. 특히 IT, BT, NT, CT로 특징지어지는 첨단 과학기술의 발달은 오늘날에 와서 더욱 심화되어가고 있는데, 이 또한 조직의 다변화환경에 매우 중요한 부분을 차지하고 있다.

이러한 과학기술의 발전은 경제·사회·문화발전에도 큰 자극을 줌으로써 전체적인 일반환경변화에 상당히 중요한 역할을 하고 있다. 이러한 환경적 변화는 조직체 내부에 많은 변화를 요구하게 되었다. 즉, 다변화환경에 적합한 신축적이고 창의적인 조직의 설계와 관리 등 환경적 변화에 대응하고, 또한 조직의 효과성을 높이기 위한 기술·구조·시스템·제도·인력관리 등 조직 내부의 모든 분야에 많은 변화를 요구하고 있는 것이다.

그러나 조직의 변화는 그 과정에 있어서 많은 문제점을 지니게 된다. 직무의 기계화는 생산직이나 사무직에 있어서 업무를 세분화·단순화·표준화·전문화시키고, 직무를 일상적이고 반복적인 내용으로 변화시킴으로써 조직구성원의 직무에 대한 보람을 감소시키고, 직무 소외

---

18 J. D. Thompson, *op. cit.*, p.72.

19 P. R. Lawrence and J. W. Lorsch, *Organization and Environment: Managing and Integration*(Boston: Harvard Graduate School of Business Administration, Division of Research, 1967), pp.23~53.

감을 증대시키는 결과를 초래할 수 있다. 또한 전체적인 조직구조도 전문화된 직무구조로부터 시작하여 전문기능의 증가와 이에 따른 각종기능의 구조화 및 권한의 집권화 등 조직구조상의 통합적이고 관료제적인 경향이 커질 수 있다.

이러한 조직구조의 경향은 조직구성원의 직무소외감과 사기저하를 한층 더 심화시키는 중요 요인이 될 수 있다. 특히 사회·경제발전에 따라서 개인의 욕구수준과 기대수준이 점점 상승하고 있어 이러한 현대조직에 있어서의 기계화 및 관료화경향은 조직과 조직구성원 사이에 매우 심각한 갈등관계를 가져올 수 있다. 그리고 급속한 과학기술의 발전은 조직의 시설설비와 제품을 낙후시킬 뿐만 아니라, 조직구성원의 기술과 행동도 도태시킴으로써 조직구성원들의 인력개발문제가 심각한 과제로 등장하고 있다.

이와 같이 조직환경 변화는 조직체에 많은 문제를 야기시키고, 이들 문제는 조직성과에 직접적인 영향을 끼침으로써 조직의 변화에 대한 압력요소로 작용하게 된다. 즉 조직구성원의 사기(morale)저하, 무관심한 태도, 무사안일태도, 구성원과 집단 간의 갈등, 조직의 방침에 대한 비협조적 태도, 고의적인 태업 등 다양한 조직행동이 나타난다.

이러한 문제는 조직성과에 직접적으로 연결되어 조직의 효율성을 저하시키는 요인이 되는데, 오랜 기간을 통하여 점차적으로 악화되어가면서 여러 가지의 증상을 통하여 조직변화와 조직발전의 필요성을 제기해주는 압력요소로 작용하게 되는 것이다. 그러나 어떤 경우에도 조직의 효율성을 증대시키려는 노력을 그칠 수는 없다. 따라서 계속적으로 나타나는 조직환경의 변화에 적절히 대응하여 조직의 유효성과 건강성을 유지·향상시켜야 하고, 이를 위해서는 모든 조직이 폐쇄적인 조직에서 개방성이 있고 동태적인 조직으로 변화하려는 적극적 노력이 필요하며, 조직이 처하고 있는 변화에 있어 미래에 대한 명확한 이해와 구상·전망을 할 수 있는 능력을 지속적으로 제고시켜야 한다.

04 관 료 제

관료제는 행정학적으로 그 구조를 분석하여 볼 때, 조직과 관리의 두 가지 요소로 나눌 수 있다. 조직론과 관리론은 행정학연구에 있어서 2대 기본분야이며, 이는 마치 인체의 구조를 연구하는 의학의 기본과목이 해부학과 생리학으로 대별되는 것과 유사하다. 즉 조직은 행정에 있어서 해부학적 측면이며, 관리는 생리학적 측면이라고 하겠다. 이와 같이 정적인 조직과 동적인 관리의 양자는 상호보완, 유기적인 관계에 있어 행정목적을 실현하기 위한 불가결한 요소로 존재하고 있다.

제 1 절 관료제의 의의

I 관료제의 의미

관료제(Bureaucracy)[1]란 극히 다의적인 개념이어서 한 마디로 개념규정을 하기는 곤란하며, 메리암(C. E. Merriam)은 이를 불확정개념(term of ambiguous meaning)이라고 한다.[2] 관료제는 논자에 따라 합리적 관리의 이상적인 도구로 이해되기도 하며, 한편으로는 인간의 기본적 자유를 해치는 권력적·독선적 의미[3]로 파악되기도 한다. 그러나 대부분의 학자들은 관료제를 현대의 대규모 조직에서 공통적으로 볼 수 있는 어떤 현상으로 정의하고 있다.

---

1 마르크스(F. Morstein Marx)에 의하면 Bureaucracy라는 용어는 처음에는 18세기 프랑스의 한 상공장관에 의해서 bureaucratic이라는 불어형태로 사용되었는데, 그 의미는 움직이는 정부기구 전체를 가리키는 것이라고 한다. Ferrel Heady, *Public Administration: A Comparative Perspective*(New Jersey: Prentice-Hall, 1966), p.16.

2 C. E. Merriam, *Systematic Politics*(Chicago: University of Chicago Press, 1945), p.165.

3 이 입장의 대표적인 학자로는 라스키(Harold J. Laski)를 들 수 있으며, 그에 의하면 관료제란 "정부의 통제력을 전적으로 관료의 수중에 장악시켜 일반시민의 자유를 위태롭게 하는 통치구조(system of government)"이다. H. J. Laski, "Bureaucracy," *Encyclopedia of Social Sciences*, Vol. 3, pp.70~72.

이와 같은 전통적 입장에 반하여 리그스(Fred W. Riggs)는 관료제를 구조기능적인 입장에서 계층제적인 대규모조직으로서 통치기능을 수행하는 권력적인 측면, 전문적으로 업무를 처리하는 합리적인 측면과 역기능적이고 병리적인 측면을 가진 체계[4]라고 하고 있다.

Ⅱ 관료제의 연구경향

베버(M. Weber) 이래 관료제의 연구경향은 관료제가 지니는 몇 가지 특징적 요소들에 대한 상당한 합의(concensus)에도 불구하고 그것들을 어떻게 설명해야 할 것인가 하는 방법론상의 차이에서 여러 갈래로 나누어지는데, 이는 대략 세 가지 경향으로 구분할 수 있다.

첫째, 관료제를 구조적인 특징으로 정의하는 입장이다. 베버 이래 수많은 학자들은 이와 같은 관료제의 구조적인 여러 특징을 제시하였다.[5] 이러한 입장에서 톰프슨은 "관료제란 고도로 세밀한 분업단계에 있어서 주어진 고도로 세밀한 권한의 계층제"로서 구성되어 있다고 한다.

둘째, 전술한 구조적 특징에 관료제의 행태적 특징을 추가하는 입장이 있다. 즉 이 입장은 어떤 종류의 행태가 관료제적이라고 할 수 있는가 하는 것이며, 여기에는 합리적 입장과 병리적 측면으로 대별된다. 프리드리히(C. J. Friedrich)는 전자에 속하는 관료제의 행태적 특징으로 객관성(objectivity)·분별성(discretion)·정확성(precision)·일관성(consistency) 등을 들고 있다.[6] 이들은 행정관료들의 행정실무기능과 관련이 있고, 행정조직의 목표달성에 적극적으로 관련이 있다고 한다.

관료제의 후자의 측면, 즉 병리적인 행태에 대하여 머튼(R. Merton)은 명쾌하게 설명하고 있으며 그의 연구는 후술한다.

셋째, 블라우(Peter M. Blau)에 의하여 제기된 것으로서 관료제를 목표의 달성이라는 측면에서 보는 입장이다. 이 입장에 의하면 관료제의 기구 및 행태적 특징은 시간과 공간에 의하여 변화하는 성질의 것이므로, 어떤 조직이 관료제적인가 하는 관점은 조직목표를 달성하고 있는가에 따라 결정된다고 한다. 이에 따라 블라우는 관료제를 "행정능률을 극대화시키는 조직 또는 행정능률을 위한 조직화된 사회적 행동을 제도화시키는 하나의 방법"이라고 정의하고 있다.

---

4 F. W. Riggs, "Bureaucratic Politics in Comparative Perspective," *Journal of Comparative Administration*(May 1969), pp.6~8.
5 R. H. Hall, "Intraorganizational Structural Variation: Application of the Bureaucratic Model," *Administrative Science Quarterly*, Vol. 7, No. 3(1962), pp.295~308 참조.
6 C. J. Friedlich, *Man and His Government*(New York: McGraw-Hill Co., 1963), p.471.

여기에서의 특징이란 구조적·합리적 면에서 본 것을 의미하며, 베버(Max Weber)의 이론이 가장 대표적이므로 베버로부터 설명하여 그 후 이 이론에 대한 비판과 변천과정을 설명하고자 한다.

Ⅰ 베버의 관료제이론

1. 베버이론의 특징

관료제에 관한 이론의 원형은 독일의 사회과학자인 막스 베버의 이념형(ideal type)에서 유래하고 있다. 이 이론은 인간의 발전을 신비적 존재로부터 경험적·합리적 존재로 본 그의 역사관에서부터 비롯되고 있으며, 합리주의에 기초한 근대국가의 사회목적을 달성하는 데 가장 합리적인 지배형식을 관료제라고 이해하였다.

이러한 개념은 현존하는 관료제의 경험에서 정립된 것이 아니고 고도의 사유작용에 의하여 구성된 추상화된 이념형이다. 따라서 현실적으로 이러한 관료제가 반드시 존재한다고 보기는 어려우며, 현존하는 대규모 조직이 얼마나 이념형에 접근하고 있는가를 판정하는 경험적 연구의 지침으로 고려되는 것이다. 그러나 이 이념형은 단순한 개념도식에 그치는 것이 아니라, 가설적인 일반이론의 의미도 있다.[7]

베버는 이념형의 입장에서 지배의 정당성을 기준으로 하여 권위의 유형(type of authority)을 ① 전통적 권위(traditional authority)와 ② 카리스마적 권위(charismatic authority), 그리고 ③ 합법적 권위(legal authority)로 구분하고, 이들 중 근대사회를 특징짓는 것은 합법적 권위이며 이것이 관료제적 권위라고 하였다. 즉 합법적 권위 아래서는 합법적으로 제도화된 몰인정적 질서에 대해서 명령과 복종의 계층제가 구성되며, 이 합법적 권위를 전형적으로 표현하는 것이 관료제라는 것이다.

2. 이념형의 특징

베버는 이념형으로서의 특징을 다음과 같이 지적하고 있다.[8]

---

7 P. M. Blau, *Bureaucracy in Modern Society*(Chicago: University of Chicago Press, 1956), pp.34~36.

8 M. Weber(Talcott Parsons, ed.; A. M. Henderson and T. Parsons, trans.), *The Theory of Social and*

1) **규칙에 규정된 직무기능 조직**　즉 규칙은 많은 사례를 처리하는 데 있어서의 표준화와 평등을 조장하는 것이다.

2) **명확한 관료적 권한**　관료의 직무·권리 및 권한의 한계가 명백히 법규에 규정되어 있다.

3) **계층제**　직무의 조직은 계층제의 원리에 따른다. 즉 각 하위직무는 상위직무의 통제와 감독하에 있게 된다.

4) **전문지식**　전문적인 직업활동은 특별한 교육과 훈련을 받은 전문지식이나 기술을 요구한다. 또 전문적인 지식과 기술은 관료에게 합법성을 인정하는 기초가 된다.

5) **직무의 전념**　관료의 직무시간은 명확히 제한되어 있다 하더라도 직무상의 활동은 관료의 모든 노동력을 요구(demands the full working capacity)하게 된다.

6) **문서주의**　행정행위·결정 및 규칙 등은 공식화되고 문서에 의하여 처리된다.

이상과 같은 베버의 관료제이론을 지배하는 주된 사상은 역사적으로 행정이 어떻게 합리화되어 왔는가를 규명하고, 특히 형식적 합리성을 지지하는 입장에 서 있다고 보겠다.

Ⅱ　베버이론의 재평가

1. 평　가

베버의 관료제이론은 형식적 합리성을 추구한 나머지 역기능을 노출함에도 불구하고 다음과 같은 의미의 효율성을 지닌다.

⑴ 이념형은 현존하는 관료제의 효율성을 평가·보완하는 지침이 된다.

⑵ 베버의 이론은 이 분야를 연구하는 학자들에게 많을 영향을 주었다.[9]

⑶ 베버의 이론은 행정발전에 하나의 방향을 제시한 것이라고 볼 수 있다.

2. 베버이론의 비판

이처럼 사회 각 분야에 지대한 영향을 끼친 베버의 관료제이론도 시대와 사회환경의 변천에 따라 수정과 비판을 받게 되었다.

Economic Organization(New York: Oxford University Press, 1947), pp.329~330.

9　베버 이후 새로운 모형을 정립한 사람들의 이론은 완전히 새로운 것이라기보다는 이념형에 입각하여 도출된 것이 대부분이며, 대표적인 학자로는 골드너(A.W. Gouldner), 사무엘(Y. Samuel), 만하임(B. Manheim) 등이 있다. Yitzhak Samuel and Biha F. Manheim, "A Multidimensional Approach toward a Typology of Bureaucracy," *Administrative Science Quarterly*, Vol. 15, No. 2(June 1970), pp.216~229 참조.

(1) 1930년대 이후 사회학자들에 의한 수정노력

1930년대의 사회학자들은 베버가 간과한 관료제의 비합리적·비공식적·역기능적 측면을 수정·보완하였다.

⑴ 비공식적 측면에서 블라우(Peter M. Blau)는 비공식집단(자생집단)의 순기능의 연구를 통하여 관료제의 비공식적 측면을 강조하였다.

⑵ 비합리적 측면에서 블라우 등은 비합리적인 면의 순기능성을 지적하였다.

⑶ 머튼(Robert K. Merton) 등은 관료제의 역기능적인 면을 이론적으로 설명하였다.

⑷ 셀즈닉(P. Selznick) 등은 적응적 흡수(cooptation) 이론을 통하여 관료제와 환경 사이의 상호작용의 측면을 강조하였다.

(2) 1960년대 이후 발전론자들에 의한 비판

전술한 30년대의 사회학자들에 의한 수정은 부분적 내지 보완적이라고 보겠으나, 60년대 이후의 발전론에서는 베버의 이론을 전면적으로 비판·수정하게 되었다. 즉 이들의 입장은 관료제의 기능에 있어서 전통적인 직무수행에 나타난 기계적인 합리성보다는 국가발전의 주도적 기능을 강조하는 것이다.

⑴ 조직구조에 있어서의 법령상의 명확한 구조는 신속한 사회변화에 적응하기 어렵다.

⑵ 계층제를 상·하의 지배관계로만 보지 않고 분업 혹은 직원에게 동기를 부여하는 수단으로 본다.[10]

⑶ 관료로서 전문가가 요청되지만, 좁은 분야의 전문지식만 가짐으로써 사회전반에 걸친 넓은 이해력이 부족해서는 안 된다.[11]

⑷ 법령에 따른 행정이 요청되기는 하지만, 그 해석에 있어서는 형식적인 합리성보다 발전목표에 따른 합목적적인 해석이 요청된다.

Ⅲ 계층제

관료제를 완결 짓는 주요한 특성인 계층제는 다양한 의미에서 논의가 요구된다.

---

10 R. Beckhard, *Organizational Development*(Reading: Addison-Wesley 1967), p.5; C. Tausky, *Work Organization*: 유종해 역, 조직이론(연세대학교 출판부, 1974), 185~202면 참조.

11 D. Maro, "Creativity and Administration," *Public Administration Review*, Vol. 31, No. 1(1971), p.48.

1. 계층제의 기능

현대적 의미의 계층제는 사람을 통제하고 동기를 부여하는 수단으로 간주할 수 있다.

(1) 계층제는 상관과 부하의 연결로 이루어지는 업무의 연결을 말한다. 또한 우리가 계층제를 성과와 평가의 체계(network)라 부르는 것은 산출을 일정한 비율로 유지하기 위해서 일정한 업무를 유지하기 때문이며, 필요한 때에는 변화가 수반되기도 한다.

(2) 계층제에서는 상관이 보상을 통하여 부하를 조정함으로써 ① 일정한 비율의 산출유지, ② 현존하는 수단을 통한 산출의 비율증대, ③ 새로운 작업방법의 채택 등을 가능하게 한다.

(3) 차별적인 보수, 지위적·특권적 보수와 재정적 보수의 사용으로 이루어지는 조직의 계층적 형태는 사람으로 하여금 계층제의 상층에 올라가도록 유인한다. 유인은 모든 사람에게 자극을 줄 필요는 없으나, 모든 조직상의 직위에 필요한 후보자를 충원하고 몇 가지 선택권이 행사되도록 보장되어야 한다. 따라서 보수는 안정성과 상승을 유발시키는 방편으로 사용되어야 한다. 안정성을 유발하는 방편으로서의 보수는 어느 사람이나 그가 맡은 직위의 업무를 계속 유지하여 준다. 상승을 유발하는 보수는 아직 도달하지 못한 직위에로 사람을 유인한다. 계층제는 공식적인 승진제도에서 각각 위에서 설명한 (1)과 (2)의 과정을 유인하면서 복종이 유지되도록 만들어 준다. 이리하여 승진은 실적에 대한 중요한 보상의 형태이며, 승진에 대한 관심은 상관의 기대에 복종하게 하는 매우 강력한 수단이 된다. 다시 말해서 조직의 계층제적 형태는 보수를 조정함으로써 조직구성원의 활동을 통제하며, 계층상의 승진에 대한 유인을 제공한다.

2. 승진욕: 세 가지 관점

우리가 다음에 기술하는 세 가지 이론은 계층제적 체제의 연구에 대한 중요한 사회학적 공헌이라 할 수 있다. 각 이론은 인간의 자기평가는 타인의 평가결과라고 하는 원칙에 근거하여 구성되어 있는데, 이를 다른 말로 표현한다면, 인간은 타인이 자기를 보는 방법으로 자기 스스로를 보게 된다고 말할 수 있다.

이 견해가 의미하는 바는 매우 의미심장하고 또 여러 가지 방법으로 해석이 가능하다. 다음 이론은 사람은 자기존중을 실현하기 위하여 보다 존경받는 직위를 얻으려고 노력하게 되어 있다는 것을 시사하고 있다.

(1) 데이비스와 무어의 이론

데이비스(K. Davis)와 무어(W. Moore)[12]는 왜 보수가 계층제적으로 분류되어야 하는가를 설명하는 이론을 전개하였다. 그들은 조직화된 체계는 직무의 난이도가 틀린 직위를 가지고 있으며, 그리고 만일 그 직위가 충원되지 않았을 때, 체계에 주는 결과가 다르다는 것을 주목하여 연구를 시작하였다. 이 이론은 가장 높은 정신적(명예) 및 금전적 보수의 기준은 ① 가장 큰 기능상의 중요성을 가진, 그리고 ② 유능한 직원이 부족한 직위에 주어진다는 것을 시사하고 있다. 보수의 형태는 직위의 기능적 중요성과 상대적인 직원의 부족이나 과잉과 관련하여 결정된다.[13] 데이비스와 무어는 분업화된 각 체제는 적절한 인재가 기능적으로 중요한 직위에 배치되는데 필요한 훈련을 습득하고, 그들에게 이와 같은 직위에 가고자 하는 동기를 주기 위해서 계층제적으로 된 보수구조를 가져야 한다고 말하고 있다. 전문적인 직위에 따른 보수의 유형은 장기간의 훈련을 받도록 인간의 노력을 유도하고, 부여된 직위를 열심히 맡을 수 있도록 보장하여 준다. 그러므로 자기의 욕구충족이 재직자로 하여금 효율적인 사람으로 만들어지도록 하는 것이다.

(2) 파슨스의 이론

파슨스(Talcott Parsons)는 출세욕(mobility aspiration)에 관하여 비슷한 이론을 설명하였다. 즉 현대사회에 있어서 타인의 평가에 의하여 보강된 개인의 내면적 가치관은 현재의 직위보다 높은 직위의 보수를 추구하도록 유도한다.[14]

어린 소년시절에 인간은 상승을 강조하는 문화적 가치로 사회화되며, 그 가치는 바로 개성(personality) 자체가 되는 것이라고 파슨스는 주장한다.[15] 더욱이 다른 사람들로부터 인정을 받는다는 것은 바람직한 것이다. 그리하여 사람들은 눈에 띄는 직업적 성공의 상징을 확대하려고 노력함으로써 자기인정을 추구한다. 이러한 관점에서 보면 직업적으로 실패하는 것은 사람의 인격에 반하는 것이고, 또한 타인의 부정적인 반응을 야기하며, 그로 말미암아 호의적인

---

12 K. Davis and W. Moore, "Some Principles of Stratification," *American Sociological Review*, Vol. 10(1945), pp. 242~249. 이 논문은 논쟁을 불러일으켰다. 그들의 이론에 터민(Melbin Tumin), 버클리(Walter Buckley), 롱(Dennis H. Wrong) 등이 이의를 제기하였으며, 이에 대해 그들도 맞서 응수를 하였다. 예를 들면 데이비스(Kingsley Davis)의 "The Abominable Hersey: A Reply to Dr. Buckley," *American Soiological Review*, Vol. 24(1959), p. 82~83 참조.

13 더빈(Robert Dubin)은 '기능적 중요성'을 시험하였다. Robert Dubin, "Power, Function and Organization," *Pacific Sociological Review*, Vol. 6(1963), pp.16~24를 참조.

14 T. Parsons, "A Revised Analytical Approach to the Theory of Social Stratification," *Essays in Sociological Theory*(Glencoe, Ill.: Free Press, 1954), pp. 386~439.

15 K. Horney, *The Neurotic Personality of Our Time*(New York: W. W. Norton & Co., Inc., 1937), chap. 15. 여기에서는 성공에 대한 지나친 문화적 강조는 사람을 신경질적으로 만든다고 하였다.

자기평가를 수정하여 인간을 승진하도록 강요하게 된다.

(3) 립셋과 벤딕스의 이론

립셋(S. M. Lipset)과 벤딕스(R. Bendix)의 분석도 유사한 결론을 제시하였다. 그들은 출세를 위한 충동은 사회의 문화규범 속에 존재하는 것이 아니라, 인간이기 때문에 느끼는 인간의 자아욕구에서 발견된다고 주장하고 있다. 이 자아욕구는 심리학적인 것으로 생각할 수 있으며 하위직에 대하여 즉각적인 반발과 거절을 불가피하게 한다.[16] 그러므로 계층제적 체계의 존재는 그 안에 출세욕을 유인하도록 기능한다. 혹은 계층적으로 조직된 체계는 그것이 존재하기 때문에 인간을 조직 내에서 승진하도록 자극하고, 자아욕구를 주며, 승진하지 않고서는 열등감을 느끼도록 만든다. 립셋과 벤딕스가 지적한 이와 같은 견해는 원래 베블렌(Thorstein Veblen)에 의하여 최초로 발전되었다. 그는 "단지 일탈된 성격의 개인만이 결국은 부하들의 부존경 속에서도 자기존중을 유지할 수 있다. … 그러나 그 투쟁은 불공평한 비교에 기초한 명성을 얻기 위한 경쟁이기 때문에 어떠한 접근방법도 최종적으로 성취하기는 불가능하다"[17] 라고 말했다. 그것은 거의 모든 사람이 명성을 얻기 위한 경쟁을 하고 있으며, 동료로부터의 존경은 참으로 귀중하여 아무리 많은 '양'도 지나치게 만족할 만한 것이 못된다는 말이다.

Ⅳ 관료제의 병리

1. 관료제의 병리에 관한 여러 연구

여기에서 논의하는 병리란 시스템의 적응이나 조정을 감소시키는 현상을 의미한다. 즉 관료제의 경우 본래 의도된 것과 다른 변화가 기능·구조에 야기되어 조직목표를 수행하는 데 지장을 초래하는 것을 의미하며, 주로 머튼(R. K. Merton)·톰프슨(V. A. Thompson)·블라우(P. Blau) 등의 학자에 의하여 연구되었다.

(1) 머튼의 연구

머튼(R. Merton)은 관료제의 병리문제에 관하여 최초의 체계적인 연구를 시작한 사람이다. 그는 1940년에 발표된 논문인 '관료제와 퍼스낼리티'에서 베버가 경시한 관료제구조에서 일어

---

16 S. M. Lipset and R. Bendix, *Social Mobility in Industrial Society*(Berkeley, Calif.: University of California Press, 1959), p.63; Saymour M. Lipset and Hans L. Zetterberg, "A Theory of Social Mobility," *Transactions of the Third World Congress of Sociology*, Vol. 3(1956), pp.155~177.

17 T. Veblen, *The Theory of the Leisure Class*(New York: Mentor Books, 1953) pp.38~39.

나는 역기능(disfunction)의 문제를 논하였다.[18] 머튼의 중심문제는 동조과잉(overconformity)에 의한 목표의 대치(displacement of goals)로서, 규칙의 준수는 형식주의를 가져오므로 조직의 목표달성에 저해된다고 한다. 그는 관료의 행태를 훈련받은 무능력(trained incapacity)이라고 말하였다. 즉 오히려 훈련받지 않았으면 유능할 사람이 훈련받음으로써 무능력이 노출되는 것이라고 말하고, 공무원이 그런 예에 속한다고 하였다. 이와 같은 관료들의 행태는 목표달성에 큰 저해(maladjustment)가 된다고 말하였다.

(2) 톰프슨의 연구

톰프슨은 관료제에 있어서 불안정성(personal insecurity)이라는 개념으로 관료제의 역기능과 병리에 대한 설명을 시도하였다. 그는 이러한 역기능적 현상을 가리켜 관료제의 병리(bureaupathology)라고 명명하였다.[19]

(3) 블라우의 연구

머튼의 제자인 블라우는 머튼의 역기능의 개념을 계승하여 동조과잉이나 의식주의 등의 병리는 조직 내의 사회관계의 불안정성에서 유래한다고 보았다.[20]

(4) 크로지어의 연구

크로지어(M. Crozier)는 「관료제현상론」(Bureaucratic Phenomenon)이란 저서 속에서 관료제의 병리(malady)를 이해하려는 과학적 시도를 하였다. 크로지어가 말하는 관료제의 병폐란 인간조직 내에 불가피적으로 일어나는 여러 가지 현상으로, 그것은 부적응성(maladaptation)·부적당성(indequacies)·역기능(dysfunction) 등을 말한다. 그런데 이와 같은 병리적 현상이 일어나는 이유는 인간조직, 즉 관료조직은 몰인정적 관계(impersonal relationship)에 바탕을 두고 있기 때문에 자연히 이와 같은 현상이 일어나는 것이라고 말하고 있다.

2. 관료제 병리현상의 내용

머튼을 위시한 블라우·톰프슨·크로지어 등이 지적한 관료제의 병리현상은 다음과 같이 간추려 볼 수 있다.[21]

---

18 R. K. Merton, "Bureaucratic Structure and Personality," reprinted in A. Etzioni, *Complex Organization: A Sociological Reader*(New York: Holt, Rinehart and Winston, 1961), pp.48~61.
19 V. A. Thompson, *Modern Organizations*(New York: Alfred A. Knopf, 1961), p. 177.
20 P. M. Blau, *The Dynamics of Bureaucracy*, revised ed.(Chicago: University of Chicago Press, 1963), pp.232~237.
21 이 밖에도 관료제의 병리현상을 연구한 학자로는 골드너, 코엔 등이 있다. Alvin W. Gouldner, *Patterns of Industrial Bureaucracy*(Glencoe: Free Press, 1954); Harry Cohen, *The Dynamics of Bureaucracy*(Ames: Iowa University Press, 1965) 참조.

(1) 동조과잉(overconformity)

본래 수단으로 간주되었던 규칙의 준수의 강조는 형식주의를 초래하게 되어 그 자체가 목적으로 변화되는 현상을 말한다.

(2) 서면주의·형식주의

모든 사무처리를 규칙에 의거한 절차나 서면으로 처리함으로써 결과적으로 문서다작(文書多作)·사무주의·레드 테이프(red tape) 등의 현상이 나타난다.

(3) 인간성의 상실

조직 내의 대인관계의 지나친 몰인정성(impersonality)은 냉담과 무관심·불안의식 등으로 나타나 인간으로서의 인격을 상실하게 된다.

(4) 무사안일주의

적극적으로 새로운 일·조언·결정 등을 만들어 내지 않고 선례에 따르거나 상관의 지시에 무조건 영합하는 소극적인 행동을 보인다.

(5) 전문화로 인한 무능

현대행정은 고도의 전문성을 요청하므로, 이를 다루는 전문가는 좁은 분야의 전문성을 지니고 있어 타 분야에 대한 이해도 적고 때로는 아집·할거 등의 병리현상을 보인다.

(6) 관료제 외적 가치(extra bureaucratic values)의 추구

관료제의 구성원은 인간이므로 신분보장·권력과 지위 등을 필요로 하며, 이러한 관료제 외적 가치를 추구하기 위해서 조직의 법규·계획 등을 왜곡하고 파벌구성·아부(阿諂)·출세제일주의 등의 경향을 나타낸다.

(7) 행정의 독선화

관료제는 국민에 대하여 직접 책임을 지지 않을 뿐만 아니라 전문성·권력성·과두제성 등으로 인하여 고질적인 독선관료주의를 가져와 민주행정에 역행한다.

(8) 변동에 대한 저항

관료제는 합리적인 조직이지만 변동하는 환경에 신속히 적응할 수 있는 능력이 결여되어 있으며, 변동·발전·쇄신에 대하여 본질적으로 저항을 나타낸다. 이러한 현상은 관료의 자기보존에 대한 위협·불안감에서 유래되며, 따라서 언제나 현상의 유지에 집착하게 된다.

Ⓥ 관료제와 혁신

1. 관료제 혁신의 필요성

혁신적·창조적 활동은 조직의 발전에 불가결한 것임에도 불구하고 오랫동안 행정에서의 혁신은 구호에 그치는 듯하다. 그 이유는 실무행정이 당면문제의 해결에만 급급한 탓도 있지만, 관료제의 본질적인 보존성에도 근본적인 원인이 있다고 하겠다. 그러나 오늘날의 관료제는 국가발전과 유지에 있어서 중추적 역할을 담당하고 있다. 따라서 관료제에 내재하는 보존성과 병리적 현상을 극복함으로써 미래지향적·창의적인 행정의 역할을 담당할 수 있다고 하겠다.

2. 혁신적 분위기의 중요성

혁신이란 공인된 기존사회목적을 새로운 방법에 의하여 달성하거나 또는 전혀 새로운 사회목적을 달성하기 위한 방법을 강구하고 수행하는 것을 말한다.[22]

환언하면 독특하고 또 어느 정도 전례 없는 지적 구성(mental construct)의 창작을 말하며, 그 무엇을 새롭게 만드는 창의의 산물이다. 이러한 의미의 혁신은 그 과정을 새로운 발상에 도달하게 하는 배태단계와 그 발상을 실천 내지 구체화시키는 단계로 구분할 수 있다.[23]

혁신이 성공적으로 이루어지기 위해서는 무엇보다 혁신적인 분위기가 조직 안에 조성되어야 한다. 톰프슨(Victor A. Thompson)은 효과적인 행정발전의 전제조건으로 혁신적 분위기를 들고 있으며, 이를 위한 관료제의 조건은 다음과 같다.

3. 혁신적 관료제의 전제조건

(1) 인간적 조건

    1) 변화창도자의 확보

    2) 변화채택자의 확보

    3) 변화실천자의 확보

(2) 환경적 조건

    1) 최소한의 고용의 안정성

---

22 R. T. LaPiere, *Social Change*(New York: McGraw-Hill, 1965), p. 107.

23 E. Hagen, *On the Theory of Social Change: How Economic Growth Begins*(Homewood, Ill.: Dorsey, 1962), pp. 86~87.

2) 업무수행에 대한 직업의식

3) 충성스러운 작업집단의 확립

4) 작업집단과 관리집단 사이에 근본적인 갈등이 없을 것

5) 장애물을 제거하려는 조직상의 개선욕구의 확보

Ⅵ 관료제와 민주주의

1. 관료제와 민주주의의 상관관계

관료제는 민주주의와의 관계에 있어 양면성을 지니고 있다. 즉 관료제는 여러 면에서 민주주의를 위협하고 있지만, 동시에 민주주의사회에 있어서 중요한 역할을 수행하기도 한다. 이와 같은 차이를 구별하는 이론적 기준은 조직의 목적이 목표설정에 있는가 아니면 목표수행에 있는가, 또는 의사결정이 다수결의 원리에 의거하는가 아니면 능률의 원리에 있는가에 있다. 즉 목표설정을 위해서는 민주적인 조직이 필요하며, 목표수행을 위해서는 능률을 기본원리로 하는 조직이 필요하다. 그러나 이것은 분석상의 구별에 지나지 않으며, 많은 조직이 목표달성과 목표수행의 두 가지 목적을 함께 지니고 있어 실제에는 두 가지 원리 사이에 갈등이 있다.[24]

2. 관료제의 민주주의에 대한 저해

관료제가 민주주의를 위협한다는 주장은 주로 라스키(H. Laski) 등의 관료제를 정치권력의 집단으로 보는 학자들에 의하여 주장되고 있다.

(1) 권력의 불균형

관료제는 이를 장악하고 있는 소수자에게 너무 많은 권력을 부여하므로 일반국민의 이익보다는 스스로의 이익을 위하여 권력을 행사하게 된다.

(2) 민중의 요구에 부적응

파이너(Herman Finer)는 관료제를 가리켜 특수계층인 관료집단이 자기가 형성한 원리에 따라서만 행동하면서 관료와 국가의 동일성을 요구하고 민중을 지도하는 것만 알고 민중으로부터의 지도는 인정하지 않는 체제라고 주장하면서, 관료의 비민주적 독선을 비판한다.[25]

---

24 P. M. Blau, *Bureaucracy in Modern Society*(New York : Random House, 1968), pp.105~110.

25 H. Finer, *The British Civil Service, revised ed.*(London : Fabian Society, 1938), p.9.

(3) 행정의 지나친 우월화

관료제는 원래 입법부 및 행정수반의 결정을 집행하기 위해서 존재하는 것인데, 오늘날에는 입법 및 정책수립의 권한까지 행사하고 있다. 클레어(Guy S. Claire)는 이러한 관료제를 독선관료제(administocracy)라고 부르면서, 여기에 대중의 자유가 위협받을 소지가 있다고 주장한다.

3. 관료제의 민주주의에 대한 공헌

(1) 공직의 기회균등

관료제는 전문적 지식과 능력에 의거한 관료의 임용을 원칙으로 함으로써 고용의 기회균등을 촉진한다.

(2) 법 앞의 평등

관료제는 전통적·비합리적인 정실주의, 개별주의를 배제하고 일반적 법규에 의한 보편주의를 추구함으로써 법 앞의 평등을 이룩하는 데 공헌한다.

(3) 민주적 목표의 수행

민주적으로 결정된 조직의 모든 민주적 목표(democratic objectives)는 오늘날 기술적 우수성을 자랑하는 관료제의 도움 없이는 실천하기가 힘들다.

4. 관료제와 민주제의 상호작용

관료제와 민주주의는 이론상으로는 서로 모순·대립이 있는 것처럼 보이나, 실제상으로는 반드시 그렇지도 않다. 그리고 설사 관료제가 민주주의를 위협한다 하더라도 관료조직이 주는 장점때문에 쉽사리 그것을 폐지할 수도 없다. 예컨대 포드 자동차회사가 자동차를 결코 사치품이 될 수 없을 정도로 염가로 생산하게 된 것은 과학기술의 발달이라기보다는 합리적인 관료제조직의 운영상의 성과에 그 공을 돌릴 수 있겠다.[26]

결론적으로 관료제를 효율적으로 활용하기를 원한다면, 우리가 관료제에 예속화되지 않도록 이를 민주적으로 통제할 수 있는 제도적 방안을 강구해서 민주성과 능률성의 조화를 찾아야 하겠다.

---

26 P. M. Blau, *op. cit.*, pp.16~17.

05 조직의 편성

Ⅰ 조직편성의 의의

조직편성의 원리 내지 원칙이란 일정한 업무를 어떻게 하면 가장 능률적이고도 합리적으로 수행할 수 있는가 하는 주로 조직 구축의 관리기술상의 문제들이라고 할 수 있다.

일반적으로 조직편성의 원리로서 전문화(분업), 조정, 계층, 통솔의 범위, 명령의 통일 등을 들고 있다. 그러나 이러한 원리는 능률주의적 행정이 지배하던 이른바 정치·행정 이원론시대의 산물이었으며, 그나마도 과학적인 성격을 지닌 것이라고 할 수 없다. 즉 미국에 있어서 초기의 행정학자들은 행정의 최고이념으로 절약과 능률을 내세우고, 이러한 이념은 베버(M. Weber)적인 관료제의 구현을 통하여 실현될 수 있는 것으로 믿었던 것이다. 이러한 생각은 사기업분야에서 보급된 과학적 관리법의 영향을 받아 조직에 보편적으로 존재하는 원리도출을 목적으로 하는 전통적 조직이론으로 발전되었다.

능률과 합리성을 신봉하던 초기의 능률주의적 행정이론에서는 모든 조직에 보편적으로 타당한 원리(principles)가 존재하며, 이 원리는 모든 조직이론에 있어서 최고의 가치를 지니는 것이라고 주장하였다. 그러나 그 후 능률주의적·과학적 행정이론의 퇴조와 더불어 이러한 원리접근법은 여지없이 비판되었으며, 그 원리란 엄밀한 검증을 거치지 아니한 하나의 격언에 지나지 않는다고 논박되기에 이르렀다.[1]

오늘날 이러한 조직의 원리는 많은 점에서 미숙하고 불완전하며 기계적으로 어떠한 상황에서나 적용될 수 있는 것이 아니라고 하는 것은 주지의 사실이 되었다. 그렇다고 일고의 가치

---

1 H. A. Simon, "The Proberbs of Administration," *Public Administration Review*, Vol.6, No.1(1946), pp.53~67.

도 없는 것이라고 보기는 어렵고, 다만 그것은 조직문제에 있어서 하나의 참고적인 지침으로 평가하는 것이 옳을 것 같다.

따라서 조직원리의 적용은 각 조직의 구체적인 여러 조건을 고려하여 실증적으로 행하여야 하며, 조직의 편성에 있어서 고려되어야 할 요인인 기술적인 것 이외에도 정치적인 요인, 인간적인 요인, 환경적인 요인이 있다고 할 것이다.[2]

Ⅱ 조직편성의 원리

1. 계층제의 원리

계층제란 권한과 책임의 정도에 따라 직무를 등급화(grading)함으로써 상하조직단위를 직무상 지휘·감독관계에 서게 하는 것을 의미한다. 어떤 조직에 있어서도 그 조직을 편성·운영하는 자는 부하에게 권한의 일부를 위임하게 되고, 그 부하는 자기의 권한보다 작은 권한을 바로 밑의 부하에게 위임하게 되는 등급화과정을 거쳐서 각 계층 사이의 명령복종관계를 명확히 하고, 명령이 조직의 정점으로부터 저변까지 도달하도록 하는 체계를 확립한다. 따라서 권한의 위임은 계층제의 전제가 되며, 이 원리는 통솔의 범위, 직무의 결정, 명령의 통일을 그 내용으로 한다.

본래 계층제가 초기의 조직론에서 강조되었던 것은 다음과 같은 기능 때문이다.[3]

(1) 명령, 의사소통의 경로

(2) 권한 및 책임의 위임경로

(3) 조직 내부통제의 경로

(4) 조직 내 갈등, 분쟁의 해결 및 조정

(5) 승진의 유인[4]

그러나 인간관계론·행태론·발전론 등에서는 계층이 지나치게 많아지면 다음과 같은 역기능이 발생한다는 사실을 지적하고 있다.[5]

(1) 상·하 간의 지나친 수직적 관계는 근무의욕을 저해하고 엄격한 경직화를 초래한다.

---

2 박동서, 한국행정론(서울: 법문사, 2001), 306~307면.

3 L. D. White, *Introduction to the Study of Public Administration*, 4th ed.(New York: Macmillan, 1955), pp. 35~36.

4 승진의 유인으로서의 계층제의 기능에 관해서는, 유종해·송영달 공역, 조직이론(서울: 연세대학교 출판부, 1974), 185~202면 참조.

5 I. Sharkansky, *Public Administration: Policy-Making in Government Agencies*(Chicago: Mark-ham, 1970), p.81.

⑵ 계층수준의 심화로 의사소통이 왜곡되기 쉽다.

⑶ 변동하는 외부사정에 즉각적인 적응을 하지 못하고 보수적이 되기 쉽다.

⑷ 하위계층의 창조력을 저해하며, 동태적인 인간관계의 형성을 방해한다.

그러므로 계층은 조직의 필연적인 구성요소이기는 하지만, 너무 지나친 계층제의 확대는 오히려 역기능을 초래하므로 가급적 계층의 수를 줄이고 명령의 연쇄(chain of command)를 짧게 하는 것이 바람직하다.

2. 통솔범위의 원리

통솔의 범위란 한 사람의 상관이 몇 사람의 부하를 적절하게 직접 감독할 수 있는가를 의미하는 것이다. 행정조직에 있어서는 상관이 부하를 효과적으로 통솔할 수 있도록 부하의 수를 일정한 한도로 제한해 줄 필요가 있다.

이러한 논의는 인간이 가지고 있는 주의력의 범위에 그 근거를 두고 있다. 전통적인 조직이론에서는 한 사람의 통솔범위에는 한계가 있다고 보고, 그 수의 한계가 얼마인가에 관해 많은 조사연구가 행하여졌는데, 그레이쿠나스(V. A. Graicunas) 같은 사람은 수학적 공식까지 제시하여 6인을 적정수로 보았다.[6]

전통적인 조직이론에서는 통솔자와 부하와의 밀접한 접촉관계를 중시하여 비교적 통솔인원의 소수범위론을 제기하였으나, 오늘날에 와서는 기계적·획일적으로 어느 경우에나 적용되는 확고한 숫자는 있을 수 없다고 보게 되었으며, 사이몬(H. A. Simon)은 이를 마술적인 숫자(magic number)라고까지 비판하고 있다.[7]

통솔의 범위는 그 조직의 여러 가지 조건에 따라 일정하지 않으며, ① 감독자의 능력, ② 피감독자의 질, ③ 업무의 성질, ④ 지리적 분산의 정도, ⑤ 시간적 요인, ⑥ 관리기술의 수준과 상태 등의 사정에 따라 신축성 있게 고려되어야 할 것이다.

한편 계층제의 원리와 통솔의 범위는 상반관계에 있다. 즉 통솔의 범위를 좁게 하면 계층이 늘어나고, 계층수를 적게 잡으면 통솔의 범위가 늘어난다. 오늘날 조직의 일반적 경향은 교통·통신과 정보관리기술의 발달 등으로 통솔의 범위가 넓고 계층의 깊이가 얕은 조직으로 변화되어가는 추세에 있다고 볼 것이다. 또한 관리자가 효과적으로 관리할 수 있는 인원의 수는 위로부터의 명령과 아래로부터의 정보전달 유효성에 크게 의존하고 있으며, 이것이 조직 계층

---

6 V. A. Graicunas, "Relationship in Organization," in L. Gulick and L. Urwick(ed.), *Papers on the Science of Administration*(New York: Institute of Public Administration, 1937), pp.183~187.

7 H. A. Simon, *op. cit.*, pp.53~57.

구조의 규모에 중대한 영향을 미친다는 것을 알아야 하겠다.

3. 명령통일의 원리

명령의 통일이란 누구나 한 사람의 상관에게만 보고하며, 또 명령을 받아야 한다는 것을 말하는 것으로서 피라미드형의 조직을 상징하는 것이라고 하겠다. 따라서 명령통일의 원리는 계층제의 원리에 포함되는 것으로서 조직 내의 혼란을 방지하고 책임의 소재를 분명히 하고자 하는 데 목적이 있다고 볼 수 있다.[8]

명령의 통일은 다른 원리와 마찬가지로 많은 비판의 대상이 되고 있는 개념인데, 특히 참모의 개념, 행정현실 등과 밀접한 관련이 있다. 즉 명령의 통일을 강요한다면, 모든 직원들은 그들이 신뢰하고 있는 참모들의 제안을 거부해야 하며, 막료기관은 직접 명령이나 지시를 내릴 수 없게 된다. 또한 무리하게 한 사람의 상관을 통한 의사전달을 고집한다면 오히려 업무의 능률을 저하시킬 우려가 있다. 그러므로 이 원리는 현실적으로 이것을 꼭 지켜야 한다는 것보다는 가급적 이를 고려하면서 조직을 편성해야 한다는 규범적인 성격을 지니는 것으로 보아야 할 것이다.

4. 전문화 또는 분업의 원리

여기의 전문화란 조직의 전체 기능을 성질별로 나누어 가급적 한 사람에게 동일한 업무를 분담시키는 것을 말하며, 테일러(F. Taylor)에 의하여 주창된 바 있다. 따라서 전문화와 동시에 분업이 발생하므로 일반적으로 전문화와 분업은 동의어로 해석되고 있다.[9]

또한 분업화할 때에는 기능별로 분업화하는 것이 보통이므로 기능의 성질에 따라 분담시키는 기능주의(functionalism)와도 같은 것이 된다.

분업은 조직의 하층에서뿐만 아니라 상층에서도 이루어지며, 기계적인 직무는 물론 정책결정에 대한 직무에도 적용된다. 또한 분업이란 조직에 있어서 횡적 관계에서만 이루어지는 것이 아니라 종적으로도 이루어진다. 합리성을 목적으로 하는 조직이 전문화의 원리를 택하는 이유는 다분히 20세기 전후의 합리적 인간관을 전제로 하고 있다. 즉 인간의 성격이나 기술에는 차이가 있고 능력에는 한계가 있으므로 동질의 일을 담당하는 경우 가장 빨리 일에 숙달되어 능률적인 업무를 수행한다고 생각하였던 것이다.

---

8 三宅太郎, 行政における組織と管理(東京: 早稻田大學 출판부, 1971), 80~83면 참조.
9 H. A. Simon, D. W. Smithburg, and V. A. Thompson, *Public Administration*(New York: Alfred A. Knopf, 1950), p. 133.

전문화가 이루어지면, ① 개인의 작업능률향상을 도모할 수 있고, ② 도구 및 기계의 발달을 가져올 수 있으며, ③ 업무가 가장 신속하게 수행되도록 업무를 정의하는 최선의 방법을 발견할 수 있다는 등의 이점이 있다.[10]

그러나 전문화가 고도화될수록 조직의 성과가 올라간다고 생각하면 잘못이며, 오히려 지나친 전문화는 ① 인간의 일에 대한 흥미와 창조성을 빼앗고, ② 시야의 협소화, ③ 업무의 중복·낭비·책임회피화, ④ 조정의 곤란 등을 초래하기 쉽다.[11]

따라서 전문화에 있어서는 이러한 폐단이 일어나지 않도록 업무를 너무 세분하지 말고 업무의 동질성(homogeneity)에 따라 적당한 정도로 나누어 각자의 능력에 맞도록 해 줄 필요가 있다. 이 업무의 동질성을 가려내는 기준으로 왈라스(S. C. Wallace)는 목적·업무과정·고객·지역의 네 가지를 들고 있으며, 이에 관해서는 뒤의 조직편성의 기준에서 상술하기로 한다.

5. 조정의 원리

조정(coordination)이란 공동의 목표를 달성하기 위하여 하위체계 사이의 노력의 통일을 기하기 위한 상위체계의 과정이라고 할 수 있다.[12] 조직에 있어서는 분업·전문화된 각 구성원의 개별적 노력을 조직의 공동목적을 달성하기 위한 공동적 노력이 되도록 통합할 필요가 있다. 이러한 이유로 조정은 분업과 밀접한 연관성이 있으며, 협동·통합 등과 유사한 의미로 사용된다.

분업과 조정은 상반된 성격을 지닌다. 즉 분업화가 집행되고 전문화가 과도히 나타나면 이를 조정·통합하기 어려워지며, 반대로 조정·통합을 유지하려면 분업·전문화가 저해되는 수가 있다. 그러나 분업과 조정은 상호전제적이며, 분업이 조직의 어느 계층에서든 행하여지면 꼭 이와 비례해서 조정도 행해져야 하는 것이다.

성공적인 조정은 기술의 문제라기보다는 여러 행정적 변수와 가치에 대한 깊은 고찰에서 우러나오는 행정철학적인 문제라고 볼 수 있다. 그러므로 조정은 조직의 목적을 달성하기 위한 모든 요인을 융합하여 파악되어야 하며, 최고규범적인 성격을 가지게 되는 것이다. 왜냐하면 조정과 통합이 없이는 어떤 조직체이든 존립 자체가 위협을 받게 되며, 존립의 의의가 없어지기 때문이다. 따라서 조정의 권한과 책임은 각 조직단위의 최고책임자에게 있으며, 이 권한과 책임은 부하에게 위임하거나 대행시킬 만한 성질의 것이 되지 못한다.

---

10 C. Argyris, *Personality and Organization*(New York: Harper, 1957), p.59.
11 *Ibid.*, p.60.
12 J. D. Mooney, *The Principles of Organization*(New York: Harper and Brothers, 1947), p.5.

조정의 방법은 여러 가지 관점에서 여러 가지로 분류할 수 있으나, 대표적인 몇 가지 방법을 들면 ① 계층제에 의한 권한·책임의 명확화, ② 위원회 및 참모기관의 활용, ③ 상위통합기관의 설치, ④ 규율 및 징계제도의 활용 등이 있다.[13]

제 2 절 조직편성의 기준

조직을 편성함에 있어서는 기준이 중요하다. 여기에서의 기준이란 조직이 그 사무를 어떠한 방침에 따라 편성·분담·관리시킬 것인가에 관한 준거를 의미한다.

조직편성의 합리적인 기준으로는 ① 목적 또는 기능, ② 과정·절차, ③ 수익자 또는 대상, ④ 지역 등 네 가지를 드는 것이 일반적이다.[14]

그러나 이러한 기준도 전술한 조직의 원리와 마찬가지로 많은 비판을 받았는데, 그 이유는 ① 현실적으로 이 기준대로 조직의 편성이 이루어지는 것이 아니고, 그 사회의 문화·정치 및 이에 관여하는 사람의 주관이 개입한다는 것이며, ② 네 가지 기준의 내용이 막연하고 한계가 모호하다는 점, ③ 어느 경우에나 어느 하나만이 유일하게 적용되는 경우는 없고 언제나 혼합적으로 적용된다고 하는 것 등이다.[15]

1. 목적·기능에 따른 편성

조직체가 담당하게 될 목적 또는 기능에 따라 조직을 편성하는 것으로 조직편성의 가장 보편적인 기준이 되고 있다.

이 기준은 다음과 같은 장·단점을 가지고 있다.

(1) 장 점

① 업무의 통합적·종합적 해결에 도움이 된다. ② 행정조직 간의 기능상 충돌이 없다. ③ 책임의 한계를 명확히 할 수 있다. ④ 국민의 이해 및 비판이 가능하다.

---

13 *Ibid.* pp.5~6.
14 S. C. Wallace, "Consideration Which Enter into the Construction of a Department," in D. Waldo(ed.), *Ideas and Issues in Public Administration*(New York: McGraw-Hill, 1953), pp.116~153.
15 A. Etzioni, *Modern Organization*(Englewood Cliffs: Prentice-Hall, Inc., 1964), p.24; H. A. Simon, Administrative Behavior(New York: Macmillan, 1961), p.28.

(2) 단 점

① 소수의 기능으로만 행정기능을 분화시키기 어렵다. ② 일이 이루어지는 과정이나 기술이 무시되기 쉽다. ③ 할거주의적 행정이 되기 쉬워 조정이 어렵게 된다.

2. 과정·절차에 따른 편성

이는 행정을 하는 데 이용되는 기구·수단·과정을 기준으로 하여 동일한 기구를 사용하거나 동일한 직무에 종사하는 자를 동일조직에 편성하는 방법이다. 따라서 주로 조직의 하위단계에서 많이 이용되고 있으며, 행정의 전문화·기술화에 따라 이 기준의 적용범위가 확대되어 가고 있다(예를 들면 감사원·조달청 등).

(1) 장 점

① 최신기술을 분업의 원칙에 따라 최대한으로 활용할 수 있다. ② 따라서 노력 축소, 대량생산을 통한 절약·능률화가 가능하다. ③ 기술업무의 조정과 발전이 용이하다. ④ 직업공무원제의 발전에 도움이 된다.

(2) 단 점

① 모든 행정사무의 분류기준으로는 부적당하다. ② 전문인으로서의 좁은 시야·이해력 때문에 통제와 조정이 어려워진다. ③ 목적·기능보다는 이를 이룩하는 수단을 더 중시하는 결과가 된다.

3. 수익자와 관리대상에 따른 편성

이는 행정활동의 대상이 되거나 서비스를 받는 수익자를 기준으로 하거나 행정활동에서 취급되는 대상을 기준으로 하여 편성하는 방법이다. 즉 동일한 수익자 또는 동일한 대상을 가진 행정을 동일조직에 편성하는 방법으로(예: 국가보훈처·산림청·문화재청 등) 행정의 서비스를 집중적으로 향상시키기 위한 경우에 활용한다.

(1) 장 점

① 수익자와 조직의 접촉·교섭을 용이하게 할 수 있다. ② 수익자에 대한 서비스가 강화된다. ③ 동일업무를 반복적으로 처리하므로 행정기술이 향상된다. ④ 분산될 업무를 집중해서 처리하므로 업무의 조정이 용이하다.

(2) 단 점

① 행정의 수익자나 대상은 다양하므로 현실적으로 이의 전면적인 적용이 어렵다. ② 조직이 지나치게 세분화된다. ③ 편성이 복잡하고 중복을 피하기 어려우므로 기관 간의 권한충돌을 유발하기 쉽다. ④ 수익자로부터 압력을 받기 쉽다.

4. 지역별 편성

행정활동이 수행되는 지역 또는 장소를 기준으로 하여 조직을 편성하는 방법이며, 주로 조직 보조기관의 편성에 이용되고 있다(외교부 미주국(美洲局), 기획재정부 산하의 관세청).

(1) 장 점

① 일정지역 내에 있어서 각종 업무의 조정과 통제를 촉진시킬 수 있다. ② 지역의 특수성에 적합한 행정을 할 수 있다. ③ 권한의 위임으로 절약과 사무량의 감소, 지방인원의 효과적인 배치 등을 가능하게 한다.

(2) 단 점

① 획일적인 정책을 수립하고 집행하기 곤란하다. ② 그 지역의 특수수요 및 지역민의 이익에 지나치게 치중할 우려가 있다. ③ 업무의 성질에 따라 지역별 조직의 경계선을 합리적으로 확정하기가 매우 어렵다.

제3절 집권화와 분권화

Ⅰ 집권과 분권의 의의

집권과 분권이란 상대적인 개념으로 완전한 분권이란 있을 수 없고 양자 사이에는 항상 균형(equilibrium)이 필요하다. 일반적으로 집권이란 의사결정의 권한이 중앙 또는 상급기관에 체계적으로 유보되어 있는 것을 의미하며, 분권이란 의사결정의 권한이 지방 또는 하급기관에 위임(delegate)되어 있는 것을 의미한다.[16]

집권과 분권의 개념은 한 조직 내에 있어서의 권한의 집중 또는 권한의 위임에 의한 분산뿐만 아니라 중앙기관과 하급기관 및 일선기관 사이의 사무배분 관계를 포함한다. 이와 같이

---

16 沖田哲也, "集權と分權," 行政學講座 (4) 行政と組織(東京大學 出版部, 1976), 1～4면 참조.

집권과 분권이 사용되는 의미를 구분하여 보면, 첫째, 지역적으로 보아 중앙과 지방과의 관계에서 중앙행정관청이 지방자치단체에 대하여 강한 지휘·감독권을 가지는 경우와 그렇지 아니한 경우를 말하는데, 이 때에는 중앙집권과 지방분권이 된다. 둘째, 집권과 분권은 한 조직 내에서나 정부 전체에서 최고책임자에게 권한이 집중되어 있느냐, 그렇지 아니하느냐에 따른 계층상의 집권과 분권이 있고, 셋째, 어떤 기능(인사·구매 등)이 한 기관에 집중되어 있느냐, 분산되어 있느냐에 따른 기능상의 집권과 분권이 있다.

또한 행정구조의 분권화현상에는 수직적 분권화와 수평적 분권화를 생각할 수 있는데, 수직적 분권화현상으로서는 지방분권화와 지리적 분권화(geographical decentralization) 및 행정권위의 집중배제(deconcentration)를, 그리고 수평적 분권화현상으로는 독립규제위원회·공사·행정재판제 등을 들 수 있다.[17] 특히 지리적 분권화에서는 일선기관(field office)과 광역주의(regionalism)가 문제된다.

우리 나라는 전통적으로 집권화 경향이 강했으며, 행정조직이 집권화한 중요한 이유 중의 하나는 책임추구의 제도와 태도에 있다고 생각된다. 즉 행정의 과실문제가 나오면 국회 및 여당은 곧 그것을 수뇌부의 책임으로 보아 왔다. 그렇기 때문에 중앙수뇌부는 모든 사항에 대하여 통제력을 갖고자 한 것이다. 그러나 행정관청의 규모가 확대됨에 따라 최고관리자 1인의 능력으로서는 그 업무량과 운영감독이 실제적으로 불가능하기 때문에 중앙집권적 조직도 당연히 분권화하게 된다.

어떻든 집권화와 분권화의 개념은 행정조직의 수직적·수평적 관계에서의 권한배분문제이다. 그러나 집권화와 분권화의 개념은 상대적인 것으로 지휘·감독권이나 의사결정권이 행정계층상의 어느 단계에 집중되어야만 집권화이고, 반대로 어느 단계까지 분산·위임되어야만 분권화라고 말할 수 있는 일정한 기준은 없는 것이다.

Ⅱ 집권화와 분권화의 요인

1. 집권화의 요인

(1) 소규모조직

조직의 규모가 작으면 집권화하게 된다. 이 경우 한 사람의 책임자가 기관의 모든 문제에 관하여 소상히 알고 있으며 소수의 부하를 거느리고 있기 때문에 집권화가 능률적이다.

---

17 수평적 분권과 수직적 분권에 관해서는, Paul Meyer, *Administrative Organization*(London: Stevens & Sons, 1957), p.58 참조.

(2) 신설조직

역사가 짧은 신설조직은 집권화하기 쉬우며, 선례가 없는 까닭에 하급자는 상급자의 지시에 많이 의존하게 된다. 또한 조직이 불안정하면 할수록 집권화 경향을 보이게 된다.

(3) 개인의 리더십

조직의 운영이 특정한 개인의 리더십에 크게 의존할 때, 그 조직은 집권화하게 된다. 이러한 조직은 그러한 지도자가 사망하거나 물러난 경우, 그와 같은 타입의 지도자가 나타나지 않는 한 위기에 직면하게 된다.

(4) 위기의 존재

국가나 조직을 막론하고 위기는 집권화를 초래한다. 허츨러(J. Hertzler)는 역사상 나타난 35개의 독재정치를 연구한 결과 위기가 발생하여 급격한 변동이 필요할 때, 독재정치가 나타나기 마련이라는 결론을 얻었다. 급속한 변동을 필요로 하는 경우, 독재자에게 권한을 집중시킬 필요가 있는 것이다. 조직의 경우에도 동일한 이론이 적용될 수 있다.[18]

(5) 획일성의 요구

상급자 또는 상급기관이 하급자나 하급기관의 획일적인 행정을 원할 때에는 집권화하기 쉽다.

(6) 하위층의 능력부족

하급자나 하급기관의 직원이 능력에 있어 상급자나 상급기관의 직원보다 뒤떨어질 때, 또는 적어도 상급자나 상급기관이 그렇게 생각할 때에는 집권화경향이 일어난다.

(7) 전문화의 필요

특정한 활동의 전문화가 필요할 때, 집권화가 일어난다. 사이몬(H. Simon) 등은 넓은 의미에 있어서 특정한 활동의 전문화는 그 활동의 집권화라고 말하고 있다.

(8) 특정 활동의 강조

특정한 활동이 많은 사람의 관심을 끌거나 상급자가 중요하다고 생각할 때에는 그 활동이 집권화되기 쉽다.

---

18 이 점은 D. Lerner, *The Passing of Traditional Society, Modernizing the Middle East*(New York: The Free Press, 1958), pp. 43~47에도 지적되고 있다.

(9) 교통·통신의 발달

오늘날 교통·통신의 발달로 상급자나 상급기관에 의사결정에 필요한 보다 많은 정보가 집중될 때에 집권화가 촉진된다. 이 밖에 대폭적인 정부의 지출증가라든가 강력한 통제력의 필요 및 행정의 통일을 기할 필요가 있을 경우, 집권화가 이루어진다.

2. 분권화의 요인

(1) 관리자의 부담감소

관리자가 세부적·일상적인 업무에서 해방되어 장기계획이나 정책문제에 대하여 보다 많은 시간과 노력을 투여하기를 원할 때에 분권화가 일어난다.

(2) 신속한 업무처리의 필요

업무를 신속하게 처리할 필요가 있을 때에 분권화가 일어난다.

(3) 지방 현실에의 적응

전국적 또는 종합적인 계획은 중앙에서 담당하되, 지방의 특수성을 고려한다거나 시기에 알맞은 행정을 원할 때에 분권화가 필요하다.

(4) 하급자의 책임 강화

분권화는 하급자의 책임을 강화시키고자 할 때에 요청되는 경우가 있다.

(5) 관리자의 양성

시야가 넓고 유능한 관리자란 훈시에 의하여 양성되는 것이 아니라 상부로부터 권한을 위임받아 자주적으로 의사결정을 행함으로써 양성될 수 있다.

(6) 사기앙양

부하의 사기앙양을 위해서뿐만 아니라 열성과 창의성의 계발을 위해서도 분권화가 필요하다.

(7) 민주적 통제의 강화

중앙정부로부터 지방자치단체에의 권한위임은 정부활동에 관한 국민의 통제를 강화시키게 된다.

이상에서 대표적인 분권화의 요인을 간추렸으나, 집권과 분권은 상대적인 현상이므로 앞

에서 언급한 집권화요인의 반대는 곧 분권화요인이 된다고 할 수 있겠다.[19]

Ⅲ 집권화과 분권화의 장·단점

1. 집권화의 장·단점

(1) 집권화의 장점

① 통일된 정책을 수행할 수 있다. ② 강력한 행정을 할 수 있다. ③ 전문화를 촉진시킬 수 있다. 즉 정책 및 행정의 전문화 및 관리의 전문화가 촉진되고 전문적 기술의 활용이 가능하다. ④ 신속한 업무의 대량처리로 경비를 절약할 수 있고, 위기에 신속히 대처할 수 있다. ⑤ 지역적 격차의 시정 및 통합적 조정을 효과적으로 수행할 수 있다. ⑥ 행정기능의 중복과 혼란을 회피할 수 있고, 분열을 억제할 수 있다.

(2) 집권화의 단점

① 관료주의화 경향을 낳고 권위주의적 성격을 갖게 된다. ② 형식주의화하여 행정의 실효성에서 일탈하기 쉽고, 창의성·적극성을 저해한다. ③ 획일주의에 빠져 특수성이나 지방의 실정에 부적합하며 적시에 효과적인 행정업무수행이 곤란하다.

2. 분권화의 장·단점

(1) 분권화의 장점

① 대규모의 조직에 효용이 크며, 최고관리층의 업무를 감소시킨다. ② 의사결정의 시간을 단축시킴으로써 신속한 업무처리를 할 수 있다. ③ 참여의식의 앙양과 자발적 협조를 유도할 수 있다. ④ 실정에 알맞은 행정이 가능하다.

(2) 분권화의 단점

① 중앙의 지휘·감독이 약화되고, 행정업무의 중복을 초래한다. ② 행정업무의 처리가 산만해지고 행정력이 분산된다. ③ 전문적 기술의 활용이 곤란해진다.

---

19 분권화와 민주성에 대하여는, William L. Morrow, *Public Administration: Politics and the Political System* (New York: Random House, 1957), pp. 29~34 참조.

현·대·행·정·학

06 조직발전

오늘날 조직환경의 변화 정도와 빈도가 심해지자, 전통적인 인사관리기능을 중심으로 변화를 계획하고 관리하기가 매우 어려워졌다. 즉 예전에는 조직계획(organizational planning)과 인력개발(manpower development) 등의 인사관리기능을 통하여 변화계획과 집행과정을 강화시켜 왔지만, 오늘날에 와서는 이와 같은 변화관리(change management)에 대한 종합적이고 체계적인 접근이 상당히 어렵게 되었다. 그뿐만 아니라 조직구성원들은 이러한 전통적인 방법을 관리층의 조작수단과 통제수단으로 보려는 경향이 많아져서 변화에 대한 구성원들의 협조를 기대하기가 점차 어려워지므로 전통적인 변화관리방법의 실질적인 효과가 의문시되기 시작하였다.

이에 따라 조직환경변화의 관리에 대한 새로운 개념과 방법으로서 조직발전이론이 등장하게 되었다.

제 1 절 조직발전의 배경

조직발전의 개념과 유사한 관리기법은 여러 분야에서 오래 전부터 개발되어 왔다. 오래 전부터 인간은 공통된 만족을 얻기 위하여 조직 속에서 집단을 형성해 왔고, 조직내의 하위집단을 규제하고 개발함으로써 개인은 목표달성에 접근할 수 있었다. 그러나 조직발전(organization development)이라는 용어가 정식으로 사용되기 시작한 것은 1950년대 이후의 일이며, 그 후 곧 기업분야에 광범하게 보급되었다.

1. 행태과학의 영향

계획된 변동(planned change)은 사회적 기술을 사회문제에 응용하는 방법의 하나이다. 즉 인간에 관한 체계적이며 예측할 수 있는 지식을 활용하여 보다 지적인 행동과 선택을 창출하는 것이다. 이 체계적이고 예측할 수 있는 지식은 행태과학(behavioral science)에 의존하며, 이는 마치 기계공학의 원리를 자연과학에서 구하는 것과 유사하다. 즉 모든 계획된 변동은 이론과 실제행동의 연결을 필요로 하며, 이 연결의 논리적 근거가 행태과학이다.

행태과학이 관리기술에 미친 영향을 세분하면 다음과 같다.[1]

(1) 종래에는 인간을 단순히 기계적·합리적인 존재로 생각하였으나, 이제는 인간의 성격연구(예컨대 기획심리·개인심리·인간공학)를 통하여 조직과 개인 사이의 긴장과 갈등을 효율적으로 관리하는 기법이 모색되었다.

(2) 종래의 강제력에 의해서 뒷받침되었던 권력이 이제는 합의와 협력관계로 대치되고 있다.

(3) 조직의 가치에 관한 문제에 있어서 조직을 비인정적·기계적 기구로 보는 종래의 견해는 인간적 요인을 강조하는 견해로 바뀌게 되었다.

2. 관료제의 부적합성 노정

전술한 비인정적·기계적인 대규모조직을 편의상 관료제라 부른다면, 관료제는 다음과 같은 이유로 현대생활에 있어서 많은 문제점을 노정하게 된다.

(1) 고전적 의미의 관료제는 현대사회의 급격한 변동에 신속히 대응하기에 어려움이 있다.

(2) 조직규모의 대규모화는 관료제의 통제와 권위체계를 무력하게 만들 뿐만 아니라 기계적 권위의 적절한 활용과 조직내의 의사소통을 어렵게 한다.[2]

(3) 현대조직은 직무수행에 있어서 다양하고 적절한 전문적 지식을 갖춘 사람들의 활동을 요구하는데, 관료적인 기계모형(bureaucratic machine model)은 여기에 적합하지 아니하다.[3]

(4) 현대의 조직관리는 행태관리에 있어서 사회적·심리학적 접근을 필요로 하는데, 관료제는 주로 기계적인 인간관에 입각해 있다.

3. 조직발전의 효시(嚆矢)

조직발전(organization development)이라는 용어가 공식적으로 활용되기 시작한 것은

1 W. Bennis, *Organizational Development: Its Nature, Origins and Prospects*(Addison-Wesley, 1969), pp.189~207.
2 이제 국가의 규모보다 더 큰 조직이 출현하고 있다.
3 유종해·송영달 공역, 조직이론(연세대학교 출판부, 1974), 22면 참조.

1957~1958년부터의 일이다.[4]

조직발전(OD)이라고는 부르지 않았지만 비슷한 활동은 1945년 미국이민국(U.S. Immigration & Naturalization Service)에서 브래드포드(Leland Bradford)가 직원들의 재직훈련의 일부로 시도한 바 있었다. 여기에서 그가 시도한 중심과제는 조직에서의 개인의 능력 향상, 즉 보다 계획성 있는 개인의 능력신장과 나아가서 조직의 발전이었다. 따라서 그는 조직의 진단과 치료를 할 수 있는 새로운 훈련방법을 강조하였다. 이후 여러 가지 OD에 관한 연구가 이루어졌으나 정부행정기관에 처음 도입된 것[5]은 1954년 캘리포니아주 인사국의 가드너(N. Gardner)에 의해서였으며, 종합된 형식으로 OD가 시도된 기관은 에소(Esso)석유회사였다. 에소는 1957년에 개인과 조직의 발전을 위하여 OD를 사용하였다. 1960년대에 와서 널리 전파된 OD는 이 Esso의 경험을 많이 참작하였는데, 1959년에 제출된 에소의 OD에 관한 결론은, ① 가장 능동적인 학술적 노력으로 조직의 변화를 계획적으로 연구하는 것은 합당한 일이며, ② OD는 조직의 효율성제고에 크게 도움이 된다고 하는 것이었다.[6]

제 2 절 조직발전의 토대

조직발전(organization development)이란 1960년대에 와서 주로 기업조직에서 널리 활용되고 또 그 효율성이 입증되고 있는 문제중심적인 행정과정으로서 조직의 효율성을 향상하기 위하여 시도된 다양한 절차를 말한다.[7]

1. 조직발전의 정의

조직발전은 행태과학의 지식을 이용하여 조직과정상 계획된 개입(planned intervention)을 통하여 조직의 효율성과 건전성을 높이기 위해 최고관리층으로부터 시작된 조직전반에 걸친

---

4 L. Kirkhart and N. Gardner(co-ed.), "A Symposium: Organization Development," *Public Administration Review*, Vol. 34, No. 2(1974), p.98 참조.
5 조직발전의 역사는, M. McGrill, "The Evolution of Organization Development: 1974~1960," *Public Administration Review*, Vol. 34, No. 2(1974), pp.98~105 참조.
6 이 보고서의 자세한 내용은, Floyd C. Mann and Franklin W. Neff(eds.), *Managing Major Change in Organization*(Ann Arbor, Michigan: Foundation for Research on Human Behavior, 1961)에 잘 정리되어 있다.
7 The Conference Board, *Organization Develepment: Reconnaissance*(New York, 1973), p. 2와 유종해, "조직의 정책론적 개선방안: 조직발전의 개념 및 효용," 연세행정논총 제3집(1976), 37~49면 참조.

계획된 노력이다.[8]

즉 조직발전은 조직이 가지고 있는 문화·분위기 또는 가치체계, 조직의 체계·구조 혹은 조직구성원의 행태 등을 변화시키기 위한 계획적이고 체계적이며 관리적인 과정을 말한다. 이와 같은 다면적인 과정은 조직의 목표달성과 문제의 해결에 효과적으로 사용될 수 있다. 이를 보다 구체적으로 설명하면 다음과 같다.

(1) 조직발전은 계획된 변동(planned change)이다. 계획된 변동이란 조직체 내에서 조직의 장이 그 변동의 방향이나 전략, 또는 그 성과를 잘 평가한 후에 결정을 하는 것을 말한다. 따라서 조직발전의 프로그램에는 조직의 체계적인 진단, 개선을 위한 계획안, 그리고 이를 위한 자원의 동원 등이 모두 포함된다.

(2) 조직발전의 노력은 전체조직(total system)에 걸쳐 행하여진다. 즉 조직발전은 조직문화 및 행태의 변화 혹은 전체적인 관리전략 등과 같이 조직전반에 걸친 변경과 관련된다.

(3) 조직발전의 노력은 조직의 최고관리층으로부터 시작된다. 물론 조직발전의 계획에는 조직구성원이 모두 참여하지만, 최고관리층은 프로그램의 목적을 잘 알고 또 실행해야 하며 목표달성을 위하여 사용되는 방법을 적극적으로 지원해야 한다.

(4) 조직발전은 조직의 효율성과 건전성을 증대시키기 위하여 고안된 절차이다. 이를 위한 조직발전의 일반적 목적은 조직 내 집단의 협동적인 관계, 합의, 통합, 창의성, 바람직한 행태의 육성, 인적 자원의 효율적 활용 등에 있다.

(5) 조직발전은 행태과학의 지식을 활용한다. 조직발전은 조직구성원의 행태의 변화에 상당한 중점을 두고 있다. 조직의 진단에는 행태과학에서 도출된 개인의 동기, 의사소통, 문화적 규범, 인간관계, 집단관계, 갈등의 관리 등에 관한 지식이 사용되며, 이에 의거한 전략이 활용된다.

2. 조직발전의 기본적 가정

조직발전의 핵심은 조직의 목표설정에 구성원이 참여할 경우, 그들이 조직의 목표달성에 보다 헌신적이 된다는 가정에 입각하고 있으며, 이는 맥그리거(D. McGregor)가 정립한 인간형에 관한 Y이론의 가정과 비슷하다.[9] 조직발전의 가정은 다음과 같이 세 가지로 대별할 수 있다.

---

8 R. Beckhard, *Organization Development Strategies and Models*(Addison Wesley Co., 1969), p.9.
9 이 가정은 Douglas McGregor, *The Human Side of Enterprise*(New York: McGraw-Hill, 1960), pp.47~47 참조.

(1) 인간에 관한 가정

① 대부분의 인간은 개인적인 성장과 발전을 위해서 노력한다. ② 대부분의 인간은 환경이 허용하는 것보다 더 많이 조직목표의 성취를 위해서 공헌하고 또 공헌할 능력을 보유하고 있다.

(2) 집단 속의 인간에 관한 가정

① 대체로 인간이란 최소한 하나 또는 그 이상의 소집단에서 인정을 받고 그들과 교류하기를 원한다. ② 사람에게 가장 강한 심리적인 연관집단은 동료와 상관이 있는 작업 집단(예: 직장)이다. ③ 대부분의 사람은 그가 속해 있는 집단의 문제를 해결함으로써 자기의 효율성을 높이고 보다 효과적으로 구성원과 어울리게 된다. ④ 효율성의 최적화라는 관점에서 볼 때, 집단의 공식적 지도자가 반드시 모든 경우에 리더십을 발휘할 수 있는 것은 아니다. 집단의 구성원이 리더를 돕고 서로 협동해야 하는 것이다.

(3) 조직 속의 인간에 관한 가정

① 조직은 대체로 중복되고 상호관계를 가지는 작업집단으로 구성된다. ② 큰 조직 속에서의 변화는 작은 작업집단에 영향을 미치고 작은 작업집단의 변화는 역시 큰 조직에 영향을 준다. ③ 조직의 하위체계(예: 사회적·기술적·행정적 하위체계)에서의 변화는 사회의 다른 체계에 영향을 주고, 사회의 다른 체계에서의 변화는 이 조직의 하위체계에 영향을 준다. ④ 조직 속의 문화(혹은 분위기)는 대체로 다른 사람들에 대한 느낌이나 조직의 방향이 어떻게 되어야 한다고 하는 생각을 억제하는 경향이 있다 ⑤ 이 억제된 느낌은 조직의 문제해결, 개인의 성장, 업무의 만족 등에 영향을 준다. ⑥ 조직 속의 개인 간의 신뢰성, 지지, 그리고 협조의 수준은 상당히 낮다. ⑦ 사람과 그룹 사이의 성공 전략은 조직의 문제해결과 장기적 안목에서 볼 때 최적의 것이 되지 못한다. ⑧ 조직 속에서는 협력적(synergistic) 해결방안[10]이 보다 자주 도출된다. ⑨ 느낌(혹은 감정)은 조직에 대한 중요한 자료가 되며 이는 목표설정·리더십·의사소통·문제해결·집단 간 협조·사기 등에 중요하게 작용한다. ⑩ 조직발전의 결과 이루어지는 업무의 성취도 제고는 적절한 인사제도에 의하여 뒷받침되어야 한다. 즉 근무평가·보수·훈련·전보 등에 반영되어야 한다.

---

10 협력적(synergistic) 해결방법이란 조직의 총에너지를 동원하여 문제를 해결하는 방법이며, 2+2는 4보다 많아지는 방식으로 카텔(Cattell)이 제시하였다. D. Katz and R. Kahn, *The Social Psychology of Organization*(New York: John Wiley & Sons, 1966), p. 33.

1. 조직발전의 특징

베니스(Warren Bennis)는 조직발전에 관한 몇 개의 사례연구를 통하여 조직발전의 특징을 다음과 같이 들고 있다.[11]

(1) 조직발전은 계획된 조직변화를 위하여 고안된 '교육적 전략'(educational strategy)이다. '교육적'이란 말은 조직발전의 중심이 되는 초점이 조직이 아니라 인간이며, 전략의 초점도 인간적인 요소인 가치관·태도·개인 상호관계 등에 중점을 둔다는 것을 의미한다.

(2) 조직발전이 추구하는 것은 조직이 당면하고 있는 요구나 위기의 극복과 관련이 있다.

(3) 조직발전의 전략은 경험된 행태(experienced behavior)를 토대로 해서 수립된다.

(4) 변화역군(change agents)[12]은 조직의 외부인도 될 수 있다. 왜냐하면 외부인은 내부인이 지나쳐버리기 쉬운 문제들을 공정하고 명쾌하게 지적할 수 있기 때문이다.

(5) 조직발전은 변화역군과 고객체제 사이의 협력관계(collaborative relation)를 조성한다. 고객체제는 변화대상을 말하며, 변화역군은 고객체제와의 신중한 협력관계 속에서 고객체제의 문제에 적절한 지식을 적용한다.

(6) 변화역군은 사회철학(social philosophy)의 지식을 토대로 하여 규범적 목적을 세우고 전략을 수립한다.

2. 조직발전의 목적

조직발전은 조직 내 인간의 잠재적 능력을 계발하는 데 근본목적이 있다고 하겠으며, 구체적으로 다음과 같은 목적을 갖는다.[13]

(1) 조직 내에 개방적이며 문제해결을 위한 분위기를 조성한다.

(2) 조직 내의 지위와 역할에 대하여 지식과 능력을 고양시킴으로써 관련되는 상위체계의

---

11 W. G. Bennis, *Organizational Development: Its Nature, Origins and Prospects*(Addison-Wesley, 1969), pp. 10~16.

12 모든 변화과정에는 반드시 변화역군 내지 변화추진자가 있기 마련이며, 베니스(W. Bennis)에 의하면 계획적 변화라고 언급되는 활동의 유형은 변화역군, 고객체제(client system), 타당한 지식 및 신중하고도 협력적인 관계의 결합에 따라 규정된다고 한다. Warren Bennis, *Changing Organization*(New York: McGraw-Hill, 1966), p. 81 참조.

13 R. T. Golembiewski, "Organization Development in Public Agencies," *Public Administration Review*, Vol. 24, No. 4(1969), p. 169; 유종해, "조직의 정책론적 개선방안: 조직발전의 개념 및 효용," 연세행정논총 제3집(1976), 40~41면 참조.

권한을 제고시킨다.

(3) 정책결정과 문제해결의 책임을 연결시킨다.

(4) 조직 내의 개인이나 집단 사이의 신뢰감을 조성한다.

(5) 조직의 목표를 달성하기 위하여 경쟁을 조장하고 협동적 노력을 극대화시킨다.

(6) 조직의 과업(서비스 또는 이익)과 조직의 발전(인간의 계발)을 성취하는 데 필요한 보상 제도를 개발한다.

(7) 조직구성원들이 조직목표를 깊이 인식하여 그들이 스스로 조직의 관리자라는 의식을 불어넣어 준다.

(8) 조직의 경영진이 과거의 관례에 따르거나 관련 없는 목적을 추구하지 않고 관련 있는 목적에 따라 지식을 관리하게 한다.

(9) 조직의 구성원들이 자제(self-control)와 자기관리(self-direction)를 할 수 있게 한다.

또 프렌치(Wendell French)는 조직발전의 가장 공통적인 목적을 다음과 같이 지적하고 있다.[14]

(1) 조직구성원 사이의 신뢰와 지지를 증진시킨다.

(2) 조직구성원들이 조직이 당면한 문제들에 가급적 가까이 접할 수 있게 한다.

(3) 조직 내에서 부여받은 역할을 행사하기 위하여 필요로 하는 권한의 행사는 적절한 지식과 기술에 입각하여 행해지도록 분위기를 조성한다.

(4) 조직 내의 의사소통은 상하·좌우로 개방하도록 한다.

(5) 조직 내의 개인적 열성과 만족도를 향상시킨다.

(6) 문제해결에 협력적(synergistic) 해결방법을 사용하게 한다.

(7) 조직의 기획과 집행에 있어서 개인과 그룹 책임감을 향상시킨다.

제 4 절 조직발전의 과정 및 전략

1. 조직발전의 과정

조직발전은 원래 심리학적인 Action Research, 감수성훈련(sensitivity training), 그리고 Group Dynamics가 주축이 되어 이루어졌으며, 어떤 시점에서 종결되지 않고 계속적으로 일

---

14 W. French, "Organization Development: Objectives, Assumptions and Strategies," in N. Margulies and A. Raia, *Organization Development: Values, Process and Technology*(New York: McGraw-Hill, 1972), p.32.

그림 6-1 / 조직발전의 과정

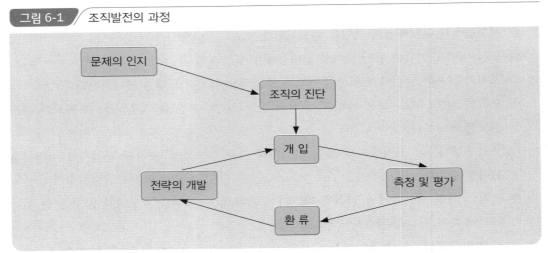

자료: The Conference Board, *Organizational Development*(1973), p.6.

어나는 과정이며, 정책결정의 과정과 유사한 절차를 취한다.

조직발전의 기본적인 과정은 문제의 인지(자료수집), 조직의 진단(organizational diagnosis), 개입(action intervention), 그리고 측정 및 평가로 대별되며 환류를 통하여 순환된다(그림 6-1 참조).

(1) 문제의 인지

조직발전의 대상과 필요성을 인식하는 과정으로서 조직 내의 문제점과 조직구성원의 가치관·태도·규범 등을 파악하는 과정이다. 이 단계에서는 문제에 대한 자료수집이 동시에 일어나며, 자료의 입수방법은 면접(interview)에 의한 방법과 설문지(questionaire)를 사용하는 방법, 그리고 관찰(observation)에 의한 방법이 있다. 자료의 수집에는 수집에 필요한 시간(time), 비용(costs), 편의성, 수집방법과 대상조직과의 일치 여부, 조사대상자의 협조 여부 등이 잘 검토되어야 한다. 자료의 수집은 여러 개의 단계를 거치게 된다. 첫 단계는 조직이 당면하고 있는 문제의 상태를 진단하는 일과 관련된 자료의 수집이다. 이 단계에서는 수많은 면접이 자문관과 조직장 사이에 필요하게 된다. 이 단계를 상세히 예시하면 다음과 같다(그림 6-2 참조).

(2) 조직의 진단

조직의 진단은 다음 단계인 개입을 위한 준비단계이다. 효과적인 개입은 정확한 자료분석에 의한 진단과정에 달려 있다. 진단은 조직 내부의 인사가 할 수도 있고, 외부의 전문가를 초빙할 수도 있다.

그림 6-2 자료의 수집단계

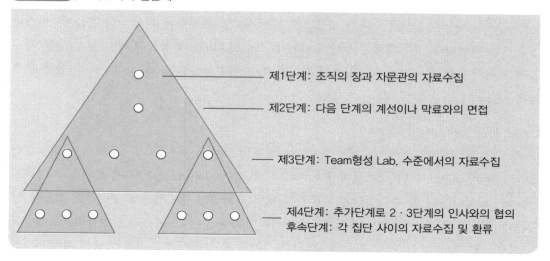

제1단계: 조직의 장과 자문관의 자료수집

제2단계: 다음 단계의 계선이나 막료와의 면접

제3단계: Team형성 Lab. 수준에서의 자료수집

제4단계: 추가단계로 2·3단계의 인사와의 협의
후속단계: 각 집단 사이의 자료수집 및 환류

(3) 개 입

개입은 OD과정에 있어서 가장 행동지향적인 과정이며, 변화과정의 핵심을 이룬다. 개입의 방법에는 기술적인 개입과 행정적인 개입, 그리고 사회적인 개입이 있다.[15]

⑴ 기술적인 개입은 조직의 시설물·구조·의사소통과정 등을 개선하는 것으로 조직의 운용 (operation)을 도와 주기 위한 기술적인 문제를 말한다.

⑵ 행정적인 개입은 조직의 정책이나 절차와 관련된다. 예를 들면 인사제도·보수체계의 변경이 이에 속한다.

⑶ 사회적인 개입은 주로 인간관계에 관한 문제의 개입이다. 여기에서 주로 다루는 것은 구성원의 협동·신뢰성·관리방식 등이다. 사회적 개입은 주로 인간의 감정 등을 다루어야 하므로 좀 어려운 일이며, 그룹활동 또는 팀 빌딩(team building) 등을 통하여 이루어지게 된다.

(4) 측정 및 평가

이상의 과정이 이루어지면 마지막으로 측정 및 평가를 한다. 이 단계에서는 진단전략 및 개입의 전반에 관해서 평가하게 된다. 여기서는 우선 조직의 진단이 잘 되었는지 또는 개입은 적절하게 되었는지를 평가해야 한다.

---

15 The Conference Board, *op. cit.*, p.8.

2. 조직발전의 전략

지금까지 알려진 OD의 전략적 방법으로는 팀워크를 개선하는 과정에 초점을 둔 팀개발 (team development), 문제해결을 통한 Confrontation Meeting, 부정적 견해나 감정 등을 자유롭게 발표하게 하여 조직에 일체감을 가지도록 하는 감수성훈련(sensitivity training) 등이 유효하게 사용된다.

(1) 팀 개발(team development)

팀 개발은 팀워크(teamwork)를 개선하는 방법에 초점을 둔 것으로, 일종의 실험실훈련 (laboratory training)이 변형된 형태이다. 맥그리거(D. McGregor)는 1964년 유니온 카바이드 (Union Carbide)사의 한 관리집단의 자문관이 되어 효과적인 관리집단을 구축하는 임무를 맡았는데, 이 집단이 팀 개발의 시초이다. 이 관리기법의 본질은 ① 이해와 상호합의, ② 개방적인 의사소통, ③ 상호신뢰, ④ 갈등의 효과적인 관리, ⑤ 선택적이고 적절한 팀의 형성, ⑥ 적절한 리더십, ⑦ 개인의 기술을 적절히 이용함으로써 효율적인 작업집단을 구축하는 것이다. 팀 개발의 특징적 요소는 일치성의 문제, 통제와 영향의 문제, 욕구와 목표의 문제, 수용의 문제 등으로 요약된다.[16]

(2) 감수성훈련(sensitivity training)

감수성훈련은 OD의 방법 중에서 자주 인용되고 또 논란이 많은 방법이다. 이것은 Laboratory Training, T-Groups, Encounter Groups, Education, Self-Analytical Group 등 여러 가지 이름으로 불리어진다. 원래 이 방법은 1947년 미국의 National Training Laboratories가 Maine 주의 Bethel사에서 기업, 행정부 혹은 대학 등과 같은 조직의 지도적 위치에 있는 사람들을 위해서 마련한 일련의 회합(session)에서 도출되었다.[17] 여기서 얻어진 실험방법을 감수성훈련 (sensitivity training)이라고 하는데 그 기본원리는 다음과 같다.

먼저 조직 내 각 계층에서 모인 사람들을 10~16명 단위로 하여(그 중의 1~2명은 트레이너 임) 하나의 그룹을 만든 다음 그들을 외부환경과 격리된 실험실에 수용한다. 그 다음은 제각기 자신이 느끼는 감정을 토로하게 한다. 이 실험은 1~2주일 동안 계속되며, 이와 같은 방법으로 개인을 알게 되는 것이며, 마찬가지로 그룹의 성격도 알게 된다는 것이다. 이와 같은 T-Group은 OD에서 ① 개인상호관계의 능력을 개발하고, ② 한 사람의 특성을 평가하고, 그 특

---

16 M. Margulies and A. Raia, *op. cit.*, p.354.
17 D. Hampton, C. Summer and R. Webber, *Organizational Behavior and the Practice of Management*(New York: Scott, Foresman and Co.), pp.556~557.

성이 조직역할의 수행에 주는 영향 등을 알아보기 위해서 적용되었다. 즉 T-Group은 조직의 갈등과 인간상호관계에 관련된 개인의 능력을 개선하고자 하는 목적으로 사용되는 것이다.

(3) 집단간 회합(intergroup meeting)

서로 협력관계에 있어야 할 집단이 대립과 경쟁을 한다면, 조직의 효율성이 감소될 수밖에 없다. 조직은 본질상 조직의 하위체계가 서로 경쟁관계에 있어 서로의 목표달성을 방해하는 경우가 있다. 집단 사이의 회합은 이와 같이 경쟁적 관계에 있는 두 개의 작업집단끼리의 오해와 갈등을 제거하기 위한 방안으로 두 집단의 구성원을 한데 모아 상대방집단의 잘못과 자기 집단의 오해를 대화와 토의를 통하여 개선하는 방법이다. 이 방법은 주로 최고관리층과 일선기관과의 관계를 개선하는 데 많이 쓰이고 있다.

이 밖에도 자문관과의 면담을 통한 문제해결방법인 Confrontation Meeting, 제3의 전문가로 하여금 인간상호 간의 알력을 조정하고 대인관계기술의 증진을 꾀하는 Third Party Consultation 등도 자주 사용되는 방법이다.

제 5 절 조직발전의 문제점

골렘비우스키(R. T. Golembiewski)는[18] 다음과 같이 미연방정부를 대상으로 하여 확인한 조직개선에 OD를 적용할 때에 일어나는 문제점을 지적하고 있다.

1. 제도적 측면

사기업조직에 비하여 정부조직은 대체로 세 가지 난점을 지니고 있다.

(1) 복수적 접근(multiple access)

행정조직에는 정책결정점에 접근할 길이 너무나 많기 때문에 조직발전의 훈련효과를 사기업체같이 얻을 수 없다는 것이다. 예컨대 입법부의 각 분과위원회, 대중매체, 이익단체, 특별히 보호받고 있는 행정관서들은 상호간에 영향력을 행사할 수 있다.

(2) 이질적 다양성

행정기관에서의 OD계획은 제각기 상반되는 이익, 보수제도, 가치체계를 가진 다양한 사람

---

18 R. T. Golembiewski, "Organization Development in Public Agencies," *Public Administration Review*, Vol.29, No.4(1969), pp. 368~376 참조.

들 혹은 집단을 대상으로 한다. 이것이 OD계획의 효과를 감소시키는 원인이 된다.

(3) 명령계통(command linkage)

미국의 경우 행정기관의 명령계통은 통일성이 결여되어 있어 OD의 집행에는 적지 않은 장애가 된다. 특히 미국행정부에서 정무직과 직업관료와의 연계가 약하여 OD가 크게 실효를 거두지 못하게 된다는 것이다. 이는 다소 정무직과 직업관료 사이에 벌어지는 문제로 우리에게도 시사하는 바가 있다.

2. 행정관례적 측면

(1) 권한의 위임

중앙집권적인 정책결정과 일선업무의 위임, 그리고 짧은 명령계통의 유지는 OD의 자기책임성을 저해한다.

(2) 법률적 관례

행정업무는 법규에 의거하여 집행된다. 또 공무원의 신분·보수 등은 법에 의하여 규정되므로 관리의 유연성 확보가 어렵다.

(3) 공적 비밀의 유지

이는 개방성을 요구하는 OD의 목적을 방해한다.

(4) 공무절차상 규칙성의 강조와 조심성

이는 상술한 OD의 목적인 합목적성을 저해한다.

(5) 전문적 관리인(professional manager)

이 개념이 행정조직에는 아직 덜 발달되어 있고 인사정책도 그렇게 되어 있으므로 조직원들의 주인의식을 해치게 된다.

제 6 절 조직발전의 성공을 위한 조건 및 기술

조직발전이 성공하기 위해서는 다음과 같은 조건과 기술 및 절차가 뒤따라야 된다.
(1) 개혁을 요구하는 조직 내외의 압력이 있어야 하며 개혁을 위한 분위기가 조성되어야 한다.
(2) 조직의 진단은 내부인과 외부인이 공동으로 하는 것이 바람직하다.

(3) 조직의 발전방향을 정책발전방향과 일치시켜야 한다.

(4) 조직발전에 관한 훈련은 상위층과 인사관리담당자가 먼저 받는 것이 바람직하다.

(5) 훈련에는 자발적인 참여가 바람직하다.

(6) 조직발전의 결과에 대한 계속적인 분석과 평가가 뒤따라야 한다.

(7) 보수·인사·상벌제도가 조직발전을 위한 방향으로 조성되어야 할 것이다.

제 7 절 한국 행정조직에서의 조직발전의 문제와 방향

1. 문 제 점

(1) 조직발전의 중요성은 인식하고 있으나 그에 대한 전문인력이 다소 부족한 실정이다.

(2) 조직발전이 성공을 거두기 위해서는 조직이 개방성을 띠어야 하는데, 우리 나라의 행정 행태는 아직 보수적인 성격이 강하다.

(3) 사회심리학 분야에 관한 연구가 다소 미흡한 실정이다.

(4) 권위주의적·계층제적 행정풍토가 강하여 문제해결을 위한 행정인의 적극적인 참여를 기대하기 힘들다.

2. 방 향

(1) 조직이 보다 개방성을 띠게 될 수 있도록 조직의 분위기가 쇄신되어야 할 것이다.

(2) 사회심리학분야에 대한 선진적인 이론의 선별적인 도입이 요청된다.

(3) 조직상층부의 이해와 정치적인 지지가 필요하다.

(4) 해당분야의 전문가를 OD담당관으로 정부의 인사 기관에 상주시키는 것이 필요하다.

(5) 집단역학에 관한 실증적인 연구와 중요성이 강조되어야 한다.

Chapter

07 리 더 십

제 1 절 **리더십에의 접근**

현대사회에 있어서 리더십(leadership)은 어디서나 그 필요성이 인정되고 있으며 이에 관한 논의는 지도·통솔·지배·영도·관리 및 감독 등의 여러 개념들로 지속되고 있다. 사실 리더십 이 크게 각광받지 못하던 시기도 있었다. 이의 원인은 크게 두 가지로 나누어 볼 수 있는데, 첫째로는 과학적 관리법이 지배하던 시대의 인간관·조직관에서는 인간의 모든 행동은 지시·명령에 따라 이성적·합리적으로 실행된다고 생각했기 때문이며, 둘째로는 리더와 이의 중요성이 인간관계시대부터 인식되기 시작했으나, 정치·행정학도는 이에 대한 관심 및 연구를 의식적으로 피해왔기 때문이라고 생각한다.

그러나 이에 관한 경험적 연구가 진전됨에 따라 이의 중요성은 더욱 강조되지 않을 수 없으며, 더구나 우리의 경우, 지도자의 역량·역할에 대한 상대적 비중이 더 크다는 차원에서 이에 관한 가치관·역할인지·행태 등에 더욱 관심을 기울여야 한다.

Ⅰ 리더십의 의의

1. 리더십의 의미

리더십이란 희구되는 목표를 달성하기 위하여 개인 및 집단을 조정하며 동작하게 하는 기술을 뜻한다[1]고 볼 수 있겠으며, 집단구성원들이 설정된 목적을 열성적으로 수행할 수 있도록 설득하는 능력 내지 영향력을 말한다고 본다.[2]

이상을 종합하면 리더십이란 조직구성원으로 하여금 바람직한 조직목적에 자발적으로 협조하도록 하는 일종의 기술 및 영향력으로 보며, 리더(leader)가 추종자를 소망스러운 상태로

---

1 J. M. Pfiffner and R. V. Presthus, *Public Administration*(New York: Ronald, 1960), p.92.
2 K. Davis, *Human Relations at Work,* 3rd ed.(New York: McGraw-Hill Book Co., 1967), p.96.

행동시키는 과정이고, 목표설정과 목표달성을 위하여 노력하는 조직적 집단활동에 영향을 미치는 행위라고 할 수 있다.

여기서 리더십의 특징을 다음과 같이 파악하면서 그에 따라 네 가지의 개념을 규정지어 보겠다.

(1) 리더십의 개념을 리더가 갖는 개성(personality)이나 특성에 근거를 두고 설명하려는 것으로, 피고스(P. Pigors)는 리더십이란 특정한 개성의 소유자가 공통의 문제를 추구하는 데 있어서 그의 의지·감정 및 통찰력 등으로 타인을 이끌고 다스리는 특성이라고 말한 것이 그 대표적인 예이다.[3]

(2) 집단목표의 달성이나 집단유지를 위하여 집단구성원의 자발적인 행동을 유도하는 데 리더가 발휘하는 영향력에 중점을 두는 학자가 있는데 그들 중 알포드(L. P. Alford)와 비틀리(H. Beatley)는 리더십을 집단구성원이 자발적이고 바람직한 행동으로 집단목표에 도달할 수 있게 하는 것이라고 하였다.[4]

(3) 리더십을 리더와 부하의 행동방향의 공통성과 이해의 일치를 전제로 하는 인간관계와 상호작용의 문제로 다루려는 것으로 사전트(S. Sargent)는 리더십이란 집단의 어떤 특정 개인 및 성원들과의 사회적 상호작용의 형태이고, 리더와 부하와의 역할행동이라고 하였다.[5]

(4) 집단에 어떤 변화를 가져오는 집단상황을 강조하는 입장에서 규명하는 것으로서, 알포트(F. H. Allport)는 리더의 영향력과 구성원 사이의 인간관계를 중심으로 하여 집단상황에 크게 변화를 가져오는 활동이라고 하였다.[6]

2. 리더십의 상황론적 정의

리더십에 관한 정의 내지 연구경향은 학자의 입장이나 관점에 따라 여러 가지가 있으나 크게 두 가지 범주로 분류할 수 있는데, 그 하나는 리더를 위주로 하는 입장과 다른 하나는 리더와 부하의 관계에서 보려는 입장이 있다. 첫번째는 지휘기술성을 강조하는 것과 지배성을 강조하는 것으로 나누어지며, 두 번째는 부하에게 주는 영향력이라고 보는 것과 리더와 부하의 상호관계라고 보는 입장으로 세분된다. 이러한 의미의 리더십은 다음과 같은 공식으로 표현될

---

3 P. Pigors, *Leadership or Domination*(Boston: Houghton-Mifflin Co., 1953), p.12.
4 L. P. Alford and H. R. Beatley, *Principles of Industrial Management*(New York: Ronald Press Co., 1965), pp.109～111.
5 S. S. Sargent, *Social Psychology*(New York: the Donald Press Co., 1950), p.305.
6 F. H. Allport, *Social Psychology*(Boston: Houghton Mifflin Co., 1924), p.419.

수 있다.

$$L = f(l, f, s)$$

여기에서 l은 리더(leader), f는 부하(follower), s는 상황(situation)의 변수를 가리킨다.

3. 리더십 연구의 의의

리더십 연구의 의의는 사회적인 면과 이론적인 면으로 나누어 볼 수 있는데, 리더십연구에 대하여 의도적인 관심을 갖게 된 것은 19세기에 들어와서이다. 산업의 발달과 각국의 근대화 및 제1차 세계대전 후의 정치적 불안정과 경제공황, 정치제도의 발달, 사회의 대규모화 및 복잡화 등은 보다 우수한 리더를 요구하게 되었으며, 이에 따라 리더십연구는 필수적인 것이 되었다. 물론 오늘날에는 그 연구의 범위와 심도가 더욱 강화되고 있다.

비단 사회적인 면뿐만 아니라 이론적인 면에서도 발전을 보았는데, 사회학뿐만 아니라 기타 사회과학에서도 인간관계의 개선이나 조정방법을 이론화하고, 이에 따라 사회집단이 갖는 잠재능력을 최대한으로 발휘할 수 있도록 하는 데에 큰 관심이 집중되고 있는 만큼 학문적인 면에서도 리더십연구는 주목할 만한 가치가 있다.

Ⅱ 리더십이론의 접근방법

리더십이론은 연구방법에 있어서 어느 측면을 중요시하느냐에 따라서 다음과 같이 크게 3가지로 나뉘어진다(표 7-1 참조).

즉 ① 자질이론(trait theory), ② 행태이론(behavioral theory), ③ 상황이론(situational theory)이 바로 그것인데 이들 이론에 관하여 요약을 하면 다음과 같이 설명할 수 있다.

리더십에 관한 초기의 연구들은 대부분 리더가 지니고 있는 특성을 설명하는 데 관심을 집중시켜 왔다. 이것을 리더십의 자질이론(trait theory)이라 하는데, 사회나 조직에서 인정되고 있는 성공적인 리더들은 어떤 공통된 특성을 갖고 있다는 전제하에 이들 특성들을 집중연구하여 개념화시킨 이론이라 할 수 있다. 리더가 지니는 특성이 과연 무엇인가 하는 점에 대해서는 학자마다 논의하는 바가 다르다. 가령 바나드(C. I. Barnard)는 ① 박력과 인내력, ② 결단력, ③ 설득력, ④ 책임감, ⑤ 지능을 들고 있으며,[7] 데이비스(K. Davis)는 ① 지능(intelligence),

---

7 C. I. Barnard, *The Functions of the Executive*(Cambridge, Mass.: Harvard University Press, 1938), p.260.

표 7-1 리더십이론의 접근방법

접근방법 \ 내용	연구모형	강조점
자질이론 (1940년대~ 1950년대)	개인적 자질 → 리더·비리더 구별성	성공적인 리더의 지능적, 성격적, 그리고 육체적 특성이 존재한다.
행태이론 (1950년대~ 1960년대)	리더행태 → • 성과 • 조직구성원 유지	리더와 부하와의 관계를 중심으로 리더의 행태스타일을 집중연구한다.
상황이론 (1970년대 이후)	리더행태 → • 성과 • 만족 • 기타 이 기준에 관련된 변수 / 상황요인: 과업성격·집단구조 등	효율적 리더십에 작용하는 환경적 상황요소를 강조. 상황에는 리더와 부하의 특성, 과업성격, 집단구조, 조직체의 강화작용 등이 있다.

② 사회적 성숙과 폭(social maturity and breadth), ③ 내적 동기와 성취의욕(inner motivation and achievement drives), ④ 인간관계에 대한 태도(human relations attitudes) 등을 들고 있다.[8]

그러나 이러한 자질이론도 행태주의적인 심리학의 등장과 함께 근본적인 비판을 받게 된다. 이러한 비판은 주로 인간의 특성이란 본디 나면서부터 가지고 태어난 것이 아니며, 이와 아울러 실제로 인간에게서 어떠한 특성이 바람직한 리더상을 만들 수 있는지 설명하고 측정하기 어렵다는 데 집중되고 있다.

리더의 특성을 연구했던 1940년대에서 1950년대의 리더십의 연구경향은 점차 사라지고, 1950년대 이후에서 1960년대까지는 리더의 행태를 관찰하는 방향으로 진행되었다. 따라서 성과와 이러한 성과를 달성하는 리더의 지속적인 행태양식, 즉 리더십 스타일에 집중하는 연구들이 이루어지게 되었다. 이러한 접근방식을 행태적 이론이라고 부른다. 리더의 행태적 스타일은 연구성격에 따라서 학자들의 견해가 다르다. 즉 의사결정행태를 중심으로 ① 독재적, ② 민주적, ③ 자유방임적 스타일로 구분할 수 있고, 또한 리더의 목표지향성에 따라서 조직의 목표달성을 중요시하는 과업중심적 스타일과 구성원의 욕구충족을 중시하는 부하중심적 스타일로 구분할 수도 있는 것이다. 그렇지만 이러한 연구추세도 어떤 스타일의 리더가 가장 성과가

---

8 K. Davis, *Human Behavior at Work,* 4th ed.(New York: McGraw-Hill, 1972), pp.103~104.

높은가에 대한 규명을 제대로 하지 못하였기 때문에 완전하게 리더십의 이론으로 정립될 수 없었다.

따라서 리더십에 관한 연구경향은 이후 리더십과정에서 적용하는 여러 조직의 상황을 연구하는 상황이론(situational theory)으로 발전되었다.

리더십이론에 관한 상황이론 접근법이란 리더나 그를 따르고 있는 추종자들의 행동 혹은 이들이 처하고 있는 상황에 따라 리더십을 규정하는 방법을 말한다. 이 접근법은 집단과 리더 사이에 상호작용이 존재한다는 사실에 착안하여 사람들이란 자기의 개인적 욕망을 충족시켜 주는 사람을 따르려는 경향이 있다는 이론을 제시하고 있다. 따라서 이러한 욕망을 인식하여 이것을 달성하려는 최대한의 노력을 경주하는 사람을 리더라고 하겠다. 행동이나 환경을 강조하면서 이 접근법은 여러 가지 상황에 따라 리더의 행동양식을 적용시키도록 하는 가능성을 제시해 주고 있다. 따라서 누구든지 교육이나 훈련 혹은 발전을 통하여 리더십역할의 효과성을 증대시킬 수 있다고 이 접근법은 주장한다. 이러한 점에서 이 접근법은 관리의 이론과 실제에 커다란 의미를 부여해 주었다고 볼 수 있다.

제 2 절 리더십의 유형

I 1차원 리더십 유형

아지리스(Chris Argyris)는 개인이나 조직의 욕구는 상호공존할 수 있다는 문제에 깊은 관심을 표명하였다. 그는 인간이란 강한 자기실현욕구가 있다라고 믿는 다른 행태과학자들의 견해에 동의를 표한다면서, 결국 조직의 통제란 종업원을 소극적이고 수동적으로 만든다라는 요지를 밝히고 있다. 아지리스는 대규모 조직의 활동기법에서는 종업원들의 사회적 및 이기적 욕구를 무시하는 경우가 많다는 사실을 지적한다. 개인의 욕구와 조직의 욕구 사이에 차이가 커지면 커질수록 종업원들의 불만은 더욱 커지게 되고 갈등이나 긴장은 그만큼 더 늘어나게 된다는 것이다. 결국 이러한 상황 하에서 종업원들에게 동기를 부여할 수 있는 기법이란 훈련을 통해서 종업원들에게 보다 많은 작업에의 도전과 기회를 베풀어 주는 것이라 하겠다. 이러한 입장에서 아지리스는 종업원들을 미성숙·종속의 상태에서 성숙의 상태로 끌어올리는 것이야 말로 진정한 의미의 가장 효율적인 리더십이라고 한다.

Ⅱ 2차원 리더십 유형

1. 권위에 근거한 리더유형

리더유형에 관한 초기의 연구들은 대부분 리더가 행사하는 권위에 따라 리더십을 분류하고 있다. 첫번째 유형의 리더는 전제형(autocratic) 리더로서 명령에 따른 복종을 강요하고 독선적이며 보상과 처벌을 동시에 장악하고 있는 리더를 말한다. 두 번째는 민주형(democratic) 혹은 참여형(participatvie) 리더로서 제안된 행동과 결정에 따라 부하의 자문을 구하고 그들의 참여를 권장하는 유형의 리더이다. 세 번째 유형의 리더는 권력을 거의 행사하지 않고 부하에게 상당한 정도의 자발성을 부여해 주는 방임형 리더를 말한다. 이러한 유형의 리더는 자신의 목표나 이것을 달성하는 수단에 있어서 부하에게 크게 의존하고 있으며, 자신의 역할을 부하들에게 정보를 제공해 주거나 집단 외부의 환경과 접촉하는 것으로 인식하고 있다. 물론 권위에 의한 리더의 유형은 이와 같이 세 가지로 단순히 분류되는 것은 아니다. 가령 전제형 리더의 경우도 다시 세분하여 보면 "benevolent autocrats" 등으로 분류되기도 한다. 이러한 사실을 탄넨바움(Robert Tannenbaum)과 슈미트(Warren H. Schumidt)가 제시한 민주형리더의 행동과 권위형리더와의 연속선상의 도표에서 찾아볼 수 있다(그림 7-1 참조).[9]

그림 7-1 민주형 리더와 권위형 리더

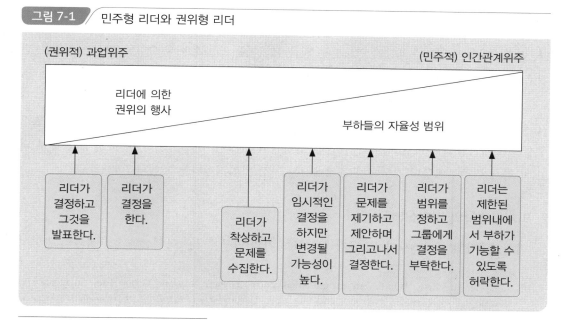

---

9 R. Tannenbaum and W. H. Schumidt, "How to Choose a Leadership Pattern," *Harvard Business Review*(March~April 1957), pp.95~101.

〈그림 7-1〉에 의하면 권위주의적인 리더일수록 연속선상의 끝에 위치하며 과업지향성임을 알 수 있고, 다른 쪽 끝에는 그룹지향적인 민주적 리더가 위치하고 있다. 그리고 이 연속선상의 중간에는 각각 다른 리더십유형이 존재함을 알 수 있다. 따라서 이 도표상에서도 알 수 있는 바와 같이 리더의 유형이란 결코 고정된 관념이라기보다는 상황에 따라 변화하는 개념이라고 해야 할 것이다. 따라서 바람직한 것은 민주적인 리더도 위급한 상황하에서는 권위적 리더가 될 수 있는 상황적응적 안목이라 하겠다.

리피트(R. Lippitt)·화이트(L.D. White)·레윈(K. Lewin)은 이 리더십 유형에 관한 실험을 한 바 있는데,[10] 이들은 주로 조직 내의 인간관계 중 상위자와 하위자 사이의 관계가 어떠해야 하는가에 중점을 두었다. 이들은 열한 살의 소녀들로 구성된 세 개의 교내 클럽을 선정하고, 그 클럽에 각기 다른 유형의 지도자를 배치함으로써 지도자형과 피지도자의 행위와의 관계를 알아보려고 하였다. 지도자형은 세 가지였다. 즉,

(1) 권위주의형: 권위주의형의 지도자는 자기 자신이 클럽의 모든 정책과 절차를 독단적으로 결정한다.

(2) 민주주의형: 민주주의형의 지도자는 정책과 절차의 결정을 클럽회원의 의사에 맡기고 적극적으로 지도한다.

(3) 자유방임형: 자유방임형의 지도자는 클럽회원의 활동에 전혀 간섭하지 않고 방임한다.

연구결과 모든 클럽회원 사이에 민주주의형의 지도자가 가장 이상적이라는 것이 발견되었다. 민주주의형과 권위주의형의 지도자는 일을 끝마치는 점에서는 비슷하였으나, 차이점은 권위주의형의 지도자가 맡은 클럽회원들은 지도자가 떠나면 일을 중단하는 경향이 있는 반면, 민주주의형의 지도자가 맡은 클럽회원들은 이미 자기들이 스스로 결정한 절차에 따라 지도자가 자리에 있느냐 없느냐에 관계 없이 일을 완성하여 나갔다는 점이다. 이 연구의 결론은 조직 구성원이 자기들의 일에 대하여 발언권과 결정권이 있으면 있을수록 일에 더 열성을 갖게 되고, 따라서 민주주의형의 지도자가 조직에서는 가장 바람직하다는 것이다.

2. 미시간대학의 리더십연구

미시간대학의 사회조사연구소에서 실시한 초기의 연구에서는 리더십과 효과성과의 관련성

---

10 R. Lippitt and R. K. White, "An Experimental Study of Leadership and Group Life," in Eleanor E. Maccoby, Theodore M. Newcomb, and Eugene L. Hartley(eds.), *Readings in Social Psychology*, 3rd ed.(New York: Henry Holt, 1958), pp. 495~511; Kurt Lewin, Ronald Lippit, and R. K. White, "Patterns of Aggressive Behavior in Experimentally Created Social Climates," *Journal of Social Psychology*, Vol. 10(1939), pp.271~299.

에 관한 여러 가지 사실을 밝혀 낸 바 있다.[11]

이 연구에서는 특히 리더십과 효과성에 관한 종업원지향(employee orientation)이라는 개념과 생산지향(production orientation)이라는 개념을 창안하였다. 종업원지향의 리더란 일에 있어서 인간관계를 중시하는 리더를 말한다. 이들은 종업원들도 모두 다 중요한 인간이라는 점을 믿고 있으며, 그들의 개성과 개인적인 욕구를 중시한다. 반면 생산지향의 리더란 생산이나 작업에 있어서 기술적인 측면을 강조하는 리더를 말하며, 종업원들을 조직의 목표를 달성하기 위한 도구로 보고 있다. 이러한 두 가지 개념은 앞에서 설명한 리더의 행동연속선상의 권위적 리더와 민주적 리더라는 개념과 상당한 유사성을 가지고 있다.

3. 오하이오대학의 리더십연구

오하이오대학의 경영연구소에서 실시한 리더십에 관한 연구는(1945년에 시행됨) 리더의 행동에 관한 여러 가지 차원을 분석해 내었다.[12] 이 연구에 의하면 리더의 행동이란 어떤 집단에게 목표달성을 지휘하게 될 때 크게 두 가지로 나누어진다는 것이다. 이 연구에서는 이것을 각각 '추진구조'(initiating structure)와 '고려'(consideration)라고 부르고 있다. '추진구조'란 리더와 종사원 사이의 관계를 명확하게 밝혀 주고, 조직의 유형이나 의사전달의 통로 혹은 절차 등을 잘 정리할 수 있는 리더의 행동을 말한다. 반면 '고려'란 우호적인 분위기, 상호신뢰, 존경, 따뜻한 정 등을 리더와 종업원 사이에 마련해 주는 리더의 행동을 의미한다.

오하이오대학의 연구조사팀은 리더의 행동에 관한 자료를 수집하기 위해서 리더가 앞서의 행동을 수행하는 방법을 알 수 있는 리더의 행동기술설문서(Leader Behavior Description Questionnaire: LBDQ)를 만들어 내었다. 이 LBDQ에는 고려와 추진구조에 관한 항목이 각각 15개씩 있고, 연구조사자들은 이 항목을 바탕으로 하여 리더가 행사하는 행동의 유형에 관한 빈도수를 검토하였던 것이다. 이 연구에 의하면 리더의 행동이란 하나의 단일연속선상에서 이루어지는 것이 아니라 양축을 바탕으로 한 2차원상의 어딘가에서 이루어진다는 것이다. 〈그림 7-2〉는 이러한 리더의 행동유형이 2차원상의 어딘가에서 행해진다는 것을 보여 주는 평면도식의 기본형이다.

---

11 P. Hersey and K. H. Blanchard, *Management of Organizational Behavior*(Englewood Cliffs, New Jersey: Prentice-Hall, Inc., 1977), p.93.

12 R. M. Stogdill and A. E. Coons(eds.), *Leader Behavior: Its Description and Measurement*, No. 88(Columbus, Ohio: Bureau of Business Research, The Ohio State University, 1957).

그림 7-2 / 2차원적 리더의 행동유형

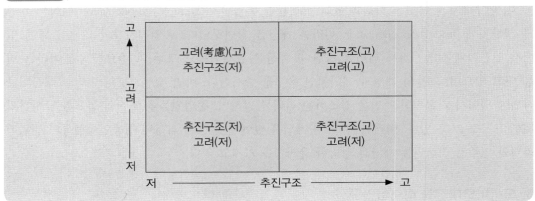

4. 관리망(Managerial Grid) 이론

블레이크(Robert R. Blake)와 모우턴(Jane S. Mouton)은 리더의 행동유형을 더욱 구체화시키고 효과적인 리더십행동을 측정하기 위한 기법으로 관리망이론(managerial grid)을 제안하였다.[13] 이 이론은 리더의 행동을 생산에 대한 관심(production)과 인간에 대한 관심으로 나누어 이를 grid로 계량화함으로써 리더의 행동을 다음과 같이 분류하고 있다.

(1) 무기력형(impoverished)

작업에 필요한 노력이 최소한의 수준에 머무르는 리더십의 유형이다.

(2) 사교형(country club)

종업원들과의 관계를 원만히 하기 위해서 안락한 분위기와 포근한 작업과정의 진전을 기하는 리더십의 유형이다.

(3) 과업지향적(task)

인간적인 요소를 최대한으로 줄이고 오로지 업무의 능률만을 위해서 조직의 여러 조건을 정비하는 리더십의 유형이다.

(4) 절충형(middle of the road)

작업과 인간관계를 만족수준에서 조절하여 적절한 조직의 성과를 달성하려는 리더의 유형이다.

---

13 R. Blake and J. Mouton, *The Managerial Grid*(Houston: Gulf Publicshing Co., 1964). 많은 학자들은 관리망이라는 용어로 표현하고 있으나, managerial grid에 해당하는 적절한 우리말 표현이 없어 우리는 원어 그대로 사용하기로 한다.

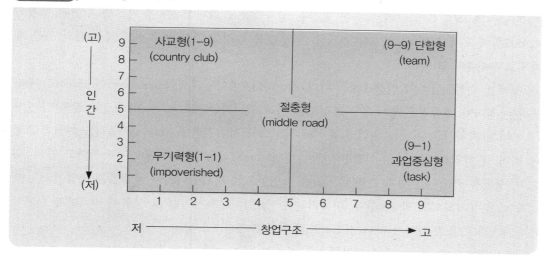

그림 7-3 Managerial Grid

(5) 단합형(team)

상호신뢰와 존경을 바탕으로 하여 독립심을 최대한으로 보장하고 업무의 달성을 최대한으로 높이려고 하는 가장 바람직한 유형의 리더십의 유형이다.

이상과 같이 블레이크와 모우턴이 제시한 '관리망이론'은 리더십유형을 설명하고 분류하는데 매우 유용한 도구라고 할 수 있지만, 그렇다고 해서 이 그리드가 모든 리더십유형을 다 설명해 주는 것은 아니다. 말하자면 리더란 그들의 능력이나 훈련 정도, 기업의 환경, 여타 다른 상황에 의해서 크게 달라질 수 있다는 것이다.[14] 상황적응적 리더십유형이 등장하게 된 이유도 여기에 있다.

Ⅲ 3차원 리더십 유형

1. 상황적응적 리더십유형

(1) 피들러의 상황적응적 이론

리더의 행동에 관한 최근의 연구자들은 어떠한 상황에서나 통용될 수 있는 최선의 리더유형이란 사실상 존재하지 않는다는 점에 의견이 일치를 보이고 있다. 말하자면 이것은 상황의 중

---

14 H. Koontz, C. O'Donnell and H. Weihrich, *Management*, 7th ed.(New York: McGraw-Hill, 1980), pp.675~676.

요한 요소에 따라 여러 가지 리더의 행동유형이 효과적일 수도 있고 아닐 수도 있다는 것이다.

피들러(Fred E. Fiedler)에 의하여 발전된 상황적응적 리더십유형에 따르면 주어진 상황이 리더에게 우호적이 될 수 있느냐 없느냐 하는 것을 결정해 주는 변수는 크게 다음과 같은 세 가지로 분류된다고 한다.[15]

첫째는 종업원들과의 인간관계를 나타내는 리더-종업원관계(leader-member relations)이다. 둘째는 리더가 배당받은 업무의 구조정도를 가리키는 과업구조(task structure)를 말하며, 셋째는 리더의 지위가 부여하는 권력과 권위의 정도로서 지위권력(position power)을 말한다. 그런데 리더-종업원관계는 앞서 설명한 인간관계(relations)라는 개념과 매우 유사하다고 볼 수 있으며, 상황을 측정하는 것과 관련성이 깊은 작업구조와 지위권력이라는 개념은 과업이라는 개념과 매우 유사하다고 할 수 있다. 피들러는 한 상황의 우호성이란 그 상황이 리더에게 집단에 대해서 영향력을 행사하게 하는 정도라고 정의하고 있다.[16]

이 모델에서는 이 세 가지 상황변수를 가지고 여러 가지 조합을 가능하게 할 수 있다. 이 중 리더에게 가장 좋은 상황은 종업원들에게 가장 사랑을 받고(good leader-member relations), 강력한 지위를 누리며(high position power), 정교하게 마련된 작업을 지휘하는(high task structure) 상황이다. 반면 리더에게 가장 불리한 상황은 종업원들이 리더를 싫어하고, 지위권력도 미미하며, 작업구조도 마련되어 있지 않은 상황이다.

이러한 노력 끝에 피들러는 과거의 리더십 연구와 새로운 연구분석을 재검토하여 다음과 같은 결론을 얻어 내게 되었다.

(1) 과업지향리더는 리더에게 아주 우호적이거나 혹은 아주 비우호적인 상황에서 가장 큰 기능을 발휘하는 경향이 있다.

그림 7-4 여러 가지 상황에 적절한 리더십유형

과업지향형 (task-oriented style)	인간관계지향형 (relationships-oriented style)	과업지향형 (task-oriented style)
← 우호적인 상황	우호성이 중간정도인 상황	비우호적인 상황 →

15 F. E. Fiedler, *A Theory of Leadership Effectiveness*(New York: McGraw-Hill, 1967).
16 *Ibid.*, p.13.

② 관계지향리더는 우호성이 중간 정도인 상황에서 가장 큰 기능을 발휘하는 경향이 있다.

이상과 같은 피들러의 모형은 리더에게는 유용할지는 몰라도 리더십의 유형을 과업지향이니 인간관계지향이니 하여 단일선상으로 파악하였다는 점에 있어서는 문제가 있다 하겠다. 또한 리더십에 관한 대부분의 연구도 단일선상의 리더십유형보다는 각각의 축으로 한 리더십유형을 제시하고 있는 형편이다.

(2) 리더십의 경로-목표이론

1) **경로-목표이론의 개념**　또 하나의 리더십의 상황적응적 이론으로 경로-목표이론(path-goal theory)을 들 수 있다. 이 경로-목표이론은 하우스(R. J. House)가 개발하였는데, 동기부여이론의 하나인 기대이론(expectancy theory)에 기반을 두고 리더의 노력-성과, 그리고 성과-보상에 대한 기대감과 유인성관계를 중심으로 리더십과정을 말해 주고 있다.(그림 7-5 참조)[17]

경로-목표이론에 따르면 리더는 목표달성에 대한 경로를 명확히 하는 데 도움을 주기 때문에 종업원들의 행동에 도움을 줄 수 있다. 즉 리더행동은 리더행동의 결과에서 기대되는 만족감에 따라서 결정된다는 전제하에 경로-목표이론은 리더의 기대감과 리더행동에 작용하는 상황적 요소들을 연구하는 데에 초점을 두고 있다. 따라서 부하들의 과업성과에 대한 유의성(誘意性)을 높이고 과업성과를 달성하는 데에 필요한 모든 상황적 조건을 조성함으로써 과업

그림 7-5　경로-목표이론의 개요

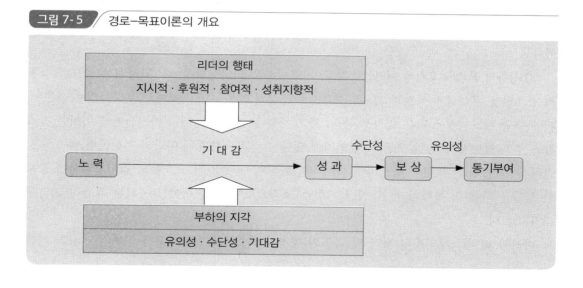

17 R. J. House, "A Path-Goal Theory of Leader Effectiveness," *Administrative Science Quarterly*, Vol. 16(September 1971), pp.321~338.

달성에 대한 기대감을 높이는 것을 리더가 수행해야 할 기능으로 본다.

이러한 경로-목표이론은 어떤 리더가 특정상황에서 보다 효과적인가 하는 것을 설명하고 있다는 점에서 다른 리더십이론에서 한 단계 진보한 이론이라 할 수 있다. 따라서 여기에서는 네 가지 다른 리더십행태의 특성을 검토하고, 그러한 특정행태에서 효과적이라 할 수 있는 상황조건을 알아보기로 한다.

2) 리더행태의 유형　하우스(R. J. House)와 미첼(T. R. Mitchell)은 리더의 행태를 ① 지시적 리더(directive leader), ② 후원적 리더(supportive leader), ③ 참여적 리더(participative leader), ④ 성취지향적 리더(achievement oriented leader)로 분류하고 있다.[18]

지시적 리더는 구조주의적 측면을 강조하는 리더로서 부하들의 과업을 기획하고 조직하여 적극적으로 지시조정해 나가는 리더십유형을 말하며, 후원적 리더는 배려측면을 강조하는 리더로서 부하들의 욕구와 이들의 복지문제, 그리고 우호적이고 친밀감 있는 집단분위기에 많은 관심을 나타내고, 참여적 리더는 부하들과 정보자료 등을 공유하여 부하들의 의견을 의사결정에 많이 반영시키는 리더십유형을 말하며 집단관리라고 불린다. 또한 성취지향적 리더는 높은 수준의 목표설정과 의욕적인 목표달성을 강조하고 부하들이 최대한 능력을 발휘할 것을 기대하며, 성과에 대한 책임을 질 수 있는 부하의 능력을 상당히 신뢰하는 리더십유형을 말한다.

이들 리더십유형은 상호배타적이 아니라 리더행동에 복합적으로 나타날 수 있다. 따라서 상황적응적(contingency) 이론의 단일연속선개념과 경로-목표이론의 복수연속선 개념하에서 리더의 행동을 유형화하고, 리더십상황에 따라서 이에 요구되는 효과적 리더행동을 분석하고 있다.

3) 상황적 요소와 효과적 리더십　경로-목표이론은 리더십과정에서 작용하는 중요한 상황적 요소들을 부하들의 특성과 과업환경요소로 구분하고 있는데,[19] 첫째로 부하들의 특성은 리더에 대한 태도형성에 많은 영향을 준다. 즉 부하들은 리더의 행태가 자기들에게 어떠한 만족감을 주고 있는지, 또는 앞으로 줄 것인지에 대한 지각과 기대감에 따라서 자신들의 행동을 결정하게 된다. 또한 부하의 특성과 더불어 과업환경의 여러 가지 요소들도 리더십과정에 중요한 역할을 하는데, 부하의 과업·집단의 성격·조직요소에 따라 이에 요구되는 효과적 리더행태가 다르다.

따라서 리더는 부하들의 특성 및 과업의 환경적 요소들과 상호작용을 하면서 적절한 리더

---

18 R. J. House and T. R. Mitchell, "Path-Goal Theory of Leadership," *Journal of Contemporary Business*, Vol. 5(1974), pp.81~97.

19 A. D. Szilagyi, Jr. and M. J. Wallace, Jr., *Organizational Behavior and Performance*, 3rd ed.(Glenview, Illinois: Scott, Foresman and Co., 1983), p.285.

행태를 통하여 부하들의 목표에 대한 유의성과 기대감에 영향을 줌으로써 이들의 동기수준과 노력, 그리고 성과와 만족감을 높일 수 있다.

4) 경로−목표이론에 대한 평가　경로−목표이론은 여러 연구결과를 통해서 리더십 상황과 효과적인 리더행태에 대한 이론내용을 많이 입증하였다. 특히 과업성격과 리더행태에서 일상적이고 구조적인 과업상황에서는 후원적 리더가 효과적이고 비구조적인 과업상황에서는 지시적 리더가 효과적이라는 것이 밝혀졌다. 또한 리더는 동기부여의 요소인 유의성·수단성·기대에 대한 부하들의 인지를 강화해 줌으로써 부하들의 행동에 영향력을 행사할 수 있다.

그러나 경로−목표이론은 복잡한 일단의 변수들이 포함되기 때문에 이를 검증하는 것이 어렵다는 한계점을 갖고 있다. 기대이론이 검증에 있어 곤란하였던 것과 같이 경로−목표이론도 타당성을 검증하는 데에 어려움이 있다. 또다른 이론의 제한점은 리더들이 여러 리더십상황에 맞게 그들의 리더행태를 바꿀 수 있다는 가정 문제이다. 이는 리더의 개인적 특성이 이 가정을 현실적으로 어렵게 할 수도 있다는 점을 무시하고 있다.[20]

2. 허시와 블랜차드의 유형

허시(P. Hersey)와 블랜차드(K. H. Blanchard)는 리더십 스타일을 오하이오대학연구의 추진 구조와 고려의 개념을 이용하여 리더십의 분류기준인 인간관계지향적 리더행동과 과업지향적 리더행동의 2차원을 축으로 한 4분면으로 분류하고, 여기에 상황요인으로서 구성원의 성숙도 (maturity)를 추가시켰다.[21] 여기에서 성숙도란 직무에 관한 것으로서 직무에 필요한 능력이나 지식·기술·직무경험의 기간과 성숙도·업무의 태도 및 의욕 등을 말한다.

이에 따라 허시와 블랜차드의 유형은 리더의 관계지향적 행동, 과업지향적 행동, 그리고 구성원의 성숙도의 3차원으로 구성된다.

여기에서 효과성과 관련하여 이 유형을 설명하면, 〈그림 7−6〉에서 보는 바와 같이 성숙도가 최저인 부하들에 대해서는 인간관계에 대한 고려를 가장 낮게 하고, 이들을 적극적으로 지도하고 개발하는 것이 효과적이다. 또한 부하가 어느 정도 성숙할 때에는 그들에 대한 배려를 강하게 하는 지도를 하는 것이 효과를 발휘하고, 부하의 성숙도가 높은 위치에 달하면 관계지향적 행동도 과업지향적 행동도 줄여 나가는 것이 좋다. 그리고 부하의 성숙도가 최고도가 되면 관계지향적 행동의 일부를 제외하고는 부하에게 영향력을 행사하지 않을 때 효과성이 높아

20　K. H. Chung and L. C. Megginson, *Organizational Behavior: Developing Managerial Skills*(New York: Harper and Row Publishers, 1981), p.300.

21　P. Hersey & K. H. Blanchard, *op. cit.*, pp.103~107, 133~149.

그림 7-6 허시와 블랜차드의 3차원유형

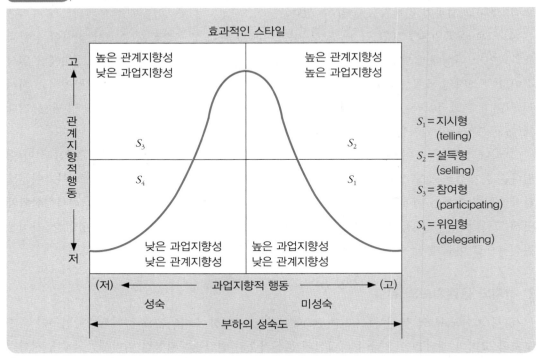

자료: P. Hersey and K. H. Blanchard, *Management of Organizational Behavior: Utilizing Human Resources*, 3rd ed.(Englewood Cliffs, New Jersey: Prentice-Hall, Inc., 1997), p.164

지게 된다.

이와 같이 허시와 블랜차드의 3차원유형은 부하들의 성숙수준에 맞추어서 이에 적합한 리더십행동을 적용함으로써 부하들이 성숙한 개인으로서의 자아실현욕구를 충족할 수 있고, 따라서 개인과 조직의 통합이 이루어지며, 조직구성원의 만족감은 물론 조직의 효율성도 극대화시킬 수 있다고 전제하고 있다. 그리고 위와 같은 성숙도를 측정하는 데 있어서 3차원이론은 리더의 행동경향을 전통적인 직선개념으로 보지 않고 곡선개념으로 봄으로써 리더행태규정에 새로운 개념을 제시한 바 있다.[22]

따라서 사회문화가 발달되고 조직 내에서 개인의 욕구가 점차 고차원화 되어감에 따라 성숙된 인간으로서의 개인발전과 리더십행동이 점점 중요해지리라 본다.

---

22 C. L. Graeff, "The Situational Leadership Theory: A Critical Review," *Academy of Management Review*, Vol. 8, No. 2(April 1983), pp.285~291.

리더십과 관련하여 논의할 주제는 권위(또는 권력)의 문제라 할 수 있다. 막스 베버(Max Weber)는 권위를 전통적 권위·카리스마적 권위·합법적(합리적) 권위의 세 가지로 구분하였다. 각 권위의 유형은 각기 다른 유형의 지도자의 권위에 바탕을 두고 있으며, 행정조직에 있어서 지도자와 추종자 사이의 관계는 본질적으로 그 형태가 다르다는 것을 말한다.[23]

카리스마적 권위란—신의 은총으로—카리스마가 부여된 지도자의 외적인 개인적 특성으로부터 유래한다. 사람들은 카리스마적 지도자의 영웅적 기질, 전형적 존엄성 혹은 그의 규범적·사회적 생활행태에 끌리게 된다. 지도자는 일반적인 기분에 의하여 개인적 부하에게 권위를 위임하거나 위임한 권한을 철회할 수 있다. 위임된 권위의 영역은 복종자에게 권위를 부여하는 것이 쉬운 것과 마찬가지로 임의로 변경될 수 있다. 이와 같은 카리스마적 지도자의 예를 들면 나폴레옹·히틀러·카스트로·모택동 등이 있다. 베버에 의하면 역사란 제도화된 사상과 행동의 유형을 주기적으로 개조하는, 이른바 새로운 질서를 일상화된 전통적인 질서로 바꾸는 동태적인 힘으로서의 카리스마적 리더십의 전시장이라고 한다.

전통적 권위는 권위를 행사할 수 있는 직위에 대해 이미 설정된 '권리'와 권위있는 직위를 누리는 자의 합법성(legitimacy)과의 혼합물이다. 예를 들면 전통은 군주의 지위에 합법성을 부여한다. 그러나 왕위에 오른 사람은 통치권을 계승하는 가계혈통을 따라서 통치권을 행사하게 된다. 한편 전통적 권위는 오랜 관습이나 법률에 의하여 제한되기도 하지만, 다른 한편으로는 개인의 기분에 의하여 행사되기도 한다. 왜냐하면 전통적 권위는 다른 모든 사람들을 권위를 지닌 자의 '신하'의 지위로 만들기 때문이다.

합법적 권위란 가장 최근에 도입된 권위의 형태이다. 이와 같은 권위의 행사는 권위 있는 직위나 관직에 재직함으로써 합법화된다. 부하의 복종은 권위 있는 직위에 대하여 의무가 명기된 명령을 따름으로써 이루어진다. 권위 있는 직위는 직위보유자의 개인적 소유물이 아니고, 그것은 업무의 체계적인 분업에 따른 행정의 방법이며, 권위 있는 직위를 포함한 전체는 특정한 절차법의 지배에 따르게 되어 있다. 복종자들은 명령에 의하여 배분된 권위보유자의 권한범위내의 활동에 관해서만 지시를 따르게 된다. 합법적 권위하의 인간은 개인으로서의 한 사람에 복종하는 것이 아니라, 법과 규칙에 복종하는 것이다. 왜냐하면 그들은 그렇게 할 의무

---

23 T. Parsons(ed.), *Max Weber: The Theory of Social and Economic Organization*(New York: The Free Press of Glencoe, 1947), pp. 324~406; R. Bendix, *Max Weber: An Intellectual Portrait*(Garden City, New York: Doubleday & Co., 1960), Part 3.

가 있기 때문이다.

합법적 권위는 산업화된 사회의 정치·경제적 생활과 관련 있는 권위의 유형이다. 합법적 권위는 카리스마적 권위나 전통적 권위와 비교해 볼 때, 권위의 근원이 그것이 소속된 직위에 있으므로, 인물위주 혹은 권한을 가진 자의 계보에 의한 권위와는 근본적으로 독립되어 있다.

여기에서 '제도화된 권력'(institutionalized power)으로서의 권위의 정의는 특히 합법적 권위와 깊은 관련이 있다. 베버는 인간이 사회의 구성원으로 익숙한 합법적 권위를 정확히 정의하였으며, 그것은 조직에 있어서 상관과 부하관계의 합법성을 제공하는 데 공헌했다.

또한 프렌치(J. R. P. French)와 레이븐(B. Raven)은 상관과 부하의 지배관계에 있어서의 다섯 가지 권력의 유형을 설정하였는데, 이는 다음과 같다.[24]

(1) 강제적 권력(coercive power) : 만일 복종하지 않으면 상대가 원하지 않는 상태를 만들어 낼 수 있는 능력이다.

(2) 보상적 권력(reward power) : 복종의 대가로 다른 사람에게 보상해 줄 수 있는 능력을 말한다.

(3) 추종적 권력(referent power) : 어떤 사람의 매력으로 인하여 그에 대한 관련성·동일성·동질성을 갖고 싶어하는 느낌에 기초하여 그와 가까운 존재가 되기를 원할 때 나오는 복종관계를 말한다.

(4) 합법적 권력(legitimate power) : 타인의 행동을 지배할 권리가 있고, 또 복종의 의무가 있다고 느끼는 데서 나오는 복종관계를 말한다.

(5) 전문가적 권력(expert power) : 어떤 사람의 기술적 지식, 전문지식이 탁월하여 그 지식을 그대로 이어받기를 원하여 생성되는 복종관계를 뜻한다.

현대의 리더에게 가장 바람직한 권위와 권력은 상황에 따라 달라질 수 있으나, 어떤 상황과 조직구성원과의 관계를 잘 이해하고, 이에 따른 적절한 대응을 하는 리더의 상을 정립함이 바람직하다.

---

24 J. R. P. French, Jr. and B. Raven, "The Bases of Social Power," in Darwin Cartwright and Alvin Zander(eds.), *Group Dynamics*(Evanston, Ill.: Peterson, 1960), pp.607~623.

우리 나라는 정부 주도의 국가발전에 매우 성공적이었고, 현재도 정부 주도의 국가발전을 추구하고 있다. 이런 경우에는 국가 차원의 리더십이 매우 중요하다.

(1) 민주적 리더십

권위적 리더십에서 탈피하여 행정에 있어서의 민주성·능률성 및 효과성을 추구하기 위해서는 민주적인 리더십이 요구된다.

(2) 쇄신적·기업가적 리더십

창의성과 기업가정신을 발휘하여 보다 새로운 발전계획을 추진하고 창조적인 방향으로 행정을 이끄는 리더십이 요구된다.

(3) 지속적 변화대응력을 가진 리더십

급변하는 사회변동에 적극적으로 대응하고 변동을 유도해 나갈 수 있는 리더십이 요청된다.

(4) 발전목표를 창도하고 신념의 추진력을 가진 리더십

행정지도자는 발전목표를 창도하고 그가 현재 주창하고 있는 목표가 보다 큰 국가발전을 이룩할 수 있도록 지속적인 신념을 강화해야 한다. 따라서 그는 미래를 투시하는 통찰력을 가져야 하며, 특별한 신념을 소유해야 한다.

(5) 동원과 상징적 조작력을 가진 리더십

발전목표를 달성하는 데 필요한 물자와 인력을 동원하고 상징조작을 할 수 있는 리더십이 요구된다.

(6) 정보분석능력을 가진 리더십

행정지도자는 정책결정 및 의사결정자로서 행정의 발전목표를 결정하고 그것을 구체화하는 방법을 선택하는 데 있어서 합리적인 정보관리체제를 이용할 수 있어야 한다.

Chapter

08 조직과 동기부여

조직에서의 인간형

현대에 있어서 인간은 태어나면서부터 어느 한 조직의 구성원이 되며, 계속적으로 조직과 관련을 맺고 생활을 해 나가게 된다.

조직의 구성원인 각 개인은 조직을 통하여 자기 자신의 목표를 실현하고, 동시에 조직은 개인을 통하여 그 목표를 실현하는 관계에 있다. 즉 조직은 많은 인간의 협동행위 위에 형성되고, 그것을 통하여 목표를 달성해 가는 것이며, 인간 개개인의 생활은 조직을 통한 협동행위 속에서 의미 있게 영위된다. 이와 같은 조직의 구성은 대체로 다음의 세 가지 요소로 이루어진다.[1]

첫째, 조직은 인간행동의 근본적 특성에 근거를 두고 있다. 즉 인간은 언제나 2인 이상이 상호관계를 맺어야만 생존이 가능하기 때문에 여기에서 조직이 발생하게 된다. 그러므로 조직은 인간의 사회생활을 떠나서는 생각할 수 없는 개념이다.

둘째, 이와 같이 인간이 조직의 구성원으로 존재하기 때문에 그들은 그 조직의 공동목표를 달성하려고 노력하게 된다. 이 목표의 합의는 명시적이거나 묵시적으로 이루어지게 된다.

셋째, 조직은 조직구성원 간의 목표를 달성하려는 노력과 협동이 없이는 성립할 수가 없다. 따라서 조직은 어떤 특정한 목표를 이룩하기 위한 수단적 성격을 갖고 있으며, 가급적이면 그 목표를 합리적으로 달성하고자 한다.

이와 같이 볼 때 조직과 인간은 상호공존관계에 있으며, 따라서 조직의 연구에 있어서 인간, 특히 인간의 행동에 관한 연구가 가장 중요한 과제로 대두되는 것이다.

여기서는 이와 같이 인간과 조직이 맺고 있는 관계유형에 따라, 행태론자들이 일정한 사회상황 속에서 제기한 인간형과 동기부여에 관한 여러 학설들을 설명하고자 한다.

---

1 유종해, 현대조직관리(서울: 박영사, 2006), 6~7면.

I 맥그리거의 X·Y이론

맥그리거(D. McGregor)의 인간에 대한 대조적인 견해를 살펴보기 위해서 X이론과 Y이론을 활용하였다. X이론은 경영관리에 있어서 전통적 견해이며, 인간성에 대한 가정 또한 여기에 관련되어 있다.

1. X이론[2]

맥그리거의 X이론에서의 가정에 의하면 인간은 원래 태만하고 될수록 적게 일하려고 하며, 선천적으로 이기적이고 책임지기를 싫어할 뿐만 아니라 조직의 목적에 무관심하고 주로 안정과 경제적인 만족을 추구한다는 것이다. 따라서 이러한 경우에는 강압적·권위적 관리전략을 채택하게 된다고 한다.

2. Y이론

Y이론이란 인간성과 인간의 동기에 관한 보다 적절한 가정에 입각해서 사람들로 하여금 조직의 이익에 기여하도록 유도하는 인간행동[3]에 관한 별개의 개념으로서 맥그리거에 의해 전개되었다.

맥그리거의 Y이론에서의 가정에 의하면, 인간은 부지런하고 책임과 자율성 및 창의성을 발휘하고 싶어하며 조직의 목적을 달성하는 데에 적극 참여하여 자아실현을 추구하고자 한다는 것이다. 따라서 이 경우에는 민주적인 관리전략이 채택된다.

3. Z이론

위에서 살펴본 바와 같이 X이론이 권위주의적 지도형을 따르는 반면에 Y이론은 민주적 지도형을 따르며, X이론이 과학적 관리 및 행정관리의 이론에 입각한 관리방법인 반면에 Y이론은 인간관계론에 입각한 관리방법이라고 볼 수 있다. 양 이론은 함께 조직의 생산성향상이라는 목표를 위한 수단으로 개발된다. Z이론이란 룬트슈테트(Sven Lundstedt)가 제안한 것으로

---

2 D. McGregor, "The Human Side of Enterprise," *The Management Review*, Vol. 46(1957), pp.22~28, 88~92: X이론은 23면에, Y이론은 88~89면에 실려 있다.

3 *Ibid.*, p.88.

레윈(K. Lewin)·리피트(R. Lippitt)·화이트(L. D. White)의 실험 중 자유방임형에 해당된다.[4]

Z이론에 의하면 여러 가지 비조직적인 사회활동도 때로는 순기능을 수행한다고 하며, 그 예로 작업 후의 점심시간 중에 자발적이며 비체계적으로 형성되는 자생집단을 들고, 이 집단활동은 조직목적의 수행에 도움을 준다고 한다. 또 레크리에이션활동은 비체계적으로 이루어진 집단활동 같지만 개인의 욕구를 잘 충족시켜 준다. 이처럼 어떤 집단활동은 엉성하게 (loose) 또는 비조직적으로 조직된 상황 속에서 오히려 좋은 결과를 낳을 수 있다고 한다. 이와 같은 작업집단의 좋은 예는 대학 또는 연구소 혹은 실험실의 분위기 같은 것이다.[5]

Ⅱ 아지리스의 성숙 – 미성숙이론

맥그리거 및 기타 여러 학자들에 의하면, X이론의 가정에 근거를 둔 관리가 실제 광범위하게 실시되고 있다. 이러한 상황을 분석하기 위해서 아지리스(Chris Argyris)는 X이론의 가정에 대응하는 관료적/피라미드모형의 가치체계(bureaucratic/pyramidal value system)와 Y이론의 가정에 대응하는 인간적/민주적 가치체계(humanistic/democratic value system)를 서로 비교한 바 있다.

아지리스는 맥그리거의 'X이론·Y이론'을 비판하면서 X이론의 인간성은 미성숙의 유아적 인간성이라 하고, Y이론으로의 계속적인 발전을 성인으로 되는 인간의 성숙과정이라고 하였다.

아지리스는 인간이 성숙해 가는 과정에 있어서 인간성(personality)의 변화를 자기실현의 성숙단계로서 다음의 일곱 가지로 보았다.[6]

(1) 유아의 수동상태에서 성인으로서의 능동상태로 발전

(2) 유아의 타인에 대한 의존상태로부터 성인의 독립적 상태로의 발전

(3) 유아의 단순한 행동대안에서 성인의 다양한 행동대안으로의 발전

(4) 유아의 사물에 대한 변덕스럽고 우발적인 관심으로부터 성인의 깊고 복잡한 행동으로의 발전

(5) 유아가 갖는 단기적이고 근시안적인 안목으로부터 성인의 장기적이고 거시적인 시야로

---

4 이 실험에 대하여는, 유종해·송영달 공역, 조직이론(연세대학교 출판부, 1974), 73~75면 참조.

5 본질적으로는 인간관계론에 입각하고 Y이론에 가까우나 Y이론과 좀 다른 모형을 제시하는 사람은 베니스(Warren Bennis)이다. 따라서 베니스도 Z이론에 포함시킬 수가 있겠다. Warren G. Bennis, *Changing Organizations*(Bombay, New Delhi: TATA McGraw-Hill Pub. Co., 1966).

6 C. Argyris, *Personality and Organization*(New York: Harper and Row, 1957), p.50.

의 발전

(6) 유아의 복종 상태로부터 성인의 평등 또는 우월의 상태로 발전

(7) 유아의 자기인식 부족의 상태로부터 성인의 자기인식 및 자기통제의 상태로의 발전

아지리스는 인간의 완전한 성숙이 불가능하다는 것을 최초로 인정하였다. 그리고 일반적으로 근로자들 간에 퍼져 있는 무관심과 노력의 결여는 단순히 개인이 태만하기 때문이라는 것을 부정하였다.

아지리스는 맥그리거와 마찬가지로 관리자는 근로자가 조직의 목표달성을 위하여 노력함과 동시에 개인적인 욕구를 충족시키면서 성장할 기회를 갖게 될 수 있는 관리를 하여야 한다고 주장하였다. 결론적으로 아지리스의 이론은 맥그리거의 'X이론과 Y이론'에 부합되지만, X이론의 인간성을 미성숙의 인간성, Y이론의 연속적인 발전을 건강한 성인으로 가는 인간의 성숙과정으로 보았다는 점에 특징이 있다.

Ⅲ 매슬로우의 욕구계층이론

매슬로우(H. A. Maslow)는 임상경험에서 얻은 자료를 근거로 하여 인간의 동기적 욕구를 계층의 형식으로 배열할 수 있다고 하였다. 매슬로우이론의 본질은 한 계층의 욕구가 만족되면, 그 욕구에 대해서 더 이상 동기를 부여받지 못하고 다른 욕구로 전환된다는 것이다. 즉 매슬로우에 의하면 인간의 최하위 단계인 생리적 욕구(the physiological needs)로부터 시작하여 정신적·육체적으로 안전을 얻고 싶어하는 안전욕구(the safety needs), 소속과 사랑의 욕구(the belongingness and love needs), 존중의 욕구(the esteem needs)를 거쳐 자신의 잠재력을 인식하고 자기발전을 기하고자 하는 최종단계인 자기실현의 욕구에 이르기까지 욕구의 중요성은 계층제를 이루고 있다는 것이다.[7]

그러나 매슬로우의 욕구계층이론은 다음과 같은 몇 가지 문제점을 안고 있다고 하겠다.[8]

(1) 욕구계층제의 고정성 정도에 관한 문제

실제로 욕구의 계층제는 그렇게 엄격하게 고정되어 있는 것이 아니다. 말하자면 어렸을 때 안정되고 건전한 경험을 한 사람은 그 이후 어떠한 위험이 부딪쳐 온다 해도 안정된 상태가 그대로 지속된다는 것은 문제가 있다.

---

7 H. A. Maslow, *A Theory of Human Motivation*(Cincinati: South-Westery Pub. Co., 1960), pp. 122~144.

8 H. A. Maslow, *Motivation and Personality*(New York: Harper & Row, 1970), pp. 51~58.

(2) 상대적 만족의 정도

여태까지의 논의는 다음과 같은 것을 상정하고 있었다. 즉 "만일 한 욕구가 충족되면 다른 것이 생겨난다." 그러나 이러한 전제가 충족되기 위해서는 다음 욕구가 만족되기 전 그 이전의 욕구가 100% 충족되어야 할 것을 상정하고 있는데, 이것은 현실적으로 불가능하다는 것이다.

(3) 욕구의 무의식성

이것은 사람의 경우, 욕구는 의식적으로 일어난다기보다는 무의식적으로 일어나는 경우가 더 많다는 것을 의미한다.

(4) 욕구의 문화적 특정성과 일반성의 문제

상이한 문화에 사는 사람들의 의식적인 동기가 서로 다를 수 있을지 모르지만, 이러한 차이점은 결국 피상적인 것에 불과하다는 사실이 인류학자들에 의해서 밝혀진 바 있다. 따라서 기본적 욕구란 인간 모두에게 공통된 일반적인 욕구라고 생각해도 무방할 것이다.

(5) 행동을 유발하는 동기의 복합성

대부분의 행동은 하나의 행동결정인자(동기)에 의해서 자극된다기보다는 여러 가지 동기에 의해서 자극된다고 볼 수 있겠다.

(6) 행동의 여러 가지 결정인자

행동이라고 해서 모두 다 기본적인 욕구에 의해서만 결정되는 것은 아니다. 다른 인자에 의해서도 결정되게 되는 것이다.

Ⅳ 앨더퍼의 ERG이론

앨더퍼(C. R. Alderfer)는 인간의 욕구를 존재(E: existence), 관계(R: relatedness), 그리고 성장(G: growth) 등 세 가지 차원으로 구분하고 계층화하여 제시하였다.[9] 이 때, 존재의 욕구는 매슬로우의 생리적 욕구와 안전 욕구와 유사하고, 관계 욕구는 소속과 사랑의 욕구와 유사하며, 성장 욕구는 존중과 자기실현의 욕구와 유사하다. 그러나 엘더퍼는 매슬로우와 달리 인간은 다양한 욕구를 동시에 추구할 수 있고, 욕구충족과 진전은 일방향이 아니며, 상위 욕구 충족의 실패에 따른 좌절과 퇴행도 겪을 수 있다고 주장하고 있어, 매슬로우의 이론보다 현실적인 유연성을 갖는다.

---

9 C. P. Alderfer, *Existence, Relatedness and Growth*(New York: The Free Press, 1972).

Ⅴ 허즈버그의 동기–위생이론

허즈버그(F. Herzberg)는 그의 동기–위생이론을 전개하는 데 있어서 맥그리거나 아지리스처럼 중요한 사실을 논하고 있다. 즉 인간성이나 동기 및 욕구 등에 대한 지식이 조직과 개인에게 매우 중요하다는 것이다.[10] 이 이론은 미국의 피츠버그지방에 있는 기업체에 근무하는 약 200명의 계리사와 기사들을 대상으로 실시한 면접의 내용을 분석한 결과에 근거를 두고 있다.

허즈버그는 이 분석 결과 인간에게는 상호독립된 두 종류의 서로 다른 욕구범주가 있는데, 이들이 인간의 행동에 각각 상이한 방법으로 영향을 미친다는 결론을 내리게 되었다. 그리고 사람들이 자기가 하고 있는 일에 불만을 느끼게 되면, 자기가 일하고 있는 환경에 대해 관심을 갖게 된다는 것을 발견하였다. 또 사람이 자기가 하고 있는 일에 만족하고 있는 경우에는 그 만족이 일 그 자체와 관계가 있다는 것이다. 이 첫번째 범주의 욕구가 사람의 환경에 관한 것이다. 이는 직무불만족을 예방하는 기본적 기능을 담당하고 있기 때문에 허즈버그는 그것을 가리켜 위생요인(hygiene factor)이라고 부르고, 두 번째 범주의 욕구는 사람을 보다 우수한 업무수행을 하도록 동기부여하는 데 유효한 것이라 하여 동기부여요인(motivators)이라고 불렀다.[11]

동기부여요인은 만족 또는 불만족을 일으키고 해소하는 작용을 하지만, 위생요인은 만족을 가지게 하지 않고 다만 불만을 방지하는 작용밖에 하지 않는다. 직무의 성과를 증가시키는 것은 동기부여요인만이 할 수 있고, 위생적 요인은 동기의 부정적 요인을 예방하는 역할을 할 뿐이다. 이와 같이 인간의 욕구충족은 동기를 유발시키는 것이 있는 반면, 동기는 유발시키지 않고 단순히 불만만을 제거시키는 욕구가 있다는 점에서 허즈버그의 이론을 욕구충족요인 이원론(二元論)이라고 한다.

Ⅵ 리커트의 관리체계이론

리커트(R. Likert)는 전통적인 관리방식을 권위주의적인 것으로 보고, 이에 대응되는 관리방식을 제시하고 있다.[12]

그러나 권위주의적 관리형을 착취적 권위주의형과 온정적 권위주의형으로, 참여적 관리형을 자문적 참여형과 집단적 참여형으로 세분하고 있다는 점에서 X이론·Y이론과는 차이를 보

---

10 F. Herzberg, B. Mausner and B. Synderman, *The Motivation to Work*(New York: John Wiley & Sons, Inc., 1959), p.ix.

11 *Ibid.*, p.141.

12 R. Likert, *The Human Organization*(New York: McGraw-Hill Book Co., 1967).

이고 있다.

리커트가 제시한 4가지 관리체제유형은 다음과 같이 설명될 수 있다.[13]

(1) 체제 1(착취적 권위주의) : 관리자들은 부하를 신뢰하지 않으며, 따라서 부하들은 의사결정과정에 참여하지 못한다. 하급자는 강제적인 통제에 따라 근무를 하며 욕구는 주로 생리적 욕구나 안전욕구에 한정된다.

(2) 체제 2(온정적 권위주의) : 관리자들은 그의 하위자들에 대해서 일종의 시혜적인 신뢰감을 가지고 있다. 대부분의 의사결정과 조직목표의 설정 및 통제권한은 최고경영층에서 이루어지나 일정한 한계 내에서 하위계층에서도 이루어진다.

(3) 체제 3(자문적 참여형) : 관리자는 하위자들에 대하여 불완전하지만 실질적인 신뢰감을 가지고 있다. 일반적인 방침과 일반적인 결정은 최고관리층에서 이루어지나, 낮은 계층의 구체적인 결정은 하위자들이 하도록 허용하고 있다.

(4) 체제 4(집단적 참여형) : 관리자는 하위자를 전적으로 신뢰한다. 의사결정은 널리 조직의 각 부서에서 이루어지며 잘 통합되고 있다. 근로자는 조직의 여러 가지 의사결정에 참여하고 관여함으로써 동기가 부여된다. 상사와 하위자 사이의 상호작용은 상호신뢰의 바탕 위에서 잘 이루어진다.

요약하면 체제 1은 과업지향적이며 고도로 구조화된 독재적인 관리유형(authoritarian management style)인 데 반하여, 체제 4는 팀워크·상호신뢰 등에 기반을 둔 관계지향적 관리유형(a relationship-oriented management style)이고, 체제 2와 3은 중간단계이다. 리커트가 측정한 결과에 의하면 생산성이 높은 조직일수록 체제 4에 가까운 관리방식을 택하고 있다.[14]

Ⅶ 애덤스의 공정성이론

애덤스(J. S. Adams)는 개인의 성과에 대한 보상의 공정성이 개인의 만족과 동기를 유발시킨다고 보았다. 공정성은 절대적 공정성(absolute equity)과 상대적 공정성(relative equity)으로 나뉘는데, 절대적 공정성은 자신의 노력과 성과에 상응하는 절대적인 보상을, 상대적 공정성은 자신의 노력과 보상을 타인의 노력과 보상에 비교하여 유추하는 공정성을 말한다. 애덤스에 의하면 한 개인이 자신의 노력과 성과에 대한 보상이 불공정하다고 인지하면 개인은 자신

---

13 *Ibid.*, pp.4~10.
14 P. Hersey and K. Blanchard, *Management of Organizational Behavior*(New Jersey: Prentice-Hall, 1997), p.74.

의 노력을 축소하거나, 더 많은 보상을 요구하여 이러한 불공정을 시정하려고 한다. 따라서 공정성이 직무 만족와 동기 부여 요인이 되는 것이고 조직원의 성과에 대한 보상은 공정하게 처리되어야 한다.[15]

VIII 브룸의 동기-기대이론

앞에서 논한 여러 이론은 인간을 관리하는 데 있어 하나의 최선의 방법, 즉 Y이론·성숙인·만족요인·체제 4 등이 존재한다는 가정하에 논리를 전개하고 있다. 그러나 그것이 현실과 일치한다고 보기 어렵다. 그 이유는 개인은 각각 그 환경에 대하여 반응하는 형태가 다르고 직무가 다양하여 일률적인 동기부여이론을 적용하기 어렵다는 데 있다. 이러한 점에 착안하여 브룸(V. H. Vroom)은 동기를 인간이 마음대로 선택할 수 있는 행위 중에서 그가 어떤 것을 선택하도록 지배하는 심리과정이라고 하였다.[16]

이 관계를 그림으로 나타내면 〈그림 8-1〉과 같다.[17]

그림 8-1 브룸(V. H. Vroom)의 기대모형

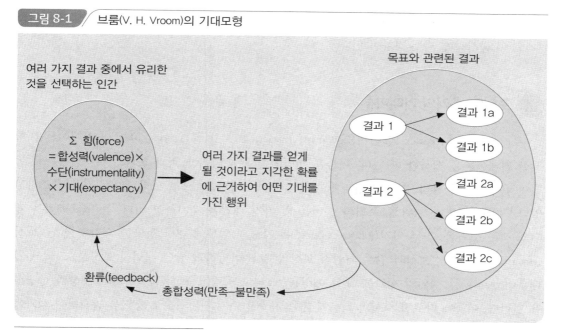

목표와 관련된 결과

여러 가지 결과 중에서 유리한 것을 선택하는 인간

Σ 힘(force)
= 합성력(valence)×
수단(instrumentality)
×기대(expectancy)

여러 가지 결과를 얻게 될 것이라고 지각한 확률에 근거하여 어떤 기대를 가진 행위

결과 1 → 결과 1a
결과 1 → 결과 1b
결과 2 → 결과 2a
결과 2 → 결과 2b
결과 2 → 결과 2c

환류(feedback)

총합성력(만족-불만족)

---

15 J. Adams, Toward an Understanding of Inequity, *Journal of Abnormal and Social Psychology*, 67(1963).

16 V. H. Vroom, *Work and Motivation*(New York: John Wiley & Sons, 1964), p.6.

17 윤우곤, 조직론(서울: 법문사, 1974), 225면.

합성력(valence)은 특정한 성과에 대한 보상이 주어질 때 이 주어진 보상에 대한 개인의 선호를 의미한다. 수단(instrumentality)은 개인의 1차적인 결과(성과)와 2차적 결과(보상) 사이의 매개체로 이는 근로자에게 그가 얻기를 바라는 보상의 순서대로 등급을 정하도록 함으로써 측정된다. 또 하나의 중요한 개념으로서 기대(expectancy)가 있다. 기대는 첫째로 그 사람이 업무목표를 달성할 수 있을 것이라고 생각하는 확률이고, 둘째로는 그 달성으로 인하여 보상을 받을 것이라고 생각하는 확률이다. 기대는 노력을 1차적 결과(성과)와 연결시키는 데 비해, 수단은 1차 결과(성과)와 2차 결과(보상)를 연결시킨다는 점에서 서로 다르다. 따라서 동기는 합성력과 수단, 그리고 기대의 총합으로 결정된다.

브룸(V.H. Vroom)모형을 실제 적용하여 얻은 결론은 다음과 같다.[18]

(1) 성취감이 강할수록 업적의 수준도 올라가는 경향이 있다.

(2) 직원들이 시간제로 일하고 또 과다한 보수를 받고 있다고 생각하면 업적이 더 증가하는 경향이 있다.

(3) 직원들은 자기가 해야 할 업무가 요구하는 재능을 자기가 갖고 있고, 타인이 높이 평가하면 업적이 더 올라가는 경향이 있다.

(4) 자기 업적의 결과에 대하여 적정한 보수를 받고 있거나 의사결정에 참여하게 되면 업적이 증가하게 되는 경향이 있다.

Ⅸ 포터와 롤러의 기대이론

포터(Lyman W. Porter)와 롤러(Edward E. Lawler, Ⅲ)는 브룸(Vroom, 1964)의 기대이론을 확장한 기대이론을 제시한 바 있다. 이들은 개인의 만족에 따라 노력과 성과가 나타난다는 전통적인 욕구이론과 달리, 업무의 성과에 따라 직무에 대한 만족으로 나타난다는 점을 강조하고 있다.[19] 이를 설명하기 위해, 포터와 롤러는 몇 가지 개념을 제시하고 있다. 능력(ability)은 개인의 직무 능력을, 직무 인지(job perception)는 자신의 업무에 대한 정확한 숙지의 정도, 보상(rewards)은 물질적 보상과 같은 외연적 보상과 정신적 만족과 같은 내면적 보상을, 그리고 기대(expectancy)는 행위의 성과에 대한 예상을, 그리고 공정성(equity)은 성과와 보상의 형평성을 말한다. 이들에 따르면 자신의 직무에 대한 정확한 숙지를 바탕으로 능력을 발휘하여 성과를 산출하고, 이에 대한 적절한 보상이 주어진다는 전제가 성립되면 직무의 만족을 얻을 수 있다.

---

18 조석준, 조직학개론(서울: 박영사, 1979), 143면.

19 L. Porter and Lawler, Ⅲ., *Managerial Attitudes and Performance*(Homewood, IL: Dorsey Press, 1968).

이상의 여러 학자들의 이론을 살펴보면 두 가지 상반되는 입장이 있음을 알게 된다. 즉 한쪽 끝에는(아직도 보편적인 현상이지만) 인간성에 대한 X이론적 가정에 의해 지배되는 조직이 있어 그 결과 이러한 조직은 관료적/피라미드모형의 가치체계를 가지고 있으며, 자기긍정-타인부정(I'm O.K.–You're not O.K.)의 생활자세를 가지고 비판적인 자아상태에 의해 지배되는 관리자들이 관리하는 경향이 있다.[20]

그리고 이들 관리자들은 사람은 단지 생리적 욕구나 안전욕구 및 위생요인의 충족에 의해서 동기가 부여된다고 믿는다. 그리하여 이러한 조직의 근로자들은 수동적이며 의존적이고, 또 자기부정-타인부정이나 자기부정-타인긍정의 생산자세를 가진 어린이와 같은 미성숙한 행동을 보이게 된다(표 8–1 참조).

또 다른 한쪽의 극단에는 인간성에 대한 Y이론적 가정을 가지고 있는 이상적인 조직이 있다. 이들 조직은 인간주의적·민주적 가치체계를 가지고 있고, 따라서 여기에서는 어버이·어른·어린이의 자아상태가 잘 균형되어 있으며, 자기긍정-타인긍정의 생활자세를 가진 관리자에 의해 관리되는 경향이 있다. 이러한 조직의 관리자들은 사람이 생리적 욕구·안전욕구·위생요인의 충족만이 아니라 사회적 존경, 자기실현의 욕구 및 직무와 관련된 동기부여요인 등에 의해서 동기가 부여될 수 있다고 믿는다. 또한 관리자들은 근로자들이 이와 같은 생각을 갖

표 8-1 여러 인간형과 동기부여이론의 상호비교

테일러·메이요	허즈버그	매슬로우	맥그리거	아지리스	리커트	리피트·화이트
과학적 관리법 (Taylor)	위생요인	생리적 욕구	X 이론	미성숙 이론	〈체제 1〉 ↓ 〈체제 2〉 ↓ 〈체제 3〉 ↓ 〈체제 4〉	권위형
		안전욕구				
인간관계론 (Mayo)	동기부여 요인	사회적 욕구	Y 이론	성숙 이론		민주형
		존경욕구				
		자아실현욕구				

20 P. Hersey and K. Blanchard, *op. cit.*, pp. 76~79.

도록 조장하고, 성숙한 성인 자아상태의 문제 해결적인 행동을 유발시켜 나가게 된다. 이상과 같은 여러 이론이 가정하고 있는 조직의 관리유형과 인간관을 종합하면 상반된 두 가지로 구분하여 볼 수 있고, 이 양극단 사이의 어디에선가 각자의 조직에 잘 활용될 수 있는 방법을 도출할 수 있다.

Chapter

09 조직갈등과 의사소통

제 1 절 조직갈등

I 갈등의 의의

어떤 사회나 조직을 막론하고 정도의 차이는 있을지 몰라도 그것들을 둘러싸고 있는 환경 (environment)과 각 하위체계(sub-system) 간에 갈등이 존재하기 마련이다. 이와 같은 갈등에 대해서는 여러 가지 정의가 내려지고 있는데, 먼저 조직에 있어서의 의사결정의 측면에서 갈등(conflict)을 정의하고 있는 사이몬(H. A. Simon)에 의하면 "갈등이란 의사결정의 표준 메커니즘(standard mechanism)에 고장(breakdown)이 생겨 행동대안의 선택에 있어 개인이나 집단이 곤란을 겪는 상황"[1]이라고 정의하고 있다.

이와 같은 갈등에 관한 정의에 포함된 내용을 구체적으로 살펴보면 다음과 같이 요약할 수 있겠다.

(1) 갈등은 둘 이상의 행동주체 사이에 일어나는 현상이다.[2]

(2) 갈등은 심리적 적대감과 대립적 행동을 내포하는 동태적인 과정(dynamic process)이다.

(3) 갈등은 표면화되는 대립적 행동만을 지칭하는 것이 아니라 대립적 행동이 노출되지 않더라도 당사자들이 갈등상황을 지각하고, 긴장·불안·적개심 등을 느끼기 시작하면 벌써 갈등이 있다고 보아야 한다.

(4) 갈등의 진행과정에서 표면화되는 대립적 행동에는 싸움이나 파괴와 같은 폭력적 행동만 있는 것이 아니며 그 모양이 매우 다양하다.

---

1 J. G. March and H. A. Simon, *Organizations*(New York: John Wiley and Sons, 1938), p.112.
2 K. E. Boulding, "A Pure Theory of Conflict Applied to Organization," in R. L. Kahan and K. E. Boulding(eds.), *Power and Conflict in Organizations*(Basic Books, 1964), p.138.

(5) 갈등은 조직에 유익한 것일 수도 있고 해로운 것일 수도 있다. 조직이 추구하는 목적이나 가치를 지원하는 것은 조직을 위해 순기능적이며 건설적인 갈등이다. 반면 조직이 추구하는 목적이나 가치를 해치는 것은 조직을 위해 역기능적이며 파괴적인 갈등이다. 그러나 구체적인 경우에 순기능적 갈등과 역기능적 갈등이 항상 뚜렷하게 구별될 수 있는 것은 아니다. 그리고 양자의 기능은 시간의 흐름에 따라 변동될 수 있다.

Ⅱ 갈등의 기능

조직연구자들은 오래 전부터 조직 내에 갈등이 있다는 사실을 인정하여 왔다. 그러나 갈등이라는 현상을 바라보는 관점이나 갈등에 대응하는 처방을 제시하는 입장은 상당한 변화를 겪어 왔다.

고전적인 접근방법에 입각한 연구자들은 갈등을 바람직하지 못한 것이며 조직에 해로운 것이라고 보았다. 이와 같은 입장에 있는 대표적인 이론으로는 메이요(E. Mayo)의 인간관계론을 들 수 있는데, 그는 갈등을 일종의 악(evil) 또는 사회적 기교의 부족(a symptom of the lack of social skills)으로 취급하였기 때문에 갈등이 없는 상태가 가장 이상적인 상태라고 생각하였으며, 갈등은 제거되어야 한다는 매우 단순한 처방을 제시하였다. 그리고 갈등의 제거는 가능한 일이라고 생각하였다. 즉 직무의 명확한 규정, 직위 간 관계의 구체적 규정, 직위에 적합한 사람의 선발 및 훈련 등을 통해서 갈등을 제거할 수 있다고 믿었다.

그러나 오늘날의 접근방법들은 갈등을 비난의 대상으로만 보지 않고 신중한 진단과 검토를 필요로 하는 변수로 파악한다. 즉 모든 갈등이 역기능적인 것이라고 보지 않는다. 경우에 따라 갈등은 용납될 수 있을 뿐만 아니라 유용한 것일 수도 있다고 본다. 이와 같은 입장을 취하는 대표적인 사람은 코져(Lewis Coser)인데, 그에 따르면 어떤 집단도 전적으로 조화될 수는 없고, 집단은 조화와 부조화, 통합과 해체를 요하며, 갈등은 다만 파괴적일 수만은 없는 것이다. 또한 그는 협력과 마찬가지로 갈등은 그대로의 사회적 기능을 지니고 있는 것이며, 어느 정도의 갈등은 집단형성과 집단활동 유지의 본질적인 요소가 된다고 주장하였다.

갈등관리에 관한 새로운 접근방법에는 갈등을 용인하고 옹호하려는 데 그치는 것도 있고, 보다 적극적으로 필요한 갈등을 조성하려는 것도 있다.[3]

---

3 로빈스는 갈등관리에 관한 접근방법을 세 가지로 나누었다. 갈등은 나쁜 것이므로 제거해야 한다고 주장하는 입장을 traditionalist approach라고 불렀으며, 갈등을 용인하고 옹호하려는 입장을 behavioralist approach, 갈등이 필요한 경우에는 그것을 적극적으로 조장하여야 한다고 보는 입장은 interactionist approach라고 불렀다. Stephen P. Robbins, *Managing Oranizational Conflict: A Nontraditional*

갈등을 용인하고 옹호하려는 사람들은 갈등이 조직에 본래적으로 내재(inherent)하는 현상이므로 그것을 용인할 수밖에 없다고 생각한다. 그리고 갈등이 조직에 유용한 것이기도 하기 때문에 갈등의 해소만을 갈등관리의 목적으로 삼아서는 안 된다고 주장한다.[4]

조직에 필요한 갈등을 적극적으로 조성하려는 사람들은 갈등이 조직의 생존에 불가결한 적응과 변화의 원동력이라고 생각한다. 그들도 물론 모든 갈등이 조직에 유용하거나 필요한 것이라고 말하지는 않는다. 그러나 갈등이 없으면 조직은 정체되고 심한 경우에는 사멸의 운명을 맞게 된다고 한다. 그러므로 필요한 갈등은 적극적으로 조장되어야 한다고 말한다. 그리고 모든 관리자들의 주요임무라고 할 수 있는 갈등관리에는 갈등을 해소시키는 일뿐만 아니라 갈등을 조장하는 일도 포함되어야 한다고 주장한다.[5] 여하간 갈등의 종류와 그 정도가 어떠냐에 따라 갈등은 조직에 역기능적인 것일 수도 있고, 조직을 위해 순기능적이거나 불가결한 것일 수도 있다는 일반적인 관점을 우리는 받아들여야 할 것으로 생각한다.

이와 같은 갈등현상이 조직 및 집단에 미치는 순기능과 역기능 혹은 편익과 비용을 조직의 ① 균형, ② 통합, ③ 안정, ④ 창의성과 쇄신성이라는 측면에서 분석해 보면 다음과 같다.

(1) 균 형

갈등은 개인·조직 및 집단의 균형을 깨뜨리고 불안과 무질서를 초래할 수도 있다. 그러나 갈등에 의해서 초래되는 불균형으로 인하여 오히려 정태적이고 비발전적인 개인이나 조직 및 집단이 동태적인 성장과 발전의 계기를 맞이할 수도 있다.

(2) 통 합

갈등은 개인·조직 및 집단의 통합과 조화를 파괴할 수도 있다. 그러나 예컨대 조직이나 집단이 외부집단과 경쟁이나 마찰 등의 갈등을 벌이는 경우에는 조직의 내적인 응집성(cohesiveness)과 조직구성원의 충성심의 향상을 가져올 수 있으며, 또한 조직 내부의 갈등이 있은 연후에 조직의 새로운 조화와 통합력의 향상을 가져올 수 있는 것이다.

(3) 안 정

갈등은 개인·조직 및 집단에 불안과 긴장을 조성한다. 그러나 어느 정도의 갈등과 불안은 오히려 동태적인 변화와 발전의 돌파구를 제공하여 줄 수 있는 것이다.

Approach(Prentice-Hall, 1974), pp.11~20.

4 W. G. Bennis, K. D. Benne, and R. Chin(eds.), *The Planning of Change*, 2nd ed.(Holt, Rinehart and Winston, Inc., 1969), p.152.

5 Stephen Robbins, *op. cit.*, pp.13~14.

(4) 창의성과 쇄신성

갈등은 조직 내의 창의성과 쇄신성을 질식시킬 수 있다. 그러나 어느 정도의 갈등은 오히려 조직 내에 참신한 아이디어를 생성케 한다. 갈등이 전혀 없는 집단(conflict free group)은 정태적인 경우가 많으며, 구성원이 자기 능력 이하의 업적밖에 내지 못하는 경우를 흔히 볼 수 있다.

Ⅲ 갈등의 유형

갈등의 유형은 매우 다양하게 분류될 수 있다. 조직에 이로운가 아니면 해로운가를 기준으로 순기능적 갈등과 역기능적 갈등으로 구별될 수 있음은 이미 앞에서 말한 바와 같다. 이 밖에도 당사자[행동주체], 갈등의 진행단계, 표현화된 대립적 행동, 갈등상황 등을 기준으로 한 갈등의 분류들이 대단히 많다.

행동주체를 기준으로 한 분류만도 매우 다양하다. 우선 ① 개인 간의 갈등, ② 개인과 집단 사이의 갈등, ③ 집단 간의 갈등, ④ 개인과 조직 사이의 갈등, ⑤ 조직과 집단 사이의 갈등을 들 수 있다. 마치(James G. March)와 사이몬(Herbert A. Simon)은 ① 개인적 갈등(individual conflict), ② 조직상의 갈등(organizational conflict) 및 ③ 조직 간의 갈등(interorganizational conflict)을 구분하고, 조직상의 갈등에 초점을 두어 갈등문제를 논의하였다.[6]

로빈스(Stephen P. Robbins)는 ① 개인 간의 갈등(interpersonal conflict), ② 집단 간의 갈등(intergroup conflict) 및 ③ 집단 내적 갈등(intragroup conflict)을 구분하였다.[7] 카츠(Daniel Katz)는 ① 기능적 하위체계 간의 갈등과 ② 계층 간의 갈등을 구분하였다.[8] 이 밖에도 행동주체의 조직상 위치를 기준으로 ① 수직적 갈등(상·하계층 간의 갈등), ② 수평적 갈등, ③ 계선과 참모 간의 갈등을 구분하는 사람들이 있다.

폰디(Louis Pondy)는 갈등관계의 진행과정에 착안하여 ① 잠재적 갈등(latent conflict), ② 지각되는 갈등(perceived conflict), ③ 감정적으로 느끼는 갈등(felt conflict), ④ 표면화된 갈등(manifest conflict) 및 ⑤ 결과적 갈등(conflict aftermath)을 구분하였다. 잠재적 갈등은 갈등이 야기될 수 있는 상황 또는 조건을 말한다. 결과적 갈등은 갈등관리의 결과 잠재적 갈등이 더욱 심각해진 상황 또는 조건을 말한다.[9]

6 J. G. March and H. A. Simon, *Organizations*(John Wiley and Sons, 1958), p.112.
7 S. P. Robbins, *op. cit.*, p.24.
8 D. Katz, "Approaches to Managing Conflict," in Kahn and Boulding(eds.), *op. cit.*, pp.105~106.
9 L. Pondy, "Organizational Conflict: Concepts and Models," *Administrative Science Quarterly*, Vol.12, No.2(1967), pp.296~320.

Ⅳ 갈등의 원인과 해결방안

1. 갈등의 원인

(1) 개인적 갈등의 원인[10]

  1) **비수락성(unacceptability)** 의사결정자가 대안의 성격과 결과를 알고는 있으나 어떤 대안도 결정자를 만족시켜 주지 못할 경우에 갈등이 발생하게 된다.

  2) **비비교성(incomparability)** 의사결정자가 각 대안들의 결과를 알고는 있으나 대안의 비교결과 어떤 것이 최선의 대안인지를 알 수 없을 때에 갈등이 발생하게 된다.

  3) **불확실성(uncertainty)** 의사결정자가 대안의 선택과 대안의 결과를 알 수 없을 때에 갈등을 일으키게 된다.

(2) 복수의사주체 간의 갈등의 원인[11]

  1) **목표와 이해관계의 차이** 조직이나 집단 간에 있어서뿐만 아니라 동일조직 내에서의 각 부서 간의 목표와 이해관계가 다를 때 상호갈등을 일으키게 된다.

  2) **인지와 태도의 차이** 의사결정과정에서 결정자들이 갖는 각 조직 간의 문제점에 대한 인지 및 태도의 차이는 개인뿐 아니라 집단 간 갈등의 원인이 된다.

  3) **의사소통의 장애** 결정과정에서 정보의 교환이 충분히 이루어지지 못할 경우에도 갈등이 발생하게 된다.

  4) **공동결정의 필요성** 어떤 조직이나 집단이든 한정된 자원을 공동으로 분배·사용하고 시간계획(scheduling)을 작성하기 위해서는 공동의사결정이 필요하게 되는데, 이럴 경우에 갈등이 발생하게 된다.

2. 갈등의 해결방안

(1) 개인적 갈등의 해결

  1) **비수락성의 경우** 이럴 경우 결정자는 다른 새로운 대안을 모색해야 한다. 만일 계속해서 수락가능한 대안이 나오지 않으면 수락가능한 범위를 다시 정해야 할 것이다.

---

10 J. March and H. A. Simon, *op. cit.*, pp.113~115.
11 이에 관해서는 다음의 문헌을 참조 바람. John Mcleish, *Theory of Social Change*(London: Routedge & Kegan, 1969), pp.77~79; Victor A. Thomson, *Modern Organization*(New York: Knopf, 1961), pp.90~100; Thomas A. Kochan et al., "Determinant of Intra-Organizational Conflict in Collective Bargaining in the Public Sector," *Administrative Science Quarterly*, Vol. 20, No. 1(March 1975), p.10.

2) **비비교성의 경우**　대안 간의 비교는 할 수 없으나 수락이 가능할 경우에는 제기된 대안의 전후관계를 보다 면밀히 살펴야 할 것이다.

3) **불확실성의 경우**　이 경우에는 대안의 결과를 명백히 하기 위한 탐색과 노력이 기울여져야 하며, 그래도 알 수 없다면 새로운 대안이 모색되어야 할 것이다.

(2) 복수의사주체 간의 갈등의 해결

조직이나 집단 간에 발생하는 갈등의 감소 내지 해결방안에 대해서는 여러 학자들이 의견을 제시하고 있다.

예컨대 리터러(Joseph A. Litterer)는 갈등해결전략으로서 갈등 당사자 간에 완충지대를 설치하는 방법, 감수성훈련 등을 통한 통찰력의 제고 및 갈등감소를 위해 조직을 재설계하는 방법 등을 제시하고 있으며[12] 월튼(R. E. Walton)과 매커시(R. B. McKersie)는 갈등해결을 의사결정과 관련시켜 다양한 협상과 교환의 과정들로 나누어 설명하고 있다.[13] 여기에서는 우리에게 비교적 잘 알려져 있는 사이몬과 마치가 제시하고 있는 문제해결, 설득, 협상 및 정략의 네 가지 해결방법에 관해 살펴보기로 하겠다.[14]

1) **문제해결(problem solving)**　갈등당사자 간에 기본적인 목표에 대한 합의가 이루어지고 있으나 목표달성방법에 의견이 일치되고 있지 않은 경우에는 대안에 대한 탐색활동과 정보수립에 주력하게 된다.

2) **설득(persuasion)**　당면한 문제에 대해서는 갈등 당사자 간에 합의가 이루어지지 않고 있으나, 기본적인 상위목표에 대해서는 어느 정도의 합의가 이루어져 있는 경우로서 하위목표 간의 의견불일치는 상위목표를 중심으로 합치된다고 보아 문제해결방법에 비해 정보수집보다는 상·하위목표 간의 모순 및 불일치제거에 중점을 둔다.

3) **협상(bargaining)**　협상이란 갈등 당사자 간의 목표나 이해관계의 조정을 위해 직접 교

12　J. A. Litterer, "Management Conflict in Organizations," Proceedings of the 8th Annual Midwest Management Conference(Southern Illinois University Business Research Bureau, 1965), Reprinted in Max S. Wortman and Fred Luthans, *Emerging Concepts in Management*(New York: The Macmillan Co., 1969), p.195.

13　R. E. Walton and R. B. Mekersie, *A Behavioral Theory of Labor Negotiation*(New York: McGraw-Hill, 1965), p.4.

14　J. March and H. A. Simon, *op. cit.*, pp.129~31; 블레이크(P. R. Blake) 등은 갈등해소의 방법으로, ① 후퇴(withdrawal), ② 완화(smoothing), ③ 타협(compromise), ④ 강압(forcing) 및 ⑤ 문제해결 (problem solving)을 들었다. P. R. Blake, H. Shepard and J. Mouton, *Managing Intergroup Conflict in Industry*(Gulf Pub. Co., 1964); 셰파드(H. A. Shepard)는 집단 간의 갈등을 해소하는 방법으로 ① 억압(suppression), ② 제한된 투쟁(limited war), ③ 협상(bargaining) 및 ④ 문제해결(problem solving)을 들었다. H. A. Shepard, "Responses to Situations of Competition and Conflict," in Kahn and Boulding(eds.), *op. cit.*, pp.127~135.

섭을 벌이는 것으로서, 이것은 갈등 당사자 간의 목표 및 그에 관한 의견의 불일치를 고정적인 것으로 간주하고 있는 경우에 이루어진다.

4) 정략(politics) 정략은 기본적인 목표의 불일치를 협상을 통해 해결한다는 점에서는 협상과 별 차이가 없으나 협상과 다른 점은 갈등 당사자 이외에도 각 당사자들이 자신들의 주장을 유리하게 이끌기 위해 정부, 여론 및 일반대중을 포함한 외부세력의 지지(support)를 획득하고자 하며, 그들을 협상과정에 개입시키는 소위 연합(coalition)의 방법까지 사용한다는 점이다. 따라서 보울딩(Kenneth Boulding)과 같은 학자는 협상과 정략을 굳이 구별하지 않고 있기도 하다.[15]

제 2 절　의사소통

Ⅰ　의사소통의 의의

우리 인간은 상징을 창조할 수 있기 때문에 다른 동물들이 지니지 못한 능력을 지니고 있다고 볼 수 있다. 즉 복잡한 사고·의미·욕망 등을 타인에게 전달하는 능력을 지니고 있으며, 그렇기 때문에 사회생활의 양식을 바꿀 수 있는 능력을 지닌다. 이러한 의사소통(communication)의 중요성을 전통적 조직론에서는 간과하였는데, 이에 관하여 깊은 관심을 표명하기 시작한 사람은 바나드(Chester I. Barnard)로서 그는 조직의 3대요소로서 공통의 목적·협동에의 의사·의사전달 등을 들고 있다. 그에 의하면 조직의 양극에 공통의 목적을 달성할 가능성과 조직에의 협동적 의사를 지니는 개인이 있는데, 이 양극을 연결하여 동태적인 것으로 만드는 과정이 의사소통의 과정이라고 하였다.[16]

또한 사이몬(H. Simon)은 그의 저서 「행정행태론」(Administrative Behavior)에서 조직과 의사전달의 상호관계에 관해서 깊은 통찰을 시도하고 있는 바, 그는 의사소통이란 보통 형식적으로는 조직 내의 구성원(member)에서 다른 구성원에 의사결정의 여러 전제를 전달하는 모든 과정이라고 정의하였다.[17]

일반적으로 의사소통(communication)이란 광의로는 상징에 의한 정보·생각·감정 등을 전

---

15 K. E. Boulding, *Conflict and Defense: A General Theory*(New York: Harper & Row, 1692), p.314.

16 C. I. Barnard, *The Function of the Executive*(Cambridge: Harvard University Press, 1938), pp.82, 89~91.

17 H. A. Simon, *Administrative Behavior*, 2nd ed.(New York: Macmillan, 1957), pp.154~171.

달하는 것을 의미하나[18] 여기서는 인간의 결정의 전제가 되는 정보가 사람 사이에 전달되는 과정을 의미한다고 볼 수 있다. 즉 인간과 인간 사이에 있어서 사실과 의견을 전달하고 교환하는 것을 말한다.[19]

라스웰(Harold D. Lasswell)은 이러한 의사소통의 요소로서 다음과 같은 다섯 가지를 들고 있다. 즉 첫째 누가, 둘째 무엇에 관해서, 셋째 어떠한 통로에 의하여, 넷째 누구에게 대해서, 마지막으로 어떠한 효과를 노리고라는 것을 든다.[20]

결국 의사소통이란 조직 내에 있어서 개인 사이 혹은 집단 사이에 사실과 의견을 전달하고 교류시키는 것을 의미한다고 볼 수 있겠다.

Ⅱ 의사소통의 유형과 기능

의사소통의 유형은 우선 공식적 계층제를 통한 것이냐 아니냐에 따라 대개 공식적·비공식적 의사소통으로 분류할 수 있으며, 흐름의 방향에 따라 상의하달적·하의상달적 및 횡적 의사소통으로 나눌 수 있고, 조정 등과 같은 조직운영의 주요기능을 담당한다.

1. 의사소통의 유형

(1) 공식적 및 비공식적 의사소통

일반적으로 공식적 의사소통은 공식적 조직 내에서 공식적 통로와 수단에 의하여 공식적으로 의사가 전달되는 것으로, 이것은 특정한 요건을 갖추어 '누가', '누구에게', '무엇을', '어떻게' 전달할 것인가를 공식적으로 법제화하고, 이에 근거하여 의사를 전달하는 것이다. 그러나 이러한 공식적 의사소통의 체계에는 한계가 있으며, 이 체계는 조직의 의사소통의 필요성을 완전히 충족시키지는 못하므로 이러한 결함을 보완하기 위하여 비공식적 의사소통이 필요하게 된다.

비공식적 의사소통이란 비공식적 조직을 통하여 이루어지는 것으로, 이것은 공식적 의사소통에 의해서는 기대하기 어려울 만큼 조직을 주위 사정에 적응시키는 경우도 있지만, 다른 한편 그것은 공식적인 권위관계를 파괴하고 조정을 더 한층 곤란케 하는 경향도 있다.

---

18 B. Berelson and G. A. Steiner, *Human Behavior*(New York: Harcourt, Brace and World, 1964), p.527.

19 C. E. Redfield, *Communication in Management*, revised ed.(Chicago Press, 1958), p.3.

20 H. D. Lasswell, *Law, Science and Policy*, Part Ⅱ(Yale University Press, 1956), p.84.

(2) 상의하달적 및 하의상달적 의사소통

상의하달적 의사소통은 상관이 그의 의사를 하급자에게 전달하는 것을 말하며, 이에는 명령과 일반정보제공이 있다. 명령에는 지시·훈령·지령·규칙 등이 포함되며, 이것은 구두명령과 문서명령으로 나누어진다. 일반정보에는 조직 또는 조직의 업무에 관한 지식을 직원들에게 알려 주기 위한 편람과 핸드북(handbook) 등을 들 수 있다.

반면 하의상달적 의사소통이란 하급자가 상급자에게 행하는 의사소통으로서, 이에는 보고·면접·직원들 간의 의견조사·제안제도 등을 들 수 있다.

이 중 보고는 가장 중요한 요소의 하나로 조직책임자는 아래로부터의 보고에 의해서 필요한 의사결정이나 명령을 내릴 수 있으며, 여러 가지 행동을 취할 수 있게 되는 것이다.

면담은 관리층이 심리학에 관한 지식을 가진 면담기술에 능한 자를 상담역으로 채용하고 직원들이 관리층에 대하여 품고 있는 감정을 파악하여 행정에 반영하려는 방법이나, 비용과 시간이 많이 들고 익명성(匿名性)의 보장이 어렵다는 등의 이유로 많이 채택되지는 않고 있다.

의사조사의 방법은 오래 전부터 이용되어 온 것으로 잘 이용한다면 행정기관 내의 사기의 평가, 직원 간의 만족·불만족의 측정 등의 여러 가지 효용을 볼 수 있는 것이다.

끝으로 제안제도는 하부직원의 관리참여제도라고 할 수 있는데 이것을 실시하는 경우에는 하부직원의 사기를 제고시킬 수 있을 것이며 행정의 민주적 운영과 능률향상에 도움이 될 것이다.

(3) 횡적 의사소통

이것은 계층제에 있어서 동일한 수준에 있는 개인 또는 집단 사이에 행하여지는 의사전달을 말하는 것으로 조직목적의 조정을 확보하는 데 매우 중요하다. 이의 방법으로 사전심사제도 및 사전사후에 관계 없이 이용되는 각서와 사후에 통지 또는 주지시키는 것을 목적으로 하는 회람 또는 통지가 있으며, 회의 또는 위원회제도 등도 포함된다.

2. 의사소통의 기능

(1) 조정을 위한 수단

조직구성원의 노력을 조직의 전체목적달성에 공헌하도록 행동의 통일과 질서를 확보하기 위해서는 조직 내의 의사전달이 원활히 이루어져야 한다.

(2) 합리적 의사결정을 위한 수단

조직의 활동은 의사결정의 연속적 과정이다. 이러한 결정을 합리화하고 그 결정을 효율적으로 집행하기 위해서는 의사소통의 내용이 정확하고 신속·적절하며, 그 전달의 질이 우수해야 하는 것이다.

(3) 조직통솔과 사기앙양을 위한 수단

조직구성원을 통솔하고 사기를 앙양하며, 그들에게 자발적인 근무에 대한 동기부여(motivation)와 조직목적에의 공헌 및 추종을 하도록 하기 위해서는 조직 내에 원활한 의사전달을 촉진하여야 한다. 이 밖에 정보의 수집기능·심사분석 및 보관기능 등도 열거할 수 있다.

Ⅲ 의사소통에의 영향요인

인간의 의사소통에 영향을 주는 요인은 다양하다. 같은 사물에 대하여 인식하는 내용은 그 사람의 인격·성장배경·생활경험 등에 따라 모두 다를 수 있다. 많은 요인이 인간의 의사소통에 영향을 주나, 다음의 세 가지가 특히 중요한 영향을 준다.

(1) 생리적 상태

사람이 사물을 보는 인식내용, 즉 의사소통의 핵심이 되는 것이 그 사람의 생리적 조건에 따라 달라진다. 가령 찬란한 석양을 보는 경우에도 색맹이 있는 사람에게는 잿빛으로밖에 보이지 않을 수도 있다. 또는 아무리 훌륭한 차이코프스키의 비창이 은은히 들린다고 해도 귀가 어두운 사람에게는 정상적인 사람 같은 반응을 얻지 못할 것이다.

(2) 가 정

어린이들에게는 가정이 주는 영향이 매우 크고, 정상적인 가정생활을 한 사람과 그렇지 못한 사람은 같은 일을 인식하는 데 차이가 크다. 그러므로 가정생활의 중요성이 강조되고 의사소통의 핵심이 되는 언어도 가정에서 만들어지는 경우가 많다. 즉 학교학습만으로는 충분치가 못한 것이다. 더욱이 그 사람의 도덕관·정의감 등에도 그 사람의 가정환경, 그리고 가정의 종교적 영향 등이 크게 중요한 작용을 하게 된다.

(3) 문 화

그 사회의 문화체계는 사람이 사물을 인식하는 데 중요한 영향을 준다.

1947년 부르너와 굿만(J. C. Bruner & C. C. Goodman)이 미국 어린이들에게 25센트짜리 동전을 그리게 하여 사회심리학적 연구를 행한 바 있다.[21]

---

21 J. C. Bruner and C. C. Goodman, "Value and Need as Organizing Factors in Perception," *Journal of*

그 결과 가난한 집의 어린이들은 부유한 집 어린이보다 25센트 동전을 커다랗게 그리는 경향을 보였다.

또한 같은 사물이라도 그 사회의 문화의 차이로 사물을 보는 태도와 의사소통의 방식이 전혀 달라진다. 가령 인도사람들은 소를 신성시하기 때문에 소를 잡아먹는 일이란 생각할 수 없다. 또한 어떤 문화에서는 개·고양이·뱀·지렁이 등을 진미식품이라고 먹고 있으나 다른 문화에서는 그것을 허용하지 않고 있다.

위에서 가장 기본적으로 의사소통에 영향을 주는 요인을 지적하였으나, 일상관계에 있어서의 의사소통은 여러 가지 다양한 의사소통 과정에 따라 영향을 받게 된다. 즉 의사소통은 명시적 내용과 묵시적인 내용여부,[22] 몸짓(body language)이나 얼굴표현 등을 포함한 비언어적 의사소통, 정보의 성질, 집단의 구조[23] 및 조직분위기[24] 등에 따라서도 영향을 받게 되는 것이다.

Ⅳ 의사소통의 장애요인

1. 장애요인

(1) 전달자와 피전달자에 기인하는 요인

(가) 사고기준의 차이

전달자와 피전달자의 사고기준이 다른 경우 의사전달이 원활하지 못하다.

(나) 지위상의 차이

전달자와 피전달자의 계층적 지위에 심한 격차가 있는 경우에는 충분한 의사전달이 어렵다.

(다) 전달자의 의식적 제한

행정기관이 필요하다고 인정하는 사항에 관하여 의식적인 비밀을 유지하는 경우에도 원활한 의사전달이 되지 않는다.

Abnormal and Social Psychology, Vol. 42, No. 1(January 1947), pp.33～34.

22 이에 관해서는 다음 문헌을 참조. F. Roethlisberger, "Social Behavior and the Use of Words in Formal Organizations," in A. Turner and G. Lombard, *Interpersonal Behavior and Administration*(New York: The Free Press, 1969), p.71; J. Athanassiades, "The Distortion of Upward Communication in Hierarchical Organizations," *Academy of Management Journal*, Vol. 16, No. 2(June 1973), pp.207～226.

23 A. Bavelas and D. Barrett, "An Experimental Approaches to Organizational Communication," *Personnel*, Vol. 27, No. 5(1951), pp.366～371.

24 K. Davis, "Management Communication and the Grapevine," *Harvard Business Review*, Vol. 31, No. 5(July～August 1953), pp.44～49.

(라) 전달자의 자기방어

전달자가 자기에게 불리한 사실은 감추고 유리하고 상대방이 듣기 좋은 것만을 선택하여 전달하는 경우에도 의사전달은 제약을 받는다.

(2) 의사전달과정 및 수단에 기인하는 요인

(가) 언　어

언어의 부정확한 사용 및 지나친 전문용어, 지나친 경어 등의 사용은 의사전달의 장애가 된다.

(나) 지리적 거리

전달자와 피전달자가 한 지역에 있지 않고 거리상의 간격을 가지고 있는 경우에도 원만한 의사전달이 되지 않는다.

(다) 타 업무의 압박

일반적으로 행정가는 의사전달 이외의 직무를 본래의 책임으로 맡고 있다. 그러한 책임에 주력하다 보면 수단으로서의 의사전달은 등한시되기 쉽다.

2. 의사소통의 변질과 유지

앞서 말한 각종의 장애요인으로 말미암아 의사소통이 여러 가지로 장애를 받는데, 그 중에서도 가장 중요한 것은 의사소통의 변질이다.

이에는 두 가지 형태가 있는데, 그 첫째는 생략으로 의사소통 수령자가 내용의 일부를 파악하지 못하는 경우가 있는가 하면 수령자의 부담과중으로 메시지 자체가 등한시되는 경우가 있다는 것이며, 둘째는 왜곡으로서 전술한 바 있는 의사소통의 장애요인 중 언어상의 장애·지위의 차이·전달자의 자기방어 등의 요인으로써 의사소통의 왜곡이 일어나게 된다.

따라서, 의사소통의 내용을 정확히 유지할 필요가 있다. 이를 위해서는 메시지(message)의 생략을 줄이고 내용의 정확성을 높이기 위한 방안이 여러 가지 있으나, 특히 중요한 것은 반복과 확인이다.

첫째, 반복이란 형태를 다소 달리하고 시차를 둘 뿐만 아니라 경우에 따라서는 통로를 달리하여 동일한 메시지를 반복하거나 동시에 여러 통로를 이용하여 동일한 메시지를 전달함으로써 생략과 왜곡을 줄일 수 있을 것이나, 동일한 메시지를 반복하는 경우 수령자의 부담과중

을 일으켜 소기의 목적을 달성하지 못하는 경우도 생긴다.[25]

둘째, 확인으로 경우에 따라서는 전의 메시지의 정확성을 확보하기 위하여 확인의 메시지를 전달할 수 있다는 것이다.[26] 미국경영학회가 훌륭한 의사소통의 10계의 하나로 의사소통의 평가를 들고 있는 것도 확인을 중요시하는 까닭이다.

Ⓥ 의사소통의 일반원칙과 개선방안

1. 일반원칙

레드필드(C. E. Redfield)는 의사전달을 효율적으로 수행키 위한 원칙으로 다음과 같은 7가지를 들고 있다.[27] 구체적으로 나열하면 다음과 같다.

(1) 명료성: 간결한 문장과 평이한 용어를 사용해야 한다는 것이다.

(2) 일관성: 앞뒤가 일관되어야 한다.

(3) 적당성: 과다하지 않고 과소하지도 않은 적정량을 기하여야 한다는 것이다.

(4) 적기적시성: 적당한 시기에 의사전달이 되어야 한다.

(5) 분포성: 의사소통은 피전달자가 누구인가를 확정하여 정확하게 전달해야 한다.

(6) 적응성과 통일성: 적응성이란 의사소통의 융통성·개별성·현실합치성 등을 말하며, 통일성이란 각 의사소통이 전체로서 통일된 의사의 표현이 되게 하는 것이다.

(7) 관심과 수용: 효과적인 의사소통은 마지막으로 피전달자의 이해를 제고시켜야 한다는 것 등이다.

2. 개선방안

의사전달의 장애요인 및 왜곡상황을 제거하고 원활한 전달을 촉진시키기 위해서는 다음과 같은 점이 고려되어야 할 것이다.

(1) 전달자 및 피전달자 사이에 고려할 사항

첫째, 의사소통의 중요성에 대한 인식을 가져야 하며, 둘째 하의상달의 권장과 개선, 셋째

---

25 H. Guetzkow, Communications, in James G. March(ed.), *Handbook of Organizations*(Chicago: Rand McNally, 1965), pp.553~559.

26 *Ibid.*, pp.559~560.

27 C. E. Redfield, *Communication in Management*(Chicago: University of Chicago Press, 1957), pp.29~45.

회의 및 토의를 통한 상호접촉의 장려 등을 들 수 있다.

(2) 전달수단에 있어서 고려할 사항

첫째, 언어는 될 수 있는 한 명료성 및 일관성을 지녀야 한다는 것이며, 둘째, 시설이 될 수 있는 한 한 조직 단위의 구성원은 한 지역 및 한 건물에 집합되도록 개선하여야 하겠으며, 셋째, 적절한 정보관리체제의 확립이 필히 요구된다는 것이다.

행정조직은 그 각 단위를 구성하고 있는 개인 및 집단으로 구성되어 있다. 이들 개인과 집단의 활동은 어디까지나 조직 내의 개인이나 집단, 나아가서는 전체로서의 조직과 어떤 관련을 가지고 있는 것이기 때문에 조직 전체의 공통목적을 달성하기 위해서는 이들 개인과 집단이 일상적으로 행하고 있는 각종의 활동을 전체로서의 공통목적을 위하여 조정되도록 의사의 전달과 교류가 이루어져야 한다. 이 의사소통은 정책결정을 포함한 모든 의사결정에 있어서 그 내용과 방법에 중요한 영향을 미치는 요인이 되기 때문이다.

현·대·행·정·학

제 6 편

인사행정

Chapter

01 인사행정의 토대

제 1 절 **인사행정의 의의**

인사행정(public personnel administration)은 행정목표를 효율적으로 달성하기 위하여 행정활동에 필요한 인적 자원을 동원하고 관리하는 과정이다. 즉 정부조직에 필요한 인력운영을 지칭한다고 볼 수 있으며, 그 역사는 국가의 성립과 거의 시기를 같이한다.

그러나 현대적 의미의 인사행정은 현대국가에 있어서 이른바 거대정부(big government)의 출현과 행정의 현대화에 따라 국가목표에 부합되는 적극적인 정부부문의 인력관리를 수행하는 것을 말한다. 현대행정국가는 공무원의 현저한 증가와 행정사무의 질적인 변화를 특징으로 한다. 공무원의 증가로 인하여 인사행정의 관리대상이 되는 인사의 규모가 확대되고 있으며, 이의 효율적인 관리를 위해서는 전문화된 과학적 장치가 필요하다. 정부활동의 질적인 변화는 도시화·산업화·기계화 등 사회의 여러 변동에서 연유한다.

이러한 변화는 인사행정에 대한 역할과 기대에도 변화를 가져왔다. 과거에는 인사행정의 역할이 상식 있는 사람의 소극적인 관리로 충분했을지 모르지만, 오늘날에는 급변하는 행정환경에 적극적으로 대응하는 인력관리가 강조된다.

인사행정은 사기업체의 인사관리(personnel management)와 유사한 면도 있지만 통제방법·목적·활동범위·행동규범·권력성 등에서 차이가 있으며, 또 개인적인 행정(personal administration)과도 실적주의의 적용이라는 점에서 구별이 된다.[1]

국가를 운영해 나가는 데 있어서 핵심부분을 차지하는 인사행정은 1980년대를 거쳐 90년대에 들어 많은 변화가 있었고, 지속적으로 변화하고 있다. 변화의 양상은 넓은 의미에서 단순한 재직공무원관리를 넘어 공무원의 신규임용 및 퇴직공무원의 관리까지를 포함할 뿐만 아니

---

1 F. A. Nigro, *Public Personnel Administration*(Henry Holt and Co., Inc., 1959), pp.38~39; G. Stahl, *Public Personnel Administration*, 6th ed.(Harper & Row, Publishers, 1971), pp.10~12 참조.

라 단순한 규정과 법령제정을 통한 공무원의 관리가 아닌, 사기업과의 경쟁 개념을 도입한 인적자원관리(human resource management)를 말한다. 이에 따라 국가의 독점적 지위에 근거한 피동적 채용·관리운영 방식이 아닌, 공공조직의 효과성 제고와 사기업과의 인재충원경쟁의 측면까지 고려하는 것이 인사행정의 현재이다.[2]

제 2 절 인사행정관의 변천

현대적인 인사행정관이 성립되기까지에는 많은 관념적인 변화가 있었다. 그러나 여기서는 근대자유주의국가 이후에 나타났던 몇 가지 인사행정관을 시대순으로 살펴보기로 한다.

I 엽관주의

1. 엽관주의의 의의

엽관주의와 정실주의는 거의 같은 뜻으로 사용되고 있는데,[3] 엽관주의(spoils system)와 정실주의(patronage)는 공직의 임용이 실적 이외의 요소에 의하여 행해졌다는 점에서는 다를 바가 없다. 그러나 엽관주의가 잭슨(A. Jackson) 대통령 이후 주로 미국에서, 정실주의는 1688년의 명예혁명 이후 주로 영국에서 각기 다른 문화적 배경을 가지고 성숙되었다는 점과, 또 하나는 전자는 순전히 당파적인 관계로 임면되는 대량경질제인 데 비하여, 정실주의는 당파성 이외의 다른 요소까지 포함하는 폭넓은 개념이라는 데 차이가 있다.

엽관(spoils)이란 미국에서 나온 말로서 본래 전리품을 의미한다. 즉 선거에서 승리한 정당이 모든 관직을 마음대로 처분할 수 있는 전리품으로 본다는 것이다. 따라서 승리한 정당은 선거에 패배한 정당의 소속원을 행정부에서 몰아내고 자기정당의 당원 등을 임명할 수 있다는 것이다. 이런 측면에서 공직의 임면을 개인의 능력에 두는 것이 아니고 정당관계 내지 인사권자와의 개인적 충성(personal royalty) 등에 엽관주의가 근거하고 있고, 혈연, 지연 및 학벌관계 등에 정실주의가 근거하고 있다.[4] 엽관제는 정당정치가 시작됨에 따라 종래에는 국왕의 사용

---

2 F. A. Nigro & L. G. Nigro, *The New Public Personnel Administration*, 4th ed.(Itasca, Illinois: F. E. Peacock Publishers, Inc., 1994), pp.48~49.

3 O. Glenn Stahl, *Public Personnel Administration*(Harper & Row, 1962), p.26 참조.

4 P. P. Van Riper, *History of the United States Civil Service*(Evanston, Ill.: Row Peterson and Co., 1958), p.8.

자(royal servants)였던 관리에 대하여 새로 대두한 의회가 지배권을 행사하려는 민주적 목적을 위하여 전개되었으나, 시간이 흐름에 따라 당초의 참신한 민주적 의의를 잃게 되었다.

2. 성립요건

19세기 초에 영·미에서 자유주의시대가 열리자 종래에는 군주의 사용인이었던 관료가 이제는 국민의 대표기관인 의회의 지배하에 놓이게 되어 관료는 정당의 사용인(party servant)으로 전환하게 되었다.[5] 이와 같이 엽관주의가 지배적인 인사행정원리로 성립하게 된 중요한 이유는 다음과 같다.

(1) 민주정치의 발전

민주정치의 발전에 따른 평등적(equalitarian) 사조는 공직을 새로운 대중에게 개방하는 것이 행정을 민주화한다고 믿었던 것이다.

(2) 정당정치의 발달

엽관주의와 정당정치의 관계는 국가마다 그 관련성의 정도에 따라 의견이 다르나, 새로 집권하는 사람들은 그들의 추종자 등에게 봉사의 대가로 관직을 제공해야 할 필요에 의하여 엽관주의는 정당제도의 유지에 기여하게 되었다.

(3) 행정사무의 단순성

당시의 정부의 기능은 법질서의 유지에 국한된 단순한 것이었다. 따라서 이러한 기능을 담당하는 공무원의 자격은 전문가가 아닌 아마추어로서 충분하였다.

3. 엽관주의의 폐해

민주주의의 승리로 찬양되고 행정의 민주화로서 파악되었던 엽관제도는 국가의 기능이 행정국가화함에 따라 많은 폐단이 노정되기에 이르렀다.

(1) 행정능률의 저하

정권이 교체될 때마다 이에 따른 공무원의 대량경질과 무능한 자의 임명은 행정사무의 계속성과 능률성을 침해한다.

---

5 관료의 이와 같은 위치를 가리켜 파이너(Herman Finer)는 "관직은 입법부와 군주 사이의 싸움에 낀 물건과 같다."라고 표현하고 있다. Herman Finer, *The British Civil Service*(London: The Fabian Society, 1927), p.15.

(2) 공평한 임무수행의 저해

관료들이 국민을 위하여 봉사하는 것이 아니라 정당을 위하여 봉사하며, 공익보다는 개인적인 일에 몰두하는 경우가 많게 되었다.

(3) 불필요한 직위의 남설과 예산의 낭비

정당의 추종자들을 임용하기 위하여 불필요한 관직을 많이 증설하였으며, 이것은 결국 정부재정의 낭비를 초래하게 되었다.

(4) 불확실한 신분보장

공무원의 신분이 보장되지 않기 때문에 공무원이 직무에 전념할 수 없으며, 장기적인 안목의 행정이 이루어지지 못한다.

Ⅱ 실적주의

1. 실적주의의 의의

실적주의(merit system)는 공무원을 임용함에 있어서 개인의 자격·능력·실적을 기준으로 하는 제도를 말한다. 이 용어는 처음에는 엽관주의에 대한 반대의 의미로서 객관적인 공채, 공무원의 신분보장, 정치적 중립 등의 소극적인 입장이었으나, 세월이 경과함에 따라 실적기준의 적용 확대와 이를 뒷받침하는 인사행정의 적극화 및 기능 확대를 의미하게 되었다.[6]

2. 성립요인

(1) 행정국가의 성립

자유주의(자본주의)의 폐단에 대한 반작용으로 19세기 후반부터 국가는 행정국가화 되었고, 이로 인하여 행정은 시민생활의 모든 부분에 개입하게 되었다. 이러한 행정기능의 질적 전환과 양적 증대로 인하여 전문적인 능력을 갖춘 관료가 불가피하게 요청되었다.

(2) 정당의 변질

정당의 규모가 커지고 국민의 정치의식수준이 향상됨에 따라 금권 또는 정당의 구속으로부터 공무원의 지위보장을 요구하게 되었다.

---

6 O. Glenn Stahl, *Public Personnel Administration*, 6th ed.(Harper & Row, Publishers, 1971), p.28 참조.

(3) 엽관제도의 폐해

전술한 엽관주의로 인한 폐단을 극복하기 위해서 실적주의의 채택은 불가피하였다.

3. 실적주의의 내용

(1) 임용상의 기회균등

공직은 모든 사람에게 개방되어야 하며, 성별·종교·사회적 신분 등을 이유로 어떠한 차별도 받을 수 없다는 것이다.

(2) 능력·자격·실적에 의한 인사관리

인사행정의 기준은 정실이나 인연에 의하지 않고 개인의 능력·자격 및 실적에 기인하여야 한다.

(3) 정치적 중립

어떠한 정당이 집권하더라도 공무원은 당파를 떠나서 공평히 공익을 위하여 봉사해야 한다.

(4) 공무원의 신분보장

공무원은 법령의 규정에 의하지 아니하고는 신분을 위협받는 일이 없어야 한다.

4. 실적제의 한계

실적주의는 본래 엽관주의에 대한 반동으로 주장되었던 것이나, 지나친 실적주의의 강조는 공무원들로 하여금 의무나 권리, 물질적 보수에 더 관심을 가지게 하며 적극적으로 창의성을 발휘하려는 의욕을 저해한다는 비판이 가해지게 되었다.

따라서 실적주의는 공무원의 당파적 편향을 방지한다는 소극적 기능이 아니라, 공무원의 능력을 최대로 발휘할 수 있도록 동기를 부여하고 적극적인 유인을 제공해야 한다는 적극적·발전적 인사행정으로 변모하게 되었다. 이를 위한 인사행정의 중요한 내용으로는 적극적 모집, 재직자의 훈련강화, 합리적인 승진 및 전직제도의 수립, 근무환경의 개선 등이 있다.

한편 현대의 인사행정에서도 엽관주의를 완전히 배제한 철저한 실적주의보다는 실적주의가 부적합한 경우에 엽관주의를 적절히 활용함으로써 조화적 발달을 모색하고 있음을 주의해야 한다.[7]

---

7 오석홍 교수는 현대의 바람직한 인사행정관을 균형주의(balanced approach)라 부르고 있다. 그 내용은 다원적 접근방법으로 반엽관주의·능률주의·인간관계주의 등이 상호보완적으로 포함되어 있는 것을 말하며, 조직론의 구조적 접근방법과 유사하다. 오석홍, 인사행정론(서울: 박영사, 2013), 22~34면 참조.

Ⅲ 적극적 인사행정

1. 적극적 인사행정의 의의

실적주의 인사행정은 엽관주의의 제동에만 역점을 둔 까닭에 인사행정의 비융통성·소극성·경직성·집권성·독립성 등의 폐단을 노출시켰다.

이러한 실적주의 인사행정의 원칙을 적극적·분권적·신축성 있는 인사원칙으로 확대·발전시켜 나가기 위하여 실적주의와 능률주의 인사행정으로부터 엽관주의적 요소의 신축성 있는 가미와 인간관계론적 인사행정의 상호보완적 균형에 의해 인사행정의 인간화를 기하려는 것이 적극적(발전적) 인사행정(positive〈developmental〉personnel administration)이다.

2. 실적주의의 비판

실적주의 인사행정은 다음과 같은 결점을 내포하고 있다고 비판되었다.

(1) 소극성, 즉 정실의 배제에만 몰두한 나머지 유능한 인재를 확보하고 근무케 하기 위한 적극적인 방법으로 고려하지 않았다.

(2) 독립성, 즉 관료제 외부에 대하여 항상 방어적이었으므로 불신과 비협조의 분위기가 조장되었다.

(3) 경직성, 즉 능률적이고 합리적인 인사행정을 요구함으로써 융통성이 없으며, 표준화된 서식과 경직된 법규의 준수는 인사행정을 형식화·경직화시켰다.

(4) 집권화, 즉 인사행정의 실질적인 권한이 중앙인사기관에 집중되어 하부기관의 실정에 적합하지 않은 인사행정이 시행되었다.

(5) 비인간화, 즉 실적주의 인사행정의 소극성을 수정·보완하고 실적주의의 내용을 확대·발전시키려는 능률주의는 인간에게 기계적 능률을 강요함으로써 인간적 요인을 무시한 인사행정의 비인간화를 초래하였다.

3. 적극적 인사행정의 방안[8]

적극적 인사행정을 실현하는 방안은 다음과 같다.

(1) 적극적 모집, 즉 가장 유능하고 의욕적인 인재를 공직에 확보하여 오랫동안 근무할 수 있도록 하는 적극적인 모집활동이 의도적으로 실시되어야 한다.

---

8 유종해 외 공저, 현대행정학연습(서울: 박영사, 1979), 222면.

(2) 능력발전, 즉 행정능력과 기술의 발전과 잠재력의 개발을 위하여 재직자의 교육·훈련이 강화되고 합리적인 승진·전직·근무평가제도를 확립하여 능력발전과 공동의식을 고취하여야 한다.

(3) 인간관계의 개선, 즉 공직의 안정감을 확보하고 의욕적인 근무를 위하여 근무환경의 개선·고충처리제도·인사상담제도·제안제도·동기유발·의사소통관리 등을 개선하여 행정의 인간화를 발전시킨다.

(4) 공무원단체의 건전한 활동을 장려한다.

(5) 인사권의 분권화, 즉 중앙인사기관의 인사권을 분권화하여 각 부처의 인사기능을 강화한다.

(6) 정실주의요소의 가미, 즉 고위정책결정권자와 행정수반과의 정치적 이념이 일치하게 됨으로써 정책구현의 실효를 거둘 수 있으므로 고위직위의 정치적 임명이 가능하도록 신축성을 부여한다.

Ⅳ 대표관료제(Representative Bureaucracy)

대표관료제란 간단히 말해 전체 사회의 구성원 전부를 대표하는 관료제라 할 수 있다.[9] 즉 의도적인 충원을 통하여 정부 내에서 소수집단이 차지하는 비율이 전체인구에서 그 집단이 차지하는 비율과 거의 비슷하게 만들고, 소수집단의 의사를 충분히 반영하려는 제도이다.[10] 여기서의 가정은 소수계층(여성, 소수민족, 심신장애자 등)을 보다 더 많이 고용함으로써 관료제 내에서 그 집단태도의 대표성이 신장된다는 것이다. 이러한 대표성은 수동적일 수 있는 반면 능동적일 수도 있다.[11] 능동적 대표성은 공무원의 출신지와 그들의 배경이 전체사회를 반영하고 있는 강도에 초점을 둔다. 즉 능동적 대표성은 행정가가 자신이 대표하고자 하는 사람들 —전체국민이건 그 일부이건간에— 의 이익과 바람들을 투입하는 상황을 의미한다.

그러나 다운스(Anthony Downs)나 톰슨(Frank Thompson)은 소수계층의 대표성이 확보되었다고 해서 관료제 내에서 그 집단의 이해가 능동적으로 대표된다는 문제에 대한 전반적인 연구검토 끝에 부정적인 결과를 제시했다.[12] 이들은 의사결정에 있어서 개인이나 자신이 소속된

---

9 J. Donald Kingsley, *Representative Bureaucracy*(Yellow Springs, Ohio: The Antioch Press, 1944).

10 H. Krantz, *The Participatory Bureaucracy: Women and Minorities in a More Representative Public Service*(MA: Lexington books, 1976).

11 F. C. Mosher, *Democracy and the Public Service*(New York: Oxford University Press, 1968), p.12.

12 F. Thompson, "Types of Representative Bureaucracy and Their Linkage," in R. T. Golembiewski et al.(eds.), *Public Administration*(Chicago: Rand McNally, 1976), pp.576~601.

실제 조직의 이익이나 목적, 또는 가치에 비하여 대표성이라는 가치가 강한 동기를 부여하지 않는다면서 소수계층 대표성과 실제적 대표성의 상관관계가 희박한 이유를 설명하고 있다.

제 3 절 각국 인사행정의 발달

I 미국 인사행정의 변천

미국의 인사행정은 엽관주의의 확립기와 실적주의의 확립기, 그리고 실적주의의 확대기로 구분하여 고찰할 수 있다.[13]

1. 엽관주의의 확립기

미국의 초대대통령 워싱턴(George Washington)은 적재적소의 원칙을 천명하였으나 시간이 지날수록 당파적 색채를 띠지 않을 수 없게 되었고, 제3대 대통령에 제퍼슨(Thomas Jefferson)이 당선되면서 공직자 중에서 대통령 임명관직(persidential office)의 25%를 교체하였다. 이후 잭슨(Andrew Jackson)에 의해 본격화된 엽관주의는 폴크(James Polk)가 대통령에 취임한 1845년부터 남북전쟁이 끝나는 1865년까지 그 절정을 이루었다.

2. 실적주의의 확립기

미국에 있어서 반엽관주의운동이 전개된 것은 1860년대 후반부터이며, 1883년 펜들턴법(Pendleton Act)이 제정됨으로써 실적주의는 일단 확립되었다. 그러나 그 이전의 엽관주의의 개혁과정을 살펴보면 다음과 같다.

1871년에 미국역사상 최초의 인사위원회인 그랜트위원회(Grant Commission)가 구성되어 공무원제도의 개혁을 담당하였다. 그러나 이 위원회는 제대로 기능을 발휘하지 못하고 엽관제도옹호자들의 압력에 의해 1875년에 해체되었다.[14]

그 후 1880년에는 영국의 공무원제도를 연구한 이튼(Dorman B. Eaton)보고서가 출판되어

---

13 나이그로(F. A. Nigro)는 미국인사행정의 근간을 이루는 사실들로 ① 반엽관주의운동, ② 능률접근법, ③ 인간관계접근법을 들고 있으며, 이 중 능률접근법과 인간관계접근법은 실적주의의 확대에 해당된다고 볼 수 있다. F. A. Nigro, *Public Personnel Administration*(Henry Holt and Co., Inc., 1959), pp.1~36.

14 P. P. Van Riper, *History of the United States Civil Service*(Evanston, Row, Peterson and Co., 1958), pp.68~71.

실적제의 수립에 광범한 영향을 미쳤다. 1881년에는 공무원제도개혁론자인 커티스(G. W. Cur-tis)를 총재로 하는 전국공무원제도개혁연맹(National Civil Service Reform League)이 조직되어 강력한 힘을 발휘하였다. 같은 해에 가필드(James A. Garfield) 대통령이 엽관운동에 실패한 청년에게 암살당한 사건은 공무원제도의 개혁에 직접적인 계기를 마련해 주어 의회는 펜들턴법을 통과시켰고, 동법은 1883년 1월 16일에 공표되기에 이르렀다.

3. 실적주의의 확대기

과학적 관리론의 영향으로 행정에 도입된 능률주의는 이후 인사행정분야에도 큰 영향을 미쳤으나, 이는 지나친 비인간화를 초래하게 되어 인간관계론의 입장을 받아들이면서 인사행정의 적극화를 추진하게 되었다.

4. 인사제도의 개혁[15]

미국에는 280만명의 연방정부 공무원의 인사문제를 전담하는 기관으로 인사위원회(civil service commission)가 존재하여 실적제에 입각한 인사관리를 맡아왔으나, 인사위원회는 여러 가지 사유로[16] 존속시키기가 곤란하다는 판단 하에 1978년의 인사제도개혁법(The Civil Service Reform Act-1978)에 따라 인사위원회가 폐지되고 대신 중앙인사행정기능을 인사관리처(OPM; Office of Personnel Management)와 실적제도보호위원회(MSPB; Merit System Protection Board)가 분리하여 수행하게 되었다.[17]

인사제도개혁법은 이외에도 새로운 성과평가제도(new performance appraisal systems)를 도입하는 등의 몇 가지 인사제도의 개혁을 마련하였다.

Ⅱ 영국 인사행정의 변천

1. 정실주의의 성립기

전통적으로 영국의 국왕은 자기가 좋아하는 총신이나 자기편이 되는 의원에게 높은 관직

---

15 J. W. Fesler, *Public Administration: Theory and Practice*(Englewood Cliffs, New Jersey: Prentice-Hall, 1980), p.91.
16 네 가지 이유는, ① 방대한 업무량, ② 공평성의 유지, ③ 의회와 대통령의 요구, ④ 인사제도개혁운동의 일환이다. James Fesler, *ibid.*, pp.89~90.
17 N. Henry, *Public Administration and Public Affairs*, 2nd ed.(Englewood Cliffs, New Jersey: Prentice-Hall, 1980), p.291.

과 하급관리의 임명권을 시혜적으로 부여하는 정실주의를 사용하였다. 특히 스튜어트(Stuart) 왕조시대는 정실주의가 철저하던 시기였다.

1688년 명예혁명(Glorious Revolution)의 결과 국왕에 대한 의회의 우위가 확고해지고, 1714년 이후 의원내각제가 발전됨에 따라 공직에 대한 실권은 의회와 그 다수당이 장악하게 되었다. 이후부터 유력한 정치가들이 선거운동이나 선거자금의 조달방법으로 공직을 제공하는 정치적 정실주의가 확립되기 시작하였다.

2. 정실주의의 확립기

영국의 실적주의는 1870년의 추밀원령(樞密院令)이 제정됨으로써 확립되었지만, 1850년대부터 정실주의의 폐해를 극복하려는 움직임이 있었다. 1853년에 트리블리안(Charles E. Trevelyan)과 노스코트(Stafford Northcote)의 보고서를 토대로 1855년에 추밀원령에 의해 인사위원회가 구성되었으며,[18] 1870년에 글래드스턴(Gladstone) 수상에 의해 추밀원령이 제정·공포됨으로써 실적주의가 확립되기에 이르렀다.

3. 인사제도의 개혁

풀턴(Fulton)위원회에 의해 인사행정이 전면적으로 재검토되었는데, 그 주요내용은 인사부의 설치, 계급제의 폐지 및 적극적 인사행정의 모색[19] 등이다.

Ⅲ 한국 인사행정의 변천

1. 미군정시대

해방 이후 들어선 미군정은 한국사회에 대한 예비지식의 부족, 문화적 공통성의 결여, 유능한 한국인 고위관료의 부족 등으로 혼란과 비능률만 초래하였다. 이 시대에는 직위구분제(직위분류제)를 비롯한 미국의 인사제도를 도입·적용하였으나 실패하였다. 또한 한국인이 민정장관으로 임명되어 있으면서도 결정권은 미군정장관이 행사함으로써 인사조직이 이중적 구조를 띠고 있었다.

---

18 H. M. Stout, *Public Service in Great Britain*(University of North Carolina Press, 1938), pp. 39~43.

19 R. A. Chapman, "The Fulton Roport: A Summary," *Public Administration*, Vol. 46(Winter 1968), pp.443~451; 박동서, "최근의 영국의 행정개혁," 행정논총(서울대학교 행정대학원) 제10권 제2호 (1972), 16~29면 참조.

2. 대한민국의 공무원제

(1) 제1기(1948~1952)

제1기에 있어서는 1948년의 헌법과 1949년의 국가공무원법에 의하여, ① 독립된 고시위원회가 설치되었고, ② 임용상의 기회균등이 보장되었으며, ③ 공무원의 정치적 중립성과 신분이 보장되었다. 즉 법제면으로는 실적주의가 확립되어 있었지만, 별로 실효성이 없었으며, 오히려 정실임용이 자행되었다.

(2) 제2기(1952~1961)

자유당과 민주당의 집권시기로 공무원의 정당관료화로 엽관주의현상이 나타났다. 그러나 우리 나라의 엽관주의는 미국의 그것과 다르며, 정권연장을 위한 방편으로 기도되었다.

(3) 제3기(1961~1972)

5.16 이후 대폭적인 사회개혁과 더불어 다음과 같은 광범한 인사제도가 채택되었다. 즉 ① 국가공무원법의 대폭적인 개정, ② 직위분류제의 채택, ③ 연금제도의 개선, ④ 교육훈련의 강화 등이다.

(4) 제4기(1972~1998)

70년대에 들어와서 비교적 적극적인 인사제도가 모색되었다. 중요한 내용으로는 ① 공무원임용의 학력제한 철폐, ② 자격증소지자·학위소유자의 특수요건 완화, ③ 계약공무원제의 도입, ④ 계급구분제로의 환원, ⑤ 승진에 있어서의 교육·훈련의 비중강화 등이 있다.

(5) 제5기(1998~2004)

인사행정제도에 있어서 "국민의 정부"는 과감한 개혁을 단행하였다. 중앙인사위원회와 행정자치부의 2원적 구조를 택하여 중앙정부의 국장급(3급)이상은 중앙인사위원회가 그리고 4급 이하의 인사는 행정자치부가 담당하게 되었다.

 ⑴ 중앙인사위원회는 인사행정에 관한 기본정책을 수립한다.
 ⑵ 인사행정분야의 개혁에 관한 사무를 담당한다.
 ⑶ 중앙인사위원회는 위원장 1인과 상임위원 3인 이내의 비상임위원으로 구성된다.
 ⑷ 공무원의 인사정책, 공무원의 임용 및 보수 등에 대하여는 중앙인사위원회의 심의·의결을 거친다(국가공무원법 제7조).

(6) 제6기(2004~2008)

2004년에 행정자치부의 '총무기능'을 제외한 인사기능은 중앙인사위원회로 일원화 되었다.

기관의 형태도 대통령 직속의 위원회 형태로 구성되었고, 성과평가와 개방형 직위, 양성평등이 강화되었고, 고위공무원단이 도입되었다.

(7) 제7기(2008~현재)

2008년 이명박정부 출범이후 중앙인사위원회는 폐지되고, 자치와 재난안전기능을 수행하던 안전행정부로 인사기능이 통합됨으로써 인사기능은 다시 단독형으로 전환되었다. 박근혜정부는 행정안전부를 행정자치부로 개편하여 인사기능은 인사혁신처로, 안전기능은 국민안전처로 이관하였고, 총무기능과 자치기능은 행정자치부에 유지시켰다.

제 4 절 인사행정기관

인사행정을 수행하기 위해서는 그것을 전문적으로 담당할 기관을 필요로 한다. 인사행정기관이란 인사행정을 실제로 주관하는 정부기구를 말하며, 중앙인사행정기관, 각 부처 인사행정기관으로 대별된다.

Ⅰ 인사행정기관의 구분

1. 중앙인사행정기관

중앙인사행정기관은 정부의 인사행정을 전문적으로 연구하고 정책을 수립하며 그 집행을 총괄하는 중앙관리기관을 말한다. 중앙인사행정기관의 설치는 행정기능이 확대·강화되고 공무원이 대폭 증가함에 따라 오늘날 대부분의 국가에서 공통적으로 볼 수 있는 경향이다. 일반적으로 중앙인사행정기관은 각 부처에서 자의적으로 인사처리를 할 경우에 일어나는 폐단과 할거주의(parochialism)를 제거하고 인사행정의 공정성·중립성을 확보할 수 있다는 데 그 필요성이 있다.

2. 각 부처인사행정기관

각 부처인사행정기관은 관료성격을 띤 기관으로 부처의 장을 보좌하여 인사상의 여러 가지의 집행기능을 담당함이 보통이다.

각 부처 인사행정기관의 역사는 비교적 짧아 실적주의가 일찍이 확립된 국가에서도 이에 해당되는 기관이 별도로 없었다. 인사행정이 양적으로 확대되고 엽관주의의 위험성이 해소됨에 따라 중앙인사기관의 기능이 분화됨으로써 각 부처에 인사행정기관을 설치하게 되었다.

Ⅱ 인사행정기관의 유형

중앙인사행정기관의 기능과 유형은 나라와 시대에 따라 다르나, 독립성과 합의성, 집권화와 분권화를 기준으로 분류되고 있다.

(1) 독립성과 합의성이 있는 경우: 미국(연방인사관리처와 실적제보호위원회)·일본(인사원)·필리핀(인사위원회) 그리고 과거 우리 나라의 중앙인사위원회가 좋은 예이다.

(2) 독립성은 있으나 합의성이 없는 경우: 영국과 같이 중앙인사기관이 없는 경우도 있다. 영국의 경우, 인사위원회는 공무원의 선발에 관한 한정된 권한을 가지며, 대부분의 중요한 기능을 총리실(cabinet office)에서 수행한다.[20]

(3) 독립성과 합의성이 없는 단독제인사기관인 경우: 프랑스(인사국: Direction du personnel)·구소련(재무성) 등을 들 수 있다.

일반적으로 중앙인사기관의 조직에 있어서는 독립성, 합의제와 단독제, 집권화와 분권화의 문제가 제기되고 있으며, 이를 간추려 보면 다음과 같다.

(1) 독 립 성

중앙인사관리의 독립성은 임원의 신분보장이 되어 있고 자주적인 조직권이 있으며, 예산의 자주성이 확보되어 있는 기관을 말한다. 그러나 이 경우 독립성은 보통 입법부 또는 사법부에 대한 것이 아니라 정치적 기초를 가지고 있는 행정부에 대한 상대적인 독립성을 말한다. 대체로 일찍이 엽관주의가 발달했던 나라에서는 독립성이 있는 중앙인사기관을 수립하였다. 독립성의 장점에 관해서는 보호주의의 입장과 관리주의의 견해가 있는데, 전자는 엽관주의에 따른 위험을 예방한다고 하여 옹호하는 입장을 취하며, 후자는 중앙인사기관의 독립성이 적극적 인사행정에 방해가 된다는 부정적인 견해를 보이고 있다.[21]

---

20 그러나 영국도 최근에 Civil Service Department를 신설하고 종래의 대장성의 인사기능을 통합하고 있다. B. C. Smith and J. Stanyer, "Administrative Development in 1968," *Public Administration*, Vol. 47(Autumn 1969), p.333.

21 L. W. Koenig, "Regulating," in L. I. Salmon(ed.), *The Independent Federal Regulatory Agencies*(New York: H. W. Wilson, 1959), pp.47~48.

(2) 합 의 성

합의제 인사기관은 인사위원이 다수로 구성되고 정치적 중립성을 보장하기 위한 여러 가지 조치가 강구된다. 인사위원은 비전문가인 경우가 많으며, 능률보다는 민주성에 중점을 둔 조직형태이다. 합의제는 신중한 결정을 내릴 수 있고 여러 이해관계인의 의사를 골고루 반영시킬 수 있는 장점이 있으나, 행정사무의 지연, 책임소재의 불분명, 효율적인 통제의 곤란 등의 결점도 있다.

(3) 집권화와 분권화

대체로 중앙인사기관이 처음 수립되었을 때에는 실적주의의 확립과 인사행정의 통일성을 기하기 위하여 인사권을 중앙인사기관에 집권화하였다. 그러나 집권화함으로써 적극적 인사관리를 할 수 없고 능률의 저하를 가져온다는 비판이 나오게 되었다. 원래 집권화는 반엽관주의사상에 그 근거를 두고 있으므로 실적주의의 확립과 행정능률의 향상을 위해서는 점차 분권화가 요청된다. 그러나 지나친 분권화는 중앙인사기관의 무용론을 불러일으킬 우려가 있다.

Ⅲ 인사행정기관의 기능

일반적으로 중앙인사기관의 기능으로는 준입법기능, 준사법기능, 집행기능 및 감사기능을 들고 있다.

(1) 준입법기능

의회에서 제정한 법률의 범위 안에서 인사에 관한 기준·규칙을 제정하는 기능으로 일종의 위임입법이다.

(2) 준사법기능

공무원에 대하여 부당한 처분이 행하여진 경우, 처분받은 공무원이 소청을 하면 이에 대한 판결을 할 수 있다.

(3) 집행기능

인사행정에 관한 구체적 사무의 처리를 말하며, 임용·훈련·승임·직위구분 등이 바로 그것이다.

(4) 감사기능

인사업무에 대해서 관련된 기관을 감사하는 기능을 말하며, 중앙인사기능의 설치목적에 따라 당연히 요청되고 인사행정이 분권화됨에 따라 그 중요성이 더욱 증대되고 있다.

Chapter

02 공직의 분류

제 1 절 계 급 제

I 계급제의 의의

계급제란 사람의 자격·능력을 기준으로 하여 계층을 만드는 것으로서, 농업사회의 관료제와 마찬가지로 계급제의 전통은 오래전부터 유지되어 오고 있다.

이러한 여러 나라의 계급제가 가지고 있는 주요 특징을 고찰하면 다음과 같다.

(1) 4대계급제

계급제를 가지고 있는 여러 나라의 경우를 비교·고찰하면 그 중 대부분(영·독·불·전전(戰前)일본)의 나라가 4대 계급으로 분류하고 있다. 우리나라의 경우 8·9급, 6·7급, 4·5급, 1~3급 또는 고위공무원단 등으로 분류되어, 이들 간의 이동은 시험과 같은 평가를 거치게 된다. 이 4계급분류의 주요 원인은 교육제의 계층과 일치시키려는 데 있다.

(2) 계급 간의 차별

보통 계급제를 채택하고 있는 나라에서는 각 계급공무원의 사회적 평가·보수·성분·교육상의 차이가 크며, 따라서 계급 간의 승진을 특별히 어렵게 하고 있어 원칙적으로 일단 어떤 하나의 계급에 임용되면 일생 동일계급에 머물거나, 또는 일계급밖에 승진 못하는 것이 통례이다. 그런데 우리 나라의 경우는 해방 후 계급제를 채택하여 왔지만 미국이나 유럽의 여러 나라와는 상대적으로 계급 간의 차이가 별로 크지 않은 셈이다.

(3) 고급계급의 엘리트(élite)화

계급 간의 차이가 심한 국가에서는 고급공무원의 수는 적게 하고 있으나 이들에 대해서는 교육·대우면에서 특별한 고려를 하고 있으며, 종래 이를 반대하던 미국도 점차적으로 전환하여 특별히 우수한 고급공무원의 양성에 주력하고 있다.

(4) 폐쇄형(closed career)

계급제를 채택하고 있는 나라는 대체로 폐쇄형을 쓰고 있다. 여기의 폐쇄형이란 신규임용되는 자는 누구나 원칙적으로 그 계급의 최하위로부터 승진하여 올라가야 하며, 따라서 동일계급 내의 중간위치에 외부로부터 뛰어드는 것이 금지되어 있다. 폐쇄형의 장점은 공무원의 사기앙양과 행정의 안정을 기할 수 있는 데 비하여, 능력의 저하와 신기풍을 불어넣는 것이 부족하여 자칫하면 관료주의화할 우려가 있다.

Ⅲ 계급제의 장·단점

계급제란 일반적으로 산업이 별로 발달하지 못하고 분업화가 많이 이루어지지 못한 농업사회에서 발달한 것이며, 사회생활이 점차적으로 산업화와 분업화의 영향을 받게 됨에 따라 직위분류제를 도입하는 경향을 볼 수 있다.

(1) 공무원을 채용하는 데 있어서 직위분류제하에 있어서는 바로 공석이 되어 있는 직위가 요구하는 특수한 능력을 가진 인물을 물색하게 된다. 그러나 계급제하에서는 상대적으로 넓은 일반적 교양·능력을 가진 사람을 채용할 수 있다.

(2) 계급제에서는 공무원의 채용 후 장기간에 걸쳐 능력이 넓게 키워지므로 공무원의 능력이 보다 신축성·적응성을 가질 수 있고, 따라서 직업공무원제의 수립에 큰 공헌을 하게 된다.

(3) 어떠한 하나의 특수직책에만 종사하게 되는 직위분류제하의 공무원은 시야와 이해력이 좁아 타직원·타기관과의 횡적 협조가 어려운 데 반하여 계급제하의 공무원은 이것이 용이하다.

(4) 직위가 있음으로써 공무원이 임용되고 그것에 따라 직책을 배당받는 직위분류제하의 경우보다 계급제하에서는 사람이 직책과 관계 없이 신분을 유지하므로 공무원의 신분보장에 있어 더 강한 안정감을 줄 수 있다. 이는 조직체의 기구변혁에 직위분류제하에서와 같은 영향을 받지 않기 때문이다.

(5) 직위분류제에서는 승진·전직·전보 등에 있어서 동일 직렬·직급에 따라서만 움직이게 되어 있기 때문에 인사배치상의 기회가 제약되어 있는 데 반하여, 계급제에서는 이러한 심한 제약을 받지 않으므로 인사권자는 물론 대상이 되는 당사자도 배치될 수 있는 기

회가 증대하여 적재적소에의 배치가능성이 제고된다. 그러나 이것은 어디까지나 인사권자나 당사자가 올바른 주관적 판단을 한다는 것을 전제로 하는 경우에만 가능한 것이다. 단점은 직위분류제의 장점의 반대이므로 재론을 생략한다.

Ⅲ 직위분류제와 계급제의 관계

양 제도를 각각 도입한 국가들은 사회의 분화와 이에 따른 인사행정상의 새로운 요구로 인하여 상대 제도의 장점을 인식하고 이를 도입해 나가기 시작했다. 이와 같이 양 제도는 처음에는 각자 평행의 길을 걸어 왔으나 점차 상대방의 장점을 받아들여 채용·보수·훈련·전보 등의 인사행정상의 여러 부문에서 서로 혼합된 제도를 제각기 나라마다 꾸며 나가고 있다.

(1) 미국은 1978년 공무원제도개혁법에 의거 고위공무원단(Senior Executive Service)을 설치·시행함으로써 직위분류제에 계급제적인 요소를 도입하고 있다. 고위공무원단(SES)은 일반직(general schedule)의 81개 등급 중 GS 15 이상의 고급공무원과 집행직(executive level)의 5개 레벨 중 레벨 Ⅳ와 Ⅴ에 해당하는 고급공무원들로 구성된다. 고위공무원단 제도는 인사배치상의 신축성을 제공해 주고 전문성과 지속성을 지닌 일단의 고급관리자를 육성·개발하기 위한 것이라고 할 수 있다. 이 제도 내의 공무원은 실적에 따라 보상을 받을 수 있고, 실적이 저조한 경우에는 제재를 가할 수 있도록 했다. 또한 기관 간의 공무원 전보도 가능하게 되었다.[1]

(2) 계급제의 전통이 강했던 영국에서도 직위분류제적인 요소를 도입하려는 노력이 있다. 1968년 풀턴(Fulton)보고서는 계급제의 폐지와 직무평가제의 도입 등을 건의하였다. 이러한 건의에 따라 1971년 행정·집행·서기 계급이 단일 행정그룹(administrative group)으로 통합되었고 외부로부터의 임용(late entry)이 보다 확대되었다.[2]

(3) 한국의 경우 아직 계급제가 공무원제도의 근간을 이루고 있다. 1973년 직위분류법이 폐지되었으나 아직도 직위분류제적인 요소가 많이 남아 있다.[3] 또한 1981년 4월 국가공무원법 개정에서 직군에 대한 정의를 신설하고 직류를 신설한 것 등은 직위분류제 도입을 위한 노력의 일환이고, 2004년 고위공무원단의 도입으로 보다 신축적인 인사행정을 수

---

1 F. A. Nigro and L. G. Nigro, *The New Public Personnel Administration,* 2nd ed.(Itasca: F. E. Peacock, 1981), pp.128~30; O. Glen Stahl, Public Personnel Administration, 8th ed.(New York: Harper & Row, 1983), pp.59~62.

2 Nigro and Nigro, *op. cit.,* pp.116~17.

3 국가공무원법 제3장 제21조~제24조 참조.

행하고 있다.

I　직위분류제의 의의

인사행정에 있어서 다수의 공무원을 개별적으로 다룬다면, 혼란과 무질서를 초래하게 된다. 따라서 어떠한 일정한 기준이 필요하게 되는데, 이 기준으로는 직위(position)에 기초를 둔 직위분류제(position classification)와 이미 논의한 계급(rank)에 기초를 둔 계급제가 있다.

직위분류제는 공직을 각 직위에 존재하는 직무의 종류와 곤란성, 책임도의 차이에 따라 횡적으로는 직종별로, 종적으로는 등급별로 구분·정리하는 제도를 말한다. 반면에 계급제는 사람을 중심으로 개개 공무원의 신분상의 자격·학력·능력을 기준해서 계급으로 분류하는 제도를 말한다. 직위분류제는 1909년 미국의 시카고시에서 처음으로 시작되었으며, 1949년에 새로운 분류법이 제정됨으로써 연방정부수준에서도 널리 사용하게 되었다.[4]

직위분류제의 올바른 수립을 위해서는 직위와 재직자를 구별하여 생각해야 한다. 즉 직위분류제에서 말하는 직위는 의무와 책임의 단위이며, 그것을 담당하는 사람과는 관념적으로 구별된다.

각국의 공무원분류제도를 보면, 계급제의 원리와 직위분류제의 원리를 약간씩 절충하고 있다. 직위분류제는 주로 미국의 영향을 많이 받은 캐나다·파나마·필리핀 등에서 채택하고 있으며, 계급제는 유럽 여러 나라의 영향을 많이 받았고 농업사회의 전통이 강한 국가에서 채택하고 있다. 계급제의 역사는 매우 오래되었으며, 오늘날 대다수의 공무원제도는 계급제를 주축으로 하고 있다. 우리 나라는 양제도가 절충·혼합된 상태라고 할 수 있다.

---

4 D. F. Halloran, "Why Position Classification?" *Public Personnel Review*, Vol. 28, No. 2(April 1967), p.89.

Ⅱ 직위분류제의 효용과 장·단점

1. 장 점

(1) 보수체제의 합리화
직위분류제는 동일한 직급의 직위에 대해 공통된 보수표를 적용할 수 있게 함으로써 보수제도의 합리적 기준을 제공한다.

(2) 인사행정의 기준제공
직위가 요구하는 직무의 성질이나 내용에 따라 공무원을 임용·배치할 수 있어 그 직위에 알맞은 사람을 선발할 수 있게 한다.

(3) 근무성적평가의 기준제공
공무원의 직무수행능력에 대한 정확한 평가를 위해서는 직무의 내용이 구체적으로 명시되어 있어야 하므로 직위분류제는 공무원의 근로능력을 정확히 파악하는 데 도움이 된다.

(4) 권한·책임한계의 명백화
직위분류제는 모든 직위를 분석·평가함으로써 권한과 책임의 한계를 명백히 하여 행정능률의 합리화에 공헌한다.

(5) 행정의 전문화
공무원의 승진이 동일한 직종에 따라 이루어지므로 특정분야에 관한 전문가를 양성하게 한다.

(6) 예산절차의 간소화
직위분류에 있어서는 필요한 직위를 예산상의 과정에서 파악할 수 있으므로 능률적인 예산편성을 할 수 있으며, 국민은 정부의 인건비에 관한 예산을 통제하기 쉽다.

(7) 정원관리·작업연구
직무분석을 통해 계속적인 작업연구가 가능하며, 직원의 업무분담을 합리화하여 효율적인 정원관리를 할 수 있다.

2. 단 점

직위분류제의 단점은 계급제의 장점이 되기도 한다.

⑴ 일반적 교양과 능력 있는 자를 채용하지 못하며, 직위가 요구하는 특수한 능력을 가진 자에 치중한다.

⑵ 직급별로 인사배치를 하므로 배치상의 융통성이 없어진다.

⑶ 직위분류제에서는 행정의 전문화가 이루어져 있으므로 다른 직원이나 기관과의 협조와 조정이 어려울 수 있다.

⑷ 융통성이 적은 인사상의 경직성은 직업공무원제의 확립을 저해한다.

⑸ 공무원의 신분이 직책에 따라 영향을 받으므로 기구개편의 영향을 크게 받아 행정의 안정성이 저해된다.

Ⅲ 직위분류제의 구조

직위분류제는 다음과 같은 요소가 종·횡적으로 얽혀서 구성되어 있다.

(1) 직위(position)

한 사람의 공무원에게 부여할 수 있는 직위와 책임을 말하며, 그것을 담당하는 사람과는 엄격히 구분된다. 원칙적으로 행정조직의 구성원 수는 직위의 수와 일치한다.

(2) 직급(class)

직위가 내포하는 직무의 종류·곤란성·책임성·자격요건 등이 상당히 유사하여 채용·보수 등 인사행정상 동일하게 다룰 수 있는 직위의 집단을 말한다.

(3) 직류(sub-series)

동일 직렬 내에서 담당하고 있는 직무가 유사한 경우의 집단을 말한다. 일반행정 직렬에 행정, 재경, 법무 등과 같은 직류가 있다.

(4) 직렬(series)

직무의 종류는 유사하지만 곤란도·책임도가 상이한 직급의 군을 말한다. 이 직급들은 그 곤란성·책임도에 따라 배열된다. 직렬을 바꾸는 전직의 경우 시험이 부과된다. 행정직군으로 말한다면 행정, 교정, 세무, 검찰 등의 직렬로 대별된다.

(5) 직군(group)

직무의 종류가 광범하게 유사한 직렬의 군을 말한다. 우리의 경우 행정직군과 기술직군으로 대별된다.

(6) 등급(grade)

직무의 종류는 상이하지만 직무의 곤란성·책임도와 자격요건이 유사하여 동일한 보수를 줄 수 있는 모든 직위를 말한다.

Ⅳ 직위분류제의 수립절차

직위분류제를 수립하는 절차는 복잡하며, 이에 사용되는 기법도 다양하다. 계획은 인사기관이 단독으로 행하기도 하고 외부기관의 도움을 얻는 경우도 있지만, 위원회를 조직하는 것이 효과적이다.

(1) 준비작업

분류작업을 시작하기에 앞서 그 기초를 마련하는 준비단계이며 기본정책의 결정, 필요한 법령의 제정, 주관할 기관의 결정, 분류기술자의 확보와 작업절차의 입안, 분류될 직위의 범위 결정, 공보활동 등이 이 단계의 주요내용이 된다.

(2) 직무조사

분류대상이 된 직위들의 직무에 관한 자료수집단계이다. 여기서 필요로 하는 중요한 자료는 직위에 배정된 일의 내용, 책임과 권한 및 직무수행에 필요한 자격요건 등이다. 이 단계에서는 먼저 조직구성의 전반적인 관계와 해당 조직단위의 업무관계 등 일반적인 사항을 예비적으로 조사해야 한다. 자료수집의 가장 중요한 수단은 직무에 관한 조사표인 직무기술서이며, 주무기관이 직무기술서를 재직자들에게 배포하면 재직자들은 자기가 담당하고 있는 일에 관하여 기입한다.

(3) 직무분석과 평가

직무분석은 각 직위의 직무종류를 구별하여 직군과 직렬을 구분하는 작업이다. 직무분석에서는 직군·직렬의 수를 몇 개로 할 것인가가 문제된다. 직무평가는 각 직위의 상대적 가치 또는 비중을 측정하여 등급을 결정하는 작업이다. 따라서 직무평가는 보수수준의 결정과 깊은 관련을 가지고 있다.[5]

이 두 가지 작업이 끝나면, 직급이 규정되고 직급의 배열에 의한 분류구조가 형성된다.

---

5 P. Pigors and C. A. Myers, *Personnel Administration*(New York: McGraw-Hill, 1956), p.278.

(4) 직급명세서의 작성

직급·직렬·등급이 결정되면 직급별로 직급명세서를 작성한다. 직급명세서는 직위분류의 기본이 되는 문서이며, 여기에는 직급의 명칭, 직무의 내용, 책임의 범위, 자격요건, 채용방법, 보수액 등을 명시해야 한다.

(5) 채택과 관리

직급명세서의 작성이 끝나면 완성된 분류안을 채택하여 운영하는 단계로 넘어간다. 이 과정은 일시적으로 끝나는 일이 아니며 계속적인 과정이 된다. 여기서는 직위의 신설·개폐 등과 같이 변동에 대응하여 분류구조를 수정하는 일이 주된 과제가 된다.

Ⅴ 직위분류제 도입상의 문제점

우리 나라는 계급제에 의하여 공직분류가 되어 있으며, 거기에 직위분류제는 보완적 으로 활용하고 있다. 1960년대에 급격히 고조되었던 직위분류제의 도입은 우리 나라의 실질적인 사정에 의하여 크게 후퇴하여 1973년의 법개정은 "일반직에 대한 직위분류제의 실시는 대통령령이 정하는 바에 의하여 그 실시가 용이한 것부터 단계적으로 실시할 수 있다."고 규정하여 제도의 점진적 개혁의 방향을 제시하고 있다.

우리 나라에 있어서 직위분류제 도입상의 문제점을 요약하여 보면 다음과 같다.

(1) 가치관의 차이

행정기능이 고도로 전문화하고 기술화되어 있는 미국의 경우와 달리 우리 나라의 행정에 있어서는 직위분류를 어느 정도로 하여야 할 것인가의 문제가 있다. 또한 전통적인 계급제의 기반을 가지고 있는 우리 나라 공무원사회의 환경에서 충분한 성과를 기대하기 어려운 것이 현실이다.

(2) 분류대상 직위의 범위

직위분류제에 따라 직무를 지나치게 세분화·전문화하였을 경우에는 일반행정 관리자의 양성과 인사행정상의 융통성을 저해하므로 직위분류의 정도를 어떻게 하느냐의 문제가 있다.

(3) 혼합직의 처리

하나의 직위에서 현저하게 다른 직무를 혼합하여 수행하고 있는 현실에서 직위의 세분이 곤란하다.

(4) 기술의 미숙

분류경험의 미숙 또는 분류기술의 부족으로 인한 재직자의 기피현상은 객관성있는 직무분석과 평가를 곤란하게 한다.

(5) 직무급의 곤란성

직업분류제의 이점의 하나는 동일직무에 대한 동일급여의 실현에 있다. 그러나 우리 나라의 현실은 이러한 직무급의 실현이 곤란한 상태이므로 실익이 적다.

제 3 절 폐쇄형과 개방형

1. 공무원제도의 두 형태

공무원제도에는 신규채용 및 승진과 관련하여 대조적인 두 제도가 있다.

폐쇄적 공무원제(closed career system)는 공무원의 신규채용이 원칙적으로 해당 계급의 최하위계급에서만 이루어지고 상위계급의 충원은 내부승진에 의해서 행해진다. 이에 반해서 개방형 공무원제(open career system)에서는 공무원의 신규채용이 각 계층의 어느 계급에서나 허용된다.

전통적으로 유럽 여러 나라에서는 폐쇄형을 채택해 왔고, 미국에서는 개방형을 채택하여 왔다. 그러나 오늘날 대부분의 국가에서는 정도의 차이가 있긴 하지만, 양 제도를 절충하여 사용하고 있는 것이 일반적인 경향이다. 우리 나라도 국민의 정부 이후 개방형을 도입함으로써 양 제도를 병용하고 있다고 볼 수 있다.

2. 양제도의 장·단점

(1) 폐 쇄 형

(1) 재직자의 승진기회가 많으므로 공무원의 사기가 높아진다.

(2) 공무원의 신분보장이 강화됨으로써 행정의 안정성을 유지할 수 있다.

(3) 젊은 사람이 공직을 평생의 직업으로 삼고 발전해 갈 수 있도록 유도하므로 직업공무원제도의 확립에 유리하다.

(4) 조직에 대한 소속감이 높고 경험을 이용할 수 있으므로 행정능률의 향상에 도움이 된다.

(2) 개 방 형

⑴ 외부로부터 유능한 인재를 등용·확보할 수 있다.

⑵ 활발한 신진대사로 관료제의 침체 및 경직화방지에 도움이 된다.

⑶ 임용에 있어서 직무수행능력을 강조함으로써 행정의 질적 수준을 제고시킬 수 있다.

⑷ 행정에 대한 민주통제가 보다 용이하다.

제4절 경력직과 특수경력직

종래에는 공무원을 분류하기 위한 기준으로서 국가공무원법의 적용을 받는지의 여부에 따라 일반직과 별정직의 구분이 행해지고 있었는데, 1981년 4월에 개정된 국가공무원법에 의하여 경력직공무원과 특수경력직공무원의 구분이 채택되었고,[6] 이는 2013년 이후 재조정되어 현재에 이르고 있다.

1. 경 력 직

경력직이란 실적과 자격에 의하여 임용되고 그 신분이 보장되는 공무원으로서 평생토록 공무원으로 근무할 것이 예정되는 공무원을 말하며 그 종류는 다음과 같다.

(1) 일반직 공무원

일반직 공무원이란 종래 사용되었던 구분으로 기술연구 또는 행정일반에 대한 업무를 담당하는 직군·직렬별로 분류되는 공무원을 말한다.

(2) 특정직 공무원

법관·검사·외무공무원·경찰공무원·소방공무원·교육공무원·군인 및 국가정보원 직원과 특수분야의 업무를 담당하는 공무원으로서 다른 법률에 의하여 특정공무원으로 지정하는 공무원을 특정직 공무원이라고 부른다.

2. 특수경력직

특수경력직 공무원이라 함은 경력직 공무원 이외의 공무원을 말하며, 그 종류는 다음과 같다.

---

6 국가공무원법 제2조 참조.

(1) 정무직 공무원

① 선거에 의하여 취임하거나, 임명에 있어서 국회의 동의를 요하는 공무원

② 감사원장·감사위원 및 사무총장, 국회사무총장·차장·도서관장·예산정책처장·입법조사처장 및 의정연수원장, 헌법재판소 재판관·사무처장 및 사무차장, 중앙선거관리위원회 상임위원·사무총장 및 차장

③ 국무총리, 국무위원, 대통령비서실장, 국가안보실장, 대통령경호실장, 국무조정실장, 국무1차장·2차장, 국무총리비서실장, 처의 처장, 각부의 차관, 청장(경찰청장은 특정직), 차관급상당이상의 보수를 받는 비서관(대통령수석비서관, 대법원장비서실장, 국회의장비서실장)

④ 국가정보원장 및 차장, 방송통신위원회위원장 등

(2) 별정직 공무원

① 국회 수석전문위원

② 감사원 사무차장 및 특별시·광역시·도선거관리위원회 상임위원

③ 국가정보원 기획조정실장, 각급노동위원회 상임위원, 해난심판원의 원장 및 심판관

④ 장관정책보좌관, 비서관, 비서, 기타 다른 법령이 별정직으로 지정하는 공무원

현·대·행·정·학

03 직업공무원제와 정치적 중립

I 직업공무원제의 의의

직업공무원제란 공직이 유능하고 인품 있는 젊은 남녀에게 개방되고 매력적인 것으로 여겨지며, 또한 업적에 따라 명예로운 높은 지위에 올라갈 수 있는 기회가 보장되어 공직을 생애를 바칠 만한 보람 있는 일로 생각할 만한 조치가 마련되어 있는 제도를 의미한다.

실적주의와 더불어 현대인사행정의 중요한 제도로는 직업공무원제(career system)가 있다. 이 제도는 유럽 여러 나라에서는 비교적 일찍부터 발전되어 왔으나, 미국·캐나다 등에서는 등한시되어 왔다. 즉, 미국은 1883년 펜들턴법(Pendletion Act)이 제정됨으로써 실적주의가 확립되었으나 직업공무원제의 필요성이 강조된 것은 1935년 이후부터이다.

실적주의는 간혹 직업공무원제를 의미하는 것으로 오해되고 있으나 실적제도는 직업공무원제의 기반을 닦아 놓은 것에 불과하며, 또한 직업공무원제는 단순한 종신직과도 구별되어야한다. 근대공무원제도의 특색은 원칙적으로 직업공무원제를 채택하는 데 있다.

II 직업공무원제의 확립요건

(1) 공직에 대한 높은 사회적 평가

정부는 고용주로서의 높은 위신을 지켜 공직이 매력적인 것으로 평가되도록 하여야 한다. 또한 공무원은 공직을 치부의 방법이나 특권향유의 수단으로 생각하는 비민주적 공직관을 공공봉사정신에 의한 민주적 공직관으로 바꾸어야 한다.

(2) 채용시험제 확립

유능하고 인품 있는 젊은이들을 채용할 수 있는 제도가 마련되어 가급적이면 학교를 졸업한 후 즉시 공직에 임용될 수 있도록 하여야 한다.

(3) 보수의 적정화

보수가 적어도 생활의 안정을 보장할 수 있을 정도로 적정화되어 있어야 하며, 일반적 원칙에도 적합하도록 제도화되어 있어야 한다.

(4) 연금제도의 확립

공무원이 퇴직 후의 생활에 불안을 느끼지 않고 공직에 봉사할 수 있도록 연금제도가 적절히 확립되어 있어야 한다.

(5) 공무원 교육훈련제도의 확립

재직공무원의 채용시의 유능한 자질을 계속 유지·발전시켜 주고 잠재적 능력을 개발·신장시켜 새로운 기술과 능력을 습득시키며 새로운 의욕에의 동기부여를 할 수 있는 교육훈련제도가 확립되어야 한다.

(6) 인력수급계획의 수립

발전지향적인 인력의 수급을 원활히 하고 인사행정의 불공평·침체를 방지하기 위하여 장기적 인력수급계획이 수립되어야 한다.

Ⅲ 직업공무원제의 결함

직업공무원제의 결함은 그것이 처해 있는 구체적인 여건에 따라 달라지는 바, 그 장·단점을 획일적으로 판단하기는 어렵다. 다만 민주주의질서를 기본으로 하는 산업사회를 배경으로 하여 볼 때 지적되고 있는 직업공무원제의 결함은 다음과 같다.

(1) 공무원집단의 특권화

공무원집단이 환경적인 요청에 민감하지 못해 특권집단화할 염려가 있다. 이러한 정부관료제의 특권집단화는 민주적 통제를 어렵게 하여 민주주의적 이념에 배치되는 것이다.

(2) 기회의 불균등

학력과 연령에 관한 요건을 엄격히 규정하여 모집대상의 범위를 제한하는 것은 공직취임의 기회를 균등하게 해야 한다는 민주적 요청에 어긋나는 것이다.

(3) 공직사회의 침체

공직의 중간계층에 외부의 이질적인 요소, 즉 다른 분야의 경험을 가진 인재가 흡수되지 못함으로써 공직이 침체될 염려가 있다.

(4) 행정의 전문화 저해

일반능력자주의에 치중하는 폐쇄적 인력운용은 정부활동의 분야별 전문화와 행정기술의 발전에 지장을 초래한다.

Ⅳ 직업공무원제의 현실과 방향

전통적으로 직업공무원제를 채택하고 있던 유럽 각국에서는 시대의 변천에 따라 나타나는 직업공무원제의 단점을 보완하기 위해 미국식제도의 여러 가지 요소를 점차 도입하려고 노력해 왔으며, 한편 미국에서는 직업공무원제의 이점을 기존 인사제도에 가미해 가고 있어 양제도는 상당히 접근해 가고 있음을 볼 수 있다.

제2절 | 공무원의 정치적 중립

Ⅰ 정치적 중립의 의의

행정국가시대에 건전한 정치문화의 창달을 위하여, 또한 직업공무원제의 유지를 위하여 공무원의 정치적 중립은 매우 중요하다. 공무원의 정치적 중립이란 공무원이 정당적 목적에 이용되지 않고 공무원의 본분을 유지하고 공무원집단을 정치로부터의 중립적인 세력권으로 하여 민주체제의 균형과 정권교체에 동요되지 않고 행정의 전문성과 공평성과 계속성을 유지하려는 것이다.

따라서 공무원의 정치적 중립성의 문제는 군주제나 일당독재 또는 엽관주의 인사행정을 하는 국가에서는 논의의 여지가 없다. 실적주의 인사행정을 하는 국가에 있어서만 문제되고 있는 것이다.

복수정당의 의회정치국가에서 공무원의 정치적 중립을 요구하는 이유는 다음과 같다.

⑴ 공무원은 정당의 봉사자가 아니며 국민전체의 봉사자로서 공익을 추구해야 할 본질적인 사명에서 불편부당한 입장을 지켜야 한다는 행동규범이 요구된다.

⑵ 행정에 대한 정치의 개입은 행정능률의 저하와 부패와 낭비를 조장하므로 이를 방지하고 행정의 안정성을 확보하고자 하는 것이다.

⑶ 정권의 변동에도 불구하고 전문적이고 계속적인 행정의 수행을 확보하기 위해서는 중립적인 공무원집단이 필요하다.

⑷ 정치체제 내의 세력균형을 유지하여 조정자적 역할을 하게 하기 위해서도 필요하다.

Ⅱ 정치적 중립의 내용

공무원의 정치적 중립을 요구하는 내용과 정도는 국가마다 사정에 따라 다르다. 대체로 실적주의 인사행정이 일찍이 확립되고 엽관주의 인사행정의 폐단을 크게 경험하지 않은 국가는 공무원의 정치활동에 관대한 편이나 엽관주의나 정실주의의 폐단을 경험한 미국이나 이런 영향을 받은 국가에 있어서는 공무원의 정치적 중립 요청이 강력하다.

일반적으로 공무원의 정치적 중립을 요구하는 국가는 공무원을 외부의 정치적 간섭으로부터 보호하고 공무원의 정치참여를 금지하는 조치를 법제화하는 경향이 있다.

우리나라의 경우 1948년 건국 당시에는 공무원의 정치적 중립에 관한 규정을 두지 않았으며, 제헌헌법 제27조에 "공무원은 주권을 가진 국민의 수임자이며 언제든지 국민에 대하여 책임을 진다"라고 규정하였다. 그러나 자유당 정권하에서의 엽관인사의 폐해, 공무원의 여당에 대한 편파적 지원 및 부정선거 유도 등의 폐해로 인하여 공무원의 정치적 중립을 헌법과 국가공무원법에 명시하였는데, 제2공화국의 기초가 된 3차 개헌에서는 "공무원의 정치적 중립성과 신분은 법률이 정하는 바에 의하여 보장된다"고 규정하였다. 1962년의 5차 개헌에서도 "공무원은 국민 전체에 대한 봉사자이며 국민에 대하여 책임을 진다"고 규정하였는데, 이는 9차례에 걸친 헌법의 개정과 20차례에 걸친 국가공무원법의 개정에도 불구하고 현재까지 남아 있다. 현재의 헌법은 제7조 제2항에서 "공무원의 신분과 정치적 중립성은 법률이 정하는 바에 의하여 보장된다"라고 규정하고 있으며 국가공무원법도 직무의 공정한 수행의무, 성실의무, 정치활동의 금지규정 등을 통하여 공무원의 정치적 중립을 철저히 보장하고 있다.

현재 국가공무원법에서 규정하고 있는 공무원의 정치적 중립에 관한 조항을 살펴보면 제65조 제1항에서 "공무원은 정당이나 기타 정치단체의 결정에 관여하거나 이에 가입할 수 없다"고 규정하고 있으며, 제2항에서는 "공무원은 선거에 있어서 특정정당 또는 특정인의 지지나 반대를 하기 위하여 다음과 같은 행위를 하여서는 안된다"고 규정하고 있다.

① 투표를 하거나 하지 않도록 권유활동을 하는 것

② 서명운동을 기도, 주재, 권유하는 것

③ 문서 또는 도서를 공공시설 등에 게시하거나 게시하게 하는 것

④ 기부금을 모집 또는 모집하게 하거나 공공자금을 이용 또는 이용하게 하는 것

⑤ 타인에게 정당이나 그 밖의 정치단체에 가입하게 하거나 또는 가입하지 않도록 권유운동을 하는 것

이렇게 볼 때 우리나라의 경우 공무원의 정치적 중립 대해서는 법률적으로 비교적 상세한 규정을 마련하고 있으나 실제에 있어서는 아직도 공무원의 신분보장과 승진 등에 외부의 영향력이 중요한 변수가 되고 있고, 선거 때마다 공공연히 여당지원활동을 해 왔다는 현실과 법 규범 사이의 괴리는 과거 우리의 정치상황에서 끊임없이 문제시되었던 것이 주지의 사실이기에, 앞으로도 이에 관한 다양하고 강한 제도의 마련과 실행이 요구된다.

Ⅲ 정치적 중립의 문제점

1. 기본권과의 관계

공무원은 헌법과 법률의 기본적 이념에 따라 시민으로서의 기본권은 물론 공무원으로서의 직업에 따르는 이익을 추구할 수 있어야 한다. 그러나 대부분의 국가에서는 공무원의 본질상의 이유로 이를 금지 또는 제한하고 중립적 입장을 지키도록 요구하고 있다. 이러한 현상은 민주정치의 원칙에 위배되는 것으로 비판을 받고 있으며, 개인의 기본권보장과 정치적 중립의 조화를 어떻게 하여야 할 것인가는 국가마다 다르다.

2. 정치성과의 관계

정치와 행정은 분리될 수 없다는 정치·행정 일원론의 입장은 공무원의 정치적 중립을 부정하고 있다. 현대행정은 정치성을 띠고 있으며 행정은 정치적 환경 속에서 수행되고 있는 점을 감안할 때, 공무원의 정치적 중립은 절충적 입장에서 부당한 정실개입으로부터의 독립성을 의미하는 것으로 이해될 수 있다.

Ⅳ 정치적 중립의 확립요건

공무원의 정치적 중립을 확립하기 위한 기본적 요건은 다음과 같다.

⑴ 정치적 중립성이 공무원의 직업윤리로 확립되어 있어야 한다.

⑵ 공무원의 정치적 중립을 가능케 하는 정치적·사회적 환경이 조성되어야 한다. 정권의 평화적 교체가 가능한 정치적 여건조성과 정치인들의 민주적 정치윤리가 확립되어 공무원을 정치에 이용하려는 풍토의 개선이 이루어져야 한다.

⑶ 국민의 정치의식이 높아져 공무원의 정치적 중립을 적극적으로 뒷받침해 주어야 한다.[1]

제 3 절 공무원의 단체활동

Ⅰ 공무원단체의 의의

공무원단체란 공무원의 근로조건을 유지·향상시키기 위하여 조직하는 단체를 말한다. 공무원단체는 광의로 이해하면 비공식·자생단체까지를 포함하는 개념이지만, 일반적으로 노동조합의 형태를 갖춘 공식적 집단만을 다루고 있다.

공무원집단은 기업의 노동조합운동에 크게 영향을 받은 것으로 공무원은 기업의 근로자와는 본질적 역할을 달리하고 있지만, 공무원의 집단이익을 표시하여 복지증진을 도모하고, 사기를 앙양하며, 관리층과의 협상과정에서 상호 이해를 증진하여 조직 내의 민주화와 인간관계의 개선을 기하고, 행정발전에 기여할 수 있다는 필요성에 의하여 단체의 인정을 주장하고 있다.

오늘날 대부분의 국가에 있어서는 공직의 특수성에 비추어 공무원단체의 조직과 활동은 원칙적으로 인정하되 다소간 제약을 가하고 있다.

Ⅱ 공무원단체의 활동유형

공무원의 단체행동의 내용은 단체구성·단체교섭·단체행동으로 구분할 수 있다.

1. 단체구성권

공무원단체의 결성이 허용되는 경우에도 공무원단체에 관한 법규는 일반노동법규와는 따

---

1 유종해 외, 현대행정학연습(서울: 박영사, 1979), 281～283면 참조.

로 정하고, 단체를 구성할 수 있는 공무원의 범위를 한정하는 수가 많다. 공무원단체는 노동조합에 있어서와 같은 클로즈드 숍(closed shop)이나 유니온 숍(union shop)은 인정되지 않는다.

2. 단체교섭권

단체교섭권이란 공무원에게 영향을 주게 될 중요한 인사행정상의 문제, 즉 보수·근무조건 등의 개선에 관하여 관리층과 공무원조합이 단체적으로 협의하고 양자의 협정에 따라 그 문제를 해결하는 것이다.

3. 단체행동권

단체행동권이라 함은 파업 또는 태업 등 의사관철을 위한 실력행사를 말하는데, 공직의 특수성과 공익침해의 우려가 크므로 일반적으로 금지 또는 극히 제한하고 있다.

Ⅲ 공무원단체의 확립요건

공무원단체가 결성되고 그 기능을 발휘하여 발전할 수 있으려면 행정의 내외에 걸친 조건이 갖추어 있지 않으면 안 된다. 공무원단체의 활동이 확립되기 위한 요건은 다음과 같이 생각할 수 있다.
  (1) 국가의 기본체계가 결사의 자유를 보장하고 민주적 참여가 생활화되어 있는 자유사회의 기반이 형성되어 있어야 한다.
  (2) 법체계의 구조와 원리가 공무원단체의 성립을 허용하는 것이어야 한다.
  (3) 정부와 공무원단체 사이에 보완적이고 협조적인 관계가 형성되어야만 한다.

Ⅳ 우리 나라의 공무원단체

우리나라의 경우 건국과 함께 제헌헌법에서는 공무원과 민간의 구분없이 노동3권을 보장하였으나, 1962년 5차 개헌에서는 이를 금지하였다. 우리나라의 공무원단체활동은 1990년대 이후 많은 변화가 있는데, 1991년 교원단체총연합회에 단체교섭권을 부여한 이후 1999년에는 6급 이하의 일반직 공무원에게 직장협의회 설립을, 2006년에는 6급 이하의 일반직 공무원 등이 공무원 노동조합을 설립할 수 있도록 허용하였다. 그러나 단체행동과 정치활동은 금지되고 있다. 현재 6급 이하의 공무원들은 공무원노동조합총연맹, 전국민주공무원노동조합, 전국공무원노동조합 등에 가입할 수 있다.

현·대·행·정·학

Chapter

04 인사행정의 주요과제

제 1 절 모 집

Ⅰ 모집의 의의

　모집은 적절한 지원자를 공직에 임명하기 위한 경쟁에 유치하는 과정을 말한다. 인사행정의 성공 여부는 효율적인 모집방법에 달려 있으며, 처음부터 유능하고 적절한 인재가 응시해 오게 함으로써 수준높은 공무원제도의 확립을 기하여야 한다.

　현대정부의 공무원모집은 공직지원자 중에서 단순히 무자격자를 제거하는 소극적인 과정이 아니라 보다 유능한 인재를 민간기업이나 다른 조직에 빼앗기지 않고 적극적으로 공직에 유치하려는 행정활동이다. 이와 같은 모집방법을 적극적 모집(positive recruitment)이라고 한다.

Ⅱ 모집방법

　적극적 모집방법은 크게 두 가지로 나누어 생각할 수 있다. 그 하나는 적극적인 모집을 위한 여건의 조성이며, 다른 하나는 모집활동을 확대·강화하는 방법이다. 그 구체적인 요건으로는 다음과 같은 것이 있다.

(1) 공직의 사회적 신망의 제고

　국민이 가지고 있는 공직에의 평가를 제고시키는 일은 적극적 모집의 기본적인 요건이다. 공직신망의 정도는 국가마다 상이할 것이나 전통적 사회로부터 첨단산업사회로 변천함에 따라 공직에 대한 평가가 상대적으로 저하될 우려가 있다. 따라서 공직신망의 제고를 위해서는 공무원의 신분보장, 공공적 공직관의 확립, 처우의 개선, 적극적인 공보활동, 임용절차의 지속적인 개선 등이 이루어져야 한다.

(2) 인재육성계획의 수립

장기적인 관점에서 인력수급계획이 세워져 인재육성에 노력해야 한다. 인력수급계획은 모집의 전제조건이다.

(3) 모집결과에 대한 사후평가

보다 효과적인 모집계획을 수립하기 위하여 모집결과에 대한 지속적인 사후평가가 필요하며 직업선택의 요인을 분석할 필요가 있다.

(4) 모집방법의 적극화

모집방법의 적극화란 적절한 인재를 가급적 많이 끌어들이는 활동이다. 무능력하거나 부적격자의 수적 확대는 도리어 노력과 경비의 낭비를 가져올 뿐이다. 모집방법의 적극화방법으로서는 다음과 같은 것이 있다.

1) **인적 자원의 개척**　정부는 유관인력양성기관과의 지속적 관계를 맺음으로써 능동적으로 유능한 인재의 양성과 확보를 위한 방법을 강구하여야 한다.

2) **모집공고의 개선**　모집공고의 방법이 적극적으로 공무취임을 희망하는 모든 사람에게 효과적으로 전달될 수 있도록 창의적으로 개발되어야 한다. 동원가능한 대중전달매체가 효과적으로 활용되어야 함은 물론 모집대상자의 개별접촉이나 양성기관(교육기관)의 교육지도방법도 동원되어야 한다.

Ⅲ 모집요건

공직에의 취임은 원칙적으로 모든 국민에게 개방되어야 하나 적극적 모집방법은 유능한 적격자를 공직에 유지하는 것을 목적으로 하므로, 지망자의 자격을 일정하게 제한하고 있다.

현대국가에서 일반적으로 제한의 기준으로 문제가 되고 있는 것에는 국적·교육·연령·성별·거주지·경력·가치관·기술 등이 있다.

(1) 국적요건

거의 모든 국가에서 외국인은 공직에 임용하지 않고 있다. 국적은 모집제한의 일반적 기준이 되고 있다.

(2) 교육요건

넓은 뜻의 교육요건이라 함은 공직의 수행에 필요한 지식과 기술에 대한 교육훈련이나 경력의 수준을 말하고 있으나, 좁은 의미에서는 정규학교교육의 학력요건을 의미한다. 일반적으로 계급제의 공무원 제도에 있어서는 공무원모집에 학력요건을 엄격하게 규정하고 있으나, 직위분류제의 경우에는 획일적인 규정을 하고 있지 않다. 우리 나라의 경우는 공무원의 모집에 있어서 1971년에는 7·9급공채에, 1972년에는 5급 이상의 공채에 학력요건을 폐지하여 공개경쟁에서의 학력제한 요건을 원칙적으로 폐지하였다.

(3) 연령요건

구체적인 연령요건을 어떻게 규정하느냐 하는 것은 나라마다 상이하나 어느 국가이든 공무원의 선발에 연령적 제한을 하지 않는 나라는 거의 없다. 우리 나라도 각급공무원의 모집연령을 대개 20세에서 35세 정도로 규제한 적이 있으나, 2009년 이후 응시연령 상한은 폐지하였고, 다만 일반직 7급 공무원과 8급 이하의 경우 각각 20세와 18세로 하한 연령을 제한하고 있다.

(4) 성별 및 주거지요건

현대국가의 공무원모집에 있어서 남녀의 차별이나 거주지에 대한 제한을 법제화하고 있는 일은 거의 없다. 성별에 의한 모집상의 차별은 사실상의 이유로 실제로 나타나는 경우가 있다. 직무의 성질 또는 관행상 여성만이 할 수 있는 직무의 남성모집은 사실상 규제되며, 반대로 사회통념상 남성만이 할 수 있다고 생각되는 직무분야에 여성의 응모가 제한되는 수가 있다. 주거지요건은 원래 지방자치제도에서 유래한 것이나 인구의 지역적 교류나 직무의 전문화경향에 따라 그 중요성이 희박해졌으며 법규도 이를 제한하지 않고 있다. 다만 지역발전을 위하여 균형인사제도를 도입함으로써 일정 지역에의 출신 인재에 대하여 자기 출신지역에서의 연고에 의한 혜택이 주어지도록 하고 있다.

제 2 절   시 험

Ⅰ 시험의 효용성과 한계

모집을 통하여 지원자들이 모이면 이들 중 적격자를 선발해야 하는데, 선발의 도구가 되는 것이 시험(test)이다. 실적제 하에서의 공개경쟁시험은 공직에의 기회균등이라는 민주주의이념과 행정능률을 동시에 실현시킨다는 점에서 의미가 깊다.

시험의 목적은 응시자가 직위에 대한 직무수행능력을 가지고 있는가의 여부를 판단하는 데 있다. 따라서 시험은 응시자의 잠재력 능력을 측정할 수 있어야 하고, 시험에 합격한 후의 응시자의 행동을 예측하여야 하며, 장래에 있어서는 근무능력의 발전가능성도 알아낼 수 있어야 한다. 그러나 대부분의 시험이란 절대적인 것이 못되며, 판단을 보충하는 데 불과하다. 시험의 효용성에는 한계가 있는 것이며, 아무리 시험기술이 고도로 발달했다 하더라도 그 목적을 완전히 달성할 수는 없다.

Ⅱ 효용성의 측정기준

(1) 타 당 성
타당성(validity)이란 그 시험이 측정하려고 하는 것을 얼마나 정확하게 측정할 수 있는가 하는 것이다. 이러한 측정은 채용시험성적과 채용 후의 근무성적을 비교해 봄으로써 알 수 있다.

(2) 신 뢰 성
신뢰성(reliability)이란 시험측정수단의 일관성을 의미하며, 동일한 시험을 동일한 사람이 시간을 달리해서 치루어도 동일한 결과가 나타나는 것을 말한다.

(3) 객 관 도
채점기준의 객관화를 의미하며, 성적이 채점자에 따라 심한 차이가 없는 것을 말한다. 일반적으로 주관식시험보다는 객관식시험이 객관도(objectivity)가 높으며, 객관도가 낮으면 신뢰도도 낮게 된다.

(4) 난 이 도
시험을 실시하는 목적의 하나가 응시자를 적절히 분별하는 데 있으므로 너무 어렵다거나 쉬우면 안 되고 응시자의 득점이 적절히 분포되어야 한다. 난이도(difficulty)가 적당한 시험은 응시자의 득점차가 적당히 분포된 것이다.

(5) 실 용 도
실용도(availability)는 그 시험이 현실적으로 얼마만한 실용성을 지니고 있는가를 말하는 것이다. 여기서 고려되는 사항으로는 시험의 간결성, 비용과 효과, 노동시장의 상태, 이용가치의 고도성 등이 있다.

Ⅲ 시험의 종류

시험의 종류는 상당히 많으며 그 구분의 기준도 일정하지 않지만, 보통 형식에 의한 구분과 목적에 따른 구분으로 설명하고 있다.

1. 형식에 의한 구분

(1) 필기시험

필기시험은 가장 오래되고 보편적인 시험방법이다. 필기시험의 이점은 ① 시험을 관리하기가 쉬우며 일시에 다수의 응시자에게 실시할 수 있으며, ② 시간과 경비가 절약되고, ③ 비교적 객관적인 평가가 용이하며, ④ 다른 시험에 비하여 공정히 다루어진다는 인상을 주므로 공공관계에도 유리하다. 필기시험은 문제의 형식 또는 답안작성방법에 따라 주관식과 객관식으로 구분된다.

(2) 면접시험

면접시험은 필기시험이나 기타 시험방법에 의하여 측정하기 어려운 사람의 창의성·협조성·지도성·성격 등을 알아보려는 데 목적이 있다. 그러나 면접시험에는 시험관의 편견이 개입될 가능성이 크다. 따라서 복수시험관제도, 표준적 질문의 사전준비, 시험관의 훈련 등을 통하여 가능한 한 효용도를 높일 필요가 있다. 면접시험에는 개인면접과 집단면접이 있는데, 집단면접이 보다 효과적인 것으로 알려져 있다.

(3) 실기시험

실기시험은 직무수행에 필요한 지식과 기술을 말이나 글이 아닌 실기의 방법에 의하여 평가하는 시험이다. 따라서 어떤 시험방법보다 높은 타당성을 기대할 수 있지만, 비용이 많이 들며 객관도가 떨어질 우려가 있고 또 한꺼번에 많은 사람을 다루기 곤란하다.

(4) 서류심사

응시자가 제출한 서류에 의하여 적용성을 심사하는 방법이다. 서류심사는 다른 시험방법에 비하여 간소하고 용이한 방법이며, 응시자에 관한 상세한 정보를 얻을 수 있는 이점이 있지만, 평정의 표준화가 곤란하다.

2. 목적에 의한 구분

(1) 일반지능검사

일반지능검사는 인간의 일반적인 지능이나 정신적인 능력을 측정하는 시험방법이다. 이 방법은 심리검사(psychological test)의 일종으로, 알아보고자 하는 내용은 대체로 새로운 상황에 대처하는 능력·습득능력·사고력 등으로 집약된다.

(2) 적성검사

적성이란 어떤 지식이나 기술을 현재는 가지고 있지는 않지만 앞으로의 훈련과 경험을 통해서 발전시킬 수 있는 소질을 말하며, 적성검사는 이러한 잠재능력을 측정하는 방법이다.

(3) 업적검사

업적검사는 응시자가 후천적으로 교육이나 경험을 통하여 얻은 지능·기술 등을 알아보는 방법이며, 대체로 학력검사·기술검사·실기검사 등으로 구분된다. 업적검사는 응시자의 잠재능력을 알아보는 방법이 아니므로 주로 하급직으로의 채용에 유용성을 보이고 있다.

제 3 절 신규임명

I 공개경쟁채용

1. 임용후보자명부

시험의 합격자가 결정되면 임명되기 전에 시험시행기관은 임용후보자명부(eligible list)에 등록하게 되어 있다. 임용후보자명부는 직급별로 따로 만들며, 시험성적·훈련성적, 기타 필요한 사항이 기재된다. 여기에는 제대군인에 대한 대우 등 성적 이외의 요인들도 고려될 수 있다.

임용후보자명부의 작성에 있어서 시험의 공고로부터 명부의 확정까지의 시간이 너무 길면 안 되며, 또 명부의 확정에서 후보자의 임명도 너무 길면 안 된다. 또한 정부의 업무와 개인의 능력은 시간이 지남에 따라 변하기 마련이므로 명부의 유효기간을 정하는 것이 보통이며, 유효기간은 1년 정도인 것이 대체적인 관례이다.

2. 임용후보자의 추천

임용후보자명부가 작성되면, 시험시행기관은 이를 토대로 하여 임용권자의 요구가 있을때 후보자를 추천하게 된다. 후보자를 추천할 때에는 시험성적 등 참고자료를 함께 보내며, 추천을 받은 기관에서는 이를 검토하고 후보자를 면접하여 임명하거나 임용을 거부하는 결정을 한다.[1]

1인의 임용에는 보통 3인을 추천하는 것이 일반적이다. 추천을 의뢰한 임용제청권자는 그 결과를 신속히 시험시행기관의 장에게 통보해야 한다.

Ⅱ 특별채용

1. 특별채용의 의의

공무원은 원칙상 공개경쟁에 의해서 채용되어야 한다. 그러나 이러한 원칙에 대한 예외가 현실적으로 불가피하다. 특별채용은 일반적으로 공개경쟁시험에 의한 채용이 부적당하거나 곤란한 경우, 그리고 특별한 자격을 가지고 있는 사람을 채용하고자 하는 경우에 한한다.

우리 나라의 경우에도 신규채용은 원칙상으로 공개경쟁시험에 의하며, 위와 같은 특수한 경우에 한하여 특별채용을 인정하고 있다.

2. 특별채용의 이점

특별채용은 인력조달에 융통성을 주는 채용제도이다. 즉 일반 공개경쟁채용으로는 채용하기 어려운 직위 및 지역에의 채용을 가능케 하고, 또한 공개경쟁채용으로는 얻기 어려운 인재를 충원할 수 있게 한다.

3. 특별채용의 문제점

특별채용은 그 운용에 따라서는 악용되어 정실에 의한 채용이 되기 쉬운 면도 많이 있다. 공개채용으로 하는 것이 보다 더 유능한 인재를 얻을 수 있는데도 이것을 특별채용으로 하여 임명권자와 연고가 있는 사람을 채용하는 사례도 많다. 악용되는 경우에는, ① 공직취임의 기회균등을 파괴하는 계기가 된다. 임명권자와 개인적으로나 정치적으로 이해관계가 있는 사람은 공직취임에 유리하게 된다. ② 유능한 인재의 등용이 어렵게 된다. ③ 정실주의의 온상이

---

1 우리 나라에서는 추천요구 없이 중앙인사행정기관에서 후보자들을 임의로 배정하는 것이 보통이며, 임용의 거부도 후보자의 부적격성보다는 당해 기관의 결원 등 내부사정에 의한 것이 대부분이다.

된다.

따라서 특별채용이라는 특수 경우가 악용되지 못하게끔 응시자격, 임용직위, 시험의 실시, 그리고 특수채용된 자의 승진과 전직 등에 관한 엄격한 규제가 필요하다.

Ⅲ 시보임용

추천을 받은 사람 중에서 선발되었다고 바로 정규공무원으로 임명되는 것이 아니고, 시보로 임용하여 일정한 기간을 거치게 하는데, 이를 시보임용(probation)이라 한다. 시보임용의 목적은 정규공무원으로 임명하기 전에 시험으로 알아내지 못하였던 점을 검토해 보고 직무를 감당할 능력이 있는가를 알아보는 데 있다. 따라서 시보임용기간 중에 있는 공무원은 신분보장이 없으며, 임명권자는 언제든지 인사조치를 취할 수 있다.

시보기간은 국가에 따라 혹은 직종·직급에 따라 차이가 있다. 우리 나라는 5급 공무원의 경우에는 1년, 6급 이하 공무원의 경우에는 6개월로 하고 있다.

제 4 절 교육훈련

Ⅰ 교육훈련의 의의

교육(education)이란 특정직책과는 직접 관련되어 있지 않은 각 개인의 일반적인 능력을 종합적으로 개발하는 것을 말하며, 훈련(training)은 전문지식이나 기술 등을 포함하여 직무와 관계된 능력을 발전시키는 것을 가리킨다. 따라서 인사행정에서 말하는 공무원의 교육훈련이란 공무원의 일반능력을 개발하고 직무수행에 필요한 지식과 기술을 연마하며 태도의 발전적 변화를 촉진하는 활동이라고 할 수 있다.

Ⅱ 교육훈련의 목적

훈련은 공무원이 현재 가지고 있는 직무수행능력이 직책이 요구하는 자격요건(job require-ment)에 미달할 때 필요하며, 다음과 같은 목적을 가지고 있다.[2]

---

2 E. B. Flippo, *Principles of Personnel Management*(McGraw-Hill Book Co., 1971), p.197.

(1) 생산성의 향상

훈련을 통하여 공무원의 지식과 기술이 향상되면 직무수행의 생산성도 올라간다.

(2) 사기제고

훈련은 공무원을 직무에 자신을 갖게 만들며, 근무의욕이 향상된다.

(3) 통제와 조정에 대한 필요의 감소

훈련을 잘 받은 공무원은 스스로의 일을 잘 담당하므로 통제와 조정의 필요가 감소된다.

(4) 행정발전

훈련의 가장 포괄적인 목적이며, 훈련은 행정의 침체를 막고 개혁을 가져오는 수단이 된다.

(5) 유능한 국민의 양성

정부에서 공무원에게 실시하는 훈련은 모든 국민을 인재로 성장시켜 인간다운 생활을 영위하게 해야 한다는 사회적 요청에 부합된다.

(6) 조직의 안정성과 융통성 향상

훈련된 인력이 있으면 직원의 상실과 소모에도 불구하고 어느 정도 안정성과 융통성이 확보된다.

Ⅲ 교육훈련의 종류

중요한 교육훈련의 종류로는 다음과 같은 것이 있다.

(1) 신규채용자훈련

이 훈련(orientation training)은 신규채용된 공무원이 어떤 직책을 담당하기 전에 앞으로 담당할 직무에 적응하기 위해서 하는 훈련이다.

(2) 일반재직자훈련

이 훈련(refresher and extension course)은 재직공무원을 대상으로 새로운 지식 또는 규칙이나 법령의 내용을 습득시키기 위하여 정기적으로나 수시로 실시하는 훈련을 말한다.

(3) 감독자훈련

감독자훈련(supervisory training)은 한 사람 이상의 부하의 직무수행을 지휘하고 이에 대한 책임을 지는 감독자의 감독능력의 향상을 위한 훈련이다. 이 방법에서는 인간관계개선에 관한 기법이 강조된다.

(4) 관리자훈련

관리자는 전술한 감독자보다 계층이 높고 주로 정책결정과 지휘를 하는 공무원을 말한다. 오늘날 고위직행정관료의 정책결정역할이 점차 강조됨에 따라 이 훈련은 매우 중요한 것으로 여겨지고 있다. 관리자훈련(executive training)의 내용은 주로 정책결정과 관련된 전체관리를 위하여 필요한 광범한 것이 보통이다.

Ⅳ 교육훈련의 방법

훈련의 방법은 여러 가지가 있으나, 이 중 ① 훈련의 목적, ② 피훈련자의 특징, ③ 훈련에 요구되는 시설 및 기재 등을 고려하여 적당한 방법이 사용되어야 한다.

(1) 강 의

피훈련자를 일정한 장소에 모아놓고 훈련자가 일방적으로 강의(lecture)를 하며, 피훈련자는 이것을 듣는 방법이다. 강의는 가장 많이 쓰이고 있는 훈련방법인데, 충분한 효과를 거두기 위해서는 가끔 시험을 실시하고 수강자로 하여금 질문을 하도록 유도해야 한다.

(2) 사례연구

이것은 토론방법의 하나이지만, 구체적인 사례를 가지고 토론하는 데 특징이 있다. 사례연구(case study)는 보통 집단적으로 실시되며, 피훈련자들은 사례의 내용을 먼저 파악한 후 토론집단에 참가하여 자유스럽게 토론한다.

(3) 토론방법

대집단을 대상으로 1인 혹은 여러 명의 연사가 발표·토론을 하거나 청중의 참여를 허용하는 방법으로 피훈련자의 아이디어와 정보를 교환하는 데 가장 좋다. 이러한 토론방법으로는 포럼(forum)과 패널(panel), 대화(dialogue), 심포지엄(symposium)이 있다.

(4) 연기방법

이는 어떤 사례를 피훈련자들이 여러 사람 앞에서 실제의 행동으로 연기하는 방법(role playing)을 말한다. 주로 인간관계 혹은 상하관계의 경우에 자주 사용된다.

(5) 현장훈련

현장훈련(on the job training)은 피훈련자가 일정한 직위에서 직무를 수행하면서 상관으로부터 새로운 훈련을 받는 방법이다. 이 방법은 특히 기술의 연마에 주목적이 있다.

(6) 감수성훈련

감수성훈련(sensitivity training)은 10명 내외의 피훈련자들이 이전의 모든 집단귀속관계를 차단하고 인간관계를 매개로 하여 자유로운 토론을 함으로써 자기 자신과 다른 사람의 태도에 대한 자각과 감수성을 기르는 훈련방법이다.[3]

이 방법의 목적은 피훈련자에게 집단형성과 집단기능의 본질을 깨닫게 하여 인격의 재구성을 통한 관리능력의 향상을 기하는 데 있다.[4]

(7) 분임연구

분임연구(syndicate)란 피훈련자를 몇 개의 일정한 소규모 집단으로 편성하여 이를 중심으로 연구·훈련시키는 방법이다. 이는 피훈련자 사이의 개인적 접촉을 극대화하며, 관리자훈련의 효과적인 방법으로 높이 평가되고 있다. 이 방법은 미국의 국방대학원(National War College)과 영국의 행정관리자학교(The Administrative Staff College)에서 전형적으로 사용하여 유래되고 있으며,[5] 우리의 경우도 적극 활용하고 있다.

(8) 전직·순환보직

전직(transfer)과 순환보직(rotation)은 일정한 시일을 두고 피훈련자의 근무처를 옮기면서 훈련시키는 방법이다. 따라서 피훈련자의 경험과 시야를 넓혀 주므로 고급공무원이나 일반행정가의 훈련에 매우 효과적이다.

---

3 감수성훈련은 Laboratory Training, T-Groups, Encounter Groups, Diagnostic Training Group 등의 명칭으로 불리어지며, 이른바 조직발전(OD)에서 자주 사용되는 방법이다. Warren G. Bennis, *Organizational Development*(Addison-Wesley Pub. Co., 1969) 참조.

4 감수성훈련에 관해서는, Alfred J. Marrow, *Behind the Executive Mask: Greater Managerial Competence through Deeper Self-Understanding*(New York: American Management Association, 1964) 참조.

5 M. E. Dimock, "The Administrative Staff College: Executive Development in Government and Industry," *American Political Science Review*, Vol. 1, No. 1(March 1956), pp.166~176.

Ⓥ 교육훈련의 평가

(1) 훈련평가의 의의

훈련이 끝난 후 훈련의 목적과 비교하여 어느 정도 달성되었는가를 분석·평가함을 뜻한다. 평가의 결과는 새로운 훈련계획의 입안에 반영되어야 하며 훈련업무개선의 자료로 활용되어야 한다.

(2) 훈련평가의 기준

훈련성과를 평가하는 기준으로는 ① 훈련목적의 인식, ② 훈련동기의 부여, ③ 훈련수요의 조사, ④ 교과내용, ⑤ 훈련방법, ⑥ 훈련의 효용성, ⑦ 피훈련자의 변화도 등이 있다.

(3) 훈련평가의 방법

훈련평가의 일반적인 방법은 ① 시험의 실시, ② 훈련자와 비훈련자의 비교, ③ 훈련수료자의 사기나 불만에 대한 조사, ④ 감독자나 훈련관으로 평가위원회를 구성하여 평가하는 방법, ⑤ 훈련수료자의 의견을 질문하는 방법 등이 있다. 상술한 방법은 각기의 장·단점이 있으므로 한 가지의 방법만에 의하여 평가할 것이 아니라 복수의 방법을 활용하는 것이 효과적이다.

제 5 절 근무성적평정

Ⅰ 근무성적평정의 의의

근무성적평정이란 공무원의 근무성적, 근무수행능력, 태도, 성격 및 적성 등을 체계적·정기적·객관적으로 파악·평가하는 것을 말한다. 이와 같은 근무성적평정에서 얻어지는 자료는 피평정자의 발전은 물론 조직운영상의 문제해결과 조직계획의 개선에 쓰이게 되므로 인사관리의 합리화와 객관화를 기하게 된다. 과거에는 근무성적평정의 주된 목적이 공무원에 대한 직무수행의 통제와 행정의 표준화를 위한 장치로 이해되었다. 그러나 오늘날에는 종래의 징벌적 측면이 아닌 공무원의 능력발전과 업무능률의 향상이라는 임상적 측면이 더욱 강조되고 있다.

Ⅱ 근무성적평정의 기능[6]

1. 상벌의 목적

근무성적은 공무원의 승진·승급 및 면직·강임·감원의 결정기준이 된다. 그러나 평정의 결과를 공무원에 대한 불이익처분의 기준으로 이용하는 경향은 점차 없어지고 있다.

또한 근무성적평정은 공무원이 현재 담당하고 있는 직무에 대한 성적을 평정하는 데 지나지 않으므로 아무리 평정이 공정히 이루어진다 하더라도 현직에서의 근무성적의 결과만 가지고는 앞으로 담당하게 될 직책도 성공적으로 수행하리라는 보장은 없다. 따라서 근무성적평정이 승진 등에 큰 영향을 미치는 것은 바람직하지 못하며, 승진결정에 참고로 할 정도에 그쳐야한다는 주장도 나오고 있다.

2. 인사기술의 평가기준 제시

근무성적평정은 시험의 타당성측정, 배치, 훈련수요의 측정 등 각종 인사기술의 타당성평가에 필요한 자료를 제공한다. 예컨대 채용시험의 타당성 측정에는 시험성적과 임용 후의 근무성적의 상관관계가 비교의 기준이 된다.

3. 공무원의 능력발전과 능률향상

근무성적평정은 공무원 개인의 근무능률을 향상시키고 발전가능성을 측정하는 데 이용된다. 평정의 과정에서 밝혀지고 평가되는 장·단점은 이를 시정하고 극복하는 방법의 길잡이가 된다.

근무성적평정이 공무원의 능력발전과 능률향상에 가장 잘 기여하려면 평정의 전과정이 평정자나 피평정자에게 다같이 만족스럽도록 원만하게 유지되어야 한다.

Ⅲ 근무성적평정의 대상

근무성적평정제도가 평정의 대상으로 하고 있는 요인들은 근무실적과 개인적 특성으로 대별된다.[7]

---

6 F. A. Nigro, *Public Personnel Administration*(New York: Holt, Rinehart and Winston, 1959), pp.295~297.
7 오석홍, 인사행정론(서울: 박영사, 2013), 326~328면.

1. 근무실적

근무실적은 공무원이 직무를 수행한 과거의 실적을 말하며, 직무수행의 성과, 직무수행의 방법, 직무수행의 태도 등이 포함된다.

근무실적은 과거의 사실과 행동이 집적된 것이기 때문에 평정자에 따라 평정의 판단이 크게 달라질 가능성이 적으므로 비교적 안정성이 높은 평정 대상이라 할 수 있다.

2. 개인의 잠재적 특성

개인의 잠재적 특성(potential traits)은 근무실적과 직접적인 관계 없이 파악될 수도 있는 개인의 잠재적 특성을 말한다. 주요평정대상으로 삼는 개인적 특성은 능력·성격·적성 등이 있으며, 대체로 이러한 특성은 근무실적에 직접·간접으로 영향을 미칠 경우가 많다.

그러나 개인적 특성은 파악이 매우 어렵고 근무실적에 비하여 평정대상으로서의 안정성이 비교적 약하므로 평정의 구체적인 목적에 따른 고도의 평정기술이 요구된다.

Ⅳ 근무성적평정의 방법

지금까지 알려진 근무성적평정의 방법은 대단히 많으며 또 앞으로도 새로운 방법이 개발되겠지만, 그 중 주요한 몇 가지를 소개하면 다음과 같다.

1. 도표법(Graphic Rating Scale)

이 방법은 가장 오래 되었으며 공무원성적평정에 가장 널리 사용되고 있는 방법으로서 평가요소마다 주어진 척도에 따라 피평정자의 특성 및 평가를 표시하는 방법이다. 척도는 보통 3~5단계로 이루어지며, 척도에 점수를 배정하여 결과를 수치로 표시할 수 있기 때문에 평정요소와 척도단계에 대한 평가자의 공통된 이해를 증진시킴으로써 평정결과의 정확도와 신뢰도를 높일 수 있다.

2. 강제배분법(Forced Distribution)

근무성적평정에 있어서 흔히 나타나는 집중화·관대화경향을 배제하기 위하여 근무성적을 강제로 배분하는 방법이다. 예를 들면 등급의 수가 5개인 경우 10, 20, 40, 20, 10퍼센트의 비율로 성적을 배분하는 것이며, 제한분포법이라고도 한다.

강제배분법은 피평정자의 수가 많을 때에는 관대화경향에 따른 평정오차를 방지할 수 있는 이점이 있으나, 피평정자의 수가 적거나 특별히 우수하거나 열등한 자로 구성된 집단에 대해서는 불합리한 단점을 지니고 있다.

3. 산출기록법(Production Records)

공무원이 단위시간에 달성한 일의 양, 또는 일정한 일을 달성하는 데 소요된 시간을 기준으로 평가하는 방법이다.

4. 대인비교법(Man-to-Man Comparison Method)

이 방법은 모든 피평정자 중에서 지식·능력·태도 등의 특성 중 가장 우수한 자, 가장 뒤떨어진 사람, 보통인 자 등 몇 단계의 피평정자를 선정하고 이 중 표준적 인물을 각 특성의 평정기준으로 삼는 방법이다.

5. 순위법(Ranking Scales Methods)

가장 초보적인 방법으로 등급법이라고도 부르며, 평정자가 자기 감독하에 있는 직원을 그 업적에 따라 순위를 매겨 평정하는 방법이다.

6. 체크리스트법(Check-list Method)

평정자가 직접 평정점수를 산출하지는 않고, 다만 피평정자의 일상직무 수행상태를 보고 체크하는 방법이다. 평정은 평정자가 체크한 자료에 의하여 중앙인사기관에서 하게 된다.

7. 성과보고법(Performance Report Method)

평정자가 피평정자의 근무성적을 서술적인 문장으로 기록하는 방법이다. 이 방법은 엄격하게 짜인 평정표를 사용할 때에 간과하게 되는 요소를 포착하는 데는 유용하지만, 여러 사람을 비교하는 방법으로는 부적당하다.[8]

---

8 O. Glenn Stahl, *Public Personnel Administration*(Harper & Row, 1962), p.270.

I　보수제도의 의의

보수(報酬)란 공무원이 근무의 대가로 받는 금전적인 보상을 말한다. 보수는 공무원의 생계와 이익에 직결되는 문제이기 때문에 공무원의 근무의욕과 행정능률에 깊은 관련이 있으며, 불합리한 보수수준은 공무원에게 민주적 공복으로서의 근무자세를 기대할 수 없게 하므로 국가발전을 저해하는 중요한 요인이 된다.

보수행정은 금전적인 보상을 취급한다는 점에서 민간기업의 임금관리와 공통점을 가지고 있으나 기업과는 다른 특징도 있다.

　(1) 공무원의 보수는 대부분 국민의 세금에서 충당되므로 정치적 통제의 대상이며 기업의 임금보다 경직성이 강하다.

　(2) 공직은 노동가치에 대한 기여도의 산출이 어려우며 사회적·윤리적 의무가 강한 반면 경제적 고려는 간접적이 되어 기업에 비하여 보수수준이 낮은 것이 일반적이다.

　(3) 방대한 공무원수와 직무내용 및 근무조건의 특이성으로 인하여 보수체계나 관리기술 등에 있어 기업과 다른 면을 지니고 있다.

보수행정은 공무원보수를 계획적으로 관리하는 제도이므로 공무원보수의 일반적 수준의 결정과 보수의 계획수립과 운영, 정해진 보수의 지급절차 등을 대상으로 신속한 적응력과 기술적 정확성을 기해야 한다.

II　보수수준의 결정

보수수준을 결정할 때에는 먼저 보수의 일반수준을 결정하고, 다음에 조직 내의 상대적 관계를 고려하여 차별수준을 결정해야 한다.

보수의 일반수준의 결정에서 고려되는 요인은 다음과 같다.

1. 경제적 요인

(1) 민간의 임금수준

공무원보수의 일반수준은 민간기업의 임금과 상대적인 균형을 지녀야 한다. 왜냐하면 이렇게 함으로써 보수의 대외적인 공평성이 확보되며, 민간기업과 경쟁하여 노동시장에서 유능한 인재를 확보할 수 있기 때문이다.

(2) 정부의 지불능력

납세자인 국민의 소득수준과 담세능력은 공무원의 보수수준을 제약한다. 예컨대, 신생국의 경우는 정부의 재원이 부족하여 보수수준을 향상시키지 못하는 경우가 허다하다.

(3) 정부의 재정정책

정부의 경제정책은 정부가 동원한 자원을 배분하는 정책을 규제하고, 자원배분정책은 정부의 재원 가운데서 보수가 차지할 수 있는 몫을 규정하게 된다.

2. 사회적·윤리적 요인

현대정부는 모범고용주로서 국민 전체를 위한 봉사자인 공무원에게 생계비를 지급하여야 할 사회적·윤리적 의무가 있다.

(1) 생활수준

고용주로서의 정부는 공무원이 일정한 생활수준(standard of living)을 누리도록 생계비를 지급해야 한다. 생계비의 수준을 결정하는 데에는 생활수준이 문제가 된다. 생활수준은 국가마다 다르며, 빈곤수준(poverty level), 최저생활수준(minimum subsistence level), 건강·체면유지수준(health and decency level), 안락수준(comfort level), 문화수준(cultural level) 등 여러 가지를 생각할 수 있다.

(2) 인 원 수

생계비를 결정하는 데 있어서 한 사람을 기준으로 할 것인가 아니면 여러 사람을 기준으로 할 것인가의 문제이다. 이 문제는 국가마다 다르며, 한 사람을 기준으로 생계비를 결정하고 부양가족수에 따라 수당을 지급하는 가족수당제도(family allowance system)도 하나의 방편이 된다.

3. 부가적·정책적 요인

(1) 부가적 요인

부가적 요인은 공무원이 보수 이외에 받게 되는 편익과 특혜를 말한다. 공무원은 일반적으로 사기업체의 종업원에 비하여 신분보장·연금제도·근무시간·환경 등에 있어 유리한 조건에 있으므로 이러한 유리한 원인은 공직의 선택과 보수수준에 영향을 미치고 있다.

(2) 정책적 요인

공무원의 보수는 단순히 노동에 대한 반대급부의 성격보다는 적극적으로 근무의욕과 행정능률을 향상시킬 수 있는 방향에서 정책적으로 검토되어야 한다.

Ⅲ 보수표의 작성

일반적으로 공무원의 보수체계는 직무급과 생활급, 그리고 기본급과 부가급으로 이루어져 있다.

보수표를 작성하는 데 고려해야 할 점으로는 다음과 같은 것이 있다.

(1) 등급의 수

보수의 등급은 보수결정의 기준에 따라 다르다. 등급의 수를 세분하면 동일직무·동일보수의 원칙을 실시하기가 쉽지만, 지나치게 많으면 보수관리가 복잡해지고 등급 사이의 차액이 적어 무의미하게 된다.

(2) 등급의 폭

각 등급에는 단일액이 책정되어 있는 것이 아니라 보수의 일정한 폭(range)이 있다. 이처럼 각 등급을 단일하게 하지 않고 복수의 호봉으로 나누면 근무연한에 따른 차등대우를 할 수 있어 장기근무가 장려되고, 승급에 따른 능률의 향상을 기할 수 있게 된다.

(3) 등급 사이의 중첩

등급 사이의 중첩이란 한 등급의 보수액이 상위등급의 보수액과 부분적으로 겹치는 것을 말한다. 이처럼 등급 사이의 중첩을 인정하게 되면, 승진이 어려운 장기근속자의 봉급을 올려줄 수 있는 이점이 있다.

(4) 보수곡선

보수곡선(pay curve)은 보수액을 등급에 따라 도표상에 표시하면 직선이 되지 않고 고위직에 올라갈수록 급경사가 되는 곡선이 되어야 한다는 것이다. 따라서 행정활동의 중추를 담당하는 고급공무원일수록 보수액이 급증되어야 한다.

I 승진의 의의

승진은 직위분류제에 있어서는 하위직급에서 상위직급으로, 계급제에 있어서는 하위계급에서 상위계급으로 종적·수직적인 이동을 하는 것을 의미하며, 이에 따라 보수가 올라가고 직무의 곤란성 및 책임의 증대를 수반한다.

승진은 동일한 등급 내에서 보수만 증액되는 승급(salary increment)과는 구별되며, 횡적인 인사이동을 의미하는 전직이나 전보와도 구별된다. 전직은 직렬이 달라지는 것이며, 전보란 동일한 직렬·직급 내에서의 보직변경을 말한다.

공무원은 승진에 의하여 높은 지위와 위신을 누리게 되고 심리적인 만족감을 얻으므로 승진은 사기진작과 행정의 능률화를 위한 가장 중요한 요소가 된다. 또한 승진제도는 유능한 인재를 공직에 확보하여 계속 유치할 수 있는 수단이 되기도 한다.[9] 따라서 합리적인 승진제도가 확립되어 있지 않으면, 실적주의의 확립이나 직업공무원제도의 발전이 어렵게 된다.

II 승진의 범위

1. 승진의 한계

일반공무원은 승진할 수 있는 한계가 있다. 그 한계는 각국에 따라 일정하지 않으며, 주로 ① 각국의 직업공무원제도의 발전 정도, ② 공무원의 채용정책, ③ 고급공무원의 능력, ④ 민주통제의 수준과 전통 등에 의존하고 있다. 대체로 영국과 독일·일본·공산국가들은 일반직 공무원의 승진한계가 높으며, 그 다음이 우리 나라·프랑스 등이고, 승진한계가 가장 낮은 나라는 미국이다.

승진의 한계가 높으면 공무원의 사기앙양, 행정능률 및 기술의 향상, 직업공무원제의 확립 등을 기할 수 있는 반면, 민주통제가 곤란해지며 관료주의화할 우려가 있다.

2. 신규채용과의 관계

행정기관에 사람을 충원하는 데는 주로 신규채용과 승진임용의 방법이 사용된다. 승진임

---

9 L. D. White, *Introduction to the Study of Public Administration,* 4th ed. (New York: Macmillan, 1955), p.379.

용에 있어서는 공무원의 사기와 질은 물론 행정능률의 문제까지 검토하고 신규채용과의 비율을 조정하여 결정할 것이 요구된다.

일반적으로 폐쇄제의 공무원제에서는 승진임용을 높이고 있으며, 개방제에서는 신규채용을 위주로 한다. 전자의 경우에는 유능한 인재의 등용이 곤란하고 행정의 질이 저하되며 관료주의화할 우려가 있는 데 반하여, 후자의 경우에는 승진기회의 감소로 인하여 사기가 저하되고 행정능률이 낮아지며 직업공무원제를 확립하기 어려운 단점이 있다.

3. 재직자 사이의 경쟁

승진임용의 또 하나의 난점은 경쟁범위를 동일부처 내에 한정할 것인지 아니면 다른 부처의 공무원도 포함시킬 것인지 하는 문제이다. 대부분의 국가에서는 경쟁대상자의 범위를 동일부처에 한정하고 있으며, 우리 나라의 경우도 6급에서 5급으로의 공개경쟁승진을 제외하고는 대개 이 방법에 따르고 있다. 이러한 이유는 행정능률과 사기앙양, 승진에 대한 당해 부처공무원의 기득권존중 등으로 해석할 수 있다.

제 8 절 전직 및 전보

Ⅰ 전직·전보의 의의

전직(transfer)이라는 것은 직종을 서로 달리하는 직급의 직위로 횡적 이동하는 경우를 말한다. 우리 나라의 국가공무원법에 의하면 전직은 직렬을 달리하는 임명이라고 규정되고 있다. 직렬을 달리하는 임명이므로 직종이 서로 상이한 직위로 옮겨가는 것이다. 행정의 능률화와 전문화를 위해선 전직의 경우 그 자격을 고려하는 것이 필요하다.

전보(reassignment)라는 것은 동일한 직급에 속하는 직위에서 직위로 횡적 이동하는 경우이다.

전직과 전보는 다같이 동일한 계급 또는 등급 내에서 단지 횡적으로만 이동하는 것이기 때문에 이동의 전과 후에 직무의 난이도에 있어서 변동이 없고, 따라서 보수상으로도 변화가 없다. 전직과 전보는 부처 간의 이동일 수도 있고, 같은 부처 내에서 한 조직단위에서 다른 조직단위로의 이동일 수도 있다.

Ⅱ 전직·전보의 용도

1. 적극적 용도

(1) 직원 간의 마찰의 해소

조직에서는 감독자와 부하, 그리고 동료 간에 감정 및 성격이 서로 맞지 않아 그들의 상호관계가 악화되는 경우가 있다. 이 문제를 해결하는 하나의 방법은 문제의 공무원을 다른 곳으로 이동시키는 것이다.

(2) 긴급사태의 발생 및 조직상의 변동으로 인한 인사보충

긴급사태가 발생하여 어떤 부처가 갑자기 인원을 필요로 하는 경우, 다른 부처의 공무원을 보직·전보를 통하여 충원할 수 있다.

(3) 교육훈련의 수단

전직과 보직은 재직자의 훈련계획, 특히 간부급 공무원의 훈련(executive development)에 유용한 방편이 된다.

(4) 직원의 적응배치(adjustment placement)

배치가 적정하지 못한 경우에는 그들의 성격·능력에 알맞는 직무에 재배치하는 전직·전보가 필요하다.

(5) 근무의욕의 자극

자기 직무에 대한 권태감과 단조로움을 느껴 직무에 대한 의욕을 상실하게 되는 경우, 직무를 적절히 변경시켜 공무원의 의욕과 흥미를 자극할 수 있다.

(6) 부처 간 협력의 조성과 행정의 활력화

전직과 전보는 인적 교류의 폐쇄에서 오는 폐단을 제거하고 부처 간의 협력을 위한 기반을 조성하며 행정에 활력을 불어넣어 준다.

(7) 개인적 욕구의 충족

공무원의 생활근거지와 근무지가 멀리 떨어져 통근이 불편할 경우 가까운 곳으로의 전출 등 공무원의 개인적 요구를 충족시켜 주는 방편으로 이용할 수 있다.

2. 소극적 용도

(1) 징계의 수단

공무원이 규칙을 위반하거나 또는 취업상 필요한 규율을 준수하지 않을 때 공식적인 징계절차에 의하여 징계하는 것이 원칙이다. 그러나 지금까지 같이 있었다는 정리를 생각하거나 또는 본인의 체면을 생각하여 공식적 징계절차를 진행하는 것이 곤란할 경우 탐탁하지 못한 자리, 즉 한직이나 지방으로 좌천시키기도 한다.

(2) 고용의 방편

전직과 보직이 때로는 사직을 강요하기 위한 방편으로 이용되는 경우가 있다.

(3) 개인적 특혜의 제공

인사권자가 특정한 공무원에게 혜택을 주기 위하여 소위 '좋은 자리'로 전출케 하는 경우이다.

제 9 절 해 직

Ⅰ 해직의 의의

실적주의의 공무원제하에서는 공무원의 신분을 보장하고 있다. 그러나 공무원의 신분을 보장하는 목적은 공무원으로 하여금 직무를 보다 충실히 수행하여 국가와 국민에게 봉사하도록 하는 것이지 막연한 보장이 아니다. 오히려 부패하고 무능하거나 불필요한 사람을 공직에서 제거시킬 제도가 마련되어야 한다. 또한 정부운영의 과정에서 불가피하게 과오가 없는 공무원의 수를 줄여야 할 경우도 있다.

해직은 이와 같은 공무원을 그의 의사와 무관하게 공직에서 제거하는 제반절차와 제도를 말하며, 임용과 함께 인력의 수급과 관리의 주요 방편이 된다. 해직제도의 활용은 공무원의 신분보장을 해야 할 필요와 이를 규제해야 할 필요의 적정한 선에서 조화되어야 한다. 해직의 지나친 남용은 실적주의와 공무원의 신분보장을 위협하고 사기의 침체와 행정능률의 저하를 가져올 우려가 있으며, 반대로 지나친 신분보장은 부정과 부패·행정의 무사안일주의·관료주의화를 초래하기 쉽다.

해직에는 의원면직, 사망으로 인한 퇴직과 같은 자발적·자연적인 것도 포함되지만, 여기서는 공무원의 신분보장을 제한하는 제도를 중심으로 살펴보기로 한다.

파면은 징계를 받은 자의 교정을 목적으로 하는 처분이라기보다는 문제된 공무원을 공직에서 제거함으로써 공직 내의 교란상태를 교정하는 것이라고 할 수 있다.

파면의 효과는 강제퇴직에만 국한된 것이 아니라 파면된 사람은 일정한 기간에는 다시 공직에 임용되지 못하며, 연금급여의 전부 또는 일부를 지급하지 않을 수도 있다.

Ⅱ 강제퇴직(파면)

보통 파면이라고 불리는 강제퇴직은 공무원에 대한 징계처분 중에서 가장 강력한 것으로 공무원의 의사에 반하여 강제로 공직에서 퇴직시키는 처분이다.

현대국가에서 쓰고 있는 징계처분의 종류는 다양하며, 견책·배치전환(전보)·감봉·정직·강임·파면 등이 있는데, 우리 나라의 국가공무원법에서 규정하는 징계처분은 견책·감봉·정직·해임 및 파면이다.[10] 이 중 파면과 비슷한 인사처분에는 직위해제와 권고사직이 있다. 직위해제는 흔히 대기발령이라고 불리며, 공무원에게 일정기간 직위를 부여하지 않고 처분으로 그 기간 중 별다른 조치가 없을 때에는 징계위원회의 동의를 얻어 퇴직된다.[11]

권고사직은 실정법상의 제도는 아니며, 자발적 형식을 갖춘 사실상의 강제퇴직이다. 이는 파면시켜야 할 사람의 체면보호나 파면처분에서 생기는 가혹한 결과를 방지하려는 의도로 자주 사용된다.

파면 등의 징계처분을 받은 자가 처분에 불만이 있을 때에는 소청을 제기할 수 있으며, 소청심사위원회의 결정은 구속적인 것이 보통이다.

Ⅲ 감원제도

고용주로서의 정부는 정부운영의 과정에서 불가피하게 공무원의 수를 줄이지 않으면 안 될 때가 있다. 감원은 이와 같이 정부조직의 사정 때문에 공무원을 퇴직시키는 제도를 말한다. 대부분의 국가에서는 대규모의 정부조직의 운영상 감원제도를 인정하고 있으며, 우리 나라에서도 임명권자의 직권으로 불필요한 인원을 감원시킬 수 있는 제도를 인정하고 있다.[12]

---

10 정직은 1개월 이상 3개월 이하의 기간으로 신분은 유지하나 직무에 종사하지 못하고, 보수의 3분의 2를 감하며, 감봉은 동일한 기간에 보수의 3분의 1을 감한다. 중징계인 해임의 경우는 3년간 공무원으로 임용될 수 없으며, 파면은 5년간 임용을 금지하고, 퇴직급여액도 2분의 1로 감한다. 다만 5년 미만의 근무자는 4분의 1만 감하게 된다. 견책의 경우 승진과 승급을 6개월간 유예한다.
11 국가공무원법 제10장 제78조~제83조 참조.
12 국가공무원법 제70조 참조.

감원은 해직의 사유가 정부측에 있다는 점에서 전술한 파면과 구별된다. 따라서 공무원의 신분보장에 정면으로 대립되는 제도이므로 정부는 감원의 발생을 최소한으로 줄여야 한다. 불가피하게 감원을 하는 경우에는 감원된 공무원의 이익을 보장하기 위한 여러 가지 방안을 마련해야 한다. 이러한 방안으로는 감원된 자는 우선적으로 복직(재임용), 일정기간 보수액의 일부를 지급하는 방법, 다른 직장에의 알선과 실업보험금의 지급 등을 생각할 수 있다.

Ⅳ 정년퇴직

정년제도는 공무원이 재직 중 범법행위나 특별한 과오는 없지만, 노령이나 장기근속으로 인하여 직무수행능력의 저하가 추정되는 사람들을 객관적으로 정한 연한에 따라 공직에서 물러나게 하는 제도이다. 정년제도의 목적은 발전 없는 사람을 공직에서 도태시킴으로써 행정의 능률을 도모하고 인력의 유동성과 신진대사를 가져오며, 그 결과 공무원의 사기를 높이는 데 있다.

정년제도에는 연령정년제도와 근속정년, 그리고 계급정년의 세 가지 유형이 있다. 연령정년제도는 노령정년 혹은 은퇴라고 부르는 것으로 일정한 연령에 이르면 법령에 정한 연령에 따라 일률적으로 퇴직시키는 제도이며, 근속정년은 공직에 들어간 이후의 연수를 통산하여 일정한 기간이 지나면 자발적으로 퇴직시키는 제도를 말한다. 그러므로 근속제도는 공직의 유동성을 높이는 것 이외에는 정당성의 근거가 약하다고 할 수 있다. 계급정년제도는 공무원이 일정기간 승진하지 못하고 동일한 계급에 머물러 있으면, 그 기간이 만료된 때에 그 사람을 자동적으로 퇴직시키는 제도이다.

우리 나라의 경우, 일반직공무원에게는 연령정년제만을 적용하고 있으며,[13] 경찰공무원에게는 연령정년제와 계급정년제, 그리고 군인에게는 세 가지를 모두 적용하고 있다.

---

13 국가공무원법 제74조 참조.

현·대·행·정·학

제 7 편

재무행정

Chapter
01 재무행정의 개관

제 1 절 **재무행정의 의의**

1. 재무행정과 재무행정연구

　재무행정은 중앙정부·지방자치단체 및 공공기관 등이 공공의 수요를 충족하기 위하여 필요한 재원을 조달·배분하고, 이를 효율적으로 관리·사용하는 모든 과정을 말한다. 이러한 재원의 관리와 사용은 정부의 활동은 물론 모든 조직체의 활동의 원동력이 된다.

　특히 현대행정국가에서의 다양한 행정기능의 수행과 국가발전을 위하여 정부의 주도적 역할이 강조되는 오늘날 한정된 재원의 효율적인 관리와 사용은 그 중요성이 더욱 절실하다고 보겠다.

　흔히 행정학은 그 연구영역이 불명확하다는 비판은 받지만, 그 중에서도 특히 재무행정의 분야는 더욱 그러하며 학자들의 견해도 일치되어 있지 않다. 그러나 일반적으로 행정능률적인 입장인 관리적 측면에 중점을 두는 견해와 행정기능적인 입장인 정책적 측면에서 파악하는 두 가지 견해가 있다.

　대략 1940년 이전의 능률중심적인 행정학의 입장에서는 행정의 관리적 측면을 강조하여 재무행정의 대상을 좁게 잡았다.

　고전적인 견해로서 화이트(L. D. White) 교수는 재무행정의 영역을 ① 예산의 편성·심의, ② 예산의 집행, ③ 회계의 기록, ④ 회계의 검사 등으로 들었다.[1]

　이에 반하여 1940년대 이후 행정의 기능을 강조하던 입장에서는 재무행정의 정책적 측면까지 언급하고 있다.

---

1 L. D. White, *Introduction to the Study of Public Administration*(New York: Macmillan, 1926), pp.224~225.

디목(M. E. Dimock)은 재무행정의 영역으로 ① 예산, ② 회계, ③ 감사, ④ 구매 등을 지적하고, 각 영역과 정책문제와의 관련성을 주장한다.[2] 나아가서 디목은 구체적인 정책문제로서 만벨(Allen D. Manvel)의 견해를 인용하여 다음 사항을 들고 있다.

(1) 경제정책: 정부재정규모의 문제

(2) 국공채정책: 수지의 균형문제

(3) 수입정책: 조세재원의 문제

(4) 지출정책: 정부활동의 상대적 가치를 기준으로 각종의 목적을 위하여 지출되는 정부경비의 상대적 금액을 결정하는 문제

(5) 운영정책: 정부활동에 소요되는 경비의 투입과 산출을 분석하여 운영의 효율을 기하는 문제

(6) 회계정책: 계획과 그 업적과의 상호관계를 회계의 형식으로 명확히 하는 문제

이와 같이 행정의 연구대상이 확대됨에 따라 재무행정도 관리적 측면에서 시작하여 공공정책적 측면까지 연구하게 되었다. 따라서 오늘날 행정학에 있어서 정책의 중요성이 무엇보다도 강조되고 있는 현실에 비추어 재무행정의 영역도 이 양자를 포괄하는 폭넓은 것으로 이해되어야 하겠다.

제 2 절 ▌ 재무행정의 기능과 재정정책

현대정부의 경제적 역할은 20세기에 들어와서야 인식된 문제이다. 이른바 자유방임(laissez-faire)적 사고하에서는 정부의 경제정책은 무용한 것이며, 나아가서 해독이 된다고 보았다. 그러나 산업혁명의 진전과 이에 수반된 경제질서의 혼란으로 인하여 정부에 의한 경제적 통제와 조정이 필연적으로 요청되었다. 초기 행정국가의 경제적 역할은 정부가 국민경제의 형성 및 조정자, 즉 소극적인 균형인자로 작용하는 것이었다. 이러한 견해는 그 후 행정학에 있어서 정책결정의 강조와 정책주도자로서의 적극적인 정부의 역할로 확대되었다.

---

2 M. E. Dimock and G. O. Dimock, *Public Administration*(New York: Rinehart, 1953), p.185.

Ⅰ 재무행정의 기능

1. 관리적 기능

재무행정은 국가재원의 효율적인 관리에 그 본질적 기능이 있다. 따라서 기술적·운영적인 문제로서 체계적인 관리이론과 관리방법의 정립이 매우 중요한 문제가 된다. 그러나 주의해야 할 것은 관리를 단순한 조직 내부의 문제로만 보아서는 안 되며, 행정조직과 외부환경과의 관계까지 포함하여 광의로 이해해야 한다는 것이다.

2. 과정적 기능

재무행정은 행정 전반의 재정적 요구를 충족시키는 하나의 과정으로 파악될 수 있다. 이러한 과정은 서로 연계되어 있고, 하나의 과정은 다음 단계의 과정과 관련된다. 즉 정책결정이 목표를 선택하는 것이라고 한다면, 과정은 이를 위한 수단을 제공한다고 보겠다. 이러한 과정은 투입·산출의 환류과정으로 되풀이되며, 이런 조절작용을 통하여 정책결정상의 오류를 수정할 수 있게 된다.

3. 정책적 기능

재무행정은 정부의 특정목적을 달성하기 위한 정책에 관한 것을 그 주요대상으로 한다. 일찍이 애플비(Paul Appleby)가 행정은 '정책형성'[3]이라고 주창한 이래 정책문제는 행정학의 중심과제가 되었다.

Ⅱ 재정정책과 예산정책

1. 재정정책

정부는 과세·경비지출·차입 및 신용창출 등의 재정금융적인 권한을 가지고 있으므로 국민경제에 대한 영향력이 크다. 현대 재정정책은 이와 같이 정부가 재정적 권력을 가지고 국민경제가 바람직한 기능을 발휘할 수 있도록 의식적으로 국민경제에 영향력을 행사하는 행동이라고 할 수 있다. 또한 정부의 수입지출을 통해 국민경제의 구조정책·경기정책·재분배정책·사회복지정책·금융정책 등의 여러 목표를 달성하기 위한 일련의 과정을 의미한다.

---

3 P. Appleby, *Policy and Administration*(University of Alabama Press, 1949), p.17.

따라서 재정정책의 일반적인 목표는 완전고용, 경제안정, 경제의 지속적 성장, 소득과 부의 균형분배 등을 들 수 있다.[4]

이와 같은 여러 가지 정책목표를 동시에 달성한다는 것은 결코 용이한 일이 아니다. 왜냐하면 어떤 정책목표는 다른 정책목표와 상호보완적일 수도 있지만, 때로는 상충적인 경우도 있기 때문이다. 예컨대 인플레이션을 억제하기 위한 정책과 고용증대를 위한 정책을 동시에 추진할 때 두 목표는 상호배타적인 것이다.

따라서 이와 같은 경우에 있어서는 두 목표 간의 충돌을 완화할 수 있는 절충적 방법을 택해야 할 것이고, 이에 따라 정책목표의 우선순위를 검토하고 감수할 수 있는 물가상승률 내에서 고용정책을 위한 지출을 확정하여야 할 것이다.

2. 예산정책

재정정책의 가장 중심이 되는 정책은 예산정책이라고 할 수 있는데, 이 예산정책이란 예산을 균형예산으로 편성할 것인가, 불균형예산으로 할 것인가 하는 것이 또한 그 중심이라 하겠다.

균형예산이란 전경제가 경상수지에 의하여 유지되는 예산형태를 말한다. 경상수입에는 조세수입 이외의 국유재산수입과 국영기업수입 등 여러 가지가 있으나 그 중에서 조세수입이 차지하는 비중이 보통 가장 크다. 따라서 균형예산이란 조세수입에 의하여 거의 모든 경비를 지출하는 예산이다.

불균형예산 중 적자예산이란 경상수입이 경비총액에 미달되고, 이 부족을 국공채에 의하여 보충하는 예산을 말한다. 국공채 중 공모채는 조세와 마찬가지로 국민으로부터 그 소득의 일부를 정부가 획득하는 것을 의미하는데, 국공채는 조세에 비하여 소비지출의 삭감에 의해서가 아니라 저축으로부터 충족되는 정도가 크며, 따라서 균형예산보다 팽창효과가 크다. 그러므로 불경기의 경우에는 이에 의하여 유효수요가 증대되고 경기회복이 시도되는 것이다.[5]

---

4 심정근, 재정행정론(서울: 조세정보사. 1983), 433면.
5 상계서, 433~440면.

현·대·행·정·학

02 재무행정의 기구와 법규

일반적으로 재무행정의 기구는 예산·회계검사·조달 등을 담당한다. 또한 각국의 중앙재무행정기관의 존재형식을 보면, 행정수반에 소속되어 있는 유형과 정부의 한 부처가 중앙재무행정기관인 분산형이 있다. 전자의 대표적인 예가 미국의 관리예산처(Office of Management and Budget)이며, 후자의 경우는 영국의 재무성(The Treasury)이다. 또한 정부의 재정활동을 규정하는 법규는 헌법을 위시하여 다양한 체제를 갖추고 있다.

제 1 절 재무행정기구

I 미국의 재무행정기구

1. 관리예산처

관리예산처(Office of Management and Budget)는 미국의 중앙예산기구이며, 대통령의 직속기관이다. 그 기능은 예산은 물론 행정관리의 개선 및 법제기능까지 담당하고 있으며, 그 이유는 이들 여러 기능이 상호 밀접한 관계를 가지고 있기 때문이다. 그러나 미국의 경우 중앙예산기관이 처음부터 대통령직속은 아니었으며, 행정관리에 관한 대통령위원회(The President's Committee on Administrative Management)의 건의에 따라 1939년에 대통령실(Executive Office of the President)을 신설하고, 종래에 재무성에 속해 있던 예산국을 대통령실로 옮긴 것이다.[1]

그 후 1970년 7월 1일을 기하여서 예산국은 관리예산처(Office of Management and Budget)로 개칭됨과 동시에 내부조직도 다소 변경이 있었으나 여전히 대통령 직속기관으로서 기능을

---

1 J. D. Millett, *Government and Public Administration*(New York: McGraw-Hill, 1959), pp.51~52; 유종해 역, 행정학: 정부기관의 정책형성(서울: 박영사. 1974), 283~390면 참조.

하고 있다.

2. 재무부

재무부(Department of Treasury)는 1789년 9월 2일 창설되었으며 지방에 일선기관을 설치하고 있다. 예산의 집행상황을 기록하고 각종의 재무보고서를 작성하며 국고과와 상당수의 지방 출장소를 통하여 대부분의 정부기관에 대하여 중앙지출기관의 역할을 한다. 이 밖에도 조세를 징수하고 지폐와 증권의 인쇄를 책임지며 국채를 관리한다.

3. 감사원

1921년 예산회계법(Budget and Accounting Act)에 근거하여 창설된 회계감독원(General Accounting Office)은 의회의 직속기관으로 2004년 7월 현재의 명칭인 회계감사원(Government Accountability Office)으로 개칭하였다. 이 기관은 정부의 청구권을 확정하고 지출을 승인하며 회계제도를 규정하고 결산을 하며 그 결과를 의회에 보고한다. 또한 회계제도의 발전·자동자료처리제도·체제분석 등 관리개선에 기여하며, 각 정부기관은 물론 각종 독립기관을 감사하는 임무를 수행한다.

4. 조달청

조달청(General Service Administration)은 중앙구매기관으로서 정부 각 기관이 사용하는 공동품목의 구매, 연방보급스케줄(Federal Supply Schedule)의 작성, 외국원조물자 및 전략물자의 구매 등을 관장한다.[2]

Ⅱ 영국의 재무행정기구

1. 재무성

영국의 재무성이 최초로 설치된 것은 1612년이었다. 중세기의 국고기관으로부터 기원하는 역사를 가지고 있는 재무성은 단독제기관으로 예산기능을 맡고 있다. 재무성(The Treasury)의 조직은 공공부문(public sector)과 재정(finance) 및 국민경제(national economy)의 3부문으로 나누어졌으며, 공공부문은 주로 세출감독의 전통적인 업무를 맡고 있다. 그리고 재정부문과 국

---

2 E. L. Kohler and W. Wright, *Accounting in the Federal Government*(Englewood Cliffs, New Jersey: Prentice-Hall, 1956), p.258.

민경제부문은 국내외 재정정책 및 경제전략의 조정을 담당한다.

2. 회계감사원

17세기 이래 영국국민들은 정부의 재정집행을 입법부가 통제하는 것이 대의정체를 유지함에 있어서 절대로 필요하다고 인정하고 있다. 이러한 필요성에 따라 하원이 참된 의미에 있어서 세출에 대한 통제를 가할 수 있도록 1816년 하원의 결산위원회(public accounts committee)를 창설하였고, 1866년에는 회계감사원법(exchequer and audit department act)의 제정에 의하여 회계감사원(exchequer and audit department)을 설립하였다.[3] 현재의 감사원(National Audit Office, NAO)은 예산감사법(Budget Responsibility and National Audit Act 2011)에 의거하며, 7명의 위원으로 구성된다.

3. 조달청

조달청(Her Majesty's Stationary Office)은 1786년에 창설된 중앙구매기관으로서 재무장관의 일반적 책임하에 있으나 상당한 독립성을 갖고 있으며, 정부기관에서 사용하는 물품의 구매와 각종 정부간행물의 인쇄 및 판매를 담당하고 있다.

Ⅲ 한국의 재무행정기구

우리 나라에서 처음으로 설치된 중앙예산기관은 1948년 정부조직법에 의해 국무총리직속으로 설치되었던 기획처 예산국이며, 1954년에 제2차 헌법 개정에 의해 국무총리제도가 폐지됨에 따라 기획처 예산국은 1955년에 재무부 예산국으로 옮겨가게 된다. 이후 1961년에 경제기획원이 신설됨에 따라 예산국은 재무부에서 경제기획원으로 이관되었고, 1979년에 예산실로 개칭·승격됨에 따라 그 기능이 보다 강화되기에 이르렀다. 1994년 예산실은 행정조직개편에 따라 재정경제원에, 1998년에는 대통령 직속의 기획예산위원회와 재정경제부의 외청인 예산청으로 조정되었고, 1999년 다시 기획예산처로, 2008년에는 기획재정부 예산실로 조정되어 현재에 이르고 있다.

---

3 유훈, 재정행정론(서울: 법문사, 1973), 256~257면.

1. 기획재정부 예산실

기획재정부 예산실은 우리 나라의 중앙예산기관으로 1961년 7월 정부조직법이 개정됨에 따라 경제기획원에 신설되게 되었고, 따라서 종래에 예산업무를 맡았던 예산국이 재무부로부터 이관되었다. 이후 1979년 6월 예산국이 예산실로 개편되었으며, 현재 예산실은 실장 밑에 4개 심의관실·예산총괄과·예산정책과·예산관리과 등 18담당과와 예산협력팀, 지방재정팀 등 2개 팀을 두고 있다.

기획재정부는 화폐·금융·국채·회계·조세·내국환과 국유재산에 관한 사무를 관장하기[4] 위하여 국고국·재정관리국·공공정책국·국제금융협력국·대외경제국·세제실 등을 두고 있으며, 또한 외청으로 국세청·관세청·조달청·통계청 등이 있다.

2. 감 사 원

국가의 세입·세출의 결산, 국가 및 법률이 정한 단체의 회계검사와 행정기관 및 공무원의 직무에 관한 감찰을 하기 위하여 대통령 소속하에 감사원을 두고 있다. 감사원은 원장을 포함한 7인의 감사위원으로 구성된 감사위원회와 사무처로 조직되어 있으며, 헌법 97조와 감사원법에 따라 ① 결산의 확인, ② 회계검사, ③ 직무감찰, ④ 감사결과의 처리, ⑤ 심사청구에 관한 심사·결정 등의 기능을 수행한다.

3. 조 달 청

조달청은 정부가 행하는 내자 및 외자의 구매·공급·관리에 관한 사무와 정부의 주요시설·공사계약에 관한 사무를 관장한다. 이 사무를 분담하기 위하여 전자조달국·국제물자국·구매사업국·시설사업국, 조달품질원, 11개 지방조달청을 두고 있으며 해외에 주재구매관들이 파견되어 있다.

4. 각 부처예산기관

각 부처의 예산업무를 관장하는 기관은 각 부처의 기획관리실로서 해당기관의 예산의 편성·집행 및 관리의 개선에 관한 사항을 관장한다.

---

4 정부조직법 제32조 제2항 및 재정기획부 직제 제1조 참조.

1. 헌 법

현행 헌법에서는 납세의 의무(제38조), 조세법정주의(제59조) 등이 규정되어 있고, 예산에 관한 규정과 기채에 관한 규정들이 제3장 정부와 제4장 국회의 장에 규정되어 있다.

2. 국가재정법

2007년부터 시행되고 있는 국가재정법은 예산의 근간이 되는 법으로, 1951년에 제정되어 10여 년간 시행되어 오던 재정법을 폐지하고 1961년에 제정된 국가재정에 관한 기본적인 원칙을 규정하고 운영되어온 예산회계법을 대체하여 시행되고 있다. 이는 이전의 예산회계법과 달리 다음과 같은 내용상의 특징을 지닌다.

(1) 예산회계법과 달리 예산, 기금, 결산, 성과관리, 국가채무 등 국가재정 전반을 규정한다.

(2) 예비비를 일반회계 총액의 100분의 1 이내로 한정하여 정부의 과대 재량권을 제한하고 있다.

(3) 성인지예산제도와 조세지출예산제도를 명시하고 있다.

(4) 추가경정예산의 편성을 전쟁, 대규모 자연재해, 경기침체, 대량실업, 남북한관계변화 등 중대한 이유가 있는 경우로 한정하였다.

(5) 국세감면 제한, 세계잉여금처리절차, 국가채무관리계획 수립 등 재정건전성을 강화하기 위한 조치를 다수 담고 있다.

3. 국가회계법

국가재정법의 제정과 함께 이전에 예산회계법에서 규정하던 회계는 국가회계법에 의하여 수행되는데, 이 국가회계법은 2007년 10월에 제정되어 2009년부터 시행하게 되었다. 국가회계법은 국가회계의 신뢰성과 투명성을 제고하기 위하여 복식부기와 발생주의회계원칙을 도입하고 있으며, 각부처 장관으로 하여금 소관 일반회계, 특별회계 및 기금의 재무보고서 작성토록 하여 정부재정 활용에 더욱 세심한 관심을 기울이도록 독려하고 있다.

4. 정부기업예산법

정부기업예산법은 1961년 예산회계법 제13조의 규정에 의거하여 기업예산회계법을 대체한 법률로서, 정부부처의 형태를 가진 공기업(정부기업)에 적용되는 법률이다. 이 법에서 말하는 정부기업이란 ① 우편사업, ② 우편예금사업, ③ 양곡관리사업, ④ 조달사업 등 4대 사업을 말한다.

이 법의 특징으로는 ① 발생주의회계, ② 원가계산제의 채택, ③ 감가상각제도의 채택, ④ 수입금마련지출제도를 통한 예산의 신축성부여 등을 들 수 있다.

5. 공공기관의 운영에 관한 법률

공공기관의 운영에 관한 법률은 2007년 정부투자기관관리기본법과 정부산하기관관리기본법을 폐지하고 대신 제정된 법으로서, 공공기관으로 통합된 공기업(시장형, 준시장형), 준정부기관(기금관리형, 위탁집행형), 기타공공기관의 운영과 관리를 목적으로 한다. 이 법은 정부가 투자한 공공기관을 기업성과 공공성을 조화시켜 통제하기 위한 법으로서, 공공기관의 자율성과 책임성을 도모하는 동시에 공공기관운영위원회를 통하여 정부의 평가와 감독을 제도화하고 있다.

Chapter

03 정부예산의 주요주제

예산의 의의

1. 예산의 어원

예산에 해당하는 영어인 budget의 어원에 관해서는 다소의 이론이 있지만, 이는 돈주머니(money bag)를 뜻하는 고대 불어인 bougette(가죽여행가방)에서 유래된 말이다.[1]

영국에서는 본래 재무장관(Chancellor of the Exchequer)이 의회에서 재정연설을 할 때에 서류를 넣어가지고 가는 가방을 뜻하였다. 그리고 재무장관이 재정연설을 하는 것을 opening the budget이라고 하였으며, budget이라는 단어의 뜻도 가방 속에 들어 있는 서류, 즉 오늘날의 예산을 의미하는 것이었다.[2]

2. 예산의 정의

(1) 일반적 정의

예산이란 일정기간에 있어서 수입·지출의 예정적 계산이다.[3] 그러므로 예산은, 첫째로 사전에 예상되는 수입·지출의 예정적 계산이라는 점에서 사후에 수입·지출의 실적을 확정적 계수로서 표시하는 결산과 구별되며, 둘째로 국가의 수입·지출의 예정적 계산이라는 점에서 기업이나 가계의 그것과 구분된다.

여기에서 일정기간이라고 하는 것은 1회계연도를 말하고 1회계연도의 수입을 세입, 1회계연도의 지출을 세출이라고 하므로 예산은 1회계연도에 있어서 세입·세출의 예정적 계산이라

---

1 René Stourm, *The Budget*, translated in English by Thaddus Plozinski(New York: D. Appleton and Co., 1917), pp.2~3.
2 A. E. Buck, *The Budget Government of Today*(New York: Macmillan, 1934), pp.4~5.
3 J. Burkhead and J. Miner, *Public Expenditure*(Chicago: Aldin, 1971), p.12.

고 하겠다.

(2) 형식적 정의

형식적으로 본다면, 예산은 헌법과 국가재정법에 의거하여 일정한 형식에 따라 편성되어 국회의 심의·의결을 거친 1회계연도의 재정계획을 의미한다. 이와 같이 성립한 예산에 의하여 정부는 지출원인행위를 하거나 국고채무부담행위를 할 수 있으며, 일단 성립한 예산은 정부가 임의로 변경할 수 없다. 즉 형식적 의미의 예산은 예산이 정하는 목적과 금액의 범위 안에서 지출을 허락하는 구속력을 지니고 있다.

국가에 따라서는(미·영·불·독·기타 유럽 여러 나라) 예산의 형식적 개념을 강조하여 예산을 법률의 형식(appropriation bill 등)으로 규정하기도 한다. 그러나 우리 나라의 헌법은 예산을 형식적 법률로 하지 않고 있으며, 예산회계법 제24조는 "예산은 예산총칙·세입세출예산·계속비·명시이월비와 국고채무부담행위를 총칭한다."고 규정하여 예산의 형식적 내용을 명시하고 있다.

(3) 행정학적 정의

행정학적 입장에서 예산이란 재정적·수량적 용어로 표현된 장래의 일정기간에 걸친 최고 관리층의 체계화된 종합적인 사업계획이라고 할 수 있다. 전통적으로 영국에서도 예산이라는 용어는 입법부의 동의를 얻기 위하여 제출된 정부의 사업계획을 의미하였다.

제 2 절 예산의 기능

1. 예산의 기능에 관한 해석

행정국가의 대두와 행정기능의 다원화로 인하여 예산의 기능은 필연적으로 복잡해졌다. 예산이 수행하는 여러 가지 기능에 관해서는 학자에 따라 견해의 차이가 있다.

알렌 쉬크(Allen Schick)는 예산의 기능을 ① 통제기능, ② 관리기능, ③ 계획기능 등으로 설명하고 있으며,[4] 슐츠(Charles Schultze)는 ① 재정적 통제, ② 관리적 통제, ③ 전략계획 등으로 구분하여[5] 쉬크와 유사한 견해를 취하고 있다. 이 밖에도 예산의 기능은 ① 국가재정의 민주적

---

4 A. Schick, *Budget Innovation in the State*(Washington, D. C.: Brookings Institution, 1971), p.4.
5 C. Schultze, *The Politics and Economics of Public Spending*(Washington, D.C.: Brookings Institution, 1968), pp.5~6.

통제기능, ② 정부의 업적을 평가하는 기능, ③ 행정관리기능 및 ④ 재정정책적 기능 등을 포함한다.

예산제도는 전통적으로 행정부에 대한 민주통제의 수단으로 발전되어 왔다. 영국예산제도의 근원은 왕실(the crown)에 대한 의회감독의 시작에서부터 찾아볼 수 있다. 그러나 오늘날에 있어서 예산은 이러한 소극적인 재정통제수단이라기보다는 적극적으로 국가발전정책 및 계획을 실현하기 위한 도구로 간주되고 있다. 즉 예산의 기능은 쉬크(Allen Schick)가 설명한 바와 같이 통제중심에서 관리중심으로, 그리고 관리중심에서 계획중심으로 변천해 왔다. 따라서 예산의 유형도 통제중심의 품목별예산에서 관리중심의 성과주의예산, 그리고 계획중심의 PPBS로 발전하게 되었다.

2. 예산의 기능

(1) 재정통제기능
예산은 국민이 그 대표기관인 의회를 통하여 행정부에 대하여 행하는 민주적인 통제수단으로서의 기능을 가진다.

(2) 정치적 기능
고도의 정치적 성격을 가지는 예산은 정치과정을 통하여 현실적으로 가치를 배분하고 국민의 이해관계를 조정하는 기능을 가진다. 이러한 의미에서 윌다브스키(Aaron Wildavsky)는 예산을 정치과정의 중심에 자리잡고 있는 정치적인 것(political things)으로 규정하고 있다.[6]

(3) 경제적 기능[7]
오늘날 대부분의 국가에서는 예산이 국민경제에 막대한 영향을 미침으로써 재정정책의 중요한 도구로 사용되고 있으며, 이외에도 경제성장을 촉진시키고 세율조정과 사회보장적 지출 등을 통한 소득재분배기능 및 자원배분기능을 수행하고 있다.

(4) 관리적 기능
예산은 국정관리를 위한 기초자료가 된다. 즉 중앙예산기관은 예산제도를 통하여 매년 각

---

6 A. Wildavsky, *The Politics of the Budgetary Process*(Boston: Little & Co., 1964), pp.4~5 참조.

7 이에 관해서는, Mourice W. Lee, *Toward Economic Stability*(New York: Wiley, 1966), p.171; Angus Maddison, *Economic Growth in Japan and the USSR*(London: George Allen and Unwin, 1969), pp.152~153; Jesse Burkhead, *Government Budgeting*(New York: John Wiley & Co., 1956), pp.59~60.

부처의 예산을 토론할 권한을 갖게 되며, 따라서 각 부처의 모든 사업계획·활동·관리방법 등을 사정하게 된다.

예산의 원칙은 예산결정의 합리성을 확보하기 위한 일종의 행정규범으로 파악할 수 있다.

1. 전통적 예산원칙

전통적인 예산원칙은 그 판단의 기준이 주로 입법부 중심에서 본 것이라고 할 수 있다. 즉 의회에 의한 재정통제를 강조하는 입장이다.

1885년에 세이(Leon Say)는 예산의 원칙으로 ① 통일성, ② 1년을 기간으로 할 것, ③ 의회의 의결이 있기 전에 편성될 것, ④ 회계적 성격을 지닐 것 등을 강조하였다.

한편 스미스(Harold D. Smith)는 예산의 원칙으로 ① 공개의 원칙, ② 명료의 원칙, ③ 포괄성의 원칙, ④ 예산통일성의 원칙, ⑤ 명세의 원칙, ⑥ 사전승인의 원칙, ⑦ 한정성의 원칙, ⑧ 정확성의 원칙 등을 제시하기도 했다.[8]

그러나 가장 많이 인용되는 노이마르크(F. Neumark)의 예산원칙에 따라 전통적 예산원칙을 설명하면 다음과 같다.[9]

(1) 예산 공개의 원칙

예산은 편성·심의·의결된 예산 및 결산의 결과 등이 공개(publicity)되어야 한다는 것이다. 이에 따라 국민은 정부의 재정활동을 파악하고 예산에 대한 비판을 가할 수 있다.

(2) 예산 명료의 원칙

예산은 모든 국민이 이해할 수 있도록 편성되어야 한다는 것으로 수지의 추계 및 용도·유래 등이 분명하게 나타나 있어야 하며, 내용이 합리적으로 구분·표시되어야 한다.

(3) 예산 사전의결의 원칙

예산은 집행하기에 앞서 국회의 의결을 거쳐야 한다. 대부분의 국가에서는 이 원칙을 헌법에 규정하고 있다. 그러나 우리 나라의 준예산과 같이 이 원칙에는 다소의 예외가 있다.

---

8 H. D. Smith, *Management of Your Government*(New York: McGraw-Hill, 1945), pp.84~85.
9 高橋誠·紫田德衛 共編, 財政學(東京: 有斐閣, 1968), pp.65~66.

(4) 예산 한정성의 원칙

예산의 각 항목은 상호 명확한 한계가 있어야 한다. 따라서 예산이 정한 목적 외의 사용이나 이용·전용의 금지, 초과지출의 금지, 회계연도의 경과금지 등이 그 내용이 된다.

(5) 예산 완전성의 원칙

예산에는 세입·세출이 모두 계상되어야 한다. 따라서 조세수입을 세입에 계상하는 경우, 징세비를 공제한 차액, 즉 순수입만을 계상(순계예산주의)해서는 안 된다.

(6) 예산 단일성의 원칙

예산은 단일(unity)하여야 한다. 독립된 복수의 예산이 있으면 전체적인 관련성은 불명료해진다.

(7) 예산 통일의 원칙

특정한 세입과 특정한 세출을 직결시켜서는 안 된다. 예를 들면 자동차세를 도로건설비에만 충당하는 것은 금지한다.

2. 현대적 예산원칙

입법부의 통제를 위한 전통적 예산원칙은 자본주의가 발달하고 행정기능이 강화·확대됨에 따라 수정되지 않을 수 없게 되었다.

스미스(Harold Smith)는 통제지향의 전통적 예산원칙을 비판하고 관리지향의 예산제도하에서 필요한 예산의 원칙을 다음과 같이 제시하고 있다.[10]

(1) 행정부 계획의 원칙

예산은 행정수반의 사업계획을 반영한 것이다. 따라서 예산편성은 사업계획과 합치되어야 하며, 행정수반의 직접적인 감독하에서 행해져야 한다.

(2) 행정부 책임의 원칙

정부는 예산이 허용하는 범위 안에서 가장 경제적으로 예산을 집행할 책임이 있다. 입법부에 의한 예산의 승인은 자금지출의 명령이나 지시가 아니다.

(3) 보고의 원칙

예산의 편성·심의·집행은 정부의 각 기관으로부터 제출되는 재정보고 및 사업보고에 기초

---

10 H. D. Smith, *op. cit.*, pp.90~94.

를 두어야 한다.

(4) 적절한 예산수단구비의 원칙

정부는 예산사업을 관장하는 중앙예산기관을 두어야 하며, 분기별 배정권한 및 준비금제도·예비비제도 등의 적절한 예산수단을 구비해야 한다.

(5) 다원적 절차의 원칙

정부의 모든 활동은 모두 예산에 반영되어야 하지만, 그 절차와 예산의 방법은 효과적인 관리를 위하여 활동에 따라 달라질 수 있다. 특히 정부기업의 예산절차는 일반행정기관의 예산절차와는 다르다.

(6) 행정부 재량의 원칙

예산의 항목을 지나치게 세분하여 분류하면, 효과적·능률적인 집행이 저해되는 경우가 있다. 그러므로 의회는 예산운용상의 미세한 문제에는 행정부의 자유재량을 허용해야 한다.

(7) 시기신축성의 원칙

예산은 변화하는 경제사정 등에 신속히 적응할 수 있는 규정을 포함해야 한다. 이로써 행정부는 필요에 따라 사업계획의 집행시기를 신축성 있게 조절할 수 있게 된다.

(8) 예산기구 상호성의 원칙

예산의 편성과 집행에는 각 행정기관의 상호적인 협조가 필요하다. 능률적인 예산의 운용은 중앙예산기관과 각 부처의 예산담당기관 사이의 긴밀한 협력 아래서 가능하며, 상호 활발한 의사소통이 있어야 한다.

제 4 절 예산의 종류

1. 일반회계예산과 특별회계예산

(1) 정부회계의 의의

정부의 회계는 일반회계와 특별회계로 구분된다. 예산단일성의 원칙에 따른다면, 일반회계 이외의 특별회계란 있을 수 없지만 현실적인 필요에서 각국은 대개 특별회계를 인정한다. 일반회계란 일반적인 국가활동에 관한 세입·세출을 포괄하는 예산을 말하며, 특별회계란 국가의 회계중 특정한 세입으로 특정한 세출에 충당함으로써 일반의 세입·세출과 구분하여 경리하는 부분을 말한다. 우리 나라의 국가재정법 제4조는 특별회계의 설치요건으로 ① 국가에서 특정한 사업을 운영할 때, ② 특정한 자금을 보유하여 운영할 때, ③ 기타 특정한 세입으로 특정한 세출에 충당함으로써 일반의 세입·세출과 구분하여 경리할 필요가 있을 때에 법률로써 설치한다고 규정하고 있다.

(2) 특별회계의 장·단점

특별회계의 수가 많은 것이 좋으냐 적은 것이 좋으냐 하는 문제는 쉽사리 단정하기 곤란하다. 일반적으로 특별회계는 행정능률의 향상과 자유재량의 범위를 크게 하지만, 특별회계의 수가 지나치게 많으면 예산의 구조가 복잡하게 되고 국가재정의 전체적인 관계가 명확하지 못하게 되어 입법부의 예산통제 또는 민중통제가 곤란하게 된다. 그러나 국가의 경제적 기능이 확대됨에 따라 각국의 특별회계의 수는 점차 많아지는 경향이 있다.

(3) 특별회계의 종류

특별회계는 관점에 따라서 여러 가지로 분류할 수 있으나, 이를 ① 정부기업특별회계, ② 책임운영기관특별회계, ③ 기타 개별법에 의한 특별회계 등으로 대별된다.

2. 본예산·수정예산·추가경정예산

(1) 본 예 산

본예산은 1회계연도에 있어서 최초에 편성되어 국회에 제출하는 예산을 말하며, 당초예산이라고도 한다. 원칙적으로 본다면, 국가의 예산은 하나로 그쳐야 되나, 주변사정의 변화 등으로 본예산에 변경을 가하게 되는 경우가 있게 된다.

(2) 수정예산

수정예산은 정부가 예산안을 국회에 제출한 후 의결되기 전에 그 내용의 일부를 수정하고자 하는 경우에 작성되는 예산을 말한다. 우리 나라의 경우, 정부는 예산안을 회계연도개시 120일 전까지 국회에 제출해야 하며, 국회는 회계연도개시 30일 전까지 이를 의결하여야 한다.

(3) 추가경정예산

추가경정예산은 예산안이 국회를 통과하여 확정된 후에 생긴 사유로 인하여 이미 성립된 예산에 변경을 가할 필요가 있을 때에 편성하는 예산을 말한다. 수정예산과 추가경정예산안은 예산안이 국회에 제출된 후에 생긴 사유로 인하여 예산의 내용을 변경하기 위한 제도라는 점은 동일하지만, 수정예산은 예산의결 전에 수정하는 것이며, 추가경정예산은 예산의결 후에 행한다는 점에서 차이가 있다. 끝으로 이들 수정예산과 추가경정예산은 각각 별개로 집행하는 것이 원칙이지만, 일단 성립하면 통산하여 집행하고 있다.

3. 잠정예산·가예산·준예산

회계연도개시일까지 예산안이 입법부를 통과하지 못하는 경우도 있을 수 있으며, 이러한 경우에는 어떤 해결방법을 강구할 필요가 있다.

(1) 잠정예산

이는 예산안이 회계연도개시일까지 국회를 통과하지 못한 경우, 일정금액(최초의 수개월분)의 예산의 국고지출을 허가하는 제도이다. 우리 나라의 경우는 이 제도가 사용된 적이 없으며, 영국·캐나다·일본 등에서는 거의 일반적으로 사용하고 있다.

잠정예산은 사용시기에 제한은 없으나, 국회의 의결이 있어야 집행할 수 있다. 또한 본예산이 성립되면 잠정예산의 유효기간에 관계 없이 또 지출잔액의 유무에 불구하고 그 때부터 효력을 상실하고 본예산에 흡수된다.

(2) 가 예 산

과거 구헌법하의 우리 나라에서는 전술한 잠정예산과 유사한 제도인 가예산제도를 사용한 바 있다. 즉 제1공화국헌법 제94조 2항에는 "부득이한 사유로 예산안이 국회에서 의결되지 못한 때에는 국회는 1개월 이내의 가예산을 의결하여야 한다."고 규정하였다. 이 가예산은 1개월 이내라는 제한이 있었으며, 이것이 잠정예산과 다르다.

(3) 준(準) 예 산

준예산은 우리 나라에서 예산안이 회계연도개시일까지 국회를 통과하지 못할 경우에 사용하는 제도이다. 우리 나라는 국회에서 회계연도개시 30일 전까지 예산안이 의결되지 못한 때에는 정부는 국회에서 예산안이 의결될 때까지 ① 헌법이나 법률에 의하여 설치된 기관 또는 시설의 유지·운영, ② 법률상 지출의무의 이행, ③ 이미 예산으로 승인된 사업의 계속비에 한하여 전년도예산에 준하여 지출할 수 있다. 그리고 준예산에 의하여 집행된 예산은 당해년도의 예산이 성립되면, 그 성립된 예산에 의하여 집행된 것으로 간주한다. 이 준예산제도는 독일에서 채택하고 있으며, 한국은 제3차 개헌시에 채택하였으나 사용한 적은 없다.

(4) 종합적 비교

이상의 예산불성립시의 예산집행을 위한 여러 제도를 비교하여 보면 다음과 같다.

표 3-1 예산불성립시의 예산집행제도

	기 간	의회의 의결	지출항목	채택하는 국가
잠 정 예 산	수 개 월	필 요	전 반 적	영국 · 캐나다 · 일본
가 예 산	1 개 월	필 요	전 반 적	프랑스(제3 · 4공화국)
준 예 산	제 한 없 음	불 필 요	한 정 적	독일 · 한국

제 5 절 예산의 분류

I 예산분류의 의의

1. 예산분류의 필요성

한 국가의 예산은 일정한 기준에 따라 분류되어야만 그 성격을 알 수 있으며, 정부활동의 내용도 알 수 있게 된다. 따라서 세입과 세출을 어떤 기준에 따라서 어떻게 구분하느냐 하는 문제는 예산론에 있어서 가장 중요한 문제 중의 하나이다. 그러나 정부의 기능은 복합성·혼합성을 띠고 있으므로 이상적인 단일의 분류방법만을 추구한다는 것은 잘못이며, 무의미하게 된다. 어떤 한 목적에 적합한 분류방법은 다른 목적에는 적합하지 않은 경우가 있을 수 있기 때문이다.

2. 예산분류의 목적[11]

(1) 사업계획의 수립과 예산심의의 용이

행정수반은 행정부의 정치적·경제적·사회적 목적에 따라 정부의 사업계획을 명백히 할 수 있는 방향으로 예산을 분류해야 하며, 이와 같은 분류는 입법부의 예산심의를 돕게 된다.

(2) 예산집행의 효율화

예산분류는 효율적인 예산집행에 이바지해야 한다. 즉 사업집행의 책임을 맡고 있는 공무

---

11 J. Burkhead, *Government Budgeting*(New York: John Wiley & Sons, Inc., 1956), pp.111~112.

원은 그에게 할당된 예산액이 얼마이며 그의 맡은바 임무가 무엇이냐 하는 점에 대하여 명확한 인식이 있어야 한다.

(3) 회계책임의 명확

예산은 회계책임을 명확히 하도록 분류되어야 한다. 특정기관과 이 기관의 특정공무원에게 세입의 징수, 지출원인행위, 현금출납 등에 관한 책임을 명확하게 부여할 수 있어야 한다.

(4) 경제분석의 촉진

예산분류의 또 하나의 목적은 경제안정이나 자원개발을 위하여 정부활동의 경제적 효과를 정확하게 분석하는 데 있다. 즉 정부의 세입·세출이 국민소득과 고용에 미치는 효과, 소득분배 및 자본형성에 대한 정부의 기여도 등이 분석될 수 있어야 한다.

Ⅱ 조직별 분류

1. 조직별 분류의 의의

조직별 분류는 예산을 편성하고 집행하는 주체에 따라서 부처별·소관별·기관별로 분류하는 방법을 말한다. 정부예산은 그 편성, 사정, 입법부의 심의, 집행, 회계검사 등의 모든 예산과정의 단계가 조직별로 행하여진다. 조직별 분류는 특히 입법부의 예산심의나 통제에 가장 의미있는 유형이다. 또한 예산의 총괄계정에는 기능별 분류가 최선의 것이지만, 조직별 분류는 차선의 방법으로 간주되고 있다. 우리 나라 예산의 조직별 분류에서 소관조직은 대통령실, 각 부·처·청 등 소관기관별로 분류되어 있다.

2. 조직별 분류의 장·단점

(1) 장 점

① 입법부의 재정통제에 가장 효과적이다. ② 예산과정의 단계가 명확하게 된다.

(2) 단 점

① 경비지출의 주체에 중점을 두므로 경비지출의 목적을 밝힐 수 없다. ② 세입·세출이 국민경제에 미치는 경제적 효과를 파악할 수 없다. ③ 각 조직의 전반적인 성과나 특정프로그램의 진도를 측정할 수 있는 객관적 기준이 되지 못한다.

Ⅲ 기능별 분류

1. 기능별 분류의 의의

주로 정부의 세출에 관한 분류방법으로서, 세출예산을 특정한 목적(예컨대 교육비·국방비 등) 등과 같이 정부가 수행하는 기능에 따라 분류하는 방법이다. 이 방법은 행정수반의 정책수립을 용이하게 하고 정부계획의 성격의 변동을 파악하는 데 편리하며, 입법부의 예산심의를 용이하게 한다. 또한 국민들에게 정부활동에 관한 일반적·집약적인 정보를 제공하게 됨으로써 시민을 위한 분류(citizen's classification)로 알려지고 있다.

우리 나라는 현재 일반행정, 공공질서 및 안전, 통일외교, 국방, 교육, 문화 및 관광, 환경보호, 사회복지, 보건, 농림해양수산, 수송 및 교통, 국토 및 지역개발, 과학기술, 예비비 등 16개 분야로 분류되어 있다.

2. 기능별 분류의 특징[12]

(1) 기능별 분류는 대항목(major title)은 모든 기관 또는 부처를 포괄적으로 포함한다.

(2) 기능별 분류는 공공사업을 별개의 범주로 삼지 않는다. 예컨대 교량건설은 교통부문에, 군사시설의 건설은 국방부문에 속하게 된다.

(3) 일반행정비는 될 수 있는 한 적게 잡아야 한다. 일반행정비가 많으면 기능별 분류는 의의가 감소된다.

(4) 한 개 이상의 기능에 해당하는 사업이 많이 있다. 예컨대 해외에 주둔하고 있는 군인들의 자녀를 위한 학교는 국방비에도 속할 수 있고 교육비에도 속할 수 있다. 따라서 정부의 한 활동은 오직 한 번만 계산되도록 주의하여야 한다.

Ⅳ 품목별 분류

1. 품목별 분류의 의의

이는 지출의 대상·성질에 따라 세출예산을 급여·연금·여비·시설비 등으로 구분하는 방법이다. 이 분류는 예산의 집행에 관한 회계책임을 명백히 하고 경비사용의 적정화를 기하는 데그 목적이 있으며, 세출예산에 대한 의회의 우위를 확보하는 데 크게 공헌했다. 우리 나라에서

---

12 J. Burkhead, *op. cit.*, pp.117~118.

도 조직체별로 대별된 예산은 다시 품목별 분류에 의하여 세분되며, 이러한 예산을 조직품목별 예산이라 한다.

2. 품목별 분류의 장·단점

(1) 장 점

① 회계책임을 명백히 한다. ② 행정에 대한 입법통제가 가능하며, 의회의 우위를 확보할 수 있다. ③ 인사행정을 위하여 유용한 정보를 제공하며, 예산정원의 현황과 요구된 정원의 변동을 명백히 표시한다.

(2) 단 점

① 세부적인 지출의 대상에 중점을 두므로 정부활동의 전체적인 상황을 알 수 없다. ② 지나치게 세밀한 분류는 행정활동의 자유를 제한하고 예산의 신축성을 저해할 우려가 있다. ③ 각 행정기관을 포괄적으로 다루는 총괄계정에는 부적당하다.

Ⅴ 프로그램별 분류

1. 프로그램별 분류의 의의

품목별 예산분류와 같은 기존의 예산편성구조는 세부사업 및 비용을 중심으로 투입을 통제하는 방식이기 때문에 예산낭비를 억제하는 긍정적인 효과도 있었으나 사업이 지나치게 세분화되고 비목구조가 복잡할 뿐 아니라, 정책과 예산을 연계하는 고리인 적절한 사업단위가 없어 예산배분은 물론 성과의 측정에 어려움이 있었다.

이에 따라 기존의 품목별 예산구조와 달리 프로그램예산구조는 사업별로 예산을 편성·운영할 수 있도록 구성되었다. 즉 기본구조는 분야(장) – 부문(관) – 정책사업(항) – 단위사업(세항) – 편성비목(목)으로 정책사업과 단위사업을 통하여 실제 사업내용의 파악이 가능하다. 이 때, 정책사업은 동일한 정책목표를 달성하기 위한 단위사업의 묶음이고, 단위사업은 세세항을 사업성격별로 통합·단순화한 단위를 말한다.

2. 프로그램별 분류의 특징

(1) 프로그램별 분류는 투입과 산출의 연계가 명확하여 예산집행의 책임성을 확보할 수 있다.
(2) 예산사업의 투입과 성과의 연결은 예산의 성과 측정과 관리를 가능하게 한다.

(3) 예산의 투입과 집행부서의 연결로 인하여 예산관리의 투명성이 강화된다.

Ⅵ 경제성질별 분류

1. 경제성질별 분류의 의의

경제성질별 분류란 예산이 국민경제에 미치는 영향을 파악하는 데 도움을 주기 위한 분류방법으로, 정부정책을 결정하는 데 유용한 자료를 제공함을 그 목적으로 한다. 즉 예산을 편성하는 데 있어서 국민소득의 기본적 구성요소인 소비·저축·투자에 관한 영향을 고려하여 완전고용하에 균형을 실현할 수 있도록 예산의 내용을 결정하는 것이다. 이때 세입은 경상수입, 조세, 세외수입, 자본수입으로 구성하고, 세출은 경상지출, 자본지출, 순지출 등으로 구성된다.

2. 성질과 제약요소

(1) 경제성질별분류는 경제활동에 대한 정부의 영향의 일부만을 대략적인 수치에 의해서만 표시할 수 있다.
(2) 세입·세출의 양과 구성요인의 변화로 인한 영향만을 측정할 수 있다.
(3) 경제성질별 분류는 그 자체로서 소득의 분배나 각 경제부문에 대한 정부활동의 영향을 정확하게 측정하지는 못한다.
(4) 이 분류방법을 성공적으로 이용하려면, 정부예산이 국민경제에 지대한 영향을 미친다는 사실을 인식해야 한다.
(5) 이 분류방법은 다른 분류방법과 분리해서는 안 되며, 항상 병행하여 활용해야 한다.

Ⅶ 통합재정

1. 통합재정의 의의

통합재정이란 현재 행정통계로 작성되고 있는 예산결산통계의 분석목적상 제약점을 보완하여 재정이 국민경제에 미치는 효과를 보다 명확히 파악할 수 있도록 하기 위한 세입·세출예산의 분류체계를 말한다. 이와 같은 재정통계의 작성은 1974년 국제통화기금(IMF)이 발표한 「재정통계편제요람」(a manual on government finance statistics)에 의하여 국제적 기준에 따라 이루어지고 있으며, 우리 나라는 1979년부터 이를 도입하여 기획재정부·한국은행 등에서 활용

하여 오고 있다.[13]

통합예산을 작성하면 다음과 같은 점에서 법정상의 예산결산통계가 갖는 분석목적상의 제약점이 보완될 것으로 기대된다.

(1) 법정예산체계로는 파악이 곤란한 재정활동의 범위를 명확히 할 수 있다.

(2) 기업특별회계나 양곡·조달기금과 같이 순수한 의미의 재정활동이라기보다는 일종의 기업활동을 수행하는 정부회계의 경우는 이를 일반 정부활동과 구분하여 별도의 분석체계에 따라 그 효과를 파악할 수가 있다.

(3) 정확한 재정규모와 재원조달내용, 그리고 재정의 국민경제적 효과를 체계적으로 파악할 수 있다.[14]

2. 통합예산의 포괄범위와 분류체계

국가재정의 활동과 그 기능은 순수한 의미의 정부활동인 것과 기업적인 것으로 대별된다. 순수한 의미의 정부활동이라는 것은 국민경제의 분류상 일반정부(general government)의 개념에 해당하는 것으로서, 이는 국가기관이 여타의 국민경제부문에 강제적으로 부과하여 재원을 조달하고 이 재원으로 집단소비를 위한 비시장성 서비스를 창출하며 공공정책의 수행을 통하여 소득을 이전하거나 자원을 배분하는 등의 기능을 의미한다. 이러한 의미의 정부활동은 그 정책이 입안되고 수행되는 지역적인 범위에 따라서 전국적인 차원인 중앙정부부문(central government)과 지역적인 한계를 갖는 지방정부부문(local government)으로 구분된다. 중앙정부의 포괄범위에는 예산형식으로 운용되는 일반회계와 특별회계 및 기금 중에서 외국환평형기금 등 금융성기금을 제외한 정부기금이 포함된다. 우리나라의 경우 2005년 지방재정법의 개정으로 지방재정 및 지방교육재정을 포괄하는 통합재정을 파악할 수 있게 되었다.

한편 기업적인 것은 재화나 용역을 생산 또는 판매하는 활동을 의미한다. 이러한 활동은 이윤추구를 목적으로 하는 사기업과 아무런 차이가 없다. 그러나 국가가 직접 소유 또는 통제하고 있기 때문에 공기업으로 분류되며, 그 운영에 있어서는 국가의 정책목표에 직접적으로 영향을 받는다.

공기업은 그 기능이 금융활동에 관한 것이냐 아니냐에 따라 공금융기관(PFI; Public Financial Institutions)과 비금융공기업(NFPE; Non-Financial Public Enterprise)으로 구분된다. 비금융공기업의 포괄범위에는 예산으로 편성·운용되는 5개 기업특별회계와 세입·세출예산 외로 운영

---

13 김태승, "통합예산의 구조와 경제효과분석," 국가예산과 정책목표, 한국개발연구원, 1982, 489~490면.
14 상게서.

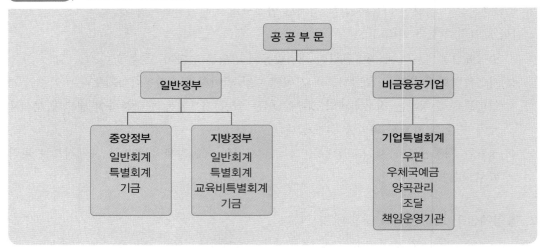

되는 양곡관리기금 및 조달기금이 포함된다(그림 3-1 참조).

제 6 절 예산결정이론

1. 예산결정의 속성

정부는 국가목적을 설정하고 목적과 현실과의 괴리를 파악하여 그 목적을 달성하기 위한 대안적 정책수단을 개발·평가해서 최종적으로 예산을 결정한다.

이처럼 결정된 예산의 속성에는 세 가지 측면이 있을 수 있겠다.[15]

첫째, 예산에는 집권집단의 정치적 목표를 달성하기 위한 공공자원의 배분을 통하여 정치철학이 직·간접으로 나타난다.

둘째, 예산은 사회체제의 유지·발전을 위하여 중요한 역할을 하기 때문에 그 속에 국가의 안정적 발전계획과 이를 지원하기 위한 자원의 효율적 이용계획이 나타난다.

셋째, 일단 성립된 예산은 선례를 낳는다. 이러한 모든 예산은 이른바 정치적 합리성과 경제적 합리성이라는 점에서 결정되고 있음을 의미한다. 일반적으로 전자를 강조하는 결정방법을 점증주의(incremental approach), 후자를 강조하는 것을 포괄주의 또는 총체주의(comprehen-

---

15 김영훈, 현대행정학논집(서울: 연세대학교 출판부, 1976), 170면.

sive approach)라고 부르고 있다.

2. 예산결정이론의 발달

키(V. O. Key)는 어떠한 근거에서 X달러라는 금액이 B활동 대신 A활동에 배정되었는가 하는 데 대한 해답을 얻을 수 있는 예산결정기준이 없음을 환기시키면서 이의 확립을 주장하였다.[16]

이러한 키의 주장은 해리스(J. P. Harris)에 의해서도 재확인되고 있다. 해리스는 연방정부의 예산증대에 대하여 주요 예산정책과 이에 대한 대체안에 대한 주의를 해야 한다고 강조하고 있다.[17]

이는 자금의 대체적 사용 및 현재의 배정기준의 타당성에 대해 문제를 제기한 것이다.[18]

예산결정론으로서 사회과학분야에서의 사상결정론을 배경으로 처음으로 제시된 이론은 루이스(V. Lewis)의 경제적 접근론이다.[19] 그는 예산편성에 관한 경제적 이론설정을 위해 세 개의 명제를 제시하고 있다.

세 개의 명제는 첫째, 수요에 비하여 공급되는 자원이 희소하므로 여기에 적용되어야 할 경제적 표준은 모든 지출로부터 나오는 결과가 희생된 비용과 동일한 가치여야 한다. 둘째, 한계비용체감 때문에 점증적 분석이 필요하다. 셋째, 대체안의 비교는 공통목적을 달성함에 있어서의 상대적 유용성에 관해서만 이루어져야 한다. 이러한 상대적 비교를 위해서 루이스는 배정에 앞서는 분석의 기준과 절차로서 점증주의적 접근을 제시한 것이다.

정치·경제적 측면에서 예산결정을 설명하고 있는 안토니 다운스(Anthony Downs)는 주민은 최대의 이익을 약속하는 정당을 반드시 지지하게 되므로 경비지출에 의한 득표가 조세수입 때문에 잃게 되는 표와 같아지는 선에서 예산이 결정되어야 한다고 보고 있다.[20]

3. 예산결정모형

(1) 포괄주의(comprehensive approach)

이 접근모형은 예산을 종합적·포괄적으로 보아야 한다는 견해이다. 이는 일반적으로 다음

---

16 V. O. Key, "The Lack of Budgetary Theory," *American Political Science Review*, Vol. 34, No. 4(1940), pp.1137~1144.

17 J. P. Harris, "Needed Reforms in the Federal Budget System," *Public Administration Review*, Vol. 21, No. 1(1952), pp.242~250.

18 김영훈, 전게서, 173면.

19 V. Lewis, "Toward a Theory of Budgeting," *Public Administration Review*, Vol. 20, No. 1(1952), p.42.

20 A. Downs, *Economic Theory of Democracy*(New York: Harper & Row, 1957), pp.276~299.

과 같은 요소들을 포함한다.

    (1) 의사결정자는 타문제와 분리될 수 있는 또는 이들과 비교하여 최소한 의미 있는 것으로 여겨지는 문제를 다룬다.

    (2) 의사결정자에게 지침이 되는 목적가치 또는 목표가 비중에 따라 명확하게 작성된다.

    (3) 문제의 각종 대안을 검증할 수 있다.

    (4) 각 대안의 결과(비용 대 이익)를 알 수 있다.

    (5) 각 대안과 그 결과는 타대안의 그것과 비교할 수 있다.

    (6) 의사결정자는 자신의 목적, 가치 또는 목표를 극대화하는 대안 및 그 결과를 선정한다.[21]

이러한 과정의 결과가 합리적·포괄적 결정이며, 이는 주어진 목표를 가장 효과적으로 달성할 수 있는 방법이다.

이러한 포괄적 접근법의 비판은 크게 세 가지가 있다.

첫째, 의사결정자는 구체적이고 뚜렷하게 한정된 문제에 직면하고 있지 않다.

둘째, 의사결정자에게 요구되는 여러 전제 — 충분한 지식, 각 대안의 정확한 결과예측, 각 대안의 비용·편익의 정확한 비교 — 가 비현실적이다.

셋째, 의사결정자는 가치의 합의가 존재하는 곳보다는 가치의 갈등이 야기되는 상황에 주로 놓인다.

요컨대 포괄주의는 가장 이상적이면서도 널리 이용되지 못하고 정부의 많은 정책들이 종래의 방법으로 결정되고 있다. 이는 포괄주의가 이론과 현실 사이의 간극을 좁혀줄 수 있는 인간능력의 한계를 의미한다고 할 수 있다.[22]

(2) 점증(변)주의(incremental approach)

이 접근방법은 예산결정에서의 무거운 부담을 덜고 정치적 안정을 얻기 위한 일련의 경제외적인 고려, 또는 예산전략을 기저에 두고 있다.

이 모형의 속성을 요약하면 다음과 같다.[23]

    (1) 목적의 선택과 이를 달성하기 위한 행위는 서로 분리되어 있는 것이 아니라 상호 밀접하게 얽혀 있다.

    (2) 의사결정자는 어떤 문제를 다룰 때 몇 개의 대안만을 고려의 대상으로 삼으며, 이것은

---

21 J. E. Anderson, *Public Policy-Making*(1975); 박홍식, 공공정책론(서울: 대영사, 1981), 21면.

22 심정근, 재정행정론(서울: 조세정보사, 1983), 240면.

23 C. E. Lindblom, "The Science of Muddling Through," *Public Administration Review*, Vol. 19(1959), pp.79~88.

기존정책에 비해 점증적 차이가 있을 뿐이다.

⑶ 각 대안에 있어서도 몇 개의 중요한 결과만이 평가된다.

⑷ 의사결정자가 직면하는 문제는 끊임없이 재정의되고, 목표−수단은 여러 차례 점증적으로 조정된다.

⑸ 좋은 의사결정이란 '직접 동의할' 만한 것에 불과하다.

⑹ 점증적 의사결정은 현재의 구체적 사회불완전성을 치료·개선하려는 것이다.

이러한 점증주의는 불확실성에 대한 위험과 비용을 경감시키는 제한적·실제적·수용가능한 접근법이라 하겠다.

한편 이 모형의 단점은 첫째로, 지나치게 단순화되어 있기 때문에 자원의 제약을 무시하고 결정하기 쉽다. 둘째로, 예산결정과정에만 집착한 나머지 목적으로부터 이탈하여 정책분석의 일면만을 강조하는 경향이 있다.

그러나 실제 예산행정은 경제적·정치적 합리성의 어느 하나에만 근거를 두지 않는다. 그 이유는 예산은 역사적으로 정치적 타협의 산물이라는 측면을 무시할 수 없는 한편, 자원의 희소에 따른 합리적 이용을 고려하지 않을 수 없기 때문이다.

결국 예산결정이론은 포괄주의와 점증주의를 혼합·적용할 수밖에 없다.[24]

---

24 심정근, 전게서, 241면.

현·대·행·정·학

Chapter

04 예산과정

제1절 예산편성

1. 예산편성의 의의

예산의 편성은 다음 해에 정부가 수행할 정책이나 사업의 금전으로 표시한 계획을 작성하는 과정이며, 우리 나라에 있어서는 예산편성지침의 작성으로부터 예산안의 확정에 이르는 모든 과정을 포함한다. 예산편성이 본질적으로는 행정적인 것이라기보다는 입법적인 것이므로 엄격한 권력분립이론에 따른다면, 편성권은 국회가 행사하여야 한다. 그러나 오늘날의 국가는 행정기능의 복잡성·전문성 등으로 인하여 예산편성의 책임을 행정수반에게 부여하는 행정부 예산제도를 채택하고 있다. 행정부예산제도는 영국의 경우, 1706년 하원의 의사규칙제정으로 확립되었으며, 미국은 1921년 예산회계법의 제정으로 확립되었다.

한편 예산편성은 고도의 정치적 성격을 띠고 있으며, 정부지출을 요구하는 세력과 반대하는 세력이 균형을 이루어나가는 과정으로 파악될 수 있다. 또한 각 부처의 하부기관은 중앙관서를 상대로, 각 중앙관서의 장은 예산실을 상대로 보다 많은 예산을 확보하려는 복잡한 정치적 압력·교섭·투쟁의 과정이 전개된다.

2. 우리 나라 예산의 형식

국가재정법은 제19조에서 정부의 예산은 예산총칙·세입세출예산·계속비·명시이월비와 국고채무부담행위로 구성된다고 규정하고 있다.

(1) 예산총칙

예산총칙에는 ① 세입세출예산·계속비와 국고채무부담행위에 관한 총괄적 규정, ② 국채 또는 차입금의 한도액, ③ 국고금관리법에 따른 재정증권의 발행과 일시차입금의 최고액, ④

기타 예산집행에 관하여 필요한 사항을 규정해야 한다. 요컨대 예산총칙은 당해 회계연도의 재정운영에 필요한 기초적 사항에 관하여 국회의 의결을 얻어 두는 것으로서 예산조문이라고도 한다.

(2) 세입세출예산

국가재정법 제21조에 규정된 바와 같이 세입·세출예산은 필요한 경우에 계정을 구분할 수 있으며, 대개 소관별로 구분한 후 소관내에서 일반회계·특별회계로 구분한다. 이는 다시 품목별로도 구분한다. 이와 같이 세입·세출예산은 형식적으로도 예산의 대부분을 차지하고 있다.

(3) 계 속 비

국가재정법 23조에 의하면 완성에 수년도를 요하는 공사나 제조 및 연구개발사업은 경비의 총액과 연부액을 정하여 미리 국회의 의결을 얻은 범위 안에서 수년도에 걸쳐서 지출할 수 있다. 계속비의 연한은 일반적으로 당해 회계연도로부터 5개년 이내로 하나, 연장도 가능하다.

(4) 명시이월비

세출예산 중 연도 내에 지출을 필하지 못할 것이 예측될 때에는 미리 국회의 승인을 얻어 다음 연도에 이월하여 사용할 수 있다(국가재정법 제24조).

(5) 국고채무부담행위

국가재정법 제25조에 의하면 국고채무부담행위란 법률에 의한 것과 세출예산금액 또는 계속비의 총액범위 내의 것 이외에 국가가 채무를 부담하는 행위를 의미하며, 이것은 미리 예산으로서 국회의 의결을 얻어야 한다.

3. 우리 나라의 예산편성과정

(1) 국가재정운용계획 수립지침 통보

매년 예산편성은 각 중앙관서의 장이 중기사업계획서를 제출할 수 있는 국가재정운용계획 수립 지침을 해당 회계연도 전년도 12월말에 기획재정부장관이 각 중앙관서의 장에게 통보하면서 시작된다. 이 지침은 해당년도를 포함한 향후 5개년간의 중기적 국가 재정운용계획을 수립하려는 목적으로 하달되며, 과거 경제개발 5개년계획과 같은 의미를 갖는다(국가재정법 시행령 제2조 제1항).

(2) 사업계획서의 제출

각 중앙관서의 장은 매년 1월 말일까지 신규사업 및 기획재정부장관이 정하는 주요사업에 대한 중기사업계획서를 기획재정부장관에게 제출하여야 한다(국가재정법 제28조).

(3) 예산안 편성지침의 시달

기획재정부장관은 매년 3월 31일까지 국무회의의 심의를 거쳐 대통령의 승인을 얻은 예산안편성지침을 각 중앙관서의 장에게 시달하여야 한다. 예산안편성지침의 내용은 정책 및 재정운용의 기본방향, 예산편성세칙 및 세부지침, 세입·세출과목해소, 공무원급여기준, 예산편성상의 기술적인 문제 등이 그 내용이 된다. 이 지침은 국회 예산결산특별위원회에도 제출하여 국회의 예산심의의 효율성 제고에 기여한다(국가재정법 제29조 및 제30조).

(4) 중앙관서의 예산요구서 제출

각 중앙관서는 예산편성지침 및 기준에 준하여 예산요구서를 작성하여 5월 31일까지 기획재정부장관에게 제출해야 한다. 예산요구서는 예산의 형식과 동일한 형식으로 작성되어야 하며, 필요에 따라서는 소정의 서류가 첨부된다(국가재정법 제31조).

(5) 예산의 사정

각 부처로부터 예산요구서가 제출되면 기획재정부는 예산의 사정에 착수한다. 예산실은 우선 예산실 시안을 작성하며, 다시 장·차관의 조정을 받아 기획재정부안을 작성한다. 기획재정부안이 작성되면 계속 정부·여당과 협의하여 최종예산안을 작성한다. 이 과정에서 해당부처와의 협의, 재정정책자문회의, 당정협의 등이 수행된다(국가재정법 제10조).

(6) 국무회의의 심의와 국회 제출

종합적인 조정·검토를 거친 예산안은 기본운영계획과 함께 국무회의의 심의를 거쳐 대통령의 승인을 얻음으로써 정부예산안이 확정된다. 확정된 예산안은 회계연도 개시 90일 전까지(헌법 제54조 제2항) 예산심의자료 및 부속서류를 첨부하여 국회에 제출하여야 한다. 그러나 국회의 심의를 강화하기 위하여 국가재정법은 2016년부터 회계연도 개시 120일 전으로 정부안의 국회제출을 앞당겼다(국가재정법 제32조 및 제33조).

1. 예산심의의 의의

　　예산안이 국회에 제출되면 이에 대한 심의를 하게 된다. 예산의 심의는 국민의 대표기관인 국회에서 행하여진다는 점에서 민주주의의 이념상 의의가 깊다. 정치적 과정인 예산의 심의는 여러 가지 요인에 의하여 영향을 받게 된다. 일반적으로 예산심의에 영향을 미치는 요인으로는 심의자로서의 국회의원, 심의기관으로서의 국회 및 외부환경으로부터의 영향을 받는다.

2. 예산심의제도의 비교

(1) 대통령중심제와 내각책임제

　　정치과정으로서 예산심의과정의 성격은 입법부와 행정부의 역학관계 여하에 따라 다르다. 우리 나라나 미국 같은 대통령중심제하에서는 예산심의가 비교적 엄격하게 이루어지는 반면, 영국이나 일본 같은 내각책임제하에서는 내각이 국회다수당의 한 위원회로 간주되어 정부의 예산안이 국회의 심의과정에서 큰 수정을 받는 일이 거의 없다.

(2) 양원제와 단원제

　　국회의 구성을 단원별로 하는 경우는 별 문제가 없으나, 양원제를 채택할 경우 양원의 의결이 일치되지 않을 때 문제의 해결이 간단하지 않다. 양원제를 채택하고 있는 국가에서는 예산안을 하원이 먼저 심의하는 '하원선심의 원칙'이 확립되고 있다. 그러나 동일한 양원제라 할지라도 영국의 하원은 예산심의의 선심의권을 지니면서 수정권이나 부정권이 없고 30일간의 지연권(delaying power)을 지닐 따름인 상원보다 훨씬 우월한 입장에 있으며, 이와는 달리 미국의 상·하양원은 예산심의에 있어서 동등한 권한을 가지고 있으며, 양원의 의결이 일치되지 않을 경우에는 양원협의회(the conference committee)에서 타협·조정된다.

(3) 위원회중심제와 전원중심제

　　우리 나라·미국·일본에 있어서는 예산안이 본회의에 상정되기 전에 소규모의 위원회의 심의를 받도록 되어 있다. 우리 나라는 예산안의 전담심사기관으로 예산결산특별위원회를 두고 있다. 미국의 의회에는 하원세출위원회(House Appropriations Committee)·상원세출위원회(Senate Appropriations Committee)가 예산안을 심의하며, 일본국회에서는 중의원·참의원의 예산위원회가 이를 담당하고 있다. 이와는 달리 영국에는 예산심의를 위한 소규모의 위원회가 없다.

다만 전의원으로 구성되는 전원위원회(Committee of Whole)가 세출위원회(Committee of Sup-
ply)와 세입위원회(Committee of Ways and Means)가 있다.

(4) 예산과 법률

우리 나라와 일본에서는 예산과 법률을 구별하는 입장에서 각각 별도의 형식으로 의결되
며, 예산은 법률보다 하위의 효력을 갖는다. 이에 반하여 영국과 미국에서는 예산을 법률의 형
식으로 성립시키고 있으며, 정부가 예산이라 하여 국회에 제출한 것은 추계에 불과하다는 입
장을 취한다.

(5) 예산안의 수정

우리 나라는 헌법 제57조의 규정에 의하여 국회는 정부의 동의 없이 정부가 제출한 지출예
산 각항의 금액을 증액하거나 새 비목을 설치할 수 없게 되어 있다. 따라서 국회는 예산안에
대하여 삭감권만 가지며, 정부의 동의 없이 신항목을 설치하거나 증액할 수 없는데, 이는 영국
의 경우도 같다.

그러나 미국의 헌법은 이에 대한 아무런 규정도 하고 있지 않으므로 의회는 예산안의 발의
권과 증액도 할 수 있는 적극적인 수정권을 가지고 있으며, 일본의 의회도 증액수정권이 인정
되고 있다.

(6) 예산불성립시의 예산집행

회계연도 개시일까지 예산이 의회를 통과하지 못하는 경우, ① 미국은 양원의 공동결의에
의하여 정부로 하여금 전년도예산을 답습하는 것을 허용하는 것이 관례이고, ② 영국·일본은
잠정예산제도를 사용하고 있으며, ③ 우리 나라는 제1공화국에서는 가예산제도를 채택하고
있었으나, 현재는 헌법 제54조 3항의 규정에 의하여 준예산제도를 채택하고 있다.

3. 우리 나라의 예산심의과정

(1) 시정연설

예산안이 국회에 제출되면 본회의에 상정되며, 예산안과 관련하여 해당연도에 대한 광범
하고 종합적인 대통령의 시정연설이 있다.

(2) 예산안 심사

예산심의는 소관상임위원회별로 실시되는 예비심사의 단계를 거쳐 예산결산특별위원회의
종합심사에 회부된다. 이 과정의 경우 1981년 1월 22일 국회법의 전면개정에 따라 예산안은

정부의 시정연설이 끝난 후 예산결산특별위원회에 회부되며, 그 심사가 끝난 후 본회의에 회부되어 심의하는 과정을 거쳤다. 그러다가 1984년부터는 다시 상임위원회에서 예비심사를 하고, 이를 예산결산특별위원회에서 종합심사하여 본회의에 회부하게 되었다.

예산안의 전담심사기관인 예산결산특별위원회는 교섭단체의 소속의원수의 비율과 상임위원회의 위원수의 비율에 따라 50인 이내로 선임되며, 이 위원회는 필요에 의하여 소위원회 이외의 수개의 분과위원회로 나뉘어 심사할 수 있고, 세입예산안과 관련 있는 법안은 예산결산특별위원회의 요청으로 소관상임위원회와 연석회의를 열 수 있도록 하였다(국회법 제45조 및 제84조). 예산결산특별위원회는 국회법 개정으로 2000년부터 상설화되었다.

(3) 본회의 의결

예산결산특별위원회의 심사가 끝나면, 예산안은 본회의에 상정된다. 본회의에서는 예산안에 관한 정부측의 설명과 예산결산위원회의 예산안심사보고를 듣고 정책질의를 한다. 정책질의가 끝나면 각 부문별로 토론·표결을 거쳐 예산안이 의결·확정된다. 우리의 경우 예산안 자동상정제도가 도입되었는데(국회법 제85조 제3항), 이는 2003년부터 2014년까지 예산안이 법정기한(헌법 제54조 제2항) 내에 의결되지 못한 경험에 기인한다.

제 3 절 예산집행

1. 예산집행의 의의

예산의 집행이란 국회에서 예산안이 심의·확정된 후 이에 따라 국가의 수입·지출을 실행하는 모든 행위를 말하며, 국고채무부담행위나 지출원인행위의 실행도 포함된다. 예산의 집행은 입법부의 의도를 충실히 구현하는 데 그 목적이 있으며, 재정적 한계를 엄수하되 부득이한 경우에는 신축성을 유지하도록 해야 한다.

2. 예산집행의 목적

예산집행은 크게 두 가지의 목표를 지니고 있으며, 이를 설명하면 다음과 같다.

(1) 재정통제(financial control)

전통적으로 예산집행의 목적은 입법부의 의도를 구현하고 입법부에서 정해 준 재정적 한계를 엄수하는 재정통제(financial control)에 두어져 왔다. 이에 대한 방법으로서는 ① 예산의 배정 및 예산의 재배정과 자금공급의 일원화, ② 지출원인행위의 통제, ③ 행정인력의 정원과 보수에 대한 통제, ④ 국고채무부담행위의 통제, ⑤ 예산집행의 기록·보고제도 등이 있다. 그러나 이 같은 재정통제제도는 공무원의 재량을 억제하고자 하는 것이지만, 행정의 경직화와 형식화를 초래하기 쉬우며 신축성을 저해할 우려가 있다고 하겠다.[1]

(2) 신축성의 유지(maintaining flexibility)

예산이 성립한 후 시간의 경과에 따라 경제사정이나 사업계획의 여건 등 객관적 정세가 변동하게 되므로, 예산집행은 이에 적용할 수 있는 신축성을 유지하여야 한다. 그 방법으로서는 예산의 이용·이체·이월과 계속비제도 및 예비비제도 등이 있다.

3. 예산집행의 통제

행정부는 원칙적으로 예산의 목적외 사용이나 입법부에서 의결한 금액 이상의 지출을 해서는 안 된다. 역사적으로 볼 때에도 예산의 집행이란 전통적으로 거의 재정통제문제로서만 생각되어 왔다. 이와 같이 재정통제를 확보하기 위한 제도로는 예산의 분기별 배정제도 및 장부의 비치·기록·보고 등의 방법이 있으며, 그 밖에도 공무원의 정원과 봉급에 관해서는 중앙기관이 실제로 이에 관한 결정권을 장악하고 있다.

4. 예산집행의 신축성

(1) 신축성 유지의 필요성

예산집행제도의 목적의 하나는 신축성을 유지하는 것이다. 예산제도의 도입 초기에는 의회의 예산집행 통제에 중점을 두었으나, 행정권의 강화와 행정환경의 급격한 변화에 대한 대응성 확보 차원에서 예산집행의 신축성에 더 많은 관심과 중점이 옮겨졌다. 그 이유를 정리하면 다음과 같다.

　⑴ 예산성립 후 시간의 경과에 따라 경제사정이나 사업계획의 여건 등 객관적 정세가 변동하게 되므로, 예산집행은 이에 적용할 수 있도록 신축성을 유지하여야 한다. 특히 행정부가 국민경제의 안정과 발전을 책임을 지는 행정국가화 현상이 가속화됨에 따라 예산은 집행 도중에 신축성을 유지하고 수정할 필요가 있게 되었다.

　⑵ 예산집행의 신축성은 경비의 변동이 심하고 방대한 자재를 필요로 하는 공공사업의 경우에 경비절감을 위하여 필요하다. 이러한 예산집행의 신축성은 행정활동에 대한 관리

1　J. Burkhead, *Government Budgeting*(New York: John Wiley & Sons, Inc., 1956), p.343.

층의 통제를 강화시키는 방법으로 유지되어야 하며, 관리층의 예산통제는 관리층의 다른 통제와 분리되어서는 안 된다.

(2) 예산집행상 신축성 유지방안

　1) 예산의 긴급배정　기획재정부장관은 필요한 경우에는 대통령령이 정하는 바에 의하여 회계연도개시 전에 예산을 배정할 수 있다.

　2) 예산의 이용과 전용　예산의 이용이란 입법과목인 장·관·항간의 융통성 있는 사용을 의미한다. 이는 원칙적으로 허용되지 않으나 예산집행상 필요에 의하여 미리 국회의 승인을 얻은 것에 한하여 기획재정부장관의 승인을 얻어 허용된다. 그러나 예산의 전용은 행정과목인 각 세항·목간의 융통성 있는 전용을 의미하므로 기획재정부장관의 승인만으로 가능케 하고 있다.

　3) 예산의 이체　예산의 이체란 동일회계연도 내에서 정부조직 등에 관한 법령의 제정·개정 또는 폐지로 인하여 그 직무와 권한에 변동이 있을 때에 예산의 집행에 관한 책임소관을 변경시키는 것을 말한다. 해당 중앙관서의 장들이 상호 협의하여 이체과목과 금액을 명시한 서류를 기획재정부장관에게 제출하여 그 승인을 얻어야 한다.

　4) 예산의 이월　예산의 이월이란 예산을 다음 회계연도에 넘겨서 그 회계연도의 예산으로 사용하는 것을 말하며, 예산은 1년에 한한다는 회계연도독립의 원칙에 대한 예외가 된다. 이와 같은 예외를 인정하는 이유는, ① 특정사업에 대한 예산이 일시적이나마 중단되면 오히려 행정운영의 지장 및 사업의 비효율성을 초래할 뿐만 아니라, ② 예산집행기관의 연도중 예산사용이 지연되면 연도 말에 이르러 예산의 낭비를 초래하게 될 가능성이 있어 이를 조금이라도 방지하려는 의도 때문이다. 이러한 예산의 이월에는 명시이월과 사고이월, 두 가지가 있다.

　첫째, 명시이월은 세출예산 중 연도 내에 그 지출을 필하지 못할 것이 예측되는 경우, 미리 예산에 명시하여 국회의 승인을 얻어 다음 연도에 이월하여 사용할 수 있는 경비이다.

　둘째, 사고이월은 연도 내에 지출원인행위를 하고 불가피한 사유로 연도 내에 지출하지 못한 경비와 지출원인행위를 하지 않은 부대경비의 금액을 다음 연도에 이월하여 사용할 수 있는 것을 말한다. 사고이월은 계속비와는 달리 이월은 1년에 한정하며, 한 번 사고이월한 경비를 다시 다음 연도에 이월하는 것은 허용치 않는다. 이는 명시이월의 경우도 동일하다.

　5) 계속비　계속비는 회계연도 독립의 원칙에 대한 또 하나의 예외로, 완성에 수년도를 요하는 공사나 제조 및 연구개발사업의 경우 경비의 총액과 연부액을 정하여 미리 국회의 의결

을 얻은 범위 안에서 수년도에 걸쳐서 지출할 수 있게 하는 제도를 말한다. 계속비로서 지출할 수 있는 연한은 당해 회계연도부터 5년 이내로 한다.

6) 예비비   예비비는 예측할 수 없는 예산 외의 지출 또는 예산초과지출을 충당하기 위한 제도로서, 일반회계에 있어서는 세출예산의 100분의 1 이상에 해당하는 금액을 예비비로서 세출예산에 계상하여야 한다. 예비비는 기획재정부장관이 관리하는데, 예비비를 사용하고자 하는 각 중앙관서의 장은 그 이유·금액과 추산의 기초를 명백히 한 예비비사용요구서를 작성하여 기획재정부장관에게 제출하고, 기획재정부장관은 이를 심사한 후 조정을 하여 예비비사용서를 작성하고 국무회의의 심의를 거쳐 대통령의 승인을 얻는다. 또 사용 후에는 헌법 제55조의 규정에 의하여 국회의 승인을 얻어야 한다.

7) 국고채무부담행위   국고채무부담행위는 법률에 의한 것과 예산금액 또는 계속비의 총액의 범위 내의 것 이외의 국가가 채무를 부담하는 행위를 말하며, 이것은 미리 예산으로서 국회의 의결을 얻어야 한다.

제 4 절   결 산

1. 결산의 의의 및 기능

결산이란 1회계연도 중의 국가의 수입·지출의 실적을 확정적 계수로서 표시하는 행위이며, 예산에 의하여 수입·지출을 한 정부의 사후적 재정보고이다. 따라서 결산은 예산의 집행결과 입법부의 의도와 재정적 한계를 보다 명확하게 파악할 수 있게 하는 중요한 절차라 하겠다.

결산의 기능은 입법부의 재정통제 이외에도 장래의 예산의 편성과 심의, 재정계획의 효율적인 운영을 위한 자료의 역할도 한다. 결산은 회계검사기관의 검사·확인과 국회의 심의·의결에 의하여 확정되며, 이러한 확정을 통하여 정부의 책임은 해제된다. 이 경우의 책임이란 정치적 책임을 의미하며, 관계공무원의 부정행위에 따르는 변상책임이나 형사책임까지 해제되는 것은 아니다.

2. 예산과 결산의 불일치

결산은 1회계연도 동안의 예산집행의 실적이므로 세입·세출의 예측인 예산과 대체적으로 일치하나 완전히 일치하는 것은 아니다. 예산과 결산이 일치하지 않는 이유로는, ① 예산성립

후에 전년도로부터의 이월, ② 예비비의 지출, ③ 당해 연도에 사용하지 않은 불용액, ④ 예산결정 이후에 행하여진 이용·전용·이체에 의한 예산액의 증감, ⑤ 예산집행자의 고의 또는 과실로 인한 위법적 혹은 부당한 지출 등을 들 수 있다.

여기서 정부에 의한 위법적 혹은 부당한 지출이 있다고 해서 결산이 그 지출행위를 무효 또는 취소할 수 있는 법률적 효력을 가지지 않는다. 따라서 결산의 의의는 정치적·도의적·역사적인 것이라고 할 수 있다.

3. 우리 나라의 결산제도

(1) 출납정리기간

결산은 예산집행의 실적이므로 예산집행의 완결, 즉 수입·지출의 출납사무가 완전히 종결된 후가 아니면 확정할 수 없다. 출납사무는 본래 회계연도의 종료와 동시에 마감되어야 하지만, 출납정리를 위하여 다음 회계연도가 시작되어도 일정기간 동안은 수입·지출을 허용하는데, 이 기간을 출납정리기간이라 한다. 국고금관리법 제4조 2항은 1회계연도에 속하는 세입·세출의 출납에 관한 사무는 익년도 2월 10일까지 완결하도록 규정하고 있다.

(2) 결산의 내용

각 중앙관서의 장은 결산심의의 기초로서 매 회계연도마다 그 소관에 속하는 세입·세출의 결산보고서·계속비결산보고서 및 국가의 채무(국채·차입금·국고채무부담행위)에 관한 계산서를 작성하여 익년도 2월 말일까지 기획재정부장관에게 제출하여야 한다(국가재정법 제58조). 기획재정부장관은 각 중앙관서의 장이 제출한 이들 보고서에 의하여 세입·세출의 결산서 즉 총결산을 작성하여 국무회의의 심의를 거쳐 대통령의 승인을 얻는다. 결산의 양식은 세입·세출예산과 동일한 구분에 의하여 관·장·항·목의 예산과목은 그대로 표시하여 작성하며, 다음의 사항을 명백히 하여야 한다. 먼저 세입에 있어서는, ① 세출예산액, ② 징수결정액, ③ 수납액, ④ 불납결손액, ⑤ 미수납액이며, 세출에 있어서는 ① 세출예산액, ② 전년도이월액, ③ 예비비사용액, ④ 전용 등 증감액, ⑤ 예산현액, ⑥ 지출액, ⑦ 익년도이월액, ⑧ 불용액 등이 그 기재사항이다. 기획재정부장관은 국무회의의 의결을 거쳐 성립된 국가결산보고서를 익년도 4월 10일까지 감사원장에게 송부하며(국가재정법 제59조), 이어서 감사원에 의하여 결산검사가 행하여진다.

(3) 결산의 심사

1) 감사원의 결산확인 감사원에 의한 결산의 확인은 예산의 합법성과 정확성에 관한 최종

적 판정이며, 결산의 국회제출을 위한 전제조건이 된다. 감사원은 결산의 검사·확인이 끝나면 검사보고서를 작성하여 5월 20일까지 기획재정부장관에게 송부하여야 하며(국가재정법 제60조), 정부는 감사원의 검사보고서·계획비결산보고서·국가의 채무에 관한 계산서를 첨부하여 세입·세출결산을 익년도 5월 31일까지 국회에 제출하여야 한다(국가재정법 제61조).

2) 국회의 **결산심의**   정부가 결산을 국회에 제출하면 해당 상임위원회에서 심사를 하고 예산결산특별위원회에 회부하여 심사를 마친 후 본회의에 보고하게 된다. 본회의에 의한 결산안의 심의·의결에 의하여 결산은 확정된다(국회법 84조).

제 5 절 회계검사

I 회계검사의 의의

1. 회계검사의 의미

가장 일반적인 의미에 있어서의 회계검사란 어떤 조직체의 재정활동과 그 수지의 결말에 관한 사실을 확인·검증하고, 나아가서 그 결과를 보고하기 위하여 장부 및 기타 기록을 체계적으로 검사하는 행위를 말한다.[2]

행정에 있어서의 회계검사는 행정부가 입법부의 의도에 충실히 자금을 지출하였는가, 즉 지출의 합법성을 검토하는 데 중점을 두고 있다. 그러나 형식적인 지출의 합법성에 치중하는 종래의 회계검사는 항상 법률이나 예산에 위반된 지출·수입이 없느냐 하는 것을 밝히는 데 목적이 있다고 하여 소극적이라는 비난을 받고 있다. 따라서 회계감사는 단순한 통제중심의 합법성만 따질 것이 아니라, 사업의 능률성이나 효과성까지 포함하는 적극적인 기능이 수행되어야 한다.

2. 회계검사의 특징

회계감사는 다음과 같은 특징을 가지고 있다.

(1) 회계검사의 대상은 회계와 관계가 있는 모든 회계기록이다.

(2) 이러한 회계기록은 타인이 작성한 것이어야 한다.

(3) 회계검사는 부기기록이 각 거래를 적절하게 해석하고 그 경제적·법률적 사실을 진실하

---

2 R. Montgomery, *Auditing Theory and Practice*, 4th ed.(New York: Wiley, 1940), p.2.

게 표시하고 있다는 것을 입증하는 정부(正否)검증절차이다.

⑷ 회계검사는 회계기록의 적부(適否)에 관한 비판적 검증이며, 반드시 검증의 결과에 대하여 검사인의 의견을 표시해야 한다.

Ⅱ 전통적 회계검사에 대한 비판

전통적 회계검사에 대한 비판들은 다음과 같이 요약될 수 있다.

⑴ 종래의 지출을 강조하는 회계검사는 행정적 책임 내지는 능률적 운영의 요구와 충돌하거나 모순될 우려가 있다.

⑵ 합법성의 견지에서 아무리 엄중히 회계검사를 수행한다 하더라도 공금의 부당한 지출이나 낭비를 완전히 방지할 수는 없다.

⑶ 법적 견지에 치우치는 소극적인 회계검사는 아무리 철저하게 행한다 할지라도 결코 정부지출의 전체적인 성과의 검토를 가능하게 할 수 없다. 환언하면 종래의 회계검사는 지출을 그 지출의 업적에 기하여 분석하는, 이른바 경비분석(expenditure analysis)을 불가능하게 한다. 이와 같은 이유로 오늘날의 회계검사는 그 목적이 감독보다는 협조하는 방향으로 전환되고 있으며, 방법도 지출에 관한 전통적인 확인이나 검증에서 점차 내부통제제도로 많이 활용되고 있다.

Ⅲ 회계검사기관

1. 회계검사기관의 지위

(1) 입법부형

회계검사기관이 입법부에 속하고 있는 형태이다. 미국의 회계감사원(Government Accountability Office)과 영국의 회계감사원(National Audit Office)이 대표적인 예이며, 오스트리아·벨기에·이스라엘 등도 이 유형에 속한다.

(2) 독 립 형

회계검사기관이 입법부·사법부·행정부의 어느 하나에도 소속하지 않고 독립된 기관으로 존재한다. 독일·프랑스·일본 등의 회계감사원이 이에 속한다.

(3) 행정부형

회계감사기관이 행정부에 소속되어 있는 형태로서 우리 나라·스웨덴·스위스·포르투갈 등이 이에 속한다.

(4) 사법부형

프랑스의 경우, 회계검사원의 감사관이 모두 법관의 신분을 가지고 있다는 이유로 이를 사법부형으로 이해하는 견해도 있다.

2. 단독제와 합의제

(1) 단 독 제

회계검사기관 단독으로 업무를 집행하는 경우로 미국과 영국의 회계감사원이 이에 속한다.

(2) 합 의 제

우리나라·일본·네덜란드 등의 회계감사원은 합의제이다.

회계감사기관이 단독제가 좋은가 아니면 합의제가 좋은가 하는 문제는 쉽사리 단정하기는 어렵지만, 기관의 독립성을 보장하고 회계감사의 결과를 공정·신중히 처리하는 데는 합의제가 유리하다고 보겠다.

3. 헌법기관과 비헌법기관

(1) 헌법기관

우리 나라·일본·이탈리아 등 대부분의 국가에서는 헌법에 회계검사기관에 관한 규정을 두고 있다.

(2) 비헌법기관

영국과 미국이 이에 속한다.

4. 이상적인 회계검사기관

미국 재무행정의 권위자인 벅(A. E. Buck)은 효과적인 회계검사의 실시를 위하여 다음과 같은 세 가지 조건이 마련되어야 한다고 강조하고 있다.

(1) 독 립 성

반드시 입법부에 속하지 않더라도 적어도 행정부에서 독립된 회계기관이 있어야 한다. 우리 감사원은 독립성이라는 측면에서 볼 때 매우 약하다. 기관의 지위뿐만 아니라 감사원장의 임기는 임명권자인 대통령보다 짧으며, 특히 영·미의 경우에 비하면 너무 짧다.

(2) 위 원 회

입법부에 회계검사기관이 제출하는 회계검사보고서를 적절히 처리할 위원회가 있어야 한다. 이 점에서 볼 때 우리 나라 국회의 예산결산위원회제도를 개편하여 따로 결산위원회를 설치하는 것이 바람직하다.

(3) 회계와 회계감사의 구별

'회계'와 회계감사는 엄격히 구별되어야 하며, 회계업무는 행정부에서 담당하고 회계검사기관은 회계검사업무만을 담당해야 하며, 회계검사기관이 양자를 담당하는 일이 있어서는 안 된다는 것이다.

Ⅳ 회계검사(감사)의 종류

1. 서면검사 · 실제검사

우리 나라의 감사원은 일반적으로 이 방법을 사용한다.

(1) 서면검사

검사대상기관에서 제출된 서류를 통하여 검사하는 방법을 말한다.

(2) 실제검사

직원을 현지로 파견하여 그 직원으로 하여금 실제로 검사를 행하게 하는 방법이다. 실제검사는 서면검사에서는 간과하기 쉬운 공무원의 비위사실 등을 발견할 수 있는 이점이 있으며, 서면검사를 보충하는 역할을 한다.

2. 사전검사 · 사후검사

(1) 사전검사

사전검사란 지출이 있기 전에 행하는 검사를 말하며, 보통 행정부 내에서 하위기관의 지출행위를 통제하려는 방법으로 사용된다.

(2) 사후검사

사후검사는 지출이 실제로 행하여진 후에 행하는 검사이다. 사후검사는 행정부의 회계책임을 검증하는 것이므로 원칙적으로 행정부에 속하지 않는 기관에 의하여 실시되어야 한다.

3. 일반검사·상업식검사·종합검사[3]

(1) 일반검사

일반검사(general audit)는 공금감리의 책임을 맡은 공무원의 회계책임을 밝히는 데 그 목적이 있다. 수입이나 지출이 위법 또는 부당하게 행하여진 경우, 책임 있는 공무원에 대한 변상절차가 취해진다.

(2) 상업식검사

상업식검사(commercial type audit)는 주로 공사 등 상업식 회계제도를 가지고 있는 정부기업에 대하여 실시된다. 재정기록의 정확성보다 타당성을 확인하고 일정기간 중의 손익을 나타내는 대차대조표 등을 통한 검사이다.

(3) 종합검사

종합검사란 각 기관의 프로그램·절차·기법 등을 검토하여 그 기관이 합법적·능률적·경제적으로 자원을 활용했느냐를 검사하는 것이다.

4. 정밀검사·발췌검사

(1) 정밀검사

모든 수입·지출을 일일이 세밀하게 검사하는 방법이다.

(2) 발췌검사

이 방법은 표본추출(sampling)에 의하여 선택적으로 검사하는 방법이다. 미국의 경우 상업식검사와 종합검사에 이 방법을 사용하고 있다.

Ⅴ 우리 나라의 회계검사(감사)기구

1. 연 혁

1948년 7월에 제정된 대한민국헌법 제95조 3항은 "심계원의 조직과 권한은 법률로써 정한다."라고 규정하였으며, 이에 의거하여 심계원법이 제정되어 1948년 12월 4일에 공포되었다. 심계원법 제1조는 "심계원은 대통령에 직속하며 국무원에 대하여 독립에 지위를 가진다."고

---

3 이 방법은 미국의 회계감사원(GAO)이 사용하고 있는 방법이다. Jesse Burkhead, *Government Budgeting*(New York: Wiley & Sons, 1956), pp.361~364.

규정하였다.

1961년 9월 9일 새로운 심계원법이 공포됨으로써 심계원은 대통령직속기관으로부터 국가재건최고회의소속으로 되었으며, 기능면에 있어서도 많은 변화가 일어났다.

이어서 1963년 3월 5일에는 감사원법이 제정·공포되어 심계원과 감찰위원회의 통합이 이루어지게 되었다. 물론 감사원은 헌법기관으로서 대통령소속 하에 두게 되었다. 1963년 12월 13일에는 새로운 감사원법이 공포되어 낡은 감사원법을 대치하였다. 특히 감사원은 유신헌법에 의거하여 국회의 국정감사권이 국정조사기능에만 제한됨에 따라, 1973년의 감사원법 개정으로 그 권한이 대폭적으로 강화되고 감사대상도 확대되어 다른 나라에서 유형을 찾아보기 어려운 회계검사기관이 되었다.

2. 기 구

감사원은 원장을 포함하는 감사위원으로 구성된 감사위원회와 사무처로 조직된다. 감사원장은 국회의 동의를 얻어 대통령이 임명하는데, 원장을 포함한 감사위원의 임기는 4년이며 1차에 한하여 중임할 수 있다. 감사위원은 정무직으로 보수는 차관과 같은 액수로 하며, 정년은 65세로 한다. 다만 원장의 경우 70세이다.

현재 7인의 감사위원을 두고 있으며, 사무처는 사무총장 밑에 2사무차장, 공직감찰본부장과 재정경제감사국, 금융기금감사국, 지방행정감사국, 감찰정보단 등 10국 5단을 두고 있다.

3. 지 위

우리 나라의 감사원은 다음과 같은 지위를 가지고 있다.

(1) 헌법기관

우리 나라 헌법은 감사원의 지위·조직 및 권한을 규정하고 있다. 따라서 감사원은 헌법기관이다.

(2) 대통령 소속기관

헌법에 의하여 감사원은 대통령소속하에 설치되어 있다. 이것은 영·미의 입법부 소속 및 일본·독일 등의 독립기관과 다르다.

(3) 직무상의 독립기관

감사원은 대통령소속이나 그 직무수행에 있어서는 독립의 지위를 가진다고 감사원법에 규정하고 있다(감사원법 제2조 1항).

4. 기 능

감사원의 주요 기능은 다음과 같다.

(1) 결산의 확인

감사원은 회계검사를 통하여 국가의 세입·세출결산을 확인한다.

(2) 회계검사

감사원의 가장 중요한 기능은 회계검사에 있다. 회계검사사항은 크게 필요적 검사사항과 선택적 검사사항으로 나눈다(감사원법 제22조·제23조). 전자는 감사원이 당연히 검사해야 할 사항인 데 대하여, 후자는 감사원이 필요하다고 인정하는 때와 국무총리의 요구가 있을 때 검사하는 사항이다.

(3) 직무감찰

직무감찰이란 공무원의 비위를 시정·방지하고 행정운영의 개선과 향상에 기여하려는 행정의 내부통제수단이다. 직무감찰을 회계검사기관이 겸하고 있는 경우로는 중국의 감찰원, 이스라엘의 감사원을 들 수 있다. 회계검사기관은 아니지만 공무원의 직무감찰제도로서 유명한 것은 스칸디나비아 여러 나라의 옴부즈맨제도(입법부소속의 행정통제제도)를 들 수 있다.

(4) 감사결과의 처리

감사원은 감사결과를 처리해야 한다. 그 방법으로는 ① 변상판정, ② 징계 및 문책 등의 요구, ③ 시정요구, ④ 개선요구, ⑤ 권고·통보, ⑥ 고발 등이 있다.

(5) 심사청구

이것은 행정구제의 일종으로서 감사원은 감사를 받는 자의 직무에 관하여 이해관계인으로부터 심사의 청구가 있을 때에는 이를 심사하여 그 결과 시정을 요한다고 인정할 때에는 그 결정을 관계기관의 장에게 통지해야 하며, 관계기관의 장이 이러한 통지를 받았을 때에는 그 통지된 결정에 기초하여 적당한 조치를 취하여야 한다.

(6) 의견표시

국가의 각 기관은 회계관계법령을 제정 또는 개폐할 때에는 감사원의 의견을 구해야 하며, 회계관계법령의 해석에 의문이 있는 경우에도 의견을 구할 수 있는데, 이 경우 해석·답변한다.

05 예산제도

제 1 절   **예산제도의 개관**

현대의 예산제도는 한편으로 민주적 대의제의 발달과 다른 한편으로는 정부활동의 경제적 중요성 제고와 더불어 발전하였다. 즉 초기의 예산에 관한 의회통제의 발전은 결과적으로 책임 있는 민주정부의 성장을 수반하였으며, 그후의 예산은 국가의 정치·경제적 변동에 대응하거나 이를 주도하는 중요한 수단으로 자리잡았다. 물론 예산제도는 모든 국가에서 동일한 형태로 발전된 것은 아니며, 또한 동일한 양식으로 운영되어온 것도 아니다. 그러나 현대예산제도의 전반적인 발달추이는 대략 다음과 같이 설명할 수 있다.

Ⅰ 예산의 핵심관점의 변천

1. 통제중심에서 기획과 성과중심으로

예산은 20세기 초까지는 의회가 행정부를 통제하기 위한 제도로 이해되었는데,[1] 이때에는 관리적 측면과 기획의 중요성에 대한 인식이 없었고 예산에도 기획기능이 포함되지 않았으며 통제지향적 예산인 품목별 예산이 주로 채택되고 있었다. 그러나 행정기능의 질적 변화와 확대·강화에 따라 정책결정의 중요성과 기획·예산의 유기적 관계를 인식하기 시작하였다.

이리하여 통제중심의 품목별 예산에서 기획과 예산의 긴밀한 관계를 인식하는 관리중심적인 성과주의예산과 기획과 예산이 유기적으로 결합되는 기획중심적인 PPBS가 발전되었으며, ZBB도 동일한 맥락에서 파악될 수 있다. 또한 최근에는 성과 또는 결과를 중요시하는 차원에서 예산제도가 정비되고 있다.

---

1 A. Schick, *Budget Innovation in the States*(Washington: Brookings Institution, 1971), p.4 참조.

2. 수입통제에서 지출통제로

의회의 예산에 관한 통제는 '대표 없이는 과세도 없다'(no taxation without representation)는 말이 표현하듯이 처음에는 세입에만 관심을 가졌으나 나중에는 세출에 중점을 두게 되었다. 영국과 미국의 경우 의회의 과세동의권은 18세기에 확립되었으며, 세출에 관한 통제는 이보다 늦어 19세기 말에 확립되었다.

Ⅱ 각국의 예산제도 변천과정

1. 영국 예산제도의 발달

영국의 예산제도는 왕실에 대한 의회의 재정통제에서부터 비롯되었다. 1215년의 대헌장(Magna Carta) 제12조는 의회의 재정통제권을 규정하고 있었으며,[2] 1689년의 권리장전(Bill of Rights)은 의회의 승인 없는 과세는 위헌이라고 밝히고 있다. 의회가 정부의 지출에 대하여 토의할 권한을 획득한 것은 명예혁명(1688년) 이후의 일이다. 그 후 1787년에 통합기금법(Consolidated Fund Act)과 1866년에 회계검사원법(Exchequer and Audit Department Act)이 제정됨으로써 제도적인 정비가 이루어졌다. 한편 행정부예산제도는 1706년 하원의 의사규칙제정으로 성립되었다.

2. 미국 예산제도의 발달

미국의 예산제도는 1921년 예산회계법이 제정됨으로써 기틀이 잡혔다. 그 후 1939년에는 행정관리에 관한 대통령위원회의 건의를 받아들여 재무성에 속하였던 예산국은 대통령직속기관으로 되었으며, 동시에 예산국의 기능도 확대되었고 관리적 측면이 크게 강조되기에 이르렀다.[3] 또한 1945년에는 공사통제법(Government Corporation Control Act)이 제정됨으로써 정부투자공사에 관한 예산 및 회계검사제도가 수립되었다. 한편 1949년의 제1차 후버위원회는 성과주의예산의 채택을 건의하였으며, 이 건의는 1950년의 예산회계절차법(Budget and Accounting Procedures Act)의 제정으로 이어지게 되었고, 1960년대에 와서는 존슨행정부에 의하여 계획예산제도(PPBS; Plan-Program-Budget System)가 도입되었다. 한편 1970년대에 닉슨 대통령은

---

2 그 내용은 "왕의 신하의 배상, 그의 장자의 기사신분취득 및 장녀의 혼인 등을 위한 부조금이 합당한 경우를 제외하고는 의회의 인정없이 제국영토 내에서 병역면제세나 부조금을 부과하지 못한다." Jesse Burkhead, *Government Budgeting*(New York: John Wiley, 1956), p.2.

3 H. D. Smith, "The Budget as an Instrument of Legislative Control and Executive Management," *Public Administration Review*, Vol. 4, No. 3(1944), pp.181~188.

MBO(Management by Objective)를 정부기관에 도입하였으며, 카터 대통령은 ZBB(Zero Base Budgeting)를 도입하였다.

3. 한국 예산제도의 발달

우리 나라에 있어서는 조선시대까지도 근대적 의미의 예산제도가 존재하지 않았는데, 1885년에 회계법이 제정되고 수입 및 지출조규가 제정되었으나 일본의 법규와 동일한 내용을 가진 것이었다. 이후 일제시대에는 일본의 예산회계제도가 그대로 적용되어졌고, 근대적 의미의 최초의 예산기구로서는 1948년의 정부수립과 함께 국무총리직속하의 기획처의 일부로 예산국이 설치되었다.

이후 1951년에는 재정법과 재정법시행령이 공포되었으며 몇 차례의 개정을 거치게 된다. 그러나 우리 나라 예산제도 및 예산기구가 큰 변화를 맞이하게 된 것은 1961년 이후라고 하겠다. 즉 1961년에 경제기획원이 신설됨에 따라 예산국은 재무부에서 경제기획원으로 이관되었으며, 종래의 재정법이 폐지되고 예산회계법, 기업예산회계법 및 정부투자기관 예산회계법이 제정·공포되었다.[4]

근래에는 우리 나라의 예산제도도 통제중심적인 예산제도에서 점차로 성과 및 계획중심적인 성과주의 예산이나 계획예산제도로의 이전이 논의되었고, 1983년부터는 부분적으로나마 영(零)기준예산제도(ZBB)가 도입되었고, 현재는 성과관리예산제도 등 다양한 제도가 활용되고 있다.

제 2 절 **품목별 예산제도**

1. 품목별 예산제도의 의의

품목별 예산제도(Line Item Budget)란 정부가 행정활동을 위하여 지출하고자 하는 품목을 구분하여 이에 따라 예산을 편성하고, 집행하도록 하는 예산제도이다. 이 품목은 인건비와 같은 용역이 포함되기도 하고, 자산취득비와 같은 재화도 포함된다. 품목별 예산제도는 조직별로 예산을 구분하고, 이를 다시 지출 대상 품목별로 세분화해서 금액을 표시하는 것으로 정부가 어느 대상에 얼마만큼을 지출하는가에 초점을 맞추고 있다. 따라서 예산집행의 융통성을

---

4 이에 관한 상세한 내용은 유훈, 재정행정론(서울: 법문사, 1975), 54~80면을 참조.

제한하고, 당초에 편성된 대로 집행하도록 통제(control)와 감시가 용이하게 설정된 예산 제도이다.

　이는 예산제도가 국왕의 자의적인 예산집행을 의회가 통제하기 위하여 출발하였다는 점에서 민주주의의 출발과도 맥을 같이 한다. 미국의 경우 품목별 예산제도는 1906년 뉴욕시정연구회가 시정부패에 관한 행정개혁운동을 활발히 진행하자 1907년 뉴욕시가 도입하였다. 이는 1912년 태프트위원회(Taft Commission on Economy and Efficiency)에 영향을 주었고, 1920년대에 들어 이 위원회의 권고로 많은 정부부처가 품목별 예산제도를 도입하였다.

2. 품목별 예산제도의 장·단점

　품목별 예산제도가 통제지향적이라는 데는 이론의 여지가 없다. 그리고 이 통제는 집행에 있어서의 통제이며 산출이 아닌 투입을 중심으로 이루어진다. 이로 인하여 현대행정이 주로 관심을 갖고 실행하는 기획기능은 거의 없다. 그러나 품목별 예산제도가 다양한 예산제도의 근간이라는 점에서 그 의의를 찾아볼 수 있다.

(1) 장 점

(1) 입법부 및 국민들이 정부의 사업을 위하여 지출되는 항목을 정확하게 이해할 수 있다.
(2) 지출항목이 명확한 만큼 계획된 예산이 다른 항목으로 유용되는 것을 방지하기 용이하다.
(3) 예산심의가 용이하며, 회계 책임도 쉽게 확보할 수 있다.

(2) 단 점

(1) 투입에 중점을 두기 때문에 예산의 집행을 통한 성과를 확인하기 어렵다.
(2) 예산이 세세히 배분되어 있어 환경의 변화에 적응할 수 있는 신축성이 떨어진다.
(3) 개별적인 항목에 중점을 두어 예산 전체에 대한 조망이 쉽지 않다.

제 3 절　성과주의 예산제도

1. 성과주의 예산의 정의

　성과주의 예산(performance budget)은 정부가 수행하는 기능·활동·사업계획에 기초하여 편성하는 예산을 말한다. 즉 종래의 전통적인 품목별예산은 정부가 구입하는 물품에 치중하므로 어떠한 물건을 얼마만큼 구입한다는 것을 표시하였지, 정부가 그것을 왜 구입하는가는 알 수 없었다. 따라서 정부사업계획의 내용이라든지, 혹은 그 사업계획을 시행함으로써 달성될 수 있는 성과 등은 제시해 주지 못하였다. 그러나 성과주의 예산은 예산이 사용되는 목표를 설정하고, 이를 이룩하는 데 필요한 성과단위와 단위당 원가에 따라 예산을 편성하게 함으로써 정부가 구입하는 물품과 정부사업과의 관계를 명백히 나타낼 뿐만 아니라 이러한 기능·사업의 소요경비까지 밝혀 주게 된다. 성과주의 예산은 예산과목을 사업계획별·활동별로 분류한 다음 각 세부사업별로 다음과 같이 예산을 편성한다. 즉 단위원가×업무량＝예산액이다.

여기에서 단위원가(unit cost)란 사업측정단위 또는 성과단위 하나를 산출하는 데 소요되는 경비를 말하고, 업무량이란 달성하고자 하는 단위의 수를 말한다.[5]

이와 같이 성과주의 예산은 각 사업마다 가능한 한 업무측정단위를 선정하여 업무를 양적으로 표시하는 것이므로 예산집행의 성과를 측정하고 분석·평가함으로써 효과적인 재정통제를 가능케 한다고 볼 수 있다.[6]

2. 연 혁

성과주의 예산은 1913~1915년에 걸쳐 뉴욕시 리치몬드구에서 시험적으로 행한 원가예산 (cost-data budget)에서 유래한다. 이는 각 사업활동을 작업분류라고 부르는 10개의 세부활동으로 분할하여 예산을 편성하는 것이었다. 이에 앞서 미국연방정부는 1912년 태프트위원회(Taft Commission on Economy and Efficiency)에서 사업별예산의 중요성을 강조한 바 있다.

1934년에는 미국농무부가 사업별 예산을 편성하였으며, TVA도 성과주의에 유사한 프로그램예산(program budget)을 채택하였다. 그 후 1946년에는 해군성이 1948년도의 예산을 전통적인 품목별예산과 계획별 예산(program basis)으로 편성하였으며, 이러한 노력은 신설된 국방부 (Department of Defense)에 계승되었다. 이와 같은 일련의 계획별 예산을 위한 노력은 당시 제1차 후버위원회에 영향을 미쳤고, 동위원회는 예산 및 회계에 관한 보고서에서 '건의 제1호'로서 다음과 같이 말하고 있다. "우리는 연방정부의 예산개념 전체가 기능(function), 활동(activities) 및 사업계획(projects)에 기초한 예산제도로 개편될 것을 건의한다. 이것을 우리는 성과주의 예산(performance budget)이라고 명명한다."[7]

그 후 1950년 의회는 예산회계법을 개정하여 성과주의 예산의 채택을 권장하는 규정을 신설했다. 이에 따라 1950년 5월 트루만(H. S. Truman) 대통령은 성과주의에 입각하여 편성된 최

---

5 J. Burkhead, *Government Budgeting*(New York: John Wiley & Sons, Inc., 1956), pp.153~155.

6 F. C. Mosher, *Program Budgeting*(Chicago: Public Administration Severice, 1954), pp. 81~82.

7 Commission on Organization of the Executive Branch of the Government, *Budgeting and Accounting*(Washington, 1949), p.8.

초의 행정부예산안을 국회에 제출하게 되었다.[8]

우리 나라에서는 1961년부터 국방부에서 처음 이 제도가 채택되어 이후 성과의 측정이 용이한 일부사업에 적용되기도 하였으나, 여러 가지 운영상의 난점으로 인해 1964년도부터 중단되었다.[9]

3. 성과주의 예산의 장·단점

(1) 장 점

⑴ 입법부 및 국민들이 정부의 사업과 목적한 바를 쉽게 이해할 수 있다.

⑵ 행정부의 정책이나 계획수립을 용이하게 해 주며, 입법부의 예산심의를 간편하게 한다.

⑶ 예산편성에 있어서 자금배분을 합리화할 수 있다.

⑷ 예산집행에 있어서 신축성을 부여한다.

⑸ 사업별로 통제가 가능하며, 따라서 행정성과의 향상을 기할 수 있다.

(2) 단 점

⑴ 계획·기능이나 활동 간의 비교와 측정에 관한 기준을 제공하지 못한다.

⑵ 예산총괄계정에는 적합하지 못하며, 성과별구분의 대상은 부국(部局)수준이 된다.

⑶ 정책이나 사업계획에 중점을 두므로 품목별분류에 비하여 입법부의 엄격한 통제가 곤란하다.

⑷ 회계책임이 명백하지 못하며, 충분한 공금관리의 확보가 곤란할 우려가 있다.

4. 도입상의 문제점

성과주의 예산제도를 도입하여 성공적으로 운영하려면 무엇보다도 업무단위의 선정과 단위원가의 계산이 선행되어야 한다.

(1) 업무측정단위의 선정

성과주의 예산은 정부가 수행하는 모든 사업활동별로 예산을 편성하는 것으로 가능한 한 모든 사업활동에 관하여 업무측정단위를 선정하고 업무를 양적으로 표시해야 한다. 그러나 정부활동에는 한계가 명확하고 동질적이며 확실성 있는 최종산물이 존재하지 않는 경우가 많으

---

8 성과주의 예산제도와 기획예산제도의 비교는 중요한 일이며, 이는 유지성, "성과주의예산제도와 기획예산제도의 비교연구"(연세대학교 대학원 석사학위논문, 1972)를 참조할 것.

9 박응격, 행정학강의(서울: 박영사, 1984), 398면.

며, 업무과정이나 활동을 성과단위로 생각해야 할 경우도 많다.[10]

(2) 단위원가의 계산

전술한 바와 같이 단위원가란 업무측정단위 하나를 산출하는 데 소요되는 경비를 말하는데, 회계제도가 발달하지 못하고 회계상의 충분한 훈련과 경험이 없을 경우 단위원가의 산출이 어려운 문제가 된다.

(3) 정부관료제의 여건

행정관리의 수준이 낮고 보수적·현상유지적인 관료들의 저항이 있는 경우에는 이를 극복하기 위하여 쇄신적 행정리더십이 발휘되고 지속되어야 하며, 공무원들의 합리적 사고와 관리훈련 및 유능한 회계공무원 확보 등 사전준비 및 기술적 능력이 요구된다.

제 4 절 │ 계획예산제도

1. 계획예산제도의 정의

계획예산제도(PPBS: planning programming budget system)란 장기적인 계획수립(planning)과 단기적인 예산편성(budgeting)을 유기적으로 결합시킴으로써 자원배분에 관한 의사결정을 일관성 있게, 그리고 합리적으로 수행하려는 제도이다. 이것을 PPB가 시행되는 과정을 중심으로 보다 구체적으로 설명하면 다음과 같다.

(1) 계획수립

먼저 장기적인 목표를 설정하고, 이러한 목적을 달성하기 위한 여러 대안(alternatives)이 모색된다.

(2) 프로그램작성

계획수립(planning)에 의하여 결정된 장기계획을 실행하기 위하여 선택된 각각의 세부사업에 대하여 구체적인 활동을 배당한다.

---

10 미국에 있어서도 업무측정단위 선정의 곤란성은 공통적으로 지적되고 있으며, 이 문제는 성과주의예산의 최대의 난점이라고 하겠다. Vernon E. Koch, "Cininatti's Budget Development," *Public Administration Review*, Vol. 20, No. 2(1960), p.85; Ali Eghtedari and Frank Sherwood, "Performance Budgeting in Los Angels," *ibid.*, p.68 참조.

(3) 예산편성

이 단계에서는 채택된 프로그램의 초년도분 예산을 실행하기 위하여 필요한 자금을 배정하게 된다.

2. 계획예산의 요소

흔히 계획예산(PPB)의 기본적인 요소로 다음과 같은 사항이 지적되고 있다.[11]

(1) 사업목표가 명확히 제시되어야 한다.

(2) 이러한 목표를 달성하는 데 있어서 가장 능률적인 대안의 선택에 관한 체계적인 검토를 할 수 있어야 한다.

(3) 장기적인 시계(time horizon)를 가져야 한다. 계획예산(PPB)의 경우 중기관점은 보통 5년 정도의 시계를 가지고 있으며, 이를 뒷받침하는 것이 사업재정계획(program and financial plan)이다.

3. 계획예산제도의 과목구조

PPBS 사업계획에 있어서의 구성요소는 program category, sub-category 및 program element의 순으로 계층적 구조를 이루고 있으며, 분석의 측면을 중시하여 가능한 한 의사결정자의 주관적인 편견을 배제하고자 하므로 각종 자료에 대한 정보와 그에 대한 보고가 중시되고 있다.

(1) program category

program category는 각 기관의 목표나 임무를 나타내 주는 program체계의 최상위층에 속하는 분류과목으로서 각각의 program category는 조직체제에서 관리계층이 의사결정을 내는데 도움을 줄 수 있다.

(2) program sub-category

program category를 다시 분류한 것으로, program category의 목표에 공헌하는 하위 기관 예산사업활동의 집합을 말한다. 즉 program sub-category는 program category를 의미 있게 세분하고 유사성이 많은 program element를 묶은 것이다.

---

11 C. J. Zwick, "Budgeting for Federal Responsibilities," *The Annals of the American Academy of Political and Social Science*(September 1968), p.18.

(3) program element

program element는 sub-category를 더욱 세분한 것으로서 PPBS 사업과목구조의 기본단위를 이루는 것이다. 즉 이것은 다른 것과 뚜렷하게 구별될 수 있는 산출에 직접적인 관계가 있는 업무이거나, 또는 서로 관련된 일군의 산출에 직접 관계된 업무끼리 묶은 것을 말한다.

4. 계획예산제도의 발달배경

(1) 발달요인

(가) 경제분석

거시경제학(macro-economics)과 미시경제학(micro-economics)의 경제분석은 예산이 갖는 정치적 기능을 강조하였다.[12]

거시경제학은 계획예산(PPB)에 장기적인 시계를 제공하였으며, 미시경제학에 속하는 후생경제학(welfare economics)은 한계효용의 분석방법을 제공하였다.[13]

(나) 정보기술 및 의사결정기술의 발달

체계분석(systems analysis), 비용-편익분석(cost-benefit analysis) 등의 정보기술 및 의사결정기술은 가장 능률적인 대안의 선택을 위한 체계적인 검토를 가능하게 하였다.

(다) 예산과 계획의 점진적 합치

정부의 기획기능이 강화되고 예산도 국가정책의 계수적인 표현으로 이해됨에 따라 예산과 정책이 접근하게 되었다.

(2) 발달과정

랜드연구소(Rand Corporation)[14]의 연구원인 노빅(David Novick)은 1954년 「새로운 예산절차에 의한 정부의 능률과 경제성」(efficiency and economy in government through new budgeting procedures)이라는 이름의 보고서에서 계획예산의 방법을 제창하면서 이를 공군성이 채택할 것을 주장하였다. 한편 랜드연구소의 히치(Charles Hitch)는 1960년에 맥킨(Ronald Mckean)과

---

12 X달러를 A사업에 투자할 것인가, 혹은 B사업에 투자할 것인가를 결정할 이론에 관한 연구는 후생경제학의 영향을 받은 것이다. V. O. Key, Jr., "The Lack of a Budgetary Theory," *American Political Science Review*(December 1940), p.1142 참조.

13 Allen Schick, "The Road to PPB: The Stage of Budget Reform," *Public Administration Review*, Vol. 26, No. 4(1966), pp.245~246 참조.

14 Rand연구소는 미국 California Santa Monica 교외에 있는 연구소로 1948년에 미국 공군성의 청부를 받아 설립된 민간연구소이며, 현재 미국을 대표하는 정책연구기관 중의 하나이다.

공저로「핵시대의 국방경제학」(The Economics of Defense in the Nuclear Age)이라는 저서를 발간하면서 계획예산(PPB)의 효용성을 강조하였다. 1961년 국방장관에 취임한 맥나마라(Robert McNamara)는 히치(C. Hitch)를 위시한 랜드연구소의 두뇌들을 국방성의 관리로 임명하여 국방성의 계획예산(PPB)의 도입에 착수하였다. 이러한 국방성의 영향은 곧 연방정부 수준으로 확대되어 1965년 8월 존슨(L. B. Johnson) 대통령은 PPB를 모든 정부기관에 도입할 것을 지시하였다. 이후 PPB는 여러 가지 문제점이 제기되어 1971년 연방정부에서는 일반적으로 그 적용이 중단되었다. 그러나 PPB에서 추구하는 합리적 예산결정 노력은 영기준예산(zero-base budgeting)으로 이어졌다고 할 수 있다.

5. 계획예산제도의 특징 및 장점

(1) 특 징

(가) 절약과 능률
절약과 능률은 일정한 자원을 투입하여 최대의 효과를 얻거나 일정한 효과를 얻기 위하여 최소의 자원을 투입하는 것을 말하는데, PPB를 도입하려는 근본적인 이유의 하나는 이 절약과 능률을 기하자는 데 있다.

(나) 효 과 성
효과성은 당초목표의 달성도를 말한다. 효과성을 위해서 PPB에서는 비용효과분석이 사용된다.

(다) 조 정
PPB는 비교와 조정의 과정이 핵심이라고 할 수 있으며, 여러 부분의 조화와 균형을 중시한다.

(라) 과학적 객관성
PPB는 체계분석·비용효과분석 등을 사용하여 의사결정에 있어서 결정자의 주관적 편견을 가능한 한 배제한다.

(2) 장 점
(1) 국가목표를 보다 정확하게 계속적으로 파악할 수 있다.
(2) 목표들의 우선순위를 결정할 수 있다.
(3) 목표를 달성하는 효율적인 수단의 분석을 가능하게 한다.

(4) 단년도 예산주의의 폐단을 제거하고 장기적인 시계를 제공해 준다.

(5) 계획의 실시를 측정·평가할 수 있다.

(6) 계획과 예산 사이의 불일치를 제거하고 유기적인 연관성을 갖게 한다.

6. 계획예산제도의 한계 및 문제점

계획예산제도의 한계 및 문제점으로는 다음과 같은 것을 들 수 있다.

(1) 목표설정의 곤란성

국가목표의 다원성, 목표선택에 있어서의 정치적 합리성, 목표 사이의 상호연관성 등은 명확한 목표설정을 어렵게 한다.

(2) 경제적 계량화의 곤란

행정활동의 영역 중 계량화할 수 있는 범위는 한정되어 있으며, 설사 가능하다 하더라도 이에 관한 많은 양의 정확한 자료와 통계가 있어야 한다.

(3) 집권화에 대한 우려

PPB는 모든 정보를 최고책임자나 주변의 참모에게 집중하게 하므로 집권화의 우려가 있으며, 입법부의 권위가 상대적으로 저하될 가능성이 있다.

(4) 기술상의 곤란성

PPB의 운영에는 분석업무를 담당하는 숙련된 요원이 필요하고, 또 PPB의 사업구조와 예산항목 사이의 환산작업에는 많은 노력이 소모된다.

(5) 정치적 합리성 무시

정부활동에 있어서 목표설정은 경제적·계량적이라기보다는 가치판단의 성격을 띠고 있다. 그런데 계획예산이 주로 사용되고 있는 비용편익분석 등 과학적 분석기법은 정치적 합리성(political rationality)을 도외시하고 경제적 합리성(economic rationality)만을 추구하는 한계가 있다.[15]

---

15 A. Wildavsky, *Budgeting*(Boston: Little, Brown, and Co., 1975), pp.364~365.

1. 영기준예산제도의 정의

70년대에 들어와 미국에서는 PPBS에 이어 새로운 관리 및 예산제도로서 닉슨 대통령에 의해 목표관리(management by objectives ; MBO)가 채택되었으며, 카터 대통령은 영기준예산제도(zero-base budgeting ; ZBB)를 연방정부에 도입하였다.

영기준예산제도란 예산을 편성·결정함에 있어서 전년도의 예산에 구애됨이 없이 조직체의 모든 사업과 활동에 대하여 영기준(zero-base)을 적용해서 각각의 효율성과 효과성 및 중요도 등을 체계적으로 분석하고, 그에 따라 우선순위가 높은 사업과 활동을 선택하여 실행예산을 결정하는 예산제도를 말한다.[16]

2. ZBB와 PPBS와의 관계

ZBB와 PPBS를 연결하는 공통점은 다 같이 체제분석을 중요시하며 예산편성을 과학적인 관점에서 취급한다는 점이며, 차이점은 PPBS에 있어서는 Planning의 단계에서, 또한 ZBB에 있어서는 결정항목 작성의 단계에서 이 수단에 따른 시책평가가 중요시되고 있는 점이다.

윌다브스키(Aaron Wildavsky)는 PPBS와 ZBB는 기본적으로는 차이가 없다고 주장하고, ZBB는 PPBS의 변형된 일종이라고 하면서 추구하는 목적이나 적용하는 기법이 다를 바가 없다[17]고 한다.

3. 영기준예산제도의 발달과정

영기준예산제도는 1969년 Texas Instrument회사에서 피이르(Peter A. Pyhrr)에 의해서 개발되어 1970 회계연도에 이 회사의 연구조사부 예산에 적용되었으며, 1971년도에는 이 회사의 예산 전체에 적용되었다.

한편 1970년에 피이르의 ZBB에 관한 논문을 읽은 당시 조지아주지사 카터는 이 제도를 도입하기로 결심하고, 1973 회계연도의 주정부 예산편성시 피이르의 도움을 받아 이 제도를 처음으로 채택하였다. 그 후 여러 기업체와 주 및 지방정부에서 채택하게 되었으며, 카터 대통령 취임 후 1976년에 「The Government Economy and Spending Reform Act」가 제정되고, 이에

---

16 P. A. Phyrr, "The Zero-Base Approach to Gevernment Budgeting," *Public Administration Review*, Vol. 37, No. 1(1977), pp.1~8.

17 A. Wildavsky, *The Politics of Budgetary Process*, 3rd ed.(Little, Brown, and Co., 1979), pp.202~213.

따라 관리예산처(OMB)의 지시(1977.4.29.)가 연방 각부처에 내려지게 되어 1979 회계연도예산부터 적용하게 되었다.

우리 나라에서는 1981년 11월 국무회의에서 1983년도 예산부터 ZBB 예산편성방식에 따라 선별적으로 이를 적용하기로 하였으며, 현재도 예산의 절감을 위한 처방으로 활용되고 있다.

4. 영기준예산의 편성절차

영기준접근방법은 어느 조직에서나 똑같은 절차로 적용되어서는 안 되고 각 기관의 특정한 필요에 따라 활용해야 하지만, 다음과 같은 네 가지 기본단계가 있다.

(1) 결정단위(decision unit)의 설정

ZBB는 각 조직에 의미 있는 활동요소(meaningful elements)들이 무엇인지를 규정하는 분석·결정을 하기 위해서 이것을 분리해야 하는데, 이 의미있는 요소를 전문용어로 '결정단위'라고 부른다. 이것은 기존의 예산절차상의 예산단위일 수도 있고, 몇 개의 예산단위군일 수도 있으며, 혹은 주요자본계획이나 특별한 업무부담 또는 주요공사를 결정단위로 정할 수도 있다.

(2) 결정항목(decision package)별 분석

이 결정항목은 영기준원리의 기본요소가 된다. 결정단위인 사업을 수행하는 데는 여러 대안을 고려해야 하는데, 이 대안에는 그 사업을 수행하는 방법에 관한 대안과 그 방법을 어떤 노력수준(levels of effort)으로 적용하느냐의 대안이 포함된다. 당해연도보다 낮은 노력수준으로 그 사업을 수행하는 것, 즉 최소수준(minimum level)으로부터 시작하여 점증적으로 여러 대안을 등급표시와 함께 제시해야 하는데, 이 노력수준에 관한 각 대안이 결정항목이다. 이 결정항목을 보고 최고관리자는 사업의 폐지, 감소된 수준(reduced level), 현재수준(current level), 증가된 수준(increased level) 중 하나를 택하게 되는데, 하나의 결정단위에는 여러 개의 결정항목이 있게 되며, 이 결정항목에는 목적·활동·비용과 편익·업무량·수행방법 등이 표시되어야 한다.

(3) 결정항목의 평가 및 배열

예산요구서를 작성하기 위하여 모든 결정항목을 평가하고 우선순위(등급)에 따라 배열한다. 이 순위결정과정은 각 결정단위, 즉 결정항목별 증가요인 중에서 우선순위를 결정할 수 있도록 해 준다. 따라서 이 순위는 한계분석의 역할을 해 준다.

(4) 결정항목별 실행예산작성

예산지출의 근거가 될 결정항목에 따른 세밀한 실행예산을 작성한다. 종래에는 정부의 예산요구액이 입법부에서 현저하게 감소되어 정부는 어디에서 삭감해야 할 것인가를 결정하기 위해 고심했으나, ZBB에서는 결정항목과 우선순위에 의하여 이것의 결정을 명백히 할 수 있다.

5. 영기준예산의 장·단점

(1) 장 점

첫째, 우선순위가 낮은 사업을 융통성 있게 폐지·삭감할 수 있다.

둘째, 사업의 효과성을 현저히 제고할 수 있다.

셋째, 한 기관 내에서 재원을 유통함으로써 고순위사업은 더 많은 자금을 얻을 수 있다.

넷째, 조세부담증가를 억제할 수 있다.

다섯째, 제1선의 직원, 즉 계선(line)으로 하여금 당면한 문제를 분석하게 하고, 그 중에서 가능한 대안을 발안하게 함으로써 평가와 사정의 기회를 증대시킴과 동시에, 최고관리자에 의한 의사결정과 권한의 집중으로 탄력성과 재량을 증대시키고 있는 것이다.

(2) 단 점

첫째, 관료들이 자신이 담당하는 사업의 효과성 평가과정에 대해서 위협을 느끼게 된다.

둘째, 효과적인 행정·의사소통, 그리고 분석업무에 관여하는 관리자들의 훈련을 필요로 한다.

셋째, 관리자들이 적절한 결정단위의 선정, 효과적인 분석을 위한 적합한 자료의 개발, 노력의 최소수준결정, 상이한 사업들의 순위결정, 그리고 많은 양의 결정항목의 처리 등에 곤란을 겪는다.

넷째, 예산은 경제적 요인 이외에 정치적 판단을 요하는 것이므로 비용−편익분석방법을 활용하는 데는 한계가 있고 목표달성도의 판단, 산출척도의 설정도 곤란하다. 또한 정부활동 중에는 계량적으로 측정하는 것이 곤란한 것도 있다.

1. 일몰예산의 의미

일몰예산제도(sunset law)는 제도화된 모든 정부사업과 기구들을 입법부 활동을 통해 주기적(매 5년, 7년 혹은 9년)으로 재검토하여 평가하는 예산제도이다. 즉 이 제도는 특정의 행정기관이나 사업이 일정기간이 지나면 자동적으로 폐지되게 하는 법률을 말하는 것으로서, 만일 이 기간 후에도 사업을 계속할 필요가 있으면 재검토하여 존속하게 하는 것이다. 이것은 행정기관의 사업이 그 유효성과 타당성이 감소하여도 일종의 타성과 관습화된 욕구에 의해서 계속 존속하는 것을 방지하고 새로운 사회적 타당성이 있는 신규사업을 시도하도록 하기 위한 제도적 장치이다.[18]

이러한 예산개념은 사업의 효과성, 경제성, 효율성에 대한 검토 및 평가를 그 개념적 기초로 하여 오래 되어 효용이 없는 낭비성사업과 기관에 대해서 엄격한 제한을 가하는 것을 목적으로 하기 때문에 미국의 각 주에서 인기를 얻고 있으며, 연방 수준에서도 방대한 사업의 수를 제한할 필요가 있어 의회에서도 긍정적이었다.[19]

일몰법은 1976년에 미국 Colorado주에서 처음 채택된 후 각 주에 보급되어 몇몇 시에서도 이러한 개념을 도입하여 조례로 규정하여 활용하고 있다.

2. 개 념

일몰법의 개념은 독자적으로 생성·발전된 것이 아니라, 미국 예산제도의 변천과정과 밀접한 관계를 가지고 있다. 예산편성방법의 연구·발전 및 그 실시의 결과에 대한 평가와 반성으로 말미암아 의회의 행정통제도 상응하는 수단이 있어야 한다는 것과 시대적 변화에 법제를 조화시켜야 한다는 인식에서 나온 것이다.

요컨대 일몰법은 행정부에 대한 통제의 강화, 시대적 변화에 상응하는 법률의 재심사, 각 위원회의 업무량증대에 대한 능률적 처리 및 고위정책의 검토를 위하여 필요하게 된 것이다. 이러한 일몰법은 입법부에서 정부의 사업계획과 행정기관을 재검토하고 폐지하는 제도적 장치로서 불필요한 지출을 제거하기 위한 효율적인 수단이며, 또 입법부로 하여금 행정기능을 실질적으로 감시할 수 있도록 하는 효과적인 수단으로 간주된다. 또한 일몰법은 행정기능의

---

18 이종익, 재무행정론(서울: 박영사, 1981), 74면.
19 G. J. Gordon, *Public Administration in America*(New York: St. Martin's Press, 1978), pp.302～305.

증대 및 영속화경향을 억제하는 역할, 즉 입법부의 행정에 대한 평가체제기능을 촉진·강화시켜 줌으로써 행정의 비대화 또는 현상유지경향을 자동적으로 견제할 수 있는 제도적 장치로 인정된다.[20]

3. 일몰예산제도(Sunset Law)와 영기준예산제도(ZBB)의 차이점

일몰법과 영기준예산은 동일한 결과를 달성하기 위한 상호연관된 과정으로 상호보완성을 가지고 있다.[21] 또한 이미 실시하기로 약속한 사업을 재심사하는 과정이라는 면에서 유사한 제도이나 다음과 같은 몇 가지 면에서 차이점을 가지고 있다.

(1) ZBB는 행정부의 각 계층을 통하여 형성되는 행정적 과정인 데 반하여, 일몰법은 예산에 관한 심의·통제를 위한 입법적 과정으로서 행정부의 사업에 유효기간을 설정하여 법률로 규정한다는 점에서 차이가 난다.

(2) ZBB는 행정의 계선관리자들에게 자기소관의 사업에 대하여 재검토할 수 있는 기회를 부여하는 관리도구인 데 대하여, 일몰법은 행정의 최고관리층의 주요정책을 심사하기 위하여 마련된 제도적 장치이다.

(3) ZBB는 매년 반복해야 하는 예산과정인 데 대하여, 일몰법은 입법부의 예산심의와 관련이 없는 것은 아니나 예산과정에서 비교적 독립된 과정이다.

(4) sunset law와 ZBB는 상호보완관계에 있으며, sunset law가 ZBB보다 한 걸음 더 앞선 제도라 하겠다.

4. 일몰법의 문제점

현대에 있어서 행정평가는 입법부와 행정부가 공동으로 져야 할 책임이고, 이러한 책임을 일몰법이 보조·지원해 주고 있음은 사실이다. 그러나 일몰법은 정부의 활동 및 서비스를 억제하고 저해할 가능성이 있으며, 또한 그것은 민중을 회유하고 교묘하게 조종하는 데 사용될 위험성이 있다는 비판이 있다.[22]

---

20 박연호, 행정학신론(서울: 박영사, 1984), 641면.
21 일몰법과 ZBB가 동일한 결과, 상호보완성이 있다는 점에서 본장의 ZBB와 관련하여 다루고 있다.
22 박연호, 전게서.

1. 자본예산제도의 정의

자본예산(capital budget)이란 복식예산의 일종으로서 정부예산을 경상지출과 자본지출로 구분하고, 경상지출은 경상수입으로 충당시켜 수지의 균형을 이루고, 자본지출은 공채의 발행에 의하여 충당하는 예산제도이다.

자본예산은 수많은 종류가 있어 그 절차와 내용을 일률적으로 규정하기는 매우 어렵지만,[23] 공채를 발행하여 적자재정을 편성한다는 것이다. 그 이론적 근거는 정부가 공채를 발행하여 빚을 진다고 하더라도 그 수입이 다시 자본적 지출, 즉 자산의 취득에 투자된다면 결과적으로 국가의 순자산에는 변동이 없다는 것이다. 이와 같이 자본예산은 경기변동에 대응하고자 하는 장치로 이해되며, 불경기에는 적자예산을 편성하고 경기가 회복된 후에는 흑자예산으로 공채를 상환하게 된다. 이러한 의미에서 공채의 발행은 국가재정의 건전성의 요구에 위배되지 않는다고 본다.

2. 자본예산의 발달

스웨덴을 위시한 스칸디나비아 여러 나라는 예산기술의 발전도와 예산기술 및 예산정책과의 밀접도가 세계에서 가장 발달한 국가들이다. 자본예산은 이러한 나라들의 예산정책 및 기술의 발전과 더불어 사용되어 왔다. 스웨덴은 1930년대의 불경기를 극복하기 위하여 미르달(Gunnar Myrdal) 등이 중심이 되어 1937년에 예산제도의 개혁을 단행하였다. 이 개혁으로 종래의 연차예산균형 대신 장기적인 순환적 균형예산제도를 채택하였으며, 새로운 예산제도로서 자본예산제를 도입하게 되었다.[24]

한편 미국의 경우는 자본예산이 1930년대의 경제공황을 배경으로 1940년대에 확립되었으며, 제2차 세계대전 이후에는 자원개발과 지역사회개발을 목적으로 발전되었다. 그러나 연방정부수준에서는 채택되지 않았으며, 시정부에서 도입하여 실시하였다. 그 이유는 자원개발이나 지역사회개발의 책임이 주로 시정부에 있고, 연방정부는 보조금(grants-in-aid)을 통하여 이러한 활동을 장려할 정도에 지나지 않는다는 사실에서 찾아볼 수 있다.

---

23 J. Burkhead, *Government Budgeting*(New York: John Wiley & Sons, Inc., 1956), p.182.
24 G. L. Bach, *Economics: An Introduction to Analysis and Policy*, 2nd ed.(Englewood Cliffs, New Jersey: Prentice-Hall, 1957), p.317.

3. 자본예산의 장점

(1) 자본예산은 정치가·공무원 및 국민으로 하여금 국가재정의 기본구조에 대한 명확한 파악을 가능하게 한다.

(2) 자본예산은 자본적 지출이 경상적 지출과 구분되므로 보다 엄격한 예산사정과 분석이 가능하다.

(3) 정부의 순자산상태의 변동과 사회자본의 축적·유지의 추이를 나타내는 데 사용될 수 있다.

(4) 자본예산은 장기적인 공공사업계획과 연결되므로 자원개발과 보전을 위한 효과적인 수단이 될 수 있다.

(5) 자본적 지출의 대상은 그 혜택이 장기간에 걸치는 것이므로 수익자부담의 원칙에 일치된다고 볼 수 있다.

4. 자본예산의 문제점

(1) 자본예산은 자칫하면 경상지출의 적자를 은폐하기 위한 수단으로 악용될 염려가 있다.

(2) 공공사업이나 투자사업에 지나치게 치중할 염려가 있으며, 자본시설에의 투자만이 불경기에 대한 유일한 대책은 아니다.

(3) 자본예산은 인플레이션의 경우에는 특히 곤란하며, 공채발행은 인플레이션을 더욱 조장할 염려가 있다.

(4) 경상계정과 자본계정을 구분하는 기준이 명확하지 않으며, 적자재정을 편성하는 데 치중할 염려가 있다.

제 8 절 총액배분 자율편성 예산제도

1. 총액배분 자율편성 예산제도의 의의

총액배분 자율편성 예산제도란 세원에 기초한 국가 전체의 거시적인 예산전략에 근거하여 개별 부처의 사업예산을 하향식(top-down)으로 결정하는 예산제도를 말한다. 이에 따르면 중앙예산기관이 정부의 각 기관에 배정할 예산의 한도액을 설정하고, 이 한도액 범위 내에서 각 기관은 자율적으로 사업예산을 편성하여 집행하게 된다. 이는 각 부처가 자기 부처 소관의 개별 사업예산을 중앙예산기관에 제출하면, 이를 중앙예산기관이 조정하여 결정하는 상향식 (bottom-up) 예산편성방식과 대조된다.

이 하향식 예산편성방식은 1980년 미국의 레이건 행정부에서 예산적자의 개선과 예산기관의 조정권을 강화하려는 노력의 일환으로 채택한 바 있다. 우리나라의 경우 2005년 예산편성부터 도입하였는데, 기존의 방식이 개별부처가 중앙예산기관에 과다한 예산을 요구하고, 전략적으로 정보를 왜곡하여 중앙예산기관이 방대한 규모의 예산사업을 효율적으로 조정하기 어렵고, 이에 따라 거시적 차원의 우선순위 설정이 어려웠는데, 이런 문제를 일부 해결할 수 있게 되었다.

따라서 이 총액배분 자율편성 예산제도의 도입으로 국가 차원의 거시적 자원배분이 강화될 수 있다. 즉 이 예산과정에는 중기차원의 재원배분계획이 투영될 수 있으며, 각 부처의 자율성을 보장하는 동시에 책임성을 확보할 수 있게 된다.

2. 총액배분 자율편성 예산제도의 장점

이 하향식 예산제도의 도입으로 다양한 예산상의 효과가 기대된다.

(1) 예산에 대한 재정규율이 강화되고, 이에 따라 부처별로 제기되는 고질적인 과도한 예산요구가 줄어들 수 있다는 것이다.

(2) 중기차원의 재정계획과 예산을 연계시켜 장기적으로 국가 차원 자원배분의 효율성을 제고시킬 수 있다.

(3) 회계 및 기금 간의 효율적 활용을 가능하게 한다. 즉 각 부처는 특별회계와 기금 등 특정 사업을 위한 독자적 회계를 부처가 활용하여, 예산 사용의 비효율성을 초래하였으나, 부처의 지출한도가 일반회계, 특별회계, 기금을 포함하게 되어 자원의 효율적 활용이 가능하다.

(4) 예산과정이 정책중심으로 재편될 수 있다. 이는 각 부처별로 요구되는 예산의 총액이 한정되어 있기 때문에 각 사업부서는 자신의 예산사업에 대한 중요성을 상대적으로 강조하게 되고, 각 부처 내에서 사업의 우선순위를 결정하는 과정에서 예산은 정책을 중심으로 배분된다.

3. 총액배분 자율편성 예산제도의 문제점

(1) 한정된 사업예산의 확보를 위한 사업부서 간의 갈등이 조장될 수 있다. 이는 중앙예산기관 차원의 갈등이 각 부처의 예산배분과정으로 이전되었기 때문이다.

(2) 중앙예산기관이 총액으로 각 부처에 재원을 배분하기 때문에 이전에 가능하였던 예산 통제 및 조정이 용이하지 않다.

(3) 예산의 총액 배분으로 배분된 예산 내의 개별 사업에 대한 성과평가를 포함하는 성과관리가 효과적으로 수행되기 어렵다.

제 9 절 성과관리 예산제도

1. 성과관리 예산제도의 의의

성과관리 예산제도는 결과 중심의 예산제도로서, 투입 중심의 예산제도를 탈피하여 예산사업의 궁극적인 목적의 달성에 초점을 두고 있다. 이는 예산사업의 달성 즉, 산출에 초점을 둔 성과 예산제도와도 차별화 된다. 즉 성과예산제도가 예산 집행을 통한 특정한 산출물의 생산에 목적을 두고 있다면, 성과관리 예산제도는 생산된 산출물이 예산사업의 궁극적인 목적의 달성에 기여하고 있는가에 초점을 맞추고 있다는 것이다. 예컨대 성과 예산제도가 특정한 사업을 통한 도로의 확충에 초점을 둔다면, 성과관리 예산제도는 도로의 확충을 통한 교통난의 해소에 초점을 둔다는 것이다.

이와 같은 결과 중심의 예산제도는 1980년대 이후 신자유주의와 신공공관리의 사조에 부응하여 영미국가를 중심으로 정부운영의 가시적인 성과를 확보하려는 노력의 일환으로 도입되었으며, 미국의 경우는 1993년 정부성과 및 결과에 관한 법률(Government Performance and Results Act)로 구체화 되었다. 우리의 경우 1997년 외환위기 이후 도입을 추진하기 시작하여 2007년 국가재정법의 제정과 함께 2008년부터 시행하고 있다.

이 성과관리 예산제도는 목표의 설정과 함께 성과계획서를 작성하고, 계획에 의거하여 예산을 집행한 후 성과를 평가하여 성과보고서를 제출하는 과정을 거치게 된다. 이를 성과목표관리제도라고도 하며, 재정사업 자율평가제도, 재정사업 심층평가제도와 함께 재정성과관리제도를 구성하는 요소이기도 하다. 재정사업자율평가, 재정사업 심층평가 등의 제도와도 연계되어 있다.

2. 성과관리 예산제도의 장·단점

(1) 장점

첫째, 예산의 집행에 관한 결과를 강조하므로써 행정의 책임성을 제고시킬 수 있다.

둘째, 예산편성과정에서 성과계획에 따른 심층적인 검토를 거치게 되어 효과적인 예산검토가 가능하다.

셋째, 예산집행의 궁극적인 목표의 달성과 정책영향의 평가를 수반하여 행정의 대응성을 제고시킬 수 있다.

(2) 단점

첫째, 예산의 집행에 따른 정책의 영향평가가 수반되어야 궁극적인 성과측정이 가능하지만, 이에 소요되는 시간과 인력의 제약이 따른다.

둘째, 복수의 정부조직이 예산과정에 개입하기 때문에 각각의 조직이 추구하는 목표 간의 상충이 발생할 수 있다.

셋째, 예산집행의 성과를 측정·평가하는 과정에서 복수의 평가 및 관리제도가 운영되어 과도한 자원의 소비는 물론 지나친 정보의 생산을 초래한다.

Chapter

06 세무행정과 구매행정

제 1 절 **세무행정**

I 조세의 의의

국가재정의 근간으로서의 조세는 세입예산의 대상으로 국가가 국민으로부터 강제적으로 징수하는 재화를 말한다. 우리나라의 모든 국민은 납세의 의무를 지게 되는데, 이에 따라 국가는 국민으로부터 조세를 징수하게 된다. 다만 이 징수과정에서 개인의 담세능력이 고려되어야 하며, 이의 반대급부라 할 수 있는 국가의 공공서비스는 납세규모와는 관계없이 모든 국민에게 동등하게 제공된다.[1]

우리나라의 경우 정부가 국민으로부터 수취하는 조세의 규모를 판단할 수 있는 조세부담율은[2] 대체로 국민소득의 18~21% 정도이며, 건강보험, 고용보험, 국민연금, 군인연금 등과 같은 사회보장기여금과[3] 조세를 합한 국민부담율은 대체로 23~27% 수준이다.[4] 국가가 폭넓은 사회보장을 제공하는 영국, 프랑스, 독일, 이탈리아 등 유럽국가의 조세부담율인 23~30% 수준과 30~43% 수준의 국민부담율에 비하면, 상대적으로 낮으나, 자유시장을 강하게 지향하고 있는 미국과는 유사한 수준이다. 이에 따르면 사회보장의 강화와 조세부담율과 국민부담율의 상관관계를 파악할 수 있고, 상대적으로 사회복지를 확대하고자 한다면 조세부담율과 국민부담율의 강화가 필요하다고 할 수 있다.

물론 특정한 정책목적을 달성하기 위한 수단으로 또는 과세기술상의 이유로 인하여 과세

---

1 이만우, 세법(서울: 박영사, 2000), 1~2면.
2 조세부담율은 경상GDP에 대한 조세의 비율을 말한다.
3 사회보장기여금은 4대 공적연금인 국민연금, 공무원연금, 군인연금, 사학연금과 고용보험, 산업재해보상보험, 건강보험의 기여금 등이 포함된다.
4 국민부담율은 명목GDP에 대한 조세와 사회보장기여금을 합한 금액의 비율을 말한다.

하여야 할 일정한 세액을 경감하거나 면제하여 주는 조세감면도 활용되고 있으며, 이 조세의 감면에는 비과세·면세·특별공제 등을 통하여 소득의 전부 또는 일부를 직접 감면하여 주는 완전면제조치와 유예 내지 경감시켜 주는 과세 이연조치가 있다. 또한 조세지출예산제도를 활용하여 조세와 예산을 연계시키기도 하는데, 이는 정부가 받아야 할 세금을 받지 않음으로써 간접적으로 지원해 주는 액수로 비과세, 감면, 공제 등 세제상의 각종 유인장치가 활용되고 있다. 다만 지나친 조세지출을 방지하기 위한 수단으로 국세감면율을 활용하고 있는데, 이는 대략 14.7% 수준이다.[5]

Ⅱ 조세의 분류

1. 조세의 일반적 구분

조세의 분류방법은 다양하지만 기본적으로 과세대상에 따라 소득(income and profits)에 대한 과세, 재산(property)에 관한 과세, 소비(consumption)에 대한 과세로 대별할 수 있다. 소득세의 경우는 개인소득세와 법인세로, 소비세는 특정한 재화와 용역에만 부과하는 개별소비세(excise tax)와 모든 재화와 용역에 일괄적으로 부과되는 일반판매세(general sales tax)로 세분한다. 소비세의 경우 거래단계마다 부과하는 부가가치세와 소매업자에게만 부과하는 소매판매세로 나누기도 한다.

과세주체에 따르면 국가가 부과하는 국세, 지방자치단체가 부과하는 지방세로, 용도에 따라 일반경비로 활용되는 보통세와 특정 용도가 결정된 목적세로 나눌 수 있다. 또한 다른 조세에의 부가여부에 따라 부가세와 독립세로 나눌 수 있다.[6]

표 6-1 과세대상에 따른 조세의 구분	
과세대상	내역
소득과세 (income and profits)	소득세, 법인세, 농어촌특별세(소득세·법인세 감면분)
재산과세 (property)	상속·증여세, 증권거래세, 인지세, 종합부동산세, 농어촌특별세(증권거래세·종합부동산세분)
소비과세 (consumption)	부가가치세, 주세, 교통·에너지·환경세, 개별소비세, 관세, 교육세(주세·교통세·개별소비세·금융보험업자수입분), 농어촌특별세(개별소비세·관세감면분)

5 국세감면율 법정한도는 직전 3개년 평균 국세감면율에 0.5%p를 합한 수치이다.
6 우리나라의 대표적인 부가세는 교육세, 농어촌특별세, 소득할 주민세 등이 있다.

2. 우리나라의 조세

우리나라의 조세는 국세와 지방세로 대별되며, 국세는 다시 내국세와 관세로, 지방세는 광역자치단체에 해당하는 도세와 기초자치단체에 관할이 있는 시군세로 대별된다.

표 6-2 우리나라의 조세구분

과세주체		내역	관련법령
국세(14)	내국세	소득세 법인세 상속세 증여세 종합부동산세 부가가치세 개별소비세 주세 교통 · 에너지 · 환경세 인지세 증권거래세 교육세 농어촌특별세	소득세법 법인세법 상속세법 증여세법 종합부동산세법 부가가치세법 개별소비세법 주세법 교통 · 에너지 · 환경세법 인지세법 증권거래세법 교육세 농어촌특별세법
	관세	관세	관세법
지방세(16)	도세(8)	취득세,등록세, 지방소비세 레저세, 면허세, 공동시설세 지역개발세, 지방교육세	지방세법
	시군세(8)	지방소득세, 주민세, 재산세 자동차세, 도축세, 담배소비세 주행세, 도시계획세	

우리나라의 소득세와 법인세 및 부가가치세가 내국세에서 차지하는 비중은 각각 25%, 25%, 30% 수준으로 이들의 전체 비중은 80%를 상회하는 경우가 많다. 이들의 상호관계는 재산세와 더불어 직접세와 간접세 간의 형평과 조정을 고려할 때 중요한 주제이다.

Ⅲ 세무행정조직과 기능

1. 세무행정조직과 기능

세무행정조직은 1948년 정부의 수립과 함께 재무부의 사세국으로 편성되었다. 이는 국세와 국유재산을 관리하였고, 1949년 지방세무관서설치법의 제정으로 도별 사세국이 폐지되고, 전국에 67개의 세무서가 설치되었다. 1966년 정부조직법 개정으로 4국 13과 2담당관으로 구

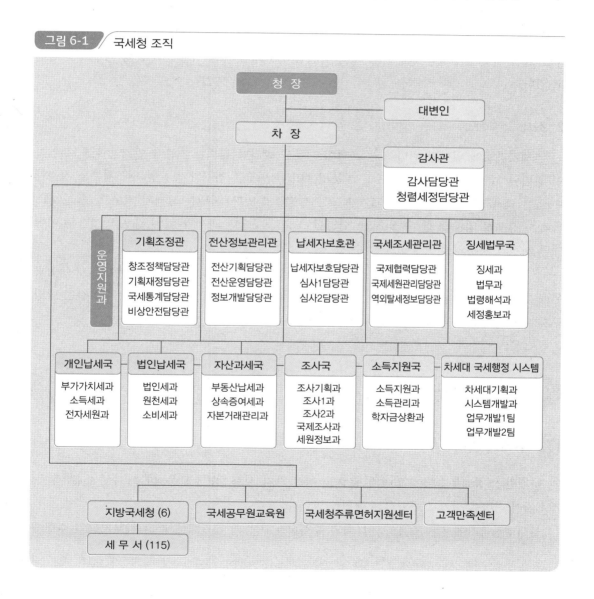

그림 6-1 / 국세청 조직

성된 국세청이 신설되었다. 1967년 종합소득세의 신설로 종합소득세과를, 1977년 부가가치세의 신설로 부가가치세과를 설치하였으며, 1985년에는 일본, 미국 등에 해외주재 세무관을 파견하였다. 2000년대에 들어서는 전자세정의 구축 등으로 세무행정의 투명성과 효율성이 제고되고 있으며, 이는 범정부적인 전자정부의 구축과 맥을 같이 하고 있다.

2015년 현재 국세청은 기획조정관 등 10국, 6지방청, 115세무서로 구성되어 있다.

세무행정의 가장 중요한 기능은 무엇보다 국가 재원의 조달을 위하여 세금을 부과·징수하는 것이며, 국세기본법을 근거로 하고 있다. 이를 위하여 납세자가 세법에 따라 자신의 납세의무를 제대로 이행할 수 있도록 안내하고, 세금신고·납부자료의 관리·분석을 하여 원활한 징수를 유지하며, 불성실납세자 선정·조사와 체납자에 대한 세금 강제징수 등의 기능도 병행하고 있다.

2. 조세구제제도

국세기본법에 의하면 위법 또는 부당한 처분을 받거나 필요한 처분을 받지 못함으로 인하여 권리나 이익을 침해당한 경우 그 처분의 취소나 변경을 청구하거나 필요한 처분을 청구할 수 있는 조세구제제도 또는 조세불복제도를 시행하고 있다. 국민은 납세의 의무를 지고 있고, 국가는 강제적 징수를 할 수 있지만, 다양한 이유로 부당한 과세가 있는 경우 납세자는 이에 대한 시정과 처분의 취소를 요구할 수 있다.

조세구제는 해당청과 상급청에 청구하는 이의신청, 국세청에 제기하는 심사청구, 조세심판원에 청구하는 심판청구로 나뉠 수 있고, 감사원에의 심사청구도 한 방편이다. 이와 같은 행정구제 외에 행정소송을 통한 사법적 구제도 가능하다.

제 2 절 **구매행정**

Ⅰ 구매의 의의

구매란 행정업무수행에 있어서 필요한 여러 가지 재화, 즉 소모품·비품·시설 등을 적기·적소에서 적량을 적가로 구입하는 행위를 말한다.[7]

현대행정국가에서는 조직의 거대화와 수행하는 기능의 복잡화에 따라 사무처리의 수행에

---

7 S. F. Heinritz, *Purchasing*, 3rd ed.(Englwood Cliffs, New Jersey: Prentice-Hall, 1959), p.12.

필요한 재화의 수요도 격증하게 되었다. 이러한 재화는 구매라는 절차를 통하여 조달되는데, 능률적인 구매는 막대한 예산을 절약할 뿐만 아니라 국내소비시장의 최대수요자인 정부의 구매정책은 국민경제에도 지대한 영향을 미치게 된다.

과거에는 일정한 기준이 없이 임의로 필요한 재화를 구입하였지만, 오늘날에는 구매행정이 전문적인 지식과 경험을 요구하는 독자성을 지닌 업무로 인식되어 구매업무를 중앙구매기관에 통합시켜 운영하고 있다.

한국에서의 중앙구매기관은 조달청이며, 조달청은 그 업무를 위하여 지방조달청과 해외에 주재구매관을 두고 있다. 특히 최근에는 IT의 발달과 함께, 구매행정은 국가종합전자조달시스템(나라장터, www.g2b.go.kr)의 구축으로 모든 조달과정이 시공의 제약도 없을 뿐 아니라 투명성도 제고되었다.

Ⅱ 집중구매제도

1. 집중구매의 의의

집중구매란 필요한 재화를 중앙구매기관이 구입하여 이를 실수요기관에 공급하여 주는 것을 말한다. 구매의 중요성이 인식됨에 따라 현대 각국은 과거의 분산구매 대신에 집중구매제도를 채택하고 있다. 미국의 경우, 집중구매제도는 비단 정부기관뿐만 아니라 사기업에 있어서도 널리 보급되어 그 효용성이 입증되고 있다.

2. 집중구매제도의 장·단점

(1) 장 점

집중구매제도의 장점을 보면 다음과 같다.

1) **경제성과 능률성의 향상** 다량의 구매로 단가를 인하할 수 있고 가격의 계절적 변동이나 시장의 주기적 변동을 이용할 수 있다.

2) **표준화와 통제력의 강화** 각 행정기관에서 사용하는 각종 물품을 표준화할 수 있으며, 구매담당업무의 통제를 용이하게 한다.

3) **전문화** 집중구매를 하면 구매기관이 구매업무에만 전념하게 되므로 구매행정이 전문화·기술화된다.

4) **공급자의 편의** 구매자가 단일화되므로 공급자도 여러 구매기관에 관한 관심을 분산시킬 필요가 없어 편리하며, 긴급수요 또는 예상 외의 수요에 신축성 있게 대처할 수도 있다.

5) 경제적인 구매정책의 수립　구매기관이 집중화되면 구매가 국민경제에 미치는 영향을 고려하여 국민경제의 발전을 기할 수 있는 구매정책을 수립하기가 용이하다.

(2) 단 점

한편 집중구매제도의 단점으로는 다음과 같은 것을 들 수 있고, 이의 해소방법으로 분산조달을 활용할 수 있다.

1) 적기공급의 곤란　집중구매는 복잡한 구매절차를 거치게 되므로 아무래도 적기에 공급이 잘 안 되는 경우가 많다.

2) 특수품목의 구매에 곤란　모든 부처에서 필요로 하는 공통품목은 집중구매가 적합하지만, 일정한 부처에서만 필요로 하는 특수품목은 실수요기관인 당해 부처가 개별적으로 구입하는 것이 편하다.

3) 구매절차의 복잡화　중앙구매기관은 대규모화됨으로써 구매절차가 복잡하게 되어 대규모조직에 수반되는 역기능을 초래하기 쉽다.

4) 대기업편중　중소기업은 소량의 공급밖에 할 수 없고, 가격면에서도 대기업과 경쟁할 수 없는 경우가 많으므로 대기업에 편중하게 되기 쉽다.

Ⅲ 구매과정

일반적으로 구매의 과정은 ① 수요의 예측, ② 구매, ③ 검사와 수납, ④ 인도 및 보관, ⑤ 대금지급으로 대별된다.

1. 수요 예측

수요의 예측은 두 가지 방법에 의해서 하는데, 수요기관의 구매청구에 의한 방법과 구매기관 자체의 판단에 의한 방법이 그것이다. 원래 재화의 구매는 수요기관의 재화수요가 인식됨으로써 시작하게 되는데, 수요기관의 구매청구서를 받아서 구매를 개시하면 적기공급이 어려운 경우가 많다. 여기에 구매기관의 수요예측의 필요성이 제기되며, 구매기관은 수요기관의 이전연도의 소비량과 기구 및 인원의 규모를 기준으로 해서 예측수요를 산출할 수 있을 것이다. 우리 나라의 경우에는 수요기관에게 수요계획서를 산출케 하고 있다.

2. 구 매

수요예측이 결정되면 구매기관은 재화의 품명·종류·수량·수요기관 등을 명시한 구매지시를 발동한다. 이 구매지시에 따라 구매가 이루어지는데, 그 방법은 일반경쟁계약·지명경쟁계약 및 수의계약의 세 가지 방법이 있으며, 일반경쟁계약이 원칙적인 방법이고 기타는 예외로 하고 있다.

3. 수납과 검사

물품의 공급자는 물품의 생산 등이 끝나면 인도할 물품의 품질 및 수량 검사를 거쳐 구매기관이나 수요기관에 납품을 하게 된다. 수납상의 문제는 품질의 검사가 얼마나 정확하게 이루어지느냐 하는 것과 대금의 지출이 지체없이 이루어지느냐 하는 것인데, 품질의 검사에 부정이 개입한다는 것과 대금지급에 행정이 내포하는 관료제적 절차로 인해 지연된다는 점에서 비판을 받고 있다.

4. 인도 및 보관

물품의 검사가 완료되면 물품은 인도 또는 보관된다. 즉 수요기관의 청구에 의하여 구매된 물품은 수요기관에 인도하게 되며, 구매기관의 독자적 판단에 의하여 구매된 물품은 창고에 보관하게 된다.

5. 대금 지급

물품이 인도되면 대금을 신속히 지급하도록 해야 하며, 신속한 대금지급은 가격의 인하를 가능케 하는 요인으로 간주된다. 대금지급의 방법은 수요기관이 직접 지급하는 분산지급방법과 구매기관이 대금을 지급한 다음 수요기관으로부터 그 대금을 징수하는 집중지급방법의 두 가지가 있으며, 우리 나라의 경우에는 집중지급을 원칙으로 하고 있다.

Chapter

07 공기업제도

제 1 절　공기업의 정의

　　공기업이란 사기업과는 달리 국가 또는 지방자치단체가 사기업의 성격을 가진 사업을 수행하는 것을 말하며, 이는 기업적 성격을 띠고 있지만 순수한 사익추구의 형태로 두기는 곤란한 공공성을 띠는 사업이다. 일반적으로 공기업은 기업성과 공공성을 동시에 갖추고 있기 때문에 사기업이 갖는 자율성과 능률성을 가진다. 우리 나라의 한국전력·토지주택공사·도로공사 등이 이에 속한다. 또한 공기업은 새로운 시대적인 요청에 부응하기 위하여 종래 전통적으로 사기업에 속하여 있던 사업을 직접 국가나 지방자치단체가 수행하는 것을 말하며, 그 대표적인 예는 미국의 TVA이다. 그런데 윌콕스(C. Wilcox)와 같이 공기업의 정의는 어떻게 내리든 간에 자의적인 것이라고 주장하는 학자도 있다.[1]

　　공기업은 선진국가에 있어서(가령 제2차 세계대전 후의 영국과 프랑스의 국유화정책, 1930년대 이탈리아의 사기업도산방지를 위한 공기업화)는 물론 비약적인 경제발전을 이룩하려는 선진국에 있어서도 그 중요성이 증가되어가고 있다.

제 2 절　공기업의 성격

　　공기업은 다음과 같은 공공성을 그 특징으로 한다.[2]

---

1 C. Wilcox, *Public Policies Toward Business*, revised ed.(Homewood, Ill.: Richard D. Irwin, Inc., 1960), pp.781~782.
2 W. Friedmann(ed.), *The Public Corporation: A Comparative Symposium*(Toronto: The Carewell Co., 1954), pp.542~544.

1. 정치이념

전통적인 자유방임적 이념에 반하며, 공산·사회주의에서는 마땅히 그들의 정치이념에 부합한다고 주장하고 있다.

2. 국방과의 관계

국방에 필요한 많은 군수산업 등이 이에 속한다.

3. 민간자본의 부족

국가에서 필요로 하는 민간기업의 성격을 띤 사업이나 민간의 자본이 부족한 사업의 경우에 국가가 직접 이것을 담당한다. 미국의 TVA나 우리 나라의 한국전력과 토지주택공사 등이 그 좋은 예에 속한다.

4. 독 점 성

사업의 내용은 독점적인 성격이 있다. 예를 들어 우리 나라의 전력사업 등은 다른 어떤 사업처럼 경쟁을 허용하지 않는다.

제 3 절 공기업의 유형

공기업은 여러 가지 기준에 의하여 분류할 수 있으나 가장 일반적 기준은 다음과 같다.[3]

1. 정부부처형

가장 오래된 전통적인 유형의 공기업으로 이는 우리 나라와 일본의 경우도 마찬가지이다. 이는 조직 자체가 정부의 한 부서, 즉 중앙관서 또는 그 산하기관의 형태로 설치·운영된다. 따라서 이런 형태의 공기업은 일반행정기관에 적용되는 예산·회계 및 감사관계법령의 적용을 받으며, 매 회계연도의 예산에 의하여 운영된다. 또한 그 직원의 신분은 공무원으로, 이들의 임용방법·근무조건 등은 일반공무원과 동일하다.[4]

---

3 이외에도 출자자에 따라 국가 및 지방공기업으로, 출자방식에 따라 직접투자기관과 간접투자기관으로 구분할 수 있다.

4 A. H. Hanson, *Public Enterprise and Economic Development*(London: Routledge & Kegan Paul,

이런 유형의 공기업은 일정 정도의 독자성은 가지고 있으나, 공사가 가지는 이점인 상당한 수준의 자율성·능률성·창의성 및 신축성을 지닐 수 없는 한편, 사업관서이기 때문에 권력의 매력도 없어 우수한 인재가 모이지 않으며, 이런 부서일수록 오래 전부터 있는 인사들이 침체되어 있기 때문에 특히 능률성이란 점에 문제가 있다. 우리 나라의 조달청, 우정사업본부가 이에 해당한다.

2. 주식회사형

이 형태의 공기업은 상법의 적용을 받으며 정부가 그 기업의 주식을 전부 또는 일부를 소유하는 것으로서, 대륙계의 국가에서 많이 이용되는 제도이다. 이런 형태의 기업은 감사를 제외하고는 예산·회계·인사·운영에 있어서 이사회를 중심으로 자율적으로 관리되며, 이윤배당도 있는 것이 특색이다. 우리 나라의 경우, 한국전력·국정교과서주식회사 등을 예로 들 수 있다.

이런 형태의 기업이 설립되는 주된 이유는,[5] 첫째로 국가적 견지에서 중요한 사업에 종사하고 있는 사기업을 도산상태에서 구제하기 위하여 그 기업체의 주식을 정부가 매입하기 때문이며, 둘째로 후진국에서 정부가 기술과 자본을 제공하는 사기업과 제휴하여 새로운 기업체를 설립하기 원하는 경우에도 이 형태가 이용되는 수가 있고, 셋째로 정부가 해당 공기업이 독립채산만 가능하다면 곧 민영화하기 위하여 주식회사의 형태를 취하는 경우도 있다. 그러나 이런 유형의 경우 공공성의 확보에 문제가 제기될 수 있다.

3. 공사형

공사형이란 영·미국가에서 발전된 특별법에 의하여 설립되며, 공공성과 능률성을 동시에 고려하는 유형으로 주식회사형과 마찬가지로 독립된 조직으로서 재화와 용역을 생산하게 된다.

공사는 민주성과 능률성이라는 원칙 사이의 대립을 해소하기 위하여 생겨난 제도이며,[6] 오늘날에 있어서 가장 중요한 제도적 개혁의 하나인 동시에 가장 문제가 많은 제도적 개혁의 하나이다.[7] 이것은 활동의 종류에 따라서 중앙은행·보험사무 등과 같이 재정적 활동을 주목적으

1957), pp.337~338.

5 *Ibid.*, p.352.

6 A. Prasad, "The Theory and Practice of Public Corporation in a Democracy," *The Indian Journal of Public Administration*(January~March 1960), p.27.

7 H. Seidman, "The Theory of the Autonomous Government Corporation: A Critical Appraisal," Dwight Waldo(ed.), *Ideas and Issues in Public Administration*(New York: McGraw-Hill, 1953), p.157.

로 하는 것과 정부소유의 발전소·국철·전매사업 등과 같은 것이 있다.

이들의 경우 주식을 발행하지 않고, 주주가 없기 때문에 주무부처 장관에 책임을 지고, 주무부처 장관이 구성한 이사회의 관리를 받는다. 우리 나라에서는 한국관광공사·한국조폐공사·대한석탄공사 등 많은 공기업이 이에 해당한다.

4. 한국의 공공기관

우리나라는 2007년 공공기관의 운영에 관한 법률을 제정·시행하고, 기존의 정부투자기관, 정부출자기관 등으로 구분하여 운영하던 공기업을 재분류하였다. 이에 따라 우리나라의 모든 공기업은 예외적인 경우를 제외하고는 이 법에 따라 분류된다(공공기관의 운영에 관한 법률 제2조).

(1) 공기업

공기업은 시장형 공기업과 준시장형 공기업으로 구분되는데. 이는 직원의 정원이 50인 이상인 공공기관 중에서 지정된다(동법 5조). 또한 자체수입액이 총수입액의 50% 이상인 기관 중, 자산 규모가 2조원 이상이고, 총수입액 중 자체수입액이 85% 이상인 공기업은 시장형 공기업으로 분류한다. 2014년 현재, 우리나라의 시장형 공기업은 한국석유공사, 한국가스공사, 한국전력공사, 한국지역난방공사 등 산업통상자원부 산하의 10개 기업과, 인천국제공항공사, 한국공항공사 등 국토교통부 산하의 2개 기업, 부산항만공사, 인천항만공사 등 해양수산부 산하 2개 기관 등 14개 기업이 포함된다.

준시장형 공기업은 시장형 공기업이 아닌 공기업으로 총수입액 중 자체수입액이 50% 이상 85% 미만인 공기업을 말한다. 이 준시장형 공기업은 기획재정부 산하의 한국조폐공사를 포함하여, 문화체육관광부 소관의 한국관광공사, 농림수산식품부 산하의 한국마사회, 산업통상자원부 산하의 한국광물자원공사, 대한석탄공사, 국토교통부 산하의 한국토지주택공사, 한국수자원공사, 한국철도공사 등 16개 기업이 포함된다.

(2) 준정부기관

준정부기관은 직원의 정원이 50인 이상인 공공기관 중에서 국가재정법에 따라 기금을 관리하는 기금관리형 준정부기관과 정부의 업무를 단순 위탁하여 집행하는 위탁집행형 준정부기관으로 구분한다.

이중 기금관리형 준정부기관에는 사립학교 교직원연금관리공단, 공무원연금관리공단, 국민연금공단, 신용보증기금 등 2014년 현재 17개 기관이 포함되며, 이들은 주로 정부의 기금을 운용·관리한다. 위탁집행형 준정부기관은 국민건강보험공단, 대한무역투자진흥공사, 한국연구재단, 한국장학재단 등 70개 기관이 포함되며(2014년 현재), 정부의 업무를 위임받아 집행하는 기관들을 말한다.

(3) 기타공공기관

이는 공공기관 중 공기업과 준정부기관을 제외한 나머지 기관으로, 2014년 현재 187개 기관이 있다. 이들은 한국 수출입은행, 한국투자공사와 같이 기획재정부 소속으로 금융업무를 담당하는 경우도 있고, 국방과학연구소, 한국개발연구원과 같이 연구개발업무를 수행하는 경우도 있다. 또한 국립암센터, 국립중앙의료원 등과 같이 의료분야의 업무를 담당하는 경우, 한국기술교육대학과 같은 교육업무, 북한이탈주민지원재단과 같은 통일업무 등 국가의 다양한 사업분야를 담당하고 있다.

제 4 절 공사의 특징

순수형의 공사는 다음과 같은 특징을 지닌다.[8]

(1) 일반적으로 특별법에 의하여 설치된다. 정부부처형의 공기업은 정부조직법, 주식회사형의 공기업은 상법에 의하여 설립됨을 원칙으로 하지만, 공사는 특별법에 의하여 설치되는 것이 보통이다.

(2) 정부가 그 운영·손익에 대하여 최종적인 책임을 지게 되어 공사의 결산상 이익금은 정부에 납부케 할 수 있고, 결산상 손실은 정부가 보전할 수 있는 것이다.[9]

(3) 전액정부투자기관이다. 그렇지 않은 것은 명칭 여하를 불문하고 여기서 말하는 엄격한 의미의 공사가 아니다.

(4) 정부가 임명한 임원(이사)이 기업운영을 담당함으로써 자율성을 가지고 있다.

(5) 공사에는 유급의 경영자들이 있다.

(6) 법인으로서 당사자능력을 가지고 있어 제소·피소의 능력이 있다.

(7) 일반행정기관에 적용되는 예산·회계·감사 등에 관한 법령의 적용을 받지 않게 되어 있으나, 우리 나라의 경우에는 주식회사형과 같이 감사에 있어서는 감사원법의 적용을 받

---

8 J. Burkhead, *Government Budgeting* (New York: John Wiley, 1956), p.401; A. H. Hanson, *op. cit.*, p.343.
9 한국조폐공사법 제15조 참조.

는 예외도 있다.

⑻ 공사는 그 정책·방법 및 결과에 대하여 직접·간접으로 국민에게 책임을 진다. 그렇기 때문에 이익이 공사의 합법적인 목표이지만 가장 중요한 목표는 아니라고 할 수 있다.[10]

⑼ 원가계산제도가 적용된다. 그리하여 공사의 수입을 재투자할 수 있어야 한다.

제 5 절 공기업관리상의 문제점

1. 통제기관

공기업은 여러 가지 목표, 즉 공공성·능률성·공익성·민주성 및 기업성을 달성하려고 하므로 엄격한 정부의 통제가 따르기 마련이다. 그러나 정부의 통제는 목표와 법령에 규정되어 있는 정도의 기본적인 성격을 가지는 것에 그쳐야 하며 인사문제에 관여하는 것은 바람직하지 않다.

구체적인 방법으로서 다음과 같은 것을 들 수 있다.

⑴ 인사에 있어서는 이사나 책임자를 임명하는 정도로 하고, 세부운영권은 이사회에 맡긴다.

⑵ 운영에 관한 일반적 지시 및 보고를 접수받는다.

⑶ 일정한 문제에 대해서는 감독청의 승인을 받게 한다.

⑷ 예산, 회계 및 재산상태 등 재정상의 통제 및 감사원을 통한 회계감사를 받게 한다.

2. 독립성 문제

원래 공기업설립이유는 여러 가지가 있지만, 공기업 본래의 목적을 달성하려면 관리면과 재정면에서 자주성과 독립성을 보장해 주어야 한다.

그런데 실제로는 공기업을 부처의 소속기관 내지 하급기관으로 취급하여 독립성을 부여하지 않기 때문에 능률면에 있어서도 상당한 지장을 초래하게 되는 것이다.

---

10 Amba Prasad, *op. cit.*, p.38.

공기업의 재무관리

1. 공기업 재무관리의 내용

일반적으로 재무관리라 함은 기업의 재무활동을 관리대상으로 하는 부문관리와 기업경영의 모든 분야에 걸친 자본순환과정의 관리를 그 내용으로 한다.

재무관리의 범위와 구분방법에 대하여는 여러 가지 다른 주장이 있으나 통설적인 견해에 의하면, 재무관리를 ① 재무계획, ② 자본조달, ③ 자본운영관리, ④ 이익처분과 자기금융 및 재무관리조직 등으로 구분하여 기업회계와 분리시키고 있다.[11]

2. 독립채산제

독립채산제는 공기업의 재정적 독립성 및 자주성을 확보하기 위하여 필요하다. 이러한 독립채산제는 ① 수지적합의 원칙, ② 자본의 자기조달, ③ 이익금의 자기처분 등을 그 요소로 하는데, 이 세 원칙을 간단히 살펴보면 다음과 같다.

(1) 수지적합의 원칙

기업이 필요로 하는 지출은 모두 자기의 수입에 의하여 충당하여야 한다는 원칙이다. 이 원칙에 의하면 기업의 지출에 충당하기에 충분한 수입을 얻을 수 있도록 가격요금이 결정되므로 수지적합의 원칙은 동시에 공기업의 가격요금결정의 정책원리를 형성하고 있다.

(2) 자금의 자기조달

독립채산제에 있어서 영업계정수지와 자본계정수지의 양자에 수지적합의 원칙이 적용된다. 따라서 영업수입은 그 연도의 영업지출뿐만 아니라 자본지출에 충당하기에 족한 것이어야 한다.

(3) 이익금의 자기처분

이익금이 생겼을 경우, 그 이익금을 국고에 납부하지 않고 기업의 자기목적을 위하여 이를 처분하는 원칙을 말한다. 우리 나라에 있어서는 정부기업예산법이 "예산의 결과 생긴 이익금의 전부 또는 일부를 일반회계에 전입할 수 있다."[12]고 규정함으로써 정부부처의 형태를 지닌 공기업의 이익금자기처분을 부인하고 있다.

---

11 임관현, 한국공기업의 운영이론과 실제(서울: 한국생산성본부, 1970), 159면.
12 정부기업예산법 제21조 참조.

1. 경영지배상의 문제점

공기업경영에 대한 최종적인 책임은 정부에 귀속되므로 경영의 결과도 결국은 국가에 귀속된다. 따라서 정부는 항상 공기업의 경영성과를 분석·검토하고 당해 공기업의 사회적 기능을 고려하여 공기업유지 여부, 공기업형태의 적정 여부, 임원의 적정한 선임 및 적정한 통제방안을 강구하는 등 합리적인 경영지배를 하여야 한다. 정부가 해결하여야 할 문제점은 다음과 같은 것이 있다.

(1) 수많은 공기업이 여러 가지 형태로 설치되어 있는데, 과연 이들 공기업이 영위하고 있는 사업은 반드시 공기업으로 경영되어야 하는가의 여부를 결정하여야 한다.

(2) 공기업은 정부부처형, 주식회사·공사 등의 형태로 구분되고 있는데, 이 각 형태가 제각기 장·단점을 지니고 있다. 이중 정부부처형은 경영의 독자성이 부인되고 관청회계에 의하므로 경영의 성과측정이 불가능하여 비합리와 비능률이 많다. 이에 대한 조속한 탈피가 요청된다.

(3) 정부가 임명하는 임원은 전문적 지식과 경험 없는 사람이 임명되는 경우가 많다.

2. 경영관리상의 문제점

정부의 경영지배는 통제 이상이 될 수 없으며, 공기업의 경영자는 독립된 위치에서 독자적인 경영을 실시하게 되므로 관리개선의 문제는 일차적으로 경영자의 임무로 인정되는 바, 여기에 제기되는 문제점은 우리 나라 공기업체의 경영자가 해결할 당면과제 중 중요한 것들이다.

(1) 경영활동은 조직에 의하여 분화된 기능의 체계화를 통하여 경영목적을 달성하게 되는 것이므로 일정한 조직원리가 적용되고, 목표달성에 필요한 조직편성이 이루어질 것이 기대된다.

(2) 성공적인 기업경영을 이룩하기 위해서는 실적주의에 입각한 임용과 과학적인 인사관리를 하여야 한다. 그러나 현실에 있어서는 능력이나 실적에 입각한 임용은 형식에 그치는 경우가 많다.

(3) 경영자는 관료적이며 만성적인 타성에서 탈피하여야 한다.

(4) 기업이 관리목표를 설정하고 목표관리를 철저히 한다는 것은 기업경영에 없어서는 안 되는 것임에도 불구하고, 우리 나라 공기업들이 목표관리를 과학적인 근거 아래 실질적

으로 수행하고 있는가 하는 점에 있어서는 아직도 많은 개선의 여지를 보이고 있다고
해야 할 것이다.

제8편

미래행정의 주요과제

01 지방자치와 광역행정

제 1 절 **지방자치제**

Ⅰ 지방자치제의 의의

지방자치는 일정한 지역 내의 정치·행정과정을 중앙정부와의 관계 속에서 지역주민이 직접 운영하는 방식을 말한다. 이는 중앙부처의 일선기관인 특별지방행정기관이 직접 중앙의 행정을 처리하거나 자치행정을 동시에 수행하는 보통지방행정기관이 중앙정부의 사무 일부를 위임받아 수행하는 지방행정과는 차이가 있다.[1] 따라서 지방자치의 수행과는 별개로 지방행정은 유지될 수 있다.

지방자치가 분권화된 국가제도로서 갖는 정치적이고 행정적인 가치는 제도적인 차원에서 집권과 분권의 가치를 논의함으로써 분석할 수 있다. 중앙집권적 관료행정에 대해 지방자치행정이 가지는 독특한 존재의의나 가치는 일반적으로 정치적 측면과 행정기술적 측면에서 논의될 수 있겠는데, 먼저 민주주의 실현을 위한 기초토대로서 갖는 지방자치제의 정치적 가치는 다음과 같다.

첫째, 지방자치는 민주주의를 방어한다. 지역의 민주화를 통해서 국정의 민주화 구현을 가능하게 한다.

둘째, 지방자치는 민주주의의 훈련장이다. 민주주의가 그 결실을 맺기 위해서는 국민의 민주적인 사고방식, 습성, 행태, 자유의 정신, 그리고 공공의식 등이 양성되어야 하는데, 지방자치는 바로 이와 같은 국민의 민주적 계몽을 통한 민주주의적 풍토의 조성에 가장 효과적인 수단을 제공한다.

---

1 중앙정부는 자신의 사무를 보통지방행정기관에 위임(단체위임)하거나, 기관의 장(기관위임)에게 위임하는 방식을 취하고 있다.

셋째, 지방자치는 정권변동에 따르는 행정의 격변을 완화시켜 준다. 현대민주정치는 정당 정치에 기초하므로 정당 간의 정권교체는 필연적이다. 그러므로 정권교체는 인사정책 등에 커다란 변화를 야기시키는데, 지방자치는 그러한 격변이나 혼란이 지방에까지 파급되는 것을 어느 정도 막아주는 역할을 해 준다.

한편으로 지방자치는 민주주의의 성숙을 위해서뿐만 아니라 행정의 효율성 제고를 위해서도 중요한 가치를 지니는데, 이를 행정기술적 가치라고 하며 이는 다음과 같은 측면에서 살펴볼 수 있다.

첫째, 지방자치는 지역적 특수성에 적합한 행정을 가능하게 한다.

둘째, 지역적 종합행정을 확보해 준다. 지방자치단체는 그 지역사회에 필요한 각종 행정을 일체적이고 종합적으로 수행하는 동시에 중앙에서 결정한 정책을 지방에 실시함에 있어서 종합적인 행정조직을 활용하여 이를 전체 지역행정의 일환으로 조정할 수 있다.

셋째, 효율적 행정을 촉진시켜 준다. 지방자치는 중앙정부와 지방자치단체 간에 행정기능을 적절히 분담하는 것을 전제로 하므로 중앙정부의 과도한 부담에 따른 행정능률의 저하를 방지하는 역할을 한다. 또한 지방자치는 주민의 계속적인 관심과 감독하에서 행정이 이루어지는 것이므로 행정의 효율적·합리적 처리를 촉진한다.

이상과 같은 정치·행정적 가치를 지니는 지방자치제도는 급속한 사회구조의 변화와 함께 행정국가에서 복지국가로 발전하고 있는 상황에서, 주민참여라는 민주성과 행정의 효율성이라는 양 가치를 적절히 조화시키는 방향으로 지속적으로 강화되고, 추진되어야 할 것이다.

Ⅱ 지방자치단체의 자치권

지방자치는 대륙계 유럽과 같이 중앙정부의 업무를 수행하는 지방행정기관이 자치권을 부여받는 경우의 단체자치와 미국의 경우와 같이 주민들의 자발적인 자치가 중앙에 의하여 인정받는 주민자치로 대별할 수 있다. 어떤 경우이건 자치를 위하여 필요한 권리는 자치입법권, 자치조직권, 자치재정권으로 구성된다.

1. 자치입법권

자치입법권이란 지방자치단체가 조례와 규칙 등 자치법규를 제정할 수 있는 권한을 말한다. 우리의 헌법은 제117조 제1항에 "지방자치단체는 주민의 복리에 관한 사무를 처리하고, 재산을 관리하며, 법령의 범위 안에서 자치에 관한 규정을 제정할 수 있다"고 규정하여 자치입법권을 보장하고 있다. 이 때 자치입법을 구성하는 대표적인 권한인 조례는 지방의회의 의결을 통하여 제정되고, 규칙은 지방자치단체의 장이 법령이나 조례의 위임범위 내에서 제정한다.

2. 자치행정권

자치행정권이란 지방자치단체의 조직과 운영, 그리고 사무처리에 관한 권한을 말하며, 헌법과 지방자치법에 의하여 규정되고 있다. 자치조직권에는 자치구가 아닌 구(區)와 읍·면·동의 명칭과 구역의 변경, 폐치 분합, 지방자치단체의 사무소의 소재지(지방자치법 제4~6조), 지방의회 사무처 등의 설치(제90~91조), 행정기구(제112조), 직속기관 등 소속기관의 설치(113조), 사업소의 설치(114조), 출장소의 설치(115조), 합의제 행정기관의 설치(116조), 하부 행정기관(자치구가 아닌 구, 읍, 면, 동)에 관한 설치 등이 포함되나, 많은 경우 상위법령의 제약을 받거나, 상위기관의 보고를 얻어야 한다.

자치사무권이란 지방자치단체가 그 지역의 공공사무를 자주적으로 처리하는 권한을 말하며, 위임사무와는 구별된다. 위임사무는 단체위임사무와 기관위임사무로 대별되는데, 단체위임사무는 국세 징수, 국도 유지관리 등과 같이 법령으로 지방자치단체에 개별적으로 위임된 사무로 중앙과 지방의 이해가 동시에 결부되어 있는 경우로 이는 지방자치단체가 처리하고, 중앙정부가 이 비용을 일부 또는 전액 부담한다. 반면에 기관위임사무는 병역, 선거, 경찰, 소방사무와 같이 지방적 이해보다는 전국적으로 통일된 집행이 요구되는 사무들로 자치단체의 장에게 위임되어 지방의회가 관여할 수 없고, 비용은 전액 국가가 부담한다. 따라서 기관위임사무는 지방자치단체의 사무로 볼 수 없으며, 우리나라의 경우 자치사무와 위임사무(기관위임사무 40%, 단체위임사무 10% 정도)가 지방자치단체 사무의 각각 50% 정도의 수준으로 구성되어 있다.

3. 자치재정권

자치재정권이란 지방자치단체가 자신의 고유사무를 처리하는 데 필요한 경비를 자주적으로 조달하고 지출하는 권한을 말한다. 우리의 경우 지방자치제도와 관련하여 가장 쟁점이 되는 사안은 이 자치재정권의 문제이다. 우리나라 지방자치단체의 세입구조는 지방세, 세외수입과 같은 자주재원과 지방교부세, 국고보조금 등과 같은 의존 재원으로 구성되는데, 의존 재원의 비중이 상대적으로 크기 때문에 자치의 의미가 퇴색되고 있다.

자치재정권과 관련하여 지방자치단체는 자치재정을 자주적으로 확충할 수 있도록 지방세의 탄력세율 적용, 재산과세의 과표 및 수수료 탄력적 결정 등과 같은 권한은 인정되지만 조례를 통한 독립적인 지방세목은 설치할 수 없다. 즉, 조세법률주의에 따라 지방세의 세목과 세율에 대해 법률로 정하고, 조례에 의한 세목의 신설을 허용하지 않는다. 또한 국고보조금의 경우도 용도가 규정되어 자의적 운영은 불가능하며, 자치단체의 세출 총액 중에서 의무적 경상경비가 차지하는 비중이 높다. 결국 자치재정권의 신장과 지방자치제의 고양은 매우 밀접한 관계에 있다고 할 것이며, 향후 이에 대한 관심과 연구가 지속되어야 한다.

Ⅲ 지방자치제의 연혁과 단체의 구성

1. 지방자체제의 연혁

우리나라의 지방자치는 건국 이후 헌법에 지방자치를 규정하고, 이에 따라 1949년 7월 제헌국회에서 지방자치법을 제정하면서 출발한다. 이 법은 지방자치단체를 서울특별시·도 및 시·읍·면으로 하고 지방의회와 집행기관을 분리시켜 상호 견제토록 하는 기관대립형을 채택하였다. 이때, 서울특별시장과 도지사는 대통령이 임명하고, 시·읍·면장은 지방의회에서 선출토록 하였다. 이에 따라 1952년 4월과 5월 4년 임기의 제1차 시·읍·면 및 도의원선거가 실시되었다. 1956년 2월 지방자치법을 개정하여 시·읍·면장의 경우 직선제를 도입하였고, 같은 해 8월 제2차 시·읍·면 및 도의원선거와 제1차 시·읍·면장선거를 실시하였다. 시·읍·면장의 경우 직선제는 1958년 지방자치법의 재개정에 따라 임명제로 환원되었다. 1961년 5월 16일에 지방의회가 해산되고 같은 해 9월에는 군사정권에 의해 '지방자치에 관한 임시조치법'이 제정·공포되어 지방자치는 일단 중단되었다. 더욱이 1972년부터 시작된 제4공화국 시대에는 지방의회의 구성을 남북이 통일될 때까지 유예할 것을 헌법 부칙에 규정함으로써 지방자치의 중단을 헌법에 명문화하였다.

이후 제6공화국 시기인 1991년에 3월과 6월에 각각 시·군·구의원과 시·도의원 선거를 실시함으로써 4월과 7월에 기초자치단체와 광역자치단체의회가 구성되었다. 그리고 1995년 6월에는 3년 임기의 광역 및 기초 자치단체의원과 단체장을 동시에 선출하는 제1회 전국동시지방선거가 실시되어 명실공히 지방자치제가 확립되었다. 이후 1998년 6월 4년 임기의 제2회 전국동시지방선거가 실시되었고, 이후 2015년 현재 6기 지방자치시대가 이어지고 있다.

2. 지방자치단체의 구성

우리나라의 보통지방자치단체는 광역자치단체와 기초자치단체의 2계층제로 구성되어 있다.[2] 기초자치단체는 광역자치단체에 소속되어 있다. 2015년 1월 기준으로 우리나라의 광역자치단체는 총 17개이며, 1특별시(서울특별시), 6광역시, 8도, 1특별자치도(제주특별자치도), 1특별자치시(세종특별자치시)로 구성되어 있다. 기초자치단체는 총 227개인데, 74시, 84군, 69자치구로 구성되어 있고, 광역자치단체와 기초자치단체를 합한 우리나라 자치단체는 총 244개이다.

광역자치단체인 서울특별시에는 25개의 자치구가, 6광역시에는 44개 자치구와 5개의 군이 있으며, 8도에는 74시와 79군이 속하여 있다. 제주특별자치도와 세종특별자치시의 경우는 기초자치단체가 없다.[3]

3. 지방자치제의 구조

지방자치단체의 조직구성은 기관대립형과 기관통합형으로 대별되는데, 의결기관과 집행기관이 모두 단일기관으로 의회에 귀속되는 기관통합형과 의결기관과 집행기관이 분리되어 상호 견제하는 기관대립형이 있다. 우리나라는 기관대립형을 채택하고 있다. 이에 따라 주민직선에 의해 선출된 지방자치단체의 장과 지방의회가 각각 집행 기능과 의결 기능을 담당하여 상호 견제와 균형을 유지하고 있다. 이외에도 의회가 전문행정가를 임명하여 행정을 관장하게 하는 제3의 유형이 있는데, 이 행정전문가는 의회에 책임을 지게 된다.

Ⅳ 주민참여

지방자치제는 주권자인 주민이 직접적인 행정과정에의 참여를 통하여 참된 의미가 실현될 수 있다. 사실상 주민참여제도는 지방자치와 관계없이 다양한 방법으로 실시되었다고 할 수 있다. 즉, 반상회, 공청회, 각종 위원회제도 등도 주민참여의 일환으로 실시되어 온 제도들이다. 그러나, 1991년 지방자체제도의 재실시 이후 다양한 직접 참여제도를 도입하고 운영함으로써 더욱 바람직한 방향으로 주민참여제도가 진전되고 있다.

---

2 행정계층의 경우는 자치단체의 규모에 따라 2~4층제로 다양하게 구성된다.
3 제주도의 기초자치단체였던 제주시와 서귀포시, 북제주군과 남제주군은 2006년 7월 제주특별자치도의 출범과 함께 폐지되고, 제주도 1개 광역자치단체와 제주시, 서귀포시 2개 행정시로 재편되었다.

1. 주민발의제

주민발의제는 1999년 주민의 조례 제정·개폐 청구권이 신설됨으로써 도입되었는데, 종전에는 조례의 제정, 개정, 폐지는 지방의회의 고유 권한이었다. 지방자치법에 의하면 시·도와 인구 50만 이상의 대도시에서는 선거권이 있는 19세 이상 주민 총수의 100분의 1 이상 70분의 1 이하, 시·군·자치구에서는 주민 총수의 50분의 1 이상 20분의 1 이하의 범위에서 조례로 정하는 주민 수 이상의 연서로 당해 지방자치단체의 장에게 조례 제정 및 개폐를 청구할 수 있다(제15조).

2. 주민투표제

주민투표는 지역의 주요 안건을 해결하는 제도로서 지방자치단체의 중요한 사항을 결정할 때, 주민 전체의 의사를 물어 결정하는 제도이다. 지방자치법은 "지방자치단체의 장은 주민에게 과도한 부담을 주거나 중대한 영향을 미치는 지방자치단체의 주요 결정 사항 등에 대해 주민투표에 부칠 수 있으며, 주민투표의 대상·발의자·발의요건 등에 관한 사항은 따로 법률로 정한다"고 규정하고 있다(제14조). 이에 따라 다양한 시·군 통합이 이루어지는 등의 성과가 있었으나, 지역주민 간에 첨예한 의견대립이 있는 방사성폐기물처리장 유치와 같은 사업은 주민자치법에 의한 집행이 어려운 측면이 있어 주민자치법에 의한 주민투표를 구체화할 수 있는 주민투표법이 2004년 1월 제정됨으로써 명실상부한 주민투표제가 본격적으로 도입되었다.

3. 주민감사청구제

지방자치단체장의 사무처리가 법령에 위반되거나 공익을 현저히 해친다고 인정되면 주민은 상급기관에 감사를 청구할 수 있다. 지방자치법에 의하면 이 감사청구는 시·도는 500명, 인구 50만 이상 대도시는 300명, 그 밖의 시·군 및 자치구는 200명을 넘지 아니하는 범위에서 그 지방자치단체의 조례로 정하는 19세 이상의 주민 수 이상의 연서(連署)로 가능한데, 광역자치단체는 주무부 장관에게, 기초자치단체는 광역단체장에게 감사를 청구할 수 있다(제16조).

4. 주민소송제

주민소송은 주민감사청구제의 보완 수단으로 주민은 감사청구사항과 관련하여 위법한 행위가 있는 단체장 또는 기관장을 상대로 하여 소송을 제기할 수 있다. 이는 공금의 지출에 관한 사항, 재산의 취득·관리·처분에 관한 사항, 해당 지방자치단체를 당사자로 하는 매매·임차·도급 계약이나 그 밖의 계약의 체결·이행에 관한 사항 또는 지방세·사용료·수수료·과태료 등 공금의 부과·징수를 게을리한 사항 등이며, 감사청구한 주민이 제기하게 되어 있다(지방자치법 제17조).

5. 주민소환제

주민소환제는 지방자치단체장이나, 의원의 의사결정에 중대한 문제가 있는 경우 주민들이 이들을 투표를 통하여 해직시키는 제도로 가장 강력한 참여제도라 할 수 있다. 지방자치법 제20조에 의하면 주민은 그 지방자치단체의 장 및 지방의회의원(비례대표 지방의회의원은 제외한다)을 소환할 권리를 가진다. 이를 위하여 2006년 5월 24일 '주민소환에 관한 법률'이 제정 도입되었고, 1년 후인 2007년 5월 25일부터 시행되었다. 주민소환은 집행권의 남용에 관한 직접적인 견제장치로서 의의가 있으나, 정치적으로 남용되거나 오용될 소지가 있어 이의 집행에 많은 주의를 기울여야 한다.

Ⅴ 지방자치의 새로운 경향

오늘날의 지방자치는 과학기술의 급격한 발달과 사회적·경제적 구조의 변혁에 따라 그 고전적인 관념이나 역할에 서서히 변화가 일어나고 있다. 우선 지역사회가 구조적으로 변화함에 따라 지방자치의 의의가 변화하고 있다. 지방자치의 무대인 지역사회는 본래 정적인 공동사회(Gemeinschaft)였고, 그 자치도 공동사회적 자치를 의미하였다. 그러나 근래의 기술혁명과 사회경제적 발전은 교통·통신수단의 발달과 함께 인간생활의 지역적 범위를 현저하게 확대시켰으며, 이에 따라 주민 상호 간에 있었던 종래의 지역연대도 상대적으로 크게 약화되어 가고 있다.

이와 같은 지역사회의 구조적 변화는 종래의 지연적·공동체적 의식, 즉 향토의식이나 지역연대감을 점차 희박하게 만들고 오히려 직업·사상·종교·문화·우호 등의 직연적(職緣的) 의식이 증대되고 있으며, 이러한 현상은 특히 대도시의 경우에 두드러지게 나타나고 있다. 그리하여 오늘날의 자치는 일반적으로는 전통적 지역사회에 있어서와 같이 정적인 것이 아니고 동적인 것이며, 거기에서 거주하고 있는 주민도 공동사회적이라기보다는 이익사회적·시민사회적(Gesellschaft)이며, 더욱이 중요한 것은 자치의 활동은 당해 주민의 주거가 있는 지역사회뿐만이 아니고 직장이라고 하는 직능사회나 대도시권이라고 하는 주변지역사회 등에서도 이루어지고 있다는 것이다. 이런 점에서 볼 때 오늘날의 자치는 기능적 자치라는 형태로 파악해야 할 필요성이 생긴다.

요컨대 현대의 지방자치는 피상적이고 형식적인 개념에서 탈피하여 집권적 요소들을 충분히 고려하는 동시에 민주성과 효율성 등의 분권적인 요소와도 적절한 조화를 이루어나가야 할 것이다.

I 광역행정의 의의

광역행정(regionalism)이란 행정의 능률성·민주성·경제성·합목적성을 높이기 위하여 기존의 고정적인 행정구역을 초월하여 주변의 몇몇 지방자치단체를 대상으로 행정업무를 통일적·종합적으로 처리하려고 하는 행정관리방식이라 할 수 있다.

오늘날 도시화가 촉진됨으로써 교통, 상·하수도, 도로, 상품유통 등 지방자치단체의 사무 중 ① 일정한 행정구역의 경계선 내에 국한하여 집행할 수 없는 사무, ② 국한하여 집행할 경우 능률적인 행정을 할 수 없거나 행정목적을 충실히 달성할 수 없는 사무, ③ 지방자치단체의 사무라 할지라도 그것이 국가전체에 미치는 영향이 큰 경우에는 지방행정단위의 경계선을 초월하여 통일적 수준에서 처리함으로써 행정의 능률성·효과성·합목적성을 높일 수 있다. 이러한 광역행정의 기본원리는 광역주의(regionalism)에 두고 있는데, 광역주의란 주민의 자치권 옹호와 행정의 효율성 증진을 동시에 포함하고 있다.

이러한 광역주의와 광역행정을 관련시킬 때 고려해야 할 점은,[4] 첫째로 광역행정은 지방자치를 옹호할 수도 있고 제약할 수도 있는 양면성을 지니고 있으므로 그 목적을 명확히 하여야 한다는 것, 둘째로 광역행정은 그 집행범위나 자치단위의 위치에 따라 그 효과가 다르므로 상급자치단체의 수준에서 할 것인가, 아니면 하급자치단체의 수준에서 할 것인가를 결정하여야 한다는 것, 그리고 마지막으로 광역행정은 그 처리방식에 따라 효과가 다르므로 일정한 행정문제를 공동처리의 방식에 의할 것인가, 연합체방식에 의할 것인가, 아니면 합병방식에 의할 것인가를 결정해야 한다는 것 등이다.

어떻든 광역행정은 정치·사회·문화적인 측면과 깊이 관련되어 있으므로 비단 행정적 측면만이 아니라 이와 관련되어 있는 모든 측면이 종합적으로 고려되어야 한다.

---

4 이에 대해서는, 김규정, 신행정학원론(제3정신판)(서울: 법문사, 1973), 214면 참조.

Ⅱ 광역행정의 필요성

광역행정의 필요성은 일반적으로 신중앙집권화의 촉진요인과 일치하나, 일반적으로 지역적인 수준에서 행정을 처리한다는 점에서 광역행정의 특색을 찾을 수 있다. 오늘날 광역행정이 필요하게 된 요인을 들어 보면 다음과 같다.[5]

(1) 교통·통신·과학기술의 발달 및 경제발전에 따라 지역주민의 생활권·경제권 등이 확대되어 광역행정의 필요성이 요구되기에 이르렀다.

(2) 대도시화가 급속히 진전됨에 따라 지방자치단체의 경계를 넘어 광역권 전체를 대상으로 하여 문제를 해결하는 것이 행정의 능률성·합리성을 향상시킬 수 있다는 이유로 광역행정이 필요하게 된 것이다.

(3) 도시와 농촌 간의 행정서비스를 균질화하고 주민복지의 평준화를 통한 복지국가를 실현하기 위하여 광역행정의 필요성이 강조되었다.

(4) 도시화와 산업화의 급속한 전개로 제한된 지방자치단체의 능력으로는 해결할 수 없는 문제들이 나타나게 됨에 따라 이러한 문제들은 지방적 차원보다는 광역적 처리 내지 전국적 계획과 조정이라는 측면에서 해결하지 않으면 안 되므로 행정의 집권성이 요구되었다. 이에 따라 지방자치단체와 중앙행정기구와의 융합을 실현하는 수단으로 새로운 권역의 설정과 광역주의행정이 필요하게 된 것이다.

(5) 광역행정방식은 지방분권주의와 중앙집권주의를 조화하는 새로운 행정방식이다. 즉 광역행정이 지방자치를 옹호한다는 논리는 지방행정이 그 지방의 경제·사회·문화 등 지역적 특수성과 주민의 편의에 부응하여, 중앙의 획일적·권력적 행정방식에 의해서만 처리되는 것을 방지함으로써 지방자치행정사항을 보존하는 것이라 할 수 있다.

(6) 신중앙집권화의 경향에 따른 행정광역화의 필요성이 강조되었다. 즉 광역행정의 촉진요인의 하나인 중앙집권과 지방분권의 조화와 균형의 모색은 신중앙집권화의 경향으로 이해하게 되는데, 신중앙집권화의 실질적인 증거로는 ① 지방자치단체의 사무 중 위임사무가 고유사무보다 상대적으로 증대하고 있다는 점, ② 중앙정부의 재정적·기술적 지원의 증대와 이에 따른 중앙정부의 행정적·재정적 감독 강화, ③ 지방사무의 중앙흡수 내지 중앙정부의 인가·허가사무의 증대 등을 들 수 있다.

결국 광역행정은 행정사무의 성격상 전국적인 성격을 띠는 사무, 지방의 특수한 사무 및 중앙정부와 지방정부의 중간적 성질의 사무 등이 상호 연결 되는 한편, 지방자치단체의 능력

---

5 한원택, 도시행정론: 이론과 실제(서울: 법문사, 1976), 158~162면 참조.

으로는 능률적으로 처리할 수 없는 사무가 증대하고 있다는 데 그 존재가치가 있다 하겠다.

Ⅲ 광역행정의 방식

각 국가의 다종다양한 광역행정사무는 실질적인 처리방식에 따라 그 효과가 다르게 되므로, 일정한 기준에 따라 정리하면 다음과 같이 분류할 수 있겠다.[6]

1. 처리주체별 방식

(1) 하급 지방자치단체 수준에서의 광역적 처리

우리 나라의 시·군조합이나 일본의 시·정(町)·촌합병 등에서와 같은 기초자치단체수준에서의 광역행정방식이다.

(2) 상급 지방자치단체 수준에서의 광역적 처리

우리 나라의 시·도수준이나 일본의 군·도·부·현수준에서의 광역행정방식이다. 어떤 의미에서 볼 때, 광역행정의 본질적 의의는 이 수준에 있다고 말할 수 있다.

(3) 국가의 지방행정기관(일선기관)에 의한 광역적 처리

우리 나라의 지방국토건설청·지방해운항만청 등과 같은 국가의 지방행정기관에 의한 광역행정방식이다.

2. 처리수단별 방식

(1) 공동처리(협력)의 방식

둘 이상의 행정단위(자치단체 또는 지방행정기관)가 상호협력구조를 형성하여 광역행정사무를 공동처리하는 방식이다. 여기에는 다음과 같은 방식이 있다.

(가) 지방자치단체조합

지방자치단체 사무의 일부를 공동처리하기 위하여 둘 이상의 자치단체의 합의에 의하여 새로운 법인(특별지방자치단체)인 조합을 설치하는 방식이다. 각 국가에서 많이 채택하고 있으며, 우리 나라에서도 채택하고 있다(지방자치법 제159조).

---

6 정세욱·최창호 공저, 행정학(서울: 법문사, 1974), 611～614면 참조.

(나) 협 의 회

둘 이상의 자치단체가 상호연락·조정, 광역종합계획의 작성, 사무의 공동처리 등을 위하여 협의회를 설치하는 방식이다. 우리 나라에서는 2개 이상의 지방자치단체로 구성된 수도권, 대구권, 광주권, 대전권 등 7개 광역권행정협의회와 54개 권역의 기초행정협의회가 있으며(지방자치법 152조 참조), 기관장들 간의 협의체인 시도지사·시도의회의장·시군구의회 의장협의회·시군구청장 협의회 등도 운영되고 있다(지방자치법 제165조). 이와 같은 협의회는 사무조합의 경우와 같은 법인격을 갖고 있지 않기 때문에 사무처리가 협의회가 아닌 각 자치단체에 귀속되며, 그 방법으로서의 실질적 효과는 그리 크지 못하다.

(다) 기관의 공동설치

일본에서 채택하고 있는 방식으로서, 자치단체의 집행기관 간소화, 전문직원의 확보, 재정의 절약 등을 위하여 둘 이상의 자치단체가 계약에 의하여 자치단체의 장, 위원회의 위원·전문위원·보조원, 부속기관 등을 공동으로 두는 방식이다.

(라) 사무의 위탁

둘 이상의 행정단위가 계약에 의하여 자기단위의 사무의 일부를 타단위에 위탁하여 처리하는 방식이다. 우리 나라에서도 채택하고 있다(지방자치법 제151조).

(마) 연락회의

일정한 광역적 행정단위에 그 관할구역의 자치단체 및 국가행정기관의 대표 등으로 구성되는 연락회의를 두는 방식이다. 일본에서 구상된 '지방행정연락회의'안이 좋은 예가 될 수 있다. 이 회의는 조정권이 없는 단순한 대화·연락의 기관에 불과한 점에서 협의회방식보다 실효성이 적다.

(바) 직원 파견

타 행정단위의 직원을 파견받아서 그의 협력을 얻어 사무를 처리하는 방식이다.

(2) 연합(federation)의 방식

둘 이상의 지방자치단체가 그 독립적인 법인격을 그대로 가지면서 그 전역에 걸친 단체를 새로 창설하여 광역행정에 관한 사무를 처리케 하는 방식이다. 이 연합체는 스스로 사업주체가 되어 사업을 집행하는 능력을 가지는 점에서 앞에서 살펴본 공동처리의 방식과 구별된다. 그러나 전술한 협의회방식은 그 구체적인 성격에 따라 연합방식이 될 수도 있다. 캐나다의 토론토도시연합(Toronto's Metropolitan Federation), 영국의 대런던회의(Greater London Council),

일본의 한신(阪神)도시협의회, 부·현연합(府·縣聯合) 등이 그 예이다.[7]

(3) 합병(annexation)의 방식

일본에서 대대적으로 채택하고 있는 방식으로, 자치단체를 몇 개 통폐합하여 하나의 법인격을 가진 새로운 자치단체를 신설하는 방법이다. 이 방식은 광역행정문제의 해결이 신속·용이하고 비용이 절감되는 장점이 있으나 여러 자치단체 사이에서는 채택되기 곤란하고, 주민들의 일체감 희박, 세금증가의 우려 등 때문에 합병을 반대하는 경우가 많다. 이 합병에는 신중을 기하여야 한다.[8]

(4) 특별구역·행정기관설치의 방식

(가) 특별구역

특수한 광역적 업무를 수행하기 위하여 일반행정구역 또는 자치구역과는 별도의 구역을 정하는 방식이다. 이렇게 설치되는 특별구역에는 단일목적특별구역과 다목적특별구역이 있다. 전자의 예로는 항만관리구·하수처리구·공수대책구·공원구 등이 있고, 후자의 예로는 보스턴 대도시구역위원회·뉴욕항만청 등이 있다.[9] 앞서 설명한 일부사무조합방식도 결국 특별구역을 설치하는 결과가 되나, 그것은 둘 이상의 자치단체 사이의 협력에 의하여 발생되는 것인 데 비하여, 그 특별구역방식은 국가의 지방행정체제 또는 지방자치체제 자체를 그렇게 정하는 것인 점에 차이가 있다.

(나) 특별행정기관

이는 특정한 광역적 사무를 수행하기 위하여 특정기능만을 수행하는 국가의 행정기관을 일반행정기관과 구별하여 별도로 설치하는 방식이다. 특별기관설치의 방식은 각 국가에 그 예가 많으며, 우리 나라에도 그 예가 많이 있다. 영국에서 많이 채택하고 있는 이른바 'ad hoc authority'라는 것도 대체로 이러한 예에 해당한다.

(5) 권한 또는 지위 흡수의 방식

(가) 권한 흡수

하급자치단체의 권한을 상급자치단체 또는 국가가 흡수하는 방식이다. 특히 미국에서 많이 시행되고 있다. 이 방식은 지방분권화와 정반대되는 중앙집권화를 촉진하는 방법이 된다.

---

7 A. W. Bromage, *Introduction to Municipal Government and Administration*, 2nd ed.(New York: Appleton-Century-Crofts, 1957), p.100 참조.

8 *Ibid.*, p.93 참조.

9 *Ibid.*, p.97.

하급단체가 처리하던 사무를 상급단체가 흡수해 간다는 것은 극히 위험한 일이다. 그러나 지방자치와 민주주의의 전통이 뿌리깊은 영·미에서는 이 방식이 많이 사용되고 있으며, 이것이 이른바 '신중앙집권화'현상을 이루고 있다.

(나) 지위 흡수

이 방식은 상급단체가 하급단체의 권한뿐만 아니라 그 자치단체로서의 지위까지도 흡수하는 방식이다. 우리 나라의 읍·면자치제가 군자치제로 개편된 것이 대표적인 예가 될 수 있다. 중간자치단체지위의 흡수도 있을 수 있는데, 일본의 현행 부·현제(府·縣制)를 폐지하고 국가의 시·정·촌 사이에 전국을 약 9개 블럭을 나눈 단위에 중간단위를 설치하자는 '지방안'이 좋은 예가 될 수 있다.

3. 처리사업별 방식

광역행정의 방식을 그 사업처리가 특정사업주의냐 종합사업주의냐에 따라 구분하여 보면 다음과 같다.

(1) 특별사업주의 방식

(가) 공동처리

일부사무조합, 기관의 공동설치, 사무위탁, 연락회의, 협의회, 직원파견 등의 방식이 이용될 수 있다.

(나) 권한 흡수

각 자치단체 사이의 특정사업을 중앙 또는 상급단체가 흡수하여 광역적으로 수행할 수 있다.

(다) 특별구역의 설치

특정사업의 수행을 위하여 광역적인 특별구역을 설치할 수 있다.

(라) 특별행정기구의 설치

특정한 광역적 사업을 수행하기 위하여 특별기능의 행정기관을 설치할 수 있다.

(2) 종합사업주의 방식

(가) 공동처리

기관의 공동설치, 연락회의, 협의회, 직원파견 등의 방식이 이용될 수 있다.

(나) 연 합

기초자치단체는 그대로 두면서 광역적 사무를 수행하는 단체(연합체)를 새로 조직하여 광역적 사업을 수행할 수 있다.

(다) 합 병

기존의 자치단체를 통폐합하고 새로운 단체를 신설하여 광역행정을 처리한다.

(라) 지위 흡수

하급자치단체의 자치단체적 지위를 상급단체가 흡수하여 광역적 사업을 수행할 수 있다.

이 밖에도 행정협정에 의한 협력방식이라든가 위성도시개발에 의한 광역행정방식 등을 들 수 있다.

Ⅳ 광역행정의 이점

광역행정의 채택에 따른 이점으로서는 다음과 같은 것들을 들 수 있겠다.[10]

(1) 광역권주민의 행정구역을 실질적인 생활권·경제권·교통권과 일치시킨다는 이점이 있다.

(2) 지방행정조직을 국가적·광역적인 차원에서 재편성함으로써 행정운영을 더욱 능률화할 수 있다.

(3) 국가행정과 지방행정을 밀접하고 신축성 있게 연결시키고 국가와 지방 사이의 행정사무를 합리적으로 재분배함으로써 중앙과 지방 사이의 협력과 상호지원을 원활히 한다.

(4) 대도시주변의 물리적·경제적인 저개발상태를 적극적으로 개발함으로써 인구 및 산업의 균형배치와 조정에 의한 대도시 흡인요인의 완화, 중심도시와 배후지역 또는 농촌 사이의 격차를 완화하고 전국적인 균형개발을 모색한다.

(5) 행정기능의 특수성에 따라 제한된 행정단위만으로는 해결할 수 없는 업무에 대해 인접 행정단위와 협조하여 공동처리를 모색할 수 있다.

(6) 지역기반시설·생산환경시설·교육후생시설 등 공공시설을 정비하여 주민의 생활편의·복지향상·문화수준의 향상 및 지역전체의 경제적·사회적 발전을 촉진시킨다.

---

10 日本鹿島出版會, 사회과학대사전, No. 6(1974), 348면.

Ⅴ 한국의 광역행정

우리 나라의 광역행정의 종류로는 대체로 세 가지 유형이 있다.

행정자치부의 지시·감독을 받는 지방행정의 측면에서 권역별 행정협의회와 교육부의 지시·감독을 받는 특별구 개념의 교육구가 있고, 마지막으로 국토교통부에서 다루는 국토계획적 측면에서 본 광역행정이 있다.[11]

한국의 광역행정제도에 대한 근거법인 지방자치법에는 광역행정이라는 용어가 포함되어 있지 않으나 광역행정의 방식으로서 지방자치단체조합의 구성, 지방행정협의회의 구성 등이 규정되어 있다. 또한 광역행정에 관한 보조입법으로는 교육법·지방공기업법 등을 들 수 있고, 이렇게 볼 때, 우리 나라에서 채택하고 있는 광역행정방식은 특별기관방식으로 지방국토건설청·지방항만청과 같은 경우를 들 수 있으며, 조합에 의한 공공처리방식으로는 수도권교통조합 등이 있고, 특별구역방식은 서울특별시와 각 광역시 및 각 도교육위원회가 관장하는 교육구제도를 들 수 있다. 특히 지방자치법에 규정된 행정협의회방식은 가장 일반적인 광역행정방식이라 할 수 있다.

1. 자치단체의 지위 흡수

우리 나라 광역행정의 방식 중 가장 기초가 되고 있는 행정단위로서 과거 자치단체였던 읍과 면의 지위가 상급단위인 군에 흡수된 사실이다. 일본에서는 행정광역화를 위해 기초자치단체를 합병하여 과거보다 약 3배의 규모로 조정하였는데, 우리 나라에서는 기초자치단체의 지위를 폐지하고 상급단위가 이를 흡수한 것이 특색이라 하겠다. 이 군제도는 세계에서 유례를 찾아보기 힘든 광역적인 기초자치단체인 것이다.

2. 지방자치단체조합

우리 나라에서 활용하는 또 하나의 광역행정방식은 자치단체조합방식이다. 과거에는 자치단체 중 시·군 사이의 조합만 인정되었으나, 1973년 지방자치법의 개정으로 모든 지방자치단체 사이의 조합이 인정되었기 때문에(지방자치법 제159조), 이제는 시·도조합도 있을 수 있게 되었다.

---

11 김원, 도시행정론(서울: 박영사, 1982), 202면.

3. 지방행정협의회

우리 나라 광역행정의 세 번째 방식은 지방자치단체 사이의 협의회방식이다. 과거에는 관례적으로 활용되고 있었는데, 지방자치법에 이에 관한 법적 근거가 마련되었다(지방자치법 제152~8조). 지방자치법 제152조항에 보면 "2개 이상의 지방자치단체에 관련된 사무의 일부를 공동으로 관리처리하기 위하여 지방자치단체 간에 행정협의회를 둘 수 있다."고 규정해 놓고 있다.

4. 구역변경(편입)

도시권에서는 구역변경을 통하여 도시지역을 확장(편입)함으로써 광역행정문제를 처리하고 있다. 이는 부분적 합병이라 할 수 있다.

5. 사무위탁

사무위탁의 방식은 광역화문제가 대두되기 이전부터 행정대응의 한 방식으로 많이 이용되어 오고 있다(지방자치법 제151조).

6. 특 별 구

우리 나라에도 교육특별구제도가 있다. 이것은 기관의 공동설치방식의 하나로 해석될 수 있다.

7. 특별기관

우리 나라에서는 성격상 광역적인 처리를 필요로 하는 업무를 국가의 각종 특별행정기관의 설치에 의하여 관장하는 경우가 있다. 이것의 예는 앞에서 설명한 지방국토건설청·지방항만청 등을 들 수 있다.

이상에서 설명한 바와 같이 우리 나라는 여러 가지 광역행정방식을 취하고 있으나 아직도 많은 문제점을 내포하고 있다. 현재 우리 나라의 도·시·군은 형식적으로는 완전자치단체인 것 같으나, 아직도 완전한 자치를 행사하기 위해서는 해결되어야 할 난제가 산적되어 있다. 따라서 지방자치의 원리를 존중하면서 동시에 국가전체의 입장을 인정하는 광역행정이 요구된다고 하겠으며, 이것이 우리 나라가 당면하고 있는 기본과제라 하겠다.

Ⅵ 광역행정의 미래

일반적으로 광역행정을 필요로 하는 기능은 경찰·소방·도시계획·지역개발·교통시설·토지이용·공업단지 및 산업기지개발·치산치수 등과 같은 개발기능과 교육·복지·보건·위생 등의 서비스기능 등을 들 수 있는데, 이러한 분야에 대한 광역행정방식의 채택은 지방행정의 능률화 및 지방자치의 옹호를 위해서도 필요하다고 하겠다. 그런데 광역행정의 일반적 추세라 할 수 있는 신중앙집권화가 중앙정부의 비대화 내지 권력화를 초래하여 지방행정의 전제화 내지 관료적 지배의 현상을 초래할 가능성이 있다는 데 광역행정의 한계와 문제점이 있다고 하겠다.

따라서 이와 같은 문제점을 해결할 수 있는 바람직한 기본적인 목표를 간추려 보면 다음과 같다.

⑴ 현대행정국가의 행정권 강화경향과 민주주의의 기본원리에 따라 지방분권을 실현한 다음에 현대적인 균질사회·복지국가 및 민주적 행정체제를 확립하도록 해야 하며, 이를 통해 행정의 능률화를 도모하여야 한다.

⑵ 중앙정부·광역 및 기초지방자치단체 사이의 사무분장·업무의 한계와 책임 등을 명확히 하고, 지방자치단체가 처리할 수 있는 사무는 지방에 위임하여 자주적으로 처리할 수 있도록 하여야 하며, 국가의 통제는 비권력적·협력적 지도가 되어야 할 것이다.

결국 광역행정은 지방자치단체의 자치권은 물론 지방행정의 민주성·능률성·지역성·합목적성 등을 향상시키려는 의도에서 나타난 것이라 생각된다. 그런데 국가행정과 지방행정 모두에서 민주성과 능률성을 동시에 추구하려는 데에는 일정한 한계가 있다고 아니할 수 없으며, 따라서 이 두 측면의 적절한 조화가 요구된다고 하겠다. 즉 민주국가의 정치원리와 행정이념의 관계에서 볼 때, 중앙집권은 행정의 능률성을 높이기 위한 수단이요, 지방분권은 행정의 민주성을 강화하려는 방법이다. 그런데 현대국가에서는 철저한 중앙집권이나 완전한 지방분권도 불가능하므로 양자의 조화에 의하여 행정의 민주성과 능률성을 달성하려고 한다.

결론적으로 신중앙집권화는 행정의 능률성을 강조한다는 데서 지방자치행정의 위기로 해석하는 경향이 있으나, 사실상 광역행정방식은 중앙과 지방을 협조적 수평관계로 보고 중앙집권과 지방분권의 조화와 균형에 의하여 행정의 능률성도 높이면서 행정의 민주화 내지 지방자치를 보장하고 민주적 통제를 모색하려는 방법이라고 하겠다.

현·대·행·정·학

02 전자정부

제 1 절　전자정부의 의의

　　우리나라의 전자정부법 제2조에 의하면 "전자정부란 정보기술을 활용하여 행정기관 및 공공기관의 업무를 전자화하여 행정기관 등의 상호간의 행정 업무 및 국민에 대한 행정 업무를 효율적으로 수행하는 정부"를 말한다. 이를 근거로 우리나라의 전자정부를 정의한다면 인터넷을 포함한 광범위하고 다양한 정보통신기술을 활용하여 행정과정을 혁신하고 정부의 업무처리를 효율적이고 효과적으로 개선하여, 시민사회와 기업, 공공기관, 그리고 다른 정부에 대한 공공서비스의 최적화를 도모하는 지식정보사회형 정부라고 할 수 있다. 이는 결국 대민행정을 포함한 행정관리 기능의 생산성을 제고하고, 다양하고 정확한 정부의 정보에 대한 국민들의 접근을 용이하게 하며, 게다가 비용도 최소화하여야 하기 때문에 정부의 책임있는 관리와 지원을 요구한다.

　　이처럼 전자정부로 지칭되는 행정부의 정보 활용을 통한 공공서비스 제공의 단초는 민간의 정보체계 및 정보화산업의 발달과 맥을 같이 하고 있다. 실제로 1950·60년대의 정보 체계는 자료의 단순 자동화 처리에 지나지 않았다. 이때는 컴퓨터를 활용한 단순한 연산기능과 자료의 입출력 정도에 그친 전산자료처리(EDPS; Electronic Data Processing Systems)가 주종이었고, 이에 따라 활용도 하급직위의 단순 자료처리에 불과하였다. 이후 정보기술의 발달과 아울러 기획과 자료분석 수준에 컴퓨터가 활용되기 시작했는데, 이것이 최근에도 정보체계관리의 포괄적 개념으로 활용되고 있는 경영정보체계(MIS; Management Information Systems)이다. 그 후 정보체계의 활용은 고위의사결정자를 위한 의사결정지원시스템(DSS; Decision Support Systems)과 전문가 시스템(ES; Expert Systems)의 도입에 이르렀다.

　　이에 따라 전산기술을 활용한 행정의 효율화 수준으로 출발한 전자정부도 지난 30여년간 정보통신기술 자체의 비약적인 발달과 함께 진보하고 있다. 특히 우리의 경우는 세계적으로 가장 첨단이라 할 수 있는 산업계의 진화와 맞물려 발전하여 이미 다른 나라의 모범과 준거가 되고 있다. 실제로 우리나라 전자정부의 수준은 2010년 유엔의 전자정부평가 이후 3년 연속 세계1위를 지킬 만큼 우월한 위치에 있으며, 많은 국가에 기술을 수출하고 있을 뿐 아니라, 세계은행 등과 같은 국제기구에서도 우리의 협조를 요청하고 있을 정도이다.

일반적으로 전자정부가 정부의 기능을 중심으로 한 효율성 제고라는 측면에서 출발하였다고 하지만, 현대국가에서 정부의 역할과 영향이 국가의 모든 영역에 미치고 있기 때문에 정부로 한정하여 접근해서는 안된다.[1] 이는 정부의 역할이 민간과의 지속적인 상호작용 속에서 수행되는 것이기 때문이다. 또한 정부의 역할은 단순한 신분 확인을 위한 민원처리에서 출발하여, 조달업무와 같은 정부와 민간 간의 거래, 금융업무와 같은 민간 간의 거래는 물론 정부와 정부 간의 외교관계에 이르기까지 그 범위가 지속적으로 확장 일로 있기 때문이다. 더구나, 선거와 같은 정치의 영역에도 전자정부의 역할은 확대될 것이고, 이는 현대 정치의 근간이라 할 수 있는 대의제 민주주의를 뿌리째 바꿀 수 있는 파급효과를 수반할 수 있다.[2] 우리가 일컬어 가장 중요한 행정가치로 인정하는 민주성이 전자정부의 성립과 진화를 통하여 달성될 뿐 아니라, 보다 세심한 장치의 도움이 필요하겠지만 과도한 인구의 증가로 포기되었던 직접민주주의의 실현이 가능한 수준에 도달한 것이다.

제 2 절 전자정부의 중요성

전자정부로 일컬어지는 행정현상이 행정실무나 행정연구에 있어서 중요한 주제가 된 것은 그 영향이 우리의 예상치를 훨씬 넘었을 뿐만 아니라, 앞으로의 영향도 예측이 어려울 정도로 심대할 가능성이 있기 때문이다. 당초 효율적인 행정의 운영과 관리에 초점을 두었던 전자정부의 출발은 일방향의 정보제공과 수혜의 차원에서 쌍방향의 소통으로 진화되면서, 행정의 투명성은 물론, 대응성과 책임성의 강화를 유도하게 되었다.

행정의 존재이유와 목적이 국리민복에 있다면 전산화 수준의 행정이 전자정부로 발전함에 따라 행정은 이를 거의 달성할 수 있는 수준에 도달하고 있는 셈이다. 이미 많은 민원이 행정창구의 접촉이 아닌 인터넷으로 해결되고 있고, 정보기술의 도움이 없으면 불가능한 대부분의 정부의 행정은 공개되고 있어 행정의 투명성 제고에 일조하고 있다. 이는 결국 연쇄적으로

---

1 OECD, *The e-Government Imperative*(OECD, 2004), pp.27~45.
2 S. Bhatnagar, *E-government*(CA: Sage Publication Inc., 2004), pp.23~60.

행정의 적극적인 책임성과 대응성의 확보를 촉발하였고, 현재 우리 행정은 광범위한 투명성을 전제로 한 상당한 수준의 책임성과 대응성에 다가섰다고 할 수 있다. 물론 이에 대한 인식의 상대적인 차이는 존재할 수 있으나, 수요와 공급 간에 존재하는 상대적인 격차의 해소는 향후 행정이 지속적으로 추구하여야 할 과제라 할 수 있다.

전자정부가 이러한 행정 내부 차원의 질적 성숙을 구가하는 계기는 물론 전자정부를 포함하는 거대한 국가차원의 정보화 성숙과 맥을 같이 한다. 즉 첨단 정보체계의 산업화와 상용화로 인하여 모든 국민은 실시간으로 정부의 행정과정과 정당 및 국회의 정치과정에 참여할 수 있게 되었다. 수많은 인허가가 요구되는 경제와 산업 일선의 규제업무는 전자정부의 추진과정에서 대폭 간소화 되었고, 이는 더욱 빠른 정보산업의 발전을 촉진하고 있다. 이와 같은 정치·행정·경제·산업의 변화와 발전은 동시에 사회·문화적 발전과 성숙을 동반하였고, 이들 간의 상호작용과 상승작용은 결국 전자정부 자체를 포함한 모든 국가의 기능과 운영의 성숙을 촉발하고 있는 것이다.

제 3 절　전자정부의 발전과정

1. 도입단계(1978~1986)

우리나라의 전자정부 도입은 1975년 행정전산화 추진위원회 구성을 그 시작으로 볼 수 있다. 물론 우리나라의 정부업무에 최초로 컴퓨터가 도입된 것은 1961년 통계청(구 내무부 통계국)의 천공카드시스템이라 할 수 있으나, 1970년 4월 경제기획원의 예산업무전산화 시범 이후 체신부가 전화요금 업무의 전산화를, 관세청 등 개별 정부부처가 각기 고유 행정집행업무에 대한 전산화를 시작하자 1975년 박정희대통령은 대통령령으로 국가적 차원에서 종합적인 행정업무의 전산화 추진을 지시하였다. 이에 따라 총무처에 대통령령으로 행정전산화추진위원회를 설치하고, 이에 필요한 근거규정을 제정하여 기본계획을 수립하였다. 1978년에는 "제1차 행정전산화 기본계획(1978-1982)"을 수립하여 행정전산화를 추진하였다. 이 기간 중에는 30개 기관이 운전면허, 여권업무 등 각각의 고유업무에 대한 전산화를 추진하였고, 지방자치단체의 경우 각 도에 전산센터를 설치하고 전국 33개시의 전산통신망 연결을 계획하였다.[3]

이어 1983년에는 "제2차 행정전산화 기본계획(1983-1986)"을 수립하고, 1차 계획기간 동안

---

3 한국전산원, 한국의 정보화정책 발전사(서울: 한국전산원, 2005), 14~19면.

구축된 각 부처의 업무를 통합하여 전국적인 통합행정정보망을 구축하도록 했다. 이를 위하여 국가기간전산망사업을 추진하였는데, 이에는 행정, 금융, 교육·연구, 국방, 공안 등 5대 분야가 확정되었고, 추진기구로서는 기존의 정보산업육성위원회가 국가기간전산망조정위원회로 개편되었다.

2. 토대구축단계(1987~1996)

도입단계에서 각 부처 및 기관별로 행정업무를 추진하고, 이를 통합하는 과정을 거쳤다면, 다음 단계는 공공부문의 효율성 제고와 정보산업발전 기반마련을 목표로 행정, 금융, 교육·연구, 국방, 공안 등 5대 기간망을 대상으로 한 2차에 걸친 국가기간전산망사업(1차: 1987~1991년, 2차: 1992~1996년)이었다. 기존의 행정전산화사업이 각 부처에 산재된 개별적 업무를 효율적으로 사용하기 위한 작업이었다면, 이 기간 중에는 국가주요기관 간의 전산망 구축을 통하여 각 기관 간의 공조와 국민에의 보다 질 높은 공공서비스의 제공이 추진되었다. 특히 전자정부의 구축과 산업계의 동시 발전을 추구하고, 정부부처 간의 정보공유(G2G)가 시작되었다.

국가기간전산망의 근간이 되는 행정전산망은 정부 및 공공기관을 대상으로 하고, 금융전산망은 은행, 보험 및 증권기관을, 교육·연구전산망은 대학 및 연구기관을, 국방전산망은 국방기관을, 공안전산망은 공안 관련기관을 대상으로 하였으며, 이 사업의 추진을 위하여 대통령 직속의 전산망 조정위원회(위원장: 대통령 비서실장)가 구성되었고, 총무처와 정보통신부가 주도적인 역할을 하였다.

3. 도약단계(1996~2002)

이전의 기간에 주로 전산장비 도입이나, 각 부처별 행정업무의 전산화, 그리고 부처 간의 통신망 구축을 통한 정보의 공유를 기반으로 한 전자정부 구축의 토대를 만드는 데 주력하였다면, 이 시기에는 본격적인 전자정부 구축이 진행되었다. 이 시기의 특징은 전세계적인 정보산업의 급격한 발전과 더불어 전세계적인 신자유주의 사고의 확산으로 작고 효율적인 정부에 대한 지향이 공유되고 있었기에 미국, 영국 등 서구의 각국은 전자정부로의 진입에 박차를 가하였다는 점이다.

우리나라에서는 정보통신부가 1996년 1월 시행된 정보화촉진기본법에 따라 같은해 6월 "제1차 정보화촉진기본계획(1996~2000)"을 수립하였다.[4] 이의 목표는 정부를 포함한 공공부문은 물론 가정을 포함한 모든 민간부문과 전세계를 초고속정보통신망으로 연결하여 국내

---

4 이는 2차 정보화 촉진기본계획의 시행으로 1998년에 종결된다.

외 정보를 용이하게 이용할 수 있는 체제의 구축이었다. 제2차 정보화촉진기본계획인 "Cyber Korea 21(1999~2002)"은 금융위기를 극복하기 위하여 정보화를 일자리 창출과 경기활성화에 적극 활용한다는 목표를 세우고 추진되었으며, 1998년에는 행정자치부가 "전자정부 비전과 전략"을 통하여 2002년 전면적인 전자정부의 완성을 계획한 바 있다.

이 단계에서는 정보산업의 비약적인 발전으로 전 국가차원에서 초고속 통신망이 보급되었고, 이에 따라 조달행정과 같은 정부와 경제(G2B), 정부와 시민(G2C)간의 쌍방향 정보교환과 공공서비스의 제공이 시작되었다.

또한 2001년 3월에는 전자정부법(전자정부 구현을 위한 행정업무 등의 전자화 촉진에 관한 법률)이 제정되었고, "대통령자문 정부혁신추진위원회" 산하에 "전자정부특별위원회"가 설치되어 전자정부 구축을 위하여 노력하였으며, 정보통신부, 기획예산처, 행정자치부 등이 주도적으로 추진동력을 제공하였다.

4. 성장단계(2003~2008)

이 시기가 전자정부의 구축에 있어 특별한 이유는 지금까지와는 달리 전자정부의 구축을 행정혁신의 연장선상에서 접근한다는 점이다.[5] 즉 노무현 정부는 2003년 4월 대통령 자문 "정부혁신지방분권위원회"에 "전자정부 전문위원회"를 설치하여 정부혁신과 연계된 전자정부의 추진을 시도하였고, 2007년의 목표로 31대 전자정부 로드맵을 확정하였다.

노무현 정부는 4대 추진전략을 기초로 31개 과제를 구체적인 주관기관에 할당하여 추진하였는데, 이 때의 전략으로 첫째는 행정개혁과의 연계성을 높이는 것이고, 둘째는 수요자 중심의 사업추진, 셋째는 성과목표 설정과 성과관리, 그리고, 넷째는 전자정부의 추진을 IT산업의 육성과 연계시키는 것이었다.

이 시기의 전자정부 추진체계는 전반부에서는 대통령 자문 "혁신지방분권위원회" 산하 "전자정부전문위원회"였으며, "대통령 정책실"이 전자정부 로드맵을 관리하였다. 후반부인 2005년 4월에는 "2기 정부혁신지방분권위원회"가 출범하였는데, "전자정부특별위원회"는 "정부혁신지방분권위원회"에 소속된 특별위원회로 편성되었다. 대통령 비서실에는 정부혁신과 전자정부를 총괄하는 혁신관리수석실을 신설했다. 2004년 3월에는 정부조직법을 개정하여 전자정부 추진과 관련된 기능을 행정자치부로 일원화 하였는데, 이는 행정적인 업무 프로세스의 혁신이 강조되었기 때문이다.[6]

---

5 물론 이전의 정부에서도 다소 행정개혁과 연계를 시도한 경험이 큰 밑거름이 되었다고 할 수 있다.
6 행정안전부·한국정보사회진흥원, 2003~2007 전자정부사업백서(서울: 정보화사회진흥원, 2008),

이 시기의 가시적인 전자정부의 성과로서 G4C측면에서는 '민원24(www.minwon.go.kr)'를 통해서 2010년 기준으로 1,208종의 온라인민원의 즉시 발급이 가능해졌고, 2011년 기준으로 13개 모든 국세 세목의 신고가 가능하게 되었다. G2B측면에서는 전체 공공조달의 70%이상(2010년 기준, 85.7조원)이 나라장터를 통해 거래되었으며, 4만 2천개의 공공기관과 19만 5천 민간조달업체가 이를 이용하고 있다. 이외에도 G4B측면에서는 기업민원단일창구인 '기업지원플러스 G4B(www.g4b.go.kr)'가 운영되고 있으며, G2G측면에서는 청와대 행정시스템인 위민시스템, 중앙과 광역자치단체 중심의 온나라(On-nara BPS), 기초자치단체 행정시스템인 새올 시스템이 구축되어 활용되고 있다.[7]

5. 성숙단계(2003~2008)

이명박 정부는 2008년 국가정보화기본계획 작업반을 구성하여 5개 분야, 21개 아젠다, 72개 정보화 과제를 선정하였다. 이 중 네 번째 분야인 "일 잘하는 지식정부"가 전자정부 사업에 해당하며 19개의 과제로 구성되어 있다. 이명박 정부의 전자정부 계획은 2008년 12월 확정된 "국가 정보화기본계획"과 2011년 3월 수립된 "스마트 전자정부(Smart Government)추진계획"이다.

이명박 정부는 출범과 함께 정보통신부를 해체하고 국가정보화의 기능을 행정안전부로 이관하여 전자정부와 국가정보화의 기능을 통합하였다. 또한 2009년 개정된 "국가정보화기본법"에 따라서 대통령 직속의 "국가정보화 전략위원회"를 신설하였다. 위원장은 국무총리와 대통령이 위촉하는 민간위원이 공동으로 되고, 위원은 위원장을 포함하여 35명 이내로 하여, 임기는 2년으로 하고 연임할 수 있도록 하였다.[8]

이 시기에는 행정정보공동이용 확대사업이 완료되었고(2008년), 민원서비스 선진화를 통하여 신청가능한 민원이 3,020종(2010년)에 달하였으며, 기업민원 단일창구(G4B)가 운영되었다. 이와 함께, UN 전자정부 준비지수가 1위(2010년)를 달성하였고, 같은 해 전자정부 해외수출 및 컨설팅 규모는 2.3억달러에 이르렀다.[9]

37~38면.
7 행정안전부·한국행정학회, 2011 경제발전경험모듈화사업: 전자정부 도입(서울: 기획재정부, 2012), 80~104면.
8 정충식, 전자정부론(서울: 서울경제경영, 2009), 415~416면.
9 행정안전부·한국행정학회, 전게서, 116~119면.

전자정부의 정보망

1. 국가기간망과 행정망 구성

가장 첨단의 전자정부를 구현하고 있는 우리의 경우 국가의 원활한 공공서비스의 제공과 행정의 효율성을 제고하기 위한 국가의 기본적인 정보망은 1987년 시작된 국가기간전산망 사업을 통하여 구축되었다고 할 수 있다.

국가기간전산망은 일반 행정기관과 공공기관을 포함하는 행정전산망, 은행, 보험, 증권기관 등을 대상으로 하는 금융전산망, 대학과 국책연구기관 등을 대상으로 하는 교육·연구전산망, 국방전산망, 그리고 공안전산망 등 5대 분야별 전산망으로 대별된다. "행정전산망 기본계획"은 1987년 「전산망보급확장과 이용촉진에 관한 법률」에 의거하여 수립되었고, 1988년에는 교육·연구전산망 기본계획, 금융전산망 기본계획, 국방전산망 기본계획, 연구전산망 기본계획 등이 수립되었다. 이후 제2차 국가기간전산망 시기인 1992년에는 제2차 5대 전산망 기본계획이 수립·추진되었다.

5대 전산망 구축계획 중 전자정부에 해당하는 분야는 행정전산망 기본계획인데, 이는 작고 효율적인 정부의 구현, 대국민 행정서비스의 향상 등을 목표로 추진되었다. 행정전산망 사업은 내무부(현 행정자치부)의 주민등록 관리와 부동산 관리, 노동부(현 고용노동부)의 고용관리, 관세청의 통관관리, 통계청의 경제통계 및 교통부의 자동차 관리 등 5개 기관의 6개 사업을 우선추진 업무로 선정하여 추진·구축되었다.

2. 통신망 구성

(1) 전자정부 통합망

전자정부 통합망은 행정정보 유통과 대국민 공공서비스를 제공하기 위하여 구축된 행정기관 전용 정보통신망으로 정부종합청사와 지방자치단체를 연결하여 기관별 내부통신망과 기관 간 연계망 역할을 한다. 전자정부통합망 서비스는 중앙행정기관을 연계하여 데이터 및 음성전송을 지원하는 '정부고속망', 지방자치단체간 데이터유통을 지원하는 '지방행정정보망', 중앙과 지방간 음성 및 팩스전송을 지원하는 '전국단일 행정전화망' 등 3대 정보통신망을 합하여 운영하고 있다.

통신기술의 비약적 발전에 힘입어 전자정부통합망 구축도 손쉬워졌는데, 이의 구축으로 음성·화상·데이터가 통합되어 멀티미디어 서비스 제공이 가능해졌고, VoIP나 IPv6 등을 적용할 수 있는 기반이 조성되었다(표 2-1 참조). 또한 대용량 광전송장치 도입으로 행정기관간 원활한 정보유통 및 인터넷 서비스 제공이 가능해졌으며, 현재 800여개 기관에서 전자정부통합망의 행정망을 연계하고, 180여개 기관에서 외부망을 연계하여 활용하는 등 총 69개 부처에서 전자정부통합망을 이용하여 업무서비스를 제공하고 있다.

또한 전자정부통합망을 통해 전국적으로 유통되는 행정정보를 보호하기 위하여 사이버테러 예·경보시스템 및 유해트래픽차단시스템 등을 구축하여, 지역 및 기관별 특성에 맞는 맞춤형 사이버 안전정보를 제공하는 등 사전 대응체계를 갖추고, 보다 안정적이고 효율적인 전자정부서비스를 제공하고 있다.[10]

표 2-1 통신기술의 발전양상

무선통신	2G		3G		4G				5G
	CDMA	CDMA 2000	WCDMA	HSDPA	LTE	LTE–A	광대역 LTE–A	3band LTE–A	미정
다운로드 속도	115kbps[11]	153kbps	2Mbps	14.4Mbps	75Mbps	150Mbps	225Mbps	300Mbps	1–100Gbps
상용화 시기	1996년	2000년	2001년	2006년	2009년	2013년	2014년	2014년	2020년
4GB 다운속도	불가	2일	4시간	30분	7분	3분	2분	1분50초	1초
유선 인터넷	코넷		ISDN	케이블 인터넷	ADSL		FTTH		기가 인터넷
다운로드 속도	9.6kbps		128kbps	10Mbps	100Mbps		100Mbps		1Gbps
상용화 시기	1994년		1996년	1998년	1999년		2006년		2014년
4GB 다운속도	39일		3일	9시간	5분		5분		30초

자료: SK텔레콤·KT.

(2) 전자정부 통신망

행정기관 전용 통신망으로 2006년 3월 개통된 전자정부통신망은 이전까지 정부 각 기관들이 개별적으로 구축하던 통신환경을 공동활용할 수 있도록 전환한 것이다. 이에 따라 유무선을 통합한 광역통합망이 구축되었고, 업무망과 인터넷망을 분리하여 안정성을 강화하였다.

---

10 한국정보화진흥원, 2009국가정보화백서(서울: 한국정보화진흥원, 2009), 219~220면.
11 bps(bit per second)는 1초당 송수신하는 데이터의 양(bit)을 말한다.

이 전자정부통신망을 통하여 정부 및 공공기관은 보안성을 확보한 안정적인 통신서비스를 공동 활용할 수 있게 되어 행정기관 간의 정보유통이 크게 활성화되었다.[12]

3. 공공서비스

전자정부의 구축을 통한 성과는 행정기관 내부는 물론 서비스의 수혜자이며, 주권자인 민간부문으로부터 인정받고 있다. 이와 같은 전자정부 구축의 성과는 G4C, G2B·G4B, G2G 등으로 구분하여 논의할 수 있다.

첫째, G4C의 경우 3,020종의 온라인민원 신청이 가능하고, 1,208종의 민원서류 발급이 가능하다(2010년 기준). 온라인상으로 열람할 수 없거나 발급받을 수 없는 민원의 경우도 민원24(www.minwon24.go.kr)에서는 법률에서 규정하고 있는 5,300여종의 모든 민원에 대해 처리할 수 있는 방법을 제공하고 있다. 세부업무의 경우 13개 모든 국세 세목의 신고가 가능할 뿐 아니라, 연말정산 기능도 추가되었다. 지방세의 경우도 지방자치단체의 온라인서비스를 통하여 처리가 가능하며, 이와 같은 세무행정은 금융기관과의 연동을 통하여 다양한 경로를 통한 업무처리가 가능하다. 사법행정의 경우도 부동산 등기업무는 물론 전자소송도 가능할 정도로 획기적인 공공서비스가 제공되고 있다.

둘째, G2B는 국가종합전자조달시스템인 '나라장터(www. g2b.go.kr)'를 통하여 성과가 나타나기 시작하였는데, 전체 공공조달의 70%이상(2009년 거래액 기준, 85.7조원)이 나라장터를 통해 거래되었고, 4만 2천여개의 공공기관과 19만 5천여개의 민간조달업체가 이를 이용하고 있다. 또한 G4B의 경우 기업민원단일창구인 '기업지원플러스 G4B(www.g4b.go.kr)'가 운영되고 있는데, 이 기업지원플러스 G4B에서는 사업인허가, 고용, 자금지원 등 15개 정부기관의 18개 영역 1,887종에 대한 민원안내 정보를 제공하고 있다.

셋째, G2G의 경우 전 중앙부처, 시·도 및 일부 시·군·구에서 '온나라 시스템'을 사용중인데, 이는 정부가 수행하는 모든 업무의 계획 수립, 일정 관리, 실적 관리와 같은 과정이 표준화되어 효율적인 행정처리에 기여하고 있다. 또한 정부의 의사결정과정이 기록, 보존되고, 공유되어 행정의 투명성과 책임성, 민주성 향상에 기여하고 있다. 시군구 행정정보시스템인 '새올 시스템'은 기초자치단체의 31개 공통행정 업무를 처리하고 있으며, 2,897종의 서류를 공동으로 활용하고 있다. G2G에서 가장 중요한 분야는 업무 시스템의 변화와 기관간 행정정보의 공유이다. 이는 행정·공공기관의 업무효율 증대뿐만 아니라 민원업무 서비스의 수준에도 결정적인 영향을 미치기 때문이다. 현재 390여개의 중앙 및 지방 행정기관, 공공기관, 금융기관에

---

12 한국정보화진흥원, 상게서, 221~222면.

서 92종 이상의 정보를 공유하고 있다.[13]

제 5 절 전자정부의 쟁점과 개선방안

지난 30여 년간 비약적으로 발전해 온 전자정부가 공공서비스를 통하여 행정의 효율성과 민주성을 현저히 제고시킨 공로는 이견이 없을 정도이다. 그러나, 앞으로 더욱 큰 진전을 이루어야 할 시점에서 현재까지 노정된 전자정부의 문제점을 검토하고, 이를 보다 발전적으로 개선할 수 있는 방안을 모색할 필요가 있다.

1. 전자정부의 문제점

첫째, 전자정부의 운영과 관련한 대표적인 문제는 수혜자의 정보격차라고 할 수 있다. 일반적으로 정보와 서비스의 공급은 공급자의 입장에서는 무차별적이라 할 수 있지만, 수혜자의 입장에서는 정보와 서비스 이용의 차별이 발생한다. 지역과 소득, 성별, 연령, 학력 등 다양한 원인으로 인한 정보의 격차는 전자정부가 해결해야 할 난제 중의 하나이다.

둘째, 정보의 보호가 중요한 난제이다. 정보는 취득 자체가 매우 어렵다. 그러나 전자정부의 출현은 누구나 거의 무료에 가까운 비용으로 이전에는 취득하기 어려운 정보에 접근할 수 있고, 공유할 수 있다. 그러나 보안이 유지될 필요가 있는 정보는 다양하다. 즉 개인적인 사생활에 관한 정보, 기업의 경영에 심각한 악영향을 초래할 수 있는 정보, 국가차원의 안보와 직결되는 정보 등 정보의 수준과 종류는 다양하다. 따라서 무차별적인 정보의 제공과 함께 정보의 보호를 동시에 고려하여야 한다.

셋째, 정보의 독점과 오용문제도 부각된다. 행정정보는 많은 경우 거의 강제적으로 수집되기 때문에 방대한 정보가 수집되고, 이의 활용과정에서 의도적으로 정보를 공개하지 않거나 사적이익을 위하여 왜곡하는 경우가 발생한다. 이는 정보의 관리주체인 공직사회에서 발생할 수 있는 문제이기 때문에 공직윤리 차원의 접근은 물론, 관리기준을 포함한 다양한 방지 장치가 요구된다.

이외에도 개인에 대한 정부의 감시, 기술적 장애의 발생과 이에 따른 정보의 유출 또는 훼손 등의 문제들을 선제적으로 해결하여야 한다.

---

13 대한민국정부, 2010 국가정보화에 관한 연차보고서(서울: 행정안전부, 2011), 307~309면.

488 | **제 8 편** 미래행정의 주요과제

2. 전자정부의 개선방안

대개 문제의 인지와 분석은 이를 보정하거나 해결할 수 있는 단초를 제공하게 된다.

첫째, 다양한 정보교육과 고객친화적인 정보사용방법의 모색이 요구된다. 이미 많은 경우 정보 활용에 대한 다양한 교육이 정부 내외에서 이루어지고 있는 것은 주지의 사실이다. 그러나 정보의 교육과 활용에 비하여 정보기술과 운용방법의 진화는 비교가 불가능할 정도로 격차를 보이고 있다. 따라서 정보활용을 위한 광범위한 교육은 물론, 정보의 접근을 용이하게 할 수 있는 제도적, 기술적 장치를 지속적으로 고안·제공하여야 한다.

둘째, 다양한 정보보호장치의 고안과 활용이다. 전자정부의 실현을 앞당긴 것은 물론 정보화기술과 산업의 발전이라 할 수 있다. 특히 우리나라의 선도적인 정보산업의 발전은 우리가 전세계에서 가장 우수한 전자정부를 구축할 수 있는 동력이었다. 그러나, 정보화의 기술적 진화에 버금가는 정보침해기술(hacking)로 인하여 정보의 유출은 물론 정부의 운영이 불가능한 사태도 발생하고 있다. 따라서 이에 대한 기술적·제도적 장치를 지속적으로 발굴하고 실행하여야 한다.

셋째, 정보에 관한 오용에 관한 윤리의식과 방지제도의 활용이 요구된다. 정보를 관리하는 주체로서의 공직자에 의한 정보의 독점과 오용은 물론 부정확한 정보의 전달이 빈번히 이루어지는 정보공간의 현실을 볼 때, 이를 방지할 수 있는 제도적 장치의 구축은 필수적이다. 물론 수동적이 아닌 능동적인 차원의 윤리교육의 확산은 당연히 실행되어야 할 제도적 장치라 할 것이다.

우리의 전자정부는 지금까지의 우월한 기술적인 발전과 성과에 안주해서는 안되며, 노정되는 다양한 문제를 선제적으로 해결할 뿐 아니라, 단순한 정보의 수집과 운영이 아닌 전자민주주의의 구현을 앞당길 수 있는 대안의 도출과 실현에 보다 적극적으로 집중하여야 한다.

Chapter

03 행정개혁

제 1 절 행정개혁의 의의

행정개혁은 행정혁신·행정개선·행정유신·행정쇄신 혹은 행정의 혁명이라는 말로 표현되기도 하지만, 그 내용은 변화와 발전이라는 요소를 포함하고 있는 매우 중요한 현대국가 행정과정의 일부이다.

몽고메리(J. D. Montgomery)는 이를 정치적인 과정으로 보고, 행정개혁이란 언제나 선한 정치를 의미하며, 이는 또한 선과 악 사이의 즉각적이고 극적인 대결(confrontation)을 의미한다고 정의하였다.[1]

한편 케이든(G. Caiden)은 행정개혁은 저항에 대항하여 인위적으로 강행되는 행정적 변형(transformation)이라고 정의하고 있으며,[2] 모셔(F. C. Mosher)도 행정개혁을 변동하는 주위환경에 효율적으로 적응·대처하기 위하여 의도적으로 추구하는 계획된 변동이라고 정의하고 있다.[3]

여기서 강조되어야 할 것은 행정개혁이란 반드시 공식적인 기존 제도의 개혁만을 의미하는 것이 아니고 그보다 본질적인 개혁을 의미하는 것이다. 카리엘(H. Kariel)은 행정개혁에 있어서 무엇보다 중요한 것은 행정기구를 움직이는 인간의 계발이라고 주장한다.[4] 왜냐하면 모

---

1 J. D. Montgomery, *Sources of Administrative Reform: Problems of Power, Purpose and Politics, CAG Occasional Papers*(Indiana: Bloomington, June 1967), p.1. 행정개혁에 관한 논문은, 유종해, "행정개혁," 김광웅·유종해 공저, 발전행정론(서울: 법문사, 1973), 170~181면을 주로 참조하였다.

2 G. Caiden, *Administrative Reform*(Chicago: Aldine Publishing Co., 1969), p.8.

3 F. C. Mosher(ed.), *Governmental Reorganization: Cases and Commentary*(Indianapolis: Bobbs-Merrill Company, 1967), p.494.

4 H. S. Kariel, "Goals for Administrative Reform in Developing States: An Open Ended Design," in Ralph Braibanti(ed.), *Political and Administrative Development*(Durham: Duke University Press, 1969), p.150.

든 체제에 있어서 핵심체는 그것을 움직이는 인간이기 때문이다. 이와 같이 인간성의 계발을 행정개혁의 중심과제로 다루는 학자도 있음은 유의할 만하다.[5]

행정개혁은 어떤 특정한 행정부문의 개혁에만 그치는 것이 아니고, 여러 다른 분야에도 광범위한 연쇄적인 효력을 미치게 된다. 환언하면 행정개혁은 종속변수이면서도 독립변수가 되고, 혹은 이 양자인 경우도 있다. 행정개혁은 우연히 일어나는 과정은 결코 아니다.[6] 이는 케이든(G. Caiden)의 말과 같이 신의 행위도 아닌 것이다. 행정개혁이란 행정개혁자에 의하여 행해지는 조심성 있고 미리 계획된 행위이며, 행정기관에 의하여 집행되는 과정인 것이다.

제2차 세계대전 이후 많은 나라에서 행정개혁을 촉진시켜 준 여러 가지 요인들이 있는데 이를 간추리면 아래와 같다.[7]

(1) 사회적인 변혁을 지향하는 정치적 혁명이 많이 일어났다는 사실

(2) 행정에 여러 가지로 영향을 끼친 기술혁명이 일어난 일

(3) 완전고용정책과 인간관계론의 강조

(4) 후진사회를 근대화시키거나 후진적인 행정제도를 개선하려는 각종의 선진국에 의한 기술원조계획

(5) 전반적인 변화를 시도하는 국가기획제도의 출현

(6) 국가 사이의 경쟁을 유도한 비교연구의 성행

(7) 새로운 체제에 필요한 지식의 확대와 그에 대응할 기구의 필요성

이와 같은 새로운 변화 및 혁신과 관련이 깊은 행정개혁은 어떠한 정치문화를 가지고 있는 나라에서도 다투어 이용하게 되어 보편화되었다.

제2절 행정개혁의 필요성

새로운 행정기능이 발생하여 일정한 기간이 경과하게 되면 점차로 조직구조와 조직기능에 균형이 상실되고 때로는 완고한 보수성에 집착한다든가 직능담당기관의 권한중복 내지 비능률을 초래할 가능성이 생기게 되는데, 이때 그 기능의 성장과 발전을 저해하지 않는 범위 안에

---

5 와이드너(Edward Weidner)도 여기에 속한다. Edward Weidner, "Development and Innovational Roles," in E. Weidner(ed.), *Development Administration in Asia*(Durham: Duke University Press, 1970), pp.399~408.

6 G. Caiden, *op. cit.*, p.11.

7 *Ibid.*, p.37.

서 부단히 자기변혁·조정 및 개편을 할 필요가 있는 것이며, 이러한 과정이 곧 행정개혁인 것이다.

이와 같은 행정개혁의 동기와 필요성을 좀 더 자세하게 살펴보면 다음과 같다.

(1) 일반적으로 행정개혁의 중요한 동기가 되고 있는 것은 정치적 이유에 기인한 것으로서 정치적 혁명이나 개혁, 나아가서는 각종 압력단체와 국민의 여론 또는 국회의 다양한 요구 등에 의하여 촉진되는 것이다.

(2) 현대기술의 발달로 인한 행정의 전문화·현대화 및 합리화의 촉진이 행정개혁의 동기가 된 경우로서, 예컨대 인사·재무·통계·조달·계획 등 제도적 개혁 등이 이에 해당한다.

(3) 예산의 절약·절감 및 재정낭비의 제거를 위한 경우도 있다.

(4) 행정을 수행하는 수단이 변화하여 기구의 통합·정비 또는 분리를 필요로 하는 경우가 있다.

(5) 행정목적의 중점이 변동하거나 그 비중의 변혁이 있는 경우도 있다.

(6) 과학적인 행정조사연구에 의하여 행정개혁이 촉진되는 경우, 예컨대 행정 각부 권한의 명확화를 위하여 보조기능·참모기능 등을 집권화시키는 경향 등을 열거해 볼 수 있다.

제 3 절 행정개혁의 접근방법

행정개혁에 대한 접근방법은 기본적으로 행정을 어떠한 것으로 보느냐 하는 견해와 변화 및 개혁을 어떠한 것으로 보는가 하는 견해에 따라 학자들 간에도 여러 가지로 분류되고 있다.[8]

여기서는 가장 널리 알려진 웨이스(Moshe Weiss)의 분류방법, 즉 구조적 접근방법·기술적 접근방법·인간관계론적 접근방법·의사결정 접근방법으로 구별하여 살펴보고, 이를 통하여 종합적 접근방법을 살펴보고자 한다.[9]

1. 구조적 접근방법

구조적 접근방법은 전통적 조직이론에 입각하여 주로 조직 내부구조의 개혁과 합리화에 중점을 두는 접근방법으로서, 여기서는 공식적 조직의 명령체계, 책임의 한계, 소관업무의 합

---

8 행정개혁의 접근방법에 대하여 분류를 한 학자들로는 휘슬러(T. L. hisler), 리비트(Leavit), 존스(G. U. Jones), 크라크(T. U. Clack), 에스만(M. J. Esman) 등 여러 학자가 있다.

9 M. Weiss, "Toward a Comprehensive Approach to Government Reorganization," *Phillippine Journal of Public Administration*, Vol. 2, No. 1(January 1967), pp.58~71.

리적 배분, 계선기관과 참모기관과의 관계 등이 행정개혁의 대상이 되며, 원리전략과 분권화전략으로 세분되어 전자는 조직의 정태적 측면을 강조하여 행정능률을 기하는 것이며, 후자는 조직이 분권화되면 의사소통이 원활히 이루어져서 조직의 계층이 줄어들고 명령과 책임의 소재가 분명해진다는 것이다.

2. 관리기술적 접근방법

관리기술적 접근방법은 과학적 관리법을 이론적 배경으로 하여 주로 관리기술의 개선에 중점을 두는 접근방법으로써, 여기서는 문서의 처리절차, 업무량측정, 정원관리, 행정사무의 전산화 등을 개혁의 주요 대상으로 하고 있다. 이 이론은 환경적 변수와 인간적 변수를 고려하지 않았다는 단점이 있다.

3. 인간관계론적 접근방법

인간관계론적 접근방법은 구조적 접근법이 인간보다 조직에 중점을 두는 것을 비판하고 조직보다 인간에 중점을 둔 접근방법이며, 소집단이론·집단역학이론 등을 근거로 행정개혁을 하게 된다. 따라서 이러한 접근방법은 인간의 가치관이나 행태의 변혁이 있을 경우, 조직구조의 변혁이나 새로운 관리기술의 창안이 가능하다고 보고 있기 때문에 인위적으로 조작적 전략을 시도코자 한다.

그런데 이러한 방법은 확실히 구조중심의 방법에 비하여 보다 인간에 비중을 두고 이들의 참여를 통한 적극적인 행동을 유도할 수 있다는 데서 개혁이 성공할 가능성이 많으나, 많은 시간의 소요와 구성원들의 한정된 지식·정보로 인한 제약과 조직전체의 문제에 대한 이해부족 및 조직외적 상황에 대한 고려가 부족하다는 것을 단점으로 들 수 있다.[10]

4. 의사결정 접근방법

의사결정 접근방법은 조직체를 의사소통경로에 의하여 연결되는 의사결정의 그물로 볼 수 있는 점에 근거를 두어 사이몬(H. A. Simon)의 만족모형, 드로(Y. Dror)의 최적모형 등의 의사결정모형을 개혁이론에 채택한 것이라 할 수 있다.[11]

그러나 이 접근방법은 의사결정자가 지닌 이해부족·가치관·동기·태도 등의 요인이 문제가 될 때라든지, 조직 내의 구조적 모순이나 경직화 또는 정보의 부족과 예측의 곤란 등이 쉽

---

10 박동서, 한국행정론(서울: 법문사, 2001), 682면.
11 M. Weiss, *op. cit.*, pp.62~65.

게 이해되지 않는 문제점 등이 있다.

5. 종합적 접근방법

이상의 방법 중에서 장점만을 끌어들여 보고자 하는 노력이 종합적 접근방법이다.

가장 효과적인 접근방법은 행정의 모든 부문에 걸쳐 위 네 가지 접근방법을 상호보완적으로 행하는 것이라고 할 수 있다. 이렇게 볼 때 어느 하나의 완전한 접근방법은 있을 수 없고 오직 외적 환경에 따라 이를 담당하는 자가 적절히 대처하여 행정의 목표를 수행해 나가야 하며, 이 방법은 행정엘리트의 책임을 더욱 제고시키는 것이다.

제 4 절 행정개혁의 절차

앞에서 살펴본 바와 같이 행정개혁이란 여러 상황 아래서 일어나는 계속적인 행정과정이다. 따라서 개혁 자체가 중차대한 경우도 있고 또 대수롭지 않은 경우도 있으며, 시간상으로보아 단기적인 것이 있고, 또 장기적인 개혁일 수도 있으므로 획일적인 절차를 상정하기가 매우 힘든 형편이다.

모셔(F. C. Mosher)는 행정개혁에는 긴장상태의 증대, 계기(spark)의 발생, 개혁에 대한 연구, 결정에의 도달, 실행가능성의 검토 및 개혁의 실행이라는 여섯 가지 단계가 있다고 하고 있는데[12] 이와 같은 여섯 단계의 절차는 주로 공식적인 측면을 따른 경우라 할 수 있다. 그러나 일반적으로는 어떠한 경우에도 다음과 같은 절차를 거쳐야 할 것이다.[13]

(1) 개혁의 필요성 인식

(2) 개혁목표와 전략의 정립

(3) 개혁의 실행

(4) 개혁의 평가

이러한 절차를 좀 더 구체적으로 살펴보면 다음과 같다.

---

12 F. C. Mosher, *Governmental Reorganization*(Indianapolis: Bobbs-Merril Co., 1967), p.142.

13 케이든(G. E. Caiden)도 이와 유사하게 필요성의 인식단계, 개혁안의 작성, 결정단계, 실시단계, 평가단계로 분류하고 있다. G. E. Caiden, *Administrative Reform*(Chicago: Adline Publishing Company, 1969), pp.129~160.

1. 개혁의 필요성 인식

행정개혁의 첫 단계는 무엇을 어떻게 고쳐야 하는지를 인식하는 것이다. 여러 국가에서는 이러한 필요성을 인식하기 위한 공식적 내지 비공식적 기구를 두고 있다. 즉 민원을 받아서 처리하는 공식적인 기구[14]와 단체들이 이에 속한다. 이것들의 필요성을 인식하는 기구는 대체로 정책결정을 하는 상부기관이 된다.

2. 개혁목표와 전략의 정립

아무리 개혁의 필요성이 인식되고 그의 정당성이 인정된다 하더라도 이것을 적절히 처리할 정보나 능력이 없다면 개혁의 가능성은 없다. 여기에서 개혁목표나 전략정립의 중요성을 찾을 수 있다.[15] 행정개혁에는 혁신적인 요소가 도입되어야 하기 때문에 개혁의 목표와 그에 도달하기 위한 계획성 있는 전략이 필요하게 된다. 이와 같은 목표와 전략의 정립은 개인이 창안하는 경우도 있고, 남의 것을 모방하는 경우도 있다. 모방은 비슷한 여건 아래서 다른 사람이 한 것을 보고하기 때문에 손쉬운 방법이라 할 수 있다.

메도우스(Paul Meadows)는 개혁이란 엘리트집단의 행위라고 말하였다.[16] 엘리트집단이란 전통적인 사회에서의 조정(朝廷)엘리트, 개인기업을 허용하는 자본주의사회에서의 중산층, 전체주의국가에서의 혁명지도자, 식민지체제하의 식민통치자, 신생국가에서의 민족지도자들이다. 이와 같이 많은 종류의 사람들이 행정개혁을 시도하므로 그의 목표나 전략도 다양하게 될 것이다.

3. 개혁의 실행

개혁은 여러 가지 다른 사정과 정치적 여건 아래서 일어나기 때문에 일률적으로 표준화된 실행방법이 있는 것은 아니다. 그러나 개혁의 실행을 위하여 어떠한 기술을 사용해야 되는지는 여러 가지 요소에 달려 있다. 예컨대 구체적인 목적의 설정유무, 얼마나 개혁에 대한 준비가 이루어졌는지, 사회 안에서 어떠한 변화가 일어나고 있는지, 개혁자의 의도하는 바가 무엇인지, 즉 강권의 사용을 생각하고 있는지, 어느 정도 국민의 지지를 얻을 수 있다고 생각하는

---

14 선진국에서 사용하는 기구로 옴부즈맨(Ombudsman)제도, 민권위원회(Civil Liberties Council) 등을 들 수 있다.
15 행정개혁의 좀 색다른 전략은 Henry Kariel, "Goals for Administrative Reform in Developing States," in Braibanti, *op. cit.*, pp.143~165 참조.
16 P. Meadows, "Motivation for Change and Development Administration," in I. Swerdlow, *Development Administration*(Syracuse: Syracuse University Press, 1963), pp.92~93.

지, 또 현존하는 행정기구를 사용할 것인지 등이 개혁의 실행을 결정지어 주는 요소가 된다. 이 단계에서는 새로운 규정의 작성, 법안의 기초, 예산조치, 인사조치 및 관계공무원에 대한 훈련 등의 조치가 따라야 한다.

4. 개혁의 평가

행정개혁이 올바르게 평가되기 전에는 행정개혁이 끝났다고 말할 수 없다. 행정개혁을 평가하는 데는 다음과 같은 방법론상의 문제를 고려하지 않으면 안 된다.

(1) 개혁은 그 자체가 목적(end)이 아니기에 발생하는 성패 평가의 어려움.

(2) 개혁의 성공이란 어떤 것을 말하는 것인지의 여부, 즉 개혁자의 본래 목적의 성취인지 또는 확대된 목적의 성취인지의 여부.

(3) 그 성공 중 어느 부분이 개혁자에게 직접 및 간접적인 공로로 돌아가야 하는지의 판단.

(4) 만일 결과가 당장 나오지 않을 경우 어떻게 시한을 정할 것인지의 결정.

(5) 개혁자가 그의 반대자를 물리치고 개혁을 행했을 때, 그의 카리스마적 권위가 어느 정도였으며 또한 측정가능한지의 여부.

(6) 개혁을 다른 방법으로 했더라면 더 큰 이익이 있을 수 있는지의 여부.

(7) 개혁자의 의도가 단순한 문제의 조사·충고와 자문만을 얻기 위한 것인지의 여부.

이와 같은 많은 문제를 염두에 두고 개혁을 평가하는 일은 쉽지 않다.

일반적인 평가방법은 행정에 있어서 관찰가능한 것을 측정하여 평가하는 것이다. 예컨대 행정의 업무량·비용·생산성을 측정하고, 이것들이 개혁의 목표와 조직의 능률성, 사회비용, 정책결정의 효율성, 계획의 질, 사기, 업무의 만족도 및 전문화 등에 있어서 얼마나 성공했느냐를 검토하면 된다.

제 5 절 **행정개혁의 장애**

행정개혁에 대한 저항과 반대를 장애라고 볼 수 있으며, 이는 사회가 가지고 있는 개혁 전반에 대한 장애와 특별한 종류의 행정개혁에 대한 장애로 구분할 수 있다. 전반적인 장애로서는 그 사회가 전혀 발전이나 쇄신을 하지 않기 때문에 또한 심한 사회적인 갈등, 정치적인 합의의 결여와 천연자원의 결핍, 기술의 부족, 정치의 불안정성 등으로 행정개혁을 바라지 못하는 경우가 있다. 우리가 행정개혁에 대한 장애를 이야기할 때에는 이와 같은 것을 뜻하지 않고 보다 구체적으로 행정개혁에 장애가 되는 요소를 말하는 것이다.

이에 다음에서는 행정개혁의 장애의 기본적인 요소로서 문화적인 것과 정치적인 것을 대별하여 보고 이어 행정개혁의 장애로서의 저항의 원인과 극복방안을 생각해 보기로 한다.

1. 문화적 요소

한 사회 내의 문화적인 요소와 가치체계는 서로 연관되어 있어 행정개혁에 중요한 장애가 될 수 있다. 예컨대 문화적인 다양성, 즉 많은 이질적인 문화와 복수민족을 가지고 있는 국가에서는 국민의 협력을 얻기 힘들다. 이들의 행정적인 하위문화(subculture)도 역시 다양하기 때문에 개혁에 대한 이들의 반응도 항상 다양해지기 마련이다.

언어의 중요성도 인식해야 한다. 언어란 사상의 표현이다. 따라서 언어가 다양한 인도 같은 데서는 의사전달에 큰 애로가 생긴다. 또 언어가 나타내는 개념, 예컨대 이념·전설·종교적인 교리 등은 개혁에 대해서 상이하게 반응한다. 또 개혁에 유리한 용어들, 예컨대 프로테스탄트의 윤리(protestant ethics), 합리성, 진보적 이념 등과 같은 것이 있고 그렇지 않은 용어들이 있다.

사회에서 지니는 지나친 예식주의는 보편적인 법규를 적용하는 데 해가 되고 지방적 관습이나 가치체계는 전국적이며 보편적인 문화이식에 방해가 된다. 규칙성이나 시간엄수의 개념의 결여는 행정능률을 저하시킨다. 굿노우(W. H. Goodnough)는 이런 상황 아래에서 개혁은 현존하는 사회의 관습·행태·가치체계와 경합되는 것이어야만 한다고 했다.[17]

2. 정치적 요소

행정개혁이란 그 자체가 정치적인 과정일 뿐만 아니라 그 사회의 정치적 성격과 직접적으로 관련되어 있다. 행정개혁의 성공은 어떻게 정치적인 상황을 잘 파악하고 접근하느냐에 달려 있다.

이와 같이 행정개혁에 있어서 정치는 중요한 요소이다. 정치와 행정개혁의 관계를 설명하는 일반적인 정향은 다음과 같다.

(1) 민권을 부인하는 정체는 행정개혁을 환영하지 않는다.

(2) 성문헌법은 불문헌법보다 개혁을 힘들게 한다.

(3) 경성헌법은 연성헌법보다 개혁을 허용하지 않는다.

(4) 연방체제는 단일체제보다 개혁을 쉽게 받아들인다.

---

17 W. H. Goodnough, *Cooperation in Change* (New York: Russell Sage Foundation, 1963), p.638.

⑸ 강력한 지방정부일수록 지방행정개혁에는 성의가 있으나 중앙정부의 개혁에는 장애로 작용한다.

⑹ 행정부와 입법부가 동일정당에 의하여 통치될 때에는 행정개혁의 장애는 거의 없어진다.

⑺ 행정부가 단일정당으로 이루어질 때에는 연립정당으로 이루어질 때보다 개혁가능성이 크다.

⑻ 임기제를 가지고 있는 정부는 임기제가 없는 경우보다 개혁을 잘 한다.

⑼ 정치이념을 표방하는 정당은 개혁내용이 그 정치이념과 부합되지 않는한 그렇지 않은 정당보다 행정개혁에 반대를 나타낸다.

⑽ 개혁에 대한 반대는 약한 정치체제일수록 강하다.

3. 행정개혁과 저항

행정개혁에는 저항이 따르기 마련이다. 이 저항을 제거 내지 감소시키는 것은 일종의 정치적 기술의 문제이며 정치적 지도자의 능력과 관련해서 접근해야 하지만 우선 이러한 저항의 원인과 극복방안을 파악하는 것이 필수적이다.

(1) 저항의 원인

저항의 원인에는 여러 가지를 들 수 있지만 ① 현 조직상태의 기득권을 계속 유지하려는 욕망, ② 개혁안의 작성이나 실행과정에서 개혁자가 일방적·강압적 태도를 취하는 경우 피개혁자의 소외감 발생에 따른 참여부족, ③ 개혁안의 내용 또는 실행계획이 피개혁자에게 확실하게 전달되지 않았거나 또는 그 성과에 대한 전망이 불확실한 경우 피개혁자가 느끼는 불안감, ④ 피개혁자가 개혁에 따라 요구되는 새로운 지식이나 기술을 가지고 있지 못하는 능력부족, ⑤ 관료제의 경직성과 무사안일주의의 보수적 성격 등이 대표적이다.

(2) 저항의 극복방안

위와 같은 저항의 원인을 불식시키기 위한 방법으로는 ① 가능한한 이해관계자들의 기득권을 덜 침해하도록 기술적·형식적인 것부터 먼저 개혁의 대상으로 삼고 급격한 변화를 차후로 돌리는 선택적·점진적 개혁추진, ② 개혁에 대한 이해와 협조를 얻기 위하여 개혁안의 작성이나 실행과정에 조직의 간부, 계선, 참모는 물론 정치인, 민간인에게까지 참여할 수 있는 기회를 제공하고 PR활동을 통하여 개혁의 목표와 필요성을 효과적으로 이해시키는 방법, ③ 개혁에 관한 확실한 인식과 이해를 심을 수 있도록 개혁안의 내용과 예상결과를 객관적·계량적인 것으로 제시하는 방법, ④ 개혁업무의 수행능력구비를 위한 교육훈련 등이 있다.

정치·경제·국방 등 확대되고 심화된 과제를 담당하여야 할 우리 나라의 행정은 빠른 사회적 변동으로 빈번한 행정개혁을 초래하게 되었다. 정부수립 이후 개헌파동으로 인한 통치권력구조의 불안정한 변동, 6.25전쟁 이후의 부흥계획과 수호행정, 1960년대 초의 급격한 정치적 격동, 1963년 말 헌정복귀 등 자유당, 과도정부, 민주당, 군정 등 네 번의 정권의 교체가 있었다. 특히 4.19혁명 이후의 의원내각제 정치체제 구성, 그 후 제3공화국 및 유신체제하에서 실시된 종합장기경제개발계획의 본격화, 국가기획제도의 도입, 그리고 행정관리의 과학화 및 고도경제성장정책 추구, 1987년 이후 대통령 선거 등의 변화 아래서 큰 행정체제 개혁 등이 이루어져 왔다.

1. 제1공화국의 행정개혁

이 기간은 1945년 8월 일제로부터 해방되고 3년의 미군정을 겪은 후, 국토의 분단·좌우익의 이념대립·한국전쟁·자유당 독재와 민주항거 등이 점철된 과도기 내지 혼란기의 시대였다. 이러한 상황에서의 국정의 관심은 국민형성·전후복구 및 경제건설에 있었으며, 일제와 미군정의 잔재를 털고 독립국가로서의 틀을 갖추기 위한 개혁의 원칙들이 수립되었다. 이에 기존의 정부조직을 재편하는 1, 2, 3차에 걸친 개혁이 이루어졌는데 여기에는 국무총리제의 설치·폐지, 재무부 전매국의 전매청 승격, 공보실의 대통령직속화, 재무청의 재무부 관재국 흡수 등이 포함된다.

2. 제2공화국의 행정개혁

제2공화국은 1960년 4월경으로부터 1961년 5월까지의 매우 짧은 기간이었으나, 우리 나라의 정치·행정사에 가지는 의미는 매우 중요하다. 이 시기에는 4.19직후의 과도내각이 포함되며 구자유당독재정권에 대한 반대투쟁의 경향이 구미의 의회민주주의적 내각책임제에 대한 맹신으로 나타났던 시기이므로 이 시기의 행정개혁도 이러한 맥락에서 새로운 정부조직개편에 초점을 맞추어 이루어졌다.

약 4개월간의 과도정부내각에 이어 집권한 민주당 정부는 의원내각제에 따른 전면적인 기구개편을 추진하기 위해 정부기구개혁위원회를 구성하였다. 또한 기구개혁의 준비작업에는 외부전문가와 민간단체의 참여가 허용되었다. 제2공화국 정부는 그 출범과 더불어 정치적·사회적 혼란과 경제적 빈곤 등으로 인하여 폭증된 국민적 기대수준 상승에 따른 개혁압력에 따라 지방자치법을 개정하고, 국토건설사업의 추진을 위한 국무총리직속의 국토건설본부를 설치하였으며, 민주행정과 책임정치의 실현, 행정관리의 능률화라는 목표하에 행정개혁을 추진하였다. 그러나 각계각층의 성급하고 과도한 민주화요구의 분출과 이로 인한 사회혼란, 집권당 내의 분열, 이어 이어진 5.16으로 인해 단명하고 말았고, 이에 개혁안은 제대로 실현되지 못하였다.[18]

3. 제3·4공화국의 행정개혁

제3공화국 정부는 직전의 군사정부에서 한때 주창했던 행정적 민주주의를 내세우고 기성의회주의에 대한 비판으로서 정치활동정화법을 제정, 기성정치인을 견제하였으며, 남북한의 체제대결을 의식하여 조국의 근대화와 빈곤의 추방과 같은 국가적 과제를 강력한 정부에 의해 관철해야 한다는 목적의식이 있었다. 대규모 행정국가를 지향하면서 행정권의 확대·강화를 위해 1961년과 1963년에 두 번에 걸친 전면적인 정부기구개혁을 단행하였는데 여기에는 건설부의 폐지와 경제기획원의 신설, 각부의 기획조정실 신설 등이 포함되며, 전체적인 경향은 경제발전·국토건설의 일원화와 기획제도 등의 현대적 군대조직관리제도를 공공행정분야에 부분적으로 도입하려는 것이었다.

이어지는 1972년의 개헌조치는 어느때 보다도 강력한 대통령의 지위를 보장하는 것이었으며 이에 따라 제4공화국의 특징을 보여주는 개혁으로 이어지는데 정부조직법을 새로이 개편하여 기존의 행정개혁조사위원회를 행정개혁위원회로 개칭하여 국무총리소속하에 두고 지속적인 국가관리체제의 조직화와 중화학공업의 추진, 경제외교 강화 등에 중점을 두는 개혁을 실시해 나갔다.

제3·4공화국에서는 현재까지 이어지는 많은 조직들이 상황에 따라, 개혁의 목표에 따라 신설·정비되었으며 여기에는 환경청과 동력자원부·농림수산부·문화공보부의 신설·기획관리실의 강화·국가안전보장회의 등의 설치·국가통제기관과 국방부의 강화 등이 포함된다. 전체적으로 안보 및 경제성장과 직결되는 분야의 신설과 확장으로 제3·4공화국의 개혁을 파악할 수 있지만, 통치구조의 미분화, 정치행정과정에의 국민참여의 제약, 체제의 경직화 등은 이러한 개혁을 10.26사태로 끝맺게 하고 말았다.

---

18 김운태 외 공저, 한국정치론(서울: 박영사, 1984), 275면.

4. 제5공화국의 행정개혁

안보와 경제발전에 대한 지속적인 강조를 기초로 민주주의 토착화, 정의사회구현, 교육혁신 및 문화창달을 표방한 제5공화국은 1981년 11월 대대적인 정부조직개편 및 인력조정작업에 착수, 국무총리실 기획조정실과 행정개혁위원회 폐지를 필두로 2,000여 명에 달하는 공무원의 감축과 함께 민간부분의 사회정화운동을 펼쳐 사회 곳곳에 만연되어 있는 부조리와 사회악 퇴치에까지 개혁의 범위를 넓혔다. 사실상 제5공화국의 많은 행정개혁사업은 사회정화운동의 일환으로 추진되었으며 이는 피폐한 정신문화 및 풍토쇄신과 사회적 연대감을 조성하기 위한 범국가수준의 개혁운동이었다.

5. 제6공화국의 행정개혁

제6공화국에서도 역시 행정개혁의 필요성이 제기되었는데 그 이전보다 사회적 요청을 반영시키려는 노력이 많았다는 점이 제6공화국의 개혁의 특성이라 하겠다. 따라서 제3공화국과 제5공화국과는 큰 차이를 보였고, 민주화의 정착을 위한 각종 개혁 노력이 눈에 띄게 나타났다.

제6공화국-노태우 정부의 행정개혁은 문제점·진단·변화의 방향설정에 대해서는 상당히 정확한 건의가 있었지만 이를 실현하는 과정에서 기존체제의 옹호로 인한 갈등과 반발을 과감히 극복해 나가지는 못한 것으로 평가받고 있다.

그러나 개혁의 방향이 민주화였다는 점에서는 1980년대 한국역사의 큰 흐름에 부합하였다는 긍정적인 평가를 받을 수 있다. 정부에 대한 비판의 허용 범위가 커졌고, 사회 전반적으로 민주화의 분위기가 확산되었다. 무엇보다도 행정개혁의 추진에 있어서 권위적이고 상의하달식의 접근이 아니라 폭넓은 의견수렴과 분석을 통한 체계적인 접근과 제도화를 통한 질적 개선을 시도한 점에 대해서는 긍정적인 평가를 받을 수 있을 것이다.

6. 문민정부의 행정개혁

김영삼 정부는 신한국 창조를 기본 이념으로 하여 출발하였다. 이것은 과거의 청산으로 시작하여 세계화로 이어진다. 과거의 청산과 세계화라는 미래지향적인 노력은 필연적으로 불합리한 행정체제의 개혁을 수반하게 되었다. 김영삼 정부의 행정개혁은 권위주의 타파와 민주화를 지향하면서 국정전반에 걸쳐 개혁을 추진하였다고 볼 수 있다.

김영삼 정부의 행정개혁 노력은 크게 통치권자의 결단에 의하여 추진되는 것과 행정쇄신위원회의 건의에 의해 추진되는 것으로 나누어 볼 수 있다.

1994년 12월 3일에 시행되었던 기구 개편은 그 내용이 대폭적이고 획기적인 것인데 정부의 기본방향은 ① 각계의 자율성·창의성 신장, ② 통상·정보통신·사회간접자본 부문 등의 정부기능 체계화 및 효율화, ③ 국가정책에 대한 종합조정 및 평가기능 강화, ④ 환경정책과 복지관련기능의 보강, ⑤ 불합리한 정부조직의 정비를 그 내용으로 하고 있다.

한편, 김영삼 정부의 반부패 활동은 단순히 부패공무원을 징벌하는 것에 그치지 않고 부패억제장치를 제도화하기 위한 일련의 조치가 강구되고 그에 따라 진행되었다는 특징이 있다. 대표적인 예로 공직자 재산등록제와 금융실명제, 부동산실명제가 도입되었다. 제3, 4공화국의 서정쇄신 활동이나 제5공화국의 공직자 숙정이 공무원 개인의 비리에 대한 개별적 활동이었다면, 이러한 반부패 활동은 정책적 개선과 제도 구비를 통한 개혁의 일환이라는 점에서 진일보한 것이었다.

그리고 행정쇄신위원회는 쇄신과제의 선정에 있어서 각급 행정기관은 물론 민간단체, 기업, 일반국민 개개인에 이르기까지 쇄신이 필요하다고 느끼는 사항을 과제로 제안할 수 있는 상향식 접근방법을 채택하였다. 접수된 과제는 1차적으로 실무작업반 및 전문연구위원, 관계부처의 검토를 거쳐 개선안을 도출해 실무위원회에 상정하였다. 실무위원회는 실무작업반으로부터 상정된 안건을 검토한 후, 행정쇄신위원회에 올리고 행정쇄신위원회는 이를 심의·확정하여 대통령에게 건의하였다. 행정쇄신위원회가 확정한 쇄신안은 수시로 대통령에게 건의되고, 건의·수용된 쇄신안을 국무총리 행정조정실을 통해 관계부처에 시달, 곧바로 실행을 위한 작업에 임하도록 했다.

7. 국민의 정부의 행정개혁

김대중 정부는 국민회의와 자민련의 연합공조라는 정치적 특수성 때문에 대통령과 총리의 역할 재정립과 총리실 위상강화가 중요하게 부각되었고, 정부는 경제상황의 악화와 더불어 심각한 외환위기로 IMF시대에 맞춰 강력한 권력집중을 필요로 했다. 그러나 조직개편이 쉽게 이루어지지 않았다.

이 시기의 행정환경은 권력구조, 국가와 시민사회, 공공부문과 민간부문, 중앙정부와 지방정부 간의 관계의 재정립과 국가정책목표 및 수단의 근본적인 변화를 요구했다. 특히, IMF 경제위기에 직면하여 정부조직의 개편은 국가경쟁력의 제고를 통한 생존전략의 모색이라는 차원에서도 보다 절실히 요구되고 있었다. 이러한 환경으로 민간부문에서 요청되고 있는 구조조정이 정부부문에서도 필요하여 새로운 국가경영체제와 정부 패러다임의 설정이 요구된다는 인식이 확산되었다.

이에 따라 제15대 대통령으로 당선된 김대중 대통령은 정부조직개편위원회를 구성하였다. 정부조직개편위원회에서는 새로운 정부 패러다임으로 공급자 중심의 관료정부에서 수요자 중심의 시민정부로, 직접 노를 젓는 정부보다는 올바른 방향을 잡아주는 정부로, 부패한 정부를 깨끗한 정부로, 부처이기주의가 만연한 분산적 정부에서 국가이익이 우선되는 통합적 정부로, 크고 무력한 정부에서 작고 강력한 정부로, 중앙집권적 정부에서 지방분권적 정부로, 변화에 저항하는 경직된 정부에서 변화를 창조하는 유연한 정부로의 전환 등을 제시하였다.

8. 참여정부의 행정개혁

2003년 7월 국무회의에서 발표된 참여정부의 행정개혁의 목표는 효율, 투명, 봉사를 중심으로 구성되었다. 이는 효율적인 행정을 지향하는 기존의 행정개혁의 방향과 유사한 것이며, 투명한 행정, 봉사하는 행정, 그리고 깨끗한 행정을 주창함으로써 정부의 신뢰, 부패의 척결, 그리고 주권자로서의 국민에 대한 봉사에 관한 논의를 주창함으로써 신공공관리를 중심으로 하는 이전 정부의 행정개혁 논리가 다소 수정되었다고 할 수 있다.

또한 행정개혁보다는 혁신이라는 용어를 통하여 개혁에 접근하고, 이와 아울러 지방분권화를 지향한다는 정부차원의 개혁방향을 강조하였다. 이로 인한 지방분권화 노력은 정권 내내 지속되었고, 현재에도 공공기관 이전 등 참여정부의 지방분권화는 지속적으로 영향을 미치고 있다.

참여정부의 개혁은 청와대의 혁신비서관, 행정자치부의 정부혁신본부, 대통령 자문 기구인 정부혁신지방분권위원회, 각 부처의 혁신담당관, 지방자치단체의 혁신분권담당관으로 구성된 조직을 통하여 기획·집행되었다. 특히 2003년 4월에 구성된 정부혁신지방분권위원회는 행정, 인사, 지방분권, 재정세제, 전자정부 등의 분야별 혁신과제를 포함한 정부개혁 추진전략과 계획을 발표하여 행정개혁의 방향과 방안을 정리하였다.

참여정부의 경우 다양한 민간경영기법을 정부에 접목시키려는 노력을 기울였는데, 정부 각 부처는 다양한 소규모 학습조직을 활성화하여, 혁신기법을 학습하고, 실제 업무에 접목하는 등으로 개혁작업을 실질적으로 집행하였다.

9. 이명박 정부의 행정개혁

이명박 정부는 "창조적 실용주의" 달성을 목표로 교육개혁과 경제활성화에 초점을 맞추었고, 중앙행정조직은 정권 초기인 2008년 1월부터 대부처주의 대국대과 체제를 만들어, 그 규모를 줄이기 위한 통폐합작업을 진행하였다. 이로 인하여 2008년 2월 확정된 중앙행정기관은

2원 4실 18부 4처 18청 10위원회 규모의 조직에서 2원 3실 15부 2처 18청 5위원회로 축소된 바 있다. 통폐합으로 인하여 규모가 커진 부서의 경우 복수차관제를 도입하여 기능의 운영을 돕도록 하였다. 부총리제의 폐지도 저층분권화를 위하여 필요한 조치였다.[19]

지방화의 경우 노무현 정부에서 추진된 정책들이 가시적인 성과를 보이고 있고, 세종시의 출범, 기초자치단체의 자율 통합, 국가사무의 지방이양 등이 진행되었으며, 공공기관 선진화를 구호로 공기업 등의 구조와 기능의 축소를 진행하였다.

제 7 절   한국 행정개혁의 과제와 전략

개방체계로서의 행정은 환경과의 지속적인 교호작용을 통하여 환경에 적응하기도 하고, 환경을 능동적으로 교정하기도 한다. 이 과정에서 행정은 성장·쇠퇴·생존·사멸의 과정을 겪는다. 이 모든 결과는 환경과의 상호작용에서 비롯되며, 개혁은 행정체계가 겪을 수 있는 부정적 결과를 사전에 방지하고, 긍정적인 결과를 도출할 수 있는 동력이 된다. 따라서 행정은 자신이 처한 환경에 적합한 개혁을 간단없이 지속하여야 한다. 일반적으로 모든 행정체제에 부합하는 즉 시공을 초월한 개혁의 방안은 존재하지 않는다. 따라서 특정한 행정체제는 자신이 처한 시간과 공간 속에서 적절한 현실적 대안을 찾아야 한다. 그러나 행정개혁에 관한 연구와 이론의 정립은 특정한 행정체제를 위한 행정개혁의 대안을 찾기보다는 시대와 공간을 막론하고 인정될 수 있는 가치와 방법을 중심으로 진전되어야 할 필요가 있다.

지금까지 진행되어 온 우리나라의 행정개혁은 다음과 같은 특징을 보이고 있다.

첫째, 1948년 정부수립 이후에 행하여진 우리 나라의 행정개혁은 거의가 기구의 개편이나 축소 또는 신설 등과 같은 구조중심의 행정개혁이었다.

둘째, 수많은 복잡한 행정문제를 취급할 수 있는 유능하고 경험이 풍부한 개혁담당자가 부족한 실정이다.

셋째, 일부 행정개혁의 경우에 있어서는 그것이 권력구조의 재편성을 위한 수단으로서 사용되기도 하였다.

이와 같이 우리나라의 행정개혁이 정부교체기에 한시적으로 구조개혁을 중심으로 진행되어 온 경험으로 볼 때, 행정개혁의 담당기관의 운영방식에 대한 심각한 검토가 필요하다고 할 수 있다. 즉 우리나라 행정개혁역사에 나타난 대부분의 담당기관은 집권통치자의 의도에 따른

---

19 오석홍, 행정개혁론(서울: 박영사, 2012) 참조.

한시적 위원회로서 기능하는 경우가 많았는데 이는 새 정부의 업적창출을 위한 단기적 사업과 가시적인 성과에만 치중하는 경향이 강하였다. 이에 따라 국가발전을 위한 장기적인 안목을 가지고 통치자의 직접적 영향력으로부터 어느 정도의 자율성을 보유한 영구적 상설기관의 설치에 대한 근본적 연구가 필요한 시점이 되었다고 하겠다. 물론 전문가의 양성도 중요한 문제라 할 수 있다. 특히 우리나라는 5년 단임의 대통령제를 채택하고 있어 정권이 바뀔 때마다 새로운 행정개혁이 시도되었으며, 매 정권교체와 구조개혁이 반복적으로 지속되고 있다. 따라서 정권의 교체와 무관하게 행정의 효과성과 효율성을 지속적으로 개혁할 수 있는 기관의 설치와 유지가 요구된다 하겠다.

이러한 현실적인 과제와 함께 논의되어야 할 일반적인 행정개혁의 전략은 다음과 같이 정리될 수 있다.

첫째, 행정을 환경과 능동적으로 교호작용하는 개방체계로서 이해함으로써 행정개혁을 행정체제가 변화하는 환경에 대응하는 과정으로 해석하고, 이에 따라 진공관 속에서 국민에 의한 행정수요를 고려하지 않고, 행정을 위한 행정을 추구하는 것이 아니라 국민의 다양한 행정수요에 적절한 편익을 제공하는 기능을 항상 유지하여야 한다.

둘째, 행정개혁의 목표의식이 강조되어야 한다. 즉 행정개혁은 사회의 중심행동체로서의 행정이 국가의 생존과 발전, 국민의 요구에 부응할 수 있는 적절한 조직과 제도, 그리고 관리과정을 구현하는 작업으로서 의미가 있다. 즉 행정개혁은 합목적적이어야 한다. 이러한 측면에서 행정개혁은 단순한 현상타파가 아니라 궁극적으로 효율성, 민주성, 효과성, 합리성과 같은 행정의 가치를 달성하기 위한 과정으로 이해하여야 한다. 물론 이와 같은 행정의 수단적 가치는 정의, 자유, 평등과 같은 행정의 본질적 가치를 추구하는 도구적 의미를 지닌다는 점도 상기하여야 한다.

셋째, 행정개혁은 구조와 제도, 문화를 포괄하는 접근이어야 한다. 즉, '살아있는 활동체'로서의 행정은 그 개혁의 범위가 종합적으로 진행되어야 한다. 따라서, 행정개혁은 그 안에 다양한 조직과 기능, 구성원의 행태, 동기, 행정가치 등이 총체적으로 고려되고, 집행되어야 한다.

넷째, 행정개혁은 고객지향적이며, 고객과 제도가 유기적으로 어우러져 일정한 목표를 지향하기 때문에 정부와 시민사회 그리고 민간부문과의 상호협력이 중요하다. 또한 성공적인 행정개혁은 정치, 경제, 행정의 세 영역 조화와 지원 위에서 가능하므로, 사회 제 세력간의 형평이 이루어 질 수 있도록 추진되어야 한다.

현·대·행·정·학

참고문헌

I. 국내문헌

김규정, 「신행정학원론」, 서울: 법문사, 1973.

강성철·김판석·이종수·최근열·하태권, 「새인사행정론」, 서울: 대영문화사, 1999.

강인재·민진·윤영진, 「예산이론」, 서울: 대왕사, 1985.

김광웅, 「한국의 관료제 연구」, 서울: 대영문화사, 1995.

김대환, 「사회과학방법론」, 서울: 법문사, 1991.

김동현, 「직업과 윤리」, 서울: 한국정신문화연구원, 1985.

김번웅·김동현·김판석, 「한국행정개혁론」, 서울: 법문사, 1997.

김병준, 「한국지방자치론」, 서울: 법문사, 1994.

김봉식, 「국가기획제도론」, 서울: 상지문화사, 1971.

김성국, 「조직과 인간행동」, 서울: 명경사, 1997.

김신복, 「발전기획론」, 서울: 박영사, 1999.

김운태, 「조직관리론」, 서울: 박영사, 1966.

김운태 외 공저, 「한국정치론」, 서울: 박영사, 1984.

김 원, 「도시행정론」, 서울: 박영사, 1982.

김중규, 「뉴밀레니엄 행정학」, 서울: 성지각, 1999.

김중양, 「한국인사행정론」, 서울: 법문사, 1999.

김항규, 「행정철학」, 서울: 대영문화사, 1994.

나중식, 「재무행정론」, 서울: 형설출판사, 1992

노화준, 「행정계량분석」, 서울: 법문사, 1985.

매일경제 지식프로젝트 팀, 「지식혁명보고서」, 서울: 매일경제신문사, 1998.

박경원·김희선, 「조직이론강의: 구조, 설계 및 과정」, 서울: 대영문화사, 1998.

박동서, 「한국행정론」, 서울: 법문사, 2001.

박문옥, 「행정학 대의」, 서울: 신천사, 1984.

박병식, 「행정학연습: 행정사례를 중심으로」, 서울: 대영문화사, 1994.

박연호, 「인사행정신론」, 서울: 박영사, 1996.

박연호, 「행정학신론」, 서울: 박영사, 1984.

박영희, 「재무행정론」, 서울: 다산출판사, 1997.

박응격, 「행정학강의」, 서울: 박영사, 1984.

박정식·윤영선, 「현대통계학」, 서울: 법문사, 1996.

박천오 외, 「비교행정론」, 서울: 법문사, 1996.

박흥식, 「공공정책론」, 서울: 대영사, 1981.

배득종, 「신재무행정론: 좋은 예산을 찾아서」, 서울: 박영사, 1996.

신무섭, 「재무행정학」, 서울: 대영문화사, 1993.

신종순, 「행정의 윤리」, 서울: 박영사, 1971.

심정근, 「재무행정론」, 서울: 조세정보사, 1983.

안광일, 「정부갈등관리론」, 서울: 대명출판사, 1994.

오석홍, 「조직이론」, 서울: 박영사, 1983.

오석홍, 「행정개혁론」, 서울: 박영사, 2012.

원진희, 「REPT-CPM와 그 응용」, 서울: 한국경제지도협회, 1969.

유영옥, 「상징정책학」, 서울: 학문사, 1997.

유완빈, 「한국행정사연구」, 서울: 한국정신문화연구원, 1997.

유종해, 「현대조직관리」, 서울: 박영사, 2000.

유종해·김택, 「행정의 윤리」, 서울: 박영사, 2010.

유종해·송영달 공역, 「조직이론」, 연세대학교 출판부, 1974.

유종해 외 공저, 「현대행정학연습」, 서울: 박영사, 1979.

유　훈, 「재정행정론」, 서울: 법문사, 1973.

유　훈, 「행정학원론」, 서울: 법문사, 1975.

윤우곤, 「조직론」, 서울: 법문사, 1974.

이상규, 「신행정법론(상)」, 서울: 법문사, 1971.

이상조, 「사무관리론」, 서울: 세종출판공사, 1962.

이종익, 「재무행정론」, 서울: 박영사, 1998.

이창달·최창현, 「새조직론」, 서울: 대영문화사, 1996.

이학종, 「조직행동」, 서울: 세정사, 1984.

이한빈, 「국가발전의 이론과 전략」, 서울: 박영사, 1969.

임관현, 「한국공기업의 운영이론과 실제」, 서울: 한국생산성본부, 1970.

정세황·최창호, 「행정학」, 서울: 법문사, 1974.

정인홍, 「행정학」, 서울: 박영사, 1960.

정충식, 「전자정부론」, 서울: 서울경제경영, 2009.

조석준, 「조직학개론」, 서울: 박영사, 1979.

차하순, 「형평성의 연구」 서울: 일조각, 1983.

최봉기, 「정책의제형성론」, 서울: 일신사, 1998.

최창호 외, 「행정학」, 서울: 법문사, 1979.

최항순, 「행정조직론」, 서울: 동성출판사, 1997.

한원택, 「도시행정론 : 이론과 실제」, 서울: 법문사, 1976.

한국전산원, 「한국의 정보화정책 발전사」, 서울: 한국전산원, 2005.

한국정보화진흥원, 「2009 국가정보화백서」, 서울: 한국정보화진흥원, 2009.

행정안전부, 「2011 경제발전경험모듈화사업: 전자정부 도입」, 서울: 기획재정부, 2012.

홍성유, 「한국경제와 미국원주」, 서울: 박영사, 1962.

황윤원, 「재무행정론」, 서울: 법문사, 1996.

II. 외국문헌

1. 현대행정의 토대

Agranoff, Robert, "Management Intergovernmental Process", in James Perry(ed.), Handbook of Public Administration, San Francisco, CA: Jossey-Bass Publishers, 1996.

Allenworth, Don, Public Administration: The Execution of Public Policy, Philadelphia: J. B. Lippincott Co., 1973.

Almond, Gabriel and Coleman, James, The Politics of the Developing Areas, Princeton, N. J.: Princeton University Press, 1960.

Adams, J., Toward an Understanding of Inequity, Journal of Abnormal and Social Psychology, 67(1963).

Argyris, Chris, Integrating the Individual and the Organization, New York: John Wiley & Sons, 1964.

Arrendondo, Particia, Successful Diversity Management Initiatives. London: Sage Publications. 1996.

Appleby, Paul H., Policy and Administration, University of Alabama Press, 1949.

Barnard, Chester, I., Functions of the Executives, Harvard University Press, 1938.

Bennis, Warren G., "Organizations of the Future." in Personnel Administration, 1967.

Bentley, Arthur, The Process of Government, Chicago: University of Chicago Press, 1980.

Blau, P., Bureaucracy in Modern Society, New York: Random House, 1956.

Blau, P., The Dynamics of bureaucracy, Chicago: University of Chicago Press, 1962.

Bovers, David G., Systems of Organization: Management of the Human Resources, Ann Arbor: the University of Michigan Press, 1976.

Bowman, James S. "Ethical Issues for the Public Manager," in Handbook of Organization Management, edited by William B. Eddy(New York: Marcel Dekker, 1983), p.71.

Buechner, J. C., Public Administration, Belmont, Calif.: Dickenson, 1968; Caiden, Gerald, The dynamics of Public Administration: Guidelines to Current Transformations in Theory and Practice, New York: Holt, 1971.

Caiden, G., The Dynamics of Public Administarion(New York: Holt, Rinehart and Winston), 1971.

Chapman, Richard A., Teaching Public Administration, London: Joint University Council for Social and Public Administration, 1970.

Charles Worth, J. C.(ed.), Theory and Practice of Public Administration: Scope, Objectives and Methods, Philadelphia: The American Academy of Political and Social Science, 1968.

Corson, J. J. and Harris, J. P., Public Administration in Modern Society, New York: McGraw-Hill, 1963.

Crosby, Barbara, "Leading in a Shared-Power World", in James Perry(ed.), Handbook of Public Administration, San Francisco, CA: Jossey-Bass Publishers, 1996.

Dahl, Robert, The Science of Public Administration, 1947.

Dahlberg, Jane, S., The New York Bureau of Municipal Reserach: Pioneer in Government Administration, New York: New York University Press, 1966.

Denhardt, J. V. and R. B. Denhardt. The Public Service. NY: M. E. Sharpe, 2007.

Dimock, M. E., Modern Political and Administration, American Book Co., 1937.

Dimock, M. E. and G. O. Dimock, Public Administration, New York: Holt, Rinehart and Winston, 1969.

Dror, Y., Public Policy Making Reexamined, San Fracisco: Chandler, 1968.

Dye, Thomas R., Who's Running America?, Englewood Cliffs., New Jersey: Prentice-Hall, 1976.

Easton, David, "An Approach to the Analysis of Political System," World Politics, 1957.

Emerich, H. A., Handbook of Public Administration, New York: United Nations Technical Assistance Programme, 1961.

Fredrickson, H. G., The Spirit of Public Administration, CA: Jossey-Bass, 1997.

Etzioni, Amitai, Modern Organization, Englewood Cliffs: Prentice-Hall, 1964.

Finer, Herman, The Theory and Practice of Modern Government, New York: Henry Holt, 1949.

Fisch, G, G., "Line-Staff is Obsolete," Harvard Business Review, 1961.

Fox, Charles et al., "Modern/Postmodern Public Administration: A Discourse About What is Real,"

Administrative Theory & Praxis vol. 18, No. 1, 1996.

Gates, Bill, The Road Ahead. NJ: Penguin Putnam Inc. 1996.

Gaus, J. M., Frontiers of Public Administration, Chicago: University of Chicago Press, 1936.

Gaus, J. M, Reflections on Public Administration, Tuscaloosa : University of Alabama Press, 1947.

Gawthrop, L. C., The Administrative Process and Democratic Theory, Boston: Houghton Mifflin, 1970.

Gortner, H. F., Administration in the Public Sector, New York: John Wiley & Sons, 1981.

Gulick, L. and Urwick, L.(eds.), Papers on the Science of Administration, New York: Inst. of Public Admin., 1937.

Heady, Ferrel, Public Administration: A Comparative Perspective, New York: Prentice-Hall, 1991.

Henry, Nicholas. Public Administration and Public Affairs, 6th (ed.), Englewood Cliffs: New Jersey: Prentice Hall, 1995.

Herring, P., Public Administration and the Public Interest, New York: Russell and Russell, 1936.

Huddleston, Mark. The Public Administration Workbook. New York: Longman Publishers. 1996.

Katz, Daniel and Kahn, Robert, The Social Psychology of Organization, New York: John Wiley & Sons.

Korean Association for Public Administration. Global Government and Domestic Public Administration: Searching for a New Paradigm of International Public Administration. KAPA International Conference, October 16-18, 1996.

Likert, Rensis, New Patterns of Management, New York: McGraw-Hill, 1961.

Likert, Rensis, The Human Organization: It's Management and Value, New York: McGraw-Hill, 1967.

Lindblom, C. E., The Policy-Making Process, Englewood Cliffs, New Jersey Prentice-Hall, 1968.

Marini, Frank(ed.), Toward a New Public Administration, San Francisco: Chandler, 1971.

Martin, R. C., Public Administration and Democracy, New York: Syracuse University Press, 1965.

Marx, F. M.(ed.), Elements of Public Administration, Englewood Cliffs, New Jersey: Prentice-Hall, 1959.

Morrow, W. L., Public Administration, Politics and Political System, New York: Random House, 1975.

Mosher, Frederick C., American Public Administration: Past, Present, Future, The University of Alabama Press, 1975.

Nagel, Ernest, The Structure of Science, New York: Harcourt, Brace & World., 1961.

Naisbitt, John, Megatrends, New York: Warner Books, 1982.

Nigro, Felix, Modern Public Administration, New York: Harper, 1984.

Nigro, Felix, Modern Public Administration, 3rd ed, New York: Harper & Low, 1973, pp.11～18.

O'Donnell, M. E., Readings in Public Administration, Boston: Houghton Mifflin, 1966.

Osman, E. Sam, and Kathy J. Boyd, "The New Sciences of Administration: Chaos and Quantum Theory," Public Administration Review, Vol. 56, No. 5, 1996.

Peter, B. Guy, The Politics of Bureaucracy, 4th(ed.), White Plains, N.Y.: Longman, 1996.

Pfiffner, John M. and Presthus Rober, Public Administration, New York: Ronald Press, 1967.

Pfiffner, John M. and Sherwood, F. P., Administrative Organization, Englewood Cliffs, New Jersey: Prentice-Hall, 1960.

Porter, L and Lawler, Ⅲ. Managerial Attitudes and Performance, Homewood, IL: Dorsey Press, 1968.

Price, James E., Organizational Effectiveness, Homewood, Ill.: Irwin, 1968.

Ranney, Austin(ed.), Political Science and Public Policy, Chicago: Markham, 1968.

Reagan, Michael(ed.), The Administration of Public Policy, Glenview, Ill.: Scott, Foresman 1969.

Riggs, Fred W., Bureaucracy and Political Development, Princeton University Press, 1963.

Riggs, Fred W., Administration in Developing Countries: The Theory of Prismatic Society, Boston: Houghton, Mifflin Co., 1964.

Rhodes, R. A. W., The New Governance: Governing without Government. Political Studies, 1996.

Rohr, John A. "Ethics in Public Administration: A State of the Discipline Report," presented to the 1986 Annual Meeting of the American Society for Public Administration, Anaheim, 1986.

Rossiter, Clinton, The American Presidency, New York: Harcourt, Brace & World, 1960.

Roszack, Theodore J. The Making of a Counterculture, New York: doubleday, 1969, pp.142～144.

Rowat, D. C., Basic Issues in Public Administration, New York: Crowell Collier & Macmillan, 1961.

Sayre, Wallace, W., "Trends of a Decade in Administrative Values," Public Administration Review, 1961.

Selznick, P., Leadership in Administration: A Sociological Interpretation, New York: Harper & Row, 1957.

Selznick, P., TVA and the Grass Rotts: A Study in the Sociology of Formal Organization, New York: Harper & Row, 1969.

Shakansky, Ira(ed.), Policy Analysis in Political Science, Chicago: Markham, 1970.

Sharkansky, Ira, Public Administration: Policy-Making in Government Agencies, 2nd ed., Chicago: Markham Publishing Co., 1972.

Sherman, Harvey, It All Depends: A Pragmatic Approach to Organization, University Ala.: University of Alabama Press, 1966.

Siffin William J.(ed.), Toward the Comparative Study of Public Administration, Bloomington, Ind.:

Indiana University Press, 1959.

Simon, Herbert A., "The Proverbs of Administration." Public Administration Review, 1946.

Simon, Herbert A., Administrative Behavior, New York: Crowell Collier & Macmillan, 1947.

Simon, Herbert A., Smithburg, Donald W. and Thompson, Victor A., Public Administration, New York: Knopf, 1950.

Sorauf, Frank J., Political Parties in the American System, Boston: Little Brown & Co., 1964.

Stahl, O, Glenn., Public Personnel Administration, New York: Harper & Row, 1983.

Starling, G. Managing the Public Sector, 3rd ed, Chicago, Ill: The dorsey Press, 1986, pp.7~15.

Taylor, Frederick, W., The Priciples of Scientific Management, New York: Harper & Row, 1947.

Truman, D., The Governmental Process, Chicago: University of Chicago Press, 1980.

Wade, L. L. and Curry, R. L., A Logic of Public Policy: Aspects of Political Economy, Belmont. Calif.: Wadsworth, 1970.

Waldo, Dwight, The Study of Public Administration, New York: Random House, 1955.

Waldo, Dwight, Perspectives on Administration, Ala.: University of Alabama Press, 1956.

Weidner, E., Devlopment Administration, the University of Michigan, 1962.

White, L. D., Introduction to the Study of Public Administration, New York: Crowell Collier & Macmillan, 1955.

White, L. D., The Federalist, New York: Macmillan, 1948.

Woll, Peter, American Bureaucracy, New York: Norton, 1963.

2. 국가발전과 행정

Alford, Robert R., Bureaucracy and Participation: Political Cultures in Four Wisconsin Cities, Chicago: Rand McNally, 1969.

Almon, G. and Powell, G., Comparative Politics: A Developmental Approach, Boston: Little Brown & Co., 1966.

Almond, Gabriel and Verba, Sidney, The Civic Culture, Princeton, New Jersey: Princeton University Press, 1963.

Altshuler, Alan A., Community Control, New York: Pegasus, 1970.

Anderson, Patrick, The President's Men, Garden City, New Jersey: Doubleday, Anchor Books, 1969.

Appleby, Paul H., Big Democracy, New York: Knopf, 1946.

Armstrong, John A., The Soviet Bureaucratic Elite, London: Stevens, 1959.

Bachrach, Peter and Baratz, Morton, Power and Poverty, New York: Oxford University Press, 1972.

Bendix, R., Nation-Building and Citizenship, New York: John Wiley & Sons, 1964.

Bennette, W. Lance, The Political Mind and the Political Environment: An Investigation of Public Opinion and Political Consciousness, Lexington, Mass.: D. C. Heath and Company, 1975.

Bertalanffy, L, von., General System Theory, New York, 1963.

Bindix, L. et al., Crises in Political Development, Princeton: Princeton University Press, 1966.

Black, C. E., The Dynamics of Modernization, New York: Harper & Row, 1966.

Braibanti, Ralph, Approach to Development, McGraw-Hill, 1966.

Braibanti, R.(ed.), Political and Administrative Development, Durham: Duke University Press, 1969.

Buckley, Walter, Sociology and Modern Systems Theory, Englewood Cliffs, New Jersey: Pren-tice-Hall, 1967.

Buckley, Walter(ed.,), Modern Systems Research for the Behavioral Scientist, Chicago: Aldine Publishing Co., 1968.

Burns, James M., The Deadlock of Democracy: Four-Party Politics in America, Englewood Cliffs, New Jersey: Prentice-Hall, Spectrum Books, 1963.

Cabine, Creta D.(ed.), Accountability: Systems Planning in Education, Homewood, Ill.: ETC Publication, 1973.

Caiden, G., Administrative Reform, Chicago: Aldine Publishing Co, 1969.

Campbell, Alan K. and Sachs, Seymour, Metropolitan America: Fiscal Patterns and Governmental Systems, New York: Free Press, 1967.

Cater, Douglass, Power in Washington, New York: Vintage, 1964.

Caudill, Harry M., Night Comes to the Cumberlands: A Biography of a Depressed Area, Boston: Little Brown, 1963.

Chapman, Brian, The Profession of Government, London: Allen and Unwin, 1959.

Chew, Sing C. et al.,(eds.), The Underdevelopment of Development. London: Sage Publications, 1996.

Chin, Robert, Political Development and Social Change, New York: John Wiley & Sons, 1966.

Chittick, William O., State Department, Press and Pressure Groups, New York: Wiley, 1970.

Coleman, J. S.(ed.), Education and Political Development, Princeton: Princeton University Press, 1965.

Cooper, Terry L. The Responsible Administrator: A Approach to Ethics for the Administrative Role(New York: Kennikat Press, 1982)

Coulter, Philip, Social Mobilization and Liberal Democracy, Lexington, Mass.: D. C. Heath and Company, Inc., 1975.

Crozier, Michel, The Bureaucratic Phenomenon, Chicago: University of Chicago Press, 1964.

Dahl, Robert, "The Science of Public Administration: Three Problems,", 1957.

Dahl, Robert and Lindblom, C. E., Politics, Economics and Welfare, New York: Harper and Brothers, 1953.

Denhardt, Robert B. In the Shadow of Organization, Lawrence, CA: Rengents Press of Kansas, 1981.

Deutsch, Karl, "Social Mobilization and Political Development." American Political Science Review, 1961.

Devine, Donald J., The Attentive Public: Poliachal Democracy, Chicago: Rand McNally, 1970.

Dimock, Marshall and Dimock, G., Public Administration, New York: Holt, Rinehart and Winston, 1969.

Downs, Anthony, Inside Bureaucracy, Boston: Little Brown, 1967.

Due, John F., State Sales Tax Administration, Chicago: Public Administration Service, 1963.

Dye, Thomas R., Politics, Economics and the Public: Policy Outcomes in the American States, Chicago: Rand McNally, 1966.

Elazar, Daniel J., American Federalism: A View from the States, New York: Crowell, 1966.

Elazar, M. J. and Bruhns, F. C., Institution Building in National Development, Philadelphia: University of Pennsylvania Press, 1965.

Esman, Milton, J., Approach to Development Administration, McGraw-Hill, Inc., 1966.

Finkle, J. L. and Gable, R. W.(eds.), Political Development and Social Change, New York: John Wiley & Sons, 1971.

Fischer, Glenn W., Taxes and Politics: A Study of Public Finance, Urbana: University of Illinois Press, 1969.

Francois, Aime, The application of Information Processing in Public Administration, Brussells: International Institute of Administrative Science, 1973.

Frank Fisher and John Forester, eds., Confronting Values in Policy Analysis, Beverly Hills, CA: Sage Publication, 1987, pp.315~316.

Friedrich Carl, Man and His Government, New York: McGraw-Hill, 1963.

Gray Poze, Jong Jun, William Storm, Administrative Alternatives in Development Assistance, Cambridge: Ballinger Company, 1973.

Goodnough, W. H., Cooperation in Chane, New York: Russell Sage Foundation, 1963.

Gupta, K. R., Issues in Public Enterprise, Delhi: S. Chand. 1969.

Hagen E., On the Theory of Social Change: How Economic Growth Begins, Homewood, Ill.: The Dorsey Press, 1960.

Harmon, Michael M. Harmon, Action Theory for Public Administration, New York, NY: Longman,

1981.

Heady, Ferrel, Pubic Administration: A Comparative Perspective, Englewood Cliffs, New Jersey: Prentice-Hall, 1966.

Heady, Ferrel, Stokes, S. L.(eds.), Papers in Comparative Public Administration, Ann Arbor, Mich.: Institute of Public Administration, The University of Michigan, 1962.

Heller, W., New Dimensions in Political Economy, New York: W. W. Norton, 1967.

Henderson, Keith M., Emerging Synthesis in American Public Administration, London: Asia Publishing House, 1966.

Herman Fimer, "Administrative Responsibility in Democratic Government," in PAR., Vol. 1, 1941. Carl Friedrich, "Public Policy and the Nature of Administrative Responsibility," in Carl Friedrich and Edward Mason(eds.), Public Policy(Cambridge, Mass: Harvard University Press, 1941).

Hirschman, A. O., The Strategy of Economic Development, New Haven, Conn.: Yale University Press, 1968.

Hirschman, A. O., Journeys Toward Progress, New York: Twentieth-Century Fund, 1963.

Hunt, C. H., Social Aspects of Economic Development, New York: McGraw-Hill, 1966.

Huntington, Samuel, Political Order in Changing Societies, New Haven: Yale University Press, 1968.

Huntington, S, Political Modernization, Belmont, Calif,: Wadsworth Pub. Co., 1961.

Illchman, W. F., "Rising Expectation and the Revolution in Development Administration.", 1965.

Illchman, W. F. and Uphoff, N., The Political Economy of Develoment, Berkeley: University of California Press, 1971.

Jacob, Herbert and Vines, Kenneth N.(eds.), Politics in the American States: A Comparative Analysis, rev. ed., Boston: Little Brown, 1971.

Janowitz Morris et al., Public Administration and the Public, Ann Arbor: University of Michigan, Institute of Public Administration, 1958.

John Forester, ed., Critical Theory and Public Life, Cambridge, Mass.: The MIT Press, 1985.

Jun, Jong S. "What is Philosophy?" Administrative Theory & Praxis, Vol. 15, No. 1, 1993.

Kariel, Henry S., Political and Administrative Development, Durham: Duke University Press, 1969.

Kett, Donald and H. Milward. The State of Public Management. Baltimore, MD: Johns Hopkins University Press, 1996.

Kilpatrick, Franklin P. et al., The Image of the Federal Service, Washington, D. C.: Brookings Institution, 1964.

Krinsky, Fred, Democracy and Complexity: Who Geverns the Governors?, Beverly Hill, Calif.:, Glencoe Press, 1968.

LaPalombara, Joseph, Bureaucracy and Political Development, Princeton, New Jersey: Princeton University Press, 1963.

LaPalombara, J. and Weiner, M.(eds.), Political Parties and Political Development, Princeton: Princeton University Press, 1966.

Lengyel, P., "Some Trends in the International Civil Service,", International Organization, 1959.

Leonard, L., International Organization, New York: McGraw-Hill, 1951.

Levy, M. J., Modernization and the Structure of Societies, Princeton: Princeton University Press, 1966.

Lipset, Seymore M., Political Man: The Socil Bases of Politics, Garden City: Doubleday Co., 1960.

Lipsky, Michael, Protest in City Politics: Rent Strikes, Housing, and the Power of the Poor, Chicago: Rand McNally, 1970.

Long, Norton E., The Polity, Chicago: Rand McNally, 1962.

Lowi, Theodore J., The End of Liberalism, New York: Norton, 1969.

Marini, Frank(ed.), Toward a New Public Administration: The Minnowbrook Perspective, Scranton, Pa.: Chandler Publishing Co., 1971.

Marx, Fritz, Morstein, Bureaucracy and Political Development, Princeton: Princeton University Press, 1963.

Mayer, Robert, Moroney, Robert and Morris, Robert, Centerally Planned Change: A Reexamination of Theory and Experience, Urbana: University of Illinois Press, 1974.

Meadows. Development Administration, Syracuse: Syracuse University Press, 1963.

Mikelsen, Britha. Methods for Development Work and Research. London: Sage Publications, 1996.

Milbrath, Lester W., The Washington Lobbyists, Chicago: Rand McNally, 1963.

Montgomery, John D. and Siffin, William J.(eds.), Approaches to Development, New York: McGraw-Hill, 1966.

Montgomery, John D., Sources of Administration Reform: Problems of Power, Purpose and Politics, CAG Occasional Papers, India: Bloomington, 1967.

Morrow, William L., Public Administration: Politics and The Political System, New York: Random House, 1975.

Mosher, F. C., Governmental Reorganization, Indianapolis: Bobbs-Merril Co., 1967.

Mosher, W., Phillippine Journal of Public Administration, 1967.

Nagel, E., The Structure of Science, New York: Harcourt, Brace & World, 1961.

Olson, Mancur, Jr., The Logic of Collective Action: Public Goods and the Theory of Group, Cambridge, Mass.: Harvard University Press, 1965.

Organski, A. F. K., The Stages of Political Development, New York: Knopf, 1965.

Parkinson, C. Northcote, Parkinson's Law and Other Studies in Administration, Boston: Houghton Mifflin, 1957.

Peacock, Alan T. and Wiseman, Jack, The Growth of Public Expenditure in the United Kingdom, London: Allen and Unwin, 1967.

Pearson, L. B. et al., Patterns in Development, New York: Frederick A. Praeger, 1969.

Penniman, Cllara and Heller, Walter W., State Income Tax Administration, Chicago: Public Administration Service, 1959.

Peter, Laurance J. and Hull, Raymond, The Peter Principle: Why Things Always Go Wrong, New York: Bantam, 1969.

Pfiffner, John M. and Presthus, R., Public Administration, New York: Ronald Press, 1967.

Presthus, Robert, Public Administration, New York: Ronald Press, 1975.

Pye, Lucian, Communication and Political Development, Princeton, New Jersey: Princeton University Press, 1963.

Pye, Lucian, Aspects of Political Development, Boston: Little Brown, 1966.

Pye, Lucian, Development Administration, Syracuse University Press, 1963.

Pye, L. W. and Verba, S., Political Culture and Political Development, Prinecton: Princeton University Press, 1965.

Raphaeli, N.(ed.), Readings in Comparative Public Administration, Boston: Allyn & Bacon, 1967.

Redford, Emmette S., Democracy in the Administrative State, New York: Oxford University Press, 1969.

Reuter, Paul, International Institute, translated by J.M.Chapman, George Allen & Unwin, London: Ruskin House, 1958.

Riggs, F. W., Administration in Developing Countries: The Theory of Prismatic Society, Boston: Houghton Mifflin, 1964.

Riggs, F. W., The Ecology of Public Administration, London: Asja Publishing House, 1961.

Riggs, F. W.(ed.), Frontiers of Development Administration, Duke University Press, 1971.

Salisbury, Robert H.(ed.), Interest Group Politics in America, New York: Harper & Row, 1970.

Scammon, Richard M. and Wattenberg, Ben J., The Real Majority, New York: Coward-McCann, 1970.

Selznick, Philip, T. V. A. and the Grass Roots, Berkeley: University of California Press, 1949.

Shapiro, Marshall, The Supreme Court and Administrative Agencies, New York: Free Press, 1968.

Sharkansky, Ira, Regionalism in American Politics, Indianapolis: Bobbs Merrill, 1970.

Sharkansky, Ira, Spending in the Americal States, Chicago: Rand McNally, 1968.

Siffin, William J., Toward a Comparative Study of Public Administration, Bloomington: Dept. of

Government, Indiana University, 1957.

Siffin, William J., "Ethics and American Public Administration: A Behavioral View," Bloomington: Indiana University, International Development Institute, 1987.

Simon, Rita Jame, Public Opinion in America: 1936~1970, Chicago: Rand, McNally and Company, 1975.

Sneed, Joseph D. and Waldhorn, Steven A.(eds.), Approaches to Accountability in Post-Categorical Programs, Menlo Park: Stanford Research Institute, 1973.

Sigmund, Paul, Jr.(ed.), The Ideologies of the Developing Nations, New York: Frederick A. Praeger, Inc., 1963.

Swerdlow, Irvign, The Public Administration of Economic Developmint, New York: Preager Publishers, 1974.

Swerdlow, I.(ed.), Development Administration, Syracuse: Syracuse University Press, 1963.

Thompson, James D.(ed.), Comparative Studies in Administration, Pittsburgh: University of Pittsburgh Press, 1959.

Truman, David B., The Governmental Process, New York: Knopf, 1971.

Waldo Dwight, Political Science in the United States of America, Paris: UNESCO, 1956.

Waldo Dwight, The Enterprise of Public Administraion, Novato, Calif.: Chandler & Sharp Publishers, Inc., 1980.

Waldo, Dwight.(ed.), Temporal Dimensions of Development Administration, Durham: Duke University Press, 1969.

Weidner, E. W.(ed.), Development Administration in Asia, Durham: Duke University Press, 1970.

Welch, C.(ed.), Political Modernization, Calif.: Wadsworth Pub. Co., 1961.

Woll, Peter, American Bureaucracy, New York: Norton, 1963.

Zeigler, Harmon and Baer, Michael, Lobbying: Interaction and Influence in American State Legislatures, Belmont, Calif.: Wadsworth, 1969.

Zolberg, A., Creating Political Order, Chicago: Rand McNally, 1966.

3. 행정가치와 윤리

Alfred Bexelius, "The Ombudsman for Civil Affairs," in Donald C. Rowat(ed.), The Ombudsman: Citizens Defender, Toronto, Canada: University of Toronto Press, 1965.

Altshuler, Alan, Community Control: The Black Demand for Pariticipation in Large American Cities, New York: Pegasus Publisher, 1970.

Aristotle, Nichomachen Ethics, p.1130.

Bachrach, P. and Morton Baratz, Power and Poverty, New York: Oxford University Press, 1972.

Bedau, Hugo A., "Radical Egalitarianism," in H. A. Bedau (ed.), Justice and Equality, New Jersey: Prentice-Hall, 1971.

Black, H. C., Black's Law Dictionary, St. Paul, MN: West, 1967.

Bovers, David G., Systems of Organization: Management of the Human Resources, Ann Arbor: The University of Michigan Press, 1976.

Bowman, James S., "Ethical Issues for the Public Manager," in Handbook of Organization Management, William B. Eddy(ed.), New York: Marcel Dekker, 1983.

Cooper, Terry L., The Responsible Administrator: An Approach to Ethics for the Administrative Role, New York: Kennikat Press, 1982.

Crenson, Matthew A., "Comment: Contract, Love, and Character Building," in Frank Marini(ed.), Toward a New Public Administration: The Minnowbrook Perspective, Scranton, Pa.: Chandler Publishing Co., 1971.

Dahl, Robert, "The Science of Public Administration," Public Administration Review, 1947.

Denhardt, Robert B., In the Shadow of Organization, Lawrence, CA: Regents Press of Kansas, 1981.

Dimock, M. and G. Dimock, Public Administration, 4th ed., New York: Holt, Rinehart and Winston, 1969.

Finer, Herman, "Administrative Responsibility in Democratic Government," Public Administration Review, 1941.

Fisher, Frank and John Forester, (eds.), Confronting Values in Policy Analysis, Beverly Hills, CA: Sage Publication, 1987.

Forester, John (ed.), Critical Theory and Public Life, Cambridge, Mass.: The MIT Press, 1985.

Frederickson, George H. (ed.), Curriculum Essays on Citizens, Politics, and Administration in Urban Neighborhoods, Washington, D. C.: American Society for Public Administration, 1972.

Fredrickson, George H. "Introductory Comments: A Symposium, Social Equity and Public Administration," Public Administration Review, 1974.

Friedrich, Carl, "Public Policy and the Nature of Administrative Responsibility," in Carl Friedrich and Edward Mason(eds.), Public Policy, Cambridge, Mass.: Harvard University Press, 1941.

Gilbert, Charles E., The Framework of Administrative Responsibility, Journal of Politics, 1959.

Goodwin, Richard N. "The Shape of American Politics," Commentary, 1976.

Gulick, L., "Science, Values and Public Administration," in L. Gulick and L. Urwick(eds.), Papers on the Science of Administration, New York: Inst. of Public Admin., 1937.

Harmon, Michael M., Action Theory for Public Administration, New York: Longman, 1981.

Hart, David K., "Social Equity, Justice, and the Equitable Administrator," Public Administration Review, 1974.

Jun, Jong S., "What is Philosophy?" Administrative Theory & Praxis, 1993.

Kotler, M., Neighborhood Government, Indianapolis: Bobbs-Merrill, 1969.

Krinsky, Fred, Democracy and Complexity: Who Governs the Governors, Beverly Hills, Calif.: Glencoe Press, 1968.

Lipset, Seymore M., Political Man: The Social Bases of Politics, Garden City: Doubleday Co., 1960.

Mack, Ruth P., Planning on Uncertainty: Decision Making in Business and Government Adminis- tration, New York: John Wiley & Sons, 1971.

MaRae, Duncan and James A. Wilde, Policy Analysis for Public Decisions, CA: Duxbury Press, 1979.

Miller, S. M. and M. Rein, "Participation, Poverty, and Administration," Public Administration Re- view, 1969.

Morrow, W. L., Public Administration, Politics and Political System, New York: Random House, 1975.

Niebuhr, R., Moral Man and Immoral Society, New York: Charles Scribner's Sons, 1932.

Nye, J. S., "Corruption and Political Development: A Cost-Benefit Analysis," in Arnold J. Heiden- heimer, Political Corruption: Reading in Comparative Analysis, New york: Renehart & Win- ston, 1970.

Okun, Arthur M., Equality and Efficiency: The Big Trade-off, D.C.: The Brookings Institution, 1975.

Owen, Robert M., The Life of Robert Owen, London: G. Bell and Sons, Ltd. 1957.

Pfiffner, John M. and Robert Presthus, Public Administration, 5th ed., New York: Ronald Press, 1967.

Plato, Republic IV 441 d/e.

Presthus, Robert Public Administration, 6th ed., New York: Ronald Press, 1975.

Price, James L., Organizational Effectiveness, Homewood, Ill.: Irwin, 1968.

Rawls, John, A Theory of Justice, Cambridge, MA: The Belknap Press of Harvard University Press, 1971.

Rohr, John A., "Ethics in Public Administration: A State of the Discipline Report," presented to the 1986 Annual Meeting of the American Society for Public Administration, Anaheim, CA, 1986.

Selznick, Philip, TVA and the Grass Roots: A Study in the Sociology of Formal Organizations, Berkeley, Calif.: University Press, 1949.

Siffin, William J., Ethics and American Public Administration: A Behavioral View, Bloomington: Indiana University, International Development Institute, 1987.

Stahl, Glenn O. Public Personnel Administration, 8th ed., New York: Harper & Row, 1983.

Talmon, T. C., The Rise of Totalitarian Democracy, MA: Beacon Press, 1953.

Titmuss, R., The Life Relationship: From Huan Blood to Social Policy, New York: Random House, 1972.

Towney, R. H., Equality, London: Allen & Unwin, 1952.

4. 정책론

Alexis, M. and Wilson, C. Z., Organization Decision-Making, Englewwod Cliffs, new Jersey: Prentice-Hall, 1967.

Anderson, James, E., Public Policy-Making, New York: Praeger, 1975.

Appleby, P. H., Policy and Administration, The University of Alabama Press, 1975(Reprinted).

Barnard, Chester, The Functions of the Executive, Cambridge: Harvard Univdrsity Press, 1938.

Bozeman, Barry, Public Management and Policy Analysis, New York: St. Martin's Press, 1979.

Braybrooke, David and Lindblom, Charles E., A Stratergy of Decision, New York: Free Press, 1963.

Caiden, G., The Dynamics of Public Administration, New York: Holt, Rinehart and Winston, 1971.

Crecine, John P., Government Problem-Solving: A Computer Simulation of Municipal Budgeting, Chicago: Rand McNally, 1969.

Cyert, Richard M. and March, James G., A Behavioral Theory of the Firm, Englewood Cliffs, New Jersey: Prentice-Hall, 1963.

Davis, Morris and Weinbaum, Marvin G., Metropolitan Decision Process: An Analysis of Case Studies, Chicago: Rand McNally, 1969.

Deutsch, Karl, The Nerves of Government, New York: Free Press, 1963.

Dimock, Marshall E., Moidern Politics and Administration, American Book Co., 1937.

Dimock, Marshall E., Dimock, G. O. and Koenig, L. W., Public Administration, New York: Holt, Rinehart and Winston, 1958.

Dorfman, Robert(ed.), Measuring Benefits of Government Investment, Washingto, D. C.: Brookings Institution, 1965.

Downs, Anthony, Inside Bureaucracy, Boston: Little Brown, 1967.

Dror, Yehezkel, Ventures in Policy Science, New York: Elsevier Co., 1971.

Dror, Yehezkel, Design for Policy Science, New York: Elsevier, 1971.

Dror, Yehezkel, Public Policy-Making Reexamined, San Francisco: Chandler, 1968.

Dye, Thomas R., Understanding Public Policy, Englewood Cliffs., New Jersey: Prentice-Hall, 1978.

Dye, Thomas R. and Zeigler L. H., The Irony of Democracy: An Uncommon Introduction to American Politics, New York: Duxbury Press, 1975.

Easton, David, A Framework for Political Analysis, Englewood Cliffs, New Jersey: Prentice-Hall, Inc., 1965.

Etzioni, Amitai, The Active Society, New York Free Paperback, 1968.

Eyestone, Robert, The Threads of Public Policy, Indianapolis: Bobbs-Merrill, 1971.

Fesler, James W., Public Administration: Theory and Practice, Englewood Cliffs, New Jersey: Prentice-Hall, 1980.

Freeman, H. F. and Sherwood, C. C., Social Research and Social Policy, Englewood Cliffs, New Jersey: Prentice-Hall, 1970.

Friedrich, Carl J., Man and His Government, New York: McGraw-Hill, 1963.

Gore, William J., Administrative Decision-Making: A Heuristic Model, New York: Wiley, 1964.

Gore, William J. and Dyson, Jame W.(eds.), The Making of Decisions: A Reader in Administrative Behavior, New York: Free Press, 1964.

Gortner, Harold F. and Gortner, F., Administration in the Public Sector, New York: John Wiley and Sons, 1981.

Gulick, L., "Politics, Administration and New Deal,", Annuals of the American Academy of Political and Social Science, 1933.

Hahn, Walter A. and Gordon, Kenneth F.(eds.), Assessing the Future and Policy Planning, New York: Gordon and Breach Science Publishers, 1973.

Hawkins, Bret W., Politics and Urban Policies, New York: Bobbs-Merill 1971.

Herring, Pendleton, Public Administration and The Public Interest, New York: Russell & Russell, 1967.

Hillier, F. S. and Liebenman, G. J., Operation Research, San Francisco: Holden Day, 1974.

Horst, Pamela et al., "Program Management and the Federal Evaluator," Public Administration Review, 1974.

Jacob, C. E., Policy and Bureaucracy, Princeton: van Nostrand, 1966.

Jones, Charles, O., An Introduction to the Study of Public Policy, Belmont, Calif.: Wadsworth, 1970.

Katz, Daniel, Gutek, B., Robert and Barton, E., Kahn, Bureaucratic Encounters, Institute of Social Research, the University of Michigan, 1975.

Koenig, L. W., Congress and the President: Offical Makers of Public Policy, Glenview, Ill.: Scott, Foresman, 1965.

Koontz, Harold and O'Donnell, Cyril, Principles of Management, New York: McGraw-Hill Book Co., 1959.

Lane, F. S.(ed.), Current Issues in Public Administraion, New York: St. Martin Press, 1982.

LaPalombara, Joseph(ed.), Bureaucracy and Political Development, Princeton, New Jersey: Princeton University Press, 1963.

Latham, Earl, The Group Basis of Politics, Ithaca: Cornell University Press, 1952.

Lerner, Daniel and H. D. Lasswell(eds.), The Policy Sciences, Stanford: Stanford Univerty Press, 1960.

Lerner, Max, It is Later than You Think, 1938.

Lindblom, Charles E., The Intelligence of Democracy, New York: Free Press, 1965.

Lindblom, Charles E., The Policy-Making Process, Englewood Cliffs, New Jersey: Prentice-Hall, 1968.

Lineberry, R. L. and Sharkansky, Ira, Urban Politics and Public Policy, Harper & Row Publisher S., 1971.

Logsdon, John M., The Decision to Go to the Moon: Project Apollo and the National Interest, Cambridge, Mass.: MIT Press, 1970.

Lyden, Fremont J. and Miller, Ernest G., Planning-Programming-Budgeting: A Systems Approach to Management, Chicago: Markham, 1968.

March, James G., Handbbok of Organizations, Chicago: Rand McNally, 1965.

March, James G. and Simon, Herbert A., Organizations, New York: Wiley, 1958.

Merriam, Charles E., Systematic Politics, Chiacago: University of Chicago Press, 1945.

Millet, John D., The Process and Organization of Government Planning, New York: Columbia University Press, 1947.

Nachmias, David, Public Policy Evaluation: Approaches and Methods, New York: St. Martin's Press, 1979.

Pfiffner, J. M. and Prersthus, R., Public Administration, New York: Ronald Press, 1967.

Quade, E. S., Analysis for Public Decisions, New York: Elsevier, 1975.

Rabinovitz, Francine F., City Politics and Planning, New York: Atherton, 1969.

Ranney, A.(ed.), Political Science and Public Policy, Chicago: Markham, 1968.

Reagan, M.(ed.), The Administration of Public Policy, Glenview, Ill.: Scott Foreman, 1969.

Roberto, E. L., Strategic Decision-Making in a Social Program, Lexington, Mass.: D. C. Heath and Company, 1975.

Rose, Richard(ed.), Policy-Making in Great Britain, London: Mcmillian, 1969.

Rourke, F. E., Bureaucracy, Politics and Public Policy, Boston: Little Brown, 1980.

Schuman, Edward A., Evaluative Research: Principles and Practice in Public Service and Social Action Programs, New York: Russel Sage Foundation, 1967.

Sharkansky, Ira, Public Administration: Agencies, Policies and Politics, San Francisco: W. H. Freeman and Co., 1982.

Sharkansky, Ira, Public Administration: Policy-Making in Government Agencies, Chicago: Markham, 1970.

Sharkansky, Ira, The Routines of Politics, New York: van Nostrand Reinhold, 1970.

Simon, H. A., Administrative Behavior, New York: Macmillan, 1961.

Simon, H. A., Models, of Man, New York: John Wiley, & Sons, 1957.

Simon, H. A. and Smithburg, D. W. and Thompson, V. A., Public Administration, New York: Knopf, 1950.

Sindler, A. P.(ed.), American Political Institutions and Public Policy, Boston: Little Brown, 1969.

Skjei, Stephen, S., Information for Collective Action, Lexington Mass.: D. C. Heath and Company, 1973.

Sorensen, Theodore C., Decsion-Maing in the White House, New York: Columbia University Press, 1962.

Stolper, Wolfgang F., Planning Without Facts, Cambridge, Mass.: Harvard University Press, 1966.

Terry, George R., Principles of Management, Homewood Ill.: Richard D. Irwin, 1960.

Thomas, D. L., Policy Analysis in Public Policy-Making, Lexington, Mass.: D. C. Heath and Company, 1975.

Thompson, Victor A., Modern Organization: A General Theory, New York: Knopf, 1961.

Trauman, David, The Governmental Process, New York: Knopf, 1951.

Tulloch, G., The Politics of Bureaucracy, Washington, D. C.: Public Affairs Press, 1965.

Utton, Albert E. and Henning, Daniel H.(eds.), Environmental Policy: Concepts and International Implication, New York: Praeger Publishers, 1973.

Waterston, Albert, Development Planning Lessons of Experience, Baltimore, Maryland: The Johns Hopkins Press, 1965.

Weiss, Carol. Evaluation: Methods for Studying Programs and Policies. Englewood Cliffs, NJ: Prentice Hall Press, 1997.

Wengert, E. S., "The Study of Public Administraion,", American Political Science Reveiw, 1942.

White, L. D., Introduction to the Study of Public Administration, New York: Holt, Rinehart and Winston, 1958.

White, L. D., The City Manager, Chicago: University of Chicago Press, 1927.

White, L. D. et al., The Frontiers of Public Administration, Chicago: University of Chicago Press, 1963.

Wildavsky, Aaron, Political Science and Public Policy, Chicago: Markham, 1968.

Wildavsky, Aaron, The Politics of the Budgetary Process, Boston: Little Brown & Co., 1964.

Wool, P., Public Administration and Policy: Selected Essays, New York: Harper & Row, 1966.

5. 행정조직론

Alford, L. P. and Beatley, H. R., Principles of Industrial Management, New York: Ronald Press Co., 1965.

Allport, F. H., Social Psychology, Boston: Houghton Mifflin Co., 1924.

Altshuler, A. A., The Politics of the Federal Bureaucracy, New York: Dodd, Mead, 1958.

Appleby, Paul H., Big Democracy, New York: A.Knopf, 1954.

Argyris, Chris, Organization and Innovation, Homewood, Ill.: Irwin, 1965.

Argyris, Chris, Personality and Organization, New York: Harper and Row, 1957.

Bakke, E. Wright, The Fusion Process, New Haven, Conn.: Yale Labor and Management Center, 1955.

Barnard, C. I., The Functions of Executive, Cambridge: Harvard University Press, 1938.

Barrett, John H., Individual Goals and Organizational Objectives: A Study of Integration Mechanism, Institute for Social Research the University of Michigan, 1970.

Becker, Selwyn W. and Neuhauser, Duncan, The Efficient Organization, New York: Elsevier, 1975.

Beckhard, Richard, Organization Development Strategies and Models, Addison Wesley Co., 1969.

Beer, Stafford, Cybernetics and Management, New York: John Wiley & Sons, Inc., 1959.

Bell, Daniel The Coming of Post-Industrial Society, New York: Basic Book, 1973.

Bennis, Warren G., Benne, K. D. and Chin, Robert(eds.), The Planning of Change, Holt, Rinehert and Winston, Inc., 1969.

Bennis, Warren G., Changing Organizations, Bombay, New Delhi: TATA McGraw-Hill Pub. Co., 1966.

Bennis, Warren G., Organizational Development: Its Nature, Origins and Prospects, Addison-Wesley, 1969.

Berelson, B. and Steiner, G. A., Human Behavior, New York: Harcourt, Brace and World, 1964.

Berle, Jr. Adolf A. and Means, Gardner C., The Modern Corporation and Private Property, New York: The Macmillan Co., 1932.

Bernays, E. L., Public Relations, University of Oklahoma Press, 1952.

Black, Max(ed.), The Social Theories of Talcott Parsons, Englewood Cliffs, New Jersey: Prentice-Hall, Inc., 1961.

Blake, Robert, and Mouton Jane, The Managerial Grid, Houston: Gulf Publicshing Co., 1964.

Blau, Peter M., and Scott, W. Richard, Formal Organizations, San Francisco: Chandler, 1962.

Blau, Peter M., Bureaucracy in Modern Society, New York: Random House, 1956.

Blau, Peter M., Exchange and Power, New York: John Wiley & Sons, Inc., 1964.

Blau, Peter M., The Dynamics of Bureaucracy, revised ed, Chicago: University of Chicago Press, 1963.

Blumberg, Paul, Industrial Democracy, The Sociology of Participation, New York: Schocken Books, Inc., 1969.

Boje, David M. et al.(eds.), Postmodern Management and Organization Theory, London: Sage Publications, 1996.

Boulding, Kenneth E., Conflict and Defense: A Genaral Theory, New York: Harper & Row, 1692.

Boulding, Kenneth E., The Organizational Revolution, Chicago: Quadrangle Books, Inc., 1968.

Bowers, D. G., Systems of Organization: Management of the Human Resources, Ann Arbor: The University of Michigan Press, 1976.

Brown, Alvin, Organization: A Formulation of Principle, New York: Hilbert Printing Co., 1945.

Brown, Richard E., The GAO: Untapped Source of Congressional Power, Knoxville: University of Tennessee Press, 1970.

Brzezinski, Zbigniew, Between Two Ages: America's Role in The Technetronic Era, New York: The Viking Press, 1970.

Buckley, Walter, Sociology and Modern Systems Theory, Englewood Cliffs, New Jersey: Prentice-Hall, Inc., 1967.

Burns, Tom and Stalker, G. M., The Management of Innovation, London: Tavistock, 1961.

Caiden, Gerald, Administrative Reform, Chicago: Aldine, 1969.

Canfield, B. R., Public Relations: Principles, Cases and Problems, Homewood Ill.: Irwin-Dorsey, 1960.

Caplow, Theodore and Mcgee, Reece J., The Academic Market-Place, Garden City, New York: Doubleday, & Co., Inc., 1965.

Caplow, Theodore, Principles of Organization, New York: Horcourt, Brace & World, Inc., 1964.

Carher, Allen M., An Assessment of Quality in Graduate Education, Washiongton D. C.: American Council of Education, 1966.

Cartwright, Darwin and Zander Alvin(eds.), Group Dynamics, Evanston, Ill.: Peterson, 1960.

Chinoy, Ely, Automobile Workers and the American Dream, Garden City, New York: Doubleday & Co., 1955.

Chung, K. H. and Megginson, L. C., Organizational Behavior: Developing Managerial Skills, New York: Harper and Row Publishers, 1981.

Cutlip, S. M. and Center, H. A.,, Effective Public Relations, New Jersey: Englewood Cliffs, Prentice-

Hall, 1952.

Cyert, R. M. and March, J G., A Behavioral Theory of Firm, Englewood Cliffs, New Jersey: Prentice-Hall, Inc., 1963.

Dabrin, Andrew, J., Fundamentals of Organizational Behavior, New York: Pergamon Press, 1974.

Dahl, Robert A., Pluralist Democracy in the United States, Chicago: Radn McNally, 1966.

Dalton, M., Men Who Manage, New York: John Wiley & Sons, Inc., 1966.

Davis, James W., Jr., The National Executive Branch, New York: Free Press, 1970.

Davis, Keith, Human Behaviors at Work, New York: McGraw-Hill, 1972.

Doeb, L. W., Public Opinion and Propaganda, New York: Henry Holt, 1956.

Downs, Anthony, Inside Bureaucracy, Boston: Little Brown, & Co., 1967.

Drucker, P. F., The Practice of Management, New York: Harper & Row, 1954.

Drucker, P. F., The Age of Disconitinuity: Guidelines to Our Changing Society, New York: Harper & Row, 1969.

Dubin, Robert(ed.), Human Relations in Administration, Englewood Cliffs, New Jersey: Prentice-Hall, Inc., 1968.

Dubin, Robert, Kornhauser, Arthur and Ross Arthur(eds.), Industrial Conflict, New York: McGraw-Hill, Co., 1954.

Dubrin, Andrew J., Fundamentals of Organizational Behavior, New York: Pergamon Press, 1974.

Duncan, W., Jack, Organizational Behavior, Boston: Houghton Mifflin Co., 1978.

Emery, F. E. and Trist E. L., Readings in Organizational Theory: Open System Approach, New York: Random House, 1971.

Etzioni A., Modern Organizations, Englewood Cliffs, New Jersey: Prentice-Hall, 1964.

Etzioni, A., Comparative Analysis of Complex Organization, New York: Free Press of Glencoe, 1961.

Fesler, James W., Areas and Administration, University of Alabama Press, 1949.

Fiedler, F. E., A Theory of Leadership Effectiveness, New York: McGraw-Hill, 1967.

Finer Herman, The British Civil Service, revised ed, London: Fabian Society, 1938.

Fisher, Frank E., Readings in Management, Cincinnati: South-Western Publishing Co., 1958.

Friedlich, Carl, J., Man and His Government, New York: McGraw-Hill co., 1963.

George, Jr. Clande S., The History of Management Thought, Englewood Cliffs, New Jersey: Prentice-Hall, Inc., 1958.

Golembiewski, R. T., Behavior and Organization, Chicago: Rand McNally & Co., 1962.

Golembiewski, R. T., Gibson, R. and Gornog, G. Y., Public Administration: Readings in Institution, Processes, Behavior, Chicago: Rand McNally, 1966.

Golembiewski, R. T., Organizing Men and Poner: Patterns of Behavior and Line Staff Models, Chicago: Rand McNally, 1967.

Golembiewski, R. T., Men, Management, and Morality: Toward a New Organizational Ethic, New York: McGraw-Hill, 1965.

Grawthrop, Louis C., Bureaucratic Behavior in the Executive Branch: An Analysis of Organizational Change, New York: Free Press, 1969.

Green, Jr. R. M., Busines Intelligence and Espionage, Homewood, Ill.: Dow Jones-Irwin, 1966.

Gross, Bertram M., Organizations and Their Managing, New York: Free Press, 1968.

Guest, Robert H., "Job Enlargement: A Revolution in Job Design," Personnel Administration, 1957.

Guetzkow, Harold, Communications, in March, James G., Handbook of Organizations, Chicago: Rand McNally, 1965.

Hagen, Everett, On the Theroy of Social Change: How Economic Growth Begins, Homewood, Ill.: Dorsey, 1962.

Haire, Mason, Ghiselli, E. E. and Porter, L. W., Managerial Thinking: An International Study, New York: John Wiley & Sons, Inc., 1966.

Haley, Bernard F., Survey of Contemporary Economics, Homewood, Ill.: Richard D. Irwin, 1952.

Hall, Richard, Organization: Structure and Press, Englewood Cliffs, New Jersey: Prentice-Hall, 1972.

Hampton, David, Summer, Charles and Webber, Ross, Organizational Behavior and The Practice of Management, New York: Scott, Foresman and Co.

Harris, T., I'm OK-You're OK: A Practical Guide to Transactional Analysis, New York: Harper & Row, 1969.

Heady, Ferrel, Public Administration: A Comparative Perspective, Prentice-Hall, 1966.

Hersey, Paul and Blanchard K. H., Management of Organizational Behavior, New Jersey: Prentice-Hall, 1977.

Herzberg, Frederick, Work and the Nature of Man, New York: The World Publishing Co., 1966.

Hicks, C. B. and Place, Irene, Office Management, New York: Allyn & Bacon, Inc., 1956.

Herzberg, Mansner and Synderman, The Motivation to Work, New York: John Wiley & Sons, Inc., 1959.

Holden, Paul, Fish, Lounsbury and Smith Herbert, Top Management Organization and Control, New York: McGraw-Hill, 1941.

Homans, George C., Social Behavior: Its Elementary Forms, New York: Harcourt, Brace & World, Inc., 1961.

Homans, George C., The Human Group, New York: Marcourt, Brace & World, Inc., 1950.

Horney, Karen, The Neurotic Personality of Our Time, New York: W. W. Nortion & Co., Inc., 1937.

Huntington, Samuel P., The Soldier and the States: The Theory and Politics of Civil-Military Relations, New York: Vintage, 1964.

Jenks, Christopher and Riessman, David, The Academic Revolution, Garden City, New York: Doubleday & Co., 1968.

Kahan, R. L. and Boulding, K. E.(eds.), Power and Conflict in Organizations, Basic Books, 1964.

Kanter, J., The Computer and the Executive, Englewood Cliffs, New Jersey: Prentice-Hall, 1967.

Karl, Barry, Executive Reorganization and Reform in the New Deal, Cambridge, Mass.: Harvard University Press, 1963.

Kast, Fremont and Rosenzweig, James E., Organization and Management: A Systems and Contingency Approach, New York: McGraw-Hill Book Company, 1979.

Katz, Daniel and Kahn, Robert, The Social Psychology of Organization, New York: John Wiley & Sons, Inc., 1966.

Kaufman, Herbert, The Forest Ranger: A Study in Administrative Behavior, Baltimore: Johns Hopkins University Prerss, 1960.

Kaufman, Herbert, The Limits of Organizational Change, The University of Alabama Press, 1975.

Keeling, D., Management in Government, London: George Allen & Unwin, Ltd., 1972.

Kotler, Philip, Marketing for Nonprofit Organization, Englewood Cliffs, New Jersey: Prentice-Hall, Inc., 1975.

LaPiere, Richard T., Social Change, New York: McGrow-Hill, 1965.

Laswell, H. D., Science and Policy, Part Ⅱ, Yale University Press, 1956.

Lawrence Paul R. and Lorsch Jay W., Developing Organizations: Diagnosis and Action, Reading, Massachusetts: Addison-Wesley Publishing Company, 1969.

Lawrence Paul R. and Lorsch Jay W., Organization and Environment: Managing Differentiation and Integrration, Boston: Harvard Graduate School of Business Administration, Division of Research, 1967.

Le Breton, P. P., Administrative Intelligence Information Systems, New York: Houghton Mifflin Co., 1969.

Learned, E. P. and Sproat, A. T., Oranization, Theory and Policy: Notes for Analysis, Honewewood, Ill.: richard D. Irwin, Inc., 1966.

Lepawsky, A., Administration the Art Science of Organization and Management, New York: Alfred A. Knopf, 1949.

Lerner, Daniel, The Passing of Traditional Society, Modernizing the Middle East, New York: The

Free Press, 1958.

Likert, Rensis, New Partterns of Management, New York: McGraw-Hill, 1961.

Likert, Rensis, The Human Organization, New York: McGraw-Hill Book Co., 1967.

Lipset, Saymour M. and Bendix, Reinhard, Social Mobility in Industrial Society, Berkeley, Calif.: University of California Press, 1959.

Litterer, J. A., The Analysis of Organizations, New York: John Wile & Sons, 1965.

Littlefield, C. L. and Peterson, E., Modern Office Management, Englewood Cliffs, New Jersey: Prentice-Hall, 1956.

Maccoby, E. E., Newcomb, T. M. and Harltey E. L., Reading in Social Psychology, New York: Henry Holt, 1958.

March, J. and Simon H. A., Organizations, John Wiley and Sons, 1958.

March, J.(ed.), Handbook of Organizations, Chicago: Rand McNally, 1965.

Margulies, N. and Raia, A., Organization Development: Values, Process and Technology, New York: McGraw-Hill, 1972.

Marx, F. M., Elements of Public Administration, Englewood Cliffs, New Jersey: Prentice-Hall, 1949.

Maslow, A. H., Motivation and Personality, New York: Harper Bros., 1954.

Maslow, A. H., A Theory of Human Motivation, Cincinati: South-Westery Publishing Co., 1960.

Mauser, John G.(ed.), Readings in Organizational Theory-Open System Approach, New York: Random House, 1971.

Mayer, Kurt B. and Goldstein, Sidney, The First Two Years: Problem of Small Firm Growth and Survival, Washington, D. C., U. S. Government Printing Office, 1961.

McFarland, A. S., Power and Leadership in Pluralist Systems, Stanford, Calif.: Stanford University Press, 1969.

McGregor, Douglas, The Human Side of Enterprise, New York: McGraw-Hill, 1960.

Merriam, Charles E., Systematic Politics, Chicago: University of Chicago Press, 1945.

Merton, R. K., Broom, Leonard and Cottrell, Jr. Leonard S., Sociology Today, New York: Basic Books, Inc., Publisher, 1959.

Meyer, P., Administrative Organization, London: Stevens, 1957.

Millett, J. D., Organization for the Public Service, Princeton: van Nostrand, 1966.

Millett, J. D., The Process and Organization of Government Planning, New York: Columbia University Press, 1947.

Mooney, James D., The Principles of Organization, New York: Harper and Brothers, 1947.

Moore, W. E., Man, Time and Society, New York: John Wiley & Sons, Inc., 1963.

Morrow, W. J., Public Administration: Politics and the Political System, New York: Random House,

1975.

Mumford, Lewis, The Mythe of the Machine, New York: Harcourt, Brace & World, Inc., 1966.

Naisbitt, John, Megatrends: Ten New Directions Transforming Our Lives, New York: Warner Books, Inc., 1984.

Newman, W. H., Administrative Action, Englewood Cliffs, New Jersey: Prentice-Hall, Inc., 1958.

Norris, Donald F., Police-Community Relations: A Program That Failed, Lexington, Mass.: D. C. Heath and Company, 1973.

O'Donnell, Koontz and Weihrich, Management, New York: McGraw-Hill, 1980.

Ouchi W, Theory Z. Reading, Mass: Addison-Wesley Publishing, 1980.

Packurd, Vance, The Pyramid Climber, New York: McGraw-Hill Book Co., 1962.

Parsons, T., Structure and Process in Modern Societies, New York: Free Press, 1960.

Parsons, T.(ed.), Man Weber: The Theory of Social and Economic Organization, New York: The Free Press of Glencoe, 1947.

Perrow, Charles, Complex Organization, Glenview, Illinois: Scott, Foreman and Company, 1972.

Perrow, Charles, Organizational Analysis: A Sociological View, Belmont, Calif.: Books Calif.: Books Cole Publishing Co., 1970.

Pfiffner J. M., Supervision of Personnel: Human relations in the Management of Men, Englewood Cliffs, New Jersey: Prentice-Hall, 1951.

Pfiffner, J. M. and Sherwood, F. P., Administrative Organization, Englewood Cliffs, New Jersey: Prentice-Hall, 1960.

Pfiffner, J. M. and Presthus, R., Public Administration, New York: Ronald Press, 1964.

Pigors, P., Leadership or Domination, Boston: Houghton-Mifflin Co., 1953.

Presthus, R., The Organizational Society, New York: Vintage Books, 1965.

Redfield, C. E., Communication in Management, Chicago Press, 1958.

Redford, Emmetts, Ideal and Practice in Public Administration, The University of Alabama Press, 1975(Reprinted).

Richard M. D. and Nielander W. A.(eds.), Readings in Management, Cincinnati: South-Western Publishing Co., 1958.

Ridley Clarence and Simon Herbert, Measuring Municipal Activities, Chicago: International City Management Association, 1973.

Roe, Ann, The Psychology of Occupation, New York: John Wiley & Sons, Inc., 1965.

Roethlisberger F. J. & Dickson, W. J., Management and the Worker, Cambridge: Harvard University Press, 1939.

Rouvke, F. E., Bureaucratic Power in National Politics, Boston: Little Brown, 1965.

Sargent, S. S., Social Psychology, New York: the Donald Press Co., 1950.

Schein, Edgar H., Organizational Psychology, Englewood Cliffs, New Jersey: Prentice-Hall, 1965.

Schumacher, B. G., Computer Dynamic in Public Administration, New York: Spartan Books, 1967.

Sebastian de Grazia, Of Time, Work and Leisure, Garden City, New York: Doubleday & Co., Inc., 1964.

Sharkansky, Ira, Public Administration: Policy-Making in Government Agencies, Chicago: Markham, 1970.

Sichel, Werner and Gies, Thomas G., Public Utility Regulation, Lexington, Mass.: D. C. Heath and Campany, 1975.

Silberman, Charles E., The Myths of Automation, New York: Harper & Row, Publishers, 1967.

Simon, H. A., Administrative Behavior, New York: The Macmillan Co., 1958.

Simon, H. A., Smithburg D. W. and Thompson V. A., Public Administration, New York: Alfred A. Knopf, 1950.

Simon, Herbert, The New Science of Management Decision, New York: Harper & Row Publishers, 1960.

Smith Bruce, L. R., The Rand Corporation, Combridge, Mass.: Harvard University Press, 1966.

Stanley, D. T., Changing Administrations, Washington, D. C.: The Brookings Institution, 1965.

Starling, Grover, Managing the Public Sector, The Dorsey Press, 1986.

Steinberg, C. S., The Mass Communicators: Public Relations, Public Opinion, and Mass Media, New York: Harper, 1958.

Stogdill R. M. and Coons A. E.(eds.), Leader Behavior: Its Description and Measurement, No. 88, Columbus, Ohio, Bureau of Business Research, The Ohio State University, 1957.

Szilagyi A. D. and Wallace, M. J., Organizational Behavior and Performance, Glenview, Ill.: Scott, Foresman and Co., 1983.

Tausky, Curt, Work Organization: Major Theoretical Perspecives, Itasca, Ill.: F. E. Peacock Pub. Co., 1970.

Taylor, F. W., The Principles of Scientific Management, New York Norton, 1947.

Tead, Ordway, The Art Administration, New York: McGraw-Hill Book Co., Inc., 1951.

Terreberry Shirley, "The Evolution of Organizational Environments,", Administrative Science Quartery, 1963.

Terry, G. R., Office Management & Control: The Actions of Administrative Management, Homewood, Ill.: R. D. Irwin, Inc., 1962.

Terry, G. R., Principles of Management, Richard D. Irwin, Inc., 1956.

The Conference Board, Organization Development: Reconnaissance, New York: 1973.

Thompson, J. D., Organization in Action, New York：McGraw-Hill Book Co., 1967. Thompson, Victor A., Modern Organization, New York： Alfred A. Knopf. 1961.

Tompson, J. D., and McEwen, W. J., "Organizational Goals and Environment Goal Setting as an Interaction Process.,", American Sociological Review, 1958.

Tosi, H. L. and Hamner W. C.(eds.), Organizational Behavior and Management： A Contingency Approach, St. Clair Press, 1974.

Turner A. and Lombard G., Interpersonal Behavior and Administration, New York： The Free Press, 1969.

Veblen, Thorstein, The Theory of the Leisure Class, New York： Merton Books, 1953.

Vroom, Victor H.(ed.), Methods of Organizational Research, Pittsburgh, University of Pittsburgh Press, 1967.

Vroom, Victor H., Work and Motivation, New York： John Wiley & Sons, 1964.

Waldo, D.(ed.), Ideas and Issues in Public Administration, New York： McGraw-Hill Book Co., Inc., 1953.

Walker, C. R. and Guest, Robert, The Man on the Assembly Line, Cambridge, Mass.： Harvard University Press, 1952.

Walton, R. E. and Mekersie, R. B., A Behavioral Theory of Labor Negotiation, New York： McGraw-Hill, 1965.

Weber, Max(Talcott Parsons, ed.： A. M. Henderson and T. Parsons, trans.), The Theory of Social and Economic Organization, New York： Oxford University Press, 1947.

Wheare, K. C., Government by committee, London： Oxford University Press, 1855.

White, L. D., Introduction to the Study of Public Administration, New York： Macmillan, 1955.

White, L. D., The State and the Nation, Baton Rouge, 1963.

White, Michael J., Radnor, Michael and Tansik, David A., Management and Policy Science in American Government, Lexington Mass.： D. C. Heath and Company, 1975.

Wilensky, H. L., Organizational Intelligence, New York： Basic Books, Inc., 1967.

Woodward, John, Industrial Organizations： Theory and Practice, New York： Oxford University Press, 1965,

Young, Stanley, Management： A Systems Analysis, Glenview, Ill.： Scott, Foresman, 1966.

Zeigler, Harmon, The Political Life of American Teacher, Englewood Cliffs, New Jersey： Prentice-Hall, 1967.

6. 인사행정

Bach, Stanley and Sulzner, George, Perspective on the Presidency, Lexington, Mass.: D. C. Heath and Co., 1974.

Bass, Bernard, New Paradigm of Leadership: An Inquiry into Transformational Leadership. Mahwah, NJ: Lawrence Erlbaum Association Inc, 1999.

Bell, David V. J., Power, Influence, and Authority: An Essay in Political Linguistics, New York: Oxford University Press, 1975.

Caiden, G. E., Career Service, Melbourne, Australia: Melbourne University Press, 1965.

Cayer, N. J. Public Personnel Administration in the United States, St. Martin's Press, 1975.

Chapman, B., The Profession of Government, London: G. Allen and Unwin, 1959.

David, Paul T. and Pollock, Ross, Executives for Government, Washington, D. C.: Brookings Institution, 1957.

Farnham, D, Managing People in Public Services. London: Macmillian, 1996.

Fesler, J. W., Public Administration: Theory and Practice, Englewood Cliffs, New Jersey: Prentice-Hall, 1980.

Finer, Herman, The British Civil Service, London: The Fabian Society, 1927.

Flippo, Edwin B., Principles of Personnel Management, McGraw-Hill Book Co., 1971.

Golembiewski, Robert T. and Cohen, Michael(eds.), People in Public Service: A Reader in Public Personnel Administration, Itasca, Ill.: Peacock, 1970.

Hardin, Charles M., Presidential Power & Accuntability: Toward a New Constitution, Chicago: The University of Chicago Press, 1974.

Henry, Nicholas, Public Administration and Public Affairs, Englewood Cliffs, New Jersey: Prentice-Hall, 1980.

Janowitz, Morris, The Professional Soldier, New York: Free Press, 1960.

Kim, Pan-Suk, "Globalization of Human Resources Management: A Cross Cultural Perspectives" 1996 International Conference for the Celebration of 40th Anniversary of Korean Association of Public Administration, October 16-18, 1996.

Krislov, Samuel, The Nigro in Federal Employment: The Quest for Equal Opportunity, Minneapolis: University of Minnesota Press, 1967.

Mandel, A. S., Resource Distribution Inside School Districts, Lexington, Mass.: D. C. Heath and Company, 1975.

Mann, dean E., The Assistant Secretaries: Problems and Processes of Appointment, Washington, D. C.: Brookings Institution, 1965.

Marrow, A. J., Behind the Executive Mask: Greater Managerial Competence Through Deeper Self-Understanding, New York: American Management Association, 1964.

Marx Fritz M.(ed.), Elements of Public Administration, Englewood Cliffs, New Jersey: Prentice-Hall, 1959.

Mosher, Frederick C., Democracy and the Public Service, New York: Oxford University Press, 1968.

Mosher, Frederick et al., Watergate: Implications for Responsible Government, New York: Basic Books, Inc., 1974.

Nigro, Felix A., Public Personnel Administration, New York: Holt, Rinehart and Winston Inc., 1959.

Nigro Felix A. & Nigro, Nloyd G. The New Public Personnel Administration, 4th ed., Itasca, Illinois: F. E. Peacock Publishers, Inc., 1994, pp.48~49.

Pigors, Paul and Myers, Charles A., Personnel Administration, 4th edition, New York: McGraw-Hill, 1961.

Pounian, Charles A. and Fuller, Jeffery J. "Compensating Public Employees," in James L. Perry(ed.), Handbook of Public Administration, San Francisco, CA: Jossey-Bass Publishers, 1996.

Salmon, L. I.(ed.), The Indepedent Federal Regulatory Agencies, New York: H. W. Wilson, 1959.

Shafritz, Jay M., Public Personnal Administration, New York: Praeger Publishers, 1975.

Stahl, O. Glenn, Public Personnel Administration, 6th ed., Harper & Row, Publishers, 1971.

Stanley, David T., The Higher Civil Service, Washington, D. C.: Brookings Institution, 1964.

Stanley, David T. et al. Men Who Govern: A Biographical Profile of Federal Political Executives, Washington, D. C.: Brookings Institution, 1967.

Stout, Hiram M., Public Service in Great, Britain, University of North Cardina Press, 1938.

Van Riper, Paul T., History of the United States Civil Service, Evanston, Ill.: Row, Peterson, 1958.

U. S. Civil Rights Commission, For All the People... By All the People: A Report on Equal Opportunity in State and Local Government Employment, Washington, D.C.: U. S. Government Printnig Office, 1969.

Warner, W. Lloyd, et. al., The American Federal Executive, New Heaven, Conn.: Yale University Press, 1963.

White, Leonard D., Introduction to the Study of Public Administration, New York: Macmillan, 1955.

7. 재무행정

Appleby, Paul, Policy and Administration, University of Alabama Press, 1949.

Anderson, J. E., Public Policy-Making, 1975.

Anton, Thomas J., The Politics of State Expenditures in Illinois, Urbana: University of Illinois Press, 1966.

Bach, George L., Economics: An Introduction to Analysis and Policy, Englewood Cliffs, New Jersy: Prentice-Hall, 1957.

Buchanan, Jesse, M., Public Finance in Democratic Process, Chapel Hill, N. C.: University of North Carolina Press, 1967.

Buck, A. E., The Budget Government of Today, New York: Macmillan, 1934.

Burkhead, J., Government Budgeting, New York: John Wiley & Sons, 1956.

Burkhead, Jesse and Miner, Jerry, Public Expenditure, Chicago: Aldine, 1971.

Campbell, A. and Sachs, S., Metropolitan America: Fiscal Patterns and Government Systems, New York: Free Rress, 1967.

Central Office of Information, The Central Government of Britain, London: Her Majesty's Stationary Office, 1971.

Chase, S. B.(ed.), Problems in Public Expenditure Analysis, Washington, D. C.: The Brookings Institution, 1968.

Commission on Organization of the Executive Branch of the Government, Budgeting and Accounting, Washington, 1949.

Cope, Glen, "Budgeting for Public Programs", in James Perry(ed.), Handbook of Public Administration, San Francisco, CA: Jossey-Bass, 1996.

Danhof, C. H., Government Contracting and Technological Change, Washington, D. C.: The Brookings Institution, 1968.

Davis, J. W., Politics, Programs, Budgets, Englewood Cliffs, New Jersey: Prentice-Hall, 1969.

Dimock, Marshall E. and G. O., Public Administration, 1st ed., New York: Rinehart, 1953.

Downs, Anthony, Economic Theory, of Democracy, New York: Harper & Row, 1957.

Eckstein, O., Public Finance, Englewood Cliffs, New Jersey: Prentice-Hall, 1967.

Friedman, W.(ed.), The Public Corporation: A Comparative Symposium, Toronto: The Carewell Co., 1954.

Golembiewski, R. T., Public Budgeting and Finance: Reading in Theory and Practice, Itasca, Ill.: F. E. Peacock, 1968.

Gordon, G. J., Public Administration in America, New York: St. Martin's Press, 1978.

Greene, K. V., Neenan, W. B. and Scott, C. D., Fiscal Interacetions in a Metropolitan Area, Lexington Mass.: D. C. Heath and Company, 1974.

Grubb, W. N. and Michelson, S., States and Schools, Lexington, Mass.: D. C. Heath and Company,

1974.

Hanson, A. H., Public Enterprise and Economic Development, London: Routledge and Kegan Paul, 1965.

Heinritz, Stuart F., Purchasing, Englewood Cliffs, New Jersey: Prentice-Hall, 1959.

Heller, W. W., New Dimension of Political Economy, New York: Norton, 1967.

Hicks, U. K., Development Finance: Planning and Control, New York: Oxford University Press, 1965.

Hitch, Charles J., Decision-Making for Defense, Berkeley: University of California Press, 1965.

Holtzman, Abraham, Legislative Liaison: Executive Leadership in the Congress, Chicago: Rand McNally, 1970.

Hye, A. C. & J. H. Shofritz(eds.), Government Budgeting, Qak Park, Ill.: Moore Publishing Co., 1970.

Hyneman, Charles S., Bureaucracy in a Democracy, New York: Harper, 1950.

Jewken J., Public and Private Enterprise, London: Routledge and Kegan Paul, 1965.

Kohler, Eric L. and Wright W., Accounting in the Federal Government, Englewood Cliffs, New Jersey: Prentice-Hall, 1956.

Kramer, F. A.(ed.), Contemporary Approaches to Public Budgeting, Cambridge, Mass.: Winthrop Publishers Inc., 1979.

Lynch, T. D., Public Budgeting in America, Englewood Cliffs: Prentice-Hall, 1979.

Lynton, F. J. and Miller, E. G., Planning, Programming, Budgeting, Chicago: Markham, 1968.

Maddison, Angus, Economic Growth in Japan and the USSR, London: George Allen and Unwin, 1969.

Manley, John. F., The Politics of finance: The House Committee on Ways and Means, Boston: Little Brown, 1970.

Marshall, A. H., Financial Management on Local Government, Beverly Hills: Sage Publications, Inc., 1974.

Millet, John D., Government and Public Administration, New York: Columbia, University Press, 1967.

Montgomery, Robert, Auditing Theory and Practice, New York: Wiley, 1940.

Mosher, F. C., Program Budgeting, Chicago: Public Administration Service, 1954.

Novick, A. D., Program Budgeting, Cambridge, Mass.: Harvard University Prss, 1965.

Peterson, J. E. & C. L. Spain(eds.), Essay, in Public Finance and Financial Management, Chatham, New Jersey: Chatham House Publishers, Inc., 1980.

Pierce, Lawrence C., The Politics of Fiscal Policy Formation, Pacific Palisades, Calif.: Goodyear,

1971.

Prest, A. R., Public Finance in Undereveloped Countries, New York: Frederick A. Praeger, 1962.

Schilling, Warner, R. et al., Strategy, Politics, and Defense Budgets, New York: Columbia University Press, 1962.

Sharkansky, Ira, The Politics of Taxing and Spending, Indianapolis: Bobbs Merrill, 1969.

Schick, Allen, Budget Innovation in the States, Washington, D. C.: Brookings Institution, 1971.

Schick, Allen, Perspective on Budgeting, Washington, D. C.: Ame. Society for P. A., 1980.

Schick, Allen, "The Road to PPB: the Stages of Budget Reform", Public Administration Review. 1996.

Schultze, Charles, The Politics and Economics of Public Spending, Washington, D. C.: Brookings Institution, 1968.

Smith, Harold D., Management of Your Government, New York: McGraw-Hill, 1945.

Stourm, Rene, The Budget, translated in English by Thaddus Plozinski, New York: D. Appleton and Co., 1917.

Wanat, J., Introduction to Budgeting, 6 Bound Brook Court, North Scituate Mass. 02060, Duxbury Press, 1978.

Waterston, A., Development Planning: Lesson of Experience, Baltimore: John Hopkins Press, 1965.

Weidenbaum, M., The Modern Public Sector, New York: Basic Books, 1969.

White, Leonard D., Introduction to the Study of Public Administration, 1st ed., New York: Macmillan, 1926.

Wilcox, C., Public Policies Toward Business, Homewood, Ill.: Irwin, 1966.

Wildavsky, Aaron, Budgeting, Boston: Little Brown and Co., 1975.

Wildavsky, Aaron, Politics of the Budgetary Process, Boston: Little Brown, & Co., 1978.

Wright, D. S., Federal Grant in Aid: Perspectives and Alternatives, Washington, D. C.: American Enterprise Institute, 1968.

8. 미래행정의 주요과제

Ackoff, R. L. and Rivett, P., A Manager's Guide to Operations Research, New York: John Wiley & Sons 1963.

Ackoff, R. L. and Sasieni, M. W., Fundamentals of Operations Rearch, New York: John and Wileys, 1968.

Banfield, Edward C., The Unheavenly City, Boston: Little Brown, 1970.

Banfield, E. C., Urban Government: A Reader in Politics and Administration, New York: Free Press, 1969.

Battersby, Albert, Network Analysis for Planning and Scheduling New York: Macmillan, 1967.

Bauer, R. A.(ed.), Social Indicators, Cambridge, Mass.: MIT Press, Fourth Printing, 1972.

Bell, Daniel, The Coming of Post-Industrial Society, New York: Basic Books, Inc., 1973.

Bhatnagar, H., E-government, CA: Sage Publication Inc., 2004.

Bish, robert, L., The Public Economy of Metropolitan Areas, Chicago: Markham, 1971.

Bromage, Arthur, Introduction to Municipal Government and Administration, New York: Appleton: Century-Crofts, 1957.

Caiden, Gerald E., The Dynamics of Public Administration, New York: Holt, Rinehart and Winston, Inc., 1971.

Campell, A. and Converse, P. E.(eds.), The Human Meaning of Social Change, New York: Russell Sage Foundation, 1972.

Campbell, Alan(ed.), The States and the Urbane Crisis, Englewood Cliffs, New Jersey: Prentice-Hall, 1970.

Clark, Kenneth B., Dark Ghetto, New York: Harper & Row, 1965.

Cleland D. I. and King W. R., Systems Analysis and Project Management, New Jersey: McGraw-Hill, 1968.

Cole, Richard L., Citizen Participation and the Urban Policy Process, Lexington, Mass.: D. C. Heath and company, 1974.

Coleman, James S. et al., Equality of Educational Opportunity, Washington, D. C.: U. S. Government Printing Office, 1966.

Commoner, Barry, The Closing Circle, New York: Knopf, 1971.

Cox, Edward F. et al., Nader's Raiders, New York: Grove Press, 1969.

Dye, Thomas R., The Politics of Equality, Indianapolis: Bobbs-Merrill, 1971.

Edelman, Murray, The Symbols Uses of Politics, Urbana: University of Illionis Press, 1964.

Eli, Ginzberg(ed.), The Future of the Metropolis: Peoples, Income, Salt Lake City: Olympus Publishing Company, 1975.

Elkin, Stephen, Politics and Land Use Planning: The London Experience, London: Cambridge University Press, 1974.

Esposito, John C., Vanishing Air, New York: Grossman, 1970.

Fantini, Mario and Gittell, Marilyn, Decentralization: Achieving Reform, New York: Praeger Publishers, 1973.

Fellmeth, Robert, The Interstate Commerce Commission, New York: Grossman, 1970.

Fisher, John C., Crisis in Perspective, New York: Willey, 1974.

Fitz Gerald, J. M. and FitzGerald, A. F., Fundamentals, of Systems Analysis, New York: John Wiley & Sons, 1973

Gardner, John A., The Politics of Corruption: Organized Crime in an American City, New York: Russell Sage, 1970.

Greenwood, Frank, Managing the Systems Analysis Function, New York: American Management Association, Inc., 1968.

Gross, Bertram M.(ed.) Social Intelligence for America's Future: Explorations in Societal Problems, Bostion: Allyn and Bacon, 1969.

Hough, Louis, Modern Research for Administrative Decision, Detroit, Michigan: Wayne State University Press, 1970.

Jantsch, Erich(ed.), Perspectives of Planning, Paris: OECD, 1969.

Kaplan, Marshall, Urban Planning in the 1960's: A Design for Irrelevancy, New York: Praeger Publishers, 1973.

Land, K. C. and Spilerman, S.(ed.), Social Indicator Medels, New York: Russell Sage Foundation, 1975.

Lerner, Daniel and Lasswell, H. D.(eds.), The Policy Sciences, Stanford: Stanford University Press, 1951.

Loomba, N. P., Management-A Quantitative Perspective, Macmillian Publishing Co., Inc., 1978.

Maciariello, Joseph A., Dynamic Benefit-Cost Analysis: Evaluation of Public Policy in a Dynamic Urban Model, Lexington, Mass.: D. C. Heath and Company, 1975.

Marini, F.(ed.), The New Public Administration, San Francisco: Chandler, 1970.

McMillan, Claude and Gonzales, Richard, Systems, Analysis, A Computer Approach to Decision Model, Homewood, Ill.: Richard D. Irwin, Inc., 1965.

Michael, Donald N., On Learning to Plan and Planning to Learn, San Francisco: Jossey-Bass, 1973.

Miller, S. M. and Roby, Pamela, The Future of Inequality, New York: Basic Books, 1970.

Milward, Brinton, "The Changing Character of the Public Sector", In James Perry(ed.), Handbook of Public Administration, San Francisco, CA: Jossey-Bass, 1996.

Morse, P. M. and Kimball, G. E., Method of Operations Research, New York: Johm Wiley and Sons, 1957.

OECD, The e-Government Imperative, OECD, 2004.

Parsons, Talcott, and kenneth B. Clark(eds.), The Nigro American, Boston: Beacon Press, 1965.

Peltz, D. and Andrews, F. M., Scientists in Organizations, New York: John Wiley & Sons, 1967.

Pemberton L. A. and Gibson, E. D., Administrative Systems Management, California: Wadsworth Publishing Co., Inc., 1968.

Romzek, Barbara, "Enhancing Accountability", in James Perry(ed.), Handbook of Public Adminis-tration, San Francisco, CA: Jossey-Bass, 1996.

Rosenbloom, David H. and Rechard Schwartz, Handbook of Regulation and Administrative Law. New York: Marcel Dekker, 1996.

Ross, John and Burkhead Jesse, Productivity in the Local Government Sector, Lexington, Mass.: D. C. Heath and Company, 1974.

Sheldon E. B. and Moore, W. E.(eds.), Indicators of Social Change, New York: Russell Sage Found, 1968.

Spence, M. and Dorr, J.(eds.), Understanding Aging, New Jersey: Prentice-Hall, 1975.

Stinchcombe, Arthur, Creating Efficient Industrial Administration, New York: Academic Press, Inc., 1974.

Sze, William and Hobbs, June G.(eds.), Evaluation and Accountability in Human Services Pro-grams, Cambridge, Mass,: Schenkman Publishing Company, Inc., 1974.

Walton, Hanes, Jr., Black Politics, Philadephia: Lippincott, 1972.

Wilson, J. Q., Varieties of Police Behavior, Cambridge, Mass.: Harvard University Press, 1968.

현·대·행·정·학

사항색인

인명색인

❧ 저자 소개 ☙

유종해(劉鐘海)

서울대학교 법과대학(법학사)
서울대학교 행정대학원(행정학석사)
The University of Michigan(MPA, Ph.D.)
Eastern Michigan University 교수
연세대학교 행정학 교수, 사회과학연구소장,
　지역사회개발연구소장
연세대학교 행정대학원장
명지대학교 객원교수
한국행정학회장
한국교정학회장
입법고시, 행정고시, 외무고시위원
3급 공무원 특별채용 및 승진시험위원
국무총리실 지방자치제실시 연구위원,
　총무처·내무부 정책자문위원

현 매산공공정책연구소장
　이북5도위원회 행정자문 위원장

이덕로(李悳魯)

서강대학교 정치외교학과(정치학사)
서강대학교 경제학과(경제학사)
연세대학교 대학원 행정학과(행정학석사)
Florida State University(Ph.D.)
한국국방연구원 기획관리연구실장
세종대학교 사회과학대학장 및 공공정책대학원장
한국정치학회, 한국행정학회, 한국정책학회,
　한국국정관리학회 이사
한국공공정책학회 편집위원장
입법고시, 행정고시, 외무고시위원
7·9급 국가직 공무원 시험위원
서울시·국방부 공무원 채용 및 승진시험위원
국무총리실 정부업무평가전문위원, 국방부 기관평
　가위원, 행정자치부 지방자치단체평가위원·
　지방공기업평가위원·정책과제평가위원,
　해양수산부 중앙수산자원관리위원,
　농림축산식품부 규제심사위원

현 세종대학교 사회과학대학 행정학과 교수
　세종대학교 국정관리연구소장

현대행정학

초판인쇄   2015년 2월 23일
초판발행   2015년 3월 6일

공저자   유종해·이덕로
펴낸이   안종만

편 집   김선민·배근하
기획/마케팅   조성호
표지디자인   최은정
제 작   우인도·고철민

펴낸곳   (주) **박영시**
　　　　서울특별시 종로구 새문안로3길 36, 1601
　　　　등록 1959.3.11. 제300-1959-1호(倫)
전 화   02)733-6771
f a x   02)736-4818
e-mail   pys@pybook.co.kr
homepage   www.pybook.co.kr
ISBN   979-11-303-0176-1   93350

정 가   29,000 원